JN269019

兪辛焞著

辛亥革命期の中日外交史研究

東方書店

はしがき

辛亥革命は中国の革命勢力が封建的な清王朝を打倒し、共和制の中華民国を樹立しようとした革命であり、中国の前近代社会から近代社会への転換の始まりとなった革命でもある。中国においてはこの革命に関するさまざまな研究書・資料集・回想録等が出版され、かなりレベルの高い学術的研究がなされており、日本においても研究論文集や専門書が出版されている。これらの研究の大部分は辛亥革命をその内的要因や政治・思想史の視角から研究したものである。この革命は本来中国の内政問題であって、中国人民と革命勢力が自発的におこなうべきことであったが、中国が日本や欧米列強の半植民地であったため国際問題になり、日本や欧米列強は直接的或いは間接的にこの革命に干渉しようとした。このように国際問題化した辛亥革命における個別的問題について国際関係史或いは外交史の視角から研究した論文・書籍はあるが、系統的・集中的・専門的に取上げた研究書は未だ発表されていない。故に、本書は中日外交史・国際関係史の視角からこの時期の中日外交史を考究することを目的とする。

辛亥革命とは一九一一年一〇月に勃発した武昌蜂起に始まる革命全体を一つの歴史的事件として指すものであり、学界における一般的通説では武昌蜂起から一九一三年の第二革命までを辛亥革命と称する。しかしこのような事件が勃発する歴史的背景から、事件が発生して社会に直接的影響を及ぼすまでには長い時間がかかる。この長い時間を辛亥革命期と称することが出来るであろう。このように辛亥革命と辛亥革命期には共通点がありながらも、時期区分としては時間差がある。この意味から、一九〇五年の中国同盟会の成立から、辛亥革命に対する反動として現れた一九一六年の洪憲帝制までを辛亥革命期と称するべきであろう。これは政治史的時期区分であり、外交史或いは国際関係史の視角からの時期区分はこれと異なっている。同盟会成立から武昌蜂起までの六年間、この革命をめぐる外交或いは国際関係はそれほど公然とは展開されなかった。こうした動きが集中的に現れるのはやはり武昌蜂起から一六年の夏までの時期である。政治史的には一九一三年の第二革命によって歴史的事件としての辛亥革命が一応終息したといわれているが、中日外交史と国際関係史の視角から見れば、辛亥革命の際に発生した外交上・国際関係上の諸問題は第二革命によっても解決せずに一九一六年六月に袁世凱が死去するまでつづいた。つまり中日外交と国際関係の視角から考えると、辛亥革命の勃発から袁世凱の死去までは連続した一時期を形成しているのである。本書は、一九一一年一〇月の武昌蜂起から一九一六年夏に袁が急死して黎元洪が大総統となるまでを辛亥革命期とした上で、この時期の中日外交と国際関係を取扱う。

この時期は中国史上の大転換期であり、中国社会が封建的王朝政治から共和政治に転換し始める時期である。この時期は帝政と共和制との対立と闘いが繰返された過渡的な時期でもあり、革命と変革の反動として帝政が一時復活した複雑な時期でもある。この時期中国をめぐる中日外交と国際関係の一焦点は政体問題であった。本書は、この問題を研究の一対象とする。

政体問題は中国にとっては根本的な原則の問題であったが、日本と欧米列強にとっては国益と直接的な関係があった。日本は立憲君主制を支持し、欧米列強は相対的に共和制に同情したが、彼らはこのイデオロギーを越え、逆に日本は共和制を主張する孫文を支援し、欧米列強は帝政或いは立憲君主制を主張する袁世凱を支持した。これは日本と欧米列強の中国におけるそれぞれの国益の維持と拡大をめぐる争いを示している。

政体の変化に伴う旧秩序の崩壊は一時的な社会の動乱を招き、中国における日本や欧米列強の既得権益を脅かす可能性を生むと同時に、彼らにこの動乱を利用して新たな権益を拡大するチャンスを提供した。この目的のために列強は実力を行使する可能性があった。孫文ら革命勢力はこれを排除するため、列強と締結した不平等条約を再承認して彼らの既得権益を保証し、これによって政敵を打倒して共和制を樹立或いは回復したが、半植民地的地位から脱出することは出来なかった。これは彼らの革命の不徹底さを示すというよりも、寧ろ当時の内外の力関係によって対内・対外の二つの革命課題を同時に達成することが出来ない場合は二者択一が合理的な政略だったことを示している。

政体問題をめぐる日本と欧米列強の争いは、中国の中央政権を掌握しようとして、或いは掌握した人物をめぐって展開された。日本や欧米列強はその人物の自国との関係如何によって、またその人物がどの政体を主張するかによって、どの政体を支持するかを決定したのである。しかし第一次大戦という特定の歴史的条件の下で欧米列強はこの法則に従って行動することが出来ず、袁の帝政に対する日本の政策に追随せざるを得なかった。

この時期、政体は清の帝政から共和へ、共和から袁の独裁へ、袁の独裁からまた袁の帝政へと転換した。この転換に伴う武力行使によって社会秩序が乱れる恐れがあった。社会秩序が乱れると列強の対中国貿易は直接的な損失を被るため、列強は転換と安定のどちらかを選択する場合には安定を望んだのであった。このため日本や欧米列強は対立する両派を妥協させるか、或いはどちらか一方を支持して政局を安定させようとした。しかしそれも絶対的なものではなく、どちらかといえば、欧米列強が現状の維持と安定を要望したのに対し、日本は社会秩序の乱れを利用して中国における自己の侵略的目的を達成しようとした。しかし第二革命の時にはそうではなかった。

この時期は、政体をめぐって中国社会が南北に分裂し、対立した時期でもあった。辛亥革命勃発による清朝と南方の立憲派を含む革命勢力の対立から、一九一三年の第二革命の勃発による袁世凱派と孫文の革命党の対立、一九一五年末の護国戦争勃発による袁の帝政と孫文ら革命党及び西南諸省の反帝政・反袁勢力の対立に至るまで、相対的に安定した時期は僅か一年くらいであり、対立と分裂が繰返された時期であった。これは封建的王朝社会から近代社会に転換する過渡期に見られる歴史的現象であり、この時期の一大特徴でもあった。この特徴はこの時期の中日外交と国際関係を複雑化した。そのためこの時期の日本や欧米列強の対中国外交は分裂・対立する袁と孫に対する外交であった。

孫文と袁世凱は中国の政治や舞台における対照的な人物であり、この両者の対立・妥協と闘争によって辛亥革命期の中国政局が展開し、変動した。しかしこれは単なる中国の国内問題でなく、国際的問題でもあった。袁・孫の日本や欧米列強に対する姿勢と外交政策は日本や欧米列強の対袁・対孫の外交政策と対照的であった。この四者の相互の関係は基本的に二重的外交関係によって展開し、中国の国内政治もこの影響の下で変転した。

辛亥革命期の日本と袁、日本と孫との関係を計量学的に具現してみると、両者は反比例の関係にあった。日本の対中国政策の主体は対袁政策であり、対孫政策は対袁政策如何によって決定された。その意味では、日本の対孫政策は対袁政策に従属する二次的なものであり、対袁政策を抜きにした純粋な対孫政策はあり得なかったといえる。本書は、孫文と袁世凱を二つの柱として、日本の対袁・対孫政策と袁・孫の対日姿勢を対照的に比較しながらこの時期の中日外交を検討する。

辛亥革命期の中日外交は、第一次世界大戦の勃発を境に、前後に区分することが出来る。大戦前の日本は対孫・対袁借款と満蒙政策を中心に多様な手段と方法を駆使して対中国外交を推進したが、目立った進展はなかった。しかし大戦勃発は中国をめぐる国際関係を大きく変え、日本に対中国外交を大いに推進するチャンスを与えた。それまで対中国政策のイニシアチブを掌握していたイギリス等欧米列強は大戦に巻込まれて中国を顧みる余裕がなくなり、そのイニシアチブを日本に譲らざるを得なかった。これによって従来日本の対中国政策を大いに牽制してきた欧米列強の力は弱くなった。これは日本の対中国外交の一大転換を促した。日本は軍国主義国家であり、その外交の真骨頂は戦争外交にあった。対独開戦によって膠州湾と山東鉄道（膠済鉄道）を占拠した日本は、この軍事的占拠を背景に対中国政策のイニシアチブを掌握し、辛亥革命或いは日露戦争以後停滞していた対中国外交を積極的に展開し、中国に二十一ヵ条の要求を提出し、日本の中国侵略の障害であった袁世凱を打倒・排除し、黎元洪の擁立を経て北洋軍閥の三傑の一人であった段祺瑞と結び、北京の中央政権を手元に押え、中国における日本の権益を最大に拡大し得る地均しをした。これが大戦以降の日本の対中国外交の収穫であった。

辛亥革命期の中国と日本との外交は、単なる二国間の外交ではなく、中国をめぐる欧米列強との国際関係がからんでいた。故に、本書はこの時期の中日外交を欧米列強との国際関係の中で考究する。

外交関係或いは国際関係は互いの利害関係によって結ばれる。いわば各国或いは各集団の利益に基づいて展開されるのである。故に、辛亥革命期の中日外交とそれをめぐる国際関係の一焦点は、列強の既得権益の維持と新たな権益の獲得であった。時には既得権益の維持が主であり、時には新たな権益の獲得が主であった。欧米列強が既得権益の維持を重視したのに対し、日本は新たな権益の獲得を積極的に追求した。本書は、中日外交とそれをめぐる国際関係についての実証的研究から中国・日本・欧米列強間の三者三様の外交関係を論理的に二重外交論に総括し、二重外交論でこの時期の三者の外交関係と国際関係を分析する。つまり本書の理論体系は次のような二重外交論である。

日本と欧米列強は中国における既得権益の維持では共同一致の外交政策をとり、新たな権益の拡大をめぐっては互いに争奪し互いに牽制する二重的関係にあった。中国と列強は被侵略と侵略の関係であったが、中国侵略をめぐる日本と欧米列強間の争奪に伴う競合と対立によって、中国は時には欧米列強を利用して日本に抵抗し、時には日本を利用して欧米列強を牽制した。一方、日本は中国と欧米列強との対立が激化したチャンスに中国側を利用して欧米列強を牽制し、欧米列強は中国と日本との対立が激化したチャンスに中国側を利用して日本を牽制した。中国侵略をめぐる日本と欧米列強の協調と争奪は両者の侵略的本質から生じた対立的なものであったが、中国は列強間の協調関係を巧妙に利用して双方を牽制したのである。この時期の中日外交は、このような二重的関係の枠内で進められたのであった。

昨日は今日の歴史であり、今日は明日の歴史である。歴史は絶え間なく変転しながら連続し、流れて行く。今日の中日関係は過去の近代中日関係と連続しており、その苦く不幸な関係から得られた教訓の賜物でもある。その意味で、拙著が過去の近代中日関係の研究と今後の中日関係の一層の発展のため、また両国国民の相互理解と学術交流のための一助となれば望外の幸せである。

辛亥革命期の中日外交史には史料の不十分等の要因によって不明な点がかなり残っている。本書にも不明な点や充分な叙述と分析が出来なかったところが残っている。特に日本の対中国外交政策の決定過程や中国の対日外交の内容とその政策決定過程等については不明な部分が大変多い。また中日外交は相互間の外交であったため、叙述において相互のバランスを保てるように努力はしたが、中国側資料の不足によってその均衡は理想的に保たれていない。これらの点に関しては新たな資料の発見に期待せざるを得ない。

絶え間なく流れる歴史に対する学問的な認識と解釈は無限である。学問の研究はリレーのバトン・タッチのようなものである。後のランナーは前のランナーからバトンを受取って先へと走って行くのである。ゴールに達しなくとも先へと進むことが出来れば学問的な価値があるのである。本書もこの分野の研究の終点に達したことを意味するものではなく、新たな研究のスタートとしてバトンを次のランナーに渡すために敢えて出版させていただくことにする。拙著を世に問い、中日両国の学界と国民からご批判とご教示とを賜ることを心から望む次第である。

本書は私の中国と日本における研究の成果をまとめたものである。私は南開大学と早稲田大学との学術交流協定によって早稲田大学で一一ヵ月間このテーマについて研究し、ついに完成させることが出来た。この意味で本書は中日両大学の学術交流の賜物であるともいえる。本書の出版に当って早稲田大学に感謝の意を表すると共に、ご協力賜った大畑篤四郎教授と心よりこの研究を支えて下さった日本の友人方にも厚く御礼申しあげる。

最後に学術図書の出版が厳しい情況の下で、『満洲事変期の中日外交史研究』につづき再度本書の出版をご快諾下さった東方書店の故安井正幸前会長及び山田真史現社長に心から謝意を申しあげる。

二〇〇二年八月

著　者

辛亥革命期の中日外交史研究／目次

辛亥革命期の中日外交史研究

兪辛焞

第一章　辛亥革命の勃発と中日外交

武昌蜂起は、局部的地域における蜂起であるが故に、辛亥革命と同じ意義は持たないが、辛亥革命の狼煙を挙げたことによって、辛亥革命の勃発と同じ意義を有する。本章では武昌蜂起を局部的事件として把握した清朝政府の対応と、蜂起軍と清朝に対する日本と欧米列強の現地における対応を比較しながら考究すると共に、日本軍部・政府・外務省の革命勃発初期における対清政策の模索と形成過程を究明しながら、袁世凱の登場による南北関係の急激な変化に伴う袁と日本との外交交渉をイギリスと比較しながら考究し、日本の民間人と世論及び帝国議会の対応と、それと政府・軍部との関係及び日本社会に与えた影響等を検討することにする。

一　武昌蜂起をめぐる対応

辛亥革命は連続的革命でありながら、また段階的に進行した革命であった。その第一段階は、四月の黄花崗蜂起から一〇月の武昌蜂起前後までの時期である。この時期に中国で対立的関係にあった清朝政府と革命派・蜂起軍が日本に何を求め、日本がこれにどう対応したかを、欧米列強と比較しながら総合的に考究する。

黄花崗蜂起は、武昌蜂起の前奏である。

孫文は、一九一〇年一一月一三日ペナンで秘密会議を開き、広州における新たな武装蜂起を準備した。この会議には同盟会の幹部黄興・胡漢民・趙声と国内東南部各省の代表並びに南洋華僑の代表らが出席した。会議では、翌年広州で青年革命志士五〇〇人と広州新軍を中心とした武装蜂起を起こし、まず広州を占領し、次に黄興が湖南省から湖北省へ進撃し、趙声が江西省を経て南京に進出し、長江流域各省の革命勢力と合流して北伐を挙行し、清朝政府を打倒するという計画が決まった。

この新蜂起を指揮するため、孫文は広州にもっとも近いベトナム或いは日本を根拠地として利用すべきであったが、一九〇八年三月フランス当局が既に孫文をベトナムから追放し、日本も一九〇七年三月孫文を自発的に日本から退去させる措置をとっており、一九一〇年六月には密かに横浜に上陸した孫文を再度追放した。故に、孫文は一二月六日ペナンを出発し、パリを経由して、遠いアメリカ・カナダで蜂起の軍資金を調達せざるを得ず、黄興が香港を根拠地としてこの蜂起を準備した。しかし、準備の進展に伴い、孫文は広州に近い日本に来てこの蜂起を指揮する決心をし、日本の友人にその斡旋を依頼した。一九一一年二月三日、孫文は宮崎滔天宛に書簡を出し、過去に彼の日本上陸を支援してくれた寺内正毅陸相に働きかけ、彼の来日・居留を日本政府が許可してくれるよう要望した。(1) その後また滔天に三回、萱野長知に一回、宗方小太郎に一回、書簡を出し、日本居留を切望する意を表した。(2) しかし日本政府は清朝との関係を考慮し、孫文の来日・居留を許可しなかった。これに対し孫文は、英・米政府は皆日本が中国を併合する野心を抱いていると疑っているが、私の居留さえ許可しないとは、私も日本の政策がそうであることを疑わざるを得ない、と日本政府を非難した。(3) これは、日本政府が孫文らの革命蜂起を支援しない態度をあらためて表したものであった。

しかし、革命派は蜂起に必要な武器調達のため、アジアの兵器庫であった日本に頼らざるを得なかった。黄興はこのため、黎仲実らを日本に派遣して、小銃六二八挺と弾薬を購入したが、その総額は三万五〇〇〇余銀両に達した。[4] 宮崎滔天と前田九二四郎は黄興の息子黄一欧と共に武器の購入に協力した。[5] これらの武器の購入ルートは不明である。これは日本政府と軍部の蜂起に対する支援ではなく、金銭による売買であったが、客観的に蜂起に有利であった。

四月二七日、黄興らは広州で蜂起の火蓋を切り、両広総督衙門等に攻撃を始めた。しかし防御を固めていた清軍にはばまれ、多数の殉難者を出して失敗した。殉難者は広州白雲山麓の黄花崗に葬られたため「黄花崗七十二烈士」と呼ばれ、この蜂起は歴史上黄花崗蜂起と名づけられた。この七二名の烈士のうち、八名は日本留学生であった。彼らの所属学校は、林時爽は日本大学、方声洞と喩培倫は千葉医学専門学校、林覚民は慶応義塾大学、陳与寛は早稲田大学、林尹民は陸軍士官学校、石徳寛は警監学校、陳可鈞は正則英語学校であった。[6] 彼らがこのように革命蜂起のため献身したのは、日本留学における思想的啓蒙と切離すことが出来ない。

黄花崗蜂起の失敗は、武昌を中心とする長江流域の革命気運を盛りあげ、一〇月一〇日武昌蜂起が勃発し、辛亥革命の狼煙が挙がった。

これは偶然の出来事ではなかった。二〇世紀初めから湖北・武昌の愛国的青年は救国の真理を求め、日本に留学して西洋の文明と革命思想を身につけ帰国し、革命団体を組織し、学校と新軍を中心に宣伝・組織活動を展開した。この過程において、蜂起の指導的役割を果す共進会と文学社が成立・成長し、新軍を中心とした革命的民衆の基礎が固められた。ここにおいて核心的役割を果した人物の多数は日本留学生であった。これに、日本留学生宋教仁・陳其美らを中心とした同盟会中部総会が合流し、革命蜂起の勃発を促進した。ここから、清末の日本留学生を通じ、武昌蜂起と日本との間接的関係を窺うことが出来る。

しかし、清末の日本留学生が皆革命派に属していたのではなかった。中国の社会が革命と反革命に分裂していた故に、帰国した留学生もこの両陣営に分裂していた。例えば、日本陸士出身であった張彪は、当時武昌駐屯の第八鎮（師団）の統制（師団長）であったが、彼には日本軍部から派遣された寺西中佐が軍事顧問としてついていた。彼らは蜂起を画策する革命派と対立する立場にあった。寺西は「軍隊ニ自由思想ノ普及ノ延ヒテ将来鎮圧シ難キ勢ヲナサン……将来或ハ意外ノ変アルナラン」と予測し、一〇月六日来訪した張彪に、「断然首謀者ヲ処分スルカ或ハ全ク放置スル」(7)かと建白した。張彪は即刻戒厳令を発し、兵士の外出を禁止し、臨戦態勢に入った。これが清朝側に加担した日本留学生のあり方であった。

時あたかも、清朝政府の外国借款による粤漢・川漢鉄道国有化反対運動が長江流域に盛りあがり、蜂起の勃発に拍車をかけた。このような情勢の下で、九月中旬共進会と文学社が合併して統一的な蜂起指揮部を設置し、蔣翊武を臨時総司令官に、孫武を参謀長に任じ、具体的な蜂起行動計画を作成し、その準備に全力を傾けた。一〇月九日、漢口ロシア租界にあったアジトで爆発事故が起こり、ロシア警官の捜索により蜂起計画が洩れ、蜂起指揮部が襲撃を受けた。このような緊急事態の下で、一〇日夜、第八鎮第八工兵大隊が蜂起第一発の銃声を放ち、楚望台の武器庫を占領した。城外駐屯の第二一混成協（旅団）の兵士らもこれに呼応した。三、四〇〇〇人の革命兵士は湖広総督衙門を猛烈に攻撃し、翌日黎明そこを占領した。蜂起軍は勝ちに乗じて前進し、一二日漢口・漢陽を占領し、武漢三鎮は蜂起軍の手中に帰した。張彪は家族と共に一一月九日長崎に逃亡した。(8)

蜂起軍は、中国の国名を中華民国と称し、武昌の蜂起指揮部を中華民国政府湖北軍政府と名づけ、元第二一混成協の協統（旅団長）黎元洪に強要して都督の地位に就かせた。湖北軍政府は黎の名義で布告を発表し、数千年にわたる封建専制と清朝支配の滅亡を宣言し、中華民国の建設を呼びかけた。武昌蜂起の勝利は、中華民国の新時代を切開く起点となったのである。

武昌・漢口・漢陽は武漢三鎮と呼ばれ、従来中国九省の会と称せられる要衝であり、中清の政治・経済・軍事の中枢であった。また、長江・漢水の水運と京漢鉄道の接合点であり、中清の物資集散地として、その地位は「中国のシカゴ」たる形容に背かないものであった。故に、漢口は一八五八年の天津条約により日本と欧米列強に開放され、イギリス（一八六一年）・ドイツ（一八九五年）・フランス（一八九六年）・ロシア（一八九六年）・日本（一八九八年）五カ国の租界地に加え、スウェーデン・ベルギー等一一カ国の領事館が設置され、中清の重要な国際貿易港となった。これは、この地域に日本と欧米列強の植民地的権益が集中していたことを意味し、この集中がまた武昌蜂起と日本と欧米列強を直接につなぐこととなった。

清朝支配者らは、漢口のこのような国際的条件を利用して、蜂起を鎮圧しようとした。漢口に逃亡した湖広総督瑞澂は、漢口駐在の各国領事に、租界と外国人の保護を口実に、漢口碇泊の各国軍艦を出動させて蜂起軍の渡河を阻止するよう要請すると同時に、(9)ドイツ領事に武昌蜂起は「義和団の復活」だと訴えて、ドイツ軍艦が武昌に対し発砲するよう要求した。ドイツ領事はこの要求に応じ、漢口碇泊のドイツ軍艦も発砲の準備をした。(10)だが、義和団事件後の列強との協定に、中国における軍事行動は他の列強と協議の上実施するとの規定があったので、ドイツ領事はこの要求を領事団に報告した。一三日領事団会議が開かれ、ドイツ領事は、武昌の動乱は義和団の復活であり、清の官軍と協力してこれを弾圧すべきだと主張した。これに対し、日本総領事松村貞雄も賛成の意を表した。だが、フランス領事リアルはドイツと日本の領事の意見に反対した。彼は過去孫文ら革命党と交流があり、また湖北軍政府の通告も見ていたので、革命派と蜂起軍に理解があり、武昌の蜂起は義和団のような排外暴動ではなく、政治改革を目的とする革命蜂起だと強調し、軍事的干渉を避けるべきことを主張した。(11)領事団の首席領事であったロシア領事もこの主張に賛成した。その結果、領事団は軍事的干渉を避け、中立を保つことを決定した。(12)

領事団のこの決定は、蜂起軍の事前の準備と対外政策とも密接な関係があった。義和団に対する八ヵ国連合軍の凄惨な鎮圧は、中国の革命指導者に深刻な教訓を与えており、蜂起が成功するか否かのキーポイントは、如何に列強の軍事的干渉を阻止・排除するかであると見なされていた。故に、武昌の蜂起指揮部は、九月二四日に蜂起の期日と計画を決定するとと同時に、軍政府の組織の中に宋教仁を部長とし居正を次長とする外交部を設置し、蜂起後の対外政策と対外交渉に必要な覚書等を準備した。軍政府成立後、人事の異動があり、黄中愷が一時外務局長を務めていたが、二七日の改組により胡瑛が外交部長に就任して対列強外交を積極的に推進し、列強の武力干渉を排除しながら、清朝政府に対する列強の援助を阻止し、清朝を国際的に孤立させようとした。

一〇月一二日、軍政府は鄂《がく》(湖北)軍都督黎元洪の名義で、漢口の各国領事に覚書を発送した。この覚書は、まず軍政府が国家を構成する永久的居民、明確な領域と政府等六つの要素を具備した政府であることを明示し、間接的に列強の承認を要請する意を表した。次に「軍政府は祖国を復するの情切に満朝の無状を憤り、本都督の復命により武昌で挙兵し、専制政府を打倒し、民国を建立した。同時に、友邦各国に対し益々睦誼を敦くし、以て世界の平和を維持し、人類の幸福を増進することを期する」(13)と、蜂起の政治目的と対外政策の基本方針を明確に示した。

覚書はこのような方針に基づき、次のような軍政府の対外政策を具体的に提示した。(14)

一　清国が以前各国と締結した条約は、引きつづき有効である。
二　賠償金と外債は旧に照らし、各省より期に従い数の如く返還す。
三　軍政府占領地域内に居留する各国人民の財産は一律に保護する。
四　各国の既得権利はすべて保護する。
五　この覚書通知後、清朝政府と各国が締結した条約、許可した権利、借りた国債に対し、軍政府は一切承認をせず。

六　各国がもし清朝政府を助け軍政府を妨害すれば、敵と見なす。
七　各国がもし清朝政府に軍需品を援助すれば、捜索没収する。

この一から四は中国における列強の既得権益を承認することによって蜂起に対する列強の軍事的干渉を排除しようとしたものであり、五から七は清朝に対する列強の援助を阻止し国際的に清朝を孤立させようとしたものであった。この七項目は、一九〇六年孫文と同盟会が制定した「革命方略」の対外宣言とほぼ一致するものであり、湖北軍政府が孫文と同盟会が制定した対外政策を執行していたことを物語るものであった。(15)

同時に、軍政府は外国人と租界・教会を保護する者には賞金を与え、それを侵害する者は死刑に処する通知を発した。漢口の領事らが武昌に来て居留の外国人を漢口に避難させた時にも、黎元洪は兵士を派遣して保護し、彼らを歓待した。(16)この措置により、蜂起と激烈な戦闘の混乱の中でも、外国人と列強の権益は十分に保護されていた。漢口の松村総領事も「外国人ノ生命財産ニ対シテハ何等ノ危害ヲ加ヘス」(17)と林董外務大臣に報告し、イギリス等他の国の領事も皆この事実を認め、本国に打電した。このような実情により、列強は蜂起に干渉する必要性と口実がなくなり、一八日領事団は軍政府に中立を厳守する意を再度表明した。(18)

日本と列強は中立を表しながらも、蜂起軍に対する警戒と軍事的圧力を緩めず、続々と漢口に軍艦と陸戦隊を派遣してきた。蜂起勃発の時、日本の軍艦隅田が漢口に碇泊していたが、翌日軍艦対馬も漢口に着いた。一六日、漢口に碇泊する外国軍艦は一三隻（英五、米三、仏一、独二、日二）に増加した。(19)これらの軍艦は、日本海軍第三艦隊司令長官川島令次郎少将の指揮下に置かれた。(20)これは、主に租界と外国居留民の保護のためであり、中国の新聞もこの意図を報道していたが、(21)蜂起軍に対しては無言の軍事的圧力となった。同時にまた、これは官軍に対する牽制でもあった。戦況の拡大は租界と外国居留民に被害を与える可能性があったから、(22)一六日清朝海軍の薩鎮冰指揮下の軍艦・砲艇が漢口に到着して武昌に艦砲射撃を敢行しようとした時、列強の海軍はその行動を牽制した。

辛亥革命期の日本と欧米列強の対中国外交の基本的目的は、既得権益の保護と新権益の拡大にあった。租界と居留民の保護は既得権益保護の一構成要素であり、列強の漢口駐在領事らはこの任務を忠実に執行すると共に、新権益を拡大しようとした。日本とイギリスの総領事は戦乱を口実に、両国の租界を京漢鉄道一帯まで拡張し、租界と鉄道を連結して、その利を図ろうとし、漢口の領事団会議もこの件を検討し、租界の拡大を決定した。(23)これに対し内田康哉外相は「居留地拡張ノ件ハ御意見通ニテ差支ナ(24)」しと支持した。

湖北軍政府と領事団との関係において重要な一事は、軍政府承認問題であった。この承認は国家としてよりも交戦団体としての承認であった。湖北軍政府の実情とそれに呼応して独立した他の省の情況から見れば、当時の軍政府は国際法に基づく交戦団体としての条件を具備していた。外国が、国家の一部が分離独立した武装団体を交戦団体として承認する目的は、その地域における既得権益と居留民保護の義務を武装団体に負わせ、承認の形式としては内戦に対する中立宣言を発表するケースが多い。故に、軍政府は漢口領事団の中立の意を軍政府に対する列強の交戦団体としての承認だと誤解したのである。(25)その後の回想録と多くの史書も、軍政府が交戦団体の地位を列強から獲得したと述べている。(26)事実は、日本と列強は終始軍政府の交戦団体の地位を承認しなかったばかりでなく、内田外相が指示したように「此際書面ヲ以テ革命軍ト往復スルトキハ同軍ヲ交戦団体ト認ムルカ如キ結果トナリ面白カラサルニ付実際ノ必要上已ムヲ得サルニアラサレハ成ルヘク之ヲ避クル(27)」ようにした。イギリス・アメリカも日本と同様な態度をとった。日本と列強は、交戦団体承認国として享受すべき外国人の生命財産に対する保護を受け、また被承認側に対し中立を守り、軍政府は、交戦団体と承認される二つの主要な条件を整えていた。にもかかわらず、日本と列強がそれを承認しなかったのは国際法に相応しくないことであった。それは、清朝との関係を引きつづき保つためであった。

だが、日本と列強は軍政府の存在とその権威を認めざるを得なくなり、それと一定の関係を保つようになっていった。松村漢口総領事が内田外相に上申したように、「単ニ間接ノ交渉ノミニヨリテ諸種の案件ヲ弁理スルハ頗ル困難ナル」[28]が故に、内田外相は「今後必要ノ場合ニ於テハ革命軍ニ対シ適宜交渉ヲナサルルモ差支ナシ」と指示し、「革命軍ニ対シテハ此際徒ラニ其感触ヲ害スルカ如キ措置ヲ執ルコトヲ避ケラルヘキ」[29]旨訓令した。これは、革命軍を当地域における「事実上の支配者」として黙認したことを意味した。他の列強も同様の措置をとった。

上述のように、湖北軍政府は交戦団体としての地位は獲得出来なかったが、列強の武力干渉を排除し、列強に中立的態度をとるようにさせたことは、その対外政策の成功であった。もし辛亥革命の火蓋を切った武昌蜂起が列強の武力干渉に遭ったならば、その後に相つづく各省の独立もあり得なかったかもしれないし、革命情勢も大きく変ったであろう。この意味から、軍政府が一時的に列強の既得権益をそのまま容認したのも、当時の力関係から、革命の勝利のために必要なことであったし、不平等条約を廃棄し民族の独立を勝取る最終的政治目標のために、一時的に既成の不平等条約を承認したのもやむを得ないことであった。これは革命的弁証論である。

武昌蜂起と日本と欧米列強との上述のような関係は、局部的地域における関係であったが、これが前例となり、各地においてもこれと同様な対外政策がとられ、辛亥革命全般における対外関係を形成したのである。この意味から、武昌蜂起における軍政府の対外政策は意義あることであり、日本と欧米列強の対応も、辛亥革命に客観的に、一定の国際条件を提供したといえよう。これは、ただ軍事的な側面を指すものであり、政治・経済面における直接的干渉を指すものではない。この政治・経済的側面からの武昌蜂起と日本と欧米列強との関係は、また別なものである。

(1)『孫中山全集』第一巻、中華書局、一九八一年、五〇八ページ。
(2) 同右書、五一二、五一九―二〇、五二三―二五、五三八ページ。
(3) 同右書、五一二ページ。
(4) 黄彦・李伯新編著『孫中山蔵檔選編著』中華書局、一九八六年、三五ページ。
(5) 毛注青『黄興年譜』湖南人民出版社、一九八〇年、一一三ページ。
(6) 李喜所『近代中国的留学生』人民出版社、一九八七年、一九四ページ。
(7) 栗原健編著『対満蒙政策史の一面』原書房、昭和四一年、三〇七ページ。
(8)『申報』一九一一年一一月一四日。
(9) 中華民国史事紀要編輯委員会編『中華民国史事紀要』民国紀元前一年(一九一一)至十一月份、中華民国史料研究中心、一九七三年、六五二ページ。
(10) 蕭建東「徳国与辛亥革命」、呉剣傑主編『辛亥革命研究』武漢大学出版社、一九九一年、三八〇ページ。
(11) 一九一六年中国はフランス領事リアルの功績をたたえ、彼を表彰した。
(12) 中華民国開国五十年文献編纂委員会編『武昌首義』中華民国開国五十年文献編纂委員会、一九六一年、三七九ページ。
(13) 同右書、三七七ページ。
(14) 同右書、三七七―七八ページ。
(15)『孫中山全集』第一巻、三一〇―一一ページ。
(16)『申報』一九一一年一〇月一七日。
(17) 外務省編『日本外交文書』第四四・四五巻別冊清国事変(辛亥革命)(以下『日本外交文書』(辛亥革命)と省略する)、日本国際連合協会、昭和三六年、四六ページ。
(18) 中華民国史事紀要編輯委員会編、前掲書、六七一―七二ページ。
(19) 胡浜訳『英国藍皮書有関辛亥革命資料選訳』上、中華書局、一九八四年、五二ページ。
(20)『日本外交文書』(辛亥革命)、八ページ。
(21)『申報』一九一一年一〇月二一日。

(22) 日本人居留民は、武昌に一四五人、漢口に一二〇〇人いた。
(23) 胡浜訳、前掲書上、八七ページ。陳春華ら訳『俄国外交文書選訳』(有関中国部分、一九一一・五—一九一二・五)、中華書局、一九八八年、一四四ページ。
(24) 『日本外交文書』(辛亥革命)、一〇八ページ。
(25) 『申報』一九一一年一二月一日。
(26) 中華民国開国五十年文献編纂委員会編、前掲書、三七九ページ。
(27) 『日本外交文書』(辛亥革命)、一〇八ページ。
(28) 明治四四年一一月一〇日、在漢口松村総領事より内田外相宛電報、機密第五六号。防衛研究所所蔵。
(29) 『日本外交文書』(辛亥革命)、一一二ページ。

二　日本軍部・政府・外務省の対応

駐漢口の日本総領事は領事団の共同行動に巻込まれ、中立・不干渉の態度をとっていたが、日本国内の対応はこれと正反対の方向に向き、外務省と軍内部の意見も統一されていなかった。当時辛亥革命にかかわっていた副島義一はこの情況に関し、「此の東亜大変動の大機に臨み、政府の向背一定せず、外務と軍部と其意見を異にし、軍部に於ても陸軍と海軍とは其所作同じからず、又省と参謀部とも其趣を一にせず、或は清朝を救はんとする者あり、或は袁世凱を援けんとする者あり、或は南方に力を添ふる者ありて各自区々の行動を採つた」(1)と回想していた。本節では、このような陸海軍と政府・外務省の対応を考究すると共に、その三者の対応を比較しながらこの時期における日本の革命に対する政策の本質を究明する。

大陸政策の積極的な推進者である陸軍は、武昌蜂起を「叛乱」と見なし、この機を利用して中国大陸に出兵し、その要衝を占領し、中国における日本の領土或いは植民地的権益を拡大しようとした。石本新六陸相は一〇月一三日の閣議に「清国に事あるに際し我国は現状に安んずべきや、又は何れの地かを占領すべきや……等を定め置きたきものなり(2)」との書面を提出し、閣僚に回覧した。同日、田中義一軍務局長は海軍省に「清国ニ対スル用兵ニ就テ」の具体案を提案し、この節「我ハ南満洲ヲ得テ満足スヘキカ或ハ直隷山西方面ニ占拠シ清国中央部ノ資源ヲ領有スヘキカ或ハ楊子江河口ヲ扼シテ該江ノ利源及大冶ノ鉱山等ヲ占領スヘキカ或ハ広東又ハ福建ヲ割譲セシムルヲ以テ必要トスルカ(3)」等の具体案を提議した。

陸軍省のこのような提案は武昌の「暴動」が益々拡大し「清国ノ此等動揺ハ遂ニ列国ニ干渉ノ好機ヲ与ヘ兵力使用ノ已ムナキニ至ルコトアルヘシ(4)」との情勢判断から唱えられたものであり、義和団に対する八カ国連合軍の出動のような事態を想定したものであった。その時日本は連合軍の二分の一に当る大軍を出動させ最大の「犠牲」を蒙ったが、事件鎮圧後の利権及び賠償においては「戦闘ノ犠牲ト反比ノ結果」になり、「交戦弥久兵力使用ノ主宰者タル我ハ徒ラニ困憊ニ陥リ列強ハ其ノ間ニ処シテ所謂漁夫ノ利ヲ獲得スルニ至」ったとして、今回は小さな「犠牲」で大きな権益を獲得するため「戦政両略」の一致を強調し、まず「政略上ノ要求ヲ確定」した上で「作戦上ノ計画ヲシテ此要義ニ合致セシ」め「第一著歩ニ於テ兵略上ノ首脳部ニ大打撃ヲ与フルト同時ニ戦後ノ情況ニ鑑ミ最モ有利ナル政略上経済上ノ要点ヲ担保的ニ占領スルノ要アル(5)」と主張した。

同時に陸軍は具体的出兵案をも検討し始めた。一四日岡市之助陸軍次官は参謀次長宛に、㈠「長江沿岸ハ利害錯綜セルカ故ニ情況ノ発展ハ該地方ニ協同出兵ヲ必要トスル」、㈡「変難ノ北清ニ波及スルノ時ニシテ此場合ニ於テ我国ハ一方ニ満洲ノ鉄道保護ヲ名トシテ」単独出兵する、㈢これと同時に「北清ヘノ協同出兵ヲ為スノ手段ヲ採ル(6)」という三つの出兵案を提出した。陸軍のこの共同出兵案は日本と列強の中国に対する侵略意図の一致を表した。だが日本と列強との間ではまた中国における植民地権益拡大をめぐる争奪戦も展開されていた。故に、陸軍は海軍側に「事変ヲ予期シ海軍力ヲ主要地点ニ配置シ之ヲシテ応急先ツ事ニ当ラシメ以テ機先ヲ制スルノ手段ヲ講スルコト必要」(7)だと強調し、「北清方面及長江方面ノ協同出兵ニ際シテハ爾後ノ為列強ニ先シ白河楊子江口ニ有利ノ根拠ヲ専用スルコト」を提案した。これは出兵の機先を制し、主導権を掌握しようとするものであった。

陸軍は駐中国の寺西中佐・本庄少佐・細野中佐・井上少佐と北京公使館付武官青本宣純少将を通じて情報を収集すると同時に、坂西《ばんざい》利八郎中佐・古川岩太郎中佐・高橋小藤治大尉ら一〇数名を中国に派遣し、出兵に必要な調査と準備をした。例えば高橋小藤治大尉には「貴官ハ十六日東京ヲ発シ上海ニ急行シ漢口附近ニ派兵ノ場合ヲ顧慮シ揚子江水運ニ関スル件(呉淞附近ニ於ケル根拠地ノ選定、輸送実施ノ方法、海運材料ノ有無及利用法並ニ為シ得レハ上海、漢口間水路ノ視察)ヲ調査」(8)する任務が命じられた。

上述のような日本の出兵・干渉の企みを察知していたかどうかは不明であるが、欧米列強は革命勃発の当初から日本の出兵・干渉を非常に警戒し、これを牽制しようとした。日本のパートナーであったロシアも日本の出兵・干渉に関心を寄せ、駐日大使館にこれに関連する情報を提供するよう訓令した。(9)

上述のような陸軍の出兵企図と計画は、武昌蜂起前に既に準備していたものであった。陸軍省と参謀本部は中国において「動乱」が近く起こることを予測し、一九一〇年一二月既に「対清政策案」を検討し、列強の干渉・共同出兵の可能性及び日本の核心的役割等を含む計画案を立てていた。(10) 田中義一軍務局長が提出した「清国に対スル用兵ニ就テ」は、この計画案とほぼ一致するものであった。

上述の事実は陸軍が武昌蜂起を契機に中国に対する出兵を企図していたことを確実に物語る。これは陸軍が大陸政策遂行の欲望を本能的に示したと同時に、辛亥革命という新しい事態に対する認識とこの革命をめぐる中国国内と国際情勢の変化に対する判断が欠けていたことを表明したものでもあった。だがこれは企図・計画であり、政策として決定されたものではなく、その決定過程における模索でもあったから、出兵の矛先を官革のどちらに向けるかも明確に示されていなかったばかりでなく、陸軍省と参謀本部には官革双方に対する政策においても相違があった。参謀本部は南方の革命軍に武器等を提供する意向を持っており、既に少量の雷管、ダイナマイト等を提供していた(11)。だが陸軍省はこれに反対し、首相・外相も陸軍省の意見に賛同した。首相・外相・陸相は清朝政府に武器を提供することに積極的であった。故に、彼らは参謀本部を牽制しようとして、石本陸相が「陸軍省を経由せざるものは総て取合くるゝ勿れ(12)」と要求した。これは陸軍内部においても官革双方に対する政策において相違があったことを示す。

次に海軍の対応を考究することにする。海軍は蜂起前に既に渤海・黄海に第二艦隊、長江と南シナ海に第三艦隊を派遣していたので、軍事的な行動の反応が速く、蜂起勃発の翌日から漢口に軍艦を集中し始めた。国内においてもその対応策を講じ始め、海軍次官財部《たからべ》彪は一〇月一四日呉及び佐世保鎮守府司令長官に「今般清国事変発展如何ニヨリ陸戦隊ヲ第三艦隊ニ臨時増加ノ必要アルヘキニヨリ少佐ヲ司令兼中隊長トスル二個小隊編制(13)」をするよう命令し、省内においては栃内曾次郎軍務局長に海軍の対応策を検討・起草するよう命じた。栃内軍務局長は一〇月一四日「時局第一策」を起草した。これは蜂起当初における海軍の対応を示す重要な文書である。海軍はまず情勢判断において陸軍と異なり「今回ノ事変タルヤ局部ノ小不平カ革命党ノ点火ニ因テ満漢ノ反目ヲ爆発セシメタルモノニシテ必スシモ組織アリ節制アリ大規模ノ反乱ナルヘシトハ軽々に臆断シ難シ」と判断し、この判断に相応しい対応策として「此ノ際我国ノ方針ハ暫ク形勢ノ推移ヲ看望シテ苟モ我権域ノ拡張スヘキアラハ乗スヘキノ機ヲ失セサルト同時ニ既ニ獲得セル所ハ毫モ之ヲ失フコトナク然モ清国ノ邪推ト列国ノ悪感トヲ避クルニ在リ(14)」と規定した。

この方針に基づき斎藤実海軍大臣は一〇月一七日駐漢口の川島第三艦隊司令長官に海軍の方針を電訓した。その主な内

容は次の通りである。(15)

一　我艦艇ハ何分ノ命令アルマテハ清国官憲及反徒ノ双方ニ対シテ厳正中立ノ態度ヲ執リ単ニ我居留民並ニ諸外国居留民ノ生命財産ノ保護上必要ナル行動ヲ採ルニ止ムヘシ

二　大治ハ暴動同地ニ波及スルニ至ラハ国家自衛権ノ名ニ依リ防護シ得ヘキ理由アリ其時機ニ至リ要スレハ居留民保護ノ範囲内ニ於テ該地ニ於ケル帝国特別利権ノ防護ニ勉ムヘシ

三　長江ノ咽喉タル江陰ニ対シテハ充分ノ注意ヲ払ヒ機ニ臨ミ列国ニ後レヲ取ラサルノ覚悟アルヲ要ス之カ為メ南京居留民保護及通信連絡ノ名ヲ以テ該地方面ニ絶ヘス一艦ヲ配置スヘシ

四　貴官ハ帝国及諸外国在留民及ヒ其財産ノ保護ニ関シテハ必要ニ応シ該地方行政ニ関スル責任者ト事実上ニ於テ直接交渉スルコトヲ得ヘシ但シ右直接交渉ヲ為スニ当リテハ法律上帝国政府ニ於テ反徒ノ政権ヲ認ムルカ如キ態度ヲ避クルヲ要ス

海軍は海軍艦艇が中国領海内で直接官革双方の官憲或いは軍隊と接触することがあり得るため、これに対する具体策を制定し現地の指揮官に訓令を下した。一一月六日財部彪海軍次官は第三艦隊の川島司令長官に「現ニ叛軍ノ権下ニ陥レル地方ニ於テハ帝国海軍指揮官ハ事実上ニ於テハ叛軍ノ権力ヲ認メ叛軍カ安寧秩序ヲ維持スル為ノ実行スル必要ナル処分ヲ尊重スヘシ」(16)と命令し、軍政府の権力の存在を認めた。当時軍政府は清軍を孤立させるために、日本と外国の船舶による清軍への兵器・弾薬・軍需品の輸送を禁止したが、これに対し海軍は原則としてはこれを認めず、具体策として「叛軍カ自衛上前記物件清軍ニ到達スルヲ防止スルノ手段ヲ取リタル時ハ強テ之ニ干渉スルヲ要セス」(17)とした。もし蜂起軍がこれらの物件を没収しようとする時には、十分な代価を支払ってこれを買入れるを得ると規定した。蜂起軍に対するこのような措置は清軍にも同様に適用された。これは海軍が官革双方に対し基本的に中立を守っていたことを示す。

右のような海軍側の時局策を陸軍側の方針と比較した場合、両者の間には共通点よりも相違点が多かった。第一に、陸軍は武昌蜂起が大規模な全国的動乱に拡大して行くことを予測し、これを前提とした対応策としての出兵計画を制定しようとしたのに対し、海軍はその蜂起を一時的・局部的「動乱」だと判断し、その対応策も局部的な問題を重視し、長江と沿海における既得権益保護のための軍艦配備等の具体的な問題を考慮していた。第二に、海軍は官革双方に対しまた蜂起そのものに対し中立的態度をとったのに対し、陸軍は武力による干渉に乗出そうとした。第三に、両者共に既得権益の保護や機に応じた新権益の拡張という点では共通であるが、新権益拡張の規模とその積極性においては大きな差があった。第四に、陸軍は列国との共同・協調を重視しているが、海軍は共同出兵を想定していないのでこの点に対し触れず、政治・軍事上の要衝の占拠においては両者共に列強と争う意を強調した。上述のような両者の共通点は、日本帝国の陸海軍としての共同的軍事任務とその本質を表明したものであり、その相違点は政策決定過程においてあり得べきことであり、異常な現象だとはいえない。

海軍は上記のような中立・不干渉の政策をとりながらも、行動においては積極的であった。一一月一三日までに第二・第三艦隊から二〇隻の艦艇を中国沿海の主要な港と長江流域に派遣し、漢口には四隻の艦艇が碇泊していた。これは武昌蜂起直後の五倍に当るものであった。中国の新聞も中国沿海と長江における日本海軍の艦艇の行動を非常に注意・警戒し、七隻の艦艇が漢口に碇泊していると報道した。(18) これは革命軍に対する軍事的圧力であった。

次に政府・外務省の対応を考究することにする。

日本では桂太郎内閣が総辞職して、八月三〇日第二次西園寺公望内閣が成立し、外相に駐米大使であった内田康哉が任命された。内田は一〇月一四日東京に到着し、一六日その職に就き、中国情勢への対応策を検討し始めた。

情勢に対する正確な判断は政策決定においての重要な前提である。外務省とその出先機関は武昌蜂起後の中国情勢に対し明確な判断をしていなかった。彼らは武昌蜂起を「武昌暴動」、「武昌兵変乱」、「南清変乱」、或いは「革命党蜂起」、「革命争乱」と呼び、これに参加した者を「暴徒」或いは「革命党員」だと呼び、蜂起の性格に対する認識も暖昧であり、その本質は勿論その趨勢に対しても明確な判断がなかった。故に、外務省とその出先機関は、この時期の中国の時代の流れがどの方向に進んで行くかすらわからなかった。これは辛亥革命においての日本外交の根本的問題であり、これにより日本の対辛亥革命外交は失敗を重ねざるを得なくなった。

これはまず辛亥革命における清朝の前途とその政府への対応において顕著に現れた。清朝はアヘン戦争以来外圧と国内矛盾の激化により、この時期に既に滅亡の前夜に達していた。辛亥革命はこの王朝に対する最後の一撃であった。だが外務省とその出先機関は清朝政府が革命を鎮圧してその支配を維持出来ると判断し、その支持と援助に乗出した。清朝政府も日本と列強の支援を獲得して革命を鎮圧しようとした。これにより日本と清朝は革命への対応において、一時的に一致協力した。一〇月一三日清朝政府は北京日本公使館付武官青木宣純少将に、日本より「砲弾約三十万発小銃弾六千四百万発小銃一万六千挺ヲ至急購入シタシ」[19]と内密に依頼した。伊集院彦吉公使はこの要請に日本として応ずるよう内田外相に上申した。一六日内田外相は伊集院公使に「帝国政府ハ清国政府カ革命軍討伐ノ為該銃弾薬ヲ入手スル最緊切ナル必要アルヲ顧念シ本邦商人ヲシテ右ノ供給ヲナサシムル為十分ノ助力ヲ与フルコトニ決シ既ニ右ニ必要ナル諸般ノ措置ヲ取リ置キタリ」[20]と打電し、清朝を支持する姿勢を示した。これは内田外相の独断によるものではなく、西園寺首相と陸軍省の支持の下で決定されたのであった。一六日内田外相が石本陸相を訪れた時、石本は清朝のこの要請を承諾するよう申入れた。首相・外相・陸相の協議により、二〇日閣議はこの件を正式に決定し[21]、二三日清朝政府の陸軍部と泰平組合の間に総計二七三万二六四〇円の兵器・弾薬売込契約が締結された[22]。これは伊集院公使が述べたように平常の価格より二割乃至八割高いものであった。故に伊集院は半額に引下げるよう要請したが、内田外相は理由を挙げて拒否した。

清朝政府はまた盛宣懐郵伝部大臣を通じ、漢冶萍公司《かんやひょう》の名義で横浜正金銀行に六〇〇万円、萍郷・株州鉄道を担保として一〇〇万円の借款を要請してきた。[23] 東三省総督からも正金銀行に五〇〇万円の借款要請があった。[24] これらに対しても伊集院公使は積極的に対応する姿勢を示した。

日本がこのように清朝政府を支援したのは、蜂起鎮圧という政治目的の他に、清朝政府に満州における日本の権益と地位を尊重させるためでもあった。

日本とは対照的に他の列強は清朝を支援しようとしなかった。清朝政府は軍資金の調達のため、四ヵ国銀行団（英・仏・独・米）に借款を要請したが、イギリス公使ジョルダンは拒否した。これにより四ヵ国銀行団も一一月八日パリの会議で中国の内戦に対し中立的態度をとることを決定し、借款の要請に応じようとしなかった。それは彼らが既に清朝がこの動乱を経て衰退し、滅亡する可能性があることを予測していたからであった。

ドイツが清朝を支持・支援したのは特異なことであった。在中国のドイツ銀行＝徳華銀行は清朝政府に一〇〇万両の白銀借款を独自に提供した。[25] 一一月下旬官軍が漢陽を攻撃した時、ドイツの軍艦とドイツ人の軍事顧問が直接この戦闘に参加し指揮をとった。日本とドイツが辛亥革命初期においてこのような清朝援助策をとったのは、偶然ではなく、両国共に後進的な帝国主義国家であり、また軍国主義国家だったからであった。

日本政府は一応清朝政府に兵器を提供することを決定したが、政府としての対清外交方針は未定であった。内田外相は石井菊次郎次官と倉知鉄吉政務局長に対清方針の立案を指示し、自身も元老・陸軍・海軍の要人を訪ね、各方面の意見の調整に取掛かった。[26] 中国の新聞も日本外務省が重要な会議を開いて、行動計画を制定していると報道した。[27] 内田外相は一七日西園寺首相を訪ね、一九日には原敬内相と話合った。原は内田に「北京政府又は革命軍何れにても其感情を害する事は外交上妙ならずと思ひ、……十分なる注意を要する事」[28] と述べた。原は「今日の情勢は叛徒も官軍も如何なる情況となるや全く不明なれば、外交上の理論一辺にては到底我国の不利を免がれざるべし[29]」との情勢判断から内田外相にこのようなアドバイスをしたのである。原のこの判断は冷静なものであり、官革双方の力関係の変化を見守りながら、双方に対する外交方針を決定しようとしたものであった。二一日内田外相は桂太郎と二時間ほど会談した。その内容は不明だが、桂は原に「万一の場合は利益保護の名義にて大冶地方を占領し之に因て満洲問題を解決すべし[30]」と述べたことがあった。二二日内田外相は海軍の長老であり軍事参議官であった山本権兵衛を訪れ、両者は「満洲ハ永遠ニ保持スルノ覚悟ナル事。中清ノ事ハ利権増進ノ為機宜ノ措置ヲ取ル事」で一致し、「機宜ノ措置ナルモノニ就テハ随時更ニ相談アルベシ[31]」と約束した。

内田外相は右記のような意見をまとめて、最後に「対清政策ニ関スル件」を起草し、二四日の閣議においてこれを日本政府の外交方針として採択・決定した。その主な内容は次の通りである[32]。

第一は日本の大陸政策においてもっとも重要なのは満州問題であり、「満洲ニ於ケル租借地ノ租借期間ヲ延長シ鉄道ニ関スル諸般ノ問題ヲ決定シ更ニ進ンテ該地方ニ対スル帝国ノ地位ヲ確定シ以テ満洲問題ノ根本的解決ヲナス」とし、この解決は「其機会ノ最モ我ニ利ニシテ且成算十分ナル場合ヲ待チテ初メテ之ヲ実行スルコトヲ得策ナリト思考ス」と決定した。これは日清・日露戦争以来の大陸政策の継続であり、前内閣の「満洲ノ現状ヲ永遠ニ持続スル」政策を継承したものであった。

第二は中国本部に対する政策である。日清・日露戦争以来日本は他の列強と共に中国本部、特に長江流域に対しその権益を拡大していたため、この地方における「在留帝国臣民ノ多キ我通商貿易ノ大ナル将又我ニ於テ関係ヲ有スル企業ノ増加シツツアル」事情に鑑み、「今後特ニ力ヲ支那本部ニ扶殖スルニ努メ併セテ他国ヲシテ該地方ニ於ケル我優勢ナル地位ヲ承認セシムルノ方法ヲ取ルコトトナシ」と決定した。これは日露戦争後の山県有朋の「帝国国防方針案」に沿うものであった。山県はこの案で「楊子江河盂及其以南ノ地方ニ於ケル生産力ノ富饒」に注目し、「今後我国利民福ヲ増進セント欲セハ北守南進ノ策ヲ講スルヨリ善キハナシ」と主張し、「我主ナル目的ハ南清地方ヲ攻略シテ利権拡張ノ基礎ヲ建テ」、「然ル後北京攻略ニ着手スルヲ有利トス」と強調した。

第三は中国における日本の「優勢ナル地位ヲ占メンコト」である。閣議決定において、満州或いは中国本部について「帝国地理上ノ位置並ニ帝国ノ実力ニ照ラシ」、「一旦不測ノ変ノ此地方ニ起生スルニ方リ之ニ対シテ応急ノ手段ヲ講シ得ルモノ帝国ヲ措テ他ニ之ヲ発見スルコト能ハス」と自信を示し、「今後自ラ叙上ノ地位ヲ覚認シ且之ヲ確立スルコトヲ努メサルヘカラサルノミナラス清国並ニ列国ヲシテ漸次之ヲ承認セシムルノ方策モ亦今ヨリ是非之ヲ講セサルヘカラス」と定めた。

第四は上記目的達成のための欧米列強に対する外交政策であった。方針は北のロシアに対しては満州問題において「歩調ヲ一ニシテ我利益ヲ擁護スルコトヲ計リ」、南方のイギリスに対しては「飽迄同盟条約ノ精神ヲ徹底スルコトニ努メ」、フランス等中国本部に利害関係を有する「諸国トノ間ニ調和ノ途ヲ講シ」、アメリカに対しては出来得る限り「我伴侶ノ内ニ収ムルノ策ヲ取」るように決定した。これは列強に対する協調外交を強調したものであった。

第五は清朝政府に対する対応である。この方針は「出来得ル限リ清国ノ感情ヲ融和シ彼ヲシテ我ニ信頼セシムルノ方策ヲ取」るようにさせると規定した。これは情勢判断として清朝政府が依然と中国を支配し得ると信じ、その信頼を得ようとしたものである。だが南方の革命軍に対しては特に触れていない。しかし、閣議に参加した原内相は「前回の閣議にては叛軍には毫も同情をせず、正当政府なる北京政府のみに正直に同情する形勢ありしも、本日の閣議にては右様正直一辺も策の得たるものに非らざるを認むるに傾けるが如くなりき」(33)と述べた。これは革命軍に対しても一定の余地を残しておいたことを物語る。

閣議で決定された日本の対清外交方針は、日本の伝統的実利主義的外交政策を再現し、満州と中国本部における権益の維持・拡大を強調し、日露戦争以来の対清外交政策を継続して、行詰った清朝政府との外交交渉を打開しようとしたものであった。辛亥革命は清朝封建制の打倒と共和制樹立を目指す革命であったが、この外交方針は中国の政体と社会秩序の変革に対する認識がいささかもなく、この革命の舞台に登場した諸政治勢力に対する分析とそれらの力関係の変化に対する見通しもなかった。これは当時政府・外務省には辛亥革命に対する政治的判断がなかったことを意味する。これが辛亥革命における日本の対清外交の決定的問題点である。

政府のこの方針を軍部、特に陸軍と比較した場合、両者間には共通点がありながらも、また大きな相違点もあった。第一に、権益拡大の問題においては共にこの目的を強調したが、その規模と意気込みにおいては、陸軍の方がはるかに大きく強かった。第二に、この目的達成の手段として陸軍は出兵・干渉、海軍は一部の艦艇の出動と中立を主張したが、政府・外務省はこの問題を避けた。軍部の計画は戦略であり、政府・外務省の方針は政略であったかもしれないが、後者は出兵問題に対し慎重であった。故に、陸軍が要望した政戦両略の一致は実現されなかった。第三に、陸海軍共に列強に対し機先を制することを強調し、中国における列強との争奪を主張したが、政府・外務省は逆に協調外交を主張した。第四に、陸軍はまず政略を制定し、それに相応しい戦略を制定すべきだと主張したが、二四日の政府決定は陸軍の要望に応ずるものではなかった。これは両者の上述の相違から出てきたものである。

しかし政府・外務省と海軍を比較した場合、相対的に両者は共通点が多かった。これは政府の方針決定において海軍の影響が強かったからである。(34) 財部海軍次官はこのことに関し「此方針ヲ早ク決定ノ事ハ山本伯（権兵衛――筆者）ヨリ安楽氏ヲ介シ首相ニ勧告アリ、首相ハ大ニ之ヲ徳トセラレタリ」(35) と述べている。これはその影響を立証するものである。

上述の事実のように、武昌蜂起勃発以来半カ月間日本の対清外交は、政府・外務省と陸軍、海軍の三者間の調整により模索しながら進められたが、一六日前後陸軍の影響により清朝政府へ大量の武器が提供され、二四日前後にはまた海軍の影響により前の時期より慎重な態度へ転換しつつあった。これはこの時期の外交に対する軍部の力の強さを示す。

この時期外務省とその出先機関との間にも外交政策上の分裂があった。外務省は二四日前後から慎重な政策に転換しつつあったが、北京の日本公使館は依然として清朝政府を支援する政策を主張し、軍の出兵を要請した。伊集院公使は蜂起が拡大し、南方の諸省が続々と独立を宣言し、清朝の支配体制が揺らぎ始めた情勢に鑑み、一〇月二七日内田外相に「此際兎モ角万一ヲ予期シテ為念一面適当ナル軍艦ヲ旅順ニ備ヘ何時ニテモ天津及秦皇島方面ニ迅速廻航シ得ル様致シ置カレ他面更ニ重大ナル場合ニ至ラハ直チニ当方面ヘ相当優勢ナル軍隊ヲ急派相叶フ様準備シ置カル、事必要ナリ」(36)と具申し、その翌日また内田外相に、この際全速力をもってこの準備を急ぐよう要請し、「場合ニ依リテハ優勢ナル軍隊ヲ直チニ当方面ニ出動セシメ以テ時局ノ機先ヲ制セラル、要アル」(37)と上申した。伊集院がこのような上申をした原因は、彼が目前の中国における日本の現実的な実力の欠乏を強く感じ、もし軍艦・軍隊の出動を得れば「局面操縦ニ付余程ノ便宜ヲ得ヘキ」(38)だと思っていたからであった。彼はこの機を利用して清朝政府と中国時局に対する日本の発言力と影響力を強化しようとしたのである。

だが内田外相は伊集院の出兵の要求を受入れなかった。その理由は、第一に「清国ノ形勢混沌トシテ向後ノ趨向尚予測スヘカラサル今日取急キ我態度ヲ取極ムヘキ要モナク又之レヲ確定スルニ由ナシ」(39)だからであり、第二に軍隊の出動は「世間ノ耳目ヲ聳動スヘキ重大事項タルコト明カナルノミナラス清国政府自身カ果シテ之レヲ歓迎スヘキヤ否ヤモ明カナラス況ンヤ革命党其ノ他ノ輩ニ至リテハ之ヲ以テ帝国政府カ実力ニ依リ満洲政府ヲ援助スルノ意志ヲ有スルモノト解釈スヘキハ必然ノ義ニシテ其ノ結果モ亦決シテ之ヲ軽視スルヲ得サル次第ニ有之」(40)だからであり、第三に「英国政府トノ間ニ十分打合ヲ了シ万一如何ナル重大ナル結果ヲ生スルモ日英共同之ニ当ルノ決意ヲ定ムルヲ要ス」(41)だからであった。これはこの時期に至り外務省が清朝支援一辺倒の策から官革双方を配慮する政策に転換し、南北情勢の変化を傍観しながらイギリス等列強と協調して中国に対応しようとしたことを示す。

辛亥革命初期における陸海軍と政府・外務省の対応は、中国における日本の権益維持と拡大においては共通でありながら、その目的達成の方法と手段等においては相対的に異なっており、一致していなかった。辛亥革命そのものが秘密裏に計画され勃発したものであるから、日本は中国に何か「動乱」が起ることを予感しながらも、それに対する確固たる方策を制定していなかった。故に、革命勃発後の中国情勢の変化に伴い、その対応策を模索しながら徐々に統一的な対革命政策が形成されていったのである。

辛亥革命当初における日本の対応策を欧米列強と比較した場合、日本の特異な点は陸軍の出兵・干渉の主張であった。欧米列強には出兵・干渉の企図が基本的にはなかった。それは欧州は地政学的に中国から遠く離れており、またこの時期欧州の均衡が打破され、ドイツを中心とした同盟国とイギリス・フランスを中心とした協商国が形成されつつあり、その矛盾と対立が日増しに激化していたので、中国問題を顧みる暇がなかったからである。だが中国においてはこれとは逆に、義和団事件以来形成された列強間の均衡体制がそのまま維持され、列強の協調・一致の名分により日本の特異な出兵・干渉の主張が牽制され、実現されなかったのである。だが陸軍を中心とした一部の勢力は出兵・干渉の間隙を常に狙い、欧米列強も終始日本を出兵・干渉する可能性のある国だと見なし、日本を警戒していたのである。日本と列強のこのような相互関係は辛亥革命期において終始変化がなかった。その起点がここにあったのである。

一〇月末、中国の革命情勢の急激な変化が始まった。武昌蜂起の烽火は星火燎原の勢いで各地に波及し、一〇月二二日湖南省と陝西省、二九日山西省、三〇日江西省と雲南省が相次いで清朝からの独立を宣言した。北方においては、一〇月二九日北京東北部の灤《らん》州駐屯の第二〇鎮（師団）の統制（師団長）張紹曾（日本陸士出身）と第二混成協（旅団）の協統（旅団長）藍天蔚らが皇族内閣の改組・責任内閣の樹立・国会の開催・立憲政治の実施等を掲げた一二項目の兵諫を上奏し、清朝政府に背後から政治・軍事的圧力を加えた。南北からの衝撃を受けた清朝宮廷と廟堂の大官は恐慌・狼狽の状態に陥り、一部は日本公使館に身の保護を依頼した。このような急激な情勢変化は日本の対清外交に強い影響を与え、一時時局の変化を傍観していた対清外交は次の段階へ転換を始めた。

内田外相は伊集院の出兵要請を受入れなかったが、他面においては陸海軍と共に出兵に必要な事前の準備をしながら、辛亥革命に対する干渉を企み始めた。日本の出兵はイギリス等列強の了解がない限り困難であったため、内田外相は外交的にまず他の列強の意向を打診した。一一月一日内田外相は来訪したイギリス大使マクドナルドに「変乱ニシテ久シキニ亘ルニ於テハ如何ナル事態ヲ起生シ同国ニ利益ヲ有スル諸国ノ干与ヲ余儀ナクスルニ至ルコトナシトセサルヘク」と語り、「若シ万一右ノ如キ場合ニ遭遇セハ帝国政府ハ英国政府ト十分ノ打合ヲ遂ケ時局ニ対スル処置ヲ講スヘキ決心ナルヲ以テ英国政府ニ於テモ之ヲ諒知シ置カレタ(42)」いと語った。一一月三日内田外相は駐日のアメリカ代理大使にも同様の意を示した(43)。これは内田外相が語ったように、変乱の長期化を理由に干渉の可能性があることをイギリス・アメリカに訴えたのであるが、これはまた当時清朝内部の一部の要請に呼応しようとしたものでもあった。この時期清朝政府内部には「此窮境ヲ脱センニハ須ラク列国ノ干渉ニ依リテ局面展開ノ手段ヲ試ムルノ外ナシ(44)」との意見があり、これを導く良策として、宮廷蒙塵説を外部に洩らし、世間の関心を集めようとするものがあった。

内田外相の出兵・干渉はまず第二〇鎮の利用と京山鉄道（北京—山海関）への増兵の名目でおこなわれた。伊集院公使は清朝に兵諫を上奏した第二〇鎮を利用して辛亥革命への干渉に乗出そうとした。当時『大阪毎日新聞』の佐藤知恭が通信員として灤州に赴き、張の招聘により第二〇鎮の書記官長の職に就いていた。張は行動を起こすに当り日本に何かを依頼しようとしたように思われる。伊集院は佐藤を通じて張と第二〇鎮の動向を探り、それを日本の対清政策に利用しようとした。伊集院は張軍の行動は当面の時局に重大な関係を有するものだと注視していた。当時石家荘駐屯の第六鎮統制呉禄貞（張紹曾と陸士の同級生）も張紹曾と連合して清朝政府を南北から攻撃する計画を立てていた。黄興も張と連絡をとっていた。(45) だが張は今後の時局の発展を考え、袁の性情に鑑み、彼と事を共にしても事成れば或いは自分の首が切られる恐れがあるので、この際寧ろ黎元洪と相呼応して官軍を牽制し、これを黄河以北に退却させ、清朝政府をこの地帯以北に封じ、中清・南清に漢人の国家を組織する一策を計画していた。(46) 張軍はこの計画実施のため、天津の革命党と連合してまず天津を襲撃しようとした。イギリス公使ジョルダンも、一二月九日グレー外相に張軍が天津・北京方面に進軍し得る情況を報告している。(47) 佐藤はこの行動計画を伊集院に伝えその意見を尋ねたが、伊集院は「北京ヲ突ク如キハ勿論成効覚束ナク天津ヲ兵燹《せん》ニ附スル如キ虞アル行動モ素ヨリ不可ナリ但シ部下ノ不平ヲ鎮撫スルノ手段トシテ軍糧城（天津の東三〇キロ——筆者）ノ地点ニ向ケ徐ロニ進軍シ自重スル方可然」(48) と答えた。当時伊集院が清朝を支援しながら、また反清朝的張軍を利用しようとしたその矛盾した行動は、張の南北分裂計画を利用して後述のように中国における南北分裂策を推進しようとしたものである。だがこの政策も袁世凱の出馬とその妨害策により、実現されなかった。

しかし第二〇鎮の行動は、日本に京山鉄道一帯に増兵し、山海関から奉天に至る鉄道沿線に出兵する権利を確保するチャンスを与えた。京山鉄道は義和団事件後の協定により日本と欧米列強の軍隊の「保護」下にあった。故に、日本と列強はこの一帯に出兵或いは増兵する「法的」口実があった。第二〇鎮の上述の行動は日本と列強に出兵と増兵の口実を与えた。一〇月二七日伊集院公使は内密にジョルダン公使に「必要ノ場合ニハ団匪事件ノ際ニセラレタル実例ニ基キ英国ヲ主トシテ該鉄道保存ノ手段ヲ採ルヘキコトニ付予メ考究シ置ク様スヘキ」(49) 旨を申入れた。これに対しイギリスは一面においては協調しながら、また一面においては日本を牽制する二重の態度をとった。一一月五日ジョルダン公使はこれに賛成し、イギリス外務省も八日これに同意したが、山海関から奉天までの鉄道に対する日本の要求には賛成しなかった。(50) これは日本の南満における勢力拡大を牽制しようとしたものであった。九日内田外相は駐英の山座臨時代理大使に、イギリスが日本のこの鉄道沿線への出兵を承認するよう、再度イギリス外務省に申入れるよう電訓した。(51)同時に内田外相はこの鉄道沿線に対する日本の独占的地位を確保するため、京山鉄道に対する「共同保全」の原則をここに適用することを強調した。(52)このような執拗な要求に対しイギリスは「若シ山海関以東モ実際保護ノ必要起」こればとの条件付きで「日本国ニ於テ単独其任ニ当ルヘキモノナルコト」(53)を承認しながら、また「実際必要ヲ生セサル限リ日本国ノ提議ニハ到底同意スル能ハス」(54)と回答した。イギリスはもし日本が南満においてこのような行動をとれば、ロシアが北満においても同様の行動をとるとの口実をもって日本を牽制した。交渉の結果、日本は原則的にイギリスからの承認を受けた。これは新権益の拡大であり、一〇月一四日岡市之助陸軍次官が提出した満州鉄道保護の名義で出兵しようという案に沿ったものであった。

この時陸軍は京山鉄道占拠のため、ロシア側とも交渉をしていた。一一月初め、田中軍務局長は東京駐在のロシア大使館付武官サモイロゥフに、満州駐屯の第五師団から一個旅団を北京・天津・山海関に派遣してこの鉄道を占拠する意を表した。(55)田中はその目的は清帝の支持のためだと述べた。これは君主立憲制を主張する日本としては当然の言い分だが、実はこの派遣により武力を背景として中国政局に対する主導権を掌握しようとしたものであった。この軍隊派遣問題をめぐり田中とサモイロゥフは一日(西暦、以下同)と二日の二回会談をし、双方中国情勢の情報を交換すると共に、両国が共同一致の行動をとることを強調した。(56)桂太郎も三日と四日の二回、東京駐在のロシア代理大使ホロニェブスキとこの問題に対する協議をし、同様の意を示した。(57)ホロニェブスキは桂が他国の北京に対する干渉を恐れ、ロシアと共に出兵の準備をすることを示唆したと、会談の印象をロシア外務省に報告した。これに対しロシア側も中国問題に関して日本に接近し、日本と共同一致の行動をとり出兵の準備をした。しかしロシアは率先して出兵することは戒めるべきだと決定した。(58)これらの会談において日本はイギリスとの協調をも重視し、その賛成を得たのである。日・露・英等列強交渉の結果、京山鉄道に一三三八名まで増兵することにし、日本の一個旅団派遣の計画は実現されなかった。しかし日本はその四・四割に当る五九九名を灤州から山海関間一帯に駐屯させることにした。(59)日本は列強と共に京山鉄道一帯に増兵したが、袁世凱の登場と官革停戦・南北和議により直接干渉するまでに至らず、ただ政治的・軍事的外圧として一定の影響を及ぼした。当時中国の新聞が、日本軍がこの一帯と南満に増兵することを大きく報道したことは、これを説明する。(60)

京奉鉄道への出兵・増兵の問題と同時に、外務省出先機関と参謀本部の内部に中国分裂策が現れた。「分而治之」は従来植民地帝国が採用した植民地政策であった。一九〇〇年の義和団事件の時、日本と欧米列強は中国南方の総督らによる東南自保運動を利用し、彼らと「東南保護約款」を締結し、南北分裂策をとったことがある。伊集院公使と参謀本部の宇都宮太郎は中国南北の力関係が急転する情況の下で、この旧植民地政策を中国に適用しようとした。一〇月末と一一月初めの二回伊集院公使は内田外相に「此ノ形勢ヲ利用シ中清ト南清ニ尠クトモ独立ノ二ヶ国ヲ起シ而シテ北清ハ現朝廷ヲ以テ之カ統治ヲ継続セシムヘシ」との案を上申し、これは「帝国百年ノ長計ヲ定ムルモノニシテ」、「永久皇国ノ隆運ノ基礎ヲ確立スルハ正ニ此ノ時ニ在リ」(61)と強調した。伊集院がこのような分裂策を提案した目的は何であったのであろうか。

第一は、滅亡の途をたどる清朝の保護にあった。革命勃発以来伊集院公使は清朝を援助して革命を制圧しようとする方針を堅持した。その根拠は清廷が革命を鎮圧する可能性があると信じていたことにあったが、一〇月末に至り伊集院は「現朝廷ハ到底此ノ儘四百余洲ニ君臨スルノ威信ト実力トニツナカラ之ヲ有セス一面仮令如何ナル懐柔融和ノ策ヲ施ストモ恐クハ到底動乱ノ鎮定時局ノ収拾ハ得テ望ムヘカラサルニ似タリ」(62)との判断から、このような保護策を提出したのであった。だがその最終的目的は、伊集院が述べたように、「帝国ノ為得策ナリト思考スル」(63)からであった。この「帝国ノ為」とは、北清の一角に清朝を存し永く南方の革命派と対峙せしめるのが、日本の対満蒙政策の推進に有利だと考えていたからである。

第二は、南北間の妥協を阻止し、欧米人の介入を排除しようとしたことである。一〇月末清朝政府は革命派に対し譲歩の態度を示し、袁世凱と黎元洪の間にも妥協の動きがあった。伊集院も「清国廟堂ノ時局救済政策ノ一部ハ蓋種々ノ手段ヲ尽シ革命軍ト友和妥協ヲ試ムルニアルコト疑ヲ容レス」と判断し、これは「米国人一派ノ慫慂ニ依レル跡アリ」(64)と考え、それを排除・阻止する方策として、南北分裂策を提案したのである。

第三は、南方革命派の現状を承認せざるを得なくなり、また中国を南北に分裂させる南方の条件が整ったと判断していたことであった。伊集院は「武昌ニ拠レル革命軍軍政ノ根拠ハ既ニ稍堅牢ナルモノト見テ早計ナラサルヘク而シテ広東総督モ何時独立ヲ宣言スルヤモ計ラレサル形勢ナル」(65)と思い、この情勢を利用しようとした。このため「中清武昌、南清広東方面ニ亘リ革命党ニ援助ヲ与ヘテ其ノ気勢ノ挫折ヲ防キ以テ北清中央政府ト融和妥協スルカ如キ念ヲ起サシメス飽ク迄耐久対峙セシムル途ヲ講セラル、ヲ要スト思料ス」(66)と上申した。

第四は、新たに登場する袁世凱に対する牽制策であった。伊集院は中国の政治の舞台に登場した袁世凱を疑い、内田外相に「袁世凱ヲ以テ代表サルヘキ新内閣成立後ノ清国政府カ果シテ如何ナル態度ヲ以テ我ニ臨ムヘキヤ之レ未タ疑問ナキヲ得サル問題ナリトス然ラハ単ニ必要ノ場合我ニ有利ナル様之カ牽制ニ資スルノ策トシテモ亦右様ノ術策ハ之ヲ施シ置クノ必要アリト存ス」(67)と具申した。

第五は、一〇月二四日の対清政策に関する閣議決定により中国本部、特に中清・南清に対する日本権益の拡大を狙おうとしたのであった。しかし以上のような目的により提出された、伊集院公使の南北分裂策は、一つの外交政策としては内田外相に採用されなかった。

南北分裂策は陸軍内部でも既に胎動が始まっていた。参謀本部第二部長宇都宮太郎は「対支那私見」(明治四四年一〇月一五日)として一〇月一九日第一四師団長上原勇作に「国際の儀礼上及我対清政策上表面には当然現清朝を援けて其顚を支へ、裏面に於ては極めて隠密に叛徒を援助し以て益々其強大を致さしめ、適当の時期を見計ひ居中調停、二国に分立せしめ、而して出来得れは其双方と特種の関係（例へは一は保護国若くは其類似、一は同盟国とする等にして、此間報酬的に満洲問題等を我れに有利に解決せしむへきは勿論なり）を結ひ以て時局再転の機を待つへきなり[68]」と分裂策を提出した。参謀本部の中でも重要な地位を占める情報部長であった宇都宮がこのような案を提出したのは、彼がこの書簡の追伸として「有力者間に根本の意見を決定せんとするものなり[69]」と記していることから、彼自身の私的なものではなく当時の参謀本部内部の傾向を反映したものであるといえよう。

ではこの中国分裂策の目的と根拠は何であったのだろうか。

第一は、「支那保証論」を掲げ、全中国を獲得することであった。このため宇都宮は「支那は我帝国生存の為め自大自強の政策上全部之を獲得するを得は勿論なり。然れとも列国対峙の今日此事の一気直に実行し可らさることは、残念ながら之を目下の実情と認めさる可らす。然り我れ直ちに之を取ること能はすとすれは、他にも之を取らしむ可らす。是れ吾人の懐抱せる所謂支那保全論にして、支那の為めに支那を保全せんとするにはあらさるなり。支那を保全するには其様式は……二分三分若くは数分して之を保存する亦各其一法なり。帝国の見地より論すれは現形の儘にこの支那保全は、国土人口稍過大にして遠き将来に於ては或は却て我子孫の患を為すこと無きやの虞無きにしもあらす。幾何かの独立国に分割して之を保存せんことは帝国としては尤も望ましき所なり[70]」と述べた。

第二は、右述のような方法により「彼れ支那人をして我国の恩義に感せしめ」、南北「分地内に於ける満漢両族の人心をして各其小朝廷を通ふして翕然我天皇に帰向せしめ置き」、「報酬として有利に満洲問題等を解決せしむること[71]」であった。

第三は、「保全主義に拠り列国の瓜分を抑制し、以て極力欧米勢力の対岸移植を妨害すへし[72]」ことであった。

第四は、この保全・分裂策により、以後の対中国政策に対する準備をすることであった。宇都宮は「我分地には北に満人、南に漢人の小朝廷を作り之を囮として他列国分地内の全人心を我れに収攬し置き、以て他日第二齣を演出するの準備を為すこと」を述べながら、これは「第二齣の為め極て緊張なり」[73]と強調した。

伊集院と宇都宮の南北分裂策を比較した場合、両者共に中国南北における日本の勢力を一層拡大しようとしたものであり、その目的と根拠はほぼ同様であった。この分裂策は事実上陸軍と外務省の清廷に対する武器提供と参謀本部の南方革命軍に対する軍事物資の提供という形で初期的に展開されていたが、袁世凱の登場による南北和議と妥協により、中国南北関係が対立から妥協に転換し始めたため、一外交政策としては実現されなかった。

この南北分裂策は日本独特のものではなかった。ロシアも同時期にこの政策を画策した。駐北京のロシア公使コロストヴェッツは一一月一五日(西暦)、外相代理ニェラトゥフに、南方の革命軍政府を承認し、正常な外交関係を成立させることを提案した。[74]その理由は、㈠に情勢判断において、袁は南方と妥協をせず、列強は南方における経済権益保障のため、南方を承認するであろうと判断したからであり、㈡にこの承認により南方はロシアの同盟者になり、ロシアは南北の対立を利用してロシアの権益が集中している北方におけるロシアと清朝との摩擦を解決しようとしたからである。[75]これは南北対立を利用して自己の権益を拡大しようとする点では、日本と同様であった。二二日(西暦)ニェラトゥフはこの提案はロシアの利益に符合するとして、賛同の意を表した。[76]

日本とロシアの南北分裂策は中国世論の非難を浴びた。『申報』は朱宝綴の「関于南北分治之謬」を掲載し、この分裂策を猛烈に批判した。[77]

（1）鷲尾義直『犬養木堂伝』中、東洋経済新報社、昭和一四年、七四〇ページ。
（2）原奎一郎編『原敬日記』第三巻、福村出版、一九八一年、一七四ページ。
（3）栗原健編著『対満蒙政策史の一面』原書房、昭和四一年、二九〇ページ。
（4）同右書、二八九ページ。
（5）同右書、二八九—九〇ページ。
（6）明治四四年一〇月一四日、陸軍次官より参謀次長宛照会。防衛研究所所蔵。
（7）同右。
（8）栗原健編著、前掲書、二九一ページ。
（9）陳春華ら訳『俄国外交文書選訳』（有関中国部分、一九一一・五—一九一二・五）、中華書局、一九八八年、一四〇ページ。
（10）北岡信一『日本陸軍と大陸政策』東京大学出版会、一九七八年、六六ページ参照。
（11）原奎一郎編、前掲書第三巻、一七六—七七ページ。
（12）同右書、一七八ページ。
（13）坂野潤治ら編『財部日記』上、山川出版社、一九八三年、二七一ページ。
（14）栃内軍務局長「時局第一策」。防衛研究所所蔵。
（15）外務省編『日本外交文書』（辛亥革命）、四七—四八ページ。坂野潤治ら編、前掲書上、二七三ページ。
（16）明治四四年一一月六日、財部海軍次官より川島第三艦隊司令長官宛の電訓。防衛研究所所蔵。
（17）同右。
（18）『申報』一九一一年一〇月一七、二一日、一一月二日。
（19）『日本外交文書』（辛亥革命）、一三四ページ。
（20）同右書、一三五ページ。
（21）原奎一郎編、前掲書第三巻、一七七ページ。
（22）『日本外交文書』（辛亥革命）、一三八—四〇ページ。
（23）明治四四年一〇月二四日、在清国伊集院公使より内田外相宛電報、第三二三号。防衛研究所所蔵。

(24) 明治四四年一〇月二五日、内田外相より在露本野大使宛電報、第一二六号。防衛研究所所蔵。
(25) 蕭建東「徳国与辛亥革命」、呉剣傑主編『辛亥革命研究』武漢大学出版社、一九九一年、三八一ページ。
(26) 内田康哉伝記編纂委員会・鹿島平和研究所編『内田康哉』鹿島研究所出版会、一九六九年、一五六ページ。
(27) 『申報』一九一一年一〇月一八日。
(28) 原奎一郎編、前掲書第三巻、一七六ページ。
(29) 同右書、一七七ページ。
(30) 同右書、一七四ページ。
(31) 坂野潤治ら編、前掲書上、二七五ページ。
(32) 『日本外交文書』(辛亥革命)、五〇―五一ページ。
(33) 原奎一郎編、前掲書第三巻、一七八ページ。
(34) 波多野澄「辛亥革命と日本海軍の対応」、『軍事史学』第二一巻第四号、一四―二二ページ参照。
(35) 坂野潤治ら編、前掲書上、二七六ページ。
(36) 『日本外交文書』(辛亥革命)、五二ページ。
(37) 同右。
(38) 同右書、五三ページ。
(39) 同右書、五七ページ。
(40) 同右書、五七―五八ページ。
(41) 同右書、五八ページ。
(42) 同右書、五〇四ページ。
(43) 同右書、五〇五ページ。
(44) 明治四四年一一月八日、在清国伊集院公使より内田外相宛電報、第四六五号。防衛研究所所蔵。
(45) 『申報』一九一一年一一月一三日。
(46) 『日本外交文書』(辛亥革命)、一八ページ。

(47) 胡浜訳『英国藍皮書有関辛亥革命資料選訳』上、中華書局、一九八四年、四八ページ。
(48)『日本外交文書』(辛亥革命)、六〇—六一ページ。
(49) 同右書、七一ページ。
(50) 同右書、七三—七四ページ。
(51) 同右書、七六ページ。
(52) 同右書、七五ページ。
(53) 同右書、八〇ページ。
(54) 同右書、八三ページ。
(55) 陳春華ら訳、前掲書、一六〇ページ。
(56) 同右書、一六六、一六八ページ。
(57) 同右書、一六八—七一ページ。
(58) 同右書、二〇一ページ。
(59)『日本外交文書』(辛亥革命)、九七ページ。
(60)『申報』一九一一年一一月一二、二八日。
(61)『日本外交文書』(辛亥革命)、三七七—七八ページ。
(62) 同右書、三七七ページ。
(63) 同右書、三七八ページ。
(64) 同右書、三七七ページ。
(65) 同右。
(66) 同右書、一四九ページ。
(67) 同右。
(68) 上原勇作関係文書研究会編『上原勇作関係文書』東京大学出版会、一九七六年、五六ページ。
(69) 同右。

(70) 同右書、五五—五六ページ。
(71) 同右書、五六ページ。
(72) 同右。
(73) 同右。
(74) 陳春華ら訳、前掲書、一八九ページ。
(75) 同右。
(76) 同右書、二〇〇ページ。
(77) 『申報』一九一一年一一月一八日。

三　袁世凱の出馬をめぐる対応

一一月に至り南方の革命気運は一層盛りあがった。一一月三日上海市と貴州省、四日浙江省、六日広西省、八日福建省、九日広東省、一三日山東省等が続々と独立を宣言し、一一月末まで中国本土一八省のうち一五省が清朝の支配から独立した。これにより清朝政府は大打撃を受け、未曾有の政治危機に陥った。清朝政府は陸軍大臣蔭《いん》昌の第一軍・馮《ふう》国璋の第二軍と薩鎮冰提督の海軍艦艇を出動させて、武漢地方の革命軍鎮圧に乗出した。清朝政府は灤州駐屯の張紹曾の第二〇鎮をも南方に派遣しようとしたが、命令通りに動こうとしなかった。軍隊内部には離反の兆候が濃厚となった。新軍として編成・訓練された北洋陸軍は、もと袁世凱の管轄・指揮下にあったが、一九〇八年西太后と光緒帝死亡後、清朝政府の権力争いにより袁世凱は排斥され、故郷の河南省彰徳に隠居していた。だが彼の北洋陸軍における地位は依然として高く、軍に絶対的な勢力を持っていた。当時の北洋陸軍の兵士は「ただ袁の号令を聴くのみ、満洲（清朝）を知らず」という状態であった。清朝政府は、このような北洋陸軍を統率して革命軍に対抗し得る人物は、袁世凱をおいてはないと思い、袁に出馬を要請せざるを得なかった。一〇月一四日清朝政府は袁を湖広総督に、二七日には欽差全権大臣に任命し、武漢地域における北洋陸軍と海軍を指揮する権限を与えた。袁は南下して一一月一日革命軍占拠下の漢口で反撃し、翌日攻略した。これは袁に対する清朝の期待を一層高め、袁もこれにより政治の舞台への復帰の条件を整えた。清朝は五月に成立した慶親王奕劻《えききょう》を総理大臣とする皇族内閣を解散し、袁を総理大臣に任命した。これは袁世凱の政治の舞台への再登場を意味した。これにより辛亥革命は第二の段階に入った。

袁世凱の登場は歴史の大転換期にある中国の政治・軍事情勢と辛亥革命に深刻な影響を及ぼし、国際的にも大きな波紋を起こした。袁は清朝の一員として登場しながら、清朝と革命派との「中間的人物」であり、政治的手腕を持った有力者として清末・民国初期の中国の政局を左右し、中国に君臨する新しい支配者の地位を目指したのである。故に、袁に対する対応、袁との関係如何が、日本と欧米列強の対中国外交政策の勝敗のキーポイントになり、また袁の対日・対欧米列強の姿勢が彼らの対中国外交に大きな影響を及ぼしたのである。しかしこれは一時的・主観的意志によって形成されたのではなく、近代史、特に日露戦争後の中国と日本・欧米との相互関係において形成されたのである。このように形成された日本と欧米の対袁観と袁の対日・対欧米観は総体的に対照的であった。これは辛亥革命をめぐる国際関係において重要な問題であるので、まずこれを歴史的に顧みながら考究する。

欧米諸国は袁世凱を中国における信頼出来る政治家だと見なし、清朝政府に袁を起用して時局を収拾するよう期待していた。これは偶然のことではなかった。義和団事件の時、袁が山東巡撫として外国人の保護に懸命であったことは欧米人に広く知られており、一九〇二年直隷総督・北洋大臣の時代に推進した軍事・警察・実業・教育・人事制度等の改革、及びその後に推進した立憲運動は欧米人の高い評価を得ていた。一九〇七年外務尚書・軍機大臣の時代には英・米と連携して日本に対抗する「交遠制近」の外交政策をとり、そのためイギリスの長江流域における鉄道建設計画とチベットに対する要求を支持し、中国における米貨ボイコット運動を鎮圧した。一九〇八年にはアメリカが義和団事件賠償金を中国に返還する機を利用して、中・米・独同盟結成の工作を推進し、中国東北においてアメリカの満州鉄道中立化計画を支持して彼らの好評を得た。故に、駐北京のアメリカ代理公使ウィリアムスは国務省に清廷は速やかに袁を起用して南方の「叛軍」を鎮圧すべきだと上申した。(1) イギリス公使ジョルダンも、清朝政府が袁のような欧米に「友好」的である優れた人材を登用しないことに強い不満を抱き、一〇月二一日にグレー外相に時局収拾のためには袁の起用が必要であることを上申した。イギリスは袁の出馬・登場を歓迎し、また彼に対する支持により中国時局に対する発言権と影響力を強化し、それにより辛亥革命に対する外交上の主導権を掌握し、その利益を得ようとした。

しかし日本の袁世凱に対する態度は欧米列強と対照的であった。日露戦争前の日袁関係は大変良好であったが、その後の袁の対日姿勢と日本の袁に対する政策は大きく転換した。一九〇二年袁が直隷総督と北洋大臣の職に就いていた時期に彼は日本の近代化の進め方が欧米列強の方法より中国に適切だと思い、軍事・警察・教育等の改革において日本を模倣し、日本の軍事教官を招聘して北洋陸軍を訓練し、日本の教員と学者を招いて中国教育を改革し、優秀な青年を選抜して日本に留学させた。日露戦争後袁は慶親王らと共に「日清満洲に関する条約」に署名し、日本が日露戦争で獲得した満州における植民地的権益を承認した。このような事情により当時（一九〇二—〇六年）天津総領事であった伊集院と袁世凱は肝胆相照らす間柄であった。この時期の袁は「親日的」であったといえよう。故に、駐中国の日本外交官や軍人らは「当今支那に於て袁以上の人材なく、他日支那の政権は必ず彼によつて掌握されるのであるから、今彼の立場を擁護しておけば彼は必ずその恩に感じて益々親日主義を取るであらう。若し彼をその位置から失脚させるやうなことがあつたら、親日の神は遂に滅却して我が対支外交は長へに暗黒となる」(2) とまで袁を評価した。これは当時日本が袁に大きな期待を抱いていたことを物語る。

だが日露戦争後日本が中国に対する侵略を強化した時、即ち一九〇七年外務尚書・軍機大臣の職に就いた袁は「交遠制近」の外交政策をとり、英・米と連携して日本に対抗した。袁は彼の腹心徐世昌を東三省総督に、唐紹儀を奉天巡撫に任命し、彼らを通じて駐奉天のアメリカ領事と共に満鉄と並行する鉄道建設の計画を立て、日本の安奉鉄道の建設を妨害し、南満における日本の植民地的権益に挑戦したのである。このため袁は一時日本の対中国政策遂行の障害になり、一九〇九年袁が北京から「追放」された時、英・米は彼に同情したが、逆に日本はそれはその「罪」を問われたものとして歓迎した。故に、一時失脚した袁が内閣総理大臣に任命された時、日本は彼を相当警戒し、伊集院は「袁世凱ヲ以テ代表サルヘキ新内閣成立後ノ清国政府カ果シテ如何ナル態度ヲ以テ我ニ臨ムヘキヤ之レ未タ疑問ナキヲ得サル(3)」と内田外相に打電した。内田外相も伊集院に袁の「態度ニ注意セラレ(4)」るよう指示した。

内閣総理大臣に任命された袁は武漢の前線から上京することになった。これに対する日本と欧米列強の姿勢は異なっていた。駐北京イギリス・フランス・ドイツの各公使は袁が早急に上京して組閣することを熱烈に歓迎したが、日本の大陸浪人川島浪速らは石家荘駐屯の第六鎮統制呉禄貞の軍隊を京漢鉄道に配置し、袁の北上を阻止しようとした。だが袁はその腹心周符麟を派遣して呉を暗殺した。川島らはまた日本軍の将校らと袁が乗って北上する列車を爆破する計画を立てたが、実現されなかった。

袁世凱は上述のような障害を乗越え、一三日二〇〇〇人の兵を率いて威風堂々と北京に入った。伊集院公使は「袁世凱ハ愈本日午後五時着京セリ(5)」とごく簡単に内田外相に打電したが、ここから伊集院の袁入京に対する冷淡さを窺うことが出来る。それは「袁内閣成立の暁には吾対清関係は、満州政府それよりも一層難しくなるに違ひない(6)」からであった。

袁は一六日立憲派首領の梁啓超・張謇らを含む北洋軍閥官僚内閣を組織し、清朝政府の政治・軍事の大権を一手に掌握した。組閣後の袁の政略は、一方では南方の革命派と妥協しながら、その力を借りて清朝を窮地に追込み、一方では掌握した権力で清朝と革命派のバランスをとることによって、革命派を牽制しながら、全中国に君臨しようとする自己の政治的野望を達成することであった。

このためには、まず列強、特にイギリスの支持を得るのが何よりも大事なことであった。袁は上京する前に、長子袁克定を北京に派遣した。一一月二日克定は秘密裏にジョルダンと会い、清朝の下で漢人を中心とした完全な立憲体制を樹立することにより、革命派を説得して時局を収拾しようとする袁世凱の意を伝えた(7)。入京した翌日袁はまた克定を派遣し、ジョルダンに今全国の世論は清帝の廃位を強烈に主張し、清朝を救うことは今や不可能な状態であり、黎元洪と革命派の領袖らは清朝覆滅後に共和国を建て、その大総統に袁世凱が就任することを了承・支持していると伝えた(8)。これは袁が当時の世論と革命派の主張を利用して、共和政体と彼の大総統就任に対するイギリス側の反応を打診したものであった。これに対しジョルダンは清朝を名目的な主権者として維持しながら、立憲政体に移行して立憲君主制を確立するのが適当であり、共和政体を採択するのは危険だと袁克定に勧告した(9)。

政体に対するイギリス側の意向を打診した後、一五日袁は直接ジョルダンと会談し、彼自身もジョルダンのように立憲君主制を採択して時局を収拾する意があることを述べた(10)。袁の本心は清帝の廃位によって、その権力を名実共に自分が掌握しようとするものであったが、イギリス側の意見を無視することは出来なかった。それはイギリスの全面的な援助を希望していたからであった。その後袁世凱は政体問題のみならず、摂政王の廃止・停戦協定等重大な問題に対しては皆ジョルダン公使と相談して決定し、伊集院公使にはその情報さえ提供しなかった。これは袁が日本を信頼していなかったからである。

だが、袁は近隣である軍国国家日本を完全に無視することは出来なかった。それは袁がイギリスと相談して決定したことを執行するに当り、日本の妨害を排除し、日本の了解或いは支持を得ることが必要であったからである。一八日袁は伊集院公使に会談を要請した。日本も内田外相が伊集院に訓令したように、この際内閣総理大臣に任命された「袁トノ関係ハ是非親密トナリ置キタキ方針」(11)に転換せざるを得なくなったため、内田はこのチャンスを利用しようとして、一七日伊集院に袁との会談の方針を指示した。その指示は袁に対する不信感に満ちており、この時期の日本の対袁策と辛亥革命に対する外交方針を示していた。その内容は次の通りである。(12)

第一に、袁と会見する「其際貴官ハ努メテ先方ノ意見若クハ希望ヲ聞取ラル丶ニ止メラレ……出来得ル限リ我態度ヲ『コムミツト』セラル様御注意相成」ること。

第二に、「万々一袁ニ於テ帝国政府ノ力ニ頼リ時難ヲ救ハントノ意ヲ述ヘ貴官ニ於テ之ニ対シ何等ノ挨拶ヲナサヽルヲ得サルニ至リシトキハ貴官ハ……帝国政府ニ具申シ訓令ヲ請フニアラサレハ何等確的ナル回答ヲナスヲ得サル」旨を述べること。

第三に、「話ノ都合上其必要ヲ認メラレ何等顧慮スル所ナシト認メラル丶ニ於テハ貴官一己ノ考トシテ」、次のような趣旨を内談すること。

まず「帝国政府ニ於テ一旦清国政府ヲ援護シ動乱ノ鎮定ニ助力スルコトニ決心セルトキハ……先ツ十分ニ清国政府ノ決意ノ在ル所ヲ承知セサルヘカラス即チ清国政府タルモノ誠意帝国政府ヲ信頼シテ疑フ所ナク一部人民ノ反対又ハ外国ノ離間中傷等ノ如キハ全然之ヲ度外ニ置キ帝国政府ヲシテ何等顧慮スルコトナク援護ノ実ヲ挙ケシムルノ決意ヲナスニ由ナカルヘシ」と袁に要求すること。その理由として「内国民ニ対シ外清国ニ対シ将又諸列国ニ対シ最大ナル責任ヲ負担スル」こと、革命党の「激烈ナル反抗ヲ受クルコトモ之ヲ予想セサルヘカラサル」ことを挙げているが、袁に対する不信感があったために、まず「誠意」、「信頼」を援護の前提条件として提出したのである。これはこの時期の日本の対袁策の第一の課題が袁の対日不信感を解き、その信頼感を獲得することであったことを示す。

次に「清国政府ハ一面速カニ動乱鎮定ノ策ヲ講スルト同時ニ他面深ク東亜ノ大局ヲ顧念シ徒ラニ実効ナキ外間ノ力ヲ借リテ事局ヲ紛糾スルカ如キ行動ヲ慎」むよう要求すること。この「実効ナキ外間ノ力」とは恐らくイギリスを指すものであろう。イギリスは東洋にごく僅かな軍隊しか駐屯させていなかったため、軍事的に有効な援助を与えるのは困難であった。故に、内田外相はこれを理由に、袁のイギリスに対する依存関係を打切り、袁を日本の手元に押えようとした。

一八日伊集院はこの方針により袁と第一回目の会談をおこなった。この時期北京と欧米の世論には、日本が中国動乱の機に乗じて野心を逞しくするとの噂が流れていた。故に、伊集院は会談でまず日本にはこのような野心はないと述べ、袁の対日不信感を解消しようとしながら、「貴方ニ於テモ徒ニ世評ニ迷ヒテ帝国ノ誠意ヲ疑フカ如キコトナク必要ノ場合ニハ虚心坦懐心情ヲ打明ケテ助力ヲ求メラル丶コト得策ナルヘシ(13)」と勧告した。

次に、日本の対清政策を説明し、「帝国政府ハ直チニ貴国ニ援助ヲ与ヘテ鎮圧ノ手段ヲ講スル筈ナレトモ何分諸外国トノ関係最モ複雑セル現下ノ情態ニ在リテハ我国ノ一挙一動ハ延テ列国干渉ノ端ヲ誘起スルノ虞アルヲ以テ帝国政府ハ厳ニ中立的態度ヲ守リ他ヨリ干渉ノ余地ナカラシメ一面形勢ノ推移ニ留意シテ臨機ノ措置ニ遺算ナキヲ期シツ丶アル次第ナリ(14)」と述べた。これは中国問題に対し干渉する意欲があることを袁に表明したものである。

第三に「東洋ノ大局ハ東洋人限リニ於テ之ヲ維持シ速カニ秩序ヲ回復セシメテ東亜ノ平和ヲ確定センコトニ努ムル(15)」意を表明して、東洋における欧米の関与を排除しようとした。これはまず袁とジョルダンとの密接な関係を分断しようとしたものであった。

袁世凱はまず伊集院に「自分ニ於テモ此機ニ乗シ列国干渉ノ虞アルヘキヲ常ニ憂慮シ居リタル次第ナルカ幸ニ今日迄此事ナカリシハ全ク貴国ノ賜ナリ(16)」と感謝の意を表した。これは外交辞令であり、袁は本心において常に「日本ハ此際海陸共ニ出兵干渉ノ準備ヲ為セリ」(17)と思っていた。

次に、袁は時局解決の案として、(一)に「先ツ武昌ノ叛軍ヲ征服スルコト第一ノ急務ナリト信スルモ徒ニ兵力ヲ用フルコトハ策ノ得タルモノニ非ス」(18)と述べ、硬軟両様に革命軍に対応する意を表明した。(二)に「根本的時局解決案トシテハ自分ハ飽ク迄君主立憲政体ナラサルヘカラストノ主義ヲ有スルモノナルカ一方ニハ革命党等ノ側ニ於テ共和政治若ハ連邦政治等ヲ主張シ有力ニ反抗ヲ試ミツ、アル有様ナルヲ以テ結局希望ヲ貫クコト素ヨリ容易ノ業ニアラス」(19)として、立憲君主と共和連邦の政体に対する伊集院の意向を打診した。これは今回の会談の重要な話題であった。伊集院は「君主立憲ニヨリ全国ノ統一ヲ図ルコソ万全ノ策ナルヘシ」と断言し、「共和若ハ連邦政治ヲ布カントスル如キハ惟フニ国民ノ智識ノ程度ニ適応セサル無謀ノ策ト言フノ外ナク結局自滅ヲ招クニ至ルナキヲ保シ難シ」(20)と厳しく批評した。

最後に、伊集院は政体問題に対する欧米諸国の干渉を排除しようとして、「彼等ハ如何ナル政体ニテモ頓着ナク要ハ自国臣民ノ生命財産ヲ完全ニ保護セラレ通商貿易ノ発達ヲ期シ利権ノ範囲カ拡張セラルレハ足レリト云フニ過キサルヘ」(21)しと忌憚なく批評し、袁に対する「好意」を示すために「彼我ノ間ハ務メテ密接ノ関係ヲ保チ若シ何等帝国政府ニ希望ノ筋等モアリ自然本官ヨリ取次ヲ望マル、トキハ喜ンテ伝達致スヘキニ付随時申出ラレタシ」(22)と述べ、袁が日本側に傾くように説得した。これに対し袁も「必ス援助ヲ求ムヘキ時機之レアルヘキ」(23)旨を答えたが、これは本心からの言葉ではなかった。袁はその後、「此際日本ハ怖ルヘキ国ナリ又同国人ト交際スルハ即チ嫌疑ヲ受ケル所以ナリ」(24)と日本に対する警戒心を吐露した。

会談後伊集院は「君主立憲及共和連邦等ノ政体論ニ付テハ袁世凱モ今ヤ其ノ選択ニ迷ヒ居ルモノ、如ク而カモ君主立憲ヲ主張スルカ如キハ単ニ主義上ノ説トシテ世間に表白シ居ル」と判断し、また袁が「前途ヲ悲観シ居リ」、「心中頗ル苦悶シ」、「時局ニ関スル……苦心一方ナラサル」(25)と推測していた。これは袁に対する誤った判断であり、この会談において袁の本心をつかむことが出来なかったことを示している。

袁との会談に対する内田外相の指示と袁と伊集院公使の会談から見ると、双方共に所期の目的を達成することは出来なかった。それは両者の会談の目的と会談のテーマが食違っていたからであった。このギャップは大きなものであった。日本はまず袁とイギリスとの密接な関係を分断し、日本に対する袁の信頼を獲得しようとしたが、袁はイギリスと相談した立憲君主制に対する日本の了解と支持を希望した。このような食違いは袁に対する日本とイギリスの外交次元の相違から出てきたものである。イギリスは既に袁との信頼関係を築き、袁の行動をコントロールする段階に達していたが、日本と袁との関係はまだ互いに相手に疑心を抱いている段階であった。この疑心は辛亥革命期において終始解除されず、一九一六年には袁の打倒へと転換した。

伊集院もこの会談を通じ袁に対する所期の目的を達成出来なかったことを感じ、また袁に対する失望から中国に対し新たな積極策を講ずるよう上申した。一一月一九日伊集院は内田外相に「此際断然時局傍観ノ態度ヲ転シテ積極画策ノ措置ヲ執ラル、コト必要ナリト信ス若シ然ラサルニ於テハ大勢全ク変リテ遂ニ帝国ニ有利ナル解決ヲ求ムルニ由ナキ破目ニ陥ルナキヲ保セス」(26)と上申した。この「積極策」とは、一一月二日上申した中国分裂策、即ち中国の「三分説ヲ以テ帝国ノ為将又極東平和ノ為最善ノ処理案ナリ」(27)というものであった。伊集院は時局が急転する情勢において、「外部ヨリ非常ノ圧迫ニテモ加ヘサル限リ……清朝ヲシテ尠クトモ黄河以北ノ地ニ国ヲ維持セシメントスル案ハ到底成立ノ見込立タス」(28)、そのまま放置しておけば満蒙等の地域に国家の命脈を保持するか、或いは悲惨な終焉を告げるかもしれないと述べた。伊集院は内田外相に帝国のとるべき方針は一定不変の処理案に執着するべきではなく、一一月二日の上申を第一案となし、「之ニテ到底見込立タサレハ（本使ニ於テハ前陳ノ通今日ノ形勢上外部ヨリ直接間接優勢ナル干渉ナキ限ハ成立ナシト認メ居ルコト勿論ナリ）第二案トシテ満廷ヲシテ十八省以外ノ地域ニ国ヲ保持セシムル案ニ依リ之カ実現ヲ期シ右ニシテ尚不可能ナリトセハ第三案トシテ清朝ノ滅亡ト清国全土ニ共和国乃至連邦ノ実現スヘキコト、ヲ基礎トシテ我ニ最有利ナル事態ヲ誘致スルノ外ナシ」(29)と提案した。これは日本が単独で中国の時局をコントロールしようというものであった。

伊集院のこの提案は袁とイギリスの立憲君主制による時局収拾の案を否定したものであった。日本政府・外務省はこの提案を受入れなかったが、伊集院が提唱した積極的な干渉により中国時局を収拾しようとした。一一月二八日日本政府は廟議決定と天皇の裁可を経て日本の対清時局に関する方針を決定した。内田外相はその過程を日記に次のように記している。(30)

　九時桂公、九時半松方侯、十時過山本伯、十一時半井上侯を訪ひ、清国事件に関し山座行大方針に関する電案に賛成を求め、十二時過参閣、閣員一同の同意を得て十二時四十分総理同行御座所に至り御裁可を仰ぎ一時帰省

協調外交を強調していた外務省は、山座臨時代理大使を通じてイギリス政府にその方針を提示した。その方針とは「今日ヲ以テ同国ニ重大ナル利害ヲ有スル諸国ノ最早拱手傍観スルヲ得サル時期ニ達シタルモノト認メ是等諸国ニ於テ速カニ其利益ヲ擁護スル為適当ノ手段ヲ取ルヲ以テ必要避クヘカラサルノ措置ト思考スルニ至レリ」(31)として、イギリスと共に中国問題に対し干渉しようとしたものであった。その理由として、㈠に「満洲朝廷ノ威力ハ殆ト地ニ墜チ政府当局ハ時難ヲ救フノ実力ト誠意ヲ欠キ叛乱ハ漸次各地に蔓延シ」、「時局ヲ救済スヘシト期待セラレタル袁世凱モ入京ノ後画策ノ見ルヘキモノナク首都ノ形勢スラ既ニ険悪トナリ遂ニ各国ヲシテ増兵ノ必要ヲ認メシムルカ如キ状況トナリ『今ヤ清国政府ニ於テ独立以テ秩序ヲ回復スヘキ望ハ殆ント是レナキニ至レリ』」であること、㈡に「清帝国ノ大半ヲ風靡シ其勢力最旺盛ナルノ観アル革命軍モ其実力ハ案外薄弱ニシテ官軍ノ為スナキ為僅カニ虚勢ヲ維持スルニ過キサルヲ実際ノ状況ナリ」であること、㈢に「今後動乱ニシテ久シキニ亘ルトキハ通商貿易ノ之カ為阻害セラルルハ勿論トシ或ハ遂ニ排外的傾向ヲ起生シ義和団事件ノ当時ヲ再現スルニ至ルヤモ難計」(32)であることの三つを挙げた。

あたかも二七日漢陽が官軍に攻略され、官革関係は新局面へ転換を始めた。内田外相は二九日山座臨時代理大使に、中国情勢の変化に伴ってイギリス外相との面会を再び訓令するまで見合せるようにさせ、三〇日には二八日の方針の「今ヤ清国政府ニ於テ独立以テ秩序ヲ回復スヘキ望ハ殆ント是ナキニ至レリ」を、「今回官軍ノ漢陽ヲ回復セルハ一時革命軍ノ気勢ヲ殺キタルコト疑ナシト雖直ニ之ヲ以テ大勢ヲ左右スルニ至ルモノトナスヲ得ス今後官軍ニシテ幸ニ武漢ノ地ヲ鎮圧スルヲ得タリトスルモ該地ヲ退散セル革命党カ地方ニ於テ暴動ヲ継続スルハ四川ノ事例ノ如クナルヘク清国政府ノ独立以テ秩序ヲ回復スルハ殆ント其望ナシト云フヘシ(33)」と改めた。これは漢陽陥落による官革双方の力関係の変化と、袁世凱による双方の停戦・和議への転換等に対する情勢変化についての予測がまったくなかったことを示したものである。

内田外相からの訓令に接した山座臨時代理大使は、一二月一日その旨をイギリスのグレー外相に申入れたが、最初グレーはこの通告を武力干渉を意味するものと受取って極めて重大視し、率直に「日本国ノ意嚮ハ武力ヲ用ユルニ非サルカ(34)」と山座に質問した。山座は二八日の訓令の後半部の翻訳をグレーに手渡した。これは内田外相が二八日の訓令において「先ツ先方ノ意見ヲ知リテ後我意見ヲ先方ニ通スルヲ得策ナリ(35)」と指示したからであった。その内容は、「清国ノ今日ニ応スヘキ最良ノ方策ハ共和説ノ如キ実地ニ疏キ空論ヲ放棄スルト同時ニ満洲朝廷専権ノ弊ヲ去リ大ニ漢人ノ権利ヲ重ンシ満洲朝廷名義上ノ統治ノ下ニ実際漢人ニ依レル政治ヲ行フノ外ニナカルヘク」というもので、これを実施する方法は、まず日本・イギリス等が介入して清廷と革命軍側を説得して「両者ヲシテ互譲妥協先ツ干戈ヲ収メシムルコトト為シ」、次に「清国ニ重大ナル利害ヲ有スル諸国間ノ協調ニ拠リ朝廷ノ存立ト漢人ノ地位ノ尊重トヲ計ルコト(36)」であった。これは依然として清朝を中心としたものであり、漢人の中に袁世凱が含まれているか否かも明確に示していなかった。グレー外相は熟読の上「大ニ安堵シタ(37)」が、日本が提出した方針に応ずる態度を示さなかった。これは、この時グレーは既にジョルダン公使からイギリスの漢口代理総領事ゴッフェの仲介により官革間の停戦交渉が進行していることを知り、これを「時局変転ノ一兆候ニアラサルカトテ或ハ他ノ調停ナクトモ両党間ニ相談纏マルヘキ望ミヲ有セラル、ヤニ解シ」[38]ていたからであった。この時イギリスは既に中国政局に対するイニシアチブを握り、清廷の名義の下に立憲政体を確立するため、袁世凱を通じ清朝の実権を掌握している摂政王の退位、停戦の延長等の具体策を密かに推進していたのであった。故に、イギリスは日本の同盟国ながらも、日本がイギリスと共にこの干渉に介入することを許そうとしなかった。

一二月二日革命軍が長江の要衝南京を攻略した。これにより官革の力関係にはまた変化が生じ、南北調停・妥協の気運が濃くなった。内田外相は革命軍の南京攻略により南北「調停ノ好機会自ラ其内ニ来ルコトアル」[39]と正確に判断し、四日駐日のイギリス大使に日本の調停・干渉の必要性を申入れた。同日伊集院公使もジョルダン公使に同様の意を伝えた。しかしジョルダンは「清国自身ニ於テ妥協ノ方法ヲ講スルコト望マシ」[40]として、日本の介入を再度拒否した。

この時期袁世凱は日本に対し喜劇的な一幕を演じた。一二月二日夕方袁は坂西利八郎中佐に来宅を求め、内密な話として「此際日本人ノ手ヲ経テ革命軍側ノ重立チタル者等ノ意嚮ヲ聞キ合セ進テハ日本人ヲシテ協商ノ任ニ当ラシ方ムル如キ法ニテモ講スル途ナカルヘキカ」と尋ね、また財政困難の打開策として「何カ名案ナカルヘキヤ」[41]と問いかけ、日本の協力と援助を期待するような意を表明した。袁はまた坂西に「若シ公然ノ沙汰トシテ日本一国丈ケニテ居中調停ニ当リ得ルモノナラハ最モ妙案トシテ希望スル」と語った。この時期袁世凱が既にイギリス側の居中調停により密かに革命軍と停戦交渉をしていながら、また日本にこのような依頼をした目的は、同日の南京の陥落に伴う一時的画策であったが、袁から遠ざけられ官革の停戦交渉等から排除されていた日本にとっては、袁のこのような斡旋依頼は「福音」であった。伊集院公使はその翌日内田外相に「袁世凱ノ依頼ニ応シ内密ニ確実ナル本邦人ヲシテ武昌ヲ初メ重ナル地方ニ於ケル革命団ノ首脳ニ就キ妥協上ノ意嚮ヲ探ラシムルコトトシテハ如何ナルヘキカ」と上申し、これにより「漸次袁世凱等ヲシテ深ク我ニ依頼セシムルコト得策ナルヘシト信[42]」じていた。この上申に対し、内田外相は四日伊集院に「帝国政府ニ於テハ出来得ル限リ居中調停ノ任ニ当リ以テ事局ヲ収ムルノ労ヲ執ルコトヲ辞セス」[43]と訓令した。だが内田外相は袁の依頼に疑問を抱き、「袁ニ於テ一面英国側に斡旋ヲ求メ置キナカラ我ニ対シテハ之ヲ以テ甚タ憂慮ニ堪ヘサル外国干渉ノ端緒ヲ啓キタルモノト告ツツ却テ我ニ調停ノ尽力ヲ請フカ如キハ如何ニモ平仄ノ合ハサル嫌アル」として、「今後各国間ノ離間中傷等漸々盛ナルニ至ルヘシト認メラルル折柄ニ付事実ノ真相ハ之ヲ確メ置クコト必要ナリ」[44]と指示した。これは確実な判断であり、的確な指示であった。だが内田には情報の伝達が遅れていたので、袁がイギリス公使に調停を依頼したのは事実であるか否かをも確認するよう伊集院に指示せざるを得なかった。

内田外相は袁に対する不信感から前述のように疑問を抱きながらも、また袁に接近して彼をコントロールし、中国時局への干渉に乗出そうとした。内田外相は伊集院公使に、もし袁がイギリス側の斡旋をもってその真意に沿うものにあらず、是非とも日本側の手により公然と調停を遂げんと欲するにおいては「彼ニ於テ十分我ニ信頼スルノ誠意ヲ表彰スルコトヲ必要トス」[45]る前提条件の下に、袁に次のような具体的条件を提示するよう指示した。[46]

一　清国政府ニ於テ我ニ調停ノ尽力ヲ求ムルニ当リテハ克ク我方針ヲ了解シ其態度ノ十分之ニ合致スルコトヲ必要トス

二　清国政府ト革命軍トノ間ニ調停条項ノ成立スルニ至リタルトキハ清国政府ニ於テハ必ス之ニ承認ヲ与ヘ以テ我体面ヲ損スルカ如キ挙ニ出ルコトナキノ言明ヲ得ルコトヲ要スル

三　清国政府ニ於テ立憲ノ主義ヲ承認シ満廷専制ノ弊ヲ去リテ大ニ漢人ノ地位ヲ尊重シ是迄発布セラレシ諸上諭ノ如キモ誠実ニ之カ実行ヲ計リ

四　今回ノ変乱ニ干与セル官革双方ノ関係者ハ総テ其罪ヲ問ハサルノミナラス将来永クロ実ヲ設ケテ之ヲ迫害スルカ如キ措置ニ出ツルコトナキノ決意

内田外相は伊集院公使に、以上の四つの条件を執行する決意が袁にあるか否かを是非確認すると同時に、「清国政府ニ於テ我ニ信頼スルノ決意確カナル上ハ」[47]財政的にも援助を与えることが出来る意を示すように指示した。

以上のように、内田外相と伊集院公使は袁の斡旋依頼を受けて、疑問を抱きながらも積極的に協力する態度を示したが、袁はその後まもなくその申出を取消し、唐紹儀を調停の重任に当らしめた。このことを知った内田外相は大いに憤激し、八日伊集院公使に「貴官ノ申出方ノ当否ヲ論スルハ無益ニ属スト雖此際特ニ貴官ノ御考慮ヲ促カシタキハ袁ノ我ニ対スル態度ヲ探求スルノ一事ナリ」と指示し、袁に対し、もし「内実我ヲ疏外スルノ意ヲ有シ単ニ我ヲ利用シ若ハ我ヲ操縦セントスルモノナルカ如キコトアルニ於テハ我ニ於テモ亦之ニ応スル覚悟ヲ要スル義ナル」[48]ことを警告するよう訓令した。これは袁との交渉の一時的決裂を意味した。

上述したように、日本は袁の日本に対する信頼を獲得するために外交的努力を尽しながら、またイギリスに日英の共同干渉を呼びかけ、手を組んで列国を動かそうと試みたが、袁の権謀術数的な行為とイギリスの日本排除の行動によって実現出来ず、九日イギリス政府に対し「英国政府ニ於テ将サニ行ハレントスル官革代表ノ会合ノ結果ヲ待チ何分ノ措置ヲ執ルヲ得策ト思考セラルルニ於テハ何等不測ノ事件ノ発生セサル限リ帝国政府ニ於テ強テ之ニ対シ異存ヲ有スルモノニアラス」[49]と回答し、イギリスの単独干渉に従わざるを得なかった。

この時期の日本の外交行動は、中国情勢の急激な変化に伴い、日本の辛亥革命に対する態度と政策に新しい変化があったことを示している。それは、(一)に従来の静観的態度から公然とした干渉に乗出そうとしたことであり、(二)に当初の満族を中心とした清廷への全面的支援から清廷の名義上の統治の下に漢人が政治をおこなう立憲君主制の支持へと方針を転換したことである。この二点はその後の日本の辛亥革命への対応の上で注意すべきことである。

(1) 王綱領「美国対辛亥革命之態度与政策」、中華文化復興運動推行委員会主編『中国近代現代史論集』第一七編辛亥革命上、台湾商務印書館、一九八六年、一〇一〇ページ。
(2) 黒竜会編『東亜先覚志士記伝』中、原書房、一九六六年、五三八ページ。
(3) 明治四四年一一月二日、在清国伊集院公使より内田外相宛、電報第四〇九号。防衛研究所所蔵。
(4) 外務省編『日本外交文書』(辛亥革命)、七二ページ。
(5) 同右書、二三ページ。
(6) 『国民新聞』一九一一年一一月九日。
(7) 臼井勝美「辛亥革命と日英関係」、『国際政治58　日英関係の史的展開』有斐閣、昭和五五年、三五ページ。
(8) 同右。
(9) 同右書、三六ページ。
(10) 同右。
(11) 『日本外交文書』(辛亥革命)、五八ページ。
(12) 同右書、一六四―六六ページ。
(13) 同右書、三七八―七九ページ。
(14) 同右書、三七八ページ。
(15) 同右。
(16) 同右書、三七九ページ。
(17) 河村一夫『近代日中関係史の諸問題』南窓社、一九八三年、一八八ページ。
(18) 『日本外交文書』(辛亥革命)、三七九ページ。
(19) 同右。
(20) 同右。
(21) 同右。
(22) 同右書、三八〇ページ。

(23) 同右。
(24) 河村一夫、前掲書、一八八―八九ページ。
(25) 『日本外交文書』(辛亥革命)、三八〇ページ。
(26) 同右書、三八一ページ。
(27) 同右。
(28) 同右。
(29) 同右。
(30) 内田康哉伝記編纂委員会・鹿島平和研究所編『内田康哉』鹿島研究所出版会、一九六九年、一六〇ページ。
(31) 『日本外交文書』(辛亥革命)、三八四ページ。
(32) 同右書、三八三―八四ページ。
(33) 同右書、三八八ページ。
(34) 同右。
(35) 同右書、三八四ページ。
(36) 同右書、三八五ページ。
(37) 同右書、三八九ページ。
(38) 同右。
(39) 同右書、三九四ページ。
(40) 同右書、三九五ページ。
(41) 明治四四年一二月三日、在清国伊集院公使より内田外相宛電報、第六二四号。防衛研究所所蔵。
(42) 同右。
(43) 明治四四年一二月四日、内田外相より在清国伊集院公使宛電報、第三四七号。防衛研究所所蔵。
(44) 同右。
(45) 同右。

（46）同右。
（47）同右。
（48）『日本外交文書』（辛亥革命）、四〇二ページ。
（49）同右書、四〇五ページ。

四　南北和議と政体をめぐる対応

日本がイギリスと共に立憲君主制を中国に強要しようとした時、イギリスは既に袁の要請により密かに官革の停戦に介入し、これを延長して南北平和会議（以下南北和議と略）に誘導し、この会議を利用して中国政体の問題を決定しようとした。イギリスのこの外交方針は袁世凱の政治的欲望を実現するのに相応しいものであった。故に、袁は終始イギリスに依存して、官革停戦から南北和議へ、南北和議から政体問題へと画策を展開し、最後に民国の大総統に就任した。本節では、日本とイギリスと袁世凱の官革停戦・南北和議・政体問題への対応と、この問題をめぐる三者間の外交関係を、南方の革命派の対応と比較しながら考究する。

袁世凱とイギリスは、前の節で述べたように、まず停戦問題をめぐって関係を結んだ。袁は内閣総理大臣に任命された時に、腹心の一人である劉承恩を起用して湖北軍政府の都督黎元洪に三通の書簡を出し、黎に平和的解決を呼びかけながら、一方ではまた革命軍が占拠した漢口に反撃を始め、そこを陥落させた。袁の軟硬両策により、黎らは袁を利用して彼の矛先を清朝に逆さまに向けようとし、袁に対し好意的態度を示した。一一日劉承恩と蔡廷幹が袁の書簡を持参して武昌に来て停戦問題を交渉した。革命派はその前提として共和政体を主張し、劉・蔡は立憲君主制を堅持し、双方は対立して停戦にまでは至らなかったが、黎は袁に書簡を寄せ、清朝皇帝が退位する条件の下で、立憲君主制も不可能ではないと述べた。黄興も袁に書簡を寄せ、袁が清の皇帝を退位させるならば彼の命令に服従する用意があることを表明した。袁はこの交渉と書簡を通じ、南方革命派の自分に対する期待と態度を把握したので、南北交渉において有利な軍事的地位を保つため、漢陽に対する反撃を開始し、一一月二七日これを陥落させ、引きつづき武昌を砲撃し始めた。

官革停戦交渉に参加した蔡廷幹は一一月一六日北京で『ロンドン・タイムズ』の特派員モリソンに交渉の内容と袁の動向等を具体的に紹介し(1)、イギリス側はその内幕を掌握した。二六日ジョルダン公使は袁と会見し、武漢における戦闘再開が漢口居留のイギリス人に及ぼす脅威を訴えた(2)。ジョルダンはこの時期に停戦協約を締結しなければ、戦争は長期的な流血の事態になると判断していた(3)。そうなれば、長江流域におけるイギリスの権益と貿易が蒙る損害は巨大なものになるのであった。袁はこの機を捉えてジョルダンに、南北双方が満足する条件に基づき停戦協定を締結する意があることを示し、ジョルダンと漢口駐在のイギリス代理総領事ゴッフェを通じて黎元洪にこの意見を伝えるよう依頼した(4)。ジョルダンは当日ゴッフェに打電して、非公式に口頭で即刻黎にこの意を申入れるよう指示した。ゴッフェは黎元洪に袁の意を伝え、二七日には黎元洪の一五日間の停戦・必要の場合にはさらに一五日間の延長・南北全権代表の直接会談という三項目の意見をジョルダンと袁に伝えた(5)。袁はこれを受入れることが出来ると述べた。ジョルダンはこの機を利して、清朝軍が渡江して武昌を攻撃した場合、それによる流血事件に対し責任を負うべきことを袁に警告した(6)。袁はこの圧力により一二月一日第二軍団の総指揮馮国璋に武昌攻撃停止の命令を発し、同時に漢口の黄道台にゴッフェ代理総領事とまず三日間の停戦を手配するよう指示した(7)。こうしてジョルダンとゴッフェが居中調停をおこなって、一二月二日に三日間の停戦が実現した。この停戦協定にゴッフェが証人としてサインをし、グレー外相もこれらの行動に完全に賛成の意を表した。

その後袁はジョルダン公使・唐紹儀と共に長期的停戦協定を起草した。その内容は、停戦の一五日間延長、唐紹儀を袁側の代表として派遣し、黎元洪或いは他の代表と時局について協議をする等であった。袁は四日この内容を馮国璋に打電し、(8)ジョルダン公使も同日同様の電報をゴッフェ代理総領事に発し、彼に積極的な斡旋をするよう指示した。(9)この斡旋により、九日停戦がまた一五日間延長された。この停戦はその後南北和議につながって行った。この過程において、袁の権謀術数と南方におけるイギリスの権益保護をきずなとして、双方の関係が一層密接に結ばれたのである。イギリスはこうして官革停戦・南北和議における外交上のイニシアチブを掌握し、袁世凱と中国の時局を左右する基礎を固めたのである。

イギリスとは対照的に、日本は中国の今後の時局を決定するこの重大な外交交渉からほぼ完全に除外されていた。内田外相は一一月二八日付駐漢口の松村総領事の報告を受けて、袁の要請によりイギリス公使が調停の労をとっていることを知り、三〇日朝第三艦隊川島司令長官の電信により停戦交渉がおこなわれていることを知って大いに驚愕した。内田外相は即刻伊集院公使に「今日此種重要事件ニ関シ在清英国公使ヨリ貴官ニ何等ノ打合ナキハ甚タ遺憾ノ次第」だと伝え、「至急同公使ニ会見シテ本件ノ消息ヲ内問セラレ且此種問題ニ付テハ今後日英両国常ニ協調ヲ維持スルノ肝要ナルコト」(10)を述べておくよう訓令した。しかし伊集院公使は依然として停戦交渉から排除され、それについての情報すら収集することが出来なかった。内田外相は一二月三日発の川島司令長官の電信により停戦協定が締結されることを知り、即刻伊集院公使にこの情況を伝え、袁に「此種事項ニ付テハ今後出先キ清国官憲ヨリ川島司令長官ニ打合」(11)をするよう要求することを訓令した。五日また伊集院公使に「袁世凱ハ最近在清英国公使ニ対シ時局ヲ救済センカ為ニハ摂政王ヲ廃位トナスノ必要益々明瞭トナレル」と打電し、一両日中に唐紹儀を南方に派遣してその地方の意向を確かめるようであるが、「貴官ニ於テ何等御聞込ノコトアラハ至急電報相成リタシ」(12)と要求した。これらの事実は、日本は上記のような重大事件に関与することが出来ず、袁とジョルダン公使も伊集院に何の情報も提供しなかったことを意味する。伊集院公使は「当地英国公使ノ本使ニ対スル態度ノ動モスレハ曖昧ニシテ」、「英国公使ニ於テ兎角ニ消極受身的ノ態度ヲ維持セルニ対シ本使ヨリ絶ヘス五月蠅《ウルサキ》迄ニ質問ニ出掛クルモ甚タ妙ナラス」[13]と内田外相に具申し、イギリス政府よりジョルダン公使に自分と十分意志の疎通を図るよう訓令してもらえるよう要請した。内田外相は対清外交において日本がこのような受動的状態から脱出するため、駐英の山座臨時代理大使を通じてイギリス政府に、駐北京のジョルダン公使を通じて清国政府に諸事につき隔意なく伊集院公使に相談し、意思疎通を図るよう伝えてほしいと要請した。

内田外相と伊集院公使は中国の時局収拾においてイギリスの地位に追いつき、一日も早く同等の外交的地位を獲得するため絶え間なく努力した。二月二日伊集院は袁を訪問し、袁の「標榜セル君主立憲ノ主義ヲ援助シ此目的ヲ遂行シテ速ニ時局ヲ平定セシメムコトヲ希望」する意を伝えながら、摂政王退位の如き重大なことに対し「上諭ヲ発セラルル迄ハ事ノ真相ヲ承知シ居ラサリシ位ニテ此点ニ付テハ政府ニ於テモ或ハ遺憾ニ思ヒ居ル事ナルヘシト存ス」[14]と袁に不満の意を表した。袁は伊集院に南北停戦等に対しイギリスに依存せざるを得なかった理由を弁明し、日本側の了解を求めたが、それは弁明ではなく日本に対する不信感を率直に述べたものであった。袁は「何分従来ノ行懸上日本ニ対スル清国人ノ感情兎ニ角面白カラサル次第ナルヲ以テ若シ此ノ際日本側ニ照会ヲ求ムルニ於テハ或ハ各方面ニ故障ヲ生シ結局出来得ヘキコトモ出来サル破目トナリ且又諸外国思惑モ如何ト気遣ハレタルヲ以テ……一先英国ヘ依頼スルコトトナレル次第」[15]であると述べた。これは日露戦争以来の日本の中国に対する侵略による中国人の反日的感情を表明したものであり、またイギリス等他の列強も中国に対する日本の出兵・干渉を警戒し、それを阻止しようとした客観的外交情勢を述べたものである。袁がこのように日本を排除してイギリスを選択し、イギリスに依存しようとしたのは、袁が語ったように偶然ではなく、日露戦争以来形成された日・英・清と日・英・袁三者の二重的外交関係に起因するものであった。

この時期における二重的外交関係とは一体どういうものだったのであろうか。日・英両者の外交関係からいえば、両国は条約による同盟国であり、極東と中国における植民地的権益を保護する共通の目的とこの目的達成のための協調的関係を有していた。これは帝国主義国家の本質から出てくる共通の一側面であった。だが、両者はまた中国における勢力範囲と権益を拡大しようとした。これにより両者は互いに争い、中国において争奪し、それがため相手の行動を牽制しようとしたのであった。これは別の一側面であるが、これも帝国主義の侵略的本質から出てくるものである。南北停戦・和議及び政体問題に介入するか否かの日・英の争いは、この一側面を端的に示したものである。そしてこの問題における核心的な人物が袁世凱であったため、日・英はこの袁をめぐり争い始めたのである。だが、この袁と日・英の関係も二重的であった。袁と日・英は、一面においては、侵略と被侵略の問題に関して互いに対立的であったが、他方では、日・英間の中国をめぐる争いにおいて中国に君臨しようとする袁を自分の手元に押えようとして、日・英は袁をめぐって争いを始めた。この争いは侵略のためであった。袁はこの争いを利用してイギリスを選択し、イギリスに頼ろうとした。それには前の節で述べたような袁・英の伝統的歴史的な関係の他に以下の理由があった。㈠イギリスは欧州の国際関係の緊張化によりアジアを顧みる暇がないので、既得権益の保護に重点を置き、その外交は相対的に防衛的な姿勢をとったのに対し、日本は隣国として出兵・干渉を企み、攻撃的な外交の姿勢をとったので、袁とイギリスは共に連携して日本を警戒し、その行動を牽制しようとした。㈡日本は初めから清廷を支持し、その後は立憲君主制により清廷を保護・保持しようとしたのに対し、イギリスは相対的に保護・保持に消極的であったので、清廷に対し政治的野望を抱いている袁にとってはイギリスが有利であった。㈢イギリスは日本の出兵・干渉の企みを牽制しようとして袁を利用し、日本はイギリスと協調しながら袁を排除して対清外交における主導権を掌握しようとしたので、袁は必然的に自分に有利なイギリスを選択し、それに頼ろうとした。これはこの時期のこのような二重的外交関係により決定されたものであり、南北問題をめぐる伊集院とジョルダン間の不調も、伊集院が述べたようにジョルダンの「小心ニ過タル傾アル性格ニ因由スル」(16)ものではなかった。このような二重的外交関係から生ずる袁と日・英間の三者関係は一時的なものではなく、この辛亥革命期に終始作用したものであった。故に、日本はその後の南北和議と政体問題において終始受動的立場に陥り、外交の主導権を失い、イギリスに服従せざるを得なかった。

一二月上旬イギリスは南北和議開始を前に、袁世凱に借款を提供しようとした。これはジョルダン公使が提案したもので、袁はこの借款を利用して南北和議において南北を統一し、中国に君臨することを期待していた。この借款をめぐるイギリスと日本との外交からも、中国における両者の争いを窺うことが出来る。イギリス外相グレーは一二月七日この企図をまず仏・独・米三カ国駐在のイギリス大使に電訓し、一〇日にこの電訓の内容を内田外相に伝えた。この借款に当り、イギリスは日本とロシアを排除し、仏・独・米との四カ国銀行団で独占しようとした。これに積極的であったのは、辛亥革命勃発以来清朝援助に一番積極的であったドイツであった。フランスもこれに同意した。この借款は袁に対する政治借款であった。内田外相は一六日「斯ル政治的借款ヨリ帝国政府ノ除外セラル、ハ不得策ニ付[17]」、この借款に参加する意を表し、ロシアと連携してイギリス等四カ国銀行団に対処しようとしてロシアの参加を勧誘した。ロシアも参加に同意した。しかし日露両国が参加を求めた時に、イギリスは逆に「本件を熱心に遂行スル考ナキ[18]」意を表した。これには、南方革命派の反対と南方に大半の利権を持っているイギリス財界の不賛成もあったが、日本の参加を好ましく思っていなかったことも関係があった。これに対し内田外相は少額の借款でも提供するよう再度提案し、これにより対袁外交の仲間入りをしようとしたが、イギリスはこれに賛成しなかった。これによりこの借款は流産したが、これも袁をめぐる日本とイギリスの争いを示したものであった。

一二月中旬から南北和議に関する準備が始まった。唐紹儀を団長とする北方代表一行は一二月一一日漢口に到着した。イギリスは初めから南北和議に対するイニシアチブを掌握した。南方の革命派は伍廷芳をその代表に選出し、上海で平和会議を開くことを要求した。この時、南方の革命派もイギリスの袁に対する影響力を感じ、伍廷芳は一一日駐上海のイギリス総領事フレーザーに書簡を送り、袁世凱が唐紹儀に対して上海に赴いて南方の代表と会談することを指示するようジョルダン公使に要請した。[19] この要請を受けたジョルダン公使は袁にこの旨を知らせ、袁は一二日唐に上海に赴くよう指示した。唐は一七日上海に到着し、イギリス人リットルの自宅に宿泊した。これはモリソンが手配したものであった。[20]

南北和議に直面した内田外相は、この会議においてイギリスと同等の発言権を獲得するため、一五日伊集院公使にこの会議に対する日本の方針を袁に伝えるよう訓令した。その内容は次の通りである。[21]

一　「袁ノ共和政治ヲ排斥シテ君主立憲ヲ断行スヘシトノ主張ハ全然帝国政府ノ賛同スル所ナリ」、「袁カ今後固ク此主張ヲ保持シ其所説ヲ断行センコトヲ切望シ之カ為何等我助力ヲ必要トスルコトアラハ帝国政府ニ於テハ相等ノ援助ヲ与フルヲ辞セサル」。

二　「袁ニ於テハ常ニ日英両国特殊ノ関係ニ留意シ成ルヘク両国ニ対シ同時ニ諸事ヲ打明クル方得策ナルヘク帝国政府ニ於テモ亦袁ノ此ノ措置ニ出テンコトヲ望ミ居ル次第ナリ」。

三　南北平和会議が不成功に終る時は「袁ニ於テハ能ク形勢ヲ達観シ列国中真ニ信頼スルニ足ルノ好意ト実力ヲ有スル国ヲ選ンテ先ツ之ニ調停ニ関スル協議ヲ遂ケ然ル後徐ロニ之ヲ列国ニ謀ルノ方針ヲ取ルコト最モ必要ナルヘシ」。

この指示は日本が依然として立憲君主制を堅持し、このため従来袁に反対した立場を改め、袁が立憲君主制を主張すれば袁に援助を与えることを辞さない方針に転換し、これにより袁に日・英に平等に対処するように要求したものである。この指示において注目すべきことは、和議が不成功に終った時の対応策を提示していることである。日本はどちらかといえば、和議の失敗を期待していたといえる。それは和議はイギリスの居中調停により準備・進行されたので、その失敗はイギリス外交の失敗となり、これによりイギリスが受動的になった機に日本がその外交的主導権を掌握しようとしたからであった。内田が述べた「真ニ信頼スルニ足ルノ好意ト実力ヲ有スル国」[22]とは、日本を指したものであり、伊集院は袁に和議不成功後の方針を示したのである。袁は「最後ハ各国ノ調停ヲ煩ス覚悟ナリ其ノ場合ニハ先ツ第一ニ英国ノ意見ヲ求メ続イテ貴国ニモ御相談致ス積リ」[23]だとの意見を述べ、その後に諸外国と相談すべきだと答えた。これはイギリス優先主義であり、次に諸列強をも調停に介入させようとするものであった。イギリスと同等の地位を獲得しようとする日本としてはこれに賛成するはずがなかった。伊集院は袁に「如何ナル場合に於テモ貴国ヨリ調停ヲ望マルル際ニハ先ツ日英両国公使マテ之ヲ打明ケ直接他ノ諸外国ニ申出テラルルコトハ全然差控ヘラルル方可然」と要求し、「飽迄実着ノ態度ヲ以テ我政府ニ信頼シ我政府ヲ十分安心セシムル誠意ヲ表彰セラルルコト肝要ナリ」[24]と再三告げた。だが袁は表では伊集院の「所説ヲ首肯セルモノノ如ク見受ケラルルモ尚充分腑ニ落チサル様ノ態度ヲ」示し、伊集院も「袁世凱ニ於テ果シテ約ノ如ク実行スルヤ否ヤハ之ヲ従来ノ成行ニ鑑ミ聊カ疑ナキ能ハサル」[25]と考えていた。故に、内田外相は再度一五日に提示した三つの方針を袁に申入れるよう訓令した。一七日伊集院は袁に内田外相の一五日訓令の三つの方針を伝え、特に「貴国ニ於テ愈々調停ノ必要ヲ認ムルニ至リタル暁ニハ必ス先ツ之ヲ日英両国ニ議ルヲ得策トスル」[26]と勧告したが、袁は「自分ノ立場トシテハ既ニ英国ノ紹介ニ依リ事ノ端緒ヲ開キタル行懸トナリ居ルコトナレハ愈々講和不成立ノ後日英両国ニ之ヲ謀ラントスルニ方リ自分ヨリ英国ト同様ニ日本ニ之ヲ謀ルノ態度ニ出ルコトハ手続上聊カ妙ナラサルヤノ嫌ナキニアラサルヲ以テ寧ロ貴官ヨリ英国公使ニ打出サレテ何分ノ義ヲ纒メラレ之ヲ両国協同ニテ自分ニ告ケラルルコトトナシ呉ルルニ於テハ自分ハ必ス両公使ノ説ニ従ヒテ之ヲ行ヒ決シテ異議ヲ挟マサルヘシ」[27]と答え、依然としてイギリス優先主義をとることを表明した。同日伊集院はジョルダン公使に袁と会談した内容を伝え、彼の賛成を得ようと努力したが、ジョルダンは日本との協力を好まなかったため回答を避けた。

南北和議を前に、ジョルダン公使は清朝存続を前提として南北双方を妥協させることは甚だ困難だと認め、一六日その解決案として、「此際孔子ノ子孫タル孔侯爵ヲ冊立シテ皇帝ト為サハ如何」[28]との意見を伊集院に提出した。伊集院は立憲君主制を強硬に主張する日本としては、満族の皇帝であろうと漢族の皇帝であろうと、皇帝を中心とした政体を確立するために、「之モ一案トシテ考量中ニ加ヘ置クコト亦無益ナラサルヘク夫ハ兎モ角右様ノ問題ハ是レ直ニ時局解決ノ基礎ノ関鍵タル要素トナルヘキモノナレハ随分重大ナル問題トシテ慎重ナル攻究ヲ要ス」(29)と答え、この件を相談する意を表した。伊集院は一七日袁と会談した折にこの問題を提起したが、袁は「孔子ノ末孫ヲ皇帝ト為スノ説ニ対シテハ絶対的ニ之ヲ否認シ斯ノ如キ無謀ノ挙ハ到底一笑ニタモ値ヒセス」(30)と反対した。皇帝或いは大総統の夢を見ている袁が、このような案に反対するのは当然なことであった。袁と密接な関係を保っているジョルダンが袁にこの案を提示せず、伊集院が提出するようにしたのは、これによって袁にショックを与え、袁の日本に対する疑念を深めようとしたためであった。

一五日駐北京の英・米・仏・独・露と日本の公使は「清国ニ於ケル目下争乱ノ継続ハ単ニ清国自身ノミナラス外国人ノ実質的利益及安定ニ対シテモ重大ナル影響ヲ来ス」故に、「成ルヘク速ニ現争乱ヲ終息セシムルニ足ルヘキ協商ヲ締結スル」(31)よう南北代表に要望する覚書を起草したが、これもジョルダン公使と米・仏・独三国の公使がまず相談し、その後伊集院公使の意見を聞いたのである。これは日本が米・仏・独の後に回されたことを示すものである。この時期第三回日英同盟の条約改訂により英・米の関係が大いに改善され、英・米は徐々に連携して日・露に対抗しようとしていたのであった。伊集院はアメリカ等他の列強が介入するのを望まなかったが、このような情況ではそれに賛成せざるを得なかった。この覚書は二〇日上海で南北代表に手渡され(32)、列強の南北和議に対する期待を表明したが、南方の革命派はこれを列強が南北双方を同等に見なすものだとして、南方革命派に対する承認だと考え、気勢を上げた(33)。

一二月一八日南北和議が上海で開催された。第一回会議で休戦の延長問題について順調な交渉がおこなわれ、二五日からまた一週間延長された(34)。二〇日の第二回目の会議においては、政体問題が最大の争点になった。次に、政体問題についての南北代表の論争とこれをめぐる日本とイギリスの対応を検討することにする。南方代表伍廷芳は、和議において、中国には共和・民主を実施する条件が整っており、人民も共和を希望しているので、問題は大総統を選出することだけだと強調し、清皇帝の退位を主張した。(35)これに対し唐紹儀は「我ら北京から来たものは共和立憲に反対する意向はない」と表明し、袁世凱もこれに賛成しているが、その意を口に出すことが出来ないだけだと述べた。(36)唐のこの発言は彼と袁との間に何かの密約があったことを示す。(37)モリソンもこれについて、唐が袁の十分な賛同の下で表明したことにいささかの疑問もないと語った。(38)二〇日モリソンは有吉上海総領事にも「唐紹怡ト袁世凱トノ間ニ密約ノ存在スルアリ」と語り、外務省から派遣され二一日上海に到着した松井参事官も唐との数回の交渉を経て、「袁世凱ハ唐紹怡ト内々初メヨリ黙契アリ其ノ意ヲ含マセテ唐紹怡ヲ当地ニ派シタルニアラスヤトノ観察ハ当ヲ得タルモノナリト云フヘク」(39)と、内田外相に上申した。このような分析は、袁の和議と政体問題への対応とその後の彼の野望から見て、適切であったといえよう。袁と唐のこの密約は、袁の和議と政体に対する態度を理解するキーポイントである。この密約からすると、袁は唐を南方に派遣する時、既に共和制に転換を始めていたが、これは共和制に賛成したというより、寧ろそれを一手段として清朝皇帝に退位を強要し、自分が中国に君臨しようとしたからであった。

だが日本は終始立憲君主制を主張し、中国にこの体制を強要しようとした。これにより日本はイギリス、袁世凱及び南方の革命派と対立するようになり、和議遂行の最大の障害になった。故に、この会議を遂行するには、まず日本を共和制賛成へ誘導することが重要になった。これに真っ先に挑戦したのがモリソンであった。二〇日彼は有吉総領事に袁世凱を推奨して「時局解決ノ最好手段ハ両媾和委員ヲシテ満洲皇室ヲ熱河ニ退却セシメテ共和政体ヲ樹立スルコトニ合致セシメ袁世凱ヲ大統領タラシムルコトト定メテ袁世凱ノ（脱語）確カムルニ在リ」(40)と述べ、有吉を説得しようとした、彼はまた伍廷芳にも自己の意見を説いた。この時モリソンは袁と革命派双方の要請により上海に来て大いに活躍していたが、彼が北京を出発する折、袁は彼に専用車輌を提供し、一将校を派遣して彼の保護に当らせ、彼の南下を大いに喜び支援した。(41)

それは袁が彼の上述のような主張と上海における彼の役割を良く了解していたからであった。上海では唐紹儀が高洲領事に右と同様の意を内談した。

北京では二〇日袁世凱が至急高尾通訳官に来訪を求め、「革命党ニ於テハ飽ク迄共和政体ヲ主張シ毫モ融通ノ意志ナキモノノ如シ……公然会議ノ場合ニハ彼我共ニ自説ヲ固執シ勢必ス決裂ニ至ルヘシ且ツ各国領事ノ外交方針既ニ変シ必スシモ君主立憲ヲ扶持スルノ意ナク毀棄セルモノト認ムルニ付速ニ内密ノ方策ヲ講セラレタシ」との唐紹儀からの来電を内示し、高尾に「日本国ニ於テ俄カニ方針ヲ変セラレ共和説ニ賛成ノ意ヲ表セラルルカ如キコト万無之ト信スルカ如何ヤ」(42)と尋ねた。これは日本の意見を尋ねたというより、寧ろ日本に共和制に賛成するよう要望し、各国のように立憲君主制の主張を放棄するよう勧告したものであった。だが伊集院公使はこれを「袁ニ於テハ我方ヨリノ好意的援助（立憲君主制に対する——筆者）ナルモノニ対シ幾分有形的ノ効果ヲ収メ得ヘキ望ミヲ有シ居ルヤノ模様」(43)だと受けとめ、内田外相に対応策を講ずるよう上申した。これは誤解であった。

同日伊集院はすぐにジョルダン公使を訪れ、袁との会見の模様を伝え、立憲君主制に対する意向を打診した。ジョルダンはこの前に既に袁と会談し事情をよく知りながらも、「君主立憲云々ニ付テハ自分ニ於テ主張ヲ持ニ変更シタルカ如キコト無之」と軽く述べたが、その翌日伊集院に「満朝ヲ存続シテ妥協成立ヲ期スルコトハ殆ント望ナキカ如シ之ニ対シ如何ノ措置セハ可ナルヘキカ『モリソン』ノ説ノ如ク袁世凱ヲ大統領トシテ兎モ角一時ヲ収ムル案ハ如何」(44)と自発的に提案して来た。ジョルダンは「共和制ノ到底鞏固ナル能ハサルコト」を述べながらも「要ハ妥協不成ト共和国トノ二害悪内ニ就キ選択ヲ為ス外ナカルヘシ」(45)と語り、共和制を選択する意を表明した。これはイギリスの在中国の植民地権益の四分の三が南方にあり、財界と宗教団体がこの権益保護のため南方革命派を「支援」すべきだと呼びかけていたため、イギリス政府としても革命派の共和制の主張を重視せざるを得なかったからである。それ故ジョルダンは「南方ニ於ケル英国ノ貿易関係等を顧慮シ到底英国政府ニ於テ圧迫ヲ加ヘテ迄君主立憲ヲ基トセル妥協ノ成立ヲ期スルノ決ナカルヘク[46]」として、圧迫・関与によって立憲君主制を実現しようとする伊集院の主張に反対した。

伊集院は依然として「満朝ヲ存続シテ君主立憲トナスヲ以テ最良案ナリ」と強調しながら、ジョルダンとは対照的に「解決案ノ遂行ヲ期スルニハ或ハ第三者ヨリシテ幾分ノ圧迫ヲ加フルコト又タ免ルヘカラス或ハ之ニヨリ南方清国人ノ反感ヲ買フコトモアルヘシ乍去清国ヲ瓦解セシメ若クハ大混乱ヲ醸致セシメル因ヲ作ル害悪ト之レヲ予防スルタメニ或ル程度ノ危機ヲ侵スノ害悪トノ間ニ其ノ孰レヲ選択スルヘキカニ至リテハ事理自カラ明瞭ナルモノアラン[47]」と述べ、干渉による立憲君主制の堅持を主張し、共和制による解決を主張するジョルダンと対立した。

政体問題は日英双方の袁に対する政策と密接な関係があった。日本は立憲君主制により袁を排除し、イギリスは共和制により袁を大総統に推薦しようとした。そのため日・英双方は袁の大総統問題をめぐってまた対立した。伊集院ら日本側は、袁は「全国ニ亘リ一般ニ尊敬ト信倚トヲ払ハレ居ルモノトハ認ムルヲ得ス南方ニ於テハ随分袁ニ対スル反感モアリトノ事実ハ掩フヘカラサルニ因リ……袁ヲ大統領ニ戴キ果シテ長ク統治ヲ継続シ得ヘキヤ之レ頗ル疑問ナリ[48]」として反対した。内田外相も二二日グレー外相に「袁ヲ大統領トシテ一時ヲ収メントスルノ方案ハ其実行ニ於テ幾多ノ困難アル上決シテ清国ニ於ケル恒久ノ平和ヲ保持スル所以ニアラスト思考セラル帝国政府ハ今尚君主立憲ノ制度ヲ以テ清国ノ時局ヲ救済スルノ最良計ト認メ英国政府カ之ニ同意シ該制度ヲ確立スル為十分尽力セラルル所アランコトヲ切望[49]」するよう申入れた。共和制と袁の大総統問題は一つの問題の両面であるが、この時内田外相の袁に対する疑心と反感はもっとも強かったといえよう。故に、内田外相は「仮令共和政治ノ樹立ヲ見ルヲ得ルトスルモ袁ニ謳歌シ之ヲ大統領ニ推挙スル迄ノ決心ヲナスヘキヤ否ヤ甚タ疑ハシ[50]」と述べた。その理由として、㈠「袁ニ於テ其従来標榜セル所ヲ棄テ諸方面ノ反感ヲ顧ミスシテ大統領ノ位ニ就クヲ承諾スルヤ否ヤ不明」、㈡「満洲朝廷並ニ満人カ其袁ノ為ニ売ラレタルヲ忘レ袁ノ皇位ヲ廃シテ自ラ大統領トナルヲ黙視スヘシトモ恩惟スルヲ得ス」、㈢「革命軍ノ袁ニ対スル反感ハ極メテ劇甚ナルモノアル」(51)等を挙げた。これは日本の袁に対する従来の懸念と反対の意を表示したものであった。

この時日本の外交方針にまた一つの変化があった。従来日本は日・英の協議・協調を主張し、両国間の意見が一致した後で他の列国と協議する方針をイギリス側に提示していたが、日・英の意見が真っ向から対立する情況の下で「日英ノ外ニ露米独仏ヲ加ヘ是等六国間内議ヲ開クヘキノ時期既ニ到達セル」(52)との意をイギリス側に申入れ、他の四カ国の力を借りてイギリスの行動を牽制しようとした。

唐紹儀は平和会議における重要な人物の一人であった。二二日内田外相は立憲君主制を堅持するために有吉上海総領事を通じ、松井参事官に「至急唐紹怡ニ面会シ十分我主旨ノ在ル所ヲ説明シ置ク」(53)よう指示した。松井参事官は同日まず唐を訪れ、対唐工作を展開しようとしたが、唐は先に「革命党ノ共和ヲ望ミ満廷ヲ廃スルノ意思頗ル鞏固ニシテ緩和ノ余地ナシ輿論既ニ斯ノ如クナルニ於テ北京モ亦之ニ従フノ外他ニ解決ノ策ナキモノト認メサルヲ得ス」と断言し、「列国ノ力ヲ以テシテハ勿論仮令一国ニテモ強ヒテ戦争ノ終結ヲナサシメントセハ能ク容易ニ之ヲナシ得ヘキモ其結果大ニ憂慮スヘキモノアル」(54)と語った。これは日本の干渉に対する警告であった。しかし松井はその翌日また唐を訪れ、内田外相の訓令通り「帝国政府ハ立憲君主擁護ノ為ニハ十分ニ袁ニ援助ヲ与フル積リナリ其何時如何ナル援助ヲ与フルヤニ至リテハ袁ト臨時協議セラルヘキモノナリ」(55)と述べ、袁に対する援助により立憲君主制を強要しようとした。唐は松井の対袁援助を日本の出兵・干渉だと見なし、「袁世凱ハ外国ノ兵力ニ拠ルコトヲ頼ミトシ居ルモ是レハ取リモ直サス満洲人ヲ助クルカ為ニ外国兵ヲ以テ清国人ヲ殺戮スルニ等シク甚タ不都合ニ付自分ヨリ委シク電報ニテ意見ヲ具シ借兵ノ不当ナルコトヲ諫言シ置キタリ」と再警告し、「日本トシテモ外国ニ対シ其ノ政体迄モ指図スルハ実ニ謂レナシ……国民ノ輿論共和トナレルニ際シ之ヲ無視シテ依然満洲朝廷ヲ援助セラレントスルハ自分ノ理解ニ苦シム所ナリ」(56)と日本を非難した。松井の対唐工作は何の効果も挙げることが出来なかった。

北京では袁世凱・伊集院・ジョルダンの三者が政体問題をめぐって会談した。この会談において、まず袁が主導権を掌握した。二二日袁は唐紹儀との間に交わされた電報三通を日・英両公使に送付した。唐は電報で政体問題についての対立により南北「談判破裂ニ終ル情勢ナル」ことを告げ、「速カニ国会ヲ開キ君主民主問題ヲ議決」(57)するように述べた。国会での議決は民主共和制を採択することであった。これに対し袁は返電で「共和ハ最良政事タルコトノ電報ニ接シタルカ予モ嘗テ又之ヲ欣慕シ研究シタルコトアリ只国人ノ習慣其ノ他困難甚タ多ク断シテ一時ニ好ク緒ニ就ク所ニアラス」(58)と告げ、この意を事前に日・英公使に印象づけようとした。袁は日・英公使に同道来駕するよう希望し、イギリス公使と共に日本公使を説得しようとしたが、伊集院は別々に会談することを希望した。

袁との会談に先立ち伊集院公使はジョルダン公使を訪れ、双方の意見を調整しようとした。ジョルダンは「何レニモセヨ要ハ清国保全ト永久ノ治安トヲ確保スルニ適フヘキ解決ヲ希望スル次第ナリ」(59)と述べ、イギリスの態度に変化があることを示唆した。イギリスは立憲君主制或いは共和制にかかわりなく、強大な統一政権を樹立し、中国における列強の権益と貿易が保障されることを重視していた。伊集院は初めてこの変化を感じ、その変化を阻もうとしてジョルダンに「共和制ノ到底永ク鞏固ナル能ハスシテ或ハ間モナク大混乱ヲ醸ス可キ大危険ニ伴フ」と繰返し説明し、日本独自の立場から「元来日本ハ本問題ニ関シ他諸列国トハ異ナリ独特ノ関係ヲ有スル地位ニ立チ清国ニ於テ共和制ノ実現延イテハ大混乱ヲ醸スカ如キ独リ実質上之ニ依リ多大ノ影響乃至損害ヲ被ル可キノミナラス又我思想界ニモ至大ノ影響ヲ及ホス如キコト万ナキヲ保セス」(60)と述べた。これは日本がなぜ強硬に立憲君主制を主張するかの政治的・思想的理由を吐露したものであった。イギリスが政体問題において植民地権益保護という現実的な態度をとったのに対し、日本はイデオロギー的であり、観念的な態度をとっていたのである。伊集院はジョルダンに、政体問題と日本のこの独特の立場を了解するよう特に切望した。伊集院はまた、中国人が自制を知らず、共和制実現後利権回収熱或いは排外思想に発展する恐れを指摘し、「尠クトモ或圧迫ヲ加フルヨリ他ニ道ナカルヘシ」(61)と提言し、日・英が共同して関与する意見を率直に表明したが、ジョルダンは「唯タ圧力ヲ加フルノ途ナキヲ如何ト再ビ繰返シ且本問題ハ既ニ自分（英国公使）ノ頭脳ト力ノ及ハサル所」(62)なりと述べ、これを拒否した。

二二日袁はまずジョルダン公使と会談したが、ジョルダンは「君主立憲ノ主義ヲ援助スヘシトノ義ニ付テハ未タ本国政府ヨリ何等明白ナル訓令ニ接シ居ラス」と述べ、立憲君主制を支持しない意を表した。袁はこれを「英国公使ノ方針カ既ニ変更セル」(63)と受けとめた。ジョルダンの表明は公然たる干渉を避けるためだったが、袁の判断は正確であり、袁に対しては「勝手ニセヨト言ハン許リノ始末」(64)であった。

袁は上述のようにジョルダン公使の態度を確認した後に、伊集院公使と会談した。会談において袁はジョルダン公使の態度が変更されたことを述べながら、繰返し日本の立憲君主主義に変更なきかを尋ねた。袁は日本がイギリスと同様の態度に出たら、自分は「大任ヲ退クノ外ナシ」(65)と語ったが、これは真意ではなく、日本の態度を確かめようとしたものであった。袁は唐紹儀が提出した国会による議決案を紹介し、「之又一策タルニハ相違ナシ」(66)と述べた。袁は口先では立憲君主制を叫びながら、本心では共和制の採用により清皇帝を廃し、自分が中国に君臨する夢を見ていたのであった。これに対し伊集院も鈍感ではなかった。彼は内田外相に「袁モ窮迫ノ余彼ノ性行ニ照ラシ従来ノ態度一変シテ如何ナル挙ニ出ツヘキヤト保証シ難シ」と上申し、「此ノ上ハ我方ノ態度ヲ明カニシ具体的案ヲ示シ袁ヲシテ十分我ニ信頼セシムルノ手段ニ出」(67)るように要望した。伊集院は立憲君主制から共和制への転換を示唆し、これによって袁の信頼を得ようとしたのであった。

北京・上海における情勢が激変した二二日、内田外相は中国の政体問題を閣議に上程し、政府の方針転換を問わざるを

得なくなった。原敬内相は閣議の模様を次のように日記に記述している。(68)

閣議、内田外相より清国事件を報告し、英国は君主立憲の勧告を捨て共和政治となるも清人の自由に任かすべき内意を申越したり、依て一応君主立憲の前説を英国政府に申込ましめ夫れが行はれざるときは日本に於て英国に同意すべしと云ふに付、余は君主立憲は最良の政体なりとするも、時局を解決するには最良の方法にあらず、何となれば君主立憲は革命党の同意せざる所にて、上海に於ける談判は不調に終るの外なければなり、故に一応英国に申込む事に強て異議なきも、此主義は之を放棄するを得策とすと述べ、石本陸相始め閣僚異議なく之に決せり。

これは閣議が立憲君主制による中国時局収拾方針を放棄し、イギリスと歩調を合せるように決定したことを意味する。だが日本の外交政策決定においては、日本独特の元老の発言権が強かった。閣議決定には元老の再審査と批准が必要であったので、二四日元老会議が開かれ、中国問題が上程された。内田外相は日記に次のように記している。(69)

九時桂公を三田に訪ひ清国事件を談ず。午後二時半西園寺侯を訪ひ、桂公と会見始末報告。三時元老会議を開く、六時散会。山県公、桂公、大山公、松方侯、西園寺侯、山本伯、斎藤海相、石本陸相来会。井上侯不参。

元老会議は立憲君主制放棄の内閣決定を否認した。これは日本で最後まで立憲君主制を主張したのが元老らであったことを示す。会議直後内田外相は伊集院に元老会議の結果として日本の立憲君主制支持に変更なきことを通告すると共に、「此際直ニ英国ト協議ヲ進メ其ノ結果ヲ待チ更ニ何分ノ義申進スヘキニ付夫迄ハ袁ニ於テ従来ノ態度ヲ維持シ局面ノ破裂ヲ防カンコト切望ニ堪ヘサル」(70)旨を袁に伝えるよう訓令した。二二日の閣議の決定に背く内田外相のこの訓令の裏には、元老、特に山県有朋の強い圧力があったと考えられる。故にこの時閣僚の中から、元老の容喙に対する強い不満の声が出ていた。

だが、この訓令が到着する前に、北京では元老会議と並行して慶親王と袁世凱が日・英両公使に国会において政体を決定する案を提示していた。二二日午後慶親王と袁はまずジョルダン公使と会見し、国会での議決による政体解決案を唐紹儀に電訓する意を内示し、彼の意見を尋ねた。ジョルダンは「此際官革妥協商議ヲ進ムル道他ニナシトセハ右ノ電訓ヲ発セラルルコトニ対シ異議ナシ」(71)と答えた。ジョルダン公使の態度を確認した両者は、その後伊集院に同様の意見を表明し、袁は「英国公使モ之ヲ賛成セラレ……貴官ノ賛成ヲ得ハ直チニ発電スル積ナリ」(72)とイギリスの力を借りて伊集院を責めた。伊集院は「是非帝国政府ヨリ本官ヘノ御回訓ヲ俟テ今後ノ方針ヲ定メラルルコトニ決心セラレ唐紹怡ヘ国会案ヲ以テ妥弁ノコトハ一両日見合サレンコトヲ希望ス」(73)と切望した。慶親王と袁はこの意を了解したようであったが、伊集院が帰った後、また高尾通訳官の来訪を求め、一両日中に必ず政府よりの回訓に接し得べきか否かを確かめ、不安の意を表した。袁が日本に期待しているのは、立憲君主制の放棄と国会の議決による共和制に対する賛成であった。袁がこのように日本に迫ったのは、日本の賛成なしに国会の議決案の電報を発した場合、日本が武力干渉するのを恐れていたからであった。唐紹儀が二四日袁と伊集院との会談の来電を受けた直後に松井参事官の来訪を求め、伊集院「公使ノ説ノ如クナレハ明カニ兵力使用ヲ意味シ実ニ容易ナラサル問題ナリ」(74)と語ったのは、このことを証明する。これは誤解であり、伊集院の強硬な姿勢の裏には軍事力のインパクトはなかった。

このような緊迫した情勢の下で、内田外相は南方の革命派に対する工作を重視し、圧力或いは説得により彼らに共和制の主張を放棄させ、立憲君主制に賛成させようとした。二五日内田外相はイギリス大使マクドナルドに唐紹儀への電訓案に反対する意を表明し、「今一応ノ処置トシテ例ヘハ革命軍ニ対シ詳細ニ利害ヲ説キ結局立憲君主制ヲ採用シ事局ヲ収拾スルノ最得策ナルコトヲ説示シ此基礎ニ依リ官革ノ協商ヲ為スヘキ旨ヲ勧告スルカ如キ措置ヲ執ルコト適当トナスヘキヤニ思考ス若シ英国政府ニシテ此意見ニ同意セラルルニ於テハ他ノ四国ニ対シテ協同ヲ勧誘シ成ルヘク六強国ヨリ無形上ノ圧迫ヲ加ヘ以テ事局解決ノ途ヲ開クコト可然」(75)と提案し、早速この趣旨を本国政府に伝えるよう要望した。内田外相は同日伊集院に革命派有力者に対する説得工作のため一、二の人員を上海に派遣することを告げ、この意を袁のみに内報するよう訓令した。上海では有吉総領事と松井参事官が革命派への工作に当っていたが効果は挙がらず、逆に日本が袁を援助するとの情報が外部に洩れ、革命派は「有吉総領事又ハ館員ニ対シ日本国ヨリ干渉セサル様切ニ希望ス」(76)と申入れた。

前述のように、この時期日本は干渉・圧力等をイギリスに提案していたため、世間には日・英出兵の噂が流れていた。イギリスは終始日本のこの提案に反対し、二五日単独で「日英両国ハ必要ナレハ兵力ニ依リテ迄モ清国ニ於ケル君主政体ヲ支持セントノ目的ヲ以テ協同動作ヲ為シツツアリトノ報道ハ事実ニアラス英国政府ハ他ノ諸国ト共同ノ行動ヲ執リツツアルモ其努ムル所ハ清国カ人民ノ賛同ヲ基礎トセル有効ナル政体ヲ樹立スルニ援助ヲ与フルニアリ」(77)との政府声明を発表し、公然と干渉に反対する立場を表明した。これは日本にとり大きなショックであった。翌日山座臨時代理大使は「英国政府ヲシテ時局ノ為メ有効ナル積極的手段ヲ採ルコトニ同意セシムル事ハ殆ント望ナ」(78)しと内田外相に上申した。

北京では二六日午前袁が蔡廷幹を伊集院の下に派遣し、同日午後五時までに日本政府の回訓なき時には国会議決案を唐紹儀に電報で訓令する意を伝えた。これは最後通牒のようなものであった。伊集院公使はまずイギリス公使を訪れ、他の列強の協力を得て袁の行動を牽制しようとし、ジョルダンに「若シ今一歩ヲ進メ六国協調ヲ形成シ確然君主立憲ヲ基礎トスル妥協ヲ以テ最良ノ解決案ナリト声明シ是非共此基礎ニ依リ妥協スヘキ旨断乎タル勧告ニ及フニ於テハ設令実力的圧迫ヲ加ヘストモ其ノ効果アルヘシト信ス」(79)と進言した。これに対しジョルダン公使は「南方各地ニ於ケル外人ノ危害問題ヲ基礎トシ圧迫ノ措置ヲ執ルコトノ容易ナラサルヲ繰返シ」(80)た。

イギリスと共同で干渉をおこなう可能性がないことを知った伊集院は、午後五時袁を訪れ、内田外相の二四日の訓令を伝えると同時に「国会案ノ訓令発電方ハ是非共見合ハスヘキ」(81)旨を極力勧告した。だが袁は日本の反対にもかかわらず唐紹儀にこの電報を発する意を強く表明した。この時伊集院は初めて袁と唐との間に政体問題に関してあらかじめ黙契があったことに気づき、もしそうであれば「袁総理ノ真意ヲ明白ニ承知セサル以上ハ軽卒ニ具体的援助ヲ確定シ難シ」(82)と袁に圧力を加えた。袁は逆に「時局困難ノ極点達セル今日当ニ援助ヲ与ヘラルヘキ時機ニ於テ尚且主義方針ノミヲ繰返ヘサレ何等実際ノ援助ヲ与ヘラルヘキ機会ニ到達セスト云フニ至リテハ自分モ聊カ意外ニ感スル所ナリ」(83)と述べ、公然と日本に対する不満と失望を吐露した。袁が日本に期待する援助は国会議決による共和制への支持であったが、伊集院は袁に「帝国政府ノ希望トシテハ断シテ賛成致難キコト」を言明し、「該訓令発電ノ結果生スヘキ今後ノ事態ニ付テハ全然貴官ノ責任タル」(84)と警告し、強硬な姿勢を示した。

しかし内田外相と伊集院公使が立憲君主制の堅持のためイギリスと袁世凱、革命派に働きかけた外交努力は、何らの成果をも収めることが出来ず、逆に日本に対する疑心を深め警戒心を高めた。政体問題をめぐって日本は孤立状態に陥った。

このような情況に至り、日本政府は中国政体問題に対する方針を変更せざるを得なくなった。二六日、内田外相は伊集院に「帝国政府ニ於テ独リ立憲君主ノ主義ヲ擁護スヘキ理由ナキニ至リタル」(85)と告げ、日本は今後その成行きに委ねざるを得ない旨袁に伝言するよう訓令した。この訓令は元老会議を経て、同日の閣議で決定されたものであった。このことについて内相原敬は同日の日記に次のように記している。(86)

閣議に出席せり、内田より清国情況を報告し、又西園寺より元老を集めて相談せりとて、其結果飽まで英国と協同し英国が清国共和となるも干渉せざる方針なるにより之に同意する事となし、伊集院に其旨訓令する事とせり。

今回は前回と異なり、元老会議が先に決定し、その決定に沿って閣議であらためて決定したが、ここからも辛亥革命期の外交政策決定においての元老の強い発言権を再度窺うことが出来る。

二七日内田外相は閣議の決定を駐英山座臨時代理大使に打電し、「暫ク事態ノ発展ヲ観望スルコトトナシタル」(87)旨をグレー外相に申入れるよう指示した。同日イギリス外務省も外務大臣の意見として山座臨時代理大使に「両国政府ハ革命党ニセヨ袁世凱ニセヨ孰レノ一方ナリトモ承諾ノ意ナキ解決案ヲ強制スル如キ手段ニ引込マレサル様注意ヲ要ス従テ両国政府ノ行動ハ是迄通 mediationニ止メ同時ニ両国ノ希望ハ清国人民ノ希望ヲ代表スル一改鞏固ノ政府ノ樹立セラルルニアル事ヲ明白ナラシムルニアリ」と伝え、「聊カニテモ圧迫ラシキ行動ヲ執ルハ縦令列国ノ協同ヲ以テスルモ其以前ニ充分考量セラルヘキ重大ノ冒険事ナリ(88)」と述べた。これは日本が提案した六カ国共同の干渉に対する警告でもあった。

この折に伊集院が信頼していた袁内閣の民政大臣趙秉鈞は日本側の説得に乗出した。趙は二七日高尾を通じて「目下ノ雲行ニテハ君主立憲ノ遂行ハ到底不可能ニシテ結局ハ共和国政府ヲ樹立スルノ外ナシ(89)」と伊集院に伝え、明日皇族が参加した閣議で最終決定がおこなわれることを内報した。

二八日に政体の決定を国民会議の議決に付す旨の上諭が発せられ、二九日に上海の南北代表も「開国民会議、解決国体問題、従多数取決。決定之後、両方均須依従(90)」等四カ条を決定した。三〇、三一日双方代表は国民会議召集の具体的問題を検討した。伍廷芳は一九一二年一月八日に上海で開くよう提案し、唐はこの意を袁に伝えてその回答を求めることを引受けた(91)。しかし袁は唐に「調印済ノ条項ハ承認シ難シ(92)」と返電し、唐はこれに対する反発として袁に辞職を申入れ、袁もそれを認めた(93)。これにより南北和議は一時「決裂」したかのようになった。イギリスは一貫して和議の成功を期待していたが、この「決裂」によりジョルダン公使は袁に「妥協問題ノ成行ヲ無視シテ再ヒ戦闘開始セラルルトキハ袁ノ責任ハ非常ニ重大ナルヲ免カレス之ニ関シテハ袁ニ於テ須ラク世界ヲシテ協商断絶ノ不当ナラサルヲ認メシムルニ足ル丈ノ用意アルヲ要ス(94)」と警告した。日本はこの決裂を歓迎したと思われる。だがこの「決裂」は決裂というより南北和議の一時的休会であり、袁はその後電報などで引きつづき協議することを革命派に約した。

今回の南北和議の焦点であった政体問題について、国民会議での議決により決定することで一致し、中国の時局は一段階を画した。この和議をめぐって袁は国民会議による政体決定を清廷に承認させることに成功し、皇帝を廃位して自分が大総統になる地均しをした。イギリスは終始和議のイニシアチブを握り、南北双方からの好評を博して、辛亥革命において有利な外交的地位を築きあげた。日本は袁の真意を把握することが出来ず、逆に袁に翻弄され、強硬に立憲君主制を主張し、日本・イギリス等列強の圧力と干渉により和議に対するイニシアチブを握って目的を達しようとしたが、イギリスの支持を得ることが出来ず、その対中国外交は一時挫折せざるを得なかった。日本はイギリスとの協調により立憲君主制を中国に強要しようとしたが、イギリスの協調の名目による牽制により所期の目的を達成することが出来なかった。

(1) 駱恵敏編『清末民初政情内幕』上、知識出版社、一九八六年、七九一―九六ページ参照。
(2) 胡浜訳『英国藍皮書有関辛亥革命資料選訳』上、中華書局、一九八四年、七三ページ。
(3) 同右書下、四八四ページ。
(4) 同右書上、七三―七四ページ。
(5) 同右書上、九六ページ。
(6) 同右書上、二〇七ページ。
(7) 同右書上、一〇三、一〇五、二〇七ページ。
(8) 同右書上、一三三、二〇八ページ。
(9) 同右書上、一三三ページ。
(10) 外務省編『日本外交文書』(辛亥革命)、三八七ページ。
(11) 同右書、三九〇ページ。
(12) 同右書、三九三―九四ページ。
(13) 同右書、三九七ページ。
(14) 同右書、四〇六ページ。
(15) 同右書、四〇七ページ。

(16) 同右書、三九七ページ。
(17) 同右書、二四三ページ。
(18) 同右書、二四四ページ。
(19) 胡浜訳、前掲書上、一六〇ページ。
(20) 駱恵敏編、前掲書上、八一三ページ。
(21) 『日本外交文書』(辛亥革命)、四一一―一二ページ。
(22) 同右書、四一二ページ。
(23) 同右書、四〇八ページ。
(24) 同右書、四〇八―〇九ページ。
(25) 同右。
(26) 同右書、四二一ページ。
(27) 同右。
(28) 同右書、四一九ページ。
(29) 同右書、四一九―二〇ページ。
(30) 同右書、四二二ページ。
(31) 同右書、四一五ページ。
(32) 『申報』一九一二年一二月二一日。
(33) 『日本外交文書』(辛亥革命)、四四二ページ。
(34) 中国史学会主編『辛亥革命』八、上海人民出版社、一九五七年、七一―七四、八二ページ。
(35) 同右書、七六―七七ページ。
(36) 同右書、七七ページ。
(37) 同右。
(38) 駱恵敏編、前掲書上、八一五ページ。

(39)『日本外交文書』(辛亥革命)、四五六ページ。
(40)同右書、四三五ページ。
(41)駱恵敏編、前掲書上、八一一ページ。
(42)『日本外交文書』(辛亥革命)、四三六ページ。
(43)同右書、四三七ページ。
(44)同右書、四三七—三九ページ。
(45)同右。
(46)同右。
(47)同右。
(48)同右。
(49)同右書、四四一ページ。
(50)同右。
(51)同右。
(52)同右。
(53)同右書、四四二ページ。
(54)同右書、四四〇ページ。
(55)同右書、四四七ページ。
(56)同右。
(57)同右書、四四二—四三ページ。
(58)同右書、四四二ページ。
(59)同右書、四四四ページ。
(60)同右。
(61)同右書、四四五ページ。

(62) 同右。
(63) 同右書、四五〇ページ。
(64) 同右書、四五一ページ。
(65) 同右。
(66) 同右。
(67) 同右書、四五二ページ。
(68) 原奎一郎編『原敬日記』第三巻、福村出版、一九八一年、一九八—九九ページ。
(69) 内田康哉伝記編纂委員会・鹿島平和研究所編『内田康哉』鹿島研究所出版会、一九六九年、一七〇ページ。
(70) 『日本外交文書』(辛亥革命)、四五五ページ。
(71) 同右書、四五九ページ。
(72) 同右書、四六一ページ。
(73) 同右。
(74) 同右書、四五五ページ。
(75) 同右書、四五八—五九ページ。
(76) 同右書、四五七ページ。
(77) 明治四四年一二月二五日、在英国山座臨時代理大使より内田外相宛電報、第二六一号。外交史料館所蔵。
(78) 明治四四年一二月二六日、在英国山座臨時代理大使より内田外相宛電報、第二六五号。外交史料館所蔵。
(79) 『日本外交文書』(辛亥革命)、四七〇ページ。
(80) 同右。
(81) 同右書、四六八ページ。
(82) 同右書、四七四ページ。
(83) 同右書、四七五ページ。
(84) 同右書、四六九ページ。

(85)　同右書、四六八ページ。
(86)　原奎一郎編、前掲書第三巻、二〇七ページ。
(87)　明治四四年一二月二七日、内田外相より在英国山座臨時代理大使宛電報、第二四一号。外交史料館所蔵。
(88)　『日本外交文書』(辛亥革命)、四七九ページ。
(89)　同右書、四七八ページ。
(90)　中国史学会主編、前掲書八、八四ページ。
(91)　同右書、九五ページ。
(92)　『日本外交文書』(辛亥革命)、四八六ページ。
(93)　中国史学会主編、前掲書八、一〇二ページ。
(94)　明治四五年一月二日、在清国伊集院公使より内田外相宛電報、第七六八号。防衛研究所所蔵。

五　日本の民間・世論・帝国議会の反応

中国は日本の近隣であり、諸方面における日本との関係がもっとも深い国であり、それに辛亥革命は中国二〇〇〇年の歴史において最大の社会変革であった。故に、日本政府・軍部だけではなく、民間・世論と帝国議会もこれに関心を寄せた。本節では、辛亥革命に対し日本の民間人と世論及び帝国議会はどう反応し、またそれにどう対応し、政府・外務省及び軍部とどういう共通点と相違点があり、それが政府・外務省・軍部の対清政策決定にどの程度の影響力を及ぼしたかを考究する。

まず大陸浪人を中心とした民間人の反応と対応を考究する。辛亥革命には多数の日本の民間人と大陸浪人が関与していた。これは日本と中国の関係の特異な現象であり、他の列強にはあまり見られないことである。これは中国の革命運動がその初期から日本を根拠地に利用し、日本の民間人と大陸浪人の協力と支援を受けていたからである。孫文は辛亥革命に対する各国の対応を分析した時に、日本政府は革命に反対するが、民間は同情すると語った。民間とは民間人と大陸浪人とを指すものであった。では、民間人と大陸浪人の行動とその思想とはどのような関係であり、彼らの行動をどう評価すべきであろうか。

武昌蜂起勃発後、大陸浪人らは武昌に殺到し、直接対官軍の戦闘に参加して蜂起軍を支援した。大陸浪人らは統一された組織に属してはおらず、各々が所属している団体から派遣された。最初に武昌に到着したのは東亜同文会から派遣された大原武慶であった。大原は元陸軍中佐で、一八九七年から五年間、張之洞の新軍の武備学堂において軍事教育に従事し、武漢地域に日本の勢力を扶植するために大いに活躍した。大原は蜂起後一週間目に原二吉を帯同して武昌に乗込んで、黎元洪都督の師として大変な歓迎を受けた。彼は軍政府の付近に事務所を設け、蜂起軍の幕僚として活躍した(1)。

次に乗込んだのは末永節であった。蜂起勃発の時、彼は大連にいたが、吉田・川村らを引連れて一〇月二七日武昌に到着した。その翌日黄興が武昌に到着し、漢口の前線で戦闘を指揮した時、末永は軍隊生活の経験がある斎藤・石川らを督励して蜂起軍に協力した(2)。その後末永は漢口の外国租界で軍政府の外交活動に協力した(3)。

黒竜会の内田良平は、一〇月一七日上海の宋教仁から「革命軍を交戦団体と認むるやう、貴国当局者へ交渉尽力を請ふ(4)」との電報を受取った後、北輝次郎(一輝)・清藤幸七郎・葛生能久らを次々と中国に派遣し、蜂起軍と連絡をとりながら革命情勢について情報を収集した。

大陸浪人らがこのように辛亥革命にかかわるようになったのは、過去の伝統的関係による自然的・自発的なものであったが、南方の革命派の要請によるものが多かった。革命勃発後、香港から武昌に急行中の黄興は船中から萱野長知に打電して武昌蜂起のことを告げ、「爆薬を出来る丈け多量に購入して武昌に帯来せよ」(5)と要望した。萱野は水野梅堯らと相談して注文の爆薬を秘密裏に手に入れ、荷造りをすると、梅屋庄吉から七万円の資金と旅費をもらい(6)、金子克己・布施茂・三原千尋・亀井祥晃・岩田愛之助・加納清蔵・大松源蔵らを召集して中国に渡り、漢陽の軍政府戦時総司令部に到着して、総司令官黄興と共に漢陽方面の戦闘に参加した(7)。萱野一行は上海駐在の本庄繁少佐の好意的協力と軍事的指導を受けた(8)。これは軍部の出先機関が大陸浪人の行動を支持していたことを示す。

陸軍の現役軍人も革命軍の戦闘に参加した。歩兵大尉野中保教・工兵軍曹斎藤慶次郎・歩兵大尉金子新太郎・歩兵中尉甲斐靖らは漢陽前線で転戦した。張彪の元軍事顧問寺西中佐もこの時駐在武官として革命軍を支援した。漢陽の攻防戦は激戦であったため、金子新太郎大尉と石間徳次郎が戦死し、甲斐靖中尉が負傷した。

漢陽戦線では大陸浪人と共に日本の大新聞社の特派員数名が取材していた。『大阪毎日新聞』特派員小山剣南は「革命軍奮戦大勝す」等の記事を日本に送り、革命軍の戦況を日本に伝えた。

当時映画事業に従事していた梅屋庄吉は、自分の映画会社――Mパテー商会の撮影技師荻屋堅蔵を中国に派遣し、漢陽・漢口で革命軍兵士が敵と戦う場面等を撮影させた。これは革命の歴史を記録する貴重な映画で、現在中国と欧米で使用されている辛亥革命のフイルムは荻屋が撮影したものと見られる。

日本の民間人はまた革命軍に軍資金を提供した。例えば、梅屋庄吉は一九一一年一〇月末までに一一万六〇〇〇円を、同年一一月七日には一七万円を革命軍に寄付した(9)。梅屋は革命軍の要望に応じ、東京で二五〇万元の軍票を印刷して中国に送った。中国の新聞もこのことを国内で報道した(10)。

日本国内では民間人や大陸浪人らが集会を開き、蜂起軍を支援する活動を展開した。一〇月一七日頭山満・内田良平ら二〇〇余名が東京日比谷公園の松本楼で浪人会の大会を開き、「隣邦支那の擾乱は亜洲全面の安危に関す、吾人同志は之れを時勢の推移に鑑み、之れを人心の向背に察し、最も慎重に其の手を措く所を慮り、一去一就苟もせず、我国をして厳正中立、大局の砥柱となり、以て内外支持の機宜を誤らざらしめん事を期す」[11]との決議を採択し、政府に中国革命に対し厳正中立の態度をとるよう申入れた。その翌日内田は外務省政務局長倉知鉄吉に蜂起軍に対し好意的態度をとるよう要望し、清朝を庇護して漢人の反感を招き将来商工業への打撃なからんことを欲すると勧告した。[12]時あたかも、東京市における衆議院補欠選挙があった。同大会は「吾々同志より対清問題に定見ある人物を議政府に送るは、吾人の義務ならずや」として『万朝報』の記者古島一雄を候補者に立て、彼らの意見と主張を政界に訴えようとした。[13]

内田良平らは政府・軍部・財界に、清朝に対する援助を中止し、蜂起軍を支援するよう働きかけた。内田は朝鮮併合に際し朝鮮の一進会を利用して大活躍をしたので、桂太郎・寺内正毅の信頼を得ていた。内田は桂・寺内→山県→西園寺首相のルートを通じて日本政府の蜂起軍への援助を実現しようとして、杉山茂丸を通じて山県と桂にこの意を訴え、次に朝鮮に渡り寺内総督と明石元二郎憲兵司令官に蜂起軍支持を説いた。[14]内田はまた朝鮮に渡る途中の一〇月二六日、三井の益田孝に書簡を寄せ、三井・大倉・高田三家による清朝への武器供給の中止を要請し、革命軍に対する援助を希望した。益田はこの書簡を披見した後、井上馨に内田のこの意を伝え、その賛成を得て桂と共に西園寺首相に働きかけた。[15]同時に内田は宮崎滔天を通じて孫文と黄興に西園寺・井上・桂宛に適当な要望を電報で打つよう促した。益田の努力と政府の賛同により、三井の南方革命派への三〇万両《テール》借款がその後実現した。[16]益田はまた内田の書簡を井上馨に渡し、井上は一〇月二九日に内相の原敬を訪問してこの書簡を内示し、清朝に武器を売渡すことは革命派に非常な反感を与えると述べ、相応の処置をとるように希望した。[17]内田のこのような活動は日本政府・軍部に力を及ぼし、辛亥革命に対する政策決定において一定の影響を与えたのである。

上述のように、民間には革命派に対する援助を叫ぶ気運が澎湃として起こり、この目的を達成するために政治団体が続々と結成された。一一月上旬まず内田良平・小川平吉の発議により有隣会が組織され、宮崎滔天・古島一雄・三和作次郎・福田和五郎ら有力者が参加した。有隣会はその構成・資金の来源から、玄洋社系統の団体であったといえよう。この会は萱野長知らの他に、宮崎滔天を上海に、尾崎行昌を漢口に、伊東知也を武昌に派遣し、中国革命の情報を収集すると同時に、革命派を支援した。有隣会は牛丸友佐を隊長とする救護隊を戦地に派遣し、山科多久馬・吉住慶二・吉賀五郎・浜野譲らの医師が革命軍の傷病者の治療に当った。(18)有隣会は直接行動を主とし、陸軍省軍務局長田中義一の武器供給による支援と日本郵船会社の無料同然の割引船賃の優遇を受けた。(19)これはこの会と軍部・財界とのつながりを示す。

太平洋会は大陸政策推進団体として以前から存在しており、その中心的メンバーは大竹貫一・五百木良三・中野二郎であった。武昌蜂起勃発後、中国保全と革命軍援助を決議し、軍関係者や政治家・官僚と頻繁に交流してその決議と主張を訴えた。この会は法学博士寺尾亨を革命派の法律顧問として中国に派遣した。

一二月二七日根津一を中心とする東亜同文会、財界の白岩竜平及び国民党・太平洋会等の団体が提携して、根津一・頭山満・杉田定一・河野広中らを発議者として善隣同志会を結成した。(20)この会は東京・大阪で大演説会を開き、中国革命派を支援すべき理由を力説して、革命党がその精神を貫徹し早期に成功するよう希望し、日本政府は武力干渉を中止するよう訴えた。(21)

行動は思想を具現したものである。大陸浪人と民間人の革命派に対する支援は、彼らのこの革命に対する見方とも密接な関係があった。頭山満は「今度の革命乱は外部の刺戟とか他人の煽動とかの為に起つたものぢやない。全く時運が之を促したので、革軍は廃帝や共和政を頑固に主張してゐるから生易《ナマヤサ》しい事ではウント言ふまいよ」(22)と語った。犬養毅は孫文の革命派は急進派であり、「一挙にして満州朝廷を倒すと共に、有ゆる政治上の改革を断行して、文明的新国家を創建しやうと言ふ一派である」(23)と評価した。萱野長知は一〇月一〇日の武昌蜂起は「支那の歴史に於て永久に記念さるべき、民族独立の日である」[24]と述べ、一九一二年一月一日の南京臨時政府の樹立により、「実に是れ同志と共に三十年一日の如くに従事した所の中華を恢復し民国を創立するの志は竟に成つた」[25]と喜んだ。池亨吉は「今回武漢の乱は突発なりしにもせよ、其運動は悉く革命方略の約束を守り、又其策戦は着々孫文の意に従つて実行せられて居るのである」[26]と述べた。

民間人と大陸浪人らはこの革命の指導者であった孫文・黄興を高く評価した。犬養毅は、孫文は「自説を信ずること極めて篤く、共和主義を把持し平等を以て其旗幟となす。……深く彼れを知つて居る僕は彼れを以て得難い人傑とするに躊躇せぬ」[27]と評価した。東亜同文会の幹事長であった根津一は「孫逸仙といふ人は智略もあり、胆力もあり又学問もあつて実に立派な人物である。……特に孫逸仙は多数の革命党の首領として、十年一日の如く熱心に其信念を貫徹しやうとして居る。其志操の堅固なることは感服するの外はない。先づ一代の大人物と称して宜しからうと信ずる」[28]と評価した。根津は黄興も「なか〳〵の人物で、此人にも大抵の美点が備つて居る。……実行的人物で、あらゆる危険に身を曝して、其目的を達せんとする犠牲的精神が非常に盛んである」[29]と評価した。小川平吉は「孫逸仙其人はどうしても先づ偉人といつてよからうと思ふ。……不屈不撓の精神と共に才幹も力量もある人間といはなければならぬ」[30]と評価した。

内田良平もこの時期孫文を高く評価し、「学問も該博、智識も広汎で、落着いた立派な紳士である」とし、「且つ孫が自ら陣頭に起つて革命を行はふとする決心のあることは一昨年の鎮南関の乱で孫自ら兵を督してやつた事でも分る事で、革命党の大首領として恥からぬ人であると信ずる」[31]と述べ、一一月に発表した「支那改造論」と「支那革命調停案」においても孫文が指導したこの革命を高く評価した。内田は「支那の革命は、第二十世紀における世界変局の最とも大なるものなり。第十八世紀に於ける仏国の革命が欧州大陸の変局を促したると等しく。支那の革命は亜細亜諸邦の変局を促し、其結果、世界機運の消長に影響すること少小ならざるべし」という世界史的意義を有しており、「今回の革命動乱に至ては義和団の如く、一時突破的乱に非ずして、永久的継続の性質を帯べる国民的革命」[32]という新しい性格を持った動乱であると述べた。内田は辛亥革命に対するこのような分析の上に、日本のとるべき政策は列国の「支那分割」の野心を未然に制して「支那分割」の禍を除き、「革命党をして、確乎たる新政府を建設し、国家の秩序安寧を維持し、支那改造の大業を大成せしめ、列国をして之を承認せしむること是なり」(33)と主張した。内田は日本のなすべきこととして、次のようなことを主張した。(34)

一　列国を指導して、支那の連邦的共和政治建設に協力させ「支那分割」を避けること。

二　清朝をして、連邦的共和政治に同意するように助言すること。

三　列国と共同して、革命党と清朝との調停者となり、戦局の早期終結を実現すること。

四　革命党をして、門戸開放・機会均等・外国既得権益擁護を宣言させること。

内田はこのように革命と革命派を支持・支援し、その共和政治を実現しようとした。

大陸浪人らは清朝三〇〇余年の支配の覆滅と共和政治誕生の喜びを革命派と共有した。黒竜会編の『東亜先覚志士記伝』はこの喜びを次のように記述している。(35)

さしもの老大帝国も秕政百出、治世の弾力を失して民の怒りを被り、玆に覆滅を見るの日が来たのである。亡び行く清朝の末路を観ては、支那人の所謂国破れて山河ありの感を深くし、五族共和の五色旗が忽ち黄竜旗に代つて、満都を埋むるの光景に感慨無量ならざるを得なかつたのである。日支の志士が多年苦辛惨憺、今日の一日を期して心魂を捧げ来り、今や志漸く酬ひられたる喜びに歓呼するさまもさる事ながら、四百余州に君臨せる愛親覚羅三百年の天下が、玆に脆くも覆滅するの情景を目のあたりに見て、日本人としてのみ持ち得る惻々として迫まる感慨に胸を打たれ……

彼らの革命へのこのような態度には任侠の精神による側面があったが、彼らも一定の経綸の持主であったことを示す。

大陸浪人らは上述のように共和革命を謳歌し支援しながら、中国における日本権益の擁護と拡大をも主張した。例えば、内田は日本の満州における勢力的地歩の確定、東清・中清・南清における利益的基盤の扶植、日清提携の経済的基盤の確立、対清貿易の拡大、政治・経済・軍事・教育等の機関への日本人顧問・技師の招聘等を主張した。(36) これは辛亥革命に対する二重的態度であり、前者と矛盾するものであった。従来の研究では、後者は前者の目的であり、前者は後者の目的を達成する手段にすぎないと分析されている。これも正しい分析ではあるが、両者は従属的な関係でなく、並行的に存在する可能性もあると思う。それは思想と行動は必ずしも因果関係にあるのではないからである。故に、大陸浪人の辛亥革命に対する謳歌と支援を具体的に分析し、肯定すべきことは評価し、否定すべきことは批判すべきである。

しかしすべての大陸浪人が内田らのように辛亥革命に対し二重的態度をとったのではない。元自由民権派に属していた宮崎滔天らは、中国と世界革命のために中国革命を支援した。滔天は「人類同胞の義を信ぜり、故に弱肉強食の現状を忌めり……世界一家の説を奉(37)」じ、中国をこの世界革命遂行の根拠として、まず「支那をして理想的国家たらしむる事が出来たらば、その力は以て宇内に号令して万邦を道化(38)」し得ると信じた。滔天も一時軍部・財閥と革命派との「取次」の役割をしていたが、その目的は革命派に対する援助であり、主観的にはこれにより中国における日本の権益を拡大しようとする目的はなかった。だが客観的には日本の権益拡大に利する側面があったことを否定することは出来ないであろう。これは孫文の日本と大陸浪人に対する期待が矛盾していたために、彼の革命を支援した滔天らの対応もこのように矛盾せざるを得なかったからである。

梅屋庄吉は民間人として特異な存在であり、辛亥革命に対して理解と共鳴心はあったが、他の一面では人生哲学と任侠の精神に基づいて行動したともいえよう。

上述のように、大陸浪人と民間人の辛亥革命に対する支持・支援という表面的な現象は同一であったが、その裏面の思想と目的は多様であり、客観的には共に辛亥革命に有利なものであった。それ故南方の革命派は彼らに支援を要請し、またそれを受入れたのである。彼らの態度は二面的であったため、その結果も、一面においては革命派に精神的・物質的・財政的援助を与え、一面においては、この援助と彼らを通じての政府・軍部との微妙な関係により、清朝政府と袁世凱及び他の欧米列強に日本が孫文と革命派を支援するとの強い印象を与えた。この印象はある意味においては誤解でありながらも、また長い間つづき、日本と清朝政府・袁世凱政権及び欧米列強との外交関係に重要な影響を及ぼし、彼らが常に日本を牽制する一つの原因にもなった。

ブルジョア民主主義国家において、世論はある時は国家の外交を支持し、ある時はそれに反対・牽制し、国家の外交政策決定と遂行に影響を及ぼしている。では天皇制国家でありまた軍国主義国家であった日本においては、外交と世論の関係はどうなっており、世論は中国の政体問題に対しどう反応したであろうか。

ジャーナリズムでは、一〇月一三日『東京朝日新聞』が「武昌陥落　支那革命擾乱」、「支那革命党＝遂に崛起す　四川暴動に関係なき独立運動」[39]というタイトルで辛亥革命の勃発を報道したのを皮切りに、翌年の二月まで新聞・雑誌等に大きく取上げられた。初期には革命の実情・原因と孫文・黄興・黎元洪らの人物に対する論評等が主であったが、袁世凱の登場と南北停戦・和議に伴って政体問題とそれに干渉するか否かが重要な地位を占めるようになった。

外交はある意味において内政の延長だともいえる。日本政府・外務省がこれほど立憲君主制に固執し、それを中国に強要しようとしたのは、日本の近代天皇制と密接な関係があった。近隣である中国に共和制の新国家が建設されることは、政治・思想的に天皇制国家である日本に対する無言の脅威であった。また近代天皇制思想によって教育された国民の多数は共和制に馴染まず、それに抵抗する気分が強かった。このような日本国内の情況は、日本の対中国外交だけではなく国内の世論にも反映され、また世論として日本の立憲君主制保持の外交方針を支えたのである。

中国の共和政体に反対し、中国の政体選択に干渉すべきことを世論に訴えたのは徳富猪一郎（蘇峰）であった。徳富は「ペストは有形の病なり、共和制は無形の病なり」として、「清国における共和制体の新設は、わが帝国の国是たる皇室中心主義と果して衝突するところなきか」と述べ、清国の共和革命が日本の天皇中心主義に影響を及ぼすことを「対岸の火」として見物していることは許されないと論じた。(40) 彼は中国に共和政体が確立する前に、中国の革命を押潰して共和政府が出来ないようにすべきだと強調した。これは藩閥勢力の立場を示したものである。慶応義塾大学教授向軍治は「勢ひを制するは人にあり」で、徳富のこの主張は、「東洋のビスマークを気取つた大政治家、大策士が裡面から徳富に旨を授けて」(41) 書かせたものであると推測している。この大政治家・大策士とは桂太郎を指すのである。

向軍治は同文で「支那の革命も勢ひなら、共和政府の成立することも勢ひ、其の結果として日本にどういふ影響が及ぶかも知れないが夫れも亦勢ひだ。大勢に逆行して計を定めてはいけない。……寧ろ其の及ぼす影響を善良なる方面に導く方法でも考へるがよろしいと思ふ」と述べ、「一体日本の社会は、外から這入つて来た思想を直ちに日本化してしまうだけの強い同化力を有つて居る」、「仮令支那の革命や共和政治の影響を受けやうとも、之れを日本的に同化すること位は何の雑作もないことである」と述べながらも、また「未来の日本には革命騒ぎは兎に角、共和騒動位は全然ないとは保証は出来兼ねる。支那の革命が若し成功して共和政府が愈々出来上つたとしたなら、日本は之れが為めに大影響を受けるに違ひない」として、「之れを善良な方面に導く様に考へることが今日の大事である」と強調した。(42) 向軍治のこの論調は徳富の主張と同様に中国共和革命とその思想の日本への影響を認めながらも、そのために中国の政体選択に干渉するよりも、その影響を善良な方面に導くことを主張したものである。

だが、一部の世論は、中国の共和革命は絶対に日本の国体に影響を及ぼさないと強調した。早稲田大学教授島村抱月は「今回の支那革命の如きが、如何に日本人を刺戟しても、もと〳〵種子のない所へ漫然と違つた感情を植ゑつけることは容易にあり得ないことゝ信ずる」と述べ、その理由として「吾々日本民族が其の首領として戴く皇室といふものに対する本当の気持は、決して敵対感情ではない。皇室其物に対して反感を抱くなどゝ言ふ気分が微塵も起らないのが疑ふべからざる事実である」、「即ち日本臣民は其皇室に対する感情は極めて温かな好意的なものであつて、其の気分唯だ一つが所謂日本国体の支那其他の国体と異る根本と信ずる」等を挙げた(43)。このような見解は共和制の中国と天皇制の日本とが共存し得るという論調であり、当時普遍的なものであった。中国の共和制に賛成する人さえもこのような論調を述べていた。共和制と天皇制とは対立する政体であるが、共和制に賛成しながらまた天皇制を賛美する矛盾した論調は、共和制賛成によって天皇に対する不敬罪に問われる恐れがあったからだと思う。

一部の世論は中国の共和革命の影響を積極的に認めていた。大正政変の一年前に勃発した辛亥革命は、あたかも日本の反藩閥勢力が台頭する時期に当っていたので、反藩閥勢力はその影響を歓迎し利用しようとした。例えば、島村抱月はこの革命が「日本の社会に好影響をこそ及ぼす也、決して一派の国体論者が言ふ如き危険な影響を及ぼすものでない(44)」と期待していた。それは天皇と国民の間の中間階級——藩閥に対する衝撃である。島村はこの一団が「今回の事件で、如何に中心に狼狽し警惑したか其の点は実に痛快である。我々一般の日本臣民としては、今回の支那革命は、之等の階級が支配して居る日本の社会に対する一大反語《アイロニー》であるとして、之を歓迎する情に堪へない(45)」と述べた。金丸子筑水も「支那革命と我国思想界」で島村と同様に「我国が帝政であるといふことは、それを誇にこそすれ、決して支那革命のために其根拠がゆるぐといふ様なことはない。もし支那事変の為めに多少目立つた影響があるとすれば、それは国体に関する問題でなくして、今日の官僚政治に対しての疑問である」として、中国の共和革命の官僚政治に対する衝撃を歓迎したのである。

中野正剛も一二月一八日より五回にわたって『大阪朝日新聞』に「対岸の火災」を連載して徳富の「対岸の火」に反論しているが、上述の論調と同様に日本の近代天皇制を肯定し、中国の共和革命が天皇制政体に影響を与えないという前提の下で、この共和革命が藩閥打倒に及ぼす影響を強調した。中野は中国共和革命の「気運が東西に影響して、所在の民心の激動を来すあるも、吾人は毫もこれを惧るるに足らざるなり。電気は良導体に非ざれば通ぜず、我国民は断じて共和政電気の良導体に非ず、もしそれ、隣邦革命の気運が我国に影響するありとせば、そは天下の命を革むるの革命に非ずして、政界の現状を打破するの革新運動たらんのみ。詳言すれば藩閥の打破のみ、腐敗政党の改造のみ。これ寧ろ吾人の快として歓迎する所なり(46)」と述べ、中国の政体選択に対する日本の干渉は藩閥の現状維持と結びついていることを指摘した。そして中野は徳富の説く中国革命への干渉に強く反対し、中国において如何なる政体を選ぶこともその国民の自由であり、国法によって政体を運営する有力者が腐敗堕落し、これを改革することが出来ない特殊な国においては「国民の法律の範囲を超脱して立国の真意を根拠とし、一時国法を破りても、根本的改革の実現を期するを得(47)」ると主張し、内政不干渉の原則を強調しながら、中国革命に干渉することを説く徳富の言に従うことは国際義務の原則からしても出来ないことだと論じた。

中国政体に関する干渉反対論は、共和制に対する理解・同情ともつながっていた。過去宮崎滔天らと共に革命評論社を結成した和田三郎は板垣退助の下で『社会政策』誌を編集していたが、彼はこの雑誌に「国際上の社会政策」を発表し、「国際上の社会政策の根本義」は「第一に各国がその国の生命として、独立の基礎とするところの国民性を尊重する。第二にその国はその国民が自ら治むるというのをもって原則とする」という民族自決主義の論理から内政干渉論に反撃を加えると共に、中国政体問題については「他人が自分と同じ帽子を冠らないという理由の下に、その頭を殴るのは野蛮である。乱暴である」と非難し、中国の共和制の日本に対する影響として「わが邦の人民は愚かなりといえども、眼前にわれより進んだ国ができ、自由の政を布いて見せつけらるるならば眼が覚めぬという訳にはいかぬ、眼が覚めれば官僚打破をやる。……今の官僚政治家はこれが恐ろしい故に、名を皇室の安危に藉りて支那の共和制に干渉しようというのではあるまいか」(48)と述べた。和田はまた「日本の満州朝廷」において、日本の藩閥を「日本における満廷」と決めつけ、共和制に対する羨望の情を披露しながら「明治もすでに四十五の齢をかさね、わが邦の社会も大いに変ぜんとするの時に際す。この時にあたり隣邦支那に独立の戦おこり、頑冥不霊の代名辞たる満州朝廷を覆し、その羈絆を脱して共和政体を樹立せんとするに至った。しかるにわが邦は何時までこの半身不随の立憲政体に甘んぜんとするか、僕は支那の独立が、わが邦に多大の教訓を与うべきを信じて疑わないのである」(49)との強い信念を披瀝した。

上述のような、天皇制に対する影響を否定しながら、中間階級或いは藩閥政治に及ぼす影響を積極的に肯定する論調は、天皇制の枠組みの下でのブルジョア的改良を主張したものであり、その後の大正政変での藩閥打破・憲政擁護に一定の影響を及ぼしたといえよう。

また日本の世論には共和体制が中国に適切であるか否かの問題については否定的論調が多く、立憲君主制が中国の実情に相応しいものだとの主張もあった。例えば、早稲田大学の教授で法学博士であった浮田和民は「清国目下の事情やに徴して見て共和政治より外なからうと思はれる」と論じながらも、また「共和政体は中々容易な業ではない」と述べ、「寧ろ支那の為めに計るに、今の清朝の継続する限り之を保持して行つて、漸次立憲政治を施すことがよいと思ふ。袁世凱の意見通りに行けば、支那保全の為めに最も都合がよいであらう」(50)と記した。だが「日本は立憲君主国であるから、支那の共和政治は日本の政体に反するからと言つて、革命党に反対するが如き事は、日本の不利益である」(51)と主張し、政体干渉論に反対した。このことは立憲君主制の主張者の中にも政体干渉反対論者がいたことを物語る。早稲田大学学長高田早苗も、中国において「共和政治を行ふなどゝ言つた所で、それは空言に過ぎぬ。共和政治などは文明の程度高く国民の知識が発達して居る国でなければ到底成立しないものである。今支那で共和政治を行つたとしても、それはほんの一時の間で、直に専制政治になつて了ふ。……だから君主制を廃して共和制にするといつても、結局実行し得ないに相違ない」(52)と明言し、立憲君主制が適切だと述べた。同時に高田は「清国事変の終結は講和か然らずんば外国の仲裁若しくは干渉に俟つて始めて決すであらう」(53)と予測していた。早稲田大学法学部教授であり後に南京臨時政府の法制顧問になった副島義一でさえも立憲君主制が中国に適応していると述べた。青柳篤恒らも立憲君主制を主張し、中国は共和政治をおこなう条件を具備していないと断言した。

だが、一九一二年二月清朝皇帝が退位して共和体制が実現されようとする頃には、共和体制に賛成する世論も現れた。例えば、平野英一郎は「清国将来の政体を論ず」で、立憲君主「政体が支那に於て望なきに近きこと既に斯の如し」であり、中国「三千年の歴史が殆んど立憲制度を以て成立して居ることは明かであるが、それと同時に共和的思想も亦大に上古より存在して居つたことは到底否認することは出来ない所である」として、「米仏両者の長短を互いに補足したる立派な共和制が出来ると思ふのである」と述べ、イギリスのような連邦体制が樹立されることを希望した。(54)立憲君主制を主張していた早大学長高田早苗もこの時期には共和賛成論に転じて、「一大民主連邦国を建設すべし」との論文を発表し、「支那は民主国体共和政体の国とするのが支那の利益、東洋の利益、世界の利益であるといふのである。而して其組織は亜米利加流の連邦制度若くはそれに近いものにするのが宜しいといふのである。……自分は漢民族其ものに対し、短刀直入この際断乎として一大民主国一大連邦国を起す可しと勧告せんと欲するのである」(55)と述べた。高田のこのような主張は学界に影響を及ぼした。

特記すべきことは、早稲田大学で中国の政体問題をめぐり活発な学術活動が展開されたことである。一九一一年一一月と一九一二年の二月の二回学術講演会が開かれ、それに参加した人数は予定の三、四倍に上った。講演会で早大の学長は「今日は此問題を研究するに最も好き時機である。何時でも政体論国体論は只理論的丈けの研究であるが、今日は実際に近く研究が出来るのだから、大に張合がある」と呼びかけ、「今日は微細なる学術上の区別をなして、学究的応用を試む可き時機では無い」[56]として、国際政治上の実際問題として中国政体を考究するよう要望した。講演会は法学部の教授らが主体になっていたが、上述した引用の一部はこの講演会で発表されたものである。

一二月下旬上海の南北和議で政体問題が焦点になり、日本がそれに対する干渉を主張した時、日本国内のマスコミを中心とした世論は、団体を結成して干渉に反対した。例えば、マスコミの斯波貞吉（『万朝報』）・浅田工村（『太陽』）・工藤日東（『日本新聞』）・鵜崎鷺城（『東京日日新聞』）・上島長久（『報知新聞』）・古島一雄（『万朝報』）・福田和五郎、（『二六新報』）・岩佐渓竜（『万朝報』）と法曹家の塩谷恒太郎・加瀬禧逸・平松市蔵らが糾合し、浮田和民（早稲田大学法学部教授、『太陽』を編集）・松山忠次郎（『東京朝日新聞』）・上島長久・相島勘次郎（『東京日日新聞』）・斯波貞吉・加瀬禧逸・平松市蔵・石山弥平太らが発起人となって、支那問題同志会が結成された。この会は二月二六日日比谷松本楼において第一回集会を開き、次のような宣言[57]を採択した。

本会は帝国の執るべき対清政策の大綱として左の二大方針を決議し朝野に警告して之を貫徹せん事を期す

一　帝国は世界の平和の為め清国の領土保全を保障すべし

二　帝国は隣邦の民意を敬重し濫りに政体問題に干渉すべからず

右の決議には上述の各新聞・雑誌関係者の他に、『大阪毎日新聞』・『大阪朝日新聞』・『東洋経済新報』・『日本及日本人』・『実業之日本』・『新日本』等各紙誌の代表が参加した。集会後の二八日、平松・工藤・鵜崎・岩佐らの諸幹事は西園寺首相・内田外相を歴訪し、中国政体に対する不干渉を訴えた。[58]これには内政不干渉の意味もあったが、共和制に対する渇仰もあった。

上述のように辛亥革命と政体問題に対する世論は多様であったが、これは大正政変勃発前夜における日本の各階層の政治的立場と傾向が辛亥革命と政体問題を通して現れたものであった。それは大正政変へつながると共に、辛亥革命と政体問題に対して世論という形で間接的影響を及ぼし、その不干渉論は辛亥革命に対する声援として歴史的意義を有するものであった。

最後に、帝国議会における反応を考究することにする。

一九一一年一二月二〇日第二八回帝国議会が開催された。辛亥革命と政体問題は日本外交が直面した一大課題であったので、議会で論議されるのは当然のことであった。翌年の一月二三日西園寺首相は貴族院と衆議院における施政方針演説において、辛亥革命について「隣邦に於ける目下の騒然は、諸国と共に憂慮に堪へざるところでございます、政府は東亜の大局に鑑み速に秩序の恢復を切望すると共に、絶えず時局の推移に注意致しまして、苟も必要なる措置を執るに於て遺漏なからんことを期して居ります(59)」と簡明に述べた。内田外相は外交方針演説において「我隣邦清国に於きまする擾乱は帝国政府の甚だ痛心に堪へざるところであります、帝国政府は帝国の清国に於て有しまする政治上及び経済上の重大なる利害関係に鑑みまして、速に秩序の回復を見るに至らんことを切望致しまして、是がため同国に利害関係を有しまする諸国との間に意見を交換致しまして、禍害の未だ甚だ大ならざるに先ち和平の解決をなすことに尽力致しまして、即ち英吉利と共に官革両者の協商に対し好意的斡旋の労を取りまして、更に又英吉利、露西亜、亜米利加、仏蘭西、独逸の五箇国と共に官革双方の代表に対しまして、平和回復の必要に関し注意を喚起するところがございました、帝国並に他列国の是等努力に拘りませず、清国の状勢未だ和平の途に進まざるの有様にありまするのは、甚だ遺憾に堪へざる次第でございます、帝国政府は今後尚引続き事態の発展に注視致しまして、東洋平和の確保に努めまするのを怠りませぬのは勿論、同時に清国政府及其国民に於きましても、大局を顧みまして速に擾乱を収め、和平を計るに至らんことを切望して居る次第でございます(60)」と報告した。これは表面的な日本の対中国外交政策を大雑把に述べたものであり、裏面における具体的政策についての発言を避けたものであった。

この演説を前に犬養毅を党首とする国民党は一月二〇日党大会を開催し、その宣言書で既に政府の対中国政策を痛烈に批判していた。一月一五日上海より帰国した犬養も同大会において声を大にして政府を攻撃した。(61)首相・外相の大雑把な演説は犬養ら反対党議員を一層憤激させ、政府の対中国外交政策に激烈な非難を浴びせた。その内容は次の通りである。

第一は、孫文と革命党員に対する態度である。過去孫文ら革命党員を庇護し援助した犬養は二〇日の国民党大会で「大統領となった孫文は日本を追はれたものであり、今回事を挙げた革命党の多くはかつて東京在留当時罪人扱ひされたものである。政府が長く昨非を悟らないのは遺憾である」(62)と非難した。竹内正志議員は前年の一一月孫文が渡日を希望した時、外相らがそれを拒否したことを取上げ、「孫逸仙などを冷遇し、一方に於ては袁世凱などを過信して非常に失態を致して居る」と指摘し、「南部の者を軽蔑して冷遇をしたと云ふことは確に此対清外交を誤つた根本である」(63)と批判した。これは孫文と革命党に対する同情心を表したものでもあった。

第二は、中国に対する領土保全と武力干渉排除問題である。犬養は衆議院の予算委員会で「清国に対する領土の保全の主義は今日尚ほ之を保持しつつあるか」と内田外相に質問し、内田は「終始一貫変る所なし」と回答したが、犬養は陸軍大臣の第一二師団動員令に対する答弁を取上げ、「何の必要ありて更に十二師団の出兵を動かさんとするか又若し果して出兵の必要ありとせば之によりて領土保全は打破られつつありと推せらるるにあらずや」(64)と非難し、山県有朋と軍部の南満州に対する出兵企図を牽制しようとした。

第三は、中国政体選択に対する干渉の問題である。この問題については竹内正志議員が衆議院において「政府は猥に他国の政体に干渉して失誤を演したる事実なきや」(65)と質問し、石田孝吉ら五〇人の議員が賛成者としてまた同様の質問を衆議院に提出した。犬養も衆議院予算委員会で「政府は官革両軍に対し好意的の尽力を尽たりと聞く所謂好意的尽力には一種の主義換言すれば或種の政体を強要するの意を含みたるには非ざるか而して其効果如何并に今日も尚其主義を継続しつつつあるや否や」[66]と内田外相に質問した。これに対し西園寺首相は「帝国政府に於ては清国の政体に干渉したることなし」と回答し、内田外相は予算委員会で正面からの回答を避けた。前述のように、日本は立憲君主制に固執し、それを中国に強要しようとした。これは明白な事実であった。犬養は「好意的尽力と云ふ間には同国に一の政体を強ひんとする意思を以て之に臨みたることなきや否や蓋し其事たる袁世凱より唐紹儀に電報し唐亦た之を伍廷芳に致し斯くて革命軍全般に知れ渡りたる事実にして既に公然の事実なれば今に及んで当局が之を秘するの必要なかるべし願くは誠実なる答弁を得たし虚偽は神聖なる議会の容れざる所なり」[67]と内田外相の態度を批判した。竹内議員も「他国の領土関係に於て立憲君主でなければならぬと云ふ一の政治上の主義を掲げて交渉されたと云ふことも、是も今日は隠れもない事実である」とあばき、その結果「北部の人にも余り有り難く思はれて居らぬのみならず、随分不信を買うて居る、……南部に対してもやはり不信を買つて居る、喜ばれて居らぬと云ふことも事実である、或は南北双方を較べましたならば北部より南部の人は余程日本を恨んで居ると云ふことも事実である」[68]と述べた。犬養・竹内は日本政府の中国政体に対する干渉は「政治上の主義を掲げて以て一方から交渉を致すとか、之を強ゆると云ふやうな外交の下手なやり方」だと批判し、このようなやり方は「共和政体の確立すると云ふ今日の場合に於ては……四億万の人間を殆ど敵にすると云ふやうな、殆ど下手の外交」[69]であると非難した。これは彼らが国際関係における内政不干渉の原則を堅持すると同時に、共和政体に対する同情を表したものであった。

第四は、欧米列強との協調外交への非難である。竹内ら五一人の議員は「政府は我が同盟国に機先を制せられて外交上の機宜を誤りたる事実なきや」[70]との質問を提出し、竹内は日本政府が同盟国イギリスと提携して中国問題について協力しようとした時、「英吉利は疾くにやつて居つた、独力で日本に相談をせずして独力を以てやつて居つた」[71]と述べ、日本は同盟国イギリスに出し抜かれたと非難した。日向議員も民国承認問題で欧米に協調するのではなく、独自の外交により率先して承認することを主張した。しかし政府は依然として協調を強調し、独自の外交を展開しようとはしなかった。

衆議院では政府の「清国事変費支弁に関する法律案」が提出され、山本達雄大蔵大臣より既に支出した八四万八〇〇〇円とこの後の追加予算として九二万四〇〇〇円余、合計一七七万三〇〇〇円の請求があった。(72) これらは外務省の電信料五〇万円、陸軍省の軍隊派遣費、海軍省の軍艦派出費及び清国事変により通信の数が甚だ多くなったため電信線を増加する逓信省の三三万円等であった。この問題はその後特別委員会で秘密裏に検討・可決され、特別会計の貨幣整理基金より繰込むことになった。

辛亥革命に関する問題は議会において上述のように論議されたが、それは議会においての主要な議題ではなく、ただ論議にとどまった。このような議論はその後の日本政府・外務省の対中国外国政策決定に特別な影響を与えることが出来ず、社会における一世論のような役割しか果さず、日本の議会政治の弱さを示したのであった。

（1）黒竜会編『東亜先覚志士記伝』中、原書房、一九六六年、四〇三ページ。萱野長知『中華民国革命秘笈』帝国地方行政学会、昭和一五年、一五五、一七〇ページ。
（2）黒竜会編、前掲書中、四〇三—〇四ページ。
（3）萱野長知、前掲書、一五五ページ。
（4）小川平吉文書研究会編『小川平吉関係文書』二、みすず書房、一九七三年、三九七ページ。
（5）萱野長知、前掲書、一四八ページ。
（6）車田譲治『国父孫文と梅屋庄吉』六興出版、一九七五年、二二四ページ。
（7）萱野長知、前掲書、一四八—四九ページ。
（8）同右書、一五〇ページ。
（9）梅屋庄吉「永代日記」、「梅屋庄吉文書」。小坂哲瑯・主和子所蔵。

(10)『申報』一九一一年一〇月一八日。
(11)『日本及日本人』一九一一年一一月号、一〇ページ。
(12)『東京日日新聞』明治四四年一〇月二〇日。
(13)『東京朝日新聞』明治四四年一〇月一九日。
(14)黒竜会編、前掲書中、四三九―四〇ページ。
(15)同右書、四四〇―四一ページ。
(16)明治四四年一二月二一日、在南京鈴木領事より内田外相宛電報、第一七三号。外交史料館所蔵。
(17)原奎一郎編『原敬日記』第三巻、福村出版、一九八一年、一八一ページ。
(18)黒竜会編、前掲書中、四六三―六四ページ。
(19)同右書、四六四ページ。
(20)同右書、四八一―八二ページ。
(21)『申報』一九一一年一二月二九日。
(22)『大阪毎日新聞』明治四四年一二月二五日。
(23)『太陽』大正元年一二月号、一一一ページ。
(24)萱野長知、前掲書、一六九ページ。
(25)同右書、一六〇ページ。
(26)『新日本』明治四四年一二月号、一一一ページ。
(27)『太陽』明治四二年一月号、六九―七〇ページ。
(28)『中央公論』明治四四年一一月号、一四一ページ。
(29)同右。
(30)同右雑誌、一四九ページ。
(31)同右雑誌、一六〇ページ。
(32)初瀬竜平『内田良平の研究』九州大学出版会、一九八〇年、一三七ページ。

(33) 同右。
(34) 同右書、一三七―三八ページ。
(35) 黒竜会編、前掲書中、五〇〇ページ。
(36) 初瀬竜平、前掲書、一三八ページ。
(37) 『宮崎滔天全集』一、平凡社、一九七一年、一二ページ。
(38) 『宮崎滔天全集』三、平凡社、一九七二年、二四八ページ。
(39) 『東京朝日新聞』明治四四年一〇月一三日。
(40) 野沢豊「辛亥革命と大正政変」、由井正臣編『論集日本歴史――大正デモクラシー』第一二巻、有精堂、一九七七年、五四―五五ページ。
(41) 『早稲田講演』明治四五年一月号、一四六ページ。
(42) 同右雑誌、一四六―四七ページ。
(43) 同右雑誌、明治四五年四月号、一二〇―二一ページ。
(44) 同右。
(45) 同右。
(46) 中野泰雄『政治家中野正剛』上、新光閣書店、一九七一年、一〇九ページ。
(47) 同右書、一〇八ページ。
(48) 野沢豊、由井正臣編前掲書第一二巻、五五ページ。
(49) 同右書、五五―五六ページ。
(50) 『早稲田講演』明治四五年一月号、一四三ページ。
(51) 同右雑誌、一四四ページ。
(52) 同右雑誌、明治四五年新年号、一三九ページ。
(53) 同右。
(54) 同右雑誌、明治四五年二月号、九〇―一一二ページ参照。

(55) 同右。
(56) 同右。
(57) 曽村保信『近代史研究――日本と中国』小峰書店、一九六二年、一三九ページ。
(58) 『申報』一九一一年一二月三一日。
(59) 大日本帝国議会誌刊行会『大日本帝国議会誌』八、大日本帝国議会誌刊行会、昭和三年、九一三ページ。
(60) 同右書、九一四ページ。
(61) 内田康哉伝記編纂委員会・鹿島平和研究所編『内田康哉』鹿島研究所出版会、一九六九年、一七三―七四ページ。
(62) 同右書、一七四ページ。
(63) 大日本帝国議会誌刊行会、前掲書八、九四二ページ。
(64) 内田康哉伝記編纂委員会・鹿島平和研究所編、前掲書、一七五―七七ページ。
(65) 大日本帝国議会誌刊行会、前掲書八、九三七ページ。
(66) 内田康哉伝記編纂委員会・鹿島平和研究所編、前掲書、一七五―七六ページ。
(67) 同右書、一七六ページ。
(68) 大日本帝国議会誌刊行会、前掲書八、九四二ページ。
(69) 同右。
(70) 同右書、九三七ページ。
(71) 同右書、九四二ページ。
(72) 同右書、七八九ページ。

第二章　南京臨時政府と中日外交

南京臨時政府は辛亥革命の産物であり、その主体は孫文を中心とした革命党であった。革命勃発の当初、孫文と革命党は日本の出兵・干渉を警戒し、外交的にこれを牽制しようとしたが、南京政府成立前後には警戒・牽制から期待へと転換した。本章では、革命党の日本に対する警戒・牽制が期待へと転換する過程と孫文と南京臨時政府の日本に対する期待を孫文の外交活動・南京臨時政府の承認問題及び武器・借款等の問題を通じて究明すると共に、これらへの日本の対応の変遷過程を欧米列強と比較しながら考究し、南北妥協による中国政局の収拾と日本の対応を検討する。

一　孫文の外交活動と日本

孫文が武装蜂起のニュースを知ったのは、一〇月一二日アメリカのコロラド州デンバーにおいてであった。この時孫文は直ちに帰国して革命を指導するか、それとも外国滞在という有利な条件を利用して列強の革命に対する干渉を阻止し、革命軍に対する援助を獲得する外交活動に従事するか、二者択一を迫られていた。孫文はまず日本を経由して帰国の途に就こうとしたが、最後には後者を選択し、アメリカとヨーロッパにおいて外交活動を展開した。この外交活動は辛亥革命において特異なものであり、武昌蜂起後の湖北軍政府の外交活動と比較した場合、共通点がありながらもまた相違点があった。本節ではまず欧米における孫文の外交活動を考究すると共に、この時期における日本の出兵・干渉に対する孫文の警戒心と牽制策を究明し、これが対日期待に転換する過程を検討する。

辛亥革命の勃発は孫文の国際的地位を一層高めた。それはこの革命が、清朝の専制支配を打倒し共和政体の中華民国を樹立しようと孫文が長期間従事してきた闘争の継続でありながら、またその結果でもあったからであった。故に、革命勃発と共に日本外務省の駐米出先機関は孫文の片言隻語と一挙一動とを非常に重視し、彼の活動情報を収集して逐次外務省に報告した。これらの報告はアメリカにおける孫文の活動を研究する重要な史料である。この報告によれば、孫文は一二日デンバーで講演をした後[1]、翌日カンザスシティーを経由してシカゴに来て中華街に身を潜め、一四日より一六日まで秘密会議を開いた。一八日『東京朝日新聞』は「目下在米中なる孫逸仙氏は、太平洋沿岸には向はずして、十五日市俄高《シカゴ》市に来り、故国革命優勢なるより、祝賀的に清国人の会合を開き、大に声援の方法を講じたる由」と報道した[2]。孫文は二〇日シカゴからワシントンを経由してニューヨークに向った[3]。ニューヨークでは華僑らに共和政治の講演をし、アメリカの有志に中国革命の趣旨を紹介し、彼らの支持・同情を願った。孫文はフランスの『ル・マタン』紙のニューヨーク駐在の記者と会見して「予ハ革命軍最後ノ成功ヲ信シテ疑ハス」、「予ハ欧米歴遊ノ結果暴戻ナル現朝ヲ打破スルノ決心ヲ固メタリ」と語り、記者の今回の動乱が排外的暴動になるか否かの質問に対し「吾カ党カ清国ノ要路ニ配置セル新人物ハ勿論西欧文明ノ何物タルヲ解シ責任ヲ知ル上ニ於テ多ク人後ニ落チス彼等ハ巴里ヲ知レリ倫敦ヲ知レリ米国ヲ知レリ而シテ彼等ハ憲政ノ要義ト個人ノ自由トヲ学ヒ得テ遺憾ナシ豈敢テ排外的暴動ノ続発ヲ懸念スルノ要アラン」と断言し、「極東新共和国ノ為メ列強ノ厳正中立ヲ希望スル」[4]と訴えた。この訴えはマスコミを通じ欧米各地に伝えられた。

サンフランシスコの近藤総領事代理は、孫文は「五六ノ同志ト共ニ目下華盛頓《ワシントン》ヲ去リ紐育《ニューヨーク》ニ滞在中ノ趣ニテ革命軍ノ為メ当国政府ニ対シ画策運動スル所アリタルカ如シ」(5)と内田外相に報告している。孫文は当時アメリカ政府は革命に同情していると判断し、アメリカ政府の支援を確実に得ようとして国務長官ノックスに書簡(一八日付)を寄せ秘密会談を希望したが、ノックスは拒否して、その理由を孫文が現在政府を転覆しようとしている首領であるからだと述べた。(6)ノックスは「叛乱」がすぐに清廷に鎮圧されると判断していたのである。北京のアメリカ代理公使ウィリアムスも清廷が袁世凱を起用して「叛乱軍」を速やかに制圧するよう望んでいた。アメリカは中国における既得権益が侵害されない情況の下での中立的態度をとっていたので、辛亥革命と孫文を支援しようとはしなかった。しかし、アメリカの世論、例えば『コマーシャル&ファイナンシャル・クロニクル』、『グローブ&コマーシャル・アドバタイザー』、『ニューヨーク・ヘラルド』、『アウトルック』、『アメリカン・バンカー』等は革命の進歩的意義を評価し、その成功を期待していた。(7)

アメリカの華僑らも孫文のアメリカにおける多年の革命宣伝活動の影響の下で革命を支援した。サンフランシスコの革命党本部は祝勝会を催して二〇〇万ドルの募金活動を展開し、アメリカ政府に「本国に於て目下進行中なる争擾に就て中立の態度を執り以て清国ノ国威を保ち新政府の創立を得せしめられん事」を要望した。(8)ホノルルの華僑らも大会を催し、国務長官ノックスに「米国政府カ列国ニ対シ先ツ厳正中立ノ例ヲ示サレムコトヲ切望シ」(9)、日本の出兵・干渉に警戒を示した。

ニューヨークにおける孫文の重要な活動の一つは、まず日本に渡航しようとしたことである。これは萱野長知と関係があったと考えられる。萱野が漢口から在シカゴの親戚大塚太郎を通じ孫文に即時帰来を懇請する電報を発し、孫文が一〇月二二日大塚に「萱野よりの電報は確かに受取りたり」(10)との返電を出したことはこの関係を説明するであろう。孫文はニューヨークで欧州より来た萱野長知の友人鶴岡永太郎と密会して渡日の希望を吐露し、その意を駐米の日本臨時代理大使に伝えるよう依頼した。この依頼の前に孫文は宮崎滔天に打電し渡日に対する日本政府の内意を尋ねた。一〇月二五日板垣退助が原敬内相を訪ねてその意を尋ねたが、原は「変名して来るときは知らずして居るやも計られざれども、余は如何なる場合にも黙認すべしとは明言すること能はず」[11]と答えた。板垣と萱野との関係は不明だが、萱野から「変名シテ上陸滞在ナレハ差支ナキ」[12]との返事が孫文に届いた。萱野の返事と原の回答から見れば、日本政府は孫文渡日の件を検討し、変名での来日を許可するように決定したのである。

日本政府はなぜこのような決定をしたのか。辛亥革命勃発後日本政府は清朝に武器を提供し清朝一辺倒であったが、一〇月二四日の閣議は「今後特に力ヲ支那本部ニ扶植スルニ努メ」[13]、「北辺のみに勢を限らずして本部に向つても相応の政策を施すべし」[14]と決意して、南方の革命党にも相応の政策を施すようになり、今後の対革命党政策と対孫政策に一定の余地を残しながら、その渡日を許可しようとした。しかし清朝と列強との関係を考慮し、孫文が公然と来日することは許可せず、変名で来日するよう求めたのである。孫文はこれに賛成せず、たとえ短期間にしても公然と滞在することを要請し、その理由を、そうすれば「日本ノ同情アル態度ハ革命軍ノ士気ヲ振作シ同時ニ日本国政府ハ陰然北京政府ヲ庇護スルトノ疑ヲ解キ得ヘク双方ニ於テ利益ア」[15]るからだと語った。革命勃発前日本の中国侵略を疑っていた孫文は、この時期日本の民間人に期待を抱きながらも、日本の出兵・干渉を特に警戒していた。この出兵・干渉は革命の勝敗にかかわる重大な問題であったので、彼の渡日の目的の一つは、公然と滞在することによって日本の出兵・干渉を牽制することであった。この目的達成のため、孫文は再度鶴岡にヨーロッパからインド洋を経て帰国するつもりであるが、もし日本政府が変名せずして上陸するのを許せば「再ヒ米国ヲ経テ『シアトル』経由日本ニ渡ラントス」[16]と述べた。しかし日本政府はこれを許さなかった。日本政府の孫文に対するこのような態度は、第二八回帝国議会の二月六日の会議において竹内正志議員らの批判を浴びた。[17]

一一月二日孫文はニューヨークを出発し、イギリスに向った。[18] 当時孫文は列強について、「アメリカ・フランス二カ国は革命に同情し、ドイツ・ロシア二カ国は反対するに違いない。日本は民間が同情を示し、政府は反対しているが、イギリスは民間が同情し、政府は態度未定である。それ故に、我が外交のキーポイントとなり、成敗存亡にかかわるところとなるものはイギリスである。もしイギリスが我を支持するならば、日本を憂うる必要がない[19]」と判断していた。この判断は彼がイギリスに行く理由でもあった。二月一〇日孫文はロンドンに着き、ビッカーズ社の社長を通じ外相グレーに、㈠清国に対するいっさいの借款中止、㈡日本の対清援助の抑制、㈢イギリス植民地政府による孫文追放の取消し等を要求した。[20] この三つの要求のうち、㈠については、孫文がロンドンに到着する前の八日、四カ国銀行が既に清朝への借款提供を中止することを決定していた。㈡については、イギリスは既に日本の干渉を牽制する措置をとっていた。㈢については、グレーが了解の意を表明した。これにより、孫文の三つの要求はイギリス政府に了承されたことになった。ロンドンではホーマ・リーが孫文を案内し、孫文は彼と共に四カ国銀行団に革命派に対する借款を交渉したが、銀行団は婉曲に拒絶した。[21] ロンドンにおける孫文の活動の目的の一つは、英・米と連携して日本を牽制することであった。孫文はホーマ・リーと共にグレー外相に革命政府と英・米が同盟を締結することを提案し、その代償としてイギリスから顧問を招聘して中国海軍を指揮させるというような特別な優待条件を提供しようとした。[22] 孫文はもしイギリスが革命政府と英・米との同盟締結という提案に応ずるなら、アメリカのノックス国務長官と元国務長官のルートが一〇〇〇万ポンドの借款を提供してくれると述べた。しかしこれは実現されなかった。孫文はまた革命政府の対日姿勢はイギリスの建言に従うと付加えた。[23] これは中国におけるイギリス・アメリカと日本との対立と争奪を利用して、日本の出兵・干渉を牽制しようとしたものであった。しかしイギリスは中立と協調を唱えながら日本の干渉を牽制し、袁世凱を支持して中国政局に対するイニシアチブを掌握していたため、これに応じようとはしなかった。

孫文はホーマ・リーと共にロンドンを出発した。[24]『大阪毎日新聞』も二三日「孫逸仙倫敦を発し帰国の途に上る」と日本国内に報道した。[25]孫文は二一日パリに到着した。パリでは代議院の議員マスと私的に接触し、『ル・ジャーナル』、『ル・クリエ・ヨーロピアン』紙の記者とも会見し、革命党の内外政策を表明した。孫文は中国においてアメリカのような連邦制の政体を採用し、外国の資本を導入し、外国の技術者を招いて鉱山を開発し、鉄道を建設し、清朝政府と外国間に締結された条約・借款を尊重する旨を表明し、中国革命に対する世論[26]の支持を訴えた。

パリにおける孫文の主要な外交活動は、東方匯理銀行の総裁シモンとの会談であった。孫文はシモンに短期間で革命政府に借款を提供するように要望したが、シモンは「中立」の名目で拒否した。[27]それは、この時中国国内では袁世凱の新内閣が組織され、フランス政府が四カ国銀行団に即刻袁に借款を提供するよう要求していたからであった。故に、孫文は金融帝国フランスからも財政援助を受けることが出来なかった。

孫文がパリを訪問した他の目的は、ロシアが日本と連携して中国革命に対して出兵・干渉するのを牽制することであった。フランスはドイツ・オーストリアの同盟に対抗するため、既に一八九一年にロシアと同盟関係を結び、ロシアとの関係が密接であった。孫文はこのフランスとロシアの関係を利用して、まずロシアと日本との連携を牽制しようとして、フランス政府が日本と共に行動をとらないようにロシアに勧告してくれるようにシモンに依頼した。[28]しかしシモンは満蒙におけるロシアの権益を擁護し、この要望を拒否した。シモンのこのような態度はフランス政府の対露政策を表明したものであった。一一月四日パリのロシア大使は中国北部におけるロシアの行動と自由とこの地域における権益と地位を保障する措置に対するフランス側の承認をフランス外務省に要望したが、フランス外相はその要望を保証する意を表明した。[29]これはフランスがその後ロシアと日本が結託して満蒙における勢力範囲とその権益を再分割することを承認したのと同じことであった。

孫文は二四日マルセイユから帰国の途に就いたが、同日在仏の革命党員胡秉柯《へいか》が孫文の代理としてフランス外務省アジア局長ベルトロを訪れ、フランス政府は中国の新共和国成立後これを承認するか否かを尋ねた。胡はパリ大学で法律を専攻し、孫文とは一九〇五年孫文がパリに来て留学生の中で革命党を組織した時からの知己であった。このような関係から見れば、孫文のパリ訪問の目的の一つは、新共和国政府に対する承認を獲得しようとしたことであった(30)。しかしフランス政府は孫文と革命政権を支持しようとはしなかった。この時フランスはイギリスと共に袁世凱とその立憲君主制の主張を支持していたため(31)、共和制を主張する孫文に一顧をも与えようとはしなかったのである。

欧米における孫文の外交活動は、国内、特に武昌の湖北軍政府の外交活動と、清朝の孤立・列強の中立・承認獲得等において共通点があったが、その外交次元は国内より一層高度なものであった。それは、㈠に孫文の辛亥革命をめぐる国際的視野が広く、その日本と欧米列強の革命に対する姿勢の分析と判断は、アメリカ・フランス政府に対しては不正確であったが、日本・ロシア・ドイツ・イギリスに対してはほぼ正確であったからである。このような分析と判断は革命政府の対外政策決定に重要なものであった。㈡に辛亥革命は外国借款による鉄道国有化政策に対する反対をきっかけとして勃発したため、ある意味においては反帝国主義的であり、外国の支援或いは外国の借款と技術を導入しようとするような考えは初期においては毛頭なかったが、孫文がこれを欧米諸国に要望したからである。国内の革命同志も孫文が帰国の節に革命の資金を持参してくるのを期待していたので、孫文のこの活動は肯定・評価すべきことであった。しかし孫文は欧米で所期の目的を達成することが出来なかった。それは孫文の分析と判断に錯誤があったというよりも、寧ろ欧米諸国の対応に問題があったのである。だが孫文の対日牽制策は欧米列強の対日牽制策と一致していたため、成功したといえよう。この成功は日本と欧米列強の中国における矛盾と対立を正確に分析して利用したからである。孫文のこの対日牽制策はシンガポールにおける談話に明確に示されている。

孫文は一二月一四日にペナンを経由し、一五日シンガポールに到着した。ここでも孫文は近代均衡外交論の視座から日・露両国を非難する談話を発表した。ペナンで孫文は某紙の記者に、清国が衰弱する前提の下に、もし日本が大権力を有する場合には、東洋における政治上の勢力均衡が崩れ、これを克服するには「日本ヲ打破スルカ若クハ清ヲ鞏固ナラシメ其兵力ヲ旺盛ニシテ露国ノ膨張ヲ防止スルヲ必要ト」し、中国における露国勢力の拡大は太平洋とインドにおけるイギリスとアメリカの勢力の崩壊を意味するものであり、「若シ日本カ最上権ヲ保留シ清国弱国タラハ米国通商上ノ機会獲得ノ時期ヲ後レシムルモノナリ」(32)と述べた。駐シンガポール領事代理岩谷譲吉は孫文のこの談話は「偏ニ米国利益ニ重ヲ置キテ日露両帝国ヲ批難シ名ヲ清国ニ藉リテ暗ニ英国人ヲ煽動スルカ如キ愚論を吐キ散ラシ候」(33)と内田外相に報告した。シンガポールでは「政事上運動ニ付何等意見ヲ発表セス只欧米在留中諸外国カ清国国債ニ投資スルヲ防止シ革命政府未来ノ国債引受ノタメ基礎ヲ立テタルニ努メタル」(34)と語った。孫文のこれらの言論は欧米における彼の外交活動の目的とその内容を裏づけるものであった。

前述のように、孫文はアメリカにおいて渡日を希望する活動からその外交を展開したが、帰国の最後にはまた日本との関係でその外交活動の幕を閉じた。一一月二四日マルセイユを出発した孫文は、二八日宮崎滔天に一二月二一日香港に到着する予定であるから、池亨吉と共に香港まで出迎えに来てくれるよう打電した。(35)これは偶然のことではなかった。常に日本の出兵・干渉を警戒していた孫文は、まず早急に辛亥革命に対する日本の動向を知りたかったからであった。滔天は池亨吉・山田純三郎・郡島忠次郎（高田商会）・太田三次郎（予備役海軍大佐）らと上海から香港に行き、香港総領事代理船津辰一郎と共に二一日朝七時香港に到着した孫文を訪問した。(36)船津総領事代理は翌日内田外相に孫文と会見した模様を次のように報告している。(37)

孫文ハ大ニ日本ノ意向ヲ疑ヒ日本ハ英露ト連合シテ革命軍ニ圧迫制肘ヲ加フル如キコトナキヤヲ慮リ居リタル由宮

崎寅蔵ヲ見ルヤ劈頭第一日本政府ノ意向ヲ問ヒタルニ宮崎ハ其着用セル日本服ヲ指シテ之ヲ見ヨト答ヘ列国環視ノ中ニ公々然日本服ニテ而モ数多ノ同志同道シテ君ヲ出迎フルニ日本政府ハ何等ノ干渉或ハ注意ヲ加フルコトナキハ以テ日本国民同情ノ在ル所ヲ推知スルニ難カラザルベシトノ意ヲ暗シタルニ彼モ直チニ其意ヲ諒解シタリト見ヘ我之ヲ解セリトテ宮崎ノ手ヲ緊握シテ大ニ喜悦ノ情ヲ表シタル由其後池亭吉カ孫ヲ別室ニ招キ会談セシ時モ孫ハ矢張リ同様ノ事ヲ繰返シタルニ彼ハ自分ノ帯ヒ居ル親中義会ノ徽章ヲ指示シ本邦朝野ノ人士革命党ニ同情スル者即チ予ト同感ノ士甚ダ多シ日本政府カ圧迫若クハ制肘ヲ加フル如キコト万々之レナキヲ説明シタルヨリ孫モ大ニ安心シタル由

船津は二一日にも同様の意の電報を内田外相に発し、(38)駐広東の細野中佐も二三日孫文が「日英露三国カ共同シテ革命軍ニ圧迫ヲ加フルコトナキヤヲ疑フ語気ヲ漏シ(39)」たことを参謀本部に報告した。これらの報告はこの時期の孫文の対日観を端的に示し、またその対日観が転換しつつあることを物語っている。

孫文は同日午後五時香港を出発し海路上海に向った。滔天ら一行五人がこれに同行した。これは孫文としては日本への新たな対応策を講ずるためであり、日本人としては孫文が日本側に傾くよう説得するためであった。故に、中国のマスコミは彼らの随行と多数の日本人が孫の帰国を迎えたことを重視していた。(40)『大陸報』記者は孫文に彼らが随行する目的を問い、日本と何らかの交誼があるかと質問した。これに対し孫文は日本は我が蜂起に友誼を尽したとはいえない、我らは各国政府と友誼を結びたいと答えた。(41)

船中孫文は依然として日本に対する不満の意を表した。これに対し駐上海の宗方小太郎は海軍軍令部に次のように報告した。(42)

拝啓昨日電報ノ通リ孫文ハ昨十二月二十五日午前九時上海着……香港ヨリ上海迄ノ船中ニテ孫ガ人ニ語リシ所ヲ聴クニ概要左ノ如シ

余ハ甚ダ日本ヲ怨メリ何トナレバ曽テ日本政府ヨリ説諭的退去ヲ命ゼラレ昨年帰来スルヤマタ復タ追出サレタリ其後人ニ托シテ百方日本ニ居住許可ノ運動ヲ為セシモ一モ成功セズ因テ余ハ日本ニ断念シテ英国ニ赴キタルモノナリ我ヨリ進ンデ握手セントスル時ニハ手ヲ引イテ応ゼズ自分ノ都合ノ好キ時ニハ来ツテ握手ヲ求ム余ノ怨ム所以ナリ之ニ対シ一二邦人ノ弁解ニテ日本人カ革命党ニ対スル同情ノ厚キヲ知リ始テ釈然タル体度トナリ……上海着ノ後日本ヨリ陸軍将官其他ノ有力者ヲ聘シテ援助ヲ仰ガザル可ラズ

孫文の日本に対するこのような不満と非難は日本との決裂を意味したものではなく、「日本人カ革命党ニ対スル同情ノ厚キヲ知」った後に話したものであり、欧米における外交が所期の目的を達することが出来なかった情況で日本からの援助を期待する心情を吐露したものであった。孫文は船中で日本の功業を論じ、日本軍隊の精神を賛美した(43)。孫文はこの他に、南北和議・政体・新政府の首都と土地国有政策・大統領の人事等について滔天らに私見を語った。

孫文と滔天ら日本人との接触は中国南方、特に広東地区における反日的傾向を大いに緩和させた。武昌蜂起勃発後日本政府が清朝に武器を提供したため、広東では一時これに抗議する日貨ボイコットの動きが発生したが、孫文と滔天らとの会見により、「一般士民ノ本邦人ニ対スル態度ハ大ニ融和シ来リツツアル傾向アリ(44)」と台湾銀行広東出張所は報告した。

二五日孫文は上海に到着した。孫文を出迎えた萱野長知は「中山が上海上陸の時は岸辺には人の山を築いた。革命党の同志は波の如く押し寄せ内外人の知友は恰も凱旋将軍を迎ふる以上に建国の大偉人を歓迎した(45)」と当時の歓迎の模様を記している。孫文帰国後上海滞在の外務省出先機関と大陸浪人及び軍部の将校らは、孫文の対外姿勢とその関係を特に注意した。彼らは孫文が欧米における外交活動と借款を持参して来たか否か、これらの資金をどの国のどの企業が提供したか等の情報を外務省と参謀本部に報告した。これは帰国後の孫文が国際関係においてどちら側に傾くかが重大な問題であったからである。

それ故に、日本側は特に孫文に同行して来たアメリカの将軍ホーマ・リーと彼との関係を監視した。ホーマ・リーは『日米戦争』の著者で排日的人物として知られていたからであった。このような人物が孫文と共に中国に来たことは日本側としては好ましからざるのみならず、何らかの脅威をも感じていたようである。彼が孫文と共にロンドンを出発すると、駐英の山座臨時代理大使は即刻内田外相にその件を報告し、駐シンガポールの岩谷領事代理・駐香港の船津総領事代理・駐広東の細野中佐らも内田外相と参謀総長に次々とホーマ・リー同行の件を報告した。駐上海の本庄繁少佐は二六日参謀総長に「孫逸仙カ香港通過ノ際米国総領事アンダーソンハ船中ニ米人ホーマ・リーヲ訪ヒ同人ヲシテ革命軍ノ為メ助力セシムヘキ旨本国国務卿ノノックスノ訓電ヲ得タリト伝ヘタリ(46)」と、三一日には「孫文ハ目下敢テ我国ヲ信頼セサルニ非サルモ偽少将『ホーマリー』ヲ自党《ヂットウ》ノ最高顧問ト称セルノミナラス日、英、仏等各国ヨリ平等ニ軍事顧問ヲ招聘セント称、軍事ニ対シ黄興ノ如ク絶対ニ我ニ依ラントスルノ意思ナキハ注意スヘキナリ(47)」と報告した。逆に在上海のアメリカ人は香港から同行して来た日本人と孫文との関係に注目し、上海で発行されていたアメリカの新聞『大陸報』の編集長は孫文とのインタビューで公然とその関係について質問し(48)、孫文と日本との関係を牽制する姿勢を示した。これは中国における日米間の争奪の一側面を表したものだともいえよう。しかし、これは誤解であった。アメリカ国務省の極東局はリーに対して悪い印象を抱いており、彼と孫文との行動を重視していなかった。イギリスもそれほど重視せず、モリソンはホーマ・リーは偽将軍であり、嘘つきだと軽蔑し、彼が孫文と革命党に与える影響を無視していた(49)。その後モリソンが語ったように、孫文は帰国後日本に対して警戒から接近に転換し始めたため、ホーマ・リーは孫文からも敬遠され、その存在の意義がなくなり、孫文と革命党に特別な影響を与えることなく、翌年死去した。

中国のマスコミもホーマ・リーが、孫文と共に来華したことを重視していた(50)。当時上海には孫文の帰国を待受けていた日本の大人物がいた。それは孫文の友人である犬養毅と頭山満であった。犬養は静養中の病軀をおして一二月一九日上海に到着し、頭山は二七日到着した。彼らはなぜ孫文帰国前後に来華したのであろうか。

犬養・頭山の来華は在中国の萱野長知が両人に「天下を取っても後の方法がつかぬから誰か来てくれ」[51]と来援を要望したのに応じたのであるといわれているが、この時期は南北和議が開かれ中国の前途を決定する重大な時期であり、またあたかも孫文が帰国する時であり、南京臨時政府が成立する直前でもあることから、彼らは革命党と孫文・黄興らにアドバイスを与えるために来華したといえる。

犬養と頭山は、当時中国政局の焦点であった政体と南北和議と妥協に対するアドバイスを孫文と黄興に与えようとした。帰国したばかりの孫文もこれらの諸問題への対応策を迫られていた。犬養はその後の回想において、この件に関し「革命の時に行って、第一の仕事はどういうことをやったかというと、共和政治にしようという孫文、黄興らの議論と、立憲君主政治にしようという康有為、梁啓超、岑春煊《しんしゅんけん》、そんな者を抱き合せることに非常に苦心した。……私の考えでは革命が出来たら、日本類似の議院政治が出来る。まァ此位のところに落着いて来るだろうというつもりでやった」[52]と述べている。この回想から、犬養が政体問題で「日本類似の議院政治」つまり立憲君主制を孫文に勧告しようとしたことを窺うことが出来る。犬養は出発前の一四日に西園寺首相を、その二、三日後に内田外相を訪れ、政府の中国政体問題に対する方針を尋ねたが、内田外相は「支那に共和政治がおこなわれるようになっては、はなはだ困る。日本は極力これに反対するつもりで、場合によっては武力を用いても君主国体を維持させる考えである。そしてこの方針は南方の革命党にも通じてもらいたい」[53]と答えた。犬養は「そんな馬鹿な伝言が革命党に伝えられるか、もう一度考え直してはどうか」[54]と述べた。内田の「君主制」とは、当時日本の中国政体問題に対する方針から見れば、立憲君主制を指すものであり、犬養が反対したのは立憲君主制に対する反対ではなくて、政体問題に対する武力による干渉であった。これは帝国議会における犬養の発言からも窺うことが出来る。故に、犬養の立憲君主制の主張と勧告は共和制を目指す孫文・黄興らの反対を受けざるを得なかった。

次に犬養は孫・黄ら革命派と康・梁ら立憲派を連合させ、南北和議において北方の袁らに対抗しようとした。これには南北の力関係を踏まえた一つの政略として評価すべき側面があったが、単純な「統一戦線」ではなく、上述のような犬養の立憲君主制の主張を伴っていることから、否定すべき側面もあった。犬養は中国渡航前に康・梁との連絡を担当していた柏原文太郎と共に兵庫県須磨に滞在していた康・梁（梁は一一月一五日頃満州から帰日）を訪れ、この問題を相談したと思われる。[55]康・梁は当時「虚君共和制」を唱え、岑春煊らとの連合を策していた。犬養が康・梁・岑と孫・黄らを連合させようとした政略はこの線に沿ったものだといえよう。犬養は黄興にも「岑春煊列ヲ革命党ニ引入ル、事ヲ勧告」[56]した。犬養のこのようなアドバイスに孫・黄が耳を傾けるはずはなかった。孫文は「岑春煊は湖南総督時代たくさんの同志を殺した。康有為は西太后に使われながら、朝廷を改革しようとしている男だ。この二人との協力は、真っ平だ」[57]として犬養のこの勧告にも反対したのである。

犬養が来華する時期に南北和議が開かれ、南北妥協の気運が濃くなった。犬養はこの南北妥協に反対し、武力による南北統一を孫文に勧告し、その準備として「彼ニ兵器購入ノ急務ナルヲ説」[58]いた。これに対し孫文は「敢テ急ヲ要セサルヘシ」と答え、「軍資調達ノ緊急ナルヲ勧メシ」に対し「米国『モルガン』等ト黙約アリ政府成立セハ借款容易ナルヘシ」[59]と答えた。この情報を参謀総長に報告した本庄繁少佐も孫文は戦争を唱えながらも密かに平和的方法で全局の勝利を勝取ろうとしていると推測した。犬養もなるべく平和に局を結ばんと希望せる孫のやり口はまったく彼の米国において仕込まれたる結果なるべしと述べた。

南北和議はイギリスの居中斡旋によっておこなわれ、日本は和議から排除されていた。犬養と頭山がイギリスの介入に強く反対したのはそのためであった。頭山満は「一体今度の革命乱は外部の刺戟とか他人の煽動とかの為に起つたものぢやない。全く時運が之を促したので、革軍は廃帝や共和政を頑固に主張してゐるから生易しい事ではウント言ふまいよ」と革命情勢を語りながら、「日本の対清政策さ、列国の鼻息ばかり窺って居て、怪しからん次第ぢや。対清政策といふ以上、清国を本位として事に処さなければならぬのに、コノ頃の態は何だい、マルデ列国本位ぢやないか、根本から間違って居る(60)」と批判しながら上海に着いたのである。

頭山らが上海に到着した日、黄興は頭山を訪れ、「多年の好意を謝し、猶日本有志の同情に縋りて、列国をして支那の政体に干渉するの端を啓かしめざるやう、助力あらんこと(61)」を要請した。これに対し頭山は「日本国民の輿論が一般に無偏不党に決せる事実を述べ、且友邦の識者が速かに時局を解決し、土匪流賊をして蜂起するに暇あらざらしめ、以て列国の杞憂を解き、以て東亜永遠の平和を確立せられんこと(62)」を望んだ。

二八日頭山一行は孫文を訪問した。この時上海には百数十名の民間人或いは大陸浪人がおり、ごく少数の浪人の中には中国革命の機会を利用して「火事場泥棒的活躍を為して非倫背徳を敢てし、其私腹を肥するものあり」、頭山の一つの任務はこの「不徳の浪人輩ヲ慴伏せしめ(63)」ることであった。

二九日孫文は臨時大総統に選任された。三〇日孫文は上海のパレス・ホテルに犬養毅・頭山満ら日本人百余名を招待し、新任の披露をした。孫文は「中華民国が成立して外国の名士と款を交ふるは今日を以て始めとす。身親しく欧米を巡遊せしに、各国人民の同情は皆革命党に注がれたり、今後諸君の尽力によりて、益々日本政府と親しみ更に欧米各国との交際を一層親密ならしめんこと余等の真に希望する所なり(64)」と挨拶し、犬養がこれに対し答辞を述べた。

その後、孫文は日本との関係を重視し、日本に期待を寄せ、臨時政府が掲げた諸問題を日本に頼って解決しようとしたのである。

(1) 明治四四年一〇月二四日、在桑港近藤総領事代理より内田外相宛電報、第七三号。外交史料館所蔵。
(2) 明治四四年一〇月二三日、在市俄古山崎領事より内田外相宛電報、機密一〇号。外交史料館所蔵。『東京朝日新聞』明治四四年一〇月一八日。
(3) 明治四四年一一月一四日、在桑港近藤総領事代理より内田外相宛電報、第七五号。外交史料館所蔵。
(4) 海軍『清国革命乱特報』付録八、明治四四年一二月八日。外交史料館所蔵。
(5) 明治四四年一一月一四日、在桑港総領事代理より内田外相宛電報、第七五号。外交史料館所蔵。
(6) 王綱領「美国対辛亥革命之態度与政策」、中華文化復興運動推行委員会主編『中国近代現代史論集』第一七編辛亥革命下、台湾商務印書館、一九八六年、一〇一一ページ。
(7) 薛君度「武昌革命爆発後的美国輿論和政策」、中国孫中山研究学会編『孫中山和他的時代』上、中華書局、一九九〇年、五〇〇―二一ページ参照。
(8) 明治四四年一〇月一九日、在桑港近藤総領事代理より内田外相宛電報、機密第四〇号。外交史料館所蔵。
(9) 明治四四年一〇月二五日、在ホノルル上野総領事より内田外相宛電報、第三五号。外交史料館所蔵。
(10) 萱野長知『中華民国革命秘笈』帝国地方行政学会、昭和一五年、一五五ページ。
(11) 原奎一郎編『原敬日記』第三巻、福村出版、一九八一年、一七八ページ。
(12) 明治四四年一〇月二六日、在紐育水野総領事より内田外相宛電報、第一六〇号。外交史料館所蔵。
(13) 外務省編『日本外交文書』(辛亥革命)、五一ページ。
(14) 原奎一郎編、前掲書第三巻、一七八ページ。
(15) 明治四四年一〇月二六日、在紐育水野総領事より内田外相宛電報、第一六〇号。外交史料館所蔵。
(16) 同右。
(17) 大日本帝国議会誌刊行会『大日本帝国議会誌』八、大日本帝国議会誌刊行会、昭和三年、九四二ページ。
(18) 明治四四年一〇月三一日、在紐育水野総領事より内田外相宛電報、第一六六号。外交史料館所蔵。
(19) 『孫中山全集』第一巻、中華書局、一九八一年、二〇九―一〇ページ。

(20)　同右書、二一〇ページ。
(21)　韋慕廷『孫中山――壮志未酬的愛国者』中山大学出版社、一九八六年、八〇ページ。
(22)　同右書、八一ページ。
(23)　同右。
(24)　明治四四年一一月二三日、在英国山座臨時代理大使より内田外相宛電報、第二三五号。外交史料館所蔵。
(25)　『大阪毎日新聞』明治四四年一一月二三日。
(26)　張振鵾「辛亥革命期間的孫中山与法国」、中華書局編輯部編『紀念辛亥革命七十周年学術討論会論文集』中、中華書局、一九八三年、一四六〇ページ。
(27)　『孫中山全集』第一巻、五六三―六四ページ。
(28)　同右書、五六五ページ。
(29)　呉乾兌「一九一一年至一九一三年間的法国外交与孫中山」、中国孫中山研究学会編、前掲書上、四二三―二四ページ。
(30)　張振鵾、前掲論文、一四六九―七三ページ。
(31)　呉乾兌、前掲論文、四二一ページ。
(32)　明治四四年一二月一八日、在新嘉坡岩谷譲吉領事代理副領事より内田外相宛電報、第二六九号。外交史料館所蔵。
(33)　同右。
(34)　明治四四年一二月一四日、在新嘉坡岩谷領事代理副領事より内田外相宛電報、第二二六号。外交史料館所蔵。
(35)　『孫中山全集』第一巻、五六六ページ。
(36)　『申報』一九一二年一月一日。
(37)　明治四四年一二月二三日、在香港船津辰一郎総領事代理より内田外相宛電報、機密第四七号。外交史料館所蔵。
(38)　明治四四年一二月二一日、在香港船津辰一郎総領事代理より内田外相宛電報、第一二三号。外交史料館所蔵。
(39)　参謀本部『清国事変特報』付録二四。外交史料館所蔵。
(40)　『申報』一九一一年一二月二八日。

(41)『申報』一九一一年一二月二八日。
(42)明治四四年一二月三一日(着)、在上海の宗方小太郎より軍令部長宛書簡、機密報第三号。外交史料館所蔵。
(43)『申報』一九一一年一二月二八日。
(44)明治四五年一月、台湾銀行広東出張所情報、第一六信。外交史料館所蔵。
(45)萱野長知、前掲書、一五四ページ。
(46)明治四四年一二月二七日、在上海本庄繁少佐より参謀総長宛電報、第一五五号。外交史料館所蔵。
(47)明治四四年一二月三一日、在上海本庄繁少佐より参謀総長宛電報、第一六四号。外交史料館所蔵。
(48)『孫中山全集』第一巻、五七二ページ。
(49)駱恵敏編『清末民初政情内幕』上、知識出版社、一九八六年、八二三ページ。
(50)『申報』一九一一年一二月一五、二四、二五日。
(51)黒竜会編『東亜先覚志士記伝』中、原書房、一九六六年、四二八—二九ページ。
(52)鷲尾義直編『犬養木堂伝』下、原書房、昭和四三年、七〇ページ。
(53)岩淵辰雄『犬養毅』時事通信社、一九八六年、一一五ページ。
(54)同右。
(55)明治四四年一一月一五日、在旅順白仁民政長官より内田外相宛電報、秘第一四三号。外交史料館所蔵。
(56)明治四四年一二月三一日(着)、在上海の宗方小太郎より軍令部長宛書簡、機密第三号。外交史料館所蔵。
(57)岩淵辰雄、前掲書、一一七ページ。
(58)明治四四年一二月三一日、在上海本庄繁少佐より参謀総長宛電報、第一六四号。外交史料館所蔵。
(59)同右。
(60)『大阪毎日新聞』明治四四年一二月二五日。
(61)緒方竹虎『人間中野正剛』鱒書房、昭和二六年、一一〇ページ。
(62)『大阪朝日新聞』明治四五年一月六日。

(63) 玄洋社社史編纂会『玄洋社社史』明治文献、昭和四一年、五八一―八二ページ。
(64) 緒方竹虎、前掲書、一一一―一二ページ。

二　南京臨時政府と日本

帰国した孫文の第一の仕事は統一的な共和政権を樹立することであった。この作業は孫文の帰国前から進行していた。南方諸省の独立と軍政府の成立に伴い、一一月七日湖北軍政府は都督黎元洪の名義で武昌で臨時政府準備会議を開催するよう提案したが、一三日上海都督陳其美も上海で同様の会議を開催することを提案した。双方協議の結果、三〇日漢口のイギリス租界で第一次会議が開かれ、一二月三日「中華民国臨時政府組織大綱」が採択された。これにより臨時政府体制の基本原則が決定された。一二月二日革命軍が南京を攻略すると、漢口に集結した代表らは臨時政府を南京に樹立することを決定した。一四省三九名の代表は一四日から南京で準備会議を再開し、大総統の地位は一時空けておき、黎元洪を大元帥に、黄興を副元帥に選挙し、帰国した孫文が二九日大総統に選任されて、一九一二年一月一日南京臨時政府が正式に成立した。本節では、日本政府・軍部のこの政権に対する政策の変遷過程と、孫文及び南京臨時政府の承認等の問題に対する対日期待と、この政権に対する日本民間人の支援を考究する。

日本と革命軍・軍政府及び南京臨時政府との関係は、革命情勢の変化に伴って双方共に変遷した。革命勃発後日本政府と軍部は清朝政府と兵器供与の契約を締結し、革命軍に対し敵対的な姿勢を示したが、一〇月二四日の閣議においては原敬内相が語ったように「前回の閣議(一〇月二〇日の閣議を指す――筆者)にては叛軍には毫も同情をせず、正当政府なる北京政府のみに正直に同情する形勢ありしも、本日の閣議にては右様正直一辺も策の得たるものに非らざるを認むるに傾けるが如くな」った。(1) 一一月に至り双方の関係には新しい変化が起こった。それは革命軍と軍政府側が日本にその政権に対する承認を要望したからであった。湖北軍政府は一一月上旬統一的な臨時政府の樹立作業に着手すると同時に、この政府に対する承認を要望する意を日本に示した。一一月一三日黎元洪は中華民国中央政府の代表者として駐漢口の松村総領事に「今後貴国トノ交渉事件ニシテ事中華民国全局ニ関係アルモノハ是非一切本都督に御協議」あるよう要求し、さらに「我軍未タ義旗ヲ挙ケサル以前ニ於テ清朝政府カ各国ト締結シタル条約及一切ノ借款ノ債権ニ関シテハ皆其有効ナルヲ認ムヘク候ヘ共武漢ノ義旗挙揚後ニ於テ清朝政府ノ借入レタル借款及其訂結シタル条約ニ関シテ其如何ナル国家ト関係アルニ拘ラス我政府ニ於テハ一切之ヲ承認セサル」と言明し、これに対し「貴国政府ニ於テ承認ヲ与ヘラル、」(2)よう要望した。これに対し内田外相はこの新政権を承認する考えは毛頭なかったが、二五日陸・海相の同意を得て駐中国の外務省出先機関に対し「革命軍ニ於テ事実上権力ヲ行使シ居ル上ハ同軍トノ間ニ諸般ノ交渉を為スコトアルハ已ムヲ得サル義ニ付今後必要ノ場合ニ於テハ革命軍ニ対シ適宜交渉ヲナサルルモ差支ナシ」とし、「革命軍カ交戦者トシテ有スルコトヲ主張セル権利ニ付テハ……我ニ於テ何等実質上ノ損害ヲ受クルコト無キモノニ付テハ之ヲ黙認セラレ差支ナキ」とし、「革命軍ニ対シテハ此際徒ラニ其感触ヲ害スルカ如キ措置ヲ執ルコトヲ避ケラルヘキコト」(3)等と指示した。これは外務省と軍部の革命軍とその政権に対する姿勢が当初より変化し、革命軍と軍政府の存在とその権利を黙認したことを物語る。その目的は、まず軍政府管轄下にある日本の既得権益の保護にあり、次に混迷している時局を踏まえて、余裕を残しながら革命勢力の変化を見守ることであった。

上海では有吉総領事が王正廷・李平書らと連絡をとっていた。有吉は彼らとの接触により臨時政府成立、孫文帰国の期日等の軍政府内部の情況を探り、池亨吉らも軍政府とのかけ橋の役割を果していた。(4)

日本には黄興の代理として何天炯が一二月五日派遣された。(5)何は日本到着後一時横浜の中華街に滞在し、一二月一二日入京して有隣会と連絡をとり、犬養毅ら二、三人を歴訪し、軍資金・銃器・防寒具の調達をすると同時に、(6)翌年の一月九日には和田三郎の紹介により板垣伯に面会した。(7)何は内田外相にも面会を求めたが、内田は謝絶した。何天炯はまた元大蔵大臣であった阪谷芳郎らと日中合弁の中央銀行設立の件を交渉した。上海の都督府からは文梅村・呉嶱が日本に派遣され、三井と兵器購入の交渉等をしていた。(8)当時東京には各省の軍政府・都督府から派遣された代表十数名がいたので、行動の統一のため、一四日革命党の公使館に当る倶楽部を設けた。(9)

革命党はまた日本人有志を通じて対日工作を展開した。神戸の三上豊夷は孫文・黄興らと密接な関係があったので、黄興の依頼により、一二月二四日原敬内相を訪れ、日本政府の革命党に対する意向を尋ねた。これに対し原敬は「我政府に於ては決して革命党を排斥するの考あるに非らず、北京政府存在の間は此政府と交渉をなす事当然なるも、之が為めに革命党を忌むものと解するは誤解なり」(10)と語り、革命党に対する微妙な態度を示した。

軍政府側がこのように対日接近に積極性を示したのは、一二月以降のことである。これは南北情勢の変化及び黄興の対日姿勢の変化と密接な関係があった。一一月初め黄興は武漢の戦線で波多野通訳官に「革命軍ニ対スル日本ノ態度ニ就キ頻リニ懸念シツツアル」(11)意を表し、その後も「若シ外国ノ干渉起ル場合ハ一ハ湖南ニ一ハ広東ニ拠リ飽迄抗拒を継続スル」(12)旨を言明していたが、一一月二七日漢陽に敗れ宮崎滔天・萱野長知らと共に上海に来た時、彼の対日態度には変化があった。それはドイツが漢陽戦線で官軍を支援していたからであった。当時新聞は革命軍が漢陽を官軍に奪われたのは、ドイツの援助により官軍が新兵器によって武装され、またドイツの将校が官軍を指揮していたからだと報道した。(13)これは黄興らにとっては大きなショックであった。黄興は「革命軍失敗ノ最大原因ハ兵器ノ不良ニ依ルモノトシ爾来極力新式兵器ヲ日本ヨリ購入セン事ヲ主張シ其第一着手トシテ小銃二万挺野砲五十四門機関銃七十余挺及之ニ対スル弾薬ヲ購買セン事ヲ申込」(14)んだ。彼の対日態度は変化し始めた。孫文帰国後、黄興は孫文に日本に接近すべきことを主張した。これに対し駐上海の本庄繁少佐は参謀総長に、帰国後の孫文は「今ニ在リテハ黄興等ノ熱心ナル説明ト主張ニ服シ実際我日本ニ依ラサレハ到底成功見込ナキヲ悟」(15)ったと報告した。

この転換は当時の国際環境とも密接な関係があった。イギリス等は革命と革命軍に対して割合に好意的な評価を下し、革命の性格・意義に対しても論理的に一定の理解があったけれども、行動に関しては袁世凱に期待を抱き、革命軍と軍政府に対し何らの接触もなかった。逆に日本は革命の性格・意義についてはそれほどの理解がなく、評価も低かったが、中国との地理的接近、民間人の革命介入、中国南方における権益拡大の意欲等の諸要因により、イギリス等に比べ相対的に革命軍や軍政府と直接・間接の関係を保っていた。故に、孫文・黄興らが他の列強からの支持・援助を得られない情況の下で、日本に頼ろうとしたのも不思議なことではなかった。

大総統に選任された孫文は一二月三〇日犬養・頭山ら日本人を招宴した後、一月一日南京に行き、大総統に就任すると共に、共和制の中華民国臨時政府の成立を世界に宣言した。南京には山田純三郎・末永節ら五人の日本人が同行した。三日中華民国臨時政府が組織され、副総統に黎元洪、陸軍総長に黄興が就任した。孫文は「大総統宣言書」で、対内方針として民族の統一、領土の統一、軍政の統一、財政の統一を主張し、対外方針としては「文明国として尽すべき義務を尽し、文明国として享受すべき権利を享けるよう努力する。満清時代の国辱的行為と排外的心理を一掃し、わが友邦との親睦を増進し、和平主義を持し、中国をして国際社会に重からしめ、かつ世界を徐々に大同に赴かしめる」(16)ことを訴えた。

一月五日孫文は「対外宣言書」を発表し、日本と世界各国に中華民国が満清の専制政府を打倒し共和国を樹立したことを宣言し、革命前に清朝政府が各国或いは個人と締結した条約は満期まで有効であり、清朝政府の借款及び賠償金については民国が返還の責任を負い、清朝政府が各国及び各国の個人に与えた権利については民国政府はこれを尊重し、各国人民の生命財産は共和国政府の法権が及ぶ範囲において民国政府が尊重することを保証した[17]。しかし革命勃発以後清朝政府と各国が締結した条約或いは借款に対しては、民国政府はその責任を負わないことを言明した。

この「大総統宣言書」の「文明国として享受すべき権利を享けるよう努力する」ことと「満清時代の国辱的行為……を一掃」することは「対外宣言書」において列強の既成権益を承認・保証するのと矛盾するものであるが、前者は孫文の長期的理想を、後者は目前の現実的政策を示したものである。このように既成の権益を承認したのは、発足した共和国に対する列強の干渉を排除し、新政府に対する列強の承認を獲得するためであった。孫文はこのような矛盾が最終的な理想を実現する過程において解決されると思っていたから、このような宣言を発表したのである。この宣言書は各国に伝えられた。臨時政府の伍廷芳はこの宣言書を直接有吉上海総領事に渡し、日本政府に伝えるよう要請した[18]。

中華民国臨時政府成立後の一課題は列強の承認を獲得することであった。臨時政府はまず日本政府に正式な承認を要請した。それはこの承認獲得によって列強の支持・支援を得、これによって清朝を国際的に孤立させることが出来るからであった。辛亥革命期日本の対中国政策は内閣においては西園寺首相と内田外相が決定・処理し、裏では元老、特に山県有朋が実権を握っていた。孫文が日本の対中国政策決定の内情を知っていたかどうかは不明だが、一月（?）に黄興と共に、山県に「東亜の平和のために、民国に対する日本の賛成を必ず得べき[19]」だとの電報を発した。一月一七日臨時政府の王寵恵外交総長も内田外相に「民国政府確立セラレタルヲ以テ外国トノ我国交ヲ便ニシ国際間ノ義務履行ヲ容易ナラシメムカ為速ニ我政府ヲ承認セラルルコト得策ナルヘキニ付右ニ対シ御考量ヲ切望ス[20]」との意を表した。二〇日孫文は秘書池亨吉を日本の南京領事館に派遣し、他の列強に通告する前に、まず日本に「最先ニ新政府ヲ承認スル強国ニ対シ或種ノ重大ナル利権ヲ提供セントスルノ内意[21]」を伝え、日本が率先して承認するよう要請した。これは孫文の日本に対する期待と、日本を突破口として次に他の列強の承認を得ようとする戦略を示したものである。このため孫文は、次のような宣言を発表

する意を表した。(22)

第一　府ノ所在地ニ於テハ外国人ニ商業ヲ許ス外国人及会社ハ借地ヲ為スコトヲ得ル

第二　商業ノ発達ヲ妨クヘキ税ハ一切之ヲ取ラス輸入ノ貨物ニ付テハ規則ニ定メタル外ハ課税セス

第三　外国商人及商事会社ハ其ノ営業地ニ登録スルヲ要ス共和国政府ハ外国人カ墨銀二万五千両ヲ提示スルニアラサレハ第一ノ特権ヲ与ヘサル……

第四　共和国政府ハ鉄道敷設ヲ努ムヘシ殊ニ外国資本ノ経営ヲ望ム

第五　共和国政府ハ貨幣制度ヲ改良スルコトヲ努ム

第六　法律ト裁判制度ヲ改良シ治外法権ノ撤回ヲ為スニ足ル条件ヲ高ムルコトヲ努ム

第七　外国人ニモ内地人ト同様ノ内地航行権ヲ拡張スヘシ

これに対し日本はどう対応しようとしたのであろうか。南京臨時政府の顧問であった副島義一はこの宣言の発表に反対したが、駐南京の鈴木領事はこの絶好のチャンスを利用して南方における日本の権益を拡大しようとした。彼は二二日右記の内容を内田外相に報告すると同時に、「到底彼等ノ予期スルカ如キ結果ヲ齎ラスノ不可能ナルハ固ヨリ明白ノ次第ナルモ此際何等カノ方法ニ依リ優先権ヲ獲得シ置クハ将来に於テ利便尠カラス」(23)として、「何等カノ方法ニヨリ此際帝国ノ利権拡張ヲ計ルヲ必要ト御認メ相成ルニ於テハ全然不可能ノ事ニ非ス」(24)と具申した。鈴木領事は同日また池亭吉から得た情報として、「英仏米各国ハ目下競争的態度ヲ以テ利権獲得ニ努メ其ノ結果是等ノ各国ニ於テ共和承認ノ危機目前に迫リ居ル趣ナル諸種ノ事情ヲ綜合スルニ最近当地ニ於テ各国カ孫ニ接近セントセルノ形跡アルハ注目スヘキ事実ナル」(25)と打電した。孫文と臨時政府は欧米諸国にも承認を要請した。(26)イギリスは「右ニ対シ何等ノ回答ヲナサヽル積ナリ」との姿勢をとって日本の行動を牽制しようとしたが、従来清朝を支援していたドイツはこの時期孫文に接近しようとして、一月二二日駐南京ドイツ領事が孫文を訪れ、「従来革命軍ノ独逸ニ対スル悪感ハ如何ニセハ之レヲ一掃シ得ヘキヤ」と尋ね、孫文は「暗ニ共和国政府承認ノ当然ナル」(27)旨を述べた。鈴木領事はこのことを内田外相に打電し、「此際本官ニ於テ孫ニ対シ何等カ積極的手段ヲ講シ置クノ必要アリ」(28)と再度上申した。鈴木領事は南方における日本の勢力圏と権益を拡大するために、欧米諸国に先立って承認問題を利用しようとしたが、日本政府・外務省はそれに応じようとはしなかった。

このような情況の下で、孫文と黎元洪は自ら直接日本側に臨時政府への承認を求めた。二月三日黎元洪は漢口の松村総領事に特使を派遣し、「従来ノ親交上日本カ此際率先シテ中華民国ヲ承認セラレタキ」(29)旨を申込んだ。これに対し松村総領事は「帝国政府カ適当ノ時機ニ於テ本件ニ関スル主動的措置ヲ執ラルルヲ希望ス」(30)と内田外相に進言した。二月一一日孫文は南京の鈴木領事と直接会談した。日本政府が臨時政府を承認していない情況の下で外務省出先機関の代表が孫文と会談するのは珍しいことであり、興味あることでもあった。会談の主な内容は正金銀行の債務保護問題であったが、孫文はまず鈴木領事に「共和国政府ニ対スル承認ニ関シ各国ノ意嚮如何」(31)と尋ねた。鈴木領事は回答を避け、「右ニ関シ貴下ニ於テ期待スル処果シテ如何」と反問したが、孫文は「目下共和国政府ハ南方ノ実権ヲ握リ居ルニ各国ニ於イテ未タ承認ヲ与ヘサルハ思フニ各自互ニ他ノ態度ヲ観測シ居ルノ結果ナラントテ暗ニ狐疑スルノ不必要ヲ諷シ」(32)、アメリカの中国艦隊司令長官が彼を訪ね共和国承認の意を表したことを伝え、日本政府の承認を衷心から希望している意を暗に示した。在上海の柴少将の報告によれば、この会談で孫文は「日本カ承認ヲ与フル端緒ナラント楽観シ」(33)ていた。

孫文は日本の民間人にも臨時政府への支持を訴えた。当時犬養毅と頭山満が来華していた。孫文は犬養に、帰途アメリカ・イギリス・フランス三国の主権者に新政府を樹立したら承認を与えるか否かを尋ねたが、英・米両国は何ら確答せず、フランスは率先してこれを承認すべしと答えたと語りながら「之ニ関スル日本政府ノ意向如何ト尋ネ」、「個人トシテ屢々日本ニ頼ラントシテ常ニ其政府ヨリ苛酷ノ待遇ヲ受ケ不満無キニ非ラサルモ支那ノ立チ場ニ稽ヘ日本ト提携セサルヘカラストノ意見ハ従来ト毫モ変ハル無シ(34)」と述べ、犬養の協力を希望した。これに対し南京から帰国した(一月一六日東京に着)犬養は、一月二〇日開催された国民党大会において孫のもっとも憂うるところは列国の中華民国承認、特に日本が承認するや否やであると述べ、我が外交当局は他国に遅れることなく承認を与えんことを望むと政府に訴えた。

南京臨時政府承認問題は会期中の日本の衆議院においても取上げられた。日向輝武議員は共和国政府承認問題は日本政府の対清政策の中でもっとも重要なる問題だとして、「此新政府なるものは建設日極めて浅いにも拘らず、支那の大多数の民族の意思を代表して居るものである、我国は此善鄰の国に於ける民衆の大多数の意思を尊重し、其意思を迎へることは善鄰国との将来の関係に於て、多大の影響を及ぼし、良好なるところの感情を大多数の民衆に与ふること実に甚大なり(35)」と述べ、政府が如何なる理由によりその承認に躊躇しているかを質問した。日向議員は日本と中国は歴史的に、地理的・人種的に特殊な関係がある故に、欧米列強に率先して新共和政府を承認するように要望した(36)。これに対し石井菊次郎外務次官は「今日の支那に於ける事態が承認するや否やと云ふことを決定するまでに進んでは居りませぬ、又進んで居らぬと認めて居りますので、因て今日まではまだ承認しないと云ふ事情であります」と述べながら、「列国に先んじて事をすると云ふことは有利なる手段とは認めませぬ、因て列国に先んじて承認すると云ふことは、政府に於て決定しない(37)」と答え、承認問題に対する外務省の姿勢を明確に表明した。

臨時政府は二月中旬参議院の決議に基づき宋教仁を日本に派遣して日本の朝野に働きかけ、共和国に対する承認を獲得しようとした。中国の新聞『申報』(二月二三日)も宋の渡日とその任務等を報道した。宋教仁は「列国ニ対スル該承認運動ヲモ日本国ニ依頼(38)」しようとした。日本においては内田良平ら黒竜会系統の浪人と政友会議員でありまた有隣会の責任者でもあった小川平吉が宋教仁の渡日に深い関心を示した。小川平吉は宋を「第一革命に付て非常な功労者であり……国民党中第一の人物(39)」だと高く評価して二月二日上海で夜を徹して時事を相談し、日中同盟を締結することを約した。小川は帰国後日本政府と世論に訴え、臨時政府に対する承認を獲得しようとした。小川は宋教仁に「承認時期到来前に来朝して各種の問題に付双方の意見を疎通するを便利なりと信ず。政友会は勿論各方面皆君の来朝を歓迎す」(40)と打電し、二月二九日には「日本政府ハイヨ〳〵率先シテ列国ニ対シテ中華民国共同承認ノ運動ヲ開始シタルモノノ如シ之レ実ニ将来必然締結セラルベキ日華同盟ノ第一着歩ト見ナスベキモノナリ予ハ中華民国諸公が唇歯輔車ノ特別ナ関係ニ鑑ミテ大局ノ為メ特ニ両国ノ親善ニ留意セラレンコトヲ望ミ又此意味ヲ以テ貴君ノ早ク来京セラレンコトヲ望ム」(41)と打電した。三月一日小川は孫文と黄興にもほぼ同様の電報を発した。しかし宋教仁の渡日は南北和議が達成されたため実現しなかった。

日本政府は中華民国臨時政府を承認しようとしなかったが、民間ではその承認運動が盛りあがった。当時有隣会に属していた梅屋庄吉らは大総統に選任された孫文に祝電を打って、「貴共和国の早期承認のため、奮励努力せんこと」(42)を誓い、東京に支那共和国公認期成同盟会の事務所を設置し、一月二八日築地の精養軒で七二人が参加して会を開き、一日も早く中華民国臨時政府を承認するよう政府に働きかけることを決議した。(43)大阪では一月二九日石崎酉之丞・永易三千彦ら七人が発起して支那革命政府承認期成同盟会を成立させ、「革命新政府を承認するの大運動を開始するに決」し、二月四日には「吾人ハ我カ政府ヲシテ速ニ中華民国政府ヲ承認セシメム事ヲ期ス」(44)との決議文を採択した。中国の新聞と世論も南京政府承認に対する日本政府の動向を注目していた。『申報』は日本の内閣が一二日の閣議において承認問題を討議したことを報道し、(45)民国に同情する有志が「支那共和国承認同志会」を結成して承認運動を展開し、(46)議会において一部の議員が承認を訴える情況等をも伝えた。(47)これは世論も日本が率先して承認するよう要望していたことを示す。

国際法上では中華民国臨時政府の承認は新国家承認の問題ではなく新政府承認に属する問題であった。臨時政府が成立した後でその正式承認を求めるのは、国際法上当然なことであった。これにより新政府は国家を代表する資格を与えられ、国際法上の権利を主張し、義務を負う地位に立つのである。しかし臨時政府承認の問題には、この他にも臨時政府が北京の清朝政府と対立している情況の下で、この承認により清朝政府を国際的に否定し、孤立させ、それを打倒しようとする狙いがあり、また清朝皇帝退位後の情勢を予測する、南北和議において袁世凱と対抗する国際的情勢をつくり出す、列強との外交が再開されれば緊急の借款交渉等を進行させることが出来るなどの目的があった。このような意図から孫文と臨時政府はその承認獲得を急いだのである。

しかし日本と列強はこの政府を承認しようとはしなかった。日本は政策上共和制に反対しており、また新政府に対して「今後混雑ヲ免レサルヘシ財政ハ依然窮乏シ其善ク基礎ヲ持続シ来レルヲ怪マシムルモノアリ……其他各種ノ状況ニ顧ミテ革命党ノ前途尚寒心ニ堪ヘサルモノアリ」(48)と判断して、その安定さえも認めていなかったので、この新政府を承認しようとしなかった。それに加えてイギリスの牽制もあった。承認問題においても日本はイギリスと協調的態度をとり、まずイギリスの意向を打診したが、イギリスは「何等ノ回答ヲナサ、ル積ナリ」(49)と回答した。しかしイギリスは原則的に共和制に賛成し、新共和国政府の成立により「革命派の活動が新段階に入った」(50)と評価し、またモリソンのように孫文が組織した内閣は袁の内閣より優れた内閣だと評価しながらも、(51)この政府を清朝皇帝退位後袁世凱を大総統とする政府までの過渡的な政府だと見なし、承認しようとしなかったのである。このように日・英間では不承認という現象は共通していたが、その理由には相違点があった。

日本政府は臨時政府を承認しようとしなかったが、民間の有志は依然としてこの政府を支持した。これは日本政府の指示によるものではなく、革命党との伝統的友誼と個人の意思によるものであった。日本政府は彼らの支持を黙認し、有吉上海総領事は個人名義で協力することを阻むことは出来ないと語った。(52)臨時政府は一月六日犬養毅を政治顧問に、寺尾亨と副島義一を法律顧問に、(53)阪谷芳郎と原口要を財政顧問に招聘した。だが犬養は拒否した。そのほかに、池亨吉は孫文の秘書、萱野長知は黄興の秘書、北一輝と北豊次郎は宋教仁の秘書として臨時政府で仕事をしていた。(54)彼らは秘書として主に対日関係の諸問題を取扱っていた。

早稲田大学の法学博士副島義一は中華民国の憲法に相当する「臨時約法」の制定に直接参加し、重要な役割を果した。「臨時約法」の制定において孫文や各省の代表の中には連邦制を主張する者がいたが、副島は黄興と共に単一国家の制度を終始支持し、それを「臨時約法」で規定した。(55) 国名について副島は辛亥革命が「排満興漢」という旗幟でおこなわれたのであるから「大漢国」或いは「支那共和国」と名づけることを主張したが、それは採用されず、国名は「中華民国」に決まった。(56) 内閣総理大臣を置くか否かの問題で副島はフランスのように大統領の下に内閣総理大臣を置くことを主張したが、これは参議院で否決され、アメリカのような大統領制になった。(57) このようにして制定された「臨時約法」は三月八日参議院で可決された。「臨時約法」は七章五六条で構成され、立法・行政・司法三権の分立と責任内閣制を規定し、ブルジョア共和国の政治体制を確立し、中国の憲政史において重要な歴史的意義を有した。

臨時政府の軍関係の機関にも日本の軍事顧問と教習がいた。彼らは民間人と異なり、軍部の命令或いは許可の下で臨時政府の軍事機関で任務に就いていたのである。孫文は帰国の折に「英仏米等各国ヨリ軍人ヲ招聘スヘシ」と語ったが、その後訂正して犬養毅に「将来軍事ノ指導ハ全然日本に師事セサル可ラス」(58) と述べた。南京等の陸軍学堂では日本の軍人が教習に当っていた。寺西中佐は黎元洪の軍事顧問として活躍していた。海軍は陸軍と異なりイギリス・フランスに留学した者が多数であった。海軍次長湯薌銘（フランス留学生）と海軍参謀王時沢が南京領事館を訪れ、「臨時政府ハ此際日英両国ヨリ一人宛ノ顧問を聘シ根本的ニ海軍組織ヲ改革セントス」(59) の意を表明した。これに対し財部彪次官は「相当ノ時機ニ達セバ之ニ応スルヲ得見込ナルモ」(60)、それに応ずる条件として、海軍省は第一に「此際革命軍ヲシテ充分我ニ信頼シ全然我指導ニ一任スヘキコトヲ予メ確約セシムル」、第二に「革命軍海軍ノ要部ニ相当ノ数ノ我武官ヲ配置シ万事右武官ノ意見ヲ諮詢実行スヘキコト」、第三に「招聘セル英国武官アラハ必スシモ之ヲ排斥スルヲ要セサルモ……将来他国武官ヲ招聘セサルコト」[61]等を付した。この三つの条件は「若シ其全部ヲ実行スルヲ得サル情勢アルトキハ此際適宜其一部ノ実施ニ止ムルモ妨ナシ」[62]としたが、実は革命軍の海軍に対する影響力を確保しようとしたものであった。

この時期各省の軍政府と日本との関係も徐々に親密になってきた。特に広東省では「当地在留人ト軍政府役員ノ交渉ハ却テ旧政府時代ヨリハ親密ニ相成居随テ商業上及其他関係上ニ於テ当地ニ在ル本邦人ハ他ノ諸外国人ニ優越セル便宜ノ地位ヲ占ムルヲ以テ目下当地在留本邦人ハ一般ニ軍政ニ対シ同情ヲ有シ窃ニ其成功ヲ期待シ居ル次第ニ有之候」[63]と駐広東の瀬川総領事は内田外相に報告した。広東革命軍の師・旅団長と軍務部長・参謀長らは皆日本陸士出身であり、広東講武堂教習細野中佐から内々に指導を受けており、「同中佐ト広東ノ軍事当局者間ニハ今尚頗ル密接ナル関係ヲ保持」[64]していた。広東軍政府の外交部長陳少白と軍務部長は三井洋行と密接な関係を保っており、広東軍の武器輸入は三井系の銀行がほぼ独占していた。[65]広東軍政府の財政当局者と台湾銀行との交流も密接であった。[66]

(1) 原奎一郎編『原敬日記』第三巻、福村出版、一九八一年、一七八ページ。
(2) 外務省編『日本外交文書』(辛亥革命)、一〇九—一一〇ページ。
(3) 同右書、一一一—一二〇ページ。
(4) 明治四四年一二月七日、在上海有吉明総領事より内田外相宛電報、機密第一〇四号。外交史料館所蔵。
(5) 小川平吉文書研究会編『小川平吉関係文書』二、みすず書房、一九七三年、四三一ページ。
(6) 明治四四年一二月二一日、乙秘第一九一七号、「清国革命党員渡来ノ件」。外交史料館所蔵。
(7) 「清国革命叛乱ノ際ニ於ケル同国人ノ動静、態度及輿論関係雑纂」一。外交史料館所蔵。
(8) 同右。
(9) 同右。
(10) 原奎一郎編、前掲書第三巻、二〇二ページ。

(11) 明治四四年一二月六日、「在漢口川島第三艦隊司令長官ヨリ斎藤海軍大臣ニ提出セル清国事変ニ関スル警備報告要領」第一八回。外交史料館所蔵。
(12) 明治四四年一二月二三日、「南京特派員情報（甲）」。外交史料館所蔵。
(13) 『申報』一九一一年一二月一一日。
(14) 明治四五年一月一七日、参謀本部『清国事変特報』付録二八。外交史料館所蔵。
(15) 明治四五年一月八日、在上海本庄繁少佐より参謀総長宛電報、第一七二号。外交史料館所蔵。
(16) 『孫中山全集』第二巻、中華書局、一九八二年、一―三ページ。
(17) 同右書、八―一〇ページ。
(18) 『日本外交文書』(辛亥革命)、一二三―一二四ページ。
(19) 李廷江「孫文と日本人」、『日本歴史』一九八七年八月号、八八ページ。
(20) 明治四五年一月一七日、民国外務大臣より内田外務大臣宛電報。防衛研究所所蔵。
(21) 『日本外交文書』(辛亥革命)、一二七―一二八ページ。
(22) 明治四五年一月二一日、在南京鈴木領事より内田外相宛電報、第一〇号。防衛研究所所蔵。
(23) 明治四五年一月二一日、在南京鈴木領事より内田外相宛電報、第一一号。外交史料館所蔵。
(24) 『日本外交文書』(辛亥革命)、一二八ページ。
(25) 明治四五年一月二二日、在南京鈴木領事より内田外相宛電報、第一三号。外交史料館所蔵。
(26) 『孫中山全集』第二巻、一六―一七ページ。
(27) 明治四五年一月二三日、在南京鈴木領事より内田外相宛電報、第一四号。防衛研究所所蔵。
(28) 同右。
(29) 明治四五年二月四日、在漢口松村総領事より内田外相宛電報、第二八号。防衛研究所所蔵。
(30) 同右。
(31) 明治四五年二月一四日、在南京鈴木領事より内田外相宛電報、機密第一二号。外交史料館所蔵。
(32) 同右。

(33)明治四五年二月一二日、在上海柴少将より参謀総長宛電報、第三七号。防衛研究所所蔵。
(34)明治四四年一二月二七日、在上海本庄繁少佐より参謀総長宛電報、第一五五号。外交史料館所蔵。
(35)大日本帝国議会誌刊行会『大日本帝国議会誌』八、大日本帝国議会誌刊行会、昭和三年、九九五ページ。
(36)同右。
(37)同右。
(38)明治四五年二月四日、在南京鈴木領事より内田外相宛電報、第二八号。外交史料館所蔵。
(39)「小川平吉文書」。国会図書館憲政資料室所蔵。
(40)小川平吉文書研究会編、前掲書二、四四三ページ。
(41)同右書、四五一ページ。
(42)「梅屋庄吉文書」。小坂哲瑯・主和子所蔵。
(43)車田譲治『国父孫文と梅屋庄吉』、六興出版、一九七五年、二三四ページ。
(44)辛亥革命研究会編『辛亥革命研究』八、汲古書院、一九八八年、七八ページ。
(45)『申報』一九一二年一月二八日。
(46)『申報』一九一二年二月九日。
(47)『申報』一九一二年一月二八日、二月二九日。
(48)『日本外交文書』(辛亥革命)、一二三ページ。
(49)同右書、五四五ページ。
(50)胡浜訳『英国藍皮書有関辛亥革命資料選訳』下、中華書局、一九八四年、四四三ページ。
(51)駱恵敏編『清末民初政情内幕』上、知識出版社、一九八六年、八二三—二四ページ。
(52)『申報』一九一一年一二月二九日。
(53)明治四五年一月二一日、在南京鈴木領事より内田外相宛電報。防衛研究所所蔵。
(54)明治四五年一月一八日、在南京鈴木領事より内田外相宛電報、機密第五号。外交史料館所蔵。
(55)『早稲田講演』大正元年五月改巻記念号、四六—四七ページ。

(56)　同右雑誌、五〇ページ。
(57)　同右雑誌、五〇―五一ページ。
(58)　明治四五年一月八日、在上海本庄繁少佐より参謀総長宛電報、第一七二号。外交史料館所蔵。
(59)　明治四五年一月三日、新高船長より海軍大臣宛電報。防衛研究所所蔵。
(60)　明治四五年一月五日、海軍次官財部彪より新高船長宛電報。防衛研究所所蔵。
(61)　明治四五年一月八日、外波内屋海軍少将宛□達覚。防衛研究所所蔵。
(62)　同右。
(63)　明治四五年二月五日、在広東総領事瀬川浅之進より内田外相宛電報、機密第七号。外交史料館所蔵。
(64)　同右。
(65)　同右。
(66)　同右。

三　武器提供と北伐軍をめぐる対応

南京臨時政府と革命軍の第二の大きな課題は武器の獲得と北伐の挙行であった。日本は革命勃発の当初に清朝に大量の武器を提供したが、一二月以降は革命軍と南京臨時政府に武器を提供する唯一の国になった。本節では、南京臨時政府を公然と承認もせぬ日本が密かに臨時政府に武器を提供した事実と両者の微妙な関係及びその原因を考究すると共に、山東半島と遼東半島における北伐軍と日本との特異な関係を究明する。

辛亥革命は暴力＝武力によって清朝の支配体制を打倒しようとした革命であったから、革命勃発と共に大量の武器・弾薬が必要となった。武器・弾薬を確保することは革命の勝利につながる重要な問題であるため、革命軍はその獲得に努力した。一〇月中旬北京に潜入した革命軍の決死隊は小銃三万挺の密輸入を日本商人に委託したが[1]、当時日本は清朝政府を支持してこれに武器を提供しようとしていたため、この要求は拒否された。しかし参謀本部は密かに革命軍にダイナマイト等を提供し[2]、武漢で黎元洪の軍事顧問をしていた寺西中佐も田中義一軍務局長に「革命軍ノ抵抗ヲ永カラシムルハ我国ノ対清政策上極メテ必要ナリ」と上申し、「機関銃二十弾薬二十万発三十一年式榴散弾五万発密輸入サレタシ其方法ハ三井山本ト相談アレ其代金ノ取レルト否ヤハ未定ナルニ付我政府ヨリ支出ヲ承認スル覚悟ヲ要ス[3]」と提案した。この結果は不明であるが、清朝政府は一一月初め日本公使館付武官青木少将から三井物産が革命軍にしきりに武器を売込んでいることが事実であるかどうかを探り、これを牽制しようとした[4]。これはこの時期に日本から革命軍側に武器が流れていたことを示すが、この時期には個別的・部分的な提供にとどまり、大量の提供は翌年の一月からであった。

当時清朝側は武器の大半をドイツから輸入し、ドイツの将校が漢陽戦線で官軍の軍事顧問として活躍していた。このことに関し本城安太郎は上原勇作宛書簡で「這般の支那内乱独逸本腰にて北京軍を援助、我日本は半腰的遠慮勝の弱腰にて革命軍に力を効し居候。公然言明せば日本と独逸の尻押戦争の感御座候[5]」だと述べていた。ドイツが官軍を支援したのは革命軍にとっては大きなショックであった。一一月二七日漢陽が官軍に攻略された時、黄興も伝統的な関係を有する日本に支援を求めざるを得なかった。黄興は「今回ノ敗因ハ官軍ニ与ヘタル独逸士官ノ援助並独逸ノ供給セル軍器ノ為メナル[6]」と分析し、一二月一日上海に来た時に「漢陽ノ敗戦ハ全ク革命軍カ兵器ノ劣レルニ起因セルモノ[7]」であるとして、「極力新式兵器ヲ日本ヨリ購入セン事ヲ主張シ其第一着手トシテ小銃二万挺野砲五十四門機関銃七十余挺及之ニ対スル弾薬ヲ購買セン事[8]」を日本側に申込み、また三井物産に三〇万ドルの借款を要請した[9]。このように漢陽における敗北をきっかけに、革命軍は日本に大量の武器と借款の提供を要求し始めた。革命軍中央が日本に武器とその購入に必要な借款の提供を要請したことにより、各地方の革命軍も同様の要請を日本側に提出した。湖南の革命軍は駐長沙の大河平領事に武器補充のため三〇〇万ないし五〇〇万元の借款を要請し、江蘇の革命軍と浙江の革命軍も日本から武器と馬匹を購入しようとした。(10) 広東軍政府も三井と小銃一万挺、機関銃三〇挺及び弾薬購入のための交渉をおこなった。(11)

各省の軍政府・革命軍は武器と軍資金調達のため日本に代表を続々と派遣した。黄興・黎元洪は何天炯（変名して中林繁）と黎の幕僚であった日本の陸軍大尉与倉太郎・元『読売新聞』記者中井喜太郎・神戸市の太田信三らを東京に派遣し、銃器・防寒具・軍資金等の調達に従事させた。(12) どの省から派遣されたかは不明だが、何浜東・譚済川ら四人も東京で武器を購入していた。(13) 上海都督府から派遣された文梅村・呉嵎は内田良平を通じ三井物産と銃器・防寒具調達の交渉をおこなった。(14) 上海では内田良平が派遣した北一輝・清藤幸七郎が三井物産上海支店を通じて宋教仁らと軍資金・兵器購入の交渉をおこなっていた。上海の大倉組支店は革命軍側と武器購入のための四〇〇万円の借款を交渉していた。日本滞在中の文人章炳麟も帰国の途に就く前に小銃五万挺・弾薬数百万発を購入した。(15)

革命軍の武器提供の要望に対し、参謀本部はそれに応ずるような姿勢を示したが、政府・外務省が難色を示したので、密かに少量の武器が提供されただけであった。しかし一九一二年一月に南京臨時政府が成立した後は、日本政府も武器とその購入費としての借款の提供に乗出し、一月一二日の閣議において「革命軍に対しては今少しく進んで援助的関係をなすの政策を取る」(16) ようになった。この折にこのような政策転換を始めたのは、一二月下旬の南北和議において、イギリスが日・英協調一致の原則を破り、率先して共和制を支持したため、日本も協調一致の原則による束縛を離れて自由な行動をとるようになり、革命軍に武器を提供し、それによってイギリスの勢力範囲内に自己の勢力を扶植して日本の権益を拡大しようとしたのである。これは一九一一年一〇月二四日の閣議決定における中国本部、特に南部における勢力拡大方針と一致するものであり、その方針を具体化したものでもあった。この方針が具体化されるには客観的条件が必要であった。

それは革命軍の勢力の拡大と南京臨時政府の樹立であった。もしこのような客観的条件が具備していなければ、このような政策の転換は不可能であった。

このような日本政府の対革命軍とその政府に対する政策の転換により、一月二四日三井物産と上海都督府との間に三〇万円の借款契約が成立し、上海都督府の代理人として内田良平が署名した。(17) その三〇万円のうち二五万円余は直接に三井物産から武器を購入することが規定されていた。これにより上海都督府は三一年式野砲六門・三一年式速射山砲六門・機関銃三挺と各種の砲弾一万発・実包一五万発を購入した。その後蘇省鉄道（上海—杭州間）借款等が成立し、それによってまた大量の武器が革命軍に送られた。

これらの武器がどのように革命軍に輸出・輸送されたかの全体像は具体的史料の欠如により不明であるが、一九一一年一二月八日頃日本の雲海丸が銃一万挺・帯剣・短銃等約三〇〇万トンの兵器を上海に、(18) 一月八日頃には巴丸が歩兵銃一万二〇〇〇挺・機関砲六門・山砲六門とそれらの弾薬を南京に陸揚げした。(19) これらは革命軍と大倉組との借款によって提供されたものである。一月二三日には三井物産から汕頭の革命軍と商団に提供される小銃一九〇〇挺と銃剣・弾薬がミヨ丸で汕頭に陸揚げされた。(20) 一月二八日には三井物産から広東と汕頭の革命軍に提供される村田銃七五〇〇挺が広東の黄浦江に陸揚げされた。(21) 二月二四日頃には栄城丸が村田銃三万挺・弾丸八〇〇万発を積載して広東の虎門に入港した。(22) 上述のように日本からは大倉組・三井物産両社が主に提供した。三井物産の場合、一九一二年上半期に上海に輸出した武器と軍用品の総額は二八五万円余に達していた。(23) これに関し三井物産は「我々ハ南方革命派幹部ニ特ニ接近シツ、アリシカ、革命ノ始マリタル後モ一層親密ノ関係ヲ結ヒ軍器引合上ニハ非常ニ利器ヲ有シ、革命騒乱時代ニ南京政府ノ使用シタル軍器、軍需品ノ取扱ハ殆ト十中ノ八九我々ノ手ニ帰シタル有様ナリ」(24) とその支店長会議において報告している。

しかしこれらの武器には日露戦争期の廃銃・廃砲が多かった。尾崎行昌は小川平吉宛書簡で「輸送せる軍器の廃物たる大事件問題」[25]をあばき、北一輝も内田良平宛書簡で「各商館ハ南京ニ廃銃ノ甚シキモノヲ売附ケタリ」[26]とあばいた。大倉・三井等の商社側は、革命軍に対する支援というよりも、寧ろ武器を利益の高い新商品として取扱った。三井の場合には陸軍省が四、五円で払下げた銃を二五円で革命軍に売渡した。[27]日本政府・軍部は革命軍を支援する名目で中国南部における日本の勢力と権益を拡大しようとした。これは革命軍とその政府が革命戦争勝利のために新式武器の提供を要請した意図と大きな食違いがあったが、他の列強が兵器と借款を提供しない情況の下で、このようなものも無用ではなかったし、客観的には「支援」だといわざるを得ないであろう。

日本とは逆にドイツは官軍に武器を提供した。一九一二年中国が外国から輸入した武器のうち、ドイツが五・四六割、日本が二・五九割を占めていた。[28]これは日本が対中国の武器輸出において四分の一強を占めていたことを示す。

上述のように、武器問題において革命軍と南京臨時政府側は自発的に武器の提供を要請し、初めは個別的であったのが、一一月末漢陽が攻略された後、特に一九一一年一月南京臨時政府が成立して以降、その要求は積極的になり大量になった。このような変遷過程は革命軍と日本との微妙な関係の変化を促進し、またこの変化によって日本からの武器の提供が可能になったのである。これと対照的に日本政府・軍部による武器の提供も個別的で小規模なものから大量のものに変化したが、これも日本政府・軍部の対革命軍政策の変遷に伴うものであり、武器の輸出・輸入そのものがこの時期の日本の革命軍・臨時政府に対する微妙な政策を象徴していた。しかし日本は公然と南京臨時政府に武器を提供しようとはしなかった。これらは中立厳守の陰で密かにおこなわれたからであった。これは中国における日本と欧米列強間の相互牽制による争奪によって起きた現象であった。

武器の要望と提供は革命軍側と日本との異なる目的によって実現された。異なる目的が一時的ながらも融合・統一されたのは、対立的な事物が一定の条件の下で統一される歴史変化の法則を立証し、対立そのものが共にその融合・統一から利を得ることがあることを物語る。

次に北伐軍と日本との関係を考究する。

辛亥革命の最終的目標は、清朝を打倒し、中国全土に共和国政権を樹立することであった。このため南京臨時政府の成立に伴い、清朝を打倒する北伐の要求が高まった。特に広東・上海・浙江・江蘇では自発的に北伐軍を組織し、北伐を挙行しようとした。一九一二年一月陸軍総長黄興は六つの北伐軍団を組織した。第一軍団は湖北・湖南軍であり、京漢鉄道に沿って北上、第二軍団は南京駐屯の各省と安徽省の軍団であり、津浦鉄道に沿って北上、第三軍団は淮揚の軍団であり、第二軍団と平行して北上、第四軍団は煙台の軍団、第五軍団は東北地区の軍団、第六軍団は山西・陝西省の連合軍団であった。(29) しかし第二・第三と第四・第五軍団は局地的ながら前進したが、種々の原因、特に南北停戦協定と和議により、他の二軍団は本拠地にとどまっていた。

北伐の挙行によって戦線が拡大することは、この地域における列強の権益と貿易を脅かすばかりでなく、以後の中国の南北情勢に大きな影響を及ぼす可能性があった。故に、イギリスはその勢力範囲に接する第二・第三軍団の北伐の動静に注意を払い、ジョルダン公使と駐南京の領事はイギリス外務省にその動静を逐次報告した。(30) 日本は自国の勢力圏内で軍事行動を展開する第四・第五軍団の北伐に注目していた。

第五軍団の司令官は藍天蔚であった。彼は元奉天駐屯の第二混成協の協統であり、武昌蜂起後同地区の革命党員らと共に武装蜂起を策動し、まず奉天都督趙爾巽を打倒して奉天省の独立を宣言し、次に灤州駐屯の第二鎮張紹曾らと連合して北京に進撃して、清廷に決定的一撃を加えようとした。しかしこの計画は部下の告発により発覚した。軍権を剝奪された藍は、一二月二三日大連に潜入し、(31) 当地の革命党と共に革命蜂起を画策した。大連と満鉄付属地では革命党員が蜂起を準備していた。中国東北部は清朝発祥の地であり、北京の背後に当るが故に、この地区の革命蜂起を防止することは清廷の安全に不可欠であった。袁世凱は北京の坂西利八郎中佐を通じて伊集院公使に、藍が大連で「何等画策スル所アルカ如キ情報ニ接シタルカ」(32)と尋ねた。この電報に接した内田外相は一一月二八日伊集院に、藍が大連を「政治的運動ノ策源地トナスカ如キハ帝国政府ニ於テ固ヨリ之ヲ認容スルコト能ハサル義ニシテ万一右様ノ事実アルニ於テハ厳重ニ之カ取締ヲナスヘキコト勿論ナル」(33)とし、この意を袁に伝え安心させるよう指示した。石井外務次官も駐旅順の白仁民政長官に藍天蔚の行動を調査するよう命じた。(34)日本のこのような対策はまず関東州の「安全」を保つためであったが、客観的には清朝政府と袁に有利であった。

藍天蔚はその後上海・南京に行き、南京臨時政府から関外（山海関以北の東北地区）都督と北伐軍の第五軍団司令官に任命された。藍天蔚は上海で上海学生軍を中心とした北伐軍二〇〇〇余名を組織して海容・海琛・南琛の三隻の軍艦に分乗させ、一月一六日山東半島の芝罘に碇泊した。この北伐軍団の任務は山東地域における革命党の活動を支援すると同時に、遼東半島に上陸して南満と東北三省における革命蜂起を促進して東北の独立を達成し、次に北方から清朝政府に軍事的打撃を与えることであった。

山東省は一九一一年一一月一三日独立を宣言したが、二四日巡撫孫宝琦は独立を取消し、革命党の活動を弾圧した。翌年の一月中旬大連で活躍していた同盟会会員徐鏡心らは緑林軍と連合し、日本汽船十九永田丸を利用して山東半島北部の登州に上陸し、県城を占領した。藍天蔚の北伐軍の到来は山東の革命派を大いに鼓舞した。その後南京臨時政府は上海軍と福建軍の一部を支援のため山東に派遣した。

藍天蔚の第五軍団は山東の芝罘を基地とし、まず遼東半島の北側に上陸しようとした。この地域は関東州に接し、また日本の勢力範囲である南満の南端にもなっていた。故に、この上陸行動は日本の権益にかかわることになるため、日本との関係をどう処理するかが重要な問題になった。藍天蔚は一月一七日関外都督の名義で駐旅順の大島関東都督に次のような電報を発した(35)。

弊国共和軍ハ専制政府の改造ヲ目的トシテ起リ其旨トスル所ハ人民ノ幸福及ヒ世界ノ平和ヲ図ルニアリ依テ外国人民ノ生命財産ハ勉メテ保護セムコトヲ期ス而シテ当省一切ノ施設ハ多ク貴国ニ関渉ス然ルニ今弊都督ハ中華民国臨時大統領ノ命ニ依リ関外ヲ都督スルニ至レルヲ以テ自ラ応ニ力ヲ尽シ以テ保護ノ任に膺ラン然レトモ当省ニ於ケル鉄道ハ貴国ノ所有ナルヲ以テ貴国ハ平和維持ノ為南満鉄道ノ中立ヲ確保シ以テ民国ト清国トノ軍隊ニ対シ同一ノ取扱ヲナサンコトヲ請フ

この照会は、㈠に北伐軍の清朝打倒の目的を表明し、㈡に東北における日本の権益の尊重を表明し、㈢に北伐軍と清軍との軍事衝突に際し日本に中立を保つことを要請したものである。これは北伐軍の対日方針を示したものである。この時期南京臨時政府は政治的には新政府の承認、軍事的には武器の提供、財政的には借款の提供を日本に要請していたが、北伐軍はこのような要請を示さなかった。これはこの方針の一つの特徴であった。

これについて日本はどう対応しようとしたのだろうか。日本政府・外務省は北伐軍が山東半島に到着する以前から対策を講じていた。内田外相は北伐軍が秦皇島に上陸するとの情報に接し、日本軍が京山鉄道のこの付近を警備しているため「我ニ取リ最痛切ナル利害ヲ有スル」として、「前以テ革命軍ニ警告ヲ与フルカ又ハ愈々上陸ノ際実力ヲ以テ之ヲ阻止スルノ外ナシト認メラルル(36)」とし、一月九日伊集院公使に関係国公使とその対策を講ずるよう訓令した。伊集院公使はまず支那駐屯軍の阿部司令官と協議の上イギリス公使ジョルダンと相談したが、彼は上海独立後上海—南京間の鉄道を中立化したように、京山鉄道にも官革双方共に利用させない処置をとるという意見を表明した。これは北伐軍そのものには直接反対しない態度であった。しかし伊集院はこの意見に反対し、一三日の各国公使会議で協議するよう提案した。だが一三日内田外相は大島都督に、北伐軍が遼東半島の中立地帯に上陸することを予測して「同隊指揮官ニ対シ穏ニ中立地帯ノ性質ヲ説明シ若シ彼等ニ於テ上陸ヲ強行セントスルトキハ我ニ於テ之ヲ阻止スルノ措置ヲ取ルノ已ムヲ得サル旨ヲ述ヘ成ルヘク其上陸ヲ断念セシメラル、様シタシ」とし、中立地帯以外の地点に上陸する場合は「上陸ヲ阻止スル手段ヲ取ラサルコトニ決シタル(37)」と指示した。これは北伐軍がもし中立地帯以外の秦皇島付近に上陸してもそれに干渉しないとの意味であり、数日前の政策に変化があったことを示す。

海軍も外務省とほぼ同様の対策を講じていた。黄海と渤海湾を巡航している第二艦隊の吉松茂太郎司令長官は一月一六日斎藤海相に「革命軍カ満洲沿岸ノ中立地帯ニ上陸ヲ企図スル場合ニコレカ阻止ノ手段トシテ第一勧告第二声明第三兵力ヲ以テスルノ直接威圧ノ三段ニ分チ革命軍ニ申込ミ其上陸ヲ断念セシメントス」と上申し、一七日財部彪海軍次官は旅順要港部司令官に「帝国政府ハ革命軍ノ中立地帯以外ノ満洲ニ上陸スルニ対シテハ必要ナキ限リハ干渉セサル方針ナリ(38)」と指示した。

日本政府と軍部がこのような方針と対策を講じたのは、まず北伐軍の上陸により関東州と満鉄を中心とした南満に蜂起が起こるのを防止してこの地域における日本の植民地的権益を保護し、次に南京に革命党の統一的政府が成立し、日本が暗に財政的「援助」と武器を提供する情況の下で、出来得る限り北伐軍との正面からの軍事衝突を避けるために、事前に中立地帯への上陸を断念させ、中立地帯以外の地点に対しては不干渉の態度をとることによって、一石二鳥の目的を達成しようとしたからである。

故に、北伐軍と渤海に遊弋していた日本海軍は微妙な関係を保っていた。当時第二艦隊は艦艇常盤・音羽らを芝罘に派遣して北伐軍の動向を監視すると共に、藍天蔚と連絡をとっていた。双方は互いに警戒的な姿勢で睨みあっていながら、また互いに訪問しあい意思の疎通を図った。当時南京臨時政府には北伐軍の「海軍ニ対シ日本ノ軍艦が追尾シ干渉ガマシキ事ヲ為シタリ(39)」と抗議する者もあったが、一月一八日には常盤の艦長が海容に藍天蔚を訪問し、二〇日に音羽の将校がまた藍を訪問し、二二日には海容の艦長と艦隊参謀が音羽の吉田艦長を訪問し、二六日には藍天蔚が吉田艦長を訪問した。この相互訪問において藍天蔚は北伐軍の目的を説明すると共に、清軍の駐屯していない花園口から中立地帯に上陸し、そこを拠点として軍事行動を遼南地区に拡大する作戦計画を吐露し、日本側の了承を得ようとした。しかし日本側は「中立地帯並ニ租借地帯ニ於ケル官革両軍ノ軍事的行動ヲ絶対ニ承認シ難キ理由」を述べ、双方の意見が対立したが、最後に「中立地帯ニ兵ヲ上陸セシメントスル場合ニハ予メ日本ノ承認ヲ受ク可シ若シ日本ノ承認ヲ得サル時ハ之ヲ行ヒ得サルヘシ」(40)と口頭で約束した。これは北伐軍の中立地帯への上陸を許す可能性がある意を表したものである。

このような情況で、北伐軍は作戦上有利な中立地帯にまず上陸を始めた。一月二九日先遣隊が庄河の尖山口子に上陸し、二月一日には高麗城及び大孤山・安東・貔子窩一帯に六〇〇人が上陸し、二月上旬までに一七〇〇人が上陸した。(41)この情報を受けた清朝政府は外務部の曹汝霖を伊集院公使の下に派遣し、日本軍に北伐軍の上陸を阻止するよう要求した。これに対し伊集院は「右様ノ事実アルヘキ筈ナク……革軍上陸地点ハ多分中立地帯外ノ誤ナルヘシ」(42)と返答した。曹汝霖はこの回答に不満を抱き、中立地帯外でもその上陸を拒むべきであり、官軍増援隊の上陸地点への輸送を満鉄が承諾するよう要請した。伊集院はこの要求に応じようとせず、「中立地帯外上陸防止ハ当然貴国ノ責任ニシテ我方ノ関スル所ニアラス」と答え、官軍の輸送に対しては「革軍ニ対抗セシムル目的ノ下ニ之ヲ承諾スルコトハ到底不可能ノコトナルヘシ」(43)として拒否した。伊集院のこのような回答と措置は客観的に北伐軍に有利であった。

しかし北伐軍が中立地帯に上陸し、官軍と交戦状態に入った時、日本は北伐軍に撤退を求めた。現地においては常盤艦長から北伐軍司令部に、また旅順の民政署長から大連滞在の藍天蔚に、「其ノ誓約違反ヲ責メ速ニ中立地帯退去ノ手段ヲ執ルベキ」(44)旨を厳しく通告した。この時官軍も中立地帯に出動し、双方は交戦状態に入っていたので、藍天蔚は至急撤退すると述べながらも「官革両軍ノ戦闘既ニ開始セル今日ニ於テハ革軍独リ撤兵スルハ事実行フヘカラサル」旨を伝えた。

これに対し大島関東都督は一定の了解を示し、これは「目下ノ状況ニ照シ至当ノ事ト存ス若シ誤リテ革軍ニ対シテノミ兵力ヲ用ユルトセハ従来執リ来レル公正ノ態度ニ違ヒ革軍ニ大圧迫ヲ加フル事トナル(45)」として、内田外相に官軍に対し適当な処置をとるように上申した。内田外相はこれに対し「差支ナキ」と回答しながらも、「官革両者ニ対スル措置ノ寛厳ハ我警告ヲ無視シテ上陸シ一ハ我承認ヲ経テ入兵シタル事情ニ鑑ミ此際多少手心ヲ要スル(46)」と訓令した。しかし大島関東都督は二月一三日藍天蔚と奉天都督趙爾巽に共に七日以内に中立地帯から撤兵するよう要求した(47)。これは官革双方に中立的態度を示したようであるが、実は北伐軍には一大打撃であった。藍天蔚は官軍がまず中立地帯より撤退し、次に北伐軍が中立地帯から非中立地帯に撤退する計画を日本側に提案したが、日本側はそれに応じなかったので、北伐軍は二月二〇日から非中立地帯に撤退を始めた。

折しも南北が妥協し、二月一二日清朝皇帝が退位することになった。南京臨時政府陸軍部は藍天蔚に戦闘の中止を命令した。君主制に固執していた趙爾巽都督も共和国の旗を掲げて南北妥協に賛同の意を表した。政局のこのような激変により、北伐軍は所期の目的を達成することが出来ず、二月二五日芝罘に撤退した。しかし一時的ながらも北伐軍の遼東一帯への上陸は背後から清廷に一撃を加え、清皇帝の退位を促す一要因となったのである。

また上陸した北伐軍に対し、日本側は撤退の警告を発しながらもそれに武力を行使しなかった。これには日本の企みがあった。内田外相は駐奉天の落合総領事に「満洲朝廷譲歩ノ大勢已ニ定マリタル今日ニ於テハ趙総督ノ態度モ今後如何ニ変更スルヤモ計リ難キ情勢ナルヲ以テ此際革命党ニ対シ加フヘキ圧迫ノ程度ニ付テハ大ニ考慮ヲ要スヘキモノアリ将又万一革命党ノ勢力強盛トナリ満洲ノ秩序紊乱スルニ至ルコトアリトスルモ右ハ或ハ我満洲政策ノ発展ニ一歩ヲ進ムルノ動機トナルモ計リ難キニ付已定ノ方針ハ方針トシテ其実行振ニ付テハ此際多少ノ手心ヲ用キラル、様致シタク(48)」と訓令した。このことからその企みを窺うことが出来ると共に、北伐軍への日本の対応は一面においてはその上陸行動を阻止しようとしながら、また一面においてはそれを利用しようとした二面策であったことを見出すことが出来る。この両面は同等ではなく、前者が主であった。このような二面策により、日本と北伐軍の関係は大変微妙であり、北伐軍もこの微妙な関係を利用しようとしたのであった。

(1) 明治四四年一〇月一三日、在北京日本公使館付武官青木宣純少将より参謀総長宛電報。外交史料館所蔵。
(2) 原奎一郎編『原敬日記』第三巻、福村出版、一九八一年、一七七ページ。
(3) 明治四四年一一月三日、在蕪湖奥田領事より内田外相宛電報、第八九号(在漢口の松村より)。防衛研究所所蔵。
(4) 外務省編『日本外交文書』(辛亥革命)、一五〇ページ。
(5) 上原勇作関係文書研究会編『上原勇作関係文書』東京大学出版会、一九七六年、四五四ページ。
(6) 三井物産株式会社『社報』明治四四年一二月二日。三井文庫所蔵。
(7) 明治四四年一二月七日、在上海有吉総領事より内田外相宛電報、機密第一〇四号。外交史料館所蔵。
(8) 明治四五年一月一七日、参謀本部『清国事変特報』付録二八。外交史料館所蔵。
(9) 明治四四年一二月一七日、在上海有吉総領事より内田外相宛電報、第四一三号。防衛研究所所蔵。
(10) 明治四五年一月一七日、参謀本部『清国事変特報』二八。外交史料館所蔵。
(11) 明治四四年一二月二一日、在香港船津総領事代理より内田外相宛電報、第一二三号。外交史料館所蔵。
(12) 上原勇作関係文書研究会編、前掲書、四五四ページ。
(13) 「清国革命叛乱ノ際ニ於ケル同国人ノ動静、態度及輿論関係雑纂」一。外交史料館所蔵。
(14) 明治四四年一二月七日、内田外相より在上海有吉総領事宛電報、第一三二号。外交史料館所蔵。
(15) 明治四四年一一月七日、乙秘第一七七三号、注(13)。外交史料館所蔵。
(16) 原奎一郎編、前掲書第三巻、二一二ページ。
(17) 初瀬竜平『内田良平の研究』九州大学出版会、一九八〇年、一四五―四六、一六二―六三ページ。

(18)『日本外交文書』(辛亥革命)、一六九ページ。
(19)同右書、一八一―八二ページ。
(20)明治四五年一月二五日、在汕頭矢野領事より内田外相宛電報、第一号。防衛研究所所蔵。
(21)明治四五年一月二九日、在広東瀬川総領事より内田外相宛電報、第七号。防衛研究所所蔵。
(22)明治四五年二月二四日、在広東瀬川総領事より内田外相宛電報、第一九号。防衛研究所所蔵。
(23)三井物産株式会社「第五回(明治四五年上半期)事業報告書」。三井文庫所蔵。
(24)大正二年七月、三井物産株式会社「第二回支店長会議議事録」九七ページ。三井文庫所蔵。
(25)「小川平吉文書」。国会図書館憲政資料室所蔵。
(26)明治四五年二月六日、在上海の北輝次郎より内田良平宛書簡。外交史料館所蔵。
(27)乙秘第一九三八号、「清国革命党関係者ノ談」、注(13)。外交史料館所蔵。
(28)陳存恭「民初陸軍軍火之輸入」、中華文化復興運動推行委員会主編『中国近代現代史論集』第二三編下、台湾商務印書館、一九八六年、一〇五一ページ。
(29)『孫中山全集』第二巻、中華書局、一九八二年、一四ページ。
(30)胡浜訳『英国藍皮書有関辛亥革命資料選訳』下、中華書局、一九八四年、三八二、三八三、四五九、五七〇ページ。
(31)明治四四年一二月二三日、在旅順白仁民政長官より石井外務次官宛電報、公第七六号。防衛研究所所蔵。
(32)『日本外交文書』(辛亥革命)、二七〇―七一、二七三ページ。
(33)同右書、二七二ページ。
(34)同右書、二七三ページ。
(35)同右書、二九四ページ。
(36)同右書、二八〇ページ。
(37)同右書、二八四ページ。
(38)同右書、二八九ページ。
(39)明治四五年二月一二日、在上海柴少将より参謀総長宛電報、第三七号。防衛研究所所蔵。

(40)『日本外交文書』（辛亥革命）、二九五ページ。
(41) 栗原健編著『対満蒙政策史の一面』原書房、昭和四一年、三〇三―〇四ページ参照。
(42)『日本外交文書』（辛亥革命）、三〇八ページ。
(43) 同右。
(44) 同右書、三二四ページ。
(45) 同右書、三二七ページ。
(46) 同右書、三二八ページ。
(47) 同右書、三三〇―三一ページ。
(48) 同右書、三一二ページ。

四　漢冶萍公司借款

孫文が武昌蜂起後欧州を経由して帰国した目的の一つはイギリス・フランスからの経済的援助か借款を獲得するためであったが、一銭も得られずに帰国した。上海での記者会見において、彼は「革命は金銭によるものではなく熱心によるものである。我今回帰国の節に金銭を持ち帰っていない。持ち帰ったのは精神だけである」(1)と語り、革命における精神の役割を強調したが、南京臨時政府成立後、数十万の軍隊と革命政権を維持・確立するために数千万元の資金が必要であった。例えば、一九一二年三月の陸・海軍部支出だけでも九〇三万元余であったが、この巨額の支出を支える財源はまだ確保されていなかった。これには種々の原因があった。㈠に南京臨時政府は地方からの税金などに依存しなければならなかったが、地方軍政府は相対的に独立性を維持し、また地方の軍隊と政権維持のために中央を支持する余裕もなかったこと。㈡

に海関収入は主権国家の主要な財源であるが、中国ではその全部が列強に掌握され、外債・義和団の賠償金等の返還にあてられ、南京臨時政府はそれを使用する権利さえなかったこと。㊂に辛亥革命は革命運動である故に、革命の敵対階級を処分して財源の一部を補うべきであったが、この革命は私有財産を否定する革命でなく、またこの革命の陣営に清朝の立憲派・旧官僚層も参加し、一時革命の同盟者になっていたため、このような方法も採用されなかったことである。

孫文と南京臨時政府は財政問題を解決するために二つの方法を講じた。一月八日参議院が「中華民国八厘公債章程」を制定し、政府は一億元の軍需公債を発行した。もしこれが実現されれば政府の財源は確保されるはずであったが、国内外総計で七三七万元しか得られなかった。これでは計画の一割にも及ばなかった。南京臨時政府は金融体制を確立するために大清銀行を改組して中国銀行＝中央銀行を成立し、五〇〇万両の株を募集すると同時に一〇〇万元の軍用紙幣を発行し、その流通を市場に強要した。しかしこの紙幣は銀行の硬幣を元にして発行されたものでなかったため、三ヵ月以内に現金に交換することが出来ず、南京では一時流通したが、地方では流通しなかった。このように二つの財政策でも南京臨時政府は財源を十分に確保することが出来ず、財政危機に陥った。

孫文は財政問題を解決するか否かを革命勝敗のキーポイントだと見なし、革命の敗北か外債の導入かの二者択一を迫られた。孫文は革命の最終的勝利のため後者を選択し、日本と四つの借款交渉を同時に進行させた。

孫文は、まず漢冶萍公司の借款に取掛かった。この公司は漢陽鉄廠・大冶鉄鉱山と萍郷炭鉱から構成される中国最大の近代企業であり、日本と特に密接な関係があった。日本にとって満鉄が満蒙侵略の牙城であったとすれば、漢冶萍公司は長江流域に浸透する一大拠点であった。故に、辛亥革命前までに既に一三五二・七万円を投資・借款していた。(2) 日本最大の八幡製鉄所は一九〇〇年から一一年までにこの公司から九七・一万トンの鉄鉱石を輸入したが、これはこの時期八幡製鉄所が使用した鉄鉱石の六・五割を占め、その発展に大きな意味を持っていた。こうした意味で、この公司は日本の製鉄業と軍需工業の生命線であったといっても過言ではない。

武昌蜂起を皮切りに辛亥革命が長江流域を中心に勃発すると、漢冶萍公司は革命軍と軍政府の管轄下に置かれた。かかる情況の下で、日本はまず大冶鉱山を日本の「保護」下に置こうとした。伊集院公使は一〇月一三日林外務大臣に「大冶トノ我関係ハ前電ノ漢陽鉄廠トハ異ナリ更ラニ重大密接ナル上公然ノ秘密ニ属スルヲ以テ此ノ儘ニアランニハ同地ニ帝国軍艦ヲ派シ冥々裏ニ我ノ保護ノ実ヲ暗示シ置カレ然ルヘキカト思考ス[3]」と上申し、斎藤海相も漢口の川島第三艦隊司令長官に「大冶ハ暴動同地ニ波及スルニ至ラハ国家自衛権ノ名ニ依リ防護シ得ヘキ理由アリ其時期ニ至リ要スレハ居留民保護ノ範囲内ニ於テ該地ニ於ケル帝国特別利権ノ防護ニ勉ムヘシ[4]」と命令した。駐漢口の松村総領事も一一月二五日黎元洪に革命軍が大冶を占拠しない

漢冶萍公司位置図

よう警告した。一二月末湖北軍政府が大冶鉱山を管理し、内外の鉱務はすべて軍政府が直接これに当るとの噂が流布した。内田外相は松村総領事に、軍政府当局に「我方ノ利権ハ之カ為毫モ影響ヲ受クヘキモノニアラサル[5]」旨を厳重に申入れるよう訓令した。三一日松村総領事は黎元洪にこの訓令の意を伝え、「該鉄山ハ兼テ申入レタル通帝国政府ト重大ナル関係アルニ付貴軍ニ於テ之レヲ侵害スルカ如キ行為アラハ面白カラサル状態ニ立到ルヘシ依テ貴国政争確定スル迄ハ従来ノ儘ニシテ置カレタシ尚今後ハ誤解ヲ避クル為メ該鉄山ニ関スル件ハ先ツ本官若クハ西沢[6]ヘ相談アリタキ[7]」旨を申入れた。これにより黎元洪は一月初め大冶鉄山に派遣した委員を撤収した。しかし日本は大冶の権益「保護」のため、一月中旬大冶に河川用砲艦一隻を派遣し、若干の陸戦隊を同地に上陸させた[8]ので、大冶鉱山は日本軍の半占領下に置かれた。

漢陽鉄廠に対しては日本は大冶とは異なり慎重な姿勢をとった。漢陽は武昌蜂起の中心地であり、官革双方の激戦地でもあったので、漢冶萍公司側は自らその「保護」を日本に要請した。一〇月一一日漢冶萍総理盛宣懐は実相寺正金銀行北京支店長を通じて伊集院公使に「此際日本側ヨリ其利害関係ヲ有ストノコトヲ根拠トシテ直接叛徒ト折衝シ何トカ鉄廠ノ保全ヲ図カルノ途ナカルヘキヤ[9]」と申出た。この公司の協理李維格も松村総領事に「鉄政局ハ日本ノ力ニ依リ保護ヲ加ヘラレタキ」旨を申入れたが、伊集院はこれに対し「差当リハ如何トモシ難シ[10]」と難色を示した。松村も「頗ル慎重ナル考量ヲ要ス[11]」と上申した。その理由は、㈠に軍政府との関係を考慮し、㈡に革命軍が秩序頗る整然と占拠している鉄廠に日本軍が力で「保護」を加えるのは「却テ面白カラサル結果ヲ生スルヤモ計リ難」く、㈢は当時漢口の領事団は官革双方に対し中立・不干渉の態度をとっていたため、日本が単独に軍隊を出動して該鉄廠を占拠すると他の列強との対立を引起こす恐れがあるからとされた[12]。これらの理由により日本は結局漢陽鉄廠に軍隊を派遣しなかった。

盛宣懐・李維格による日本に対する漢冶萍公司「保護」の要請は、彼ら自身の財産の保護とも密接な関係があった。漢冶萍公司は民営ではあるが政府が監督官を派遣している企業であり、盛は清朝政府の郵伝部大臣でありながら、この公司の総理でもあり、公司財産の三分の一を有していた。故に、盛は伊集院に、日本に「財産ノ保全ヲ計リタシ(13)」と依頼し、李維格も「自分一身及家族ノ保護等ニ付或ハ貴官ニ依頼スル必要ヲ生スルヤモ知レサル(14)」と懇請した。盛・李はこの「保護」を日本からの借款によって実現しようとして、武昌蜂起勃発直後正金銀行に六〇〇万円の借款を申入れた。この借款の申入れには官軍の軍資金を調達する狙いもあった。当時盛は清朝政府の大官僚であったから、革命軍の早期鎮圧を要望していた。

日本は公司の「保護」に対しては慎重であったが、借款には応ずる姿勢を示した。伊集院は「漢冶萍ニ対スル我カ勢力利権ノ確保ニ資スルモノト信スルヲ以テ機ヲ逸セス本件ノ成立スル様特ニ御詮議ノ配意ヲ仰キタシ(15)」と内田外相に上申し、その契約には苛酷な条件を付けるよう提案した。

盛宣懐はまた郵伝部の名義で湖南省の萍郷・株州間鉄道を担保に一〇〇万両の借款を正金銀行に申入れた。これに対し伊集院は内田外相に「湖南ニ於ケル我勢力利権ノ扶植ノ本拠トナスニ足ルモノニシテ……此際是非共成立スル様特ニ御詮議ヲ仰キタ(16)」き意を申入れた。

折しも一〇月二五日清の資政院は盛宣懐の川漢（四川―漢口）・粤漢（広東―武昌）鉄道の外国借款による国有化の責任を問い、彼を弾劾し、翌日清廷は彼の郵伝部大臣の職を解いた。それは辛亥革命がこの鉄道国有化反対即ち保路運動を導火線として勃発したので、清廷は革命側をこの免職でなだめようとしたからであった。

盛宣懐は免職されたが、彼は近代中国の大実業家であり、列強の中国への経済的浸透において重要な役割を果し、今後もその役割を果し得る大人物であったために、列強は盛の行方に強い関心を払い、彼を自分の手元に押えようとして、所謂盛争奪戦を展開し始めた。免職された盛は身の安全のため、まず密かに正金銀行北京支店長の社宅に身を隠した。実相寺支店長は特別列車を用意してまず塘沽に直行し、次に三井物産の福星丸で大連に赴かせようと画策したが、アメリカ公使館がこれを察知し、清の慶親王と結託してアメリカ側が用意した列車で天津に送り、ドイツの汽船に乗せて青島に赴かせた。これは米・英・独・仏四ヵ国銀行団が画策したものであり、伊集院は「四国ノ行動ニ至リテハ本使ノ頗ル不快トスル所」[17]だと述べ、内田外相に「盛宣懐ヲ大連ニ避ケシムルコトハ漢冶萍等ニ関シ我画策上多大ノ便アルモ一方一般人民ノ反感ヲ蒙ムラントスルノ虞モア」[18]り、また盛が「仮令青島其ノ他米独等ノ勢力範囲内ニ赴クトモ彼等ノ為直ニ致サル、カ如キコトナカルヘシトノ見解ニ基キ手強ク勧メサリシ次第ナリ」[19]と報告した。これは盛の争奪をめぐる競争において日本が一時受動的立場に陥ったことを物語るものである。しかし日本側は盛に対する誘致工作を緩めず、三井物産の高木陸郎と正金銀行の川上市松が盛を追って青島に向った。[20]青島はドイツの勢力範囲に属していたから、盛もドイツ・アメリカ側と接触していた。高木らは盛に対する工作を強化すると同時に、上海にいる李維格に対しても誘致工作をおこなった。盛は私産を軍政府の没収から保護するために、日本人の名義を借りて財産を守り、徐々に日本に傾いた。盛は三井物産を通じて山県有朋と桂太郎に書簡を送ったが、山県は内田外相に「帝国政府ハ此際充分之ヲ庇護スル様適切ノ手段ヲ執ラル、様」[21]指示した。盛は正金銀行の小田切万寿之助に青島に来るよう要請したが、小田切は青島がドイツの勢力範囲であるため得策でないとして難色を示し、日本の植民地である大連で盛と交渉するよう要望した。このため内田外相はまず上海滞在中の李維格を大連に誘致しようとした。李維格は一一月一三日上海で大冶鉄山日本側駐在員西沢公雄と、漢陽鉄廠を上海に移転して揚子江機器局と合併し、日中双方の合弁企業を設立する意見を交換していた。これは李維格の方が盛宣懐よりもはるかに日本に傾いていたことを示す。故に、内田外相は一一月二四日上海の有吉明総領事に小田切が二九日大連に着くことを通告すると同時に、李維格をして「速ニ大連ニ赴キ両人ト会見セシムル様勧告」[22]するよう訓令した。この意を聞いた李維格は、盛が大連で小田切と交渉すると世論の反対を惹起する恐れがあるから、小田切が上海に来て会談するよう要望した。小田切は一二月三日上海に赴く準備をしたが、突然高木陸郎から、交渉に対する革命党の圧迫を避けるため、李と高木が大連に赴くようにとの電報を受けた[23]。その結果一二月一〇日頃李と高木がまず上海から大連に到着した。盛は李の独走を懸念し、一四日病身をおして大連に来た[24]。こうして日本は盛と李を自分の手元に掌握し、漢冶萍に対する受動的外交から脱出し、合弁と借款交渉に乗出した。

この交渉の過程を次のような三つの段階に分けて考究する。

第一段階は、一二月一五日頃から年末までの大連における予備交渉である。小田切は大連に赴く途中で八幡製鉄所所長中村雄次郎から李維格と西沢の上海における会談の内容を聞き、また中村所長も合弁に対し考究の価値があるとの意見を表明した。そのため、小田切は先述の六〇〇万円借款の時起草した契約草案に沿って、盛と李に上海に日中合弁の新製鉄所を建設する案を提出したが[25]、これに対し盛は難色を示し、時局が平静にもどり外国と合弁する場合にはまず日本と合弁するとの意を表した[26]。小田切は李が盛よりも積極的であるとして李に接近し、漢冶萍の内部事情と交渉に対する相手側の本音を探り、次期の正式交渉の準備をした。

第二段階の交渉は、一月初めから二月上旬まで神戸でおこなわれた。日本側は大連よりも日本本土の方が交渉上有利であり、また安全だとして、交渉地点を神戸の舞子に移すように決定した。李維格と高木は二六日朝鮮経由で陸路神戸に赴き、小田切と盛宣懐は台中丸で一月三日神戸に到着した。予備交渉では上述のように盛はその私産保護のため借款という形で日本の力を借りようとし、日本はこの機会を狙って漢冶萍公司を日中合弁企業に改組しようとした。交渉の性格は本来公司と日本の銀行或いは企業の関係であったが、一月からは日本政府と南京臨時政府が直接介入して、双方の交渉は四者関係に発展し、その交渉の性格も民間と政府が結びついたものに変化し始めた。

孫文と南京臨時政府がこの借款交渉に介入したのは一二月の末であった。欧米から帰国した孫文が山田純三郎・宮崎滔天ら大陸浪人らの斡旋により、上海で三井物産上海支店の森恪と藤瀬支店長と借款を交渉した時、漢冶萍公司の日中合弁問題が話題になり、「一月上旬南京臨時政府カ合弁ヲ予約シ三井ニ資金ノ調達ヲ求メタル砌孫黄ハ三井ニ対シ合弁案ハ必ス株主総会ヲ通過セシムヘキ」(27)ことを三井に約束したことがあった。この交渉は盛・李と小田切の交渉と並行して進行していたが、一月下旬神戸において合流することになった。一月一三日頃何天炯が孫文の電報を持参して神戸に到着し、盛に日本側が提出した条件を承諾し革命政府に五〇〇万円献金すべき旨を伝えた。(28)孫文は一七日王寵恵らを通じて盛に盛とその財産を保護する意を伝えた。二二日黄興からまた盛に日本から五〇〇万円借款して臨時政府に提供するようにとの電報が届いた。(29)この電報は合弁のことに対して触れていなかったので、盛は二五日黄興に、日本側の代表小田切は日中合弁によらざれば借款を提供しない、しかし貴電は合弁に触れていない、もし合弁にする場合には政府の批准が必要であるが、政府の意見如何と返電した。盛宣懐は経済的には近代的思想と管理方法を主張していたが、政治的には保守的で辛亥革命勃発後それを鎮圧するよう主張し、革命党とは対立的であった。この時南京臨時政府の批准を仰いだのは、政治的というよりも、経済的に私有財産の保護に臨時政府を利用しようとしたからであった。このため盛宣懐は臨時政府の交渉への介入を容認せざるを得なかったのである。

日本側においては外務省と政府が直接かかわり、八幡製鉄所の中村所長の依頼によって外務省の倉知鉄吉政務局長が立案した漢冶萍公司の日中合弁案が、一二日の閣議において採択された。この閣議決定案に基づき、一七日小田切は合弁大綱を李維格に提出し、盛宣懐は二三日これへの対案を提出した。(30)

漢冶萍公司の合弁案には日本の資金からまず三〇〇万円を南京臨時政府に提供しようとする切迫した目的があった。故に、日本政府としても南京臨時政府の合弁に対する意向を確かめ、またその政府の保証を確保しておく必要があった。一月二六日内田外相は南京の鈴木領事に「此際貴官ハ適当ノ人ヲ介シ我カ政府カ革命軍政府ノ権力ヲ承認スルヤノ形跡ハ十分之ヲ避ケ単ニ我資本家側ノ問合セニ依ルモノトシテ合弁ニ関スル軍政府ノ意嚮ヲ確メラレ電報アリタシ」(31)と訓令し、鈴木領事は「既ニ孫ニ於テ之ヲ承諾シ盛宣懐ヘモ其旨ヲ通シ置キタル」[32]と返電した。黄興はこの借款の成立を急ぎ、二六日盛に「今ニ至テ未タ確切ナル回答ヲ得サルハ、必ス閣下カ誠心民国ヲ賛助セサルモノナランカ……然ラサレハ民国政府ハ閣下ノ財産ニ対シ没収命令ヲ発セントスルナリ、其レ早ク之ヲ図レ」[33]と強く迫った。

孫文・黄興の介入により合弁交渉は急ピッチで進行し、二七日双方の合弁案がまとまった。これには三井物産の山本条太郎も参加していた。二九日神戸において小田切と盛宣懐は次のような合弁仮契約を締結した。[34]

一　漢冶萍煤鉄廠鉱有限公司ノ組織ヲ改メテ日支合同株式会社トナス

二　新会社ハ支那農工商部ニ於テ登記シ総テ支那ノ商法鉱山条例ヲ遵守スヘシ
　本店ヲ支那国上海ニ設立ス

三　新会社ノ資本金ハ三千万円ト定メ支那株五割即チ支那貨幣一千五百万弗日本ノ株五割即チ日本貨幣一千五百万円（此株金及将来配当ノ利益ハ都テ金貨ヲ以テ計算ス）トシ支那株ハ支那人ノミニ限リ日本株ハ日本人ノミニ限リ売買ヲナスコトヲ得
　新会社ハ株主損益ヲ平等ニ負担シ官利ヲ定メス総テ各国ニ於ケル普通株式会社ノ規定ニ準シ処理スヘシ

四　新会社ハ鉱山条例ニ準拠シ三十ヶ年ヲ営業期間トス満期後株主総会ニ於テ延期ヲ欲スル場合ニハ鉱山条例ニ拠リ更ニ二十ヶ年継続スルコトヲ得

五　新会社ハ株主中ヨリ重役都合十一名ヲ公選シ其内六名ハ支那人五名ハ日本人トシ更ニ重役ハ此十一名中ヨリ社長トシテ支那人一名副社長トシテ日本人一名並ニ専務重役トシテ日支人各一名ヲ公選スヘシ
　株主ハ別ニ監査役四名日支各二名ヲ選任スヘシ

六　会計課長トシテ日本人一名ヲ使用シ重役会ヨリ選任シ専務重役ノ指揮ヲ受ケ事務ヲ取扱ハシムヘシ将来支那人一

名ノ会計課長ヲ置クコトヲ得

七　漢冶萍煤鉄廠鉱有限公司カ従来負ヘル総テノ債務及責任ニシテ確実ナル証拠アルモノハ一切新会社ニ於テ之ヲ引受クヘシ

八　漢冶萍煤鉄廠鉱有限公司所有ノ一切ノ財産物件及権利並ニ既得ノ特別利益ハ総テ新会社ニ於テ之ヲ引継クヘシ但シ鉱山条例ニ拠リ外国鉱山業者ハ土地ノ所有権ヲ獲得スル能ハサルモノトス

九　新会社登記前ハ日支両国ノ発起人ニ於テ事務ヲ弁掌スヘシ総テノ定款等ハ右発起人ニ於テ相談取極ムヘシ

十　右列記セル新会社ノ日支合同ハ中華民国政府ヨリノ電許ヲ受ケタル上漢冶萍煤鉄廠鉱有限公司ハ直ニ此方法ヲ株主ニ通知シ若シ株主過半数ノ賛成アラハ即時ニ日本側ニ通告シ又日本側ニ於テモ右ニ対シ賛成ノ意ヲ会社ニ通告シテ本契約書ヲ作成シ直ニ実行スヘシ

右通告ノ期間ハ一ヶ月ヲ逾ユヘカラス

契約の内容から、資本金総額・割当及び回収期間の延長等において日本側の主張が盛込まれ、日本側が交渉の主導権を終始掌握していたことが窺われる。

この合弁契約の直接の目的は南京臨時政府が三井から借款を得るためでもあったから、南京臨時政府・漢冶萍公司と三井物産との間に「事業契約書」(35)（即ち借款契約書）が締結され、これを南京臨時政府が承認し保証するための「認書」(36)に孫文が署名することになった。

この「事業契約書」と「認書」は孫文が南京臨時政府を代表して署名するものであるから、二九日神戸で仮合弁契約書が締結された直後、上海三井物産の森恪がこれらの書類を持参して二月一日上海に到着し、二日南京に赴いて孫文の署名を得た。(37)

この一連の契約により、漢冶萍公司は三井物産より三〇〇万円（そのうち二五〇万円は南京政府に提供）の借款を獲得したが、この借款の返還保証として二月一〇日李維格と小田切及び八幡製鉄所所長の中村雄次郎が「礦石代価前借ニ関スル契約」を締結し、八幡製鉄所に既定各種契約の数量以外に三〇年間毎年一〇万トンの礦石を売却することを契約した。(38) 最後に、これらの契約の実施と借款の使用を保証する「特別契約」(39) が締結された。こうして漢冶萍公司合弁をめぐる五つの契約が締結され、日本は公司において権益を大いに拡大出来ることになった。

第三段階は、二月中旬から五月までであり、合弁契約の取消しをめぐる攻防戦が展開された時期である。

辛亥革命は清朝の支配を打倒する反封建的革命運動であると同時に、また列強の中国侵略に反対する反帝運動でもあった。武装蜂起の導火線は外国資本の導入による鉄道国有化に反対する保路運動であり、この意味では辛亥革命はまず外国からの借款に反対する運動でもあった。しかし南京臨時政府は財政難を解決して革命軍と新政府を維持するため、日本に借款を求めざるを得なかった。これは現象としては革命の性格と矛盾するものであったから、秘密裏に進行されたこの借款交渉が外部に洩れた時、それに対する反対が起こるのは当然であった。

社会団体・株主の代表らはこの合弁と借款に猛烈に反対した。民社・湖南共和協会・江西連合分会・四川共和協会・国民協会・中華民国連合会等は、これは盛宣懐の「大逆不道の罪」だと非難し、その私産を没収し、交渉に介入した者を死刑に処することを厳しく要求した。(40) 湖南省共和促進会は孫文と政府の各部総長に、この契約はこれ以上ないほど国を辱め権威を貶めるものであるから、湖南省人民は絶対にこれを承認せず、即刻取消しを望むと電報した。(41) 馬維桂ら株主一〇人は盛宣懐に、公司の章程では外国人が公司の株を持つことは禁止されているのに、閣下が独自に外国人とこのような契約を締結するのは承認しがたい、即時に取消すよう要望すると打電した。(42) 公司取締役会も株主総会の過半数の賛成を得なければこの契約が無効であることを盛宣懐に告げ、国権と商業に損害を与えるこの契約を取消すよう要望した。(43)

南京臨時政府内部においても合弁反対の意見が盛りあがった。湖北軍政府は孫文に反対の意見を通告し、外交部副部長を漢口の日本総領事館に派遣して公司と日本との従来の関係につき開示ありたき旨を要求した。南京の参議院は二二日秘密会議を開き、「参議院の承認ヲ経スシテ之レヲ専行セルハ甚タ不合理ナル処置ナリトシ該借款契約ノ取消及政府カ已ニ入手セル金額ヲ返却スヘキ」[44]ことを議決した。

欧米列強もこの公弁・借款交渉に反対した。漢冶萍はイギリスの勢力圏内にあるため、二月五日駐日本イギリス大使マクドナルドは内田外相に本国政府の訓令として日本国政府がこの交渉を阻止するよう要求した[45]。

中国国内におけるこのような反対・取消しの要望は、即時小田切或いは漢口・上海総領事を通じて外務省に伝えられた。小田切と内田外相はこの局面への対応策を講じ始めた。小田切は孫文の態度如何が問題のポイントだと思い、彼の動静に注意を払い、「若シ孫総統ノ態度ニシテ今日モ亦昨日ノ如クナラシメハ事ノ前途憂フルニ足ラサルモ目下果シテ如何ナル意見ヲ有スルヤ不明ナリ」[46]と懸念していたが、孫文は二二日の参議院の議決に従い、「合弁ノ言明ヲ取消シタルノミナラス更ニ該契約ノ不成立ヲモ認メタ」[47]のである。

これによって株主総会において合弁契約が否決されるのは不可避となった。小田切は「最モ地歩ヲ先占シテ敵ノ為メニ乗セラル、コトヲ避ケサルヲ得ス因テ遅クモ二十八日迄ニハ先方ニ対シ当方ノ決意ヲ通告」[48]して強硬な姿勢で対抗しようとして、三月一二日内田外相に「近キ将来ニ於テ時機ヲ視テ善後策ヲ講スルノ要アリ」[49]と上申した。善後策とは「或手段ヲ取リ本問題ヲシテ死滅ニ帰セシメスシテ之ヲ半死ノ情態ニ保留シ置キ他日ノ一陽来復ヲ待ツコトヲ可トセン其ノ手段トハ他ニアラス不取敢其筋ニ於テ南京政府ニ交渉ノ上本問題全体ヲ挙テ民国政府ニ引継カシムルニ在リ」[50]ということである。小田切のこのような構想は契約締結の時にも考慮されていた。日本は南京臨時政府の安定性と長期性に疑問を抱いていたので、小田切も各契約に「中華民国政府」と国名を明示し、袁世凱の政権に交替しても適用出来るようにしておいたのである。

小田切はまた内田外相に「民国政府ノ引継ト同時ニ同政府ヲシテ株主総会ヲ一時中止セシムルコト必要ナリ」[51]と上申した。この上申を受入れた内田外相は一四日南京の鈴木領事に「此際株主総会ノ開会ヲ見合ハセ合弁案ノ否決ヲ防キ該案ノ儘之ヲ新政府ニ引継クコトトナスニ於テハ我ニ於テモ強テ何分ノ措置ニ出ルヲ見合ハスコトトナスヘキ旨ヲ非公式ニ孫黄ニ申入レラレ」るよう訓令し、孫・黄に対し「株主総会通過ノ保証ヲナスカ又ハ総会開会ノ中止ヲナサシムル」[52]かと二者択一を迫った。これに対し駐南京の鈴木領事は「此ノ際孫黄ニ総会通過又ハ延期セシムルハ不得策」[53]であると反対した。その理由は、三月一六日孫文が森恪に総会中止を要求する場合には「已ムヲ得ズ公然三井トノ契約迄モ取消スニ至ルベシ」[54]と語ったことにあった。内田もこれを恐れ、致し方なしと思い、二〇日鈴木領事に「出来得ルナラハ孫黄ニ於テ合弁案ヲ新政府ニ引継ク様懇談ヲ遂ケラレ」るようにし、これも不可能な場合には「同人等ニ於テ今後好機会ヲ見合弁案ノ成立ニ至ル様十分尽力スヘキ旨ヲ内約セシムル」[55]よう指示した。鈴木領事もこの指示に賛成し、正金銀行との借款契約と孫文と三井物産との契約を利用して、「世論ノ喧々タル間ハ寧ロ華ヲ去リ実ヲ執リ暫ラク形勢ヲ観望シテ機ノ乗ズベキヲ待タムコソ却テ策ノ得タルモノナラン」[56]と上申した。このような対応は、日本が一歩後退しながらも、なお漢冶萍における将来の利権拡大の欲望を強烈に吐露したものであった。

三月二二日漢冶萍公司株主総会が上海で開かれ、出席者四四一名(総株数の八割強に当る)一致で合弁契約を否決した。これによりこの契約は廃案になった。しかし日本は上述の善後策に基づき、引きつづき孫文に迫った。二三日南京の鈴木領事は総統府に孫文を訪れ、「合弁案ヲ新政府ニ引継クヘキ確保ト合弁ノ実行ニ関スル尽力」[57]を要求した。これに対し孫文は「株主総会ニテ否決ノ運命確実ナル以上合弁案ハ既ニ消滅ト見ルノ外ナキヲ以テ最早何等手段ノ施スベキモノナシ」[58]と返答した。鈴木領事は三井物産との密約を引いて孫の責任を追及し、孫文に日本の要求を承諾するよう迫った。孫文は致し方なく、「兎角唐紹怡来寧ノ後ヲ俟ツテ彼ニ本件ノ成行ヲ説キ新政府ニ之レカ引継方ヲ慫慂スベク猶ホ将来該合弁ノ成立ニ関シ充分ナル努力ヲ怠ラザルベキ(59)」旨を答えた。鈴木はこれを言質として止めおき、陸軍部に黄興を訪ねて同様の言質を得た。その後唐紹儀が新内閣の総理に任命され、組閣のため南京に来たが、孫文からはこれについて何の連絡もなかった。鈴木領事は二六日再度孫文を訪ね、合弁案の新政府への引継ぎ方を尋ねたが、孫文は「唐来寧後日尚ホ浅ク公務多事ヲ極メ談合未ダ本件ニ及フノ暇ナキガ故ニ近日適当ノ時期ニ於テ之ヲ唐ニ語リ其引継ヲ慫慂シタル上密使ヲ貴官ノ許ニ派シテ何分ノ結果報告旁々今後ノ処置ヲ協議セシムベキ(60)」と答えた。四月二日鈴木領事は孫に書簡を送り、その後の成り行きを追及し、「書信ノ往復ニヨリ本件ノ新政府引継ト合弁ノ実行トニ関スル彼ガ将来ノ尽力ヲ確保スルニ足ルベキ証拠文書ヲ得置カン(61)」としたが、孫からは返信がなかった。孫文は三日上海・武漢・福州経由で広州に赴くことになった。鈴木領事は三日朝村上領事官補と吉原書記生を孫の下に派遣して、孫の回答を求めた。孫は二日付で返信したと答えた。同日午後日本領事館に「曩ニ商議セル某件ハ余輩（孫）之レヲ賛成スルニ便ナラサル旨幷ニ目下解職匆々公私多忙委曲之レヲ述フルノ暇ナキ(62)」との極めて簡単な書簡が到着した。鈴木はこれを日本側の要求を全然無視したものとして、内田外相に「此際一応広東総領事ニ御下命ノ上孫ノ同地ニ到着スルヲ待チ彼ニ対シ其不信ヲ責メ併テ本件ニ対スル彼レノ責任ヲ明ニスルト共ニ重ネテ本件ノ経過ヲ質シ合弁ノ実行ニ対スル彼レノ立場ヲ明ニシ置カル、(63)」よう上申した。上述の事実は鈴木領事が日本の善後策の貫徹のためどれほど必死であったかを物語り、漢冶萍における日本の権益拡大を目指す決意がどれほど強かったかを表す。しかし内田外相は「此際孫文ノ言責ヲ捕ヘテ之ヲ追求スルモ何等益スル所ナシト思考セラレ候ニ付広東総領事ヲシテ孫文ニ交渉セシムル義ハ暫ラク之ヲ見合ス(64)」とした。孫文も四月一日正式に臨時大総統を辞任し、孫文と漢冶萍公司の日中合弁の件は一応終焉した。

　しかし孫文の合弁についての考えは、その後の実業計画と対外開放政策において、その実利性が認められたといえよう。

孫文は三月二三日南京の鈴木領事に「遠カラズ広東ニ於テ中外合同ノ事業ヲ興シ」、彼または彼が代理人の直接経営者として「其利害得失ヲ事実ニヨリ合弁反対論者ニ示シテ其蒙ヲ啓カム事ヲ欲スルモノニシテ今後支那ニ於テハ合弁の簇出ヲ見ルベキヲ信スル」[65]旨を語った。これは孫文の対外開放思想を立証していると思われる。

三月二九日唐紹儀は新内閣を組織し、袁世凱を臨時大総統とする北京政府が成立した。北京政府は漢冶萍公司の問題をめぐり、引きつづき日本と交渉を進めた。大冶に上陸・駐屯していた日本軍も北京政府との交渉の結果、大冶から撤退することになった。五月一〇日斎藤海軍大臣は川島第三艦隊司令長官に「在大冶陸戦隊ハ適宜之ヲ引揚ケ」[66]るよう命じた。北京政府は早期撤退を要望した。しかし海軍は自己の面目を維持するため、この撤退は「我国ノ任意ノ発意ニ出テタルモノ」だと強調し、六月七日財部海軍次官は「此際直に陸戦隊ヲ引揚クルコトハ面白カラサル結果ヲ来スノ慮アルニ依リ今暫クハ現状維持ノ状態ヲ継続スル」[67]よう川島司令長官に命令した。

七月北京政府は、南京臨時政府の三井物産からの二五〇万円の借款を返済する意を表明した。[68]一二月漢冶萍公司は北京政府の批准を得て正金銀行から一五〇〇万円の借款を受入れ、その条件として日本人の技術及び会計の顧問を招聘することにした。[69]

辛亥革命に際しての漢冶萍公司の借款交渉においては、その日本との交渉相手が封建的清朝政府から共和制の南京政府、軍閥独裁の北京政府へと変転し、その内容も変化したが、日本の公司に対する既得権益の維持と新権益拡大という目的は終始変化しなかった。変化する中で終始変化しないものこそ事物の本質である。辛亥革命における日本の根本的目的はまさに既得権益の保護と新権益の拡大にあった。

（1）『孫中山全集』第一巻、中華書局、一九八一年、五七三ページ。

（2）外務省編『日本外交文書』大正二年第二冊、九三六—三七ページ参照。
（3）外務省編『日本外交文書』（辛亥革命）、四六ページ。
（4）同右書、四八ページ。
（5）同右書、一一八ページ。
（6）西沢公雄は大冶鉱山の駐在員。
（7）『日本外交文書』（辛亥革命）、一一九ページ。
（8）明治四五年一月一七日、内田外相より在漢口松村総領事宛電報、第五号。防衛研究所所蔵。
（9）『日本外交文書』（辛亥革命）、一三三ページ。
（10）同右書、一三三、一三五ページ。
（11）同右書、一三五ページ。
（12）同右書、一三五—三六ページ。
（13）明治四四年一〇月一三日、在清国伊集院公使より林外相宛電報、第二五五号。
（14）『日本外交文書』（辛亥革命）、一三四ページ。
（15）同右書、一四二ページ。
（16）同右書、一四三ページ。
（17）同右書、一四五ページ。
（18）同右書、一四六ページ。
（19）同右。
（20）高木陸郎『日華交友録』救護会出版部、一九四三年、二一ページ。
（21）『日本外交文書』（辛亥革命）、一五八ページ。
（22）同右書、一六七ページ。
（23）武漢大学経済系編『旧中国漢冶萍公司与日本関係史料選輯』上海人民出版社、一九八五年、二四七ページ。
（24）同右書、二七四ページ。

(25) 同右書、二七五ページ。
(26) 同右書、二七六ページ。
(27) 明治四五年三月一四日、内田外相より在南京鈴木領事宛電報、第八号。外交史料館所蔵。
(28) 『日本外交文書』(辛亥革命)、一八七ページ。
(29) 武漢大学経済系編、前掲書、二九一ページ。
(30) 外務省編『日本外交文書』第四五巻第二冊、九九—一〇〇、一〇二ページ。
(31) 『日本外交文書』(辛亥革命)、一九四ページ。
(32) 同右書、二〇四ページ。
(33) 同右書、二〇〇ページ。
(34) 外務省編『日本外交文書』第四五巻第二冊、一一六—一七ページ。武漢大学経済系編、前掲書、三一六ページ。
(35) 外務省編『日本外交文書』第四五巻第二冊、一三二—三三ページ参照。
(36) 同右書、一三三ページ参照。
(37) 明治四五年二月五日森恪より益田孝宛書簡。三井文庫所蔵。
(38) 外務省編『日本外交文書』第四五巻第二冊、一二〇—二二ページ。
(39) 同右書、一二三—二四ページ。
(40) 『申報』一九一二年二月二五日。
(41) 『申報』一九一二年二月二八日。
(42) 『申報』一九一二年二月二五日。
(43) 陳旭麓ら主編『辛亥革命前後——盛宣懐檔案資料選輯之一』上海人民出版社、一九七九年、二二五ページ。
(44) 『日本外交文書』(辛亥革命)、二二七ページ。
(45) 明治四五年二月八日、内田外相より在清国伊集院公使宛電報、第二六号。防衛研究所所蔵。
(46) 外務省編『日本外交文書』第四五巻第二冊、一二九ページ。
(47) 同右書、一三九—四〇ページ。

(48) 同右書、一二九ページ。
(49) 同右書、一四一ページ。
(50) 同右。
(51) 同右書、一四二ページ。
(52) 同右。
(53) 同右書、一四四ページ。
(54) 同右。
(55) 同右書、一四五ページ。
(56) 同右書、一四七ページ。
(57) 同右書、一四九ページ。
(58) 同右。
(59) 同右。
(60) 同右書、一五〇ページ。
(61) 同右。
(62) 同右書、一五一ページ。
(63) 同右。
(64) 同右書、一五二ページ。
(65) 同右書、一四九ページ。
(66) 明治四五年五月一〇日、斎藤海軍大臣より川島第三艦隊司令長官宛電報。防衛研究所所蔵。
(67) 明治四五年六月七日、財部海軍次官より川島第三艦隊司令長官宛電報。防衛研究所所蔵。
(68) 『日本外交文書』大正二年第二冊、九四六―五一ページ参照。
(69) 同右書、九六二―六三、九六七ページ。

五　蘇省鉄路公司と招商局借款

南京臨時政府と孫文は漢冶萍公司の借款交渉をすると同時に、蘇省鉄路公司と招商局の借款交渉をも並行して進行させた。本節では、この二つの借款交渉の過程を究明すると共に、この交渉をめぐる中国側株主の動向と欧米列強の対応を考究する。

南京臨時政府と日本との借款交渉において、最初に成立したのは蘇省鉄路公司と大倉組との三〇〇万円の借款であった。この鉄路公司は借款のうち二五〇万円を南京臨時政府に提供したから、この借款は公司の名義で南京臨時政府が大倉組から借款したのと同様であった。

この借款は上海軍政府が成立した後、軍政府の商務総長であった王一亭がまず大倉組上海支店に申込んだものであるが、(1)宋教仁らが異議を唱えたので一時頓挫した。(2)しかし軍政府の財政が益々窮境に陥ったので、一二月中旬にイギリス系のサミル商会と七〇〇万元の借款の内談を始めたが、(3)一二月末その交渉は放棄された。帰国した孫文は一二月末上海で三井物産の山本条太郎と浙江省の鉄道を抵当とするか、或いは中日合弁の形式で日本側から借款することを話合った。(4)この話合いが縁であったかどうかは不明であるが、翌年の一月初めから王一亭は上海—杭州間の鉄道を担保とする借款の斡旋を、日清汽船上海支店長を通じて有吉明上海総領事に依頼した。当時王一亭は日清汽船の買弁を兼任していた。王が有吉に提案した条件は次の通りである。(5)

一　借款額　二、五〇〇、〇〇〇両

一　利子年八朱

一　元金五ヶ年据置キ五ヶ年ノ後十ヶ年及至十五ヶ年ニテ全部償却

一　担保ハ蘇省鉄路公司ノ鉄道車輌及一切ノ財産

一　債主ハ該鉄道会社ノ営業ニ干渉セサルコト

一月三日有吉総領事は内田外相に王の借款要請とその条件を電報で知らせ、一〇日内田外相は外相官邸で大蔵次官、高橋日銀総裁、三井・三菱・台湾・正金・第一の諸銀行及び大倉組の大倉喜八郎・門野重九郎らが参加した蘇省鉄路公司借款に関する会議を開き、政府・外務省の支持の下で大倉組が単独でこの借款を引受けることになった。(6) これは政府・外務省が始めからこの借款に介入して、主導的役割を果していたことを物語る。軍部もこの借款を支持していたようである。駐上海の加藤中佐は参謀総長に「将来ノコトヲ考フレハ同鉄ヲ我手ニ入ルルコト肝要ナリ」(7) と上申している。一〇日大倉組は蘇省鉄路公司に次のような対案を提出した。(8)

一　蘇省鉄路公司ハ其鉄道車輌及一切ノ財産ヲ担保トシ二百五十万両ヲ借入ルルコト

二　利子ヲ年七朱トシ六月及十二月ノ二回ニ支払フコト

三　元金ハ五ヶ年据置キ以後十五年ヶ年ニテ全部償還スルコト

四　償還不履行ノ場合ニ於テハ償還ヲ終ル迄債主ニ於テ該鉄道ノ営業ヲ管理スルコト

五　外国ヨリ鉄道材料ヲ購入ノ際ハ債主国側ヨリ購入スルコト

六　外国人ヲ傭聘スル場合ニハ債主国人ヲ採用シ其他外国人ヲ傭入ルヽ場合ニハ債主ノ承認ヲ経ル事

七　更ニ起債セント欲スル場合ニハ先ツ債主ト商議スル事

この双方の案を比較した場合、利子は大倉組の案の方が一朱低いが、その四・五・六・七項はこの鉄道に対して日本側が独占的地位を確保し、この鉄道事業の経営に干渉しようとする意欲を示している。故に、王一亭らは「鉄路公司ハ其期限内ト雖トモ何時ニテモ本借款ヲ償還シ本契約ヲ解除スルコトヲ得」、「第五項五鉄道材料購入ノ件ニ関シ若シ該品価格不廉ナルカ或ハ品質不良ノ場合ニハ他ヨリ購入スルコトヲ得[9]」との修正を加えるよう要求し、日本の独占的条項を改正しようとした。

この借款交渉において外務省は外交的に交渉の成立を保障するため、特にイギリスとの関係を重視していた。この交渉はイギリスの勢力圏内でおこなわれ、またイギリスの利権を侵害するものであった。イギリスは一八九八年からこの鉄道借款の交渉をおこなっていた。一九〇八年三月にはイギリスの英清組と清朝政府の郵伝部・外務部が借款契約を締結し、この鉄道がイギリスの抵当とされたことがあったので、イギリスのこの借款交渉への干渉・反対を防止するため、一一日内田外相は有吉総領事に、この際「鉄路公司ヨリ大倉組ニ対シ本借款ハ英国側ノ利益ヲ侵害スルコトナキ旨ノ書面ヲ提出セシメ置ク方可然[10]」と訓令した。内田外相はまた外務省とその出先機関がこの南京臨時政府に提供する借款の交渉に直接介入していることが外国に洩れることを恐れ、「本借款資金ノ用途ハ革命軍ト密切ナル関係ヲ有スルコト否定シ能ハサル次第ナルヲ以テ帝国政府若クハ帝国官憲ニ於テ之ニ援助ヲ与ヘ又ハ之ニ干与スルカ如キ形跡外間ニ現ハル、様ノコトアリテハ甚タ面白カラサルニ付貴官ニ於テ特ニ此点ニ注意ヲ払ハル、様[11]」指示した。

この借款交渉に対する外務省内部の意見も一致したものではなかった。内田外相が積極的であったのに対し、有吉総領事は相対的に消極的であった。有吉は内田外相に「飽迄英仏側トノ関係ニ重キヲ置カル、ニ於テハ或ハ寧ロ全ク手ヲ引ク方安全ナルヘシ[12]」と上申した。その理由として有吉は、(一)にイギリスとは「従来ノ幾多行懸モアリ特ニ勢力範囲ト自認シ居レル地方ノ鉄道ニ対スル我方ヨリノ借款カ必スヤ好感情ヲ以テ迎ヘラレサルハ明白ナルノミナラス」、(二)に借款は「革軍ノ用ニ供セラル、事モ亦否定スヘカラサル」ため、「各種ノ点ヨリ多少ノ物議ヲ醸ス恐アル[13]」からとした。しかし内田外相はこの上申を受入れなかった。

予想通りイギリス・アメリカ等列強はこの借款交渉に反対した。一月二六日駐日本イギリス大使マクドナルドは内田外相に、この借款は「厳正不干渉ノ方針并ニ官革何レヘノ借款ヲモ奨励セサルノ方針ニ違背スル所ナキヤ」(14)と尋ねてきた。これは日本に対する抗議であったが、内田外相は「該借款ノ如ク個人ノ冒険的企画ニ属スルモノハ政府ニ於テ之ヲ抑遏スルニ由ナキ次第」(15)であると弁明して、イギリスが招商局に一五〇万両を貸出している事実をあばき、イギリスと対決する姿勢を示した。アメリカ国務省も駐米の埴原臨時代理大使に、大倉組の鉄道借款の風説があるが、これは「列国協調ノ方針ト扞格ヲ来スノ虞アル」(16)と警告した。埴原は「右ハ根拠アル風説トモ思ハレサルカ抑モ其出所ハ何レナリヤ」(17)と反問し、その事実さえも認めようとしなかった。この借款交渉を知った英清組も公司に、この「借款契約存在ノ事実及之ニ関スル英国側ノ主張ヲ告ケ且何人タリトモ右契約ヲ無視シテ本鉄道ニ対シ別ニ借款ヲ行フヲ得ス而シテ若シ公司ニ於テ斯ル行為ヲ敢テスルコトアリトモ英国側ハ断シテ之ヲ認ムル能ハス」(18)と厳重な警告を与えた。

外務省は英米等の右のような抗議・警告にもかかわらずこの交渉を推進し、大倉組と蘇省鉄路公司は一七日仮契約を、二七日本契約を締結した。その概要は次の通りであった。(19)

一　借款金額三百万円利息年八厘

二　償還期限ハ五年据置十年間ニ年賦償還ノコト

三　債権者前記契約期限内ニ若シ正式公債発行ヲ希望スルトキハ予メ先ツ公司と商議シ公司ヨリ政府ノ承認ヲ経タル公債券ヲ発行シ債権者ニ交付シ本契約ヲ無効トス

四　公司若シ契約後五年内ニ何時タリトモ本借款ノ返還スルトキハ本契約ハ無効タリ右ノ場合ニハ其返還額ノ一百円ニ付五円ヲ加ヘテ償還スルコト

五　公司一切ノ動産不動産及鉄道営業権ヲ抵当トス
六　公司若シ期ニ至リ利息ヲ仕払ハス或ハ遅滞スルトキハ其返還ヲ終ハル迄債権者ハ公司ノ会計ヲ監督ス
七　公司若シ外国ヨリ材料ヲ購買シ或ハ工事ヲ起ストキハ先ツ債権者ニ商議シ若シ其価格高ク或ハ物品適当ナラサレハ他ヨリ購買ス
八　若シ外国技師ヲ傭聘スルトキハ公司ハ債権者ト協商シ日本技師ヲ用ユ
九　公司若シ再ヒ借款ヲ為ストキハ先ツ債権者ト商議ス

この契約は双方の妥協案であり、六・七・八項において日本側の元来の主張を牽制しながらも、日本の一部の権利の独占と経営への干渉を認めたのであった。

この三〇〇万円のうち大倉組は一〇〇万円を負担し、残額は正金・興業・台湾・安田・第一の五銀行から融通された模様である。借款を得た蘇省鉄路公司は翌二九日南京臨時政府と契約を締結し、そのうちの二五〇万円を革命政府に提供した。その相当の部分は大倉組からの兵器供給代金と相殺された。

イギリスは日本の資本がイギリスの勢力圏内に浸透することに強く反対し、三一日駐日本マクドナルド大使は外務省に、大倉組の借款は一九〇八年英清組が締結した「契約ニ違反スル」(20)として抗議した。二月六日同大使はまた内田外相に「一時本借款金額ノ交付ヲ見合セシムル」(21)よう申出た。しかしこの時大倉組は既に二五〇万円を交付していた。内田はイギリスの抗議により、残りの五〇万円の交付を見合せさせる考えであることを表した。北京では七日ジョルダン公使が政府の訓令により伊集院公使に日本がこの借款より手を引くよう強要した。ジョルダンは同鉄道に対するイギリスの交渉過程を詳細に説明しながら、「本件ノ英国関係タル天下周知ノ事実ニ属シ日本国政府初メ大倉組乃至ハ有吉総領事ニ於テ之ヲ知ラサリシ道理ナシ」として、日本の「措置ノ公明ナラサル」(22)ことを指摘し、イギリス側の憤慨の意を表した。これに対し伊集院は「大倉組借款ノ全然私人ノ行為ナルコト日本国政府ニ於テ与カリ知ラサルコト又有吉総領事ノ如キハ恐クハ本件英国側ニ就キ然カク詳細ナル事情ヲ知悉セサリシナラントノコト(23)」等と述べて弁明した。

日本と協調的であったロシアもこの借款に疑義を表明した。一月末駐北京のロシア公使コロストヴェツは伊集院公使に、この借款は政治的借款であり、ロシアはそれを黙認することが出来ぬ、事前にロシアと協議すべきだと述べた。(24)

このような抗議と反対にもかかわらず、日本はこの借款を堅持し、招商局の借款のように放棄しなかった。(25)

蘇省鉄路公司借款の成立後、孫文は各地方政府も省内の諸般の事業を抵当として借款を起こすように指示した。例えば、孫文は広東の鉄路公司に粤漢鉄道（広東―武昌）を抵当として借金を起こし、「以テ中央政府焦眉ノ急ニ応センコトヲ望ム(26)」と打電した。二月六日孫文は江西省都督にも江西鉄道を抵当として二五〇万ドルを借入れるよう指示した。(27)江西鉄道に対しては一九〇七年日本興業銀行が一〇〇万両を貸付けたことがあり、一九一二年一月中旬東亜興業公社と江西軍政府との間で借款交渉がおこなわれたが、その結果は不明である。(28)

しかし鉄道を抵当として外債を導入する方針は地方の株主の反対に遭った。辛亥革命は外債による鉄道国有化に反対する保路運動が引金となっていたため、民衆は鉄道借款には大変敏感であった。蘇省鉄路公司の借款は株主の反対により、その理事らは辞職にまで追込まれた。三月には蘇省鉄道の一部である杭州―寧波間の鉄道敷設費として立案された外債導入計画が、一部株主の強硬な反対により中止された。(29)これらの事実はこの鉄道借款が国内外の複雑な対立と競争の中で成立したことを物語る。

一方、招商局の借款交渉はこの借款交渉より一層激烈な対立と競争の中で進行し、最後にはその契約が取消された交渉であった。次に招商局の借款交渉を考究する。

招商局は一八七二年に成立した航運会社であり、一九一〇年頃には資産一四〇〇万両に達し、中国沿海と河川の航運と貿易において重要な地位と役割を占める近代企業であった。この企業は当時清朝政府の郵伝部管轄の民営企業であり、郵伝部大臣であった盛宣懐も相当の株を有していた。

招商局借款は同局の資産を担保とする借款であった。この借款を最初に持出したのは黄興であった。漢陽戦線で失敗した黄興は一二月初め上海にもどり、借款を起こして兵器を購入しようとした。黄興は三井に三〇万円の借款を申入れると同時に、駐上海の井戸川中佐を介して、まず大倉組に四〇〇万円の借款を申入れた。大倉組は日本郵船・日清汽船の後援を得てこの交渉に取掛かった(30)。この借款の成立を外交的に保障するため、一二月七日に内田外相は上海の有吉総領事に「右資金調達ノ見込ハ確実ナル趣ニ付……本件成立ノ為御尽力相成ル様致シタシ(31)」と訓令した。内田外相はその後衆議院での答弁において、「此の招商局は揚子江其の他支那沿岸に於ける貿易上最も重要なる場所を占めて居る。従て此の招商局の運命は我対清貿易及清国に於ける航運業に非常に影響を及ぼす問題でありますが故に南京側から之を抵当にして借款を致したいと云ふ問題が起りましたときには是は他の問題とは違ひまして我当局に於ても非常に注意を払つた問題でありますのみならず此の借款に対しましては非常な競争が起つて若し万一他国に之を取られたならば我航運業に非常な影響を及ぼす話でありますが故に政府は他に競争がある間は之を阻止する訳には往きませぬ(32)」として、政府・外務省がこの借款に積極的に介入した目的と理由を述べた。

この招商局の借款交渉は南京臨時政府が成立した後、他の借款交渉と共に本格化した。南京臨時政府は軍資金調達のため、招商局にその資産を抵当として一〇〇〇万両の借款を受入れ、政府に提供するよう強要した。これに対し招商局は難色を示し、その対応策を講じた。武昌蜂起以来の革命動乱により招商局の経済活動は影響を受け、二カ月間の欠損が約一二万両に達し、加えて一五隻の船舶が革命軍に徴用されていた。辛亥革命はブルジョア民主革命であり、招商局のような近代企業の長期的発展に有利な政治情勢をつくるはずであったから、招商局は経済面で革命を積極的に支援すべきであったが、その経営陣は政治的に保守的であったため、一時的な経済的損失の他、その保守的立場からも革命政権と対立する姿勢を示した。彼らは革命軍の占領から免れる方法として、まず天津・煙台・漢口・福州・広州等各地方分局の地上財産を抵当として香上銀行より一五〇万両を借款し、この借款契約締結と同時に抵当とした財産を香上銀行に移転し、一〇〇万両の現金を前受けし、[33]そのうち二五万両を革命軍に提供した。招商局はこのような方法により革命政権の借款要求に抵抗した。これには上述の政治的要素の他に、経営上債権者から監督されたり、或いはその所有財産の使用についていちいち認可を受けたりしたのも原因であることを見逃すことは出来ない。招商局総弁王子展は上述の事情を有吉総領事に洩らしながら、一月六日有吉に革命政権に抵抗する一方策として、三月の株主総会において局の売却を議決する意を表し、その折に有吉に斡旋を依頼すべしと述べた。[34]有吉総領事はこれを日本側が招商局に浸透する好機だと考え、王に「香上銀行ヨリノ借款百五十万両利子年六分五厘ヲ先以テ我方ヨリ低利ニテ借替ユルコト、為シテハ如何ト」[35]勧告したが、王は滞日中の盛宣懐と打合せの上返答するとした。有吉は内田外相に「予メ盛宣懐ニモ内々御勧告」するよう上申し、同時に革命政権の招商局に対する圧迫の情況を別紙で報告した。[36]

一月中旬以後招商局と革命政権との対立は日増しに激化した。一月二〇日上海都督陳其美は革命軍の各方面総司令官と師団長らが署名した一〇〇〇万両の借款要求を招商局に提出し、四八時間以内に返答するよう強要した。[37]招商局は会長に任命された臨時政府の外務総長伍廷芳と孫文・黄興に、一〇日以内に株主総会を開催して、この重大な問題を議決する意を申入れたが、黄興は二七日までに確実な返答をするよう強く要求した。二五日招商局は孫文に二月一日株主総会を開いて株主の賛成を得る意を表明した。[38]二月一日招商局は上海張園で株主総会を開いたが、出席者の持株数は総株数の一割にとどまり、半数以上の株主は反対或いは棄権して出席しなかった。[39]出席者の中には反対者がいなかったので、総会は三〇分たらずで簡略に議決を終えた。しかし招商局の定款には株主総会は株主の半数以上が出席しなければ無効だとの規則があったので、この決議は無効だった。有吉総領事も「其決議ノ効力如何ニ就テハ疑義少ナカラズ」(40)と述べた。招商局はこの借款に反対する株主らの書簡を南京に送り、間接的に反対の意を表明した。総弁王子展らは次の株主総会で局の売却を議決することを計画していた。王らはこの売却により出資金を回収し、その残金を革命政権に貸付けようとした。有吉総領事は内田外相に、招商局に対し借款よりも「売買ノ形式ヲ取ラシムル外我方ノ手段ナキニ至ルベキ」(41)と上申した。

このような情況の下で二月六日孫文は招商局に次のような三つの条件を提出した。(42)

一　この借款は、その元金利子共に中華民国政府より担保を提供し、返還をおこない、招商局がいささかも損害を被らないようにする。

二　もし招商局が今回の借款を承諾すれば、中華民国は招商局を民国国家郵船公司として承認する。

三　招商局の外洋航路を拡張し、政府より補助金を提供する。詳細な方法は後に協議して決定する。

このような優遇条件の下で招商局はこの借款に当ることを承諾し、二月六日南京で日本郵船株式会社と概要次のような仮借款契約を締結した。(43)

一　招商局は自己の自由意志で営業上の必要により本借款契約を締結する。

二　招商局は自己に属する動産・不動産・土地・建物・埠頭・船舶・水面権・付属品等一切の財産を抵当として日本郵船株式会社から日本金貨一〇〇〇万円を借款する。利子七・五厘、五ヵ年後一五年間で償還する。

三　招商局がもし期に至っても元金・利息を支払わない時には、日本郵船株式会社はその営業権を獲得し、招商局当局者の干渉を受けずにその営業を進めることが出来る。抵当物一切は日本郵船株式会社が売却・貸出・抵当移転の処分をすることが出来る。

四　招商局は抵当とした財産の全部或いは一部を他人に抵当とすることが出来ない。

この仮契約は他の契約と異なり、招商局が日本郵船株式会社から借款をするために、中華民国政府と日本郵船株式会社が契約を締結することをその第一条で規定し、孫文・黄興が民国政府を代表して両者と共に署名した。

この契約は多数の株主・清朝政府及びイギリス等列強が強硬に反対する中で締結されたため、その第二条に相互に絶対に秘密を保持することを明記したが、契約は外部に洩れ、株主・清朝政府・イギリスの反対と妨害を受けざるを得なかった。この借款は革命政権に対する借款であるが故に、二月七日まず清朝政府外務部が伊集院公使に覚書を送り、この借款は「明カニ中立ヲ破壊スルモノト認メサルヲ得ス」として、「本件借款ヲ差止メラレタク何分ノ回答ヲ望ム」(44)と要求した。伊集院はこの要求を内田外相に電報すると同時に、「若シ政府ニ於テ今後中清地方ニ我利権ヲ扶植セシムル準備トシテ内密我資本家ニ此種事項ヲ勧誘セラレ居ル行懸リ等モ有之ニ於テハ絶対ニ世間ニ洩レサル様注意ヲ与ヘラル、コト必要ナル」(45)旨を上申した。この借款は長江流域と招商局におけるイギリスの利権に対する挑戦であったから、イギリス大使マクドナルドは政府の訓令として、「該借款金額ノ一部ハ革命軍ノ用ニ供セラル、コト疑ナキ次第ニ付」、日本国政府は「之ヲ阻止セラレンコトヲ希望ス」(46)と要望した。イギリスは日本と対抗・競争するため、香上銀行等を動員して南京臨時政府財務総長陳錦濤に一〇〇〇万乃至一五〇〇万両の借款を提供する意を申入れた。これに対し上海の『デイリー・ニュース』は、一三日「日本カ揚子江航運上至大ノ勢力ヲ有スルニ至ルヲ防カンカ為英国某商会ハ本借款ノ競争ヲ始メタ」(47)旨を公表し、イギリスの実業家に日本に対抗・競争するために行動を起こすよう呼びかけた。内田外相はイギリスのこのような妨害・競争に対抗する姿勢を示し、二月八日マクドナルド大使に概要次のような覚書を渡した。(48)

両日本会社ハ清国ニ於ケル航運業ニ重大ナル利害関係ヲ有スルヲ以テ右申込ヲ受諾スルノ方針ニ依リ考量ヲ加ヘ目下本交渉中ナリ帝国政府ハ本計画ヲ幇助セサルコトニ決シタルモ前記両会社ハ帝国政府ノ異議ニ答フルニ他ノ外国筋モ亦現ニ清国ニ於テ之ト同様ノ借款計画ニ従事シ居ル旨ヲ以テ其実例ヲ挙ケタル後若シ両社ニシテ本交渉ヨリ手ヲ引

クトキハ清国ノ航運業ニ関シ同一程度ノ利害関係ヲ有セサル他ノ外国筋ハ直ニ両社ニ代ハルヘキ旨ヲ申出タリ叙上ノ事情ナルカ故ニ日本国政府ハ前記日本国会社ノ行為ニシテ唯一ノ例外ナリト云ヒ得ヘクハ格別然ラサル限リハ其ノ論止方法ヲ有効ナラシムルハ条理上為シ能ハサル所ナリ

この覚書において、日本政府・外務省が借款に対して異議を唱えたというのは事実ではない。政府・外務省がまず会社の方を勧誘し、またそれを積極的に推進したのである。この覚書は日本がイギリスと対抗・競争する固い決意を示した対英挑戦状でもあるといえよう。

内田外相は外務省の出先機関がこの本契約の成立に積極的な外交的保障を与えられるよう、二二日上海の有吉総領事に「我ニ於テ之ヲ引受ケルコト、ナリタル上ハ万事手落ナキ様致度ニ付……貴官ニ於テ伊東（日本郵船上海支店長――筆者）ト連絡ヲ保チ内密ニ必要ナル援助ト注意トヲ与ヘラレタシ」(49)と訓令した。だがイギリスはまたアメリカと連携して、列強一致の原則により、日本とロシアを四カ国銀行団に受入れて南京臨時政府に借款を提供し、その単独行動を牽制しようとした。(50)招商局もやむなくこの借款に応じて、イギリスの申入れに応ずる姿勢を示した。内田外相はこれに対抗する態度をとり、「新借款ニ関シ各国資本家間ニ交渉ヲ進ムルハ妥当ヲ欠クノ嫌モ有之」とし、伊集院公使にイギリス等の「借款談ノ進行ヲ渋ラシメ其間上海ニ於ケル我資本家トノ交渉ヲ進マシムル様致シタク貴官ハ右ノ趣旨ヲ体シ本件ニ関シ英公使ヘ可然御応対相成タシ」(51)と訓令し、この借款契約の成立を最後まで堅持する意を表した。

しかし外務省とその出先機関との意見は一致していなかった。借款交渉の第一線に立っていた有吉総領事は、二八日内田外相に「我方借款ハ到底見込ナキモノ」であるから、「速カニ断念スル方得策ナリト思考ス」(52)と上申した。有吉はその理由として、㈠に黄興ら革命政府当事者との間で交渉行悩み、㈡に南京の参議院が反対し、㈢にこの借款に抵抗して招商局の重役らが辞任したため重役の調印を得ること目下不能であり、㈣に中国南北の力関係において袁の勢力益々拡張し、孫・黄らの実力いよいよ減退しつつある情況の下で契約に明記した彼らの保証を楯として孫・黄に迫ってもまったく効なく、ただ彼らを窮境に陥れるにすぎず、㈤に北方の袁世凱の感情を害するのみならず南方において伍廷芳ら進歩的革命党員の反感を買い、㈥にイギリス側にも甚だ面白からざる結果を生じついに徒労に帰する恐れがある等を挙げた。[53] この六つの理由は当時の複雑な内外関係を的確に分析し、日本の将来の利権獲得のためには借款を一時放棄するのが得策だと説明したものである。

内田外相は有吉の分析と説明に耳を傾けざるを得なくなり、有吉に「此際仮契約ヲ根拠トシテ本契約ノ締結ヲ迫ルモ到底成功ノ見込ナキ事確メラレタルヲ以テ我資本家ニ於テハ他日ノ画策ノ余地ヲ存スル為メ先方ヲシテ招商局財産ヲ他ニ抵当トナサヽル事ヲ約セシメ本契約ノ締結ヲ見合ハスヘキ事ニ決定セリ[54]」と通告した。これは日本が招商局借款を完全に放棄したものではない。この時袁世凱は既に孫文に替り臨時大総統になり、四カ国銀行団に二〇〇万両の善後借款を要請し、これをまず南京臨時政府と革命軍の解散等の善後策に流用しようとした。これは政治的借款であった。内田外相は三月二日伊集院公使に「帝国政府カ政治的性質ヲ有スル借款ニ参加スル[55]」決心を伝え、この借款に参加する意図を表明した。

(1) 明治四四年一一月二〇日、在上海有吉総領事より内田外相宛電報、機密九〇号。外交史料館所蔵。
(2) 明治四四年一一月二五日、在上海本庄繁少佐の電報報告。外交史料館所蔵。
(3) 明治四四年一二月一八日、在上海本庄繁少佐より参謀総長宛電報、受八三一号。外交史料館所蔵。
(4) 武漢大学経済系編『旧中国漢冶萍公司与日本関係史料選輯』上海人民出版社、一九八五年、二九三ページ。
(5) 外務省編『日本外交文書』(辛亥革命)、一七九ページ。
(6) 臼井勝美「辛亥革命——日本の対応」、『国際政治11　日本外交史研究——大正時代』二二ページ。
(7) 明治四五年一月三日、在上海加藤中佐の電報。外交史料館所蔵。

(8)『日本外交文書』(辛亥革命)、一八四ページ。
(9)同右。
(10)同右書、一八五ページ。
(11)同右。
(12)同右書、一八六ページ。
(13)同右。
(14)同右書、一九三ページ。
(15)同右。
(16)同右書、一九四ページ。
(17)同右書、一九五ページ。
(18)明治四五年二月七日、在上海有吉総領事より内田外相宛電報、第九四―一号。外交史料館所蔵。
(19)『日本外交文書』(辛亥革命)、二〇四―〇五ページ。
(20)同右書、二〇三ページ。
(21)同右書、二〇八ページ。
(22)同右書、二一〇ページ。
(23)同右書、二一〇―一一ページ。
(24)明治四五年一月三一日、在清国伊集院公使より内田外相宛電報、第七一号。防衛研究所所蔵。
(25)この借款は、一九一四年二月中英公司から返済した。
(26)明治四五年一月二九日、在広東瀬川総領事より内田外相宛電報。防衛研究所所蔵。
(27)明治四五年二月一五日、在上海有吉総領事より内田外相宛電報。第八六号。防衛研究所所蔵。
(28)『日本外交文書』(辛亥革命)、一八八ページ。
(29)明治四五年三月一五日、在杭州池部事務代理より内田外相宛電報。防衛研究所所蔵。
(30)『日本外交文書』(辛亥革命)、一六九ページ。

(31)　同右。
(32)　田村幸策『最近支那外交史』上、外交時報社、昭和一二年、四二ページ。
(33)　明治四五年一月三〇日、在上海有吉総領事より内田外相宛電報、第五七号。防衛研究所所蔵。
(34)　『日本外交文書』(辛亥革命)、一七九、一八三ページ参照。
(35)　同右書、一七九ページ。
(36)　同右書、一八〇―八一ページ。
(37)　『民国檔案』一九八四年第二期、四三ページ。
(38)　同右雑誌、四六ページ。
(39)　同右雑誌、四八ページ。
(40)　『日本外交文書』(辛亥革命)、二〇七ページ。
(41)　明治四五年一月二六日、在上海有吉総領事より内田外相宛電報、第四七号。防衛研究所所蔵。
(42)　『民国檔案』一九八四年第二期、五〇ページ。
(43)　同右雑誌。
(44)　明治四五年二月七日、在清国伊集院公使より内田外相宛電報、第九三号。防衛研究所所蔵。
(45)　同右。
(46)　『日本外交文書』(辛亥革命)、二二一ページ。
(47)　明治四五年二月一三日、在上海有吉総領事より内田外相宛電報、第八〇号。防衛研究所所蔵。
(48)　明治四五年二月八日、内田外相より在清国伊集院公使宛電報、第二六号。在倫敦山座代理大使宛電報、第三六号。防衛研究所所蔵。
(49)　『日本外交文書』(辛亥革命)、二二三ページ。
(50)　田村幸策、前掲書上、四三―四五ページ参照。
(51)　『日本外交文書』(辛亥革命)、二二八―二九ページ。
(52)　同右書、二二九ページ。

（53）同右。
（54）同右。
（55）同右書、二三〇ページ。

六　南北妥協をめぐる対応

孫文と南京臨時政府はこの共和制の政府を堅持し、北伐を挙行して南北を統一しようとしたが、国際情勢と南北の力関係の牽制により、共和制の維持と清帝の退位を条件に北の袁と妥協し、袁の北京政府に統合されざるを得なかった。本節では、この妥協の過程における南北と日本との対応を考究する。

南北和議は袁世凱の国民会議による政体決定への反対により一時「決裂」した。一月元旦ジョルダン公使が袁を訪れた時、袁は平和的に解決するために尽力したが失敗し、北方の将軍らが再戦の準備をしているため、自分は明日辞表を提出するつもりだと語った。(1) これは袁の本心ではなかった。袁は表面では立憲君主制を主張し、馮国璋・張勲ら一五人の将軍をそそのかして共和反対・立憲君主制堅持の主張を内閣に上呈させ、清廷の親王・貴族らに金銭を与えて南北再戦の準備を促すような姿勢を示したが、これは南方の革命党に対する恫喝であり、これにより南方側により一層の譲歩を強要しようとしたものであった。しかし南京には一月一日共和制の臨時政府が成立し、孫文が臨時大統領に選任された。これは袁にとっては一大脅威でありながらも、これを利用して清廷に皇帝退位を迫るには有利な要素でもあった。故に、袁は裏面では密かにその腹心梁士詒と唐紹儀のルートを通じて伍延芳と孫文との交渉を継続していたのである。(2)

孫文は帰国の折に南北和議に反対したようである。宗方小太郎の海軍軍令部宛の秘密報告によれば、「孫ノ意見ハ絶対ニ媾和ヲ排シ若シ列国ニテ武力ノ干渉ヲ行ヒ其結果支那ガ四分五裂ニ至ルトモ君主政体ノ名義ノ下ニ和ヲ媾スル事ヲ為サス飽迄共和ノ目的ヲ達セザレハ已マズ十年ニテ成ラザレバ二十年三十年ノ後ヲ期シテ之ヲ争フベシ」(3)と語ったが、孫文のこの主張はその後南京臨時政府内の有力者の非難を浴び、彼自身も自己の主張に固執しなかった。これには客観的原因もあったが、主観的要因もあった。孫文は一二月二一日香港を経由した折、胡漢民に「袁世凱が信頼出来ないというのは、まことにその通りである。しかし我々がこれを利用して二六〇年の貴族専制の満州を転覆するとすれば、十万の兵を用いるよりも賢明である。たとえば彼が満州の後を継いで悪事をなさんとしても、その基礎はもとに及ばず、これをくつがえすのはおのずから容易である。だから現在はまず円満な結着をなすべきである。私がもし上海・南京に行かなければ、この対内的対外的大計をとりしきるのは、他の人では決してなし得ないことである」(4)と語り、清朝打倒のため袁を利用する意を表した。一月二日孫文は袁に南北戦争を避けるため和議に反対しないという態度を表明し、袁の力により、戦争によらざる方法によって国民の念願を達し、民族の調和・清廷の安楽を図ることが出来るとの電報を打った。モリソンの史料によれば、一月二日南方の代表伍廷芳は袁世凱に、もし袁が清帝を退位させたならば、孫は大総統の位を袁に譲渡する用意があることを伝えた。(5)孫の態度のこのような変化は袁に大変有利であった。

孫文の意を受けた袁は、早速清帝退位の工作を開始した。袁は腹心梁士詒らを中心に清帝に退位を迫ると共に、袁政権の樹立を画策し始めた。これは前年末の南北和議における政体問題が一歩発展し、中国の南北情勢が新たな段階に転換し始めたことを示す。

清帝退位は袁と孫が共に希望していた共通点であり、両者が密かに交渉する政治的な基盤でもあった。これはまた袁政権樹立の前提条件でもあったので、袁はまずこの問題の解決に取掛かった。これには列強の承認と支持が必要であった。

袁は列強、特にイギリスの顔色を窺わざるを得なかった。一月一一日袁は梁士詒を派遣して、ジョルダン公使に中国の各層は皇帝退位の他に途がないとの意見であることを伝え、皇帝退位後袁が仮政府を樹立したならば、列強はこれを承認するか否かを尋ねた。(6) ジョルダンは正面からの回答を避け、袁は各国から信頼されており、袁と南方との論争は中国内部の問題であり当然協議は達せられると思うと述べた。これは袁の工作に対する支持を示唆したものであった。これにより袁はイギリスの支持を獲得したと考えたのである。

しかし問題は日本側にあった。日本は国民会議の議決による政体選択に賛成したが、本音は依然として立憲君主制を希望していたので、日本を説得して立憲君主制の主張を放棄させ、清皇帝の退位と袁政権の樹立に賛成させる必要があった。このため一月一二日ジョルダンが梁士詒との内談の内容を密かに伊集院に伝え、その意を尋ねた。(7) 袁も対日説得に乗出し、同日坂西利八郎に対し、「時局益困難トナリ而シテ英国政府ハ君主政体ヲ支持スルノ意ナク列国モ亦傍観ノ有様ナレハ此儘ニテハ到底満洲朝廷ハ瓦解ノ外ナキトコロ日本国政府ハ君主立憲ヲ賛成スルト声言シナカラ南方ニ在リテハ有力ナル日本人続々革命軍ノ謀議ニ与リ居リ内実日本国ハ官民共ニ共和ニ賛成セル模様ナルコト新聞其他ノ報道ニ徴シテモ明カナリ日本国政府ハ結局時局ニ対シテ如何ナル考ヲ有シ居ルヤ(8)」と尋ねた。これは日本側の意向を探りながら、日本が立憲君主制の主張を放棄して、袁の仮政府樹立の構想を支持してくれるように示唆したものであった。これに対し伊集院は、坂西に「満洲朝廷ノ瓦解ハ重大ナル結果ヲ生スルヲ覚悟セサルヘカラス(9)」と袁に伝言するよう申含め、依然として立憲君主制の立場を堅持していることを表明した。伊集院は一二日にジョルダン公使・坂西との談話の内容を内田外相に報告すると同時に、「譲位蒙塵ノ実現ハ自然ノ勢ニシテ時日ノ問題」であることを中国の現状から分析し、「若シ此ノ大勢ニ抗シ朝廷及袁世凱ヲシテ現状ヲ維持セシメントスルニハ外部ヨリ実力ヲ以テ飽迄之ヲ援助スル決心ナカルヘカラス(10)」と上申した。これは内田外相に清皇帝の譲位を認めるべきか、それとも実力行使による干渉によって現状を維持するのかの二者択一を迫ったものである。

イギリスもこの重要な時期に日本が干渉することを大いに恐れ、その対策を講じた。イギリス外務省は一六日駐日イギリス大使マクドナルドを通じてジョルダン・梁士詒会談の内容を通告すると同時に、梁の内密の談話として「何分ニモ日本政府カ共和政府ノ設立ニ対シ強硬ナル反対意見ヲ有スルコトハ御承知ノ通リナルカ如上ノ政府ヲ設立スルト仮定スレハ最憂慮スヘキハ此方面ナリ」(11)との意を再度内田外相に伝え、日本の姿勢を警戒している意を示唆した。これに対する内田外相の態度は不明であるが、イギリス大使は同日グレー外相宛に「本使ノ推測ニ依レハ愈共和政府設立ノ暁ニ至リ之ヲ承認スルノ問題ニ逢着シタル時ニ於テ日本政府カ我英国政府ヨリ分離シテ特殊ノ態度ヲ取ルカ如キ意嚮ハナカルヘシ」(12)と打電した。モリソンも袁世凱らがもっとも憂慮している対象は日本であるけれども、日本人が現在の帝政を支持するために干渉することはあり得ない(13)とロンドンに伝えた。

この時袁は列強に対し二面的政策をとった。一面においては日本の実力行使による干渉を事前に排除しようとし、他面においてはイギリス等列強の干渉を要望していた。袁は皇帝の退位に対する列強による外部からの圧力を強化するため、在中国の外国人商業団体を利用した。このため袁の腹心である蔡廷干は九日モリソンと秘密会談をおこない、まず南北紛争の継続により外国商人の正常な商業活動と貿易が損失を蒙り、その生命財産も脅威を受けているから、国民会議において国体を決定する前に民主的仮行政機構を設置し、その前に専制権を放棄（即ち皇帝の退位）すべきことを上海の外国人商業会議所が元摂政王慶親王及び袁世凱に提案するよう画策した。(14)その翌日蔡はモリソンにこのことを上海の外国人商業会議所に示唆するよう要望し、上海が率先すれば他の港湾都市の外国商人も呼応し、その影響は大なるものであると語った。(16)同日清モリソンの工作により、(15)一二日上海の外国人商業会議所がまず上述の内容の電報を元摂政王慶親王と袁に発した。同日清朝政府外務部大臣胡惟徳はジョルダン公使にこの電報を渡し、イギリスの上海総領事を通じてこの電報の真偽を確認するよう要請した。ジョルダンはその電報は上海商業会議所の理事会が会員の絶対多数の賛成を得て発したことを胡惟徳に伝えた。この電報は清廷に外国が干渉するサインと見なされ、皇帝の退位に圧力と拍車をかけた。

このような情況の下で清廷は皇帝の退位を検討し始めた。袁は一五日書記官をジョルダン公使に派遣して、「皇太后ハ多分数日間ニ皇位譲位ノ上諭ヲ発セラル、コト、ナルヘシ」(17)と内報した。

同時に袁は一四日梁士詒を通じ唐紹儀に、孫文の総統譲位を再確認するよう指示した。孫文は一五日もし清帝が退位し共和制を発布すれば、南京臨時政府はその約束を取消さない、自分は即時に総統を辞任し袁を総統に推薦するとの電報を伍廷芳を通じて袁に送った。(18)袁は清帝退位後の善後策を講ずるため、唐紹儀と伍廷芳を北京に寄こすよう要求したが、孫文は袁に「譲位ノ詔下ランカ他人ヲ待タス自ラ北上シテ親シク袁ニ面会スヘキ」(19)旨を電報した。

この時期、この問題に関する日本の外務省出先機関と民間人の対応は正反対であった。北にいた伊集院が袁が孫文と妥協して共和制を採用するのに反対したのに対し、南にいた頭山満らは孫文が袁に譲歩するのに強硬に反対した。この時頭山は上海にいたが、孫文は袁との交渉内容を頭山に通告しなかった。日本にいた内田良平がこの噂を聞き、「折角今まで力を尽したのに今更袁に政権を譲るやうなことがあつては、老獪なる袁が如何なることをするか測られず、結局革命の目的を水泡に帰せしむることゝなるから、この際妥協などさせてはならぬ」(20)として、葛生能久を南京に急行させた。葛生はまず上海に赴き、頭山に南北妥協のことを伝えた。頭山はそんなことはないとして信じなかったが、それは事実であった。頭山は宮崎滔夫・萱野長知・寺尾亨と共に南京総統府に孫文を訪ね、「革命の主人公は貴方ではないか、兵は足らず金はなし、困ることは困るだらうが、困る位にまで来たのが元来優曇華の花なのだ。どんなことがあらうとも楽しんでこゝを持ち耐へて、天下の耳目を此処に引きつけなくちやならぬ大事な時だから、直ぐ軽々に行くなんといふことは宜しくない。何としても袁世凱を一度此方へ呼んで、貴方が革命の主人公であるといふことを一応明瞭にして、それから行くことにしたら宜からう。軽々に動くことは絶対に反対だ」[21]と止めた。葛生も南京に赴き、宋教仁に妥協不可なる所以を述べて忠告を試みたが、宋は「袁世凱によつて目的を達する方がよいと思つてゐる」[22]と自己の見解を堅持していた。葛生は重ねてその熟考を求めたが、南北妥協を阻止することが出来ず、一日も早く宋教仁を東京に来させて対策を講じようとした。南京臨時政府にも南北妥協に反対の革命党員がおり、頭山ら大陸浪人らと共に孫文の対袁政策に一定の影響を及ぼした。

北京においてはジョルダン公使が立憲君主制に固執している同志連合会のメンバーらに、立憲君主制によって南北戦争と中国の分裂が避けられるかどうかには疑問があるとして、立憲君主制の放棄と南北妥協を説得した。[23]これは南方の頭山らと対照的であった。

南北で南北妥協に反対する勢力は、共和制か立憲君主制かということでは対立していたが、袁世凱に反対することでは一致していた。鉄良・良弼ら皇族の中堅層は袁に反対し、革命党の急進派も袁に反対した。一六日袁が宮中から退出して来た時、革命党員黄沢萌ら三人が袁に爆弾を投じて爆殺しようとしたが失敗した。これはこの時期の反袁勢力の活動を公然と表明したものであったが、逆に清廷に圧力を加えることになり、袁はこれを清帝の退位に利用した。

一七日宮中で御前会議が開かれた。その内容は不明であるが、時局収拾策が検討されたのは確実である。会議後袁は即刻ジョルダン公使の来訪を求め、彼に清帝退位・新政権構想を内談した。構想の内容は、旬日中に清帝退位の上諭を発し、その上諭の主旨により彼が天津で仮政府を組織して時局を収拾し得れば、清帝は直ちに退位する、その後南北の代表が袁を大総統に選出して正式な新政府を組織する、退位の上諭発布から新政府成立までは一〇日ばかりというものであった。袁はこの構想を一八日ジョルダンと内談すると共に、「英国政府ニ於テハ右ノ仮政府ヲ承認シ之ニ対シ十分助成アランコトヲ望ム」[24]と要請した。ジョルダンは終始袁を支援していたから、当然好意的な姿勢を示した。しかし構想の実現には日本の了解或いは協力が必要であったから、ジョルダンは伊集院の説得に取掛かった。これに対し、伊集院は同日「慎重ナル考量ヲ用ユヘシ(25)」と内田外相に内報した。二〇日内田外相は「右承認の件ハ大勢ノ定マルヲ待チ徐ロニ審議ヲ尽クスモ遅カラサルコトト思ハル(26)」と指示した。その理由は、㈠に「万一取急キ袁ノ仮政府ヲ承認シ間モナク其瓦解ヲ見ル」可能性があること、㈡に「袁ノ対革命党策略ニ右承認ヲ利用セラルルカ如キコトアリテハ面白カラス(27)」というものであったが、日本としては親イギリス的である袁が清帝退位後の中国支配の大権を掌握するのを好まないというのが本音であった。伊集院はまた「革命党トノ妥協ニ依リ成立セント思ハル新政府ハ追々利権回収税関法改正治外法権撤廃等の問題ヲ提起スヘキハ自然ノ勢ニシテ……其傾向ノ排外的殊ニ排日的ナルハ予見ニ難カラス(28)」とその理由を付加えた。これは伊集院が最後まで共和制に反対した理由を表明したものでもある。

日本は清皇帝の退位、袁政権の樹立に賛成しようとしなかったが、大勢は着々とその方向に傾いていった。日本はこれに対する新たな対応策を迫られた。伊集院公使は内田外相に「帝国ニ於テハ別ニ独立ノ地歩ヲ占メ以テ日本国ノ憚ルヘキアルヲ知ラシメ日本国ヲ外ニシテ事局ヲ収拾スルノ不可能ナルヲ（英国に――筆者）感得セシメ置カハ我カ将来ノ行為行動ニ利益アルヘシ(29)」と上申した。伊集院はまたロシア公使と連携してジョルダンの行動を牽制しようとした。一九日ロシア公使は伊集院に「本国政府ノ明白ナル訓令ナキ以上ハ承認セサルハ勿論」だとし、「退位ノ暁朝廷熱河ニ蒙塵セハ満洲王公ノ中然ルヘキ者ヲ見立テ貴我両国ニテ何トカ利用スル道ハ有ル間敷キヤ(30)」とまで提案した。伊集院はフランス公使コンチイとも会談し、両公使は「若シ革命党主張ノ如キ政府成立セハ種々突飛ナル排外的措置ヲナシ面倒ナル外交問題ヲ惹起スヘキハ必至ノ勢ニ付此際或ハ列国ニ於テ予メ之ヲ掣肘シテ時局ヲ救済スル方有利ナラン(31)」との意見で一致した。

このように複雑な情況の下で、内田外相は伊集院に、早急に袁と会見して現下の実情及び将来の見込み等について袁の真意を確かめるよう訓令した。折しも二〇日前後中国南北の政治情勢には急激な変化が起こった。

孫文は袁世凱を大総統に選任する前提条件として、清帝の退位と共和制の発布の二つの条件を提出していたが、二〇日前後からこの他に、㈠清帝退位後その全権力は同時に終息し、これを私的にその大臣に委ねることを得ず、袁は民国から推挙されるべきであり、清朝からその権力を授かるものにあらず、㈡北京に臨時政府を樹立すべからず、南京臨時政府は絶対に解散することを得ず、㈢清帝退位のことを袁が北京駐在各国公使もしくは上海駐在の領事を通じて民国政府に通告し、（孫文は外交団或いは領事団が清帝退位の通告を受取った後に（或いは列国が中華民国を承認した後に）辞職する、㈣南京の参議院が袁を臨時大総統に選任し、袁は参議院が定めた憲法を宣誓して初めて権限を接受することが出来る等の新条件を付加えた。(32) これらの条件は、孫文があくまで南京臨時政府を中心として清帝退位後の中国政局を処理し、かつ南方を中心とした南北統一を達成しようとしたものであり、同時に袁世凱に対する不信感と警戒心を表明し、それに対する具体策を講じ始めたことによる。

袁世凱とイギリスは、孫文の対袁姿勢がこのように急激に変化したのは、裏で孫文の秘書・顧問であった日本人が彼を使嗾しているからだと判断した。(33) 故に、袁は日本の態度を再打診しながらその支持と賛成とを得ようとした。一月二一日袁は伊集院と会見し、清帝退位と立憲君主制を放棄せざるを得ぬ理由を挙げ、伊集院を説伏しようとした。しかし伊集院は「飽迄君主立憲ノ目的ヲ貫徹シ之ニ因リテ事局問題ノ解決ヲ告ケシムルコソ万全ノ策ナリト確信スル外他意アルニアラス」(34)と固執した。袁は「孫逸仙ノ意嚮ハ皇位退譲後ハ直ニ北京政府ヲ撤廃シ南京ニ新政府ヲ設クヘシトノコトナリ果シテ右様ノコトトモナレハ貴国政府ハ之ヲ承認シ公使館ヲ同地ニ移サルヤ」と問い、「又若シ当方面ニ新政府ヲ設ケ真面目ノ人物カ其局ニ当ルコトトナレハ如何」(35)と尋ね、孫と袁、南と北のどちら側を支持するかを打診した。伊集院は「孰レノ地孰レノ人ニ依リテ組織セラルルトモ要ハ新政府カ果シテ内治外交ノ衝ニ当リ内乱ヲ鎮定シ国交ヲ繋キ得ヘキ実力ヲ有スルヤ否ニ付充分ノ見込立タル上ニアラサレハ容易ニ承認ヲ与ヘサルヘク夫レ迄ノ間ハ結局貴国ヲ無政府国トシテ遇スルノ已ムヲ得サルニ至ルヘシ」(36)と答え、袁にも孫にも、南にも北にも反対する姿勢を示した。

袁と会見した時、伊集院は孫文の新条件の提出によって中国情勢が急激に変化していることを知らなかった。二二日伊集院はジョルダン公使を訪ねた際に初めてジョルダンからその情況を聞き、二一日袁が話した背景を理解することが出来た。これは当時伊集院が袁と北京の政治・外交の場からどれほど疎外されていたかを物語る。伊集院はジョルダンに「退位ノ沙汰モアラハ清国ハ全然無政府ノ状態トナル……袁ニシテ何ノ成算モナクハ清国ノ統一ハ遂ニ不能ニ帰スヘク事態ハ愈々重大トナリテ列国ノ其ノ利益保護ニ必要ナル手段ヲ執ルノ已ムナキニ至ラン(37)」と述べ、清皇帝退位に反対する意を表した。ジョルダンは伊集院のこのような強硬な態度に対応するため、各国公使会議を開くことを提案した。これに対し伊集院は前回の六カ国勧告のようなものは何の効果もなく、「若シ目下ノ時局ヲ救ハントナラハ列国ニ於テ責任ヲ負フテ十分ニ其ノ提案ヲ遂行スル覚悟ヲ要スル」としながらも、目下その意見をまとめること困難なるを理由に「今暫ク傍観ノ儘形勢ノ推移ニ注意シ一面ニハ必要ニ応シ自国人民ノ生命財産ヲ保安シ得ヘキ手段ヲ講シ置クノ外ナカラン(38)」と述べた。伊集院は中国における日本の既得権益保護の優先を口実に傍観しながら、到来する混乱を利用して中国の時局を収拾するイニシアチブを掌握するチャンスを窺っていたので、内田外相に「事態紛糾シテ非常ノ混乱ヲ来スヘキモ或ハ却テ帝国ニ於テ之ヲ利用スル機会到来セストモ限ラサルニ依リ申迄モナキコト乍ラ帝国政府ニ於テ予メ如何ナル事変ニモ応シ得ヘキ様充分御用意置アラン事ヲ乞フ(39)」と具申した。

この時期北京では皇族の中堅層であった鉄良・良弼らが反袁運動を展開していた。彼らは君主立憲維持会の名義で「北京旗漢軍民公啓」を発布し、袁世凱の清廷に対する不忠を猛烈に攻撃した。これにより袁も一時総理を辞職し、退京して天津の外国租界に閉籠もろうとした。これはイギリスの対中国政策に予想外の打撃を与えた。イギリスは、伊集院と公使館付武官であった青木宣純少将が日本陸士出身であった鉄良と良弼を使嗾してやらせたものだと判断し、二三日モリソンが日本公使館の松岡洋右二等書記官を訪ね、公然と「鉄良ノ背後ニハ伊集院公使アリ良弼ノ背後ニハ青木少将アリテ夫々使嗾セリ」と指摘し、「若シ袁世凱ニシテ一度退京シ重大ナル事態ヲ惹起スルニ至ランカ其批難ノ当否ハ暫ラク措キ兎モ世間ハ前陳ノ情報ニ基キ之ヲ以テ日本ノ責任ナリトスヘシ」(40)との主旨をそれとなく述べた。モリソンは松岡に、この際「日英両国代表者ニ於テ袁世凱ノ辞職退京ヲ中止セシムル様取計ハレテハ如何アルヘキカ」(41)と尋ねた。ジョルダン公使も同日伊集院に同様の意見を述べ伊集院の協力を要請したが、伊集院は袁を「今自ラ窮境ニ立ツヤ忽チ部下ヲシテ斯カル虚構ノ事ヲ『モリソン』ニ告ケ諸方ニ流布セシメ以テ責任ヲ他ニ嫁セントスル狡猾手段ヲ執ルカ如キハ其小策ニ腐心シテ誠意ヲ欠クノ甚シキ実ニ呆ル丶ノ外ナシ」と非難し、袁の辞職の噂は「辞職ヲ吹聴シテ外国ノ後援ヲ得ントスルノ策タルヤノ疑ヲ免カレス若シ此際列国ニシテ進テ袁ヲ引留ムル如キ手段ヲ執ラハ之実ニ彼の術中ニ陥ルモノナリ」(42)として、ジョルダンの要請を拒否した。翌日伊集院は内田外相に袁の退京について、「我ヨリ進テ何等手段ヲ執ルヘキ場合トハ思ハレス寧ロ尚傍観シテ自然ノ推移ニ任カサハ或ハ帝国カ活動スヘキ機会ヲ促シ来ルヤモ計リ難シト思考ス」(43)と上申した。これは袁の失脚は日本の対辛亥革命外交に有利なチャンスをもたらすので、歓迎すべきだとの意である。

天津でも革命派と日本の大陸浪人らが反袁運動を展開していた。革命党員白逾桓らと大陸浪人平山周・小幡虎太郎らは袁世凱が天津に潜入する機会に彼を暗殺しようと計画し、ある日天津駅で袁らしい大官を襲撃したが、それは袁ではなく天津道台の張懐芝であった。これに失敗した彼らは天津占領計画に着手した。平山周ら大陸浪人は一月初めより革命軍の北伐に合せて天津・北京占領と袁狙撃のプランを立て、一月三〇日支那駐屯軍の阿部貞次郎司令官の支持の下で、天津の革命党員と共に天津鎮台衙門を攻撃したが失敗し、日本人一名が死亡し、二名が逮捕された。(44)

しかし袁世凱は掌握した実力と権謀術数を行使して、これらの勢力に反撃を始めた。袁はまず曹錕の第三鎮の一部を北京城内に駐屯させ、次に代弁者楊度らを使嗾して共和促進会を組織し、世論を喚起して共和制に反対する皇族らに一撃を加えた。あたかも二六日革命党員彭家珍が宮中より退出する良弼に爆弾を投じ、良弼は翌日日本人病院で死亡した。この事件は立憲君主制に固執する皇族らに恐怖感を与えた。彼らは天津・青島・大連等に逃亡を始めた。次に二七日北洋の将軍段祺瑞らが皇族と内閣に共和制を要求する電報を発し、清廷に政治的・軍事的圧力を加えた。このような猛烈な反撃の下で、清廷は二九、三〇日連続の御前会議を開き、皇帝退位後皇帝・皇族を優待することを条件として、退位の意を表明し、袁をこの件について南方と交渉する全権代表に任命した。袁は早急に孫文らと優待条件を検討した。清廷は二月五日南京参議院が採択した皇帝退位後の皇帝・皇室の待遇条件を受入れ、一二日に南方の張謇が起草した「清帝退位詔書」を発した。この発布により、二六〇〇余年の清朝の支配と二〇〇〇年にわたる封建君主専政制が崩壊・終焉し、中国は共和政治体制に転換した。辛亥革命の意義はまさにここにあった。

袁と孫、南と北は妥協により双方共に清帝退位という第一の目的を達成した。しかしこの妥協により、統一された南北政権の樹立をめぐり、袁と孫、南と北はまた新たな戦いを始めた。一三日孫文は参議院に臨時大総統辞任の教書を提出し、袁を大総統に推薦したが、付帯条件として次のような三つの条件を提出した。(45)

一　臨時政府を南京に設けることは各省代表により議定されたことであり、変更することは出来ない。

二　辞職後、参議院選出の新総統が自ら南京に来て就任した後に、大総統及び各国務員が離職する。

三　臨時政府の約法は参議院が制定したものであり、新総統は公布されたすべての法律・規約を遵守しなければならない。

この条件のうち、一、二の二つは、首都を南京に置いて袁を南に引張り出し、これによって旧勢力が蟠踞する北京との関係を分断し、南京臨時政府を基盤とした南北統一の共和政府を樹立しようとしたものであった。これは単なる首都の選択問題ではなく、北京と南京のどちらを中心として新政権を樹立するかという重大なことであったため、南北双方はまずこの問題をめぐって攻防戦を展開した。

袁は孫文の南下の要請の背後には日本人の使嗾があると考えていた。頭山満ら大陸浪人は孫文の北上に反対し、袁の南下を孫に勧告していたため、これが孫に一定の影響を及ぼしていたともいえよう。袁はイギリスと共にこの内情を探ると同時に、伊集院の説得に取掛かった。二四日袁は曹汝霖を派遣して、伊集院に袁の南下が不可能である理由を説明した。伊集院は南方の共和制に反対なので、「孫ノ要求ハ道理上甚タ無理ナル注文ニシテ皇帝既ニ辞位ヲ行ヒタル以上ハ従来ノ成行ニ徴スルモ宜シク南方側ヨリ委員ヲ北方ニ派遣スヘキカ順序ナルヘシ」(46)として、孫文の要請を非難し、間接的に袁の南下に不賛成の意を表明した。伊集院は反袁的でありながらも、また袁の主張を支持する矛盾する姿勢をとった。

イギリスはその主な権益が南方にあるにもかかわらず南京首都説に反対し、側面から袁を支援した。モリソンは蔡廷干らと画策して孫に対抗する策を講じた。(47)駐南京のイギリス領事は南京臨時政府の王寵恵外交総長に北京首都説を吹込んだ。(48)ジョルダン公使も二四日伊集院を訪ね、彼に協力を要請したが、伊集院は「例ノ手段ヲ以テ体善ク列国ノ援助ヲ求ムル策ニアラスヤ」として、「今暫ク成行ヲ観望スルヲ上策トス」(49)と述べ、直接の回答を避けた。伊集院はその理由として、「袁ノ主張ヲ貫ク為ニ列国ノ干渉シタルコト南部人種ニ知レ渡ル時ハ袁ハ自己ノ利益ノ為ニ列国ノ援助ヲ求メタリトテサラテタニ心中袁ニ対シ快カラサルモノ多キ南方ニ於テ袁ニ対スル反感ヲ一層激シクシ反テ事態ヲ困難ナラシム虞アル」(50)ことを挙げたが、これは袁のためというよりは袁に対する反感から出たものであった。

孫文らは袁の南下を依然として主張し、二月一八日蔡元培・宋教仁・汪兆銘らを北京に派遣し、袁を迎えて南下させようとした。一行は二月下旬北京に到着した。袁の腹心蔡廷干は一行がモリソンを訪問することを予測し、彼らに首都を南京に移す危険性と各国公使館が遷都に反対していることを示して説得するようモリソンに要請した。(51)日本側の対応はこれと反対だった。内田良平らは帰国した葛生の内報を聞き、桂太郎と相談の結果、葛生を再度南京・上海に派遣して蔡・宋らの北上を阻止しようとしたが、葛生が上海に到着した時、彼らは既に北京に向っていた。葛生は北京のホテルに宋教仁を訪ねて内田らの意見を伝え、対応策を講ずるため宋に日本に渡航するよう勧告したが、宋は応じなかった。(52)小川平吉は二月九日宋教仁に「袁世凱が時局を左右するに至る事は我々の絶対に反対する所なり。袁に欺かれず断乎として初志を貫徹するやう、孫、黄二君にしかと注意を乞ふ」と勧告し、同日また在上海の宮崎滔天にも「袁世凱時局を左右せば万事休すべし。袁に欺かれず断乎初志を貫徹する様南京に警告せよ」(53)と要望した。これらは日本側の反袁的な姿勢を端的に示したものであった。

この時一時帰国(一月一六日東京着)していた犬養毅は、第二八回国会が開催されていたにもかかわらず、二月一六日東京を出発し南京に来た。(54)犬養は来華の目的について、「我邦外交ノ大失錯ニヨリテ、英米ヲシテ大有力ノ事トナラシメ、袁ハ之ヲ利用シテ袁ノ活動、孫ノ軟化ト相成、大勢ハ最早動ス可ラザル事ト相成候。左レド大勢不利の中ニモ、尚尽力次第ニテ帝国ノ力ヲ伸フベキ地歩ヲ得ル事相成ザルニモアラズ、是ガ小生再遊ノ目的ニ御座候」(55)と友人宛の書簡に記した。これは南北妥協を打破し、袁の臨時大総統就任を阻止して、中国における日本帝国の勢力を伸長しようとしたものである。犬養は二月二六日孫文と会い、彼に初志を貫徹すべきことを勧告し、袁との妥協を断つように力説した。犬養はこのため再度岑春煊との提携を勧めたが、孫文はこれに耳を傾けなかった。犬養はこのような情況で袁を牽制する一策として、孫文に新政府の首都を南京に置き、袁を南下させ臨時総統に就任させるよう勧めた。これには孫文も賛成した。

犬養は二月二八日から三月四日の六日間武昌に行き、二〇日袁の副総統に選任された黎元洪を訪れた。(56)その目的は袁に傾く黎に対する牽制工作のためであったが、所期の目的を達成することは出来なかった。

犬養・頭山・内田・小川らの南北妥協と孫文側の北上に対する反対は、その目的は別として、その後の事実が証明するように革命党に有利なものであり、その勧告も正しいものであったと評価されるべきである。しかし犬養の勧告は逆に革命党側に疑われた。『民主報』は、犬養が孫と袁の「不和を挑撥しようと工作することは望ましくない」(57)とし、章炳麟主宰の『大共和日報』は、頭山と犬養は「内実は日本政府が暗に旨を啣めて来らせているものである。日本は予て満蒙に野心を有し、之を占領すべき機会を窺へること既に久しく、この目的を達成する為め支那の内訌を続けさせて混乱の機に乗ぜんと企てゝゐるのである」(58)と厳しく非難した。

孫文は三月一六日犬養を招宴し、犬養は二六日帰国の途に就いた。(59)頭山は朝鮮経由で四月一三日福岡に帰着した。

狡猾な袁世凱は孫文らの南下の要求に対抗する一策として、北京・天津・保定での軍隊の騒動を画策した。二月二九日から三月初めにかけて兵士の掠奪・殺戮事件が次々と発生し、蔡・宋らの一行も安全確保のためホテルから避難せざるを得なかった。この騒動は袁の使嗾によるものであった。袁は北方政情の不安定を理由に南下を拒否した。伊集院は「此際北京ニ於テ斯カル事態ノ起ル原因明カナラサレトモ袁世凱ノ南京行を引止メンカ為外国公使ノ干渉ヲ起サシムル苦肉ノ策ナラントノ推測モアリ当否ハ別トシテ結果袁ノ南行ヲ阻止スルニ至ラン」(60)と正確に判断した。

袁世凱は騒動の影響を拡大するため、外国の介入を希望していた。三月二日唐紹儀はジョルダンに「直ニ外交団会議ヲ開キ北京ニ於ケル此上掠奪殺戮ヲ防クヘキ手段ヲ決セラレンコトヲ望ム」(61)と申入れた。ジョルダンによれば「唐紹怡ノ意思ハ外国ノ兵力ヲ以テ北京ヲ占領センコトヲ希望スルニアル」(62)のであった。外交団会議は「書間丈ケ各国兵ヲ巡邏セシムルコト」(63)とし、なお北京の守備兵数を列国総計で一〇〇〇名に増加することを決定した。三日義和団の時北京に出兵した八カ国の連合軍約七〇〇名が北京城内の主な街道を行軍し、中国人に列強の武威を示した。これは中国の南北問題に武力で干渉しようとするものではなく、北京と華北における既得権益を保護するための措置であった。だがこれはまた袁に対する支援でもあった。列強のこのような行動は逆に中国人に八カ国連合軍の再度の来襲を予感させた。中国の新聞は列強、特に日本が艦艇と陸軍を中国に派遣していることを報道し、中国人に外国の武力干渉が目前に迫っている印象を与えた。(64)

辛亥革命勃発以来終始外国の武力干渉を警戒していた南方の革命派はこの干渉を避けるため、三月六日参議院で袁の北京での大総統就任と北京を新共和国政府の事実上の首都にすることを議決した。袁世凱は所期の目的を達成した。

しかし袁がこのような騒乱を起こしたことは、モリソンが語ったように、彼の威信に大きな傷をつけた(65)。伊集院公使は、これを自己の共和制反対論の正当化と反袁政策に利用しようとした。伊集院は「革命動乱ノ結果共和政治ヲ布クニ至ラハ早晩支那ニ大動乱ノ起ル可キハ本使ノ当初ヨリノ意見ニシテ武漢ノ事起リテ以来種々電稟シタル通リナルカ只今回北京ニ於ケル事変ノ勃発意想外ニ早カリシ」、また「明カニ袁世凱カ時局ヲ救フノ実力ナキコトヲ証明自白スルモノニシテ(66)」、これは「袁世凱ヲ讃美シ共和政治ニ謳歌シ居リタル英国公使『モリソン』ノ一派ハ目下頗ル弱リ込メル模様ニ見受ラル」と内田外相に上申し、自己の見解の正確さを立証しようとした。伊集院はこの機会を最大限に利用して、事態の拡大を希望していた。伊集院は三月三日内田外相に、これまで受動的であった日本の対中国外交に一大転換をもたらすため「此際余リ急速ニ干渉シテ時局ヲ早ク収拾スルハ日本国ノ対清政策上得策ニ非ス寧ロ多少ノ犠牲ヲ覚悟シテ攪乱ヲ更ニ増長セシメ置ク方可然ト思量シタルニ依リ本日外交団会議ニ於テ本官ハ故ラニ成ルヘク干渉セスシテ成行ニ任ス様ノ方針ヲ採リタル所以ナリ(67)」と進言した。外交団会議において外国兵を市中に配置・警備すること有利ならんとの説が出た時、伊集院は前述の目的のため北京に駐屯する二三万の中国兵を敵とするのは甚だ危険だとの理由を挙げ、ただ外国人の安全を保障するのにとどめることを主張した(68)。彼は北京の騒乱が地方にも瀰漫し、全中国における動乱が意外にも早く起こるものと考え、「其時コソハ帝国ハ強大ナル兵力ヲ以テ之ニ臨ムヘキハ当然ニシテ今ニ及ヒテ預メ其ノ準備ヲ要スルハ申迄モナキコトト思量ス(69)」と内田外相に上申した。内田外相と陸軍は天津・北京に一二〇〇名の兵を派遣することを決定し、その先遣隊一個中隊は四日北京に到着し、一〇日一二〇〇名が関東州から天津に到着した(70)。このように急激な増兵は伊集院の動乱拡大の計画に逆の影響を与えることになる故、彼はまた内田外相に「刻下ノ微妙ナル時機ニ於テ単ニ兵力増加ノミヲ以テ直ニ国威国権ノ伸張ト心得ルハ恐クハ今日ノ機宜ニ適シタル見解トハ言ヒ難カルベシ(71)」と述べた。しかし北京の騒乱は袁の意図的な画策であったから、南京の参議院が袁の北京での就任を認めた後速やかに鎮圧され、伊集院の外交計画も泡沫に帰した。

(1) 胡浜訳『英国藍皮書有関辛亥革命資料選訳』上、中華書局、一九八四年、二〇〇―〇一ページ参照。
(2) 駱恵敏編『清末民初政情内幕』上、知識出版社、一九八六年、八三五―三六ページ。
(3) 明治四四年一二月三一日(着)、在上海宗方小太郎よりの書簡。外交史料館所蔵。
(4) 羅家倫主編『革命文献』第三輯、中央文物供応社、一九七八年、総第四二六ページ。
(5) 駱恵敏編、前掲書上、八五〇ページ。
(6) 胡浜訳、前掲書上、二四一ページ。
(7) 外務省編『日本外交文書』(辛亥革命)、五四三ページ。
(8) 同右書、五四三―四四ページ。
(9) 同右書、五四四ページ。
(10) 同右。
(11) 同右書、五四五ページ。
(12) 同右。
(13) 駱恵敏編、前掲書上、八三二ページ。
(14) 同右書、八三〇一ページ。
(15) 同右書、八三六ページ。
(16) 胡浜訳、前掲書下、三四五―四六ページ。
(17) 『日本外交文書』(辛亥革命)、五四五ページ。
(18) 『孫中山全集』第二巻、中華書局、一九八二年、二三ページ。
(19) 『日本外交文書』(辛亥革命)、五四六ページ。

(20) 黒竜会編『東亜先覚志士記伝』中、原書房、一九六六年、四四六ページ。
(21) 頭山満翁正伝編纂委員会編『頭山満正伝』（未定稿）葦書房、一九八一年、二四八ページ。
(22) 黒竜会編、前掲書中、四四八ページ。
(23) 胡浜訳、前掲書下、三四六—四七ページ。
(24) 『日本外交文書』（辛亥革命）、六〇〇ページ。
(25) 同右書、六〇一ページ。
(26) 同右。
(27) 同右。
(28) 同右書、六〇二ページ。
(29) 同右。
(30) 同右書、六〇三ページ。
(31) 同右書、六〇三—〇四ページ。
(32) 『孫中山全集』第二巻、二六—二七、三〇、三八ページ。
(33) 駱恵敏編、前掲書上、八四二ページ。
(34) 『日本外交文書』（辛亥革命）、五五〇ページ。
(35) 同右書、五五〇—五一ページ。
(36) 同右書、五五一ページ。
(37) 同右書、五五二ページ。
(38) 同右。
(39) 同右。
(40) 同右書、五五三—五四ページ。
(41) 同右書、五五三ページ。
(42) 同右書、五五四—五五ページ。

(43) 同右書、五五六ページ。
(44) 同右書、五五六―五七、五六〇―六一ページ参照。黒竜会編、前掲書中、四九二―九八ページ参照。
(45) 『孫中山全集』第二巻、八四ページ。
(46) 『日本外交文書』(辛亥革命)、五七〇ページ。
(47) 駱恵敏編、前掲書上、八八八ページ。
(48) 胡浜訳、前掲書下、四八五―八七ページ。
(49) 『日本外交文書』(辛亥革命)、五七一ページ。
(50) 同右。
(51) 駱恵敏編、前掲書、八九九ページ。
(52) 黒竜会編、前掲書中、四五〇―五二ページ。
(53) 小川平吉文書研究会編『小川平吉関係文書』二、みすず書房、一九七三年、四四三ページ。
(54) 『民主報』一九一二年二月二日。
(55) 黄自進「犬養毅と中国――辛亥革命を中心に」、『慶応義塾大学大学院法学研究科論文集』第二五号(昭和六一年度)、七〇ページ。
(56) 鷲尾義直編『犬養木堂伝』中、原書房、昭和四三年、七四一ページ。
(57) 『民主報』一九一二年三月二日。
(58) 黒竜会編、前掲書中、四五九―六〇ページ。
(59) 鷲尾義直編、前掲書中、七三六ページ。
(60) 『日本外交文書』(辛亥革命)、五八四ページ。
(61) 同右書、五八八ページ。
(62) 同右。
(63) 同右書、五八九ページ。
(64) 『申報』一九一二年五月五、六、七、一五日。
(65) 駱恵敏編、前掲書上、九一三ページ。

(66)『日本外交文書』(辛亥革命)、五九〇ページ。
(67) 同右。
(68) 同右書、五八九ページ。
(69) 同右書、五九〇ページ。
(70) 同右書、五九三、五九四—九五ページ。
(71) 同右書、五九四ページ。

第三章　日本の満蒙政策と閩浙沿岸浸透

満蒙政策は日清・日露戦争以来の日本の大陸政策の重要な構成要素であり、辛亥革命期の対中国政策において最重要の地位を占めていた。日露戦争以後、日本は遼東半島と満鉄を拠点として、南満州における日本の権益を一層拡大しようとしたが、中国側の抵抗と欧米列強の争奪・牽制により所期の目的を達成することが出来ず、新たなチャンスの到来を待望していた。辛亥革命の勃発、特に清王朝の崩壊は日本に満蒙政策を新たな段階に推進する機会を与えた。辛亥革命勃発直後の一〇月二四日、閣議は「満洲ニ於ケル租借地ノ租借期間ヲ延長シ鉄道ニ関スル諸般ノ問題ヲ決定シ更ニ進ンテ該地方ニ対スル帝国ノ地位ヲ確定シ以テ満洲問題ノ根本的解決ヲナス」とし、「暫ラク現状ヲ維持シテ之カ侵害ヲ防キ傍ラ好機ニ際シテ漸次我利権ヲ増進スルコトヲ努メ満洲問題ノ根本的解決ニ至リテハ其機会ノ最モ我ニ利ニシテ且成算十分ナル場合ヲ待チテ初メテ之ヲ実行スルコトヲ得策ナリト思考ス(1)」と対満政策を決定した。満州＝東三省は中国南方の各省とは異なり、清帝が退位するまで清朝政権が支配し、相対的に安定していた。故に、一二月末までは日本にとっては「暫ラク現状ヲ維持シテ之カ侵害ヲ防キ傍ラ好機ニ際シテ漸次我利権ヲ増進スルコトヲ努メ(2)」た静観の時期であった。一二月末の南北和議における国民会議により国体を決定するとの合意は清朝崩壊のサインであり、またイギリスも日・英協調を破って立憲君主制を主張する日本を裏切り、共和制の支持に転じた。イギリスがこのように日・英協調を破ったことは、日本に満蒙問題において独自の政策をとる機会を与えた。日本はこの機会を「最モ我ニ利ニシテ且成算十分」な時機だと判断し、山県・寺内・桂を中心とした軍部、益田孝を中心とした三井財閥、西園寺・内田を中心とした政府・外務省が満州問題の解決に乗出した。本章では、日本の対満政策が静観から出兵・独立・租借の企みに発展し、第三回日露協約を通じて対満政策が対満蒙政策に拡大して行く過程と、これをめぐる欧米列強の対応を考究すると共に、日本の福建・浙江省沿岸に対する浸透を検討する。

一　革命勃発初期の対満政策

満州＝東北は辛亥革命において独立を宣言しなかった地区であり、清帝退位後自ずと袁世凱の北京政権に帰属した。この時期は相対的に日本の対満政策の静観期である。本節では、この時期の日本の外務省・軍部・満鉄等の対満政策、及び東三省総督趙爾巽と前路・中路巡防隊の統領張作霖の対日期待と、これへの日本の対応を考究する。

東北地区は南方より文化的に遅れていたので、日本留学生も極めて少なく革命勢力も微弱であった。一九〇七年四月東京同盟会本部から派遣された宋教仁・白逾桓・呉昆らが南満に来て同盟会遼東支部を設立し、文化・教育界と新軍において革命勢力を組織し、一部の緑林とも連合した。遼東支部の革命党員は主に南満において革命思想を宣伝し、民衆の反清闘争を組織・指導した。辛亥革命前、遼東支部の同盟会員は一〇〇余名に達し、その影響下に三万五〇〇〇余名の民衆が結束していた。武昌蜂起のニュースは『大中公報』号外を通じて奉天を中心とした東三省に伝わり、各地に分散していた革命党員らも蜂起・独立の準備を始めた。奉天城の同盟会員は第二混成協協統藍天蔚の本部で秘密会議を開き、第六鎮統制呉禄貞を関外討虜軍大都督に（後に藍天蔚）、張榕を奉天省都督兼総司令に選出し、商震らを各地に派遣して蜂起を準備した。

東三省総督趙爾巽はこの革命党の蜂起を鎮圧するため省内の立憲派と郷紳らを糾合して保安会を組織し、前路・中路巡防隊の統領張作霖の精鋭三五〇〇名を奉天城内に駐屯させ、新軍の不穏な動きに対処するようにした。南満は日本の勢力圏であり、満鉄付属地は中国の行政権が及ばぬ日本の租借地であった。革命党はこの付属地を根拠地に利用して革命活動を展開したから、趙爾巽もまた日本の協力を得て革命党の蜂起を防止しようとした。趙総督は横浜正金銀行に五〇〇万円の借款を要請すると共に、(3)一〇月二六日と一一月七日、駐奉天の総領事小池張造に「此際日本警察ニ於テ清国警察ニ協力シ以テ事変ヲ未然ニ防クコトニ尽力センコトヲ望ム」(4)と要請した。小池総領事も「出来得ル限リ援助ヲ約束シ」(5)、内田外相に満鉄付属地の守備隊及び駐屯軍を増員して内密にこれに対応する準備をするよう上申した。しかし内田外相は二面的な政策をとり、小池総領事に「総督ノ依頼ニ対シ我ニ於テ出来得ル限リ取締上ノ援助ヲ与フヘキ旨ヲ答ヘラル、ハ素ヨリ差支ナキモ清国政府ノ為革命党員ニ対シ我圧力ヲ用ヰ彼等ノ逮捕又ハ引渡ヲナス等ハ好マシカラサル」(6)と指示し、借款提供の要請をも拒否したことをロシアに通告した。これは日本が趙総督と共に革命蜂起の勃発を防止して南満における日本の既成権益を保護しようとしながら、革命勢力が中国南方において拡大する情況の下で清朝側を公然と支援することによって革命党と真っ向から対抗することも避けようとした二面的な政策であった。これはまた欧米列強の「共同一致」に対する牽制策でもあった。

このような日本の対満政策が内閣の決定として採択されたのは一一月のことであった。一一月一〇日内田外相は閣議決定として小池総領事に次のような訓令を発した。(7)

一　居留民並鉄道保護ノ為必要ナルカ又ハ帝国ノ利権ニシテ侵害ヲ受クル情態ニ立至ラサル限リハ軍事行動ヲ避クルコト

二　南満鉄道会社ハ我軍事行動ヲ容易ナラシムル為公正ノ態度ヲ以テ官軍革命軍両者ニ対シ軍事ニ関連する輸送ヲ拒絶スルコト

内田外相はこの内閣の決定を訓令する一方、また「此際官叛両軍ノ何レニ対シテモ援助ヲ与ヘサル方針ナルヲ以テ清国官憲ヨリ革命党鎮圧ノ為助力ヲ求メ来ルカ如キ場合ニ於テモ……実力ヲ以テ彼等ニ圧迫ヲ加フル様ノコトナキ様致シタク(8)」とも指示した。これは二面的な政策から中立政策に転換したことを示す。

石本新六陸相も一一月一二日大島関東都督に「関東都督ハ南満洲ニ於ケル本邦居留民保護ノ必要若ハ帝国ノ利益ヲ侵害セラル、ノ情態発生シ之ヲ要スルトキハ兵力ヲ使用スルコトヲ得(9)」べしと命令した。しかしこの時期日本の対満政策は統一的なものではなかった。大陸政策の積極的推進者である寺内正毅ら軍部の一部は、満鉄付属地と関東州を根拠地として活躍している革命党を利用して、日本の対満政策を推進しようとした。寺内は満鉄の中村総裁に指示して付属地における革命党員王国柱に活動経費を提供し、彼らを操っていた(10)。革命党も活動に有利な付属地を利用し、日本の支援に期待を寄せていた。王には陸軍の三原大佐が随行していた。小池の情報によれば、中村らは革命党を利用して「趙総督ヲ危難ノ地位ニ陥レタル上之ヲ救援シ大連ニ拉シ去ラントスル計画(11)」であった。小池は内田外相に「此際至急中村ニ対シ自己ノ職務以外ノ事ニ関シ小策ヲ弄スルカ如キコトナキ様厳重御戒飭アランコト(12)」を要望した。西園寺総理は一一月一三日中村総裁にこの件に関して注意を喚起した(13)。それは総領事の言うように「行動ニ妨害尠カラサルノミナラス之カ為帝国ノ態度ニ対シ既ニ外国領事等ノ猜疑心ヲ喚起シツ、アリ或ハ悪影響ヲ大局ニ及ホスニ至ラサルヤト懸念セラル、(14)」からであった。この情況を索知した趙総督と清朝政府外務部の曹汝霖は王国柱の逮捕或いは付属地からの追放を日本側に強く要求した。内田外相は一一月二八日王国柱の付属地からの退去措置をとり、この意を駐奉天の落合謙太郎総領事に伝えた。だがこの時期満鉄付属地の警察権は関東都督の管轄下にあった。大島関東都督は「此際退去ノ措置ヲナスハ不得策ト認ム(15)」として、王国柱を退去させようとしなかった。その理由は、㈠に「今直ニ革命党ヲ退去セシムルノ手配ニ出ルハ却テ暴発ヲ速カナラシムルノ虞アルノミナラス」、㈡に「革命党ノ悪感ヲ買ヒ将来ニ大患ヲ貽スニ至ランヲ恐ル」(16)からであった。中立政策をとっていた内田外相は、一一月三〇日大島都督に政府の名で付属地を政治活動の根拠地として利用することは断じて容認しない方針を強調し、再度王国柱を退去させるよう要求した。(17)大島都督はやむを得ず都督府の警視総長を派遣して、王国柱らに「可成温和手段ヲ以テ自ラ処決セシメンコトヲ勧メ」(18)た。これらの事実は軍部と関東都督は革命党に対し融和的であり、彼らを利用して日本の満蒙政策を推進しようとしていたことを物語る。

駐北京の伊集院公使の主張は内田・寺内と異なり、特異であった。彼は中村らの「斯ル小策断然之ヲ差止メ厳重御取締アランコトヲ切望」(19)しながらも、政府の中立政策に対し不満を抱いていた。伊集院は「帝国政府ノ御方針タル蓋南満洲ノ事態ハ成行ニ放任シ置キ擾乱ヲ惹起スルトキニ至リテ甫メテ軍事行動ヲ開始スルコトアルヘシトノ御趣旨ナリ」と推察し、これを消極的であるとして、積極的な方針として「預メ陰然我示圧ヲ示シ革命党ノ蠢動ヲ防キ以テ安穏ヲ保障スルニ在リ」(20)と強調した。これは事前に実力を行使すべしということであった。伊集院がこのように実力で東三省の安寧を保全しようとしたのは、南満における日本の植民地的権益の擁護よりも中国本土に対する日本政府の「画策ヲ充分ニ遂行スル」(21)がためであった。伊集院は当時清帝を温存する立憲君主制を主張していたが、東三省における革命蜂起は伊集院が保護しようとする清廷に対し背後から打撃を与えることになる故、これに反対するのは当然のことであった。内田外相はその意見に賛成せず、一一月一四日伊集院公使に「帝国政府ニ於テハ愈々満洲地方ニ騒擾ノ発生ヲ見サル限リ努メテ表立チタル措置ニ出サルコトニ決定シタル次第ナリ」(22)と政府の方針を訓令した。この「表立チタル措置」とは実力＝兵力の行使を指すものである。内田外相は実力を行使せぬ理由として、㈠に「目下革命ノ気勢ハ清国各地ヲ風靡スルノ有様ナルヲ以テ満洲地方ノ少クトモ一時此大勢ニ侵サルルニ至ルヘキハ自然ノ数ニ属シ」、㈡に「此際我ニ於テ公然実力ニ依リ革命党ニ対抗スルカ如キハ甚タ不得策ト認メラル、ノミナラス満洲地方ニ於ケル騒擾ノ未タ実現セサルニ当リ我実力ノ行使ヲ外間ニ表示スルトキハ左ナキタニ我満洲ニ対スル態度ヲ疑ヒツ、アル外国ヲシテ益其疑惑ヲ深カラシムルノ結果ヲ生スヘク我ニ取リ甚タ不利ナリト思考セラルル」(23)等を挙げた。内田外相のこの情勢判断と対応策は日本としては適切なものであった。これにより伊集院のような急進的な対満政策は、一時的ながら採用されなかった。

この時期梁啓超が東三省総督趙爾巽の招請により奉天を訪れた。当時梁啓超は神戸の須磨に滞在していたが、一一月七日梁徳献と共に門司で天草丸に乗込み、大連経由で奉天に来た。(24)「梁啓超ハ趙総督ト王国柱トノ間ニ立チ時局ノ平穏ナル開展ニ尽力セントシテ」(25)一三日王と会見する予定であったが、満鉄の中村総裁らはこの会見が彼らの王操縦に不利な結果をもたらすと考え、一二日深夜梁を満鉄公所に招き、内密に大連に赴かせた。これにより趙総督らの立憲派を利用した革命党に対する和平工作は実現されなかった。梁啓超は一八日大連から神戸にもどり、須磨に滞在した。(26)

この時期革命党員らは連合急進会という政治団体を結成して趙爾巽の保安会に対抗し、各地方の闘争を指導した。荘復では革命党員顧人宜らの指導の下に一一月二七日中華民国軍政分府が成立した。遼陽では一二月一日商震らが武装蜂起を起こした。風城・安東でも革命党員らが武装闘争を展開した。しかしこれらの闘争は張作霖に鎮圧された。張作霖は一月二三日革命党の中心人物であり連合急進会の会長である張榕を暗殺した。

この時期の日本の対満政策において重要だったのは張作霖に対する政策であった。張作霖は統領で軍における地位は連隊長クラスであったが、趙総督の腹心として奉天城内に駐屯し、革命的な第二混成協の協統藍天蔚を奉天から追放し、革命勢力を鎮圧するチャンスを利用して清朝の支配体制が揺れ動く下で自己の勢力を拡大しようとした。このため張作霖は日本に接近を始めた。一月二六日張作霖は落合奉天総領事を訪問し、「東三省兵馬ノ権ハ全ク自己ノ手ニ在リ」と述べて南方の革命党と共和制に断固反対する決意を表明し、「日本ノ満洲ニ大ナル利権ヲ有シ特殊ノ関係アルコトハ自分モ能ク承知シ居リ人民モ亦知レルニ付日本能ク徳ヲ以テ招カハ東三省ノ民心風靡シテ帰依スヘク自分モ満洲ヲ南方人ノ手ニ任スヨリハ寧ロ他ニ渡スノ潔ヨキニ如カス斯ル場合ニ日本ヨリ自分ニ命セラル、コトアラハ力ノ及フ限リ努力スヘシ(27)」と日本に対する期待を吐露した。落合総領事は「目下同人ノ権力総督（趙――筆者）ヲ凌キ且ツ日本国ノ態度ニ付深キ猜疑心ヲ懐ケル旨聞込ミ居リタル(28)」ため試みに引見したにすぎず、張に日本側の態度を示さなかった。三〇日張作霖は今度は総領事館の深沢書記生に接見し、「皇帝退位ハ已ムヲ得サルヘク東三省モ戴タクヘキ主ナキコトトナル次第ナルカ北人トシテ南人ノ共和ニ従ヒ彼等ノ制ヲ受ケンカ如キハ死ストモ肯スル能ハス寧ロ日本ニ従フノ優レルニ如カス特別大ナル利権ヲ有スル日本トシテ斯ク主ナキニ至ル東三省ノ人民ヲ其儘ニ差措ク如キハ当然ノコトニアラス……日本カ南満洲ノ利権ヲ持スルハ当然ニシテ過キタルコトナシ就テハ既ニ主ナキニ至リ思フ所ニ就クヘキ自分及馮其他カ心ヲ決シテ起ツ以上他ノ者ニ於テ如何トモスル能ハサルヘキニ付我意ノ在ル所ヲ総領事ヨリ日本ニ伝達セラレタシ(29)」と懇願した。張作霖は革命の嵐の中で南満における権益を維持・拡大しようとする日本の政策を利用して日本に頼り、日本の庇護の下で揺れ動く東三省の現状を維持しようとした。翌日于冲漢が落合総領事を訪ね、「北京形勢甚タ穏カナラス皇帝退位ノコト遠カラス行ハル、ニ至ラン」と述べ、それにより東三省が受ける影響も大なるものであるとして、「此場合日本ニ於テ趙総督ヲ尚総督トシテ認ムヘキヤ(30)」と尋ねた。これは趙総督に対する日本の姿勢を打診したものであったが、落合は回答を避け、逆に「愈々皇帝退位ノ暁趙総督ハ如何ナル態度ニ出ツヘキヤ(31)」と尋ねた。于は「共和ニ従ハサルヘキハ確カナリ」と答えた。落合総領事は「張作霖等ハ北京ノ形勢自己ノ立場ニ反セントスルヲ見テ若シ日本ニテ此際彼等ノ想像ノ如ク南満洲ニ於ケル地歩ヲ進メン意図アラハ今ヨリ之ヲ迎ヘ日本ノ庇護ニ依リ今後ノ立場ヲ得ント欲スルモノ、如シ」と判断し、これを一月三〇日内田外相に報告すると同時に、「今後北京政局ノ変遷ニ伴ヒ満洲ニ於ケル我ノ執ルヘキ態度ハ将来ニ最モ重大ノ影響ヲ及スヘキニ付廟議ノ要領本官心得迄ニ電報アラン(32)」ことを要請し、外務省に張作霖に対する方針を迫った。

この時期日本政府では新たな関東都督として福島安正中将が内定していた（一九一二年四月に就任）。張作霖と于冲漢はこの情報をキャッチし、上述の意を福島中将にも伝えるよう要請した。福島は将来の対満政策を考えて張と何らかの連絡をとっておきたいと内田外相に希望していた。しかし内田外相は張をそれほど信頼せず、「何分同人等ハ何カ他ニ為ニスルトコロアルトキハ思慮モナク容易ニ我方ヨリノ内話ヲ他ニ洩ラスコトナキヲ保シ難」いと考え、また彼が時局激変するこの情況で日本側の姿勢をコミットすることを警戒しながら、落合総領事に「張ノ言フカ如キ事態ヲ来サシムルトキハ我対満政策ノ発展上ニ一歩ヲ進ムルノ機会ヲ生スルニ至ルコトモアルヘシト思考スル……若シ貴官ニ於テ我態度ヲ『コムミット』セサル方法ニ依リ総督又ハ張トノ連絡ヲ保チ其希望ヲ進捗セシメ得ルノ途モアラハ十分御注意ノ上可然御措置相成ル様致度シ(33)」と指示した。

二月五日張作霖は落合総領事を訪ね、「日本国ヨリ何トカ消息アリシヤ」と尋ね、「自分等ノ進退ヲ決スルコトニ付何トカ様子ヲ知リタキモノナリ(34)」と述べた。落合は内田外相の指示に従って慎重な態度をとり、「詳シク報告シ置キタリ何等消息ニ接シタル節ハ知ラスヘシ(35)」と答え、逆に北京の様子如何と尋ねた。張作霖は「昨日袁世凱ニ対シ自分ハ統領官ノ名ヲ以テ皇帝退位共和成立ノ上ハ其ノ命ヲ奉セサル」べき旨の電報を打ったことを語り、「若シ日本ニ於テ自分ヲ用キラレストスレハ……尽スヘキ皇帝ヲ失ヒタル我等ノ同種ナル日本ニ附クハ当然ナリ」と述べながら、「粛親王ヲ戴キテ日本国ニ附ク(36)」べしと表明した。この時、粛親王は既に大連に来て日本の庇護の下に入っていたから、張も彼を戴こうとしたのであった。落合は張を利用する方向に傾きながら、同日内田外相に「張等ハ是迄ノ態度及革命党ニ対シ苛酷ノ手段ヲ弄シタル関係上到底共和ト両立スルコト能ハサルハ明カニシテ日本国ヨリ彼ノ立場ヲ庇護セラル丶ノ望ナクハ馬賊ノ本職ニ帰ルカ或ハ走リテ露国ニ倚ランコトヲ求ムルヤモ計リ難シ」と予測しながら、「今後我用ヲ為サシムルコトノ利害ハ未タ容易ニ断シ難キモ兎ニ角我方ニ於テ今一歩ヲ進メ彼ノ立場ヲ心配シ居ル意味ヲ示スニ非ラサレハ今後ノ操縦面白カラサルコト、ナルヘシ(37)」と上申した。

二月八日張作霖は再び総領事館の深沢書記生に接見し、大島関東都督・粛親王と第一次満蒙独立運動で活躍していた高山大佐らが提携して活動することを語り、日本側の庇護・支援を再度要請した。落合総領事は同日内田外相に「張ニ対スル方針大至急御決定相成タク……此際満洲ニ於ケル我利益ヲ進ムル方法トシテハ尠クトモ張ヲシテ我ト連絡ヲ絶タシメサル為行動スルヲ必要ト認メ其方針ヲ以テ行動シ居ルニ付御含アリタシ(38)」と打電した。内田外相は満州における日本の権益の維持・拡大のため張作霖らの新興勢力を利用しようとしながらも、また彼に対する不信感から彼を公然と利用しようとはせず、大変矛盾した政策をとった。九日内田外相は落合総領事に「此際帝国領事ニ於テ同人トノ間ニ特殊ノ関係ヲ有スルヤノ消息外間ニ洩ルルハ甚タ面白カラサルニ付貴方ハ何等我ヲ『コムミット』セサル方法ニ依リ消息ヲ通スル〔ニ〕止メ余リ深入スルコトナキ様御配意相成リタシ(39)」と、日本政府の対張政策を訓令した。このような政策をとったのは、㈠に張に対する不信感、㈡に張が日本の姿勢をコミットする危険性、㈢に趙総督の今後の態度予測し難く、また趙と張の関係の処理等の理由からであった。故に、この時期日本は張作霖を公然と利用しようとはせず、一九一六年秋になり初めて彼を利用し始めた。

(1) 外務省編『日本外交文書』(辛亥革命)、五〇—五一ページ。
(2) 同右書、五〇ページ。
(3) 同右書、一四二、一四四ページ。
(4) 同右書、二六〇ページ。
(5) 同右。
(6) 同右書、二六〇—六一ページ。

（7）明治四四年一一月一〇日内田外相より在奉天小池総領事宛電報、第二〇八号（極密）。外交史料館所蔵。
（8）同右。
（9）『日本外交文書』（辛亥革命）、二六六ページ。
（10）同右書、二六四—六五ページ。
（11）同右書、二六七ページ。
（12）同右。
（13）同右書、二六八ページ。
（14）同右書、二六七ページ。
（15）同右書、二七四ページ。
（16）同右。
（17）同右書、二七五ページ。
（18）同右書、二七六ページ。
（19）同右書、二六四ページ。
（20）同右書、二六六ページ。
（21）同右書、二六四ページ。
（22）同右書、二六九ページ。
（23）同右。
（24）「清国革命叛乱ノ際ニ於ケル同国人ノ動静、態度及輿論関係雑纂」一。外交史料館所蔵。
（25）明治四四年一一月一三日、在奉天小池総領事より内田外相宛電報、第四〇三号。外交史料館所蔵。
（26）「清国革命叛乱ノ際ニ於ケル同国人ノ動静、態度及輿論関係雑算」一。外交史料館所蔵。
（27）明治四五年一月二七日、在奉天落合総領事より内田外相宛電報、第五一号。外交史料館所蔵。
（28）同右。
（29）明治四五年一月三一日、在奉天落合総領事より内田外相宛電報、第六八号。外交史料館所蔵。

(30)『日本外交文書』(辛亥革命)、三〇五ページ。
(31)同右。
(32)同右書、三〇六ページ。
(33)同右書、三一三ページ。
(34)同右書、三二〇ページ。
(35)同右。
(36)同右書、三二〇―二一ページ。
(37)同右書、三二一ページ。
(38)明治四五年二月八日、在奉天落合総領事より内田外相宛電報、第九八号。外交史料館所蔵。
(39)『日本外交文書』(辛亥革命)、三二六ページ。

二　満州出兵のたくらみ

一九一二年一月上旬から二月中旬、即ち清朝が滅亡する時期に、山県有朋を中心とした陸軍は満州への出兵を計画した。本節では、この計画とこれをめぐる陸軍と政府・外務省の対応、及びこれに対する欧米列強の反応を検討する。

この時期満州への出兵を初めに提起したのは山県有朋であった。山県は一月上旬から出兵を計画し始め、まず日本の大陸政策推進の第一線に立っている朝鮮総督寺内正毅に「如諭帝国対清政策ハ英国之不容トナリ、遂ニ官革両者之協議ニ一任スル方策ニ帰一致シ、実ニ遺憾無限候……此上ハ満洲領域内ハ露国ト胸襟ヲ開キ誠意ヲ以慎重ニ協商ヲ遂ケ、秩序紊乱ニ不到様厳正ニ予防及ヒ活用之方針ヲ可相立事ハ目下頗ル緊急之事件」(1)であると述べ、対満政策を検討することを提案した。この提案を受取った寺内は山県に同意し、七日桂太郎に「兎ニ角今後如何ニ我政府ハ歩ヲ運ハレ候ヤ此先ハ充分ノ御考慮ヲ希上度存申候即今日之雲行ニテハ到底単純ニ共和ニテ結局ヲ付候トモ不被考然ラハ長ク列強中傍観セハ傍観スル間ハ治平ハ難望事カト存申候而シテ南清ハ当分自然ニ任ストモ満洲ハ如何御処分相成候御意見ニ御座候也露国ハ内外蒙古之独立ヲ陰ニ扇動シテ不居候ヤ仮令即今格段ノ処置不出来候トモ今後ノ処分ニ益スルカ為メ相等ノ捨石ハ下シ置ク方不可然候ヤ」(2)と満州対策を講ずるよう一層明確に示唆した。

山県はまた小田原で来訪した益田孝に、三井物産が「此機会に於て東三省を我物となす事の密約を革命党となし置く事には賛成なり」(3)と述べ、財界にも対満政策を講ずるように勧め、次のような「対清政略概要」を起草した。(4)

一　今日ノ情勢ヲ洞察スルニ満漢協商ハ破裂ノ外他ニ救済之道ナキ窮勢ニ陥リタルモノト論断スルモ大差ナカルヘシ果シテ然ラハ之ニ処スルニ我政府ハ満洲租借地及ヒ鉄道保護ノ関係上一般秩序ノ紊乱ヲ予防シ并ニ人民ノ生命財産預防ヲ安固ナラシムル為メ満洲ニ出兵ヲ要スル適当ノ時機ト判断セサル可ラス（一師団又ハ二師）

一　出兵ノ議一決シタル上ハ露国ト協商ノ主義ニ基キ目下ノ状態ヲ明晰ニ照会シ南北満洲ニ於テ共働一致之政策ヲ取リ彼ヲシテ寸毫モ疑惑ヲ抱カシメサル方法ヲ講スルコト尤モ緊要トス英国ハ大体ニ於テ既ニ同意シアレハ（曩ニ鉄道運輸等守備兵ヲ置ヘキ照会ノ文ヲ見ルヘシ）別段異議ナカルヘシ

一　満朝蒙塵ノ時機モ亦切迫シアルモノノ如シ之ヲ救済スル政策モ預メ講究セサル可ラス之ヲ要スルニ南満洲ハ帝国政府ノ威圧力ニ依リ内外人ヲ安堵ナラシムルニアル而已

一　出兵後ノ外交政策及ヒ行政上ニ関シテハ多大ノ注意ヲ要シ指揮ノ系統命令ノ神速等其政策ハ総テ一途ニ出サル可ラス

清国両党政権之争奪時々刻々ニ変転無極ノ情勢ニ応シ敏捷ニ臨機応変之政策ヲ採ルコトニ努メサル可ラス

山県はこの概要において一、二個師団を満州に出動させる好機と判断しているが、その目的は、第一に満州租借地、満鉄及び居留民の生命財産等既得権益の維持・保護であり、第二に行詰った対南政策を打開して満州において新権益を拡大し、第三に満州に蒙塵した清廷を救済して日本の保護下に置こうとすることにあった。

清廷の満州への蒙塵の噂は武昌蜂起直後から流布し、日本政府はこれを非常に重視し、利用しようとしていた。一九一一年一一月一〇日内閣が南満に対する方針を決定する際、その第四項に「北京朝廷ニシテ万一南満洲方面ニ蒙塵シ来ルトキハ極力之ヲ保護スルコ」(5)とを規定し、清廷を日本の対満政策に利用しようとした。しかしこれに対する日本側の意見は一致していなかった。伊集院公使は一二日内田外相に反対の意を表明し、その理由を、(一)に「我ニ於テ之カ利用ノ余地大ナラサルヘキノミナラス」、(二)に「徒ラニ中外ノ疑惑ヲ招キ延キテハ清国全土ニ亘リ漢人ノ反感ヲ買フノ虞アリトノ点ヨリ見テ此ノ儀ハ我ニ取リ余リ望マシカラス」(6)と上申した。しかし内田外相は「万一ノ場合ニ処スル方針」として政府の立場を堅持した。この時期蒙塵した皇帝をどう利用すべきかの具体策は明示されていないが、満州事変後宣統皇帝を引張り出して満州にかいらい国家を建てたことから推測すれば、山県・内田らにはこの時期に既にこのようなかいらい国家を建てようとする狙いがあったといえよう。

山県の満州出兵計画にはそれに相応しい外交政策が必要であった。その外交策として山県は列強との協調を強調し、ロシアと十分に協議して南満・北満において日露共同一致の政策をとることを提案した。既に関外鉄道(山海関―奉天)「保護」のため日本が出兵することにイギリスが賛成したため、(7)イギリスに対しては別に懸念する必要はないと判断していた。

山県の上述のような満州出兵策を実現するには軍部と政府の了承と支持が必要であった。山県は一四日この「対清政略概要」を石本陸相に送って内田外相と協議するようにさせ、一五日には桂太郎に送って同感であれば内田外相に勧告するようにさせた。桂・石本と内田外相との交渉過程は不明だが、内閣は一月一六日ロシアと南北満州並びに内蒙古における勢力範囲分割に関する第三回日露協約締結交渉をおこなうことを決定し、満州問題に関しては「帝国政府ノ満洲ニ対スル方針ハ既ニ確定シ居リ適当ノ時機ニ至ラハ該問題ニ相当解決ヲ加フルノ必要アルコトハ固ヨリ論ナキ所ナル」として、駐露の本野大使をして「露国政府ニ対シ帝国政府カ適当ノ時機ニ至リ満洲問題ノ相当解決ヲナスコトニ対シ敢テ異存ナキ旨ヲ内密ニ説示セシメ之ト同時ニ解決ノ方法及実行ノ時期ハ最モ周密ナル考慮ヲ要スル事項ナルヲ以テ之ニ関シテハ日露両国政府ニ於テ篤ト協議ヲ遂クルノ必要アル旨ヲ説明セシムル」(8)よう訓令した。これは内閣も満州問題について一時は積極的な対策を講ずる方向で動いていたことを物語る。しかし一六日の閣議では満州出兵について何ら決定がおこなわれなかった。これに対し陸軍省の田中義一軍務局長は「遺憾千万」だと不満を吐露した。

陸軍省は田中義一軍務局長を中心に第一二師団を満州に派遣する準備に取掛かった。一月三〇日、岡市之助陸軍次官は星野金吾関東都督府参謀長に「将来満洲ノ秩序乱レタル場合ニハ若干ノ兵力ヲ其ノ方面ニ増派セラルルノ詮議中ナリ而シテ此事タルヤ又帝国将来ノ為有利ナル結果ヲ伴フナラント思考ス故ニ貴官ハ此際ニ大局ニ鑑ミ満洲ニ多少ノ紛乱ヲ醸スノ事端発生スルコトアルモ余リ潔癖ニ失スル処置ヲ避クルコトニ注意」(9)するよう指示し、満州における混乱を口実に出兵する準備をした。

あたかも一月末に山海関の北一五華里の金線屯付近（日本の文献では金子屯）の鉄橋が破壊され、列車が橋梁より落下する事件が発生した。(10)これによって負傷者一二〇名・死者二七名が出た。この事件は鉄道保護を口実に日本が南満に出兵するチャンスを与えた。石本陸軍大臣は阿部支那派遣軍司令官（天津駐屯）に速やかに一個小隊を金線屯に派遣するように命令し、(11)阿部司令官は二月五日まず二〇名の小隊を現地に派遣した。(12)清朝政府外務部は六日伊集院公使に「山海関外第一四一号橋梁破壊セラレタル後山海関駐屯ノ日本軍隊ヨリハ該所保護ノ為メ直ニ兵ヲ派遣シタリトノ趣ナリ査スルニ団匪事件議定書取極ニ拠レハ関外鉄道ニ各国兵ノ駐屯ヲ許ス規定ナシ況ンヤ該橋梁ニハ既ニ自国軍隊ヲ配置シ保護ニ任セシメッツアリ依テ速カニ貴公使ヨリ日本軍隊ニ電命シ第一四一号橋梁ニ派遣セル兵ヲ撤回セシメ以テ条約ノ規定ニ副ハレンコトヲ望ム」(13)と抗議した。この抗議は適切であった。日本は前年イギリスと密かに交渉し、この鉄道の「保護」のため必要の場合には出兵する権利を得たが、清朝政府はこれを承認していなかった。内田外相もこの事実を認めていたので、この派遣は中国の主権に対する侵害行為であった。

ではこの金線屯の第一四一号鉄橋は誰が破壊し、日本の満州出兵計画とは如何なる関係があったのであろうか。京奉鉄道総局の李載之総弁の内談によれば、「鉄橋炸裂工事ハ極メテ巧妙ニ行ハレ多量ノ『ダイナマイト』ヲ使用シ十数人ノ労働ヲ以テ尠クトモ一両日ニ亘タル工程ヲ経タルモノナルヘク之ヲ革命党ノ所業ト認ムルヲ当レリ」と述べながらも、駐天津の小幡総領事に「近日貴国軍隊ハ鉄道守備ノ為関外マテ兵員ヲ派遣シタル由云々ト物語リ暗ニ鉄道破壊ハ我軍隊（日本軍隊――筆者）ノ故意行動ニテモアリタル如クニ諷シ居」(14)った。これは日本の軍隊が計画的に破壊し、その目的は満州への出兵と直接関係があることを指摘したものである。小幡総領事は李総弁との内談の内容を内田外相に報告すると同時に、また「当地外人殊ニ独仏人間ニハ金子屯鉄橋ノ破壊ハ日本政府カ満洲増兵并ニ奉天山海関間鉄道守備ノ口実ヲ得ンカ為メニ企図シタル故意ノ行為ナリ」(15)と噂していることをも打電しながら、彼自身も日本側の謀略によるものだと考え、「万一我陸軍当局者ニ於テ満洲入兵ノ関係上右様ノ計画アリトセハ其ノ実行ハ対外関係上極メテ秘密ニ処理セラルヘキ必要有之ノミナラス万一直接局ニ当ル者ノ不謹慎ナル言行ノ為清国又ハ外国側ノ注意ヲ喚起スル場合ニモ至ラハ時節柄清国政府ハ自衛上右等ノ事柄ヲ内外ニ漏洩シ我行動ヲ牽制スルノ策ニ出ツルモ計リ難キ」(16)と上申し、その対応策を講ずるよう要請した。これらの事実は鉄橋破壊事件と「鉄道保護」を口実に満州へ出兵しようとしたこととの間に密接な関係があったことを示す。この事件発生前の一月中旬、日本が駐露の本野一郎大使を通じて、ロシア政府に日本が関外のこの鉄道を占領する旨の決定を伝え、これに対するロシア政府の賛成を求めていたことも、これを立証しているのである。(17)

満州出兵を計画していたのは軍部関係者だけではなかった。駐満州の外務省出先機関も満州出兵への対応策を検討していた。駐長春の本部領事は内田外相に「当地形勢ハ比較的平穏ナルモ派兵ノ機会ニ付テ」次のような三つの方法があると上申した。(18)

第一　清国政府ノ顚覆ヲ機トシ現在直チニ在留日本人保護ヲ名トシテ派兵スルカ

第二　在留日本人ニ直接危害ノ憂ナキモ当地清国人間ニ少シニテモ秩序紊乱ノ非アリト看做シ得ル場合

第三　一般ニ秩序ヲ乱シ在留日本人ノ生命財産ニ懸念アル場合

本部領事は「在留日本人保護ノ為ニハ帝国ノ権威ヲ示スモ一手段ナルヘシト考ヘラルルヲ以テ現在直ニ派兵セラルルカ」、それとも「第二ノ場合ニ本官ノ請求ニ応シ直チニ派兵セラルル様長春ニ軍隊ヲ準備シ置カレ、ハ便宜ナルヘシ」(19)と提案した。これにどう対応したのかは不明だが、奉天には遼陽より歩兵四二連隊本部とその一個大隊が派遣され、(20)新民府の方にも一個中隊が派遣されていた。これはこの時期満州駐屯軍の移動が頻繁であった一側面を物語る。

満州出兵の外交的準備として、まずロシアの了承を得ることが重要なことであった。内田外相はこの好機をキャッチして、一月一七日の北伐軍が芝罘に着き、遼東半島の北側に上陸する準備を進めていた。折しも一月中旬藍天蔚都督指揮下駐露の本野大使に、北伐軍が満州沿岸に上陸して当地の革命党と相呼応し、この地方において何らかの行動に出れば、「南満洲ノ秩序攪乱セラルルニ至ルヘキハ明瞭ノ義ニ有之其結果帝国政府ニ於テ該地方ニ於ケル我利益ヲ擁シ併セテ該地方ト北京トノ交通線タル関外鉄道ノ保全ヲ計ル為若干ノ軍隊ヲ増派スルノ已ムヲ得サルニ立到ルコトアルヤモ難料ト思考ス」(21)との意を至急ロシア当局に通告し、その了承を得るよう訓令した。これは北伐軍の上陸を制圧する目的ではあったが、それより重要なのは内田外相が本野大使に訓令したように、「本件交渉ノ目的ノ一ヵ関外鉄道独力担任ノ主義ヲ夫レトナク露国政府ヲシテ承認セシムルニアル」(22)のであり、これによって南満州に単独出兵する情勢を形成しようとすることにあった。一八日本野大使はロシア外務大臣サゾノフに内田外相の右記の意を通告した。サゾノフは日本が「独力ヲ以テ関外鉄道保全ヲ担当スルコトニ異議ナキ」旨を述べ、「日本国政府ニ於テ愈増兵又ハ占領ヲ実行スル場合ニハ前以テ其旨露国政府ニ通告セラレンコト」(23)を希望条件として提案した。ロシアがこのように日本の南満への出兵を快諾したのは、これが逆に北満に対するロシアの出兵権について日本の了承を得たのと同様の意味を持つからであった。故に、ロシアは革命勃発の当初から、日本がまず満州に出兵したら、日本が出兵したことを理由に即時出兵しようとして、日本の出兵を待っていたのである。(24)

しかし欧米列強、特にアメリカとドイツは日本の満州出兵計画を警戒し、その行動を牽制しようとした。このためまずマスコミが世論を喚起した。ドイツの新聞は「日本国ハ第十二師団ヲ清国ニ出兵シ艦隊ヲ旅順ニ集中セシメ又奉天城内ニ入兵セシメタリ」(25)などの記事を掲載し、日本の一挙一動に注目していた。『ニューヨーク・タイムズ』紙も「領土又ハ勢力拡張ノ目的ヲ以テ此際清国ニ干渉セントスルハ日露ノ両国アルノミニシテ彼等ノ間ニハ北京政府ノ崩壊又ハ衰弱スルニ当リテハ共同動作ニ出ツ可シトノ秘密協定アリト噂サル、程ナリ」と報道し、これに対し「若シ独英米仏墺ニシテ堅ク件ノ方針ニ出ツルコトニ決セハ以テ日露ヲ圧迫スルコト難キニアラサルヘシ」(26)と主張し、世論を喚起して日・露両国の行動を阻止しようとした。

両国の外務当局も日本に対し外交的措置をとった。ドイツの外交当局はアメリカと連携して日本に警告を発した。一月三一日ドイツ外務大臣代理ジムミズマンは駐独大使館の畑参事官に「若シ清国政変ニ干渉ノ必要アルトキハ列国カ共同シテ之ニ干渉スル点ニ於テ意見一致セリ……日本カ清国ニ対シテ此ノ際単独ノ行動ヲ執ルコトニハ同意シ難」(27)い旨を述べた。二月一日同代理はまた杉村大使と畑参事官に同様の趣旨を繰り返し強調した。同時にドイツ政府は一月三一日駐独のアメリカ大使を通じてアメリカ政府の見解を問合せた。アメリカ政府は二月三日駐米のドイツ大使に、今までのところ幸いにも帝政派と共和派がいずれも外国人の生命財産を保証してきた以上、外国列強が干渉を加える理由は存在しておらず、また最近の報道から見て今後の事態の発展によって上述のような介入が必要となるようなことは起こり得ないだろうという確信が強まっており、現在及び将来における対中干渉ないし介入の必要性は否定されているとの覚書を送った。(28) アメリカ国務長官ノックスはこの覚書の写しを駐米の埴原臨時代理大使に送った。同日アメリカの新聞はまたノックスのこの覚書全文を公表した。埴原臨時代理大使はこの「公表ハ他国ノ支持ニ対スル如何ナル野心ニ対シテモ米独両国ハ提携シテ之ニ当ラントスルモノナルコトヲ世界ニ宣明セルモノナリ」(29) と分析した。これはアメリカ・ドイツの反対が意外にも強かったことを示した。

アメリカは一月下旬マニラから六〇〇余名の軍隊を秦皇島に上陸させた。これは京山鉄道守備のためであったが、間接的には日本の満州出兵を牽制する役割をも果した。(30)

上述の事実はアメリカ・ドイツの反対と強い牽制を示し、日本政府と軍部はこれを無視することが出来なかった。日本国内にも出兵反対論者がいた。民間の善隣同志会・支那問題同志会等は出兵・干渉への反対運動を展開して世論を喚起し、政府・軍部に社会的圧力を加えた。

中国のマスコミも日本の満州に出兵しようとする企みをあばいて、世論を喚起した。(31) 東北当局もこの時期日本に適切な対応策を講じ、出兵の口実を与えなかった。二月一二日清帝退位後、東三省総督趙爾巽と張作霖は動乱を避けて共和制支持へと転換し、自ずと北京の袁政権に帰属することになった。

また日本政府にも満州出兵の軍資金を調達する財政的余裕がなかった。六年前の日露戦争で一七余億円の軍事費を消費した上、一九〇七年の経済危機と陸・海軍の軍備拡張による膨大な軍事費支出により国家財政は赤字であり、巨額の内外債を抱えていたから、政府は出兵に難色を示さざるを得なかった。

上述のような内外の情況に鑑み、内閣は満州出兵を躊躇せざるを得なかった。西園寺首相と内田外相は石本陸相を通じて桂と山県に内閣の意を伝えた。桂は山県宛の二月八日付書簡に「今日朝石本男来訪候而如何ニモ首相始メ外相ノ議論此際外国ヨリノ質議モ有之旁出兵ノ困難ナルコト又一方ニハ議院ノ方モ此際費用ノ請求ヲナサバ議論百出従而外面ニ洩レ是又面白カラス旁以此際ハ単ニ内地ニ在ル処ノ新兵ヲ派遣之事ニ陸軍ノミニテ相計置キ候事ニ首相モ外相モ賛成ニ被成不得止之レニ同意シタリトノ事ニ候実ニ右之次第ニ而政府自カラ動カザル次第如何ニモ致方無之候[32]」と記した。

このような内外情勢により、山県を中心とした軍部の満州出兵計画は二月中旬に挫折した。山県は政府・内閣を非難しながら、「千歳一遇之機会ヲ逸シ実ニ為国家不堪痛憤[33]」と痛嘆した。

満州出兵問題で山県ら軍部と内閣は対立したようであったが、両者は満蒙における日本の権益と勢力範囲を強化・拡大する点については一致していた。故に、この出兵策は政府・外務省が推進した他の満蒙政策と並行して進められたのである。これは共通の目的のため種々の政策と手段がとられていたことを示す。

(1) 「寺内正毅文書」。国会図書館憲政資料室所蔵。
(2) 「桂太郎文書」。国会図書館憲政資料室所蔵。
(3) 原奎一郎編『原敬日記』第三巻、福村出版、一九八一年、二一〇ページ。
(4) 大山梓編『山県有朋意見書』原書房、昭和四一年、三三八ページ。
(5) 明治四四年一一月一〇日、内田外相より在奉天小池総領事宛電報、第二〇八号（極密）。外交史料館所蔵。
(6) 外務省編『日本外交文書』（辛亥革命）、二六七ページ。
(7) 本書二七一二九ページ参照。
(8) 外務省編『日本外交年表並主要文書』上、原書房、昭和四〇年、三六〇ページ。
(9) 栗原健編著『対満蒙政策史の一面』原書房、昭和四一年、三〇四ページ。

(10)『申報』一九一二年二月一三日。
(11)『日本外交文書』(辛亥革命)、三一五ページ。
(12)同右書、三二一ページ。
(13)同右書、三三二ページ。
(14)明治四五年二月六日、在天津小幡総領事より内田外相宛電報、第一九号。防衛研究所所蔵。
(15)同右。
(16)同右。
(17)陳春華ら訳『俄国外交文書選訳』(有関中国部分一九一一・五—一九一二・五)、中華書局、一九八八年、二五四—五五ページ。
(18)明治四五年二月一四日、在長春本部領事より内田外相宛電報、第一一号。防衛研究所所蔵。
(19)同右。
(20)『日本外交文書』(辛亥革命)、三二三ページ。
(21)同右書、五二七—二八ページ。
(22)同右書、五二八ページ。
(23)同右書、五二八—二九ページ。
(24)陳春華ら訳、前掲書、一三六—三八、一六三—六四ページ。
(25)『日本外交文書』(辛亥革命)、五二九ページ。
(26)同右書、五三〇ページ。
(27)同右書、五二九—三〇ページ。
(28)同右書、五三一—三二ページ。
(29)同右書、五三四ページ。
(30)同右書、五二九ページ。
(31)『申報』一九一二年二月六、一二日。

（32）藤井昇三「孫文の対日態度——辛亥革命期の『満洲』租借問題を中心に」、『現代中国と世界——その政治的展開』慶応通信、一九八二年、一二五—二六ページ。
（33）同右書、一二六ページ。

三　第一次満蒙独立運動

日本軍部は満州出兵を企みながら、また一方においては清朝皇族と蒙古王公らを利用して所謂第一次満蒙独立運動を起こし、満蒙かいらい政権を樹立しようとした。本節では、日本と清朝皇族・蒙古王公らが結んで独立運動を展開する過程を究明すると共に、この運動の目的と性格を考究し、軍部・大陸浪人・政府・外務省がどのように一体化してこの運動を推進したかを検討する。

第一次満蒙独立運動は、一九一二年二月の清帝退位・清朝崩壊後、満蒙に所謂「満蒙王国」を樹立しようとした運動である。この運動は二つの要素から構成されている。一つは粛親王善耆らを中心とした清の皇族らが清朝発祥の地満州に清の王国を復辟しようとした復辟運動であり、一つは清朝に従属していた蒙古王公喀喇沁《ハラチン》王・巴林《バリン》王らが清朝崩壊・外蒙古独立等の情勢の下で「独立」しようとした運動である。この二つの運動が結合して所謂満蒙独立運動に発展したのである。しかしその進行過程から見れば、この運動は蒙古東部地区における挙兵と蒙古の独立を優先し、その上でその勢力を満州に拡大して満蒙独立を成し遂げようとしたものであった。この独立運動の母体は宗社党である。宗社党は一九一二年一月に清皇族の良弼・鉄良・溥偉・升允・善耆らを中心として結成された組織で、その政治的目的は清朝の滅亡を救い、立憲君主制を堅持し、南北和議・清帝退位に反対しながら、袁に退陣を強制しようとすることであった。そのメンバーは胸に二つの竜の紋様を縫いつけ、満文の名札をつけていた。当初は公然と活動して一時袁を押え、良弼・鉄良を中心とした内閣まで組織しようとしたが、良弼の暗殺によって打撃を受け、北京・天津等で秘密活動を展開した。この活動が清帝退位後に満蒙独立運動へ転換したのである。

宗社党の活動は当初より日本との関係が密接であったが、独立運動に転換した後は完全に日本の支援と庇護の下で展開され、その最終目的である「満蒙王国」もその後のかいらい満州国と同様のものであった。この意味では、満蒙独立運動はかいらい満州国を樹立する最初の試みでもあったといえよう。

日本はこの満蒙独立運動を満蒙政策の重要な一環として、また辛亥革命初期の具体的な中国分裂策として、大陸浪人・参謀本部の将校と外務省の三者が一体となって推進したのである。

この運動はまず北京で画策され、次いで満州と蒙古に移動した。北京では川島浪速ら大陸浪人と参謀本部派遣の将校らが清朝皇族粛親王と蒙古王公らへの工作を開始した。川島は粛親王が民政部尚書の時、その警政顧問として親交を固めて兄弟の縁を結び、粛親王の愛娘を養女とした間柄であった。川島は良弼が暗殺され皇族らが外地に逃亡する好機を捉えて、二月二日北京から粛親王を連出し、(1)四日夜秦皇島で渤海丸に搭乗して五日旅順港に到着した。これには参謀本部派遣の宮内英熊少佐ら五名の日本人が同行していた。(2)川島がいつ旅順に到着したかは不明だが、一三日頃から粛親王を同伴していた。政府・外務省と陸・海軍当局は関東都督府に粛親王とその一行五六名に対する保護と便宜の提供とを指示し、都督府も彼らを貴賓として大和ホテルと民政長官官舎で保護し、手厚い待遇を与えた。川島は電信により直接参謀本部と連絡をとり、福島安正次長の指示の下で行動していた。川島は参謀本部の訓電に応じて、一月三一日参謀本部に「御訓電難有拝見ス極メテ細心ニ計画シ遺漏ナキ様注意致スベシ尚挙兵ニ関スル意見ヲ具陳スルコト左ノ如シ」と前置し、以下本計画は表面はあくまで清人の自由行動という体裁をとり、日本は暗中にこれが牛耳を執るもので、露国との関係を多少調整すれば対外的にさしたる心配なく、いよいよ清国の「分割ノ已ムヲ得ザル場合ト為ルモ満蒙ハ已ニ我手中ニ在ルト同様ナリ」とし、この際対清政策をただ成り行きに任せて傍観主義をとるならば「国民非難ノ声ハ益々甚シカラント思ハル」ので、切に「我国覇権樹立ノ為メ東方大局維持ノ為メ我政府ノ御英断ヲ希望シテ止マス[3]」と詳細にその方策を説き、併せて参謀本部宛に政府の英断を訴えている。これらの事実は、大陸浪人・軍部・外務省が一体となってこの運動を推進していたことを物語る。

大陸浪人と外務省出先機関は、粛親王と奉天城の軍権を掌握していた張作霖を結びつけようとした。二月一六日川島は旅順から奉天に着き、町野大尉らと張作霖に対する工作をおこなった。奉天駐屯の張作霖統領は粛親王が旅順に到着した同日、駐奉天の落合総領事に「粛親王ヲ戴キテ日本国ニ附クヘク斯シテ世間ニ対シテモ日本国カ無理ニ為サシメタルニ非ラサルコト[4]」とする意を表明し、日本に依存しようとした。落合総領事は内田外相に張の意図に日本が関心を寄せる意を表明するよう上申したが、内田外相は張に不信感を抱き、彼を利用しようとしなかったので[5]、張と粛親王との連携は成立しなかった。蒙古王公に対する独立運動工作は川島と参謀本部から派遣された将校らが中心となって推進した。参謀本部は辛亥革命勃発後多賀宗之少佐らを北京と蒙古に派遣して皇室と満族の情報を収集していたが、一九一二年一月中・下旬には新たに松井清助大尉・高山公通大佐・守田利遠大佐・宮内英熊少佐・日下操少佐ら多数の情報将校を派遣し、駐北京公使館付武官青木宣純少将らの指揮下で蒙古関係の情報の収集とその王公に対する工作を展開した[6]。北京では既に川島浪速ら大陸浪人がこの工作にかかわっていたため、大陸浪人と参謀本部将校は連携してこの工作に取掛かった。

日本は、武器・借款の提供による支援を条件に蒙古王公らと種々の契約を締結し、法的に彼らを日本の支配下に置こうとした。一九一二年一月二九日川島は蒙古の喀喇沁王貢桑《クンサン》諾爾布《ノウエルブ》と次のような契約書を締結した[7]。

一　内蒙を連合して一の強固なる団体と為し、一は蒙古が利益を自衛し、一は大清皇位の存立を援護するを目的とす。
二　団体は須らく内蒙古全部を統一するの機関を設立し、以て文武一切の要政を掌理すべし。
三　川島は喀喇沁王を以て此機関の首脳と為すを願ひ、百方尽力して成功を期すべし。
四　此目的を達するが為め、先づ喀喇沁王族内に在て優勢の兵力を整頓し、漸次各王公を合同して団体を組織す。
五　川島は此事を創弁する為めに需むる所の武器軍費並に必要の日本人員を当に相当の契約を経て倶に担任計画すべし。
六　喀喇沁王は川島を以て総顧問と為し、文武一切の事宜に参画商量せしむ。
七　用ふる所の要員は倶に川島の監督に一任して喀喇沁王の命令節制に服従し、以て規律を重んず。
八　内蒙古団体成立の後、倘し他国の侵逼を受け自衛を為し難き時は、須らく先づ日本帝国に向つて援護を求むべし。
九　内蒙古団体と日本帝国とは須らく特別良好の友誼を保持し、以て大局を維持し、並に務めて日本人実業上の計画を護り、以て両利を期すべし。
十　内蒙古団体が露国に対する外交事件は、宜しく務めて日本政府と秘密に商り、処置すべし。未だ商明を経ずして随意に条約を訂定するを得ず。

この契約は内蒙古を独立の名目で日本の植民地にしようとする欲望を示したものであった。このため、彼らは次のような行動計画を立てた。(8)

一　松井は喀喇沁王を伴ひ、窃かに北京を出でゝ入蒙し、有力なる蒙古人を結束し、且つ若干の兵員を募り、満州方面へ赴いて武器を接手し、之を喀喇沁、巴林両王府へ輸送すること。
一　木村は巴林王を伴ひ、窃かに北京を出でゝ巴林に至り、募兵訓練に任ずること。

一　多賀は武器を調達し、満洲に於て松井に交附し、一旦北京に帰った上直に喀喇沁王府に赴き、武器到着と共に蒙古義軍を起すこと。

蒙古王公らに対する工作において、日本は借款＝資本輸出を梃子として利用した。蒙古王公らは挙兵のため日本に借款を要望し、日本はこの借款を利用して内蒙古における日本の権益を確立しようとした。一九一一年一二月六日川島は福島参謀次長に「蒙古喀喇沁王ハ或ル入用ニ迫ラレ其領土全部ヲ抵当トシテ二万両ヲ借用シ度旨正金銀行支店ニ申込ミ来レリ正金ニテハ政府側ノ賛成アレハ貸出ス意向アリ此問題ハ何レニシテモ損ヲスル憂ナシ此際対蒙古政策上貸シ与フル方宜シカルヘシト思ハル一言正金本店へ御勧メ下サルマシキヤ」(9)と申入れた。福島はこの申入れを外務省に伝え、外務省政務局長倉知鉄吉は内田外相の名でこの借款成立の要望を正金銀行に伝えた。(10)これにより一二月一八日北京において喀喇沁王と銀二万両の借款契約が成立し、彼の領地からの収入が担保とされた。(11)

その後川島は喀喇沁王・巴林王と、挙兵に必要な資金調達のため、二〇余万円の借款交渉をおこなった。(12)一九一二年一月三〇日駐北京の高山大佐は福島次長に「蒙古挙兵ノ実行ハ著々其歩ヲ進メ」ていることを報告しながら、川島と喀喇沁王・巴林王らとの借款の交渉の結果、「蒙古ニ於ケル各種ノ権利ヲ掌握シ得ル機会ニ遭遇シ居ルヲ以テ」(13)とりあえず二五万円を送金してくれと要求した。参謀本部はこのことを政府・外務省に働きかけた。内田外相はこれに積極的に応じ、二月二日伊集院公使に「帝国政府ニ於テハ内蒙古東部ト南満洲トノ間ニ存在スル密切ナル関係ニ鑑ミ該地方ニ何等ノ利権関係ヲ付ケ置ク方万一ノ場合ノ為有利ナルヘシト思考シ」(14)、この借款に応ずる意を伝え、高山大佐らに協力するよう訓令した。内田は政府としては「大倉ヲ名義人トシテ契約ヲ締結シ二十五万円ハ之ヲ支出スルモ差支ナキ」(15)旨を指示した。しかし伊集院公使はこれに積極的な対応をとらなかった。それは彼が蒙古王公らに不信感を抱いていたからであった。一五日伊集院は内田外相に、「元来蒙古ノ王公ナルモノハ主義モ節操モ実力モ無キ輩ニシテ……他方ヨリ威嚇又ハ誘惑ニ遭フトキハ忽チ我ニ背離スヘキハ予想ニ難カラサル次第ナレハ今日ニ於テ彼等ヲ籠絡シ得ルトモ之ニ対シテ永遠ノ望ヲ属スヘキニアラス又此ノ秘密モ余程強力ナル羈束ヲ加ヘ置クニ非ラサレハ長ク保タレ得ヘシトハ予期スヘカラス但シ……単ニ将来ノ行懸ヲ作リ置ク丈ノ目的ナラハ此際多少ノ金員ヲ支出サル、モ必スシモ無用ニ非ラサルヘキ」(16)と上申した。この上申に内田外相も同意し、二五万円の送金を見合せて一五万円にとどめ、借款の目的は「将来ノ為行懸ヲ作リ置クヲ主旨トスル次第ナルヲ以テ利率等ハ強テ之ニ重キヲ置クコトナク成ルヘク長期ニ亘リテ先方ヲ羈束シ得ル様御取計相成リタシ」(17)と電訓した。これは伊集院の上申によって内田外相と外務省の姿勢がやや慎重になったことを示す。

二月中旬川島と高山大佐は満州に行き、福島次長の一四日の命令により多賀宗之少佐が蒙古王公との交渉を担当することになった。これに対し伊集院は慎重な姿勢をとり、「契約万端総テ間接援助ヲ為スニ止マ」り、「将来ノ成行等ニ付キ責任ヲ以テ確タル見込立チ難シ」(18)と考え、多賀少佐が一五万円の範囲内で借款交渉をまとめるようにした。伊集院は大倉組の名義よりも川島個人の名義で契約するように内田外相に上申したが、内田は依然として大倉組にすることに固執した。(19)

蒙古王公に対するこの借款は日本と内蒙古の勢力範囲を争奪するロシアを刺激した。一九日駐日のロシア臨時代理大使は本国政府の訓令に基づき「松花江托羅河間ノ内蒙古王ハ武器及金員ノ供給ヲ露国ヨリ仰度旨申出テ若シ同国ニ於テ之ヲ肯セスハ日本ヨリ之レカ供給ヲ得ヘキ内約アル旨申出タル処露国政府ニ於テハ清国ノ分離ヲ惹起スルカ如キコトハ之ヲ避ケ度意嚮ナルヲ以テ右ノ申込ヲ拒絶シタ」(20)旨を内報し、これに対する日本側の意向を尋ねた。内田外相は「前記ノ如キ内約カ日本側ニ存セサルハ勿論ナルノミナラス若シ我方ニ対シテカ、ル要求ヲナシ来ラハ我ニ於テモ露国政府ト同様ノ態度ヲ執ルヘキ」(21)旨を答え、蒙古王公らに武器・借款を提供している事実を隠した。これは内蒙古についてのロシアとの争奪を意味した。

二月下旬借款交渉がまとまった。日本は喀喇沁王に九万円、巴林王に二万円を提供することにした。(22)伊集院は計一一万円を用意して送金するよう内田外相に申入れた。伊集院はこの借款に協力しながらも、挙兵問題について多賀らに「今日ノ形勢ニ於テ斯ル軽挙ニ出ツルモ有力ナル後援ナクテハ何等成効ノ見込ナク却テ他日活動ノ素地ヲ損傷スヘキノミナラス延テハ国際紛糾ヲ来シ他ノ利用スル所トナルヘキ虞尠カラサルニ付慎重ノ上ニモ慎重ヲ加フル様十分警戒スヘキ」(23)旨を勧告した。伊集院は蒙古王公らに対する信頼が薄かったため、その手続きに当って借款契約の形式をとらずに借用証書の形式をとり、三月五日喀喇沁王は次のような借用証書を川島と大倉組を代行した正金銀行天津支店長菊池宛に提出した。(24)

喀喇沁王ハ卓索図五旗ヲ代表シ地方保衛ノ目的ノ為ニ日本大倉組天津支店長菊池季吉君ヨリ日本金貨九万円ヲ借用ス年利ハ五分トシ五年ノ期限ヲ以テ元利ヲ返還スヘク卓索図盟内ニ於ケル一切ノ鉱山ヲ以テ抵当トナスコトヲ言明シ若シ返金スルコト能ハサルトキハ随意ニ開採セシムヘク期限内ハ他人ノ開弁ヲ許ササルヘシ但シ開鉱ノ契約ハ時ニ臨テ別ニ訂結スヘク金円使用ノ方法ニ至テハ亦必ス川島君ト商議シ以テ信守ヲ昭ニスヘシ玆ニ借用書ヲ作リ証トナス

宣統四年正月十三日

喀喇沁王　華押

巴林王は三月七日借用証書を提出した。この借用証書と引替えに喀喇沁王に一万円、巴林王に一万四〇〇〇円の現金が渡され、残額の八万円と六〇〇〇円は奉天において交付することにした。(25)この借款は大倉組の名義で提供されたが、実は日本政府が支出したものであった。石井菊次郎外務次官は「全額十一万円ハ全部之ヲ政府ヨリ支出シ契約ヨリ生スル権利義務モ亦総テ政府ニ於テ之ヲ引受ケ」(26)るようにした。この一一万円のうち八万円は外務省より、三万円は参謀本部より支出された。これは所謂満蒙独立運動に政府・外務省と軍部が直接かかわっていたことを重ねて立証している。

三月初め北京では袁世凱の謀略による兵乱が勃発した。喀喇沁王と巴林王はこの機会を利用し、松井大尉ら参謀本部の将校と共に北京を脱出し、蒙古に赴いて挙兵の準備をした。彼らは二月初めに既に日本から三万発の弾薬を受領していた。(27)

多賀少佐らは奉天に赴き、八万六〇〇〇円の残額で日本から武器を購入して公主嶺の三井倉庫に隠しておいた。松井は十数名の蒙古兵と共に公主嶺を訪れ、多賀と連絡してこの兵器を喀喇沁王府まで運送しようとして、現地の宗社党薄益三・左憲章と結び、馬車四七輛と一〇〇余名の匪賊らを動員し、五月二七日公主嶺を出発した。これには数十名の日本浪人がかかわっていた。この時東三省総督趙爾巽は既に清朝を離れ、袁の北京政府の管轄下に入っていた。北京政府は満蒙独立に反対し、趙爾巽は奉天後路巡防営統領呉俊升にこの一行を阻止するよう命令し、六月七日鄭家屯付近で双方は激戦となった。その結果日本人一三名が戦死し、松井ら一三名が捕虜となった。馬車の兵器は全部焼却された。(28) こうしてこの事件は中日間の外交問題になって趙都督と駐奉天の落合総領事との外交交渉に委ねられ、日本人の捕虜は六月一八日公主嶺の交渉局から日本の警察官に引渡された。これにより秘密裏に進められた満蒙独立運動が世間にあばかれた。

しかし彼らは日本の支持の下で引きつづき活動を展開した。喀喇沁王は同年一二月大倉組からまた九万円の借款を受け、活動をつづけた。粛親王系統の宗社党は日本の支援により大連・遼陽・海城等の日本租借地で勤王軍を組織して日本将校の訓練を受けていた。彼らは清朝の復辟を目指していたため、「大清帝国政府」、「大清帝国勤王師総司令部」等の印鑑や「竜旗」五〇余枚等を用意し、八月一〇日海城で挙兵して奉天方面に進撃する予定であった。この時期、粛親王は張作霖とも何らかの関係があったようである。張は「実力サヘ十分ナルニ至レハ北京ニ打入リ君主ヲ恢復スル考アリ之ニハ六七万ノ兵アレハ事容易ナリ」(29)と落合総領事に述べ、銃砲弾薬を購入輸送する資金調達のため、奉天宮殿の宝物を抵当として日本から借款することを粛親王と相談中であると語った。この結果は不明だが、粛親王は日本からの支援を受けるために日本側に次のような「誓盟書」を提示した。(30)

和碩粛親王善耆現因希望復興

大清宗社満蒙独立並謀日清両国特別之睦誼増進両国福利維持東亜大局貢献世界平和為宗旨因力不足伏願

大日本国政府之賛成援助以期大成為此予先以左開条件向
大日本国政府為信誓以後清国権利所至之処即
大日本国権利所至之処也
第一条　南満鉄路安奉鉄路撫順煤礦関東州旅順大連一帯日本所得権利等件以後展為長期以至永久
第二条　吉長鉄路楡奉鉄路吉会鉄路其他将来於満蒙布設一切鉄路均俟独立之復興
大日本国政府協商可従其如何弁法
第三条　鴨緑江森林其他森林漁業開墾牧畜塩務礦山等之事業均協商以為両国合弁
第四条　於満蒙地方応允日本人之雑居事宜及一切起業
第五条　外交財政軍事警察交通及其他一切行政皆求
大日本国政府之指導
第六条　以上所訂之外如
大日本国政府有如協商之件統求指示定当竭誠弁理
以上各項誓盟以為後日信守之拠

この「誓盟書」の内容は一九一五年の二十一ヵ条の満蒙条項とほぼ同様のものであり、満蒙を日本の植民地にしようとするものであった。

しかし鄭家屯付近の武力衝突後、東三省当局はこれらの宗社党の活動を叛乱と見なし、海城・懐徳・公主嶺・開原一帯で宗社党の組織を摘発し、その党員を逮捕した。

宋教仁ら南方の革命党も国家の統一を主張して、所謂満蒙独立運動に反対した。(31) このような情勢の下で西園寺内閣と参謀本部は運動の中止を命じ、第一次満蒙独立運動は一時抑止されたが、一九一六年には第二次満蒙独立運動として再び勃発したのである。

(1) 明治四五年二月三日、在清国伊集院公使より内田外相宛電報、第八五号。防衛研究所所蔵。
(2) 明治四五年二月五日、在旅順大島都督より内田外相宛電報、秘第二三六号。防衛研究所所蔵。
(3) 栗原健編著『対満蒙政策史の一面』原書房、昭和四一年、一四一ページ。
(4) 外務省編『日本外交文書』(辛亥革命)、三三一ページ。
(5) 本書二〇〇―〇三ページ参照。
(6) 栗原健編著、前掲書、二九二―九七ページ参照。
(7) 黒竜会編『東亜先覚志士記伝』中、原書房、一九六六年、三二六―二八ページ。
(8) 同右書、三三九ページ。
(9) 『日本外交文書』(辛亥革命)、三六五ページ。
(10) 同右。
(11) 同右書、三六六ページ。
(12) 同右。
(13) 同右書、三六七ページ。
(14) 同右。
(15) 同右。
(16) 同右書、三六八ページ。
(17) 同右書、三六九ページ。
(18) 同右。
(19) 同右書、三六九―七〇ページ。

（20）同右。
（21）同右。
（22）同右書、三七〇―七一ページ。
（23）同右書、三七一ページ。
（24）同右書、三七四ページ。
（25）同右書、三七三、三七六ページ。
（26）同右書、三七二ページ。
（27）同右書、三六六ページ。
（28）黒竜会編、前掲書中、三三二―四六ページ参照。
（29）『日本外交文書』（辛亥革命）、三三三ページ。
（30）曽村保信「辛亥革命と日本」、日本国際政治学会編『日本外交史研究――日中関係の展開』有斐閣、一九六一年、五〇―五一ページ。
（31）『宋教仁集』下、中華書局、一九八一年、三七六―七七ページ。

四　満州租借のたくらみ

辛亥革命期の日本の満蒙政策において特異なことは満州租借問題であった。一二月二五日上海に到着した孫文は、革命資金調達のため三井物産に借款を申入れたが、日本はこの機を利用して満州を中国から租借しようとした。この借款については国家主権にかかわる重大な問題であり、また孫文・黄興らとも直接かかわる問題であるから、慎重に取扱うべきである。本節では、日本が孫文に満州租借を迫った過程を究明すると共に、この問題に関連する森恪の書簡等を考証・鑑定し、これへの孫文の対応を検討する。

孫文は欧州からシンガポール経由で一二月二一日香港に到着した。宮崎滔天・山田純三郎らは香港で孫文を出迎え、二五日孫文に同行して海路上海に到着した。孫文は船中で山田に三井物産から一〇〇〇万円あるいは二〇〇〇万円の借款を希望する意を表し、上海到着後山田の紹介により、年末に三井物産上海支店長藤瀬政次郎及び社員の森恪と支店長の社宅で会談し、一〇〇〇万円乃至二〇〇〇万円の借款問題について交渉した。(1) これは日中合弁による漢冶萍公司の借款交渉であり、満州租借の借款交渉ではなかった。

三井物産の『社報』には在外勤務社員の出国・帰国の期日が明記されているが、森恪は一九一二年一月五日東京に到着している。ここから推測すれば、森は藤瀬支店長社宅での交渉後まもなく上海から帰京したのである。それはこのような巨額の借款は支店長が決定することが出来ず、本店において決定すべきであったからである。森は東京でまず三井物産の元老益田孝に孫文の借款要望と「大冶鉄山を彼我共同の事業となさん」(2) こと等を詳細に報告した。益田はこのことをまず井上馨に内報した。井上には既に黄興より「革命党に同情して金融を心配しくるゝ様に直接依頼状を送越し」(3) ており、書中には「東三省は日本に於て因縁ある土地なれば同地に於て騒乱を起さしむるを不可なりと同志を戒しめ居る」(4) という記載があった。国会図書館所蔵の「井上馨文書」にも同時期黄興から井上宛に書簡があり、黄興はこの書簡で近く成立する予定の南京臨時政府への「資金ノ調達」についての「助声」を含めて革命派への今後の援助を懇請している。(5) これも一般的な借款の要請であり、満州借款ではなかった。

では満州借款をまず提起したのは誰か。それは益田孝であった。益田は森に、孫文と黄興が「左程に我に依頼するならば此機に乗じて革命党志を得ば東三省は我に割譲すべしとの内約を取り置く事必要なり」(6) と語った。森は「其事は出来得べし」(7) と答えた。益田は森との内談の内容を井上馨と原敬内相に伝えた。井上は原に、このことを西園寺首相に伝え、内閣の決議にまで進めるよう依頼した(8)。井上はまた益田・森の満州割譲の意を山県有朋に伝えた(9)。山県もこの時期に満州へ出兵する計画を推進していたから、益田・森の意見に賛成し、「此機会に於て東三省を我物となす事の密約を革命党となし置く事には賛成なり(10)」と述べた。

原は井上らの意見を西園寺首相病気のため内田康哉外相に伝えたが、内田外相にも既に種々の内談が他より持込まれていた。原は黄興の井上宛書簡を内田に渡し、閣議において検討するよう依頼した(11)。この時期閣議においても数回満蒙問題が検討されていた。一月一二日の閣議において内田外相が中国の情況を報告し、原は「革命軍に対しては今少しく進んで援助的関係をなすの政策を取るべく、又露国既に外蒙古の自治を助くる名義の下に手を出したる位なれば、我に於ても此際東三省に対して相当の処置をなすべき時機と思ふに付篤と廟議を尽くすべし(12)」と述べた。松田正久法相・斎藤海相も原の意見に同意し、大いにその必要を説いた。一六日の閣議でも満蒙問題が検討され、満蒙に対し「相当の解決」をなすことが決定された(13)。これらの事実は満州割譲或いは満州租借問題を先に提起したのは日本側であったことを立証する。

その後の益田・井上・山県らと森の東京における満州租借問題に関する活動と政府の行動については、史料が欠けているため不明であるが、森は神戸経由で二月一日上海に着き、翌日山本条太郎の孫文宛の書簡を持参して南京に赴き(14)、二日・三日に連続二回にわたって孫文・黄興・胡漢民らと会談し、三日の会談において満州租借問題を孫文・胡漢民に提起し、その承諾を迫ったのである。

森恪は二月二日の孫文・黄興との会談の内容を五日付益田孝宛書簡で、二月三日の孫文・胡漢民との満州租借に関する会談の内容を八日付益田宛書簡で報告している。この二通の書簡は、森が益田・井上・山県らの意見と閣議の決定に基づき、孫文らに満州租借を迫った過程を示す重要な文献である。故に、この書簡の信憑性を確認することは満州租借問題の真相を究明する上で大きな意義がある。

二月五日付の森恪から益田孝宛書簡[15]は七つの問題が指摘されている。まずこの七つの問題について考証する。それはこの書簡は直接満州借款のことを取上げていないが、八日付益田孝宛の満州借款に関する書簡と内在的な関係があり、この書簡を考証することが八日付書簡の信憑性の考証に役立つからである。

五日付書簡の第一の問題は二月二日に森と孫・黄が南京で交渉したか否かである。森は二月一日上海に到着し、満州借款のような重要なことを孫・黄と交渉するためその翌日南京に赴いた可能性があり、また次に述べる漢冶萍公司合弁に関する南京臨時政府と三井物産との二五〇万円契約の英文の契約書に孫・黄がそれぞれ中華民国総統と陸軍総長の名義で二月二日にサインし印鑑を押していることから、確実に二月二日南京で交渉したことを立証することが出来る。[16]

第二の問題は「漢冶萍公司日華共同経営ノ件」に孫・黄が署名したか否かである。漢冶萍公司日華共同経営交渉は主に神戸で盛宣懐・李維格と日本側代表小田切万寿之助の間でおこなわれた。その裏で日本側は外務省、中国側は南京臨時政府が介入しており、双方は一月二九日神戸において合弁の仮契約書に署名した。[17]森はこの仮契約書を持参して同日神戸港を出発し二月一日上海に到着した。この合弁契約は日本側商人と漢冶萍公司との関係を定めているが、これに南京臨時政府と孫・黄が介入せざるを得なかったのは、この契約により南京臨時政府が三井から二五〇万円の借款を受けることになり、またこの公司は当時南京臨時政府の管轄下にあったため、南京臨時政府と孫・黄がその契約を承認しその執行を保証する義務があったからである。故に、この合弁の契約書及び認証に孫・黄は南京政府を代表して公司と共に署名することになったのである。これは一月二六日三井の山本条太郎が外務省の倉知政務局長宛に送付した漢冶萍公司関係書類から窺うことが出来る。[18]二月二日孫・黄は南京臨時政府・漢冶萍公司・三井三者間の漢冶萍公司合弁に関する「事業契約書及認証」、南京臨時政府と三井間の「利権契約書認証」、南京臨時政府と三井間の「借款契約書」等に署名したと思われるが、現在残っているのは英文の「借款契約書」だけであり、前の二つの文書はその草案だけが残っている。だがこれらの草案には「本契約書ハ漢日両文各三通ヲ作リ各自各一ヲ分有ス若シ字句ニ付疑議ヲ生シタル時ハ是ニ添附ノ英訳文ニ拠リ決定スル事」[19]との規定があるから、英文の「借款契約書」も有効であり、これによって前の二つの「契約書及認証」にも二月二日に孫・黄が総統・陸軍総長の名義で署名・調印したことを確認することが出来る。また上述の二月一日付山本より孫文宛の書簡にも森が持参・提出した漢冶萍公司合弁に関係する文書に署名・批准するよう明確に記載されている。[20]これにより二月五日付森書簡の第二の内容が確実であることを立証することが出来る。

第三の問題は二月三日孫文・黄興が森に依頼した井上馨宛の電報である。李廷江氏が国会図書館憲政資料室の「井上馨文書」から井上が受取ったこの電報を発見したが、その内容は森の五日付書簡と完全に同様であり、ただ三文字が異なっているだけである。[21]李氏はまた同文書から二月三日付孫文の井上宛書簡（中文）を発見した。[22]その内容には前の電文とそれほど大きな相違がなく、財政上の援助のことに対しても電報より明確に言及しており、また井上宛に電報を発したことにも言及している。「井上馨文書」から発見されたこの電報と書簡は、森の五日付井上馨宛書簡の第三の問題も確実であることを示す。

第四は孫・黄が森に井上「侯爵ニ言上致呉レ」と依頼した四つの件であるが、四の「満朝王族ニ対スル御忠告」以外の三つの件は孫文の書簡及び孫・黄の電文と基本的に同じ内容である。故に、孫・黄が森を通じ井上に四つの件を伝言するよう依頼したこともほぼ確実である。

第五は招商局と銅官山借款の件であるが、招商局借款は承知のことであり、銅官山鉱務公司に対する中日合資合弁に関する契約書に森が三井物産全権代表として調印していることから、[23]これも確認出来る確実なことである。

第六は二月五日付益田孝から森宛の電報であるが、これを立証する資料が森と益田関係の資料から出てこないため、まだ確認することが出来ない。

第七は五日付書簡の冒頭で森が一月五日東京到着後井上馨らに孫文の援助=借款提供の要望を伝え、南京到着後に井上らの孫・黄に対する好意を伝えたことである。これは上述の森の東京における活動により立証出来ることである。

以上の考証から二月五日付森恪の益田孝宛書簡はほぼ確実なものであるといえる。

二日の会談はある意味において三日の会談を準備したものであり、五日付森書簡の第三、四、七の問題は、八日付森の益田宛の書簡と直接的関係しているので、五日付書簡に対する信憑性の確認は八日付の書簡を考証する前提でもある。このような前提を踏まえながら、次に八日付森書簡(24)の六つの問題について考証する。

第一は二月三日南京において孫文・胡漢民・森恪・山田純三郎・宮崎滔天の五人が交渉の会合をしたか否かの問題である。山田は上述の回想において一部記憶の誤りがあるが、その会合に参加したのは事実であるとし(25)、宮崎滔天はこの件に関し詳細に記した資料を残していないようだが、彼の全集編集者はその年譜に「二月三日孫文を南京総督府に往訪、森恪・山田純三郎と同道(26)」と記載している。その典拠は不明であるが、山田純三郎の回想によるものではないことは確かである。だがこれは根拠のある記載だと思われ、森・山田・宮崎三人が孫文を訪問したことは説明出来る。だが孫文と胡漢民は何らの関係資料を残していない。しかし五人のうち過半数の三人が認めていることから、二月三日南京において五人が会合・会談したのはほぼ事実であるといえよう。

第二は満州借款の本題に入る前に、森が孫・胡らに自分が井上馨ら日本政界の上層部から信頼を受けており、満州のような大きな問題を南京臨時政府と交渉する資格を有していることを証明しようと努力したことである。外交交渉の慣習では、重大な問題或いは条約を締結する時には、双方共にこのような外交行為をおこなう権限を持っているとの資格書或いはそれに相応する証明書を提示し、互いに信頼関係を結ばなければならない。当時三井物産上海支店の一職員であった森にとっては、本題の交渉に入る前に何よりも重要なのは、孫らに自分が満州借款のように重大な問題を交渉する資格があることを説明・確認して、その信頼を得ることであった。森は二日の交渉において、まず漢冶萍公司合弁に関する孫・黄の署名、調印を獲得した後に、三日の満州借款交渉のための資格・信頼面での地均しをしたのである。上述の五日付書簡の第三、四、七の問題はこのためのものであったといえよう。また三日に山田・宮崎両人が同道した理由も、五日付書簡が触れているように、この信頼の獲得のためであった。故に、三日の交渉において森はまず単刀直入に孫に「貴下ハ余ガ日本ノ政治上ノ中心ニ接近シ得ル事ヲ信ジ得ルヤ(27)」と質問した。これに対し孫文は二日の交渉における第三、四、七の問題を通じ、「君ノ背後ノ力ヲ信ジ全ク君ニ信頼スルノ念ヲ強カラシメタリ、余等カ如何ニ君ノ立場ヲ解セルカハ、君ノ説ク事ヲ凡テ採シ居ル事実ニヨリテ判断セヨ(28)」と答えた。これにより満州問題交渉に入る前提の問題が解決され、満州借款交渉が始まることになった。これは外交交渉の慣習に相応しいことであった。

第三は満州借款に関する森・孫の会談・交渉の内容である。山田純三郎の回想は上述のように時期と森が参加したか否かについては誤りがあるが、満州借款問題に関する主な部分は森書簡の内容と基本的に一致しているといえよう(29)。故に、その交渉に参加した一人だけに山田の回想は有力な直接的証拠になるであろう。

次に森は満州問題を提議する前に「余ガ言ハントスル事ハ或ル程度迄根拠アル問題ナレトモ余トシテハ少シク職分外ノ事ナリ(30)」と孫に語っているが、この根拠というのは東京における益田・井上・山県らの意見と要望のことであった。この根拠が確実なものであったか否かも満州借款問題を立証する証拠になるであろう。これは上述の森の東京における活動と益田・井上・山県らの満州問題に関する意見と閣議における議論・決定によって立証し得る。

第四は満州借款と南北和議・南京臨時政府の財政情況の関係であるが、これは当時の実情とほぼ同様である。

第五は満州借款をめぐり孫文・益田・森三者間に往復した六通の電報である(31)。その中の二月三日午後五時四〇分に森が益田に送信した電報が国会図書館憲政資料室の「井上馨文書」に残っている(32)。だが他の電報はまだ発見されていない。この電報の往還には山田純三郎もかかわっていたが、彼はその回想で「当時、自分等の往復した電報書類などはその後全部焼棄てゝしまつたゝめ、今私の手許にその証拠となるべきものが残つてゐない(33)」と記しており、これらの電報を発見することは不可能かもしれない。しかしこの電報はこの問題における孫文の立場と対応を究明するのに特に重要な根本的史料であるから、益田孝関係の資料にその一部が残っているか否かを確認すべきである。

また当時使用した電報暗号が残っているかもしれない。山田純三郎の子息である山田順造の死後、その子孫が山田純三郎関係の資料を愛知大学に寄贈しているが、最近その中に電報の暗号があるとの報道があった(34)。森の五日付書簡には山田に「MBK private code ノイロハ暗号ヲ渡シアリ(35)」との記載があるが、この暗号がそれかもしれない。山田純三郎関係資料公表後、この暗号を研究すればまた新しい証拠が見つかるかもしれない。

上述の六つの電報とは別に、二月八日付益田から森宛の電報が「井上馨関係資料」から発見されている。この電報は南北和議や漢冶萍・銅官山・招商局借款等に触れた後、「満州ニ関シテハ一名日本ニ来ラレ秘密契約ヲナスコトヲ勧告ス左スレバ尚一層ノ同情ヲ得ルノ見込アリ(36)」と述べている。この電報は二月三日午後の森の電報に対する返事のようである。これは八日付書簡の満州問題に関する内容の一部を証明し得る重要な文献資料である。だが孫文の満州問題に関する態度を確実に立証するものではない。

第六は森との交渉において、孫が「余等ハ満洲ハ日本ニ一任シテ其代ハリニ我革命ノ為ニ援助ヲ日本ニ乞ウ希望ナリ(37)」と確実に述べたか否かである。これを立証する史料は森のこの八日付書簡の他にない。これを確実に考証するには、孫文自身による直接の証拠の他にも傍証の史料が必要である。これはこの森書簡の信憑性を確認する上でのキーポイントであるが、これが欠けていることはこの問題に確実な結論を下す上で大きな影響を及ぼすであろう。

以上の日本側の史料とその背景等に対する考証により、森が三日南京で孫文に満州借款問題を提議したことはほぼ確実である。だが孫文がこれに対し満州の租借或いは割譲を承諾したか否かを確認出来る史料は欠けている。故に、孫文の姿勢について確実な結論を下すことは時期尚早だといえよう。だがその可能性を完全に排除することは出来ない。もしその可能性があるとすれば、森と孫文の交渉の内容から次のような問題を提起することが出来る。

第一は満州問題は日本側が先に提起し孫文にその承諾を迫ったことである。森は元老と内閣の廟議に従い、孫文に「日本ハ満州ヲ日本ノ勢力ニヨリテ保全スルノ必要ヲ認タリ」とか、「到底満州ハ日本ノ手ニ保スルノ必要アリ」等と述べながら、この「満州ノ運命既ニ定マレリ」と断言し、日本は「満州保全ノ為ニ第二ノ戦争ヲモ敢テセントスル」と脅迫してその承諾を迫ったのである。(38)故に、この問題を取上げる時は、孫文よりもまず孫文と南京臨時政府にとって財政が窮乏している危機的な時期に火事場泥棒的に満州を侵略しようとした日本の欲望をあばくべきであろう。

第二は孫文の対応である。森の二月八日付書簡によれば、孫文は少なくとも一月の南北和議再開の前には、「満州ハ日本ニ一任シテ其代ハリニ我革命ノ為ニ援助ヲ日本ニ乞ウ希望」であったようだが、森はこの問題に対し「今日トナリテハ業ニ已ニ其ノ時機ヲ失セリ……兵権モ金権モ少キ余等ニハ其ノ主義ヲ遠慮ナク実行スル訳に参ラズ」とその不可能なことを指摘している。(39)これは、森が満州租借を強迫する情況の下での孫文の矛盾した心理を表現したものだともいえよう。また三日の会談後、森が起草し孫と胡漢民が添削した益田宛電報では、「孫ハ満州租借ヲ承知セリ」(40)とされているが、「承知」とは知ったということであり、承諾したということではない。「承知セリ」のような曖昧な言葉を使用したのは、孫文が的確に回答していないことを示す。

第三は孫文のこのような対応がどちらを優先するかの問題でも窺えることである。孫文は資金＝借款の必要性を強調して資金獲得を優先し、それによって軍隊の離散、臨時政府の崩壊を防ぎ、南北和議を延長し、その後に袁を排除して共和政体を樹立する計画を吐露した。これは孫文が満州問題よりも借款による資金調達を優先したことを物語っている。森は逆に満州問題を優先し、それは借款提供に先決すると強調したから、この問題における孫文と森の意見は対立していた。この対立は両者の目的とこの問題に対する姿勢の相違を表すものである。このような対立と相違は孫・黄の渡日を優先するか或いは資金の供給を優先するかにも現れ、森が渡日を優先したのに対し、孫文は終始資金の供給を優先する方針をとった。ここからも孫文が革命成功という目的のために借款を得ようとしていたことを窺うことが出来る。

上述のような孫文の内心の矛盾と曖昧な表現及び何を優先したかは、ある意味において、満州租借に対する彼の抵抗を表したものともいえよう。

第四は孫文がなぜ資金の提供を五日以内と限定したかということである。五、六日以内とは二月八、九日までということであるが、これは旧暦の正月と密接な関連があった。一九一二年は二月一八日が旧暦の正月に当るから、二月八、九日は旧暦の一二月二四、二五日に当る。森が五日以内に供給するや否やというのは年内に供給するとの意味であるかと孫文に確かめると、孫文は「年末ト称シテモ全クノ年末トナリテハ折角ノ送金モ無意味ニ畢ラン」[41]と答えた。この回答から孫文が五日以内と限定した原因を窺うことが出来る。旧暦の正月＝春節は中国の習慣では一年間の中で一番盛大な祝日である。この正月＝春節を祝うため、孫文と南京臨時政府は年末に政府職員とその管轄下の軍人に現金で賞与を支給しなければならなかった。もしこれが不可能な場合には、軍隊離散・政府崩壊といった問題が起こる可能性もあると孫文は判断し、その資金獲得に懸命だったのである。孫文は南北和議と清帝退位の問題も年末前に片づけようとして、二月一二日南方の代表伍廷芳に一五日夜一二時までに清帝を退位させるよう北京の袁に伝言し、さもなくば皇帝・皇室に対する優待条件を取消すと述べた。[42]これも年末年始のことを念頭に置いていたためであった。

以上を総括すると、日本側の史料とその政治的・軍事的背景から考究すれば満州借款交渉はほぼ確実に存在したといえよう。これへの孫文の対応は森の八日付書簡によれば「満州ハ日本ニ一任シテ其代ハリニ我革命ノ為ニ援助ヲ日本に乞ウ希望ナリ[43]」というものであるが、これを立証する史料はまだ欠けている上、孫文自身がこの実行は不可能だと述べ、満州租借について「承知セリ」との曖昧な言葉を使用しているので、確実に孫文がこのような態度をとったと断言するまでには至らない。だがこれはその可能性を完全に排除するものではなく、ある程度その可能性が存在することを物語っている。この問題の究明には新しい史料の発見と研究が必要であろう。

では、日本はなぜ満州に関するこの一〇〇〇万円の借款を孫文に提供しなかったのだろうか。

第一は日本側の井上・益田・森らが満州に関する契約を優先し、契約締結後に借款を提供しようとしたことである。孫文は逆に借款の提供を優先したため、両者の方針と目的が対立した。これが根本的原因である。

第二は時間的に大変切迫し、期限を延長する余地がなかったことである。孫文は五、六日以内にこの借款を提供することを要求したが、数日内に日本がこのように巨額の借款を契約なしという条件の下で提供するのは非現実的であったし、数日以内に孫・黄が渡日するのも不可能だったからである。

第三に、孫文は「九日迄袁世凱トノ和議ヲ延バス故夫レ迄ニ確答アリタシ[44]」と要求したが、益田の八日付森宛書簡によればこの要求は実現されなかった。このような情況の下で袁と妥協し、総統の位を袁に譲位すれば、孫文が語ったように「政権袁ニ移レバ民心再ヒ一変シテ、或ハ満州問題ノ如キハ俄ニ決定スル訳ニハ参ラヌ[45]」ようになる。日本にとっては孫が総統の位を袁に譲位した後で孫に借款を提供するのは意味のないことであり、満州租借或いは割譲の目的を達成することが出来ないからであった。

第四は辛亥革命期日本はイギリスとの協調外交政策をとっていたため、イギリスとの協議とその承認或いは黙認を経ずに、列強に重大なショックを与えるこのような行動を単独におこなうことには無理があったからである。

このような分析は孫文が上述のような対応をとった可能性を前提としている。

では孫文が一〇〇〇万円の借款で満州の租借或いは割譲を承認した可能性があるとすれば、孫文のこの行動をどう評価すべきだろうか。孫文は帰国後の一二月末、まず清朝打倒のため三井に借款を要請し、二月三日には軍隊離散・革命政府崩壊を防止し、袁との妥協を避けて共和革命を最後まで遂行するため、現金の提供を要請したのである。これは当時南京臨時政府の財政が窮乏の極に達している情況の下で、その主観的目的としては正しいことであり、理解し得ることであった。だが日本が孫文と南京政府のこのような財政危機に火事場泥棒的につけこんで満州の租借・割譲を孫に迫ると、孫文は革命政府崩壊の阻止か満州の租借・割譲かの二者択一の緊急事態に追込まれ、前者を選択しようとしたのである。孫文としては、日本が満州租借・割譲を強硬に迫る情況の下で、国家主権の一時的喪失と共和革命の最終的目的達成という二つの矛盾した現象を最終的に両立させようとしたのである。それは孫文が常に国内における革命の成功を優先し、革命の成功によって徐々に不平等条約を廃棄しようとする戦略をとっていたからであろう。このような戦略は孫文独特のものではなく、他の政治家にも見られるし、明治維新以来の日本の外交においても見られる。しかしその後、この借款は得られなかったが、軍隊の離散、革命政府の崩壊というような最悪の事件は起こらなかった。これは孫と袁の南北和議における妥協によるものかもしれないが、孫文の客観的情勢に対する誤った判断だといわざるを得ない。

また上述の原因により満州租借借款が自然に消滅して表面化せず、実現されなかったのも幸いなことであった。もしこの問題に対する孫文の対応を評価するならば、この点も考慮すべきであろう。

（1）　山浦貫一『森恪』上巻、高山書院、昭和一八年、三八二—八三三ページ。陳旭麓ら主編『辛亥革命前後——盛宣懐檔案資料選輯之一』上海人民出版社、一九七九年、二三四ページ。
（2）　原奎一郎編『原敬日記』第三巻、福村出版、一九八一年、二一〇—一一ページ。
（3）　同右書、二一〇ページ。

（4）同右書、二一一ページ。
（5）藤井昇三「孫文の対日態度――辛亥革命期の『満州』租借問題を中心に」、『現代中国と世界――その政治的展開』慶応通信、一九八二年、一二〇ページ。
（6）原奎一郎編、前掲書第三巻、二一一ページ。
（7）同右。
（8）同右書、二一〇ページ。
（9）同右。
（10）同右。
（11）同右。
（12）同右書、二一二ページ。
（13）同右書、二一二―一三ページ。
（14）陳旭麓ら主編、前掲書、二四四―四五ページ。
（15）明治四五年二月五日、在上海の森恪より益田孝宛書簡。三井文庫所蔵。
（16）「北洋政府財政部檔案」、『中華民国史檔案史料匯編』第二輯、江蘇人民出版社、一九八一年、三三九ページ。
（17）外務省編『日本外交文書』第四五巻第二冊、一一四―一三七ページ。漢冶萍公司「各種合同印底」、『雑巻』七号。
（18）外務省編『日本外交文書』第四五巻第二冊、一三一―三七ページ。
（19）同右書、一三三ページ。
（20）陳旭麓ら主編、前掲書、二四四―四五ページ。
（21）李廷江「孫文と日本人」、『日本歴史』一九八七年八月号、八七ページ。
（22）同右雑誌、八六ページ。
（23）外務省編『日本外交文書』第四五巻第二冊、八九―九三ページ。
（24）明治四五年二月八日、在上海の森恪より益田孝宛書簡。三井文庫所蔵。
（25）山浦貫一、前掲書上巻、四〇三ページ。

(26)『宮崎滔天全集』五、平凡社、一九七六年、七〇三ページ。
(27) 明治四五年二月八日、在上海の森恪より益田孝宛書簡。三井文庫所蔵。
(28) 同右。
(29) 山浦貫一、前掲書上巻、四〇三ページ。
(30) 明治四五年二月八日、在上海の森恪より益田孝宛書簡。三井文庫所蔵。
(31) 同右。
(32) 藤井昇三、前掲論文、一四九ページ。
(33) 山浦貫一、前掲書上巻、四〇五ページ。
(34) 香港『明報』一九九一年一〇月二三日。『参考消息』一九九一年一一月一三日。
(35) 明治四五年二月八日、在上海の森恪より益田孝宛書簡。三井文庫所蔵。
(36) 藤井昇三、前掲論文、一四〇ページ。
(37) 明治四五年二月八日、在上海の森恪より益田孝宛書簡。三井文庫所蔵。
(38) 同右。
(39) 同右。
(40) 同右。
(41) 同右。
(42)『孫中山全集』第二巻、中華書局、一九八二年、八二―八三ページ。
(43) 明治四五年二月八日、在上海の森恪より益田孝宛書簡。三井文庫所蔵。
(44) 同右。
(45) 同右。

五　第三回日露協約

辛亥革命期の日本の満蒙政策において、日本がその目的を達成したのは、満州西部と内蒙古における日・露の勢力範囲を拡大・分割したことである。日本とロシアは一九一二年一月中旬からこの問題をめぐる外交交渉をおこない、七月八日に第三回日露協約を締結した。これによって両国は満州・内蒙古全領域における勢力範囲の分割を完成し、日本は満州と蒙古を連結することが可能となった。南満州を中心とした日本の対満政策は南満州と東部内蒙古を包括した満蒙政策に拡大・発展し、日本の内蒙古に対する侵略が始まったのである。本節では、これについての日本外務省及びその出先機関の対応と、日・露両国の中国領西満州と内蒙古に対する勢力圏分割の過程における協調と争奪の二重外交を究明すると共に、これへの欧米列強の対応を検討する。

日本とロシアが西満州と内蒙古に勢力圏を拡大したのはその中国侵略の必然的な結果であったが、その直接的原因の一つは外蒙古の独立とそれに伴うロシア勢力の外蒙古と内蒙古への伸張であった。外蒙古は中国の領土であり、清朝政府は庫倫《クーロン》に弁事大臣を派遣してこの地域を管轄し、所謂新政を実施していた。これに反対する一部の蒙古王公とラマらは、一九一一年七月に秘密会議を開き、清朝から分離・独立する意を決し、杭達多爾済《ハンダドルジ》ら五名をロシアの首都ペテルブルグに派遣してロシアの支持と保護を要請した。八月一七日ロシア政府は特別会議を開いて彼らの独立を支持することを決定し、八月末清朝政府に蒙古における新政の停止と兵の派遣を禁ずるよう要求した。折しも一〇月一〇日辛亥革命が勃発して南方諸省は独立を宣言し、清朝の支配が動揺し始めた。ロシアはこの機会を利用して外蒙古の親露派の王公に武器を提供し、彼らの叛乱を支援した。ロシアの支援の下で東部の喀爾喀《ハルハ》等の四つの盟が「独立」を宣言し、清の弁事大臣三多を庫倫から追放した。一二月二九日哲命尊丹巴《ジェブツンダンバ》が大蒙古帝国日光皇帝として即位し、年号を共戴とし、独立政府を組織してその勢力を西の二つの盟まで拡大した。一九一二年一月中旬呼倫貝爾《フルンブイル》の総管がロシアの工作の下でまた叛乱を起こし、満州里・海拉爾《ハイラル》一帯を占領して独立を宣言した。ロシア勢力の外蒙古と北満西部方面への拡大は、満州においてロシアと争う日本の南満西部と内蒙に対する侵入を促し、日本はこれによってロシアの南下と東進を阻もうとした。

日本には二つの目的があった。㈠は西満州における勢力圏の再分割である。一九〇七年の日露追加約款で日露は東経一二二度の東において托羅河を境界として南北に勢力範囲を分けたため、その西に勢力圏の境界を延長する必要があった。㈡はロシアの勢力が外蒙古にまで伸張する情況の下で、ロシアと内蒙を分割することである。この二つの問題を解決して満蒙における日本の権益と勢

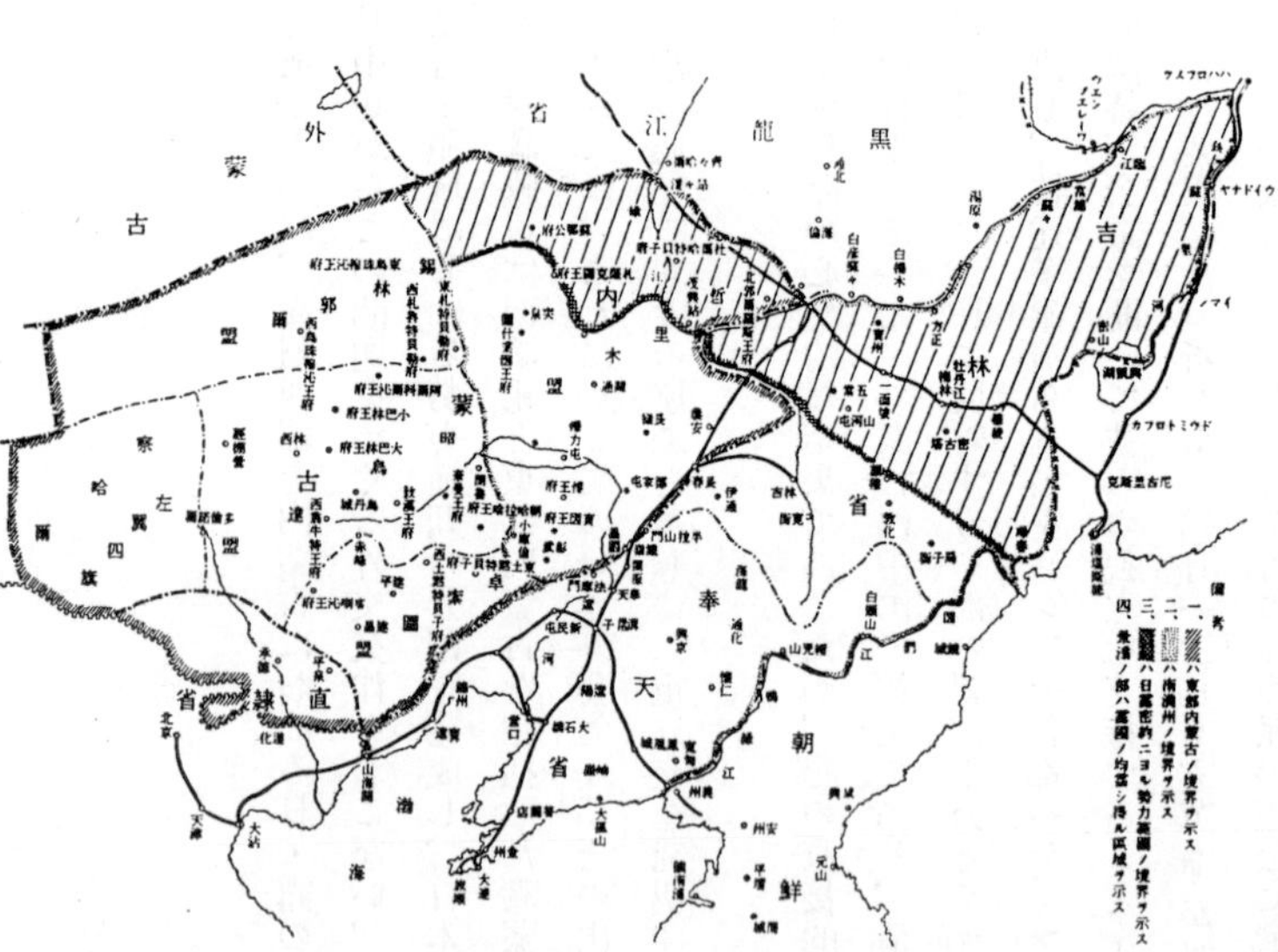

南満東蒙境界図（栗原健編著『対満蒙政策史の一面』原書房，昭和41年より）

力圏を拡大するため、内田外相は「東経百二十二度以西ニ付テハ托羅ヲ遡リテ興安嶺分水嶺ニ到リ同河及分水嶺ヲ以テ南北満洲分界線ノ延長トナシ」、内蒙古に対しては「張家ロヨリ庫倫ニ達スル大道ヲ界トシ内蒙古ヲ東西ニ両分シ(1)」、その東の北京・承徳の街道を日本の勢力圏内に収めようとした。これは内蒙古の主要部分を日本の特殊利益圏内に置こうとしたものであり、ロシアと内蒙古を争奪しようとする欲望を示したものである。一九一二年一月一〇日内田外相は駐露の本野大使に私見として上述の意を伝え、本野大使の意見を求めた。これに対し本野大使は慎重な姿勢をとり、「御来示ノ如キ協定ヲ為スコトハ素ヨリ望マシキ義ナルモ此際右様ノ協定ヲ遂クルコトヲ適当ト為スヤ否ヤハ慎重ニ考量スルヲ要ス(2)」と答申した。その理由は「一方ニ於テハ露国ノ疑惑ヲ招クノ虞アリ他方ニ於テハ本件ニシテ万一外間ニ洩ル、コトアラムカ清国ハ勿論列国ノ嫌疑ヲ被リ意外ノ不利ヲ醸スヤモ計リ難キ(3)」というものであった。

折しも一月一一日ロシア政府は外蒙古独立に関する宣言を発表し、清朝の外蒙古への行政機関の設置、正規軍の駐屯、移民等を中止するよう要求した。これは外蒙古における清国の主権と管轄権を撤回し、外蒙古の独立を承認するよう要求したものである。その目的は外蒙古と清国との関係を分断することによって外蒙古におけるロシアの特殊権益を拡大し、外蒙古をその保護下に置くことであった。ロシアは声明でこの目的について「露国ハ蒙古ニ於テ大ナル利害関係ヲ有スルヲ以テ事実上蒙古ニ設立セラレタル政府ヲ無視スルコト能ハサルニ付蒙古ガ清国トノ関係ヲ絶ツ場合ニハ蒙古政府ト事務上ノ関係ヲ開始スルノ止ムヲ得サルニ至ル可シ(4)」と弁明した。

ロシアのこの声明は日本の満蒙における日露勢力圏の分界線画定の動きにより一層の拍車をかけた。一六日日本政府は閣議においてこの件を検討し、「南北満洲分界線延長ノ件並ニ内蒙古ニ関スル協定ヲナスノ件ニ付公然トナク露国政府ノ意向ヲ叩キ以テ両件ニ関スル素地ヲ作ラシムルコト適当ナルベシト思考ス(5)」と決定し、ロシア側の姿勢を打診することにした。既述のように日本はこの時期既に満州出兵・満州租借・満蒙独立運動等の対満政策を単独で推進していたため、ロシアとの交渉において満州問題そのものを積極的に提起しようとせず、ロシア側がこの問題を提起したら、日本は「適当ノ時期ニ至リ満洲問題ノ相当解決ヲナスコトニ対シ敢テ異存ナキ(6)」旨を内密に説明する予定であった。日本は満州問題と西満州・内蒙古分界線の件を分けて処理しようとしたのである。同日内田外相は上述の閣議で決定された方針を本野大使に伝え、至急ロシア当局と交渉するよう指示した。

しかし閣議の決定とは逆に、本野大使は満州問題の根本的解決を優先した。そこでどちらを優先するかをめぐって日・露両国及び内田外相・本野駐露大使間に一カ月にわたる交渉がおこなわれた。一七日本野大使はロシア外相サゾノフに閣議で決定された方針と内田外相訓令の趣旨を自分の意見として提議した。サゾノフは分界線画定については「何時ニテモ其商議ニ応スヘシ(7)」と快諾したが、満州問題を解決する意は示さなかった。本野大使は積極的に「日露両国カ清国殊ニ満洲問題ニ関シ断然タル行動ヲ執ラサルヲ得サル場合ニ立至ルヘキ時期ノ到来スヘキコト」に誘導し、「右一般問題ニ関シテハ予メ両国政府ノ意見ヲ交換シ他日ノ変ニ応スルノ措置ヲ講シ置クノ必要アリト信スル」と述べ、「予メ閣下ノ大体ノ御意見ヲ承ハリ置キタシ(8)」と意見を求めた。本野は当時日本の対満政策の推進状況を知らなかったので、このように満州問題を取上げたのであろう。ロシアも満州問題を重視し、サゾノフは「露国政府ニ於テモ清国問題ニ付テハ必要ニ迫ラハ勿論日本政府ト提携シテ適当ノ措置ヲ執リタキ(9)」意を表した。しかし「成ルヘク平和的手段ヲ以テ事局ヲ処理シタキ考ヘナリ(10)」と述べ、本野よりは消極的な姿勢を示した。それはサゾノフが述べたように、「露国ハ欧洲ノ形勢財政其他ノ事情ニ鑑ミ極東ニ於テ事件ノ発生ヲ好マス殊ニ露国ノ民心モ日本トノ協約ニ依リ漸ク極東方面ノ杞憂ヲ去リ一先ツ安堵シ居ル際ナレハ旁々斯ノ如キ必要ニ迫ルコト一日モ遅カランコトヲ希望シ居ル(11)」からであった。これは満州問題だけでなく、辛亥革命期のロシアの対中国政策を牽制する重要な要因であった。

本野大使は満州問題の根本的解決のため、一八日ロシアの総理大臣ココーヴツォフと面会し、外相サゾノフに申入れた意見を述べ、その意見を尋ねた。ココーヴツォフ総理大臣はまだ前日の本野とサゾノフの会談の内容を知らず、満州問題に関して「自分ノ考ニテハ日露両国行動ノ目的、範囲及其ノ方法時期ニ関シ詳細ナル意見ノ交換ヲ為シ成ルヘク列国ノ故障ヲ避ケ且無難ニ屢次ノ日露協約ノ目的トスル所ヲ遂行シタキモノナリ[12]」と述べ、外相と相談後回答することを約束した。ココーヴツォフ総理の姿勢はサゾノフ外相より積極的であったので、本野は「総理大臣一己ノ意見ハ動モスレハ閣議ヲ通過セサルコトモアルニ付或ハ外務大臣ノ温和説勝ヲ制シ」得る可能性があるとして、此の際「帝国政府ニ於テ可成速ニ廟議御確定ノ上露国政府ニ対シ具体的ノ案ヲ示シ協議ニ及フトキハ露国ヲシテ案外容易ニ我意見ニ同意セシムルコトヲ得ヘシ[13]」と内田外相に進言した。

上述のように本野大使が勢力圏分界線の件よりも満州問題の根本的解決を優先していたため、内田外相は一九日本野大使に「蒙古勢力範囲分界ノ件並ニ南北満洲分界線延長の件ハ此際暫ラク満洲解決問題ト離シ急速之ヲ協定シ得ヘキニ認メラルル[14]」とあらためて強調し、二二日次のような満蒙日露勢力圏分界線協定案をロシア政府に提出して、政府間の交渉を正式に開始するように訓令した。その内容は次の通りである[15]。

第一　明治四十年七月三十日締結日露秘密協約追加約款ニ定メタル分界線ヲ延長シ托羅河ト「グリニッチ」東経百二十二度トノ交叉点迄以西ハ同交叉点ヨリ烏瓏楚爾《ウルンチュール》河及木什画《ムシカン》河（一名ムシシャ河）ニ沿ヒ木什画河ト哈爾達台《ハルダイタイ》河ト分水点ニ至リ此地点ヨリ黒竜江省ト内蒙古ノ境界線ニ依リ内外蒙古ノ境界線ニ達スル事

第二　内蒙古ハ張家口ヨリ庫倫ニ至ル街道ヲ以テ之ヲ東西両部ニ分画シ日本国政府ハ右分界線ニ依ル西部内蒙古ニ於ケル露国ノ特殊利益ヲ承認シ露国政府ハ右分界線ニ依ル東部内蒙古ニ於ケル日本国特殊利益ヲ承認シ両締約国ノ一方ハ他ノ一方ノ特殊利益ヲ損傷スヘキ何等ノ干渉ヲナササルコトヲ約スルコト

第三　本協約ハ両協約国ニ於テ厳ニ之ヲ秘密ニ付スヘキコト

この協定案は外務省が軍部と協議して制定したもののようであり、その後の交渉においても軍部が参与したようである。政府間の正式交渉に入るに当り、内田外相は本野大使に満洲問題解決の件は、「日露両国政府ハ今ヨリ各自満洲問題ノ解決方ニ付考慮ヲ遂ケ置キ以テ他日互ニ腹蔵ナク意見ヲ交換スルヲ要スヘキ事態ノ突発スル場合ニ備フルコトヲ必要ト思惟ス」(16)とし、勢力圏分界線問題と切離して棚上げするよう指示した。

二四日本野大使は勢力圏分界線協定案をサゾノフ外相に手渡し、その趣旨を説明した。サゾノフは一読の上、「本官ハ満洲蒙古方面ノ地理ニ暗キヲ以テ篤ト研究ノ後回答ス」べしとし、個人の意見として「内蒙古ニ於ケル日露両国ノ勢力範囲ヲ分割スルニ当リテハ右両勢力範囲ノ中間ニ中立地帯ヲ設定スル方然ルヘシト信ス」(17)と提議した。これは中立地帯の設定によって日露間の直接的衝突を避けようとしたものである。本野は「帝国政府ハ充分之ヲ研究シ御回答ニ及フヘシ」(18)と答えた。日本側は上述のように満洲問題を棚上げしようとしたが、サゾノフ外相は重ねて満洲問題を取上げ、近い将来中国において新共和国政府が成立するようだが、新たな政府が承認を求めてきたら、「承認スルノ条付トシテ日露両国カ満洲ニ於テ有スル権利ヲ一層鞏固ニスルコトヲ要求シテハ如何例ヘハ日本国政府ニ於テハ関東州租借年限ノ延長ヲ要求シ露国ニ於テハ北満洲ニ於ケル鉄道敷設権ハ之ヲ露国以外ノ外国ニ与ヘサルコトヲ約セシムルカ如キ条件ヲ附シテハ如何」(19)と質問し、北満におけるロシアの利権を拡大する意を表明したが、これは当面のことでなく、将来承認問題が起きた時に提議しようとしたのである。これに対し本野は「右ハ日露両国カ満洲ニ於テ有スル既得権ヲ一層鞏固ナラシムル一手段ニハ相違ナカルヘキモ果シテ今日ノ時局ニ適スルヤ否ヤニ付テハ攻究ヲ要スヘキコトナリ」(20)と答え、承認の時期まで待つ必要がない意を間接的に表明した。本野大使は依然として満州問題を重視し、同日内田外相に「露国政府ハ満洲ニ於ケル今日迄ノ政策ヲ継続シタキ意思ハ十分ニアルモ欧洲現状ノ形勢ニ鑑ミ成ルヘク温和手段ヲ以テ徐々ニ其目的ヲ達シタキ考見受ラル」と私見を表明し、「欧洲の形勢ハ右ノ通甚タ不穏ニ付列国ハ十分ニ其注意ヲ極東事変（脱）ニ於テ断乎タル措置ヲ執ルヘキ実ニ此時ニ在リト確信ス」[21]と建白し、満州問題について積極的な対応策を講ずるよう要請した。

しかし内田外相は三一日本野大使に、「日露両国ハ承認問題ニ関シテハ列国ト同一ノ歩調ヲ維持シ置キ満洲問題ニ至リテハ両国審議ノ上承認ノ件ヲ離レ別ニ解決ノ方法ヲ講スル方適当ナルニハアラサルヘキヤト思考ス」[22]として、承認問題と満州問題を切離して考慮するよう指示した。それは日本はこの時期に既に満州問題解決について対策を立ててそれを推進していたため、満州問題を承認時期にまで持込む必要がなかったからである。しかし外務省と出先機関との意見は一致せず、本野大使は満州問題を優先して二月四日内田の分界線に関する意見をサゾノフ外相に申入れながらも、また自分の意見としてこの問題を提起し、もし清朝政府が拒否した場合は如何にするかとサゾノフに問い、「日露以外ノ各国政府カ清国政府ニ於テ之ガ承認ヲ為サン場合ニ方リ日露両国政府単独ニ清国政府カ我条件ヲ容レサルヲ理由トシテ何時迄モ共和政府ヲ承認セサルコト果シテ出来得ヘキヤ且一旦或条件ヲ提出シタル以上ハ如何ナル手段ニ依リテモ飽迄之ヲ承諾セシムル決心アルヲ要シ若シコノ決心ナク清国政府ノ拒絶ニ依リ我条件ヲ撤回スルカ如キコトアラハ大ニ日露両国ノ威厳ヲ毀損スヘシ露国政府ハ如何ナル手段ニ訴ヘテ之ヲ遂行スルノ決心ナリヤ」[23]と反問した。サゾノフ外相は「兵力ヲ用ヰテ迄我要求ノ貫徹ヲ図ルコトハ考物ナリ」と語りながら、また「欧洲現時ノ形勢ニ鑑ミ将又露国内政上ノ状態ニ照ラシ極東方面ニ於テハ時局ノ成ルヘク平和ニ終了センコトヲ希望セサルヲ得ス」と述べ、「日本国ガ其ノ勢力範囲内ニ於テ自由行動ヲ為スコトニ対シテハ露国ハ勿論異議ヲ唱フヘキ筈モナク之ヲ唱フルノ理ナ」[24]しと加えた。満州問題に対するサゾノフのこのような意見は、ロシアの対満政策と日本の対満政策に対するロシアの姿勢を日本側に示したものである。一月一八日本野大使が日本が「南満洲ニ於ケル我利益保護ノ為且ツ関外鉄道保全ノ為メ増兵ヲ為スコトアル」旨を話した時にも、サゾノフはそれを承認して事実上日本の南満出兵に賛成の意を表したのであった。[25]欧州情勢の変化はロシアを牽制し、ロシアの譲歩は満州において日本に有利な情勢を形成した。本野は満州問題に関し「先ツ帝国政府ノ意見確定ノ上判然我方ノ希望ヲ示シ之ニ同意セシムルノ策ニ出ツルヲ要ス」[26]と内田外相に具申した。本野は依然として日本が満州問題解決の主導権を掌握し、ロシアがそれに賛成する積極的政策をとるよう切望した。しかし日本の対満政策に対する他の欧米列強の目は依然として厳しかった。山県有朋・田中義一らが計画していた満州出兵・占拠の件もアメリカ・ドイツ等列強の牽制により中止せざるを得なかった。故に、これ以上勢力圏分界線交渉に伴う満州問題解決に関する外交交渉をおこなう必要はなく、両国の外交交渉の重点は自ずから勢力圏分界線交渉に移った。これにより外務省とその出先機関との間に一カ月間存在していた満州問題と勢力圏分界線のどちらを優先するかという意見の相違は一時決着した。これは日本の対満政策が対満蒙政策に拡大・発展する転換期に起きた特異な現象であった。

二月二〇日サゾノフ外相は満蒙勢力圏分界線画定に関する日本の一月二四日付提案に対するロシア側の「エイド・メモアール」を本野大使に手渡し、次のような三つの問題を提出した。[27]

㈠は提案の法的根拠についてである。日本側の提案は一九〇七年の第一回日露協約だけを引用しているが、この協約は勢力圏を決定しただけであり、一九一〇年の第二回協約において初めて勢力圏内における「両国ノ特殊利益ヲ確保増進スルノ権利ヲ相互ニ承認スル」ことになったため、今回画定しようとする勢力圏内において一九一〇年の協約に規定したこのような条項を適用するか否かである。

㈡は元来蒙古全体がロシアの勢力範囲に属していたという主張である。メモアールは、一九〇七年の協約交渉時「露西亜国政府ハ同国カ蒙古及西部支那ニ於テ条約ニ基ク特殊利益ヲ有シ而シテ此間ノ条約ハ該地方ニ於ケル露国ノ商業ヲシテ特殊ナル税関上ノ取扱ヲ享ケシムルモノナルコトヲ注意スルノ要アリト信シ」、日本側もこの権利を否定することはなかったし、また干渉しようともせず、将来この地域において両国間に紛糾が生ずることを予見する理由すら存在しないが、「日本国政府ノ所見ハ其ノ後幾分変更ヲ受ケタルモノナルカ如ク即チ直隷省ノ北方ニ在ル内蒙古ノ現状ニハ何等ノ変化ナキニ拘ラス日本国政府ハ同地方ノ全部カ其ノ特殊利益ノ地域ヲ形成スルモノナルコト声明セラレ」たとして、公然と日本がこの地域に対する特殊利権を追求していると指摘した。

㈢は内蒙古の分界線の問題である。庫倫・張家口・北京・天津を連結する道路及びロシアとの貿易に開放した張家口は日本側提案で提出された分界線の東側に属し、もしロシアがこの東側における日本の特殊利権を承認すれば、「露西亜国カ支那トノ条約ニ依リテ有スル地位ノ中ノ最モ緊要ナル部分ヲ抛棄スルノ結果ヲ生スルニ至ルヘシ」、故に日本側提案に「修正ヲ加フルニ非サレハ之ヲ以テ両国ノ見解ヲ融合セシムルノ目的ニ供スルヲ得サルモノト思考ス」として、日本側提案に対抗する姿勢を示した。

これらは日本と内蒙古における利権を争奪しようとするロシア側の姿勢を日本側に強く示したものであったが、欧州情勢に牽制されて、日本に対し譲歩・妥協する余地があることを示した。

ロシア側のこのような姿勢に対し、内田外相は軍部との調整の上、ロシア側に「幾分ノ譲歩ヲナシ分界線ヲ稍東方ニ変更シ内蒙ニ於ケル東部四盟ト西部二盟トノ境界ヲ以テ分界線トナスコトトナサント」(28)し、こうすればロシア側が重視していた街道は全部ロシアの勢力圏内に入り、ロシアも特に異存がなかろうとして、三月一九日これに対する本野大使の意見を尋ねた。本野大使は翌日内田外相にロシア側が「北京ヲ通過スル経度ヲ以テ分界線ト為スノ意見」を持っていることを通告しながら、内田外相の修正案を提出しても然るべしと思考する旨返電し、同時に「本件ニ関スル交渉ハ此際暫ク差控フル方得策ナルヘシ」(29)と突然進言した。その理由として本野は、この時期日本とロシアが四カ国借款団に共同加入する問題に関する交渉において双方の意思が十分に疎通していないので、この際「勢力範囲分界ノ件ヲ交渉スルハ談判上甚タ不利益」(30)であることを挙げているが、その裏には満州問題の解決を優先すべきだと主張した本野自身の分界線交渉に対する不満と、この交渉における日本側の譲歩的姿勢についての不快感があった。

しかし内田外相は引きつづき分界線画定の交渉を推進する決意で、四月二日ロシアが二月二〇日の「エイド・メモアール」で提起した三つの問題に対する日本の仮回答案を本野大使に送った。その内容は次の通りである。[31]

㈠に一九一〇年の第二回日露協約の「秘密協約ノ規定カ満洲ニ於ケル新画定地域ニ十分ニ適用セラルヘキモノト思考スル」、「若シ露国政府ニ於テ必要又ハ有益ナリト思料セラルルニ於テハ之ニ関スル明文ヲ現在ノ草案中ニ加フルコトニ対シ何等ノ異存ヲモ有セサル義ナリ」として、新画定地域における日露両国の特殊利益に対し、日露両国はその利益を確保・拡大する措置をとる権利があることを承認した。だがこれは「満洲ニ於ケル新画定地域」のみに限られるとした。

㈡に内蒙古がロシアの勢力範囲に属しているとのロシア側のメモアールに反駁して、「両条約ノ関スル限ニ於テハ同地方ハ日露孰レノ利益地域ニモ関係ナク全ク支那ノ他ノ部分ト同一ノ地位ニ在ルモノナリ内蒙古ハ右両条約ノ関係ニ於テハ実ニ日本地域及露西亜地域ニ触接シテ存在スル一中立地帯タルモノナリトス」として、内蒙古は本来ロシアと関係ない地域だと指摘し、「自然ノ趨勢ト地位ノ近接トノ結果日本ハ最近東部内蒙古ニ於テ特殊ノ権利利益ヲ獲得スルニ至リ従テ今ヤ内蒙古ハ日露両国ノ利益ノ互ニ相接触スルノ地域トナレリ」と強調した。このような論理により日本は内蒙古における勢力範囲の画定化を法的に合理化しようとした。

㈢に内蒙古における勢力範囲の分界線に関して、日本が一月二二日提議した分界線がロシアの通商路に有害であること或いは利益均等主義に反する嫌いを避けるために、日本は「右分界線ヲ前記商路ヨリ更ニ東方ニ設クルコトヲ改メテ提議セント欲ス」と提案した。

この日本の案は、第一の問題においてロシアの意見に同意し、第三の問題においてロシアに譲歩し、第二の問題においてロシアと対立した。故に、この案はロシア側に対し譲歩しながらも争奪しようとする二重的なものであった。内田外相は本野大使に「我勢力範囲ノ境界線ヲ出来得ル限リ西方ニ定ムルノ案ヲ提出セシムル様御尽力」[32]あるよう訓令した。四月二〇日、本野はサゾノフ外相にこの案を手渡し、「帝国政府ニ於テ露国政府ノ希望ヲ容レ北京庫倫街道ヲ露国ノ勢力範囲内ニ入ルルコトヲ承諾シタル以上ハ露国政府ニ於テモ帝国政府ノ意嚮ヲ了シ日露両国勢力範囲分界線ヲ右街道ヨリ余リ遠カラサル距離ニ定メ我提案に対スル修正案ヲ提出セラレタキ」(33)旨を述べた。

ロシアも内蒙古に対し日本と同様に争奪しながらも譲歩・妥協する二重外交政策をとった。日露両国の争奪と譲歩は共に侵略の本質から導かれたものであるが、譲歩は両国の対中国侵略における相互協調の側面を示したものである。双方の交渉は急ピッチで進み、五月一日ロシア政府は日本案への対案を本野大使に送付すると共に、その案を説明する覚書を提示した。その主な内容は次の通りである。(34)

㈠に協約の前文で、この協約の目的が一九〇七年及び一九一〇年の両国協約の規定を増補・確定することにあることを示す。

㈡に内蒙古の分界線に関しては「北京ノ経度ニ依ル分界線ヲ以テ……両国ノ利益及正当ナル希望ニ最モ善ク適応スルモノト思惟ス」とし、このように画定すれば張家口・多倫諾爾《ドロンノール》・後貝加爾州《ホオウベイチアル》に至るロシア通商路の一部が分界線東側の日本の勢力範囲に入るが、ロシアは妥協の精神に基づき分界線を一層東方に拡張することに固執しない。

㈢に新協約においては日本が西部中国＝新疆地区におけるロシアの特殊利益を承認するよう要求した。その理由として、一九〇七年の協約談判においてロシア政府はロシアの特殊利益が西部中国に存在することについて日本国政府に注意したが、最近同地方に生じた事件（一九一二年二月ロシアが新疆の于田《ユーテイエン》・策勒《セレ》・玉隴哈什《ユルンカシ》等で現地の人民を誘致してロシア国籍を取得させ、彼らをロシア居留民として取扱い、双方の衝突が発生し死傷者が出た事件）により、ロシア政府が同地域におけるロシアの特殊利益保護に必要なる措置をとる自由を留保することを声明せざるを得なくなったことを挙げた。

ロシアはこの案において北京を通る経度線をもって分界線とする日本案に賛成し、内蒙古全体がロシアの勢力圏に属するという主張を放棄したが、中国西北地区における特殊権益については日本にあらためて認めるよう要求したのである。ロシアがこのような要求を提出したのは、イギリスがチベットにおいて分離主義者を支援して独立運動を展開し、この地域におけるイギリスの利権を拡大しようとしたのと同様であった。

ロシアは「日本国政府ニ於テ右ノ修正案ヲ是認スルニ異議ヲ有セラレサルヘキヲ希望」し、日・露共同で中国における勢力範囲を分割するよう切望した。

ロシア側の対案に関し、五月一〇日内田外相は閣議において協議・決定し、次のように本野大使に訓令した。(35)

第一は一九一〇年の第二回日露協約を内蒙古に適用するか否かについてである。日本政府は今回の交渉における二つの規準として、本来は「千九百十年第二回日露協約ノ規定ハ之ヲ延長分界線ニ依リ新タニ画定セラルヘキ満洲ノ地域ノミニ及ホシ内蒙古ニ於ケル日露両国ノ勢力範囲ニ関シテハ千九百七年第一回日露協約秘密協約第三条ノ外蒙古ニ関スル規定ト同様ノ取極ヲナスコト」としていたが、一九一〇年の「第二回協約ノ規定ヲ内外蒙古ニ適用セントスル件ニ対しては帝国政府ニ於テ強テ異存ヲ有スル次第ニアラサルヲ以テ露国政府ニシテ之ヲ主張スルトキハ之ニ同意スルコトトナスモ差支ナキ」とした。

日本がなぜ一九一〇年の第二回協約の規定を満州だけに限り、内蒙古に対しては一九〇七年の第一回協約を適用しようとしたかの理由は、この対案においては明示されていないが、第二回協約は第一回協約よりも一層明確に分界線以内を特殊利益地域と規定し、その圏内における各自の権力と行動の自由の権限の確保と互いにその地域内における利権の確保・拡大を妨害しないこと等を具体的に規定していたため、内蒙古におけるこの協約の適用は出来得る限り避け、将来日本がこの地域に勢力を拡大する時にこの協約が法的障害にならないようにしようとする企図があったのである。この故に日本は両協約の適用地域を区別しようとしたが、ロシア側の要求によって内蒙古にも第二回協約の適用を認めざるを得なくなった。これは日本のロシアに対する譲歩であった。

第二は中国西北部についてである。日本は「今回ノ協約ノ範囲ハ之ヲ満洲及内蒙古ノ両地方ニ局限スヘキコト」であると主張した。この規準により日本は「此際協約ノ明文ヲ以テ公然露国カ西部支那地方ニ有スル特殊利益ノ承認ヲナスノ義ハ帝国政府ニ於テ何分之ニ同意スルコト能ハサル」とし、その理由として、㈠に「他ノ列国ニ対スル関係上面白カラサル結果ヲ生スヘク」、㈡に協約の均等主義から日本が「福建省等ニ於ケル我特殊利益ノ問題ヲモ提起セサルヲ得サルニ至リ徒ラニ事態ノ紛雑ヲ来ス」恐れがあること等を挙げた。このような理由により、もしロシアが中国西北部におけるロシアの利益を承認することに固執するならば、「帝国政府ハ右分界線ノ如キ問題ニ立入ル迄モナク本件交渉ヲ中止スルノ已ムヲ得サルニ至ルヘシ」と強硬な姿勢を示した。

こうして中国西北部問題が、交渉の新たな焦点になった。

五月一八日本野大使は内田外相の五月一〇日訓令の趣旨をサゾノフ外相に伝え、中国西北部におけるロシアの特殊利益を「協約中ニ規定スルコトハ協約ヲ不対等条約トナスモノナル(36)」として、承諾することは出来ないと述べた。これに対しサゾノフは機会均等の立場から、「然ラハ他ノ地方ニ於ケル日本ノ特殊利益問題ヲ協約中ニ規定スルモ可ナリ(37)」と答えたが、本野は「本協約ハ締結ノ暁英仏両国政府ニ通知セサルヲ得サルニ付此点ニ関スル規定ヲ協約中ニ置クトキハ支那全体ノコトニ関シ甚タ困難ナル問題ヲ惹起スヘキヤモ計リ難キ(38)」として、この問題を避けようとした。しかしサゾノフはロシア側の主張に固執し、「然ラハ此問題ハ本協約中ヨリ除去シ別ニ秘密公文ヲ交換シテ取極ルコトトセハ可ナルヘシ(39)」と提議した。本野は「露国政府ニ於テ本問題ヲ主張シ已マサルニ於テハ帝国政府ハ遺憾ナカラ本件協約締結談判ヲ中止スルノ已ムヲ得サルニ至ルヘシ(40)」と述べて、ロシアに主張を撤回するよう迫った。ロシアは二者択一を迫られた。五月二二日サゾノフは本野に「露国政府ハ右ニ関スル主張ヲ撤回スルコトトスヘシ」と述べながら、日本に「協約中ニ入ルルコトニ反対スル帝国政府ノ理由ヲ書面ヲ以テ申越サレ度且其書面中ニ帝国政府ニ於テハ露国カ西部支那ニ於テ特殊利益ヲ有スルコトヲ承認セサルモノニアラサル旨ノ意味ヲ記載セラレタシ」(41)と要求した。日本は中国西北部におけるロシアの特殊利益を対等に承認しようとせず、本野は「到底之ニ同意シ能ハサルヘシ」(42)と答えた。サゾノフは「然ラハ前回会見ノ際貴大使モ述ヘラレタル通リ西部支那ニ於ケル露国ノ特殊利益ニ関スル問題ヲ協約中ニ入ルルコトニ反対スル帝国政府ノ理由ヲ書面ニ認メ提出セラレタシ」(43)と要望した。本野はこの要求を承諾し、五月二七日口上書の形式で上述のような反対の理由を提示した。このように日本が最後まで強硬に反対した理由は、これを承認することによって中国における日本の利権が侵害されるからではなく、ロシアが日本に与える対等な交換条件となるものがなかったからである。もしロシアが福建に対する日本の特殊利権を承認したとしても、その承認は日本にとって役に立つものではない。故に、日本は断固として中国西北部に対するロシアの要求を拒否し、ロシアもこれを撤回せざるを得なかった。こうして中国西北部問題は協約から除外された。日露両国の争奪によるこの除外は中国にとっては有利であった。

日露の満蒙における勢力圏分割は他の列強の了承と支持が必要であった。それは中国の半植民地的社会構造と、それによる列強の中国に対する侵略と相互間の争奪、この二重外交関係があったからである。この時期日本とロシアは北京政府に対する四カ国銀行団の善後借款に参加するか否かの問題を交渉していた。日本はこれに参加する条件として、満蒙における日露の特殊権益を四カ国銀行団に承認させようとした。日本は借款参加と銀行団参加を切離し、まず善後借款に参加することを決定し、三月一八日四カ国に通告した。この通告においては南満州における特殊権益の承認を参加の条件としていたが、同時に蒙古における特殊権益を承認することも要求していた。これに対しドイツとアメリカが強硬に反対した。駐独の杉村大使は四月三〇日独外相に蒙古に関する留保の意を説明したが、同外相は「斯ノ如ク勢力範囲ハ漸次拡張セラルルニ於テハ際限ナキニアラスヤ」(44)と述べ、これに反対する意見を表明した。ドイツはロシアを利用して日本を牽制しようとし、駐露のドイツ代表は露外相代理に「露国ノ同地方ニ於ケル地位ハ条約上ノ関係ニテ認メ得ベキモ日本ハ斯ル関係ナキ故蒙古ニ於テハ日本ハ何等特別ノ利益ヲ有スルモノト認メラレズ(45)」と語り、駐日本露大使ニコライは外務省にこの意を伝えた。

蒙古問題に関しては外務省内部にも意見の相違があった。五月六日駐英の加藤高明大使は「今又新ニ此ノ申出ヲナスハ甚タ時宜ニ適セサルコト(46)」だと反対した。これは加藤大使が述べたように、他の列強に「首肯セシムルニ足ルヘキ明確ナル理由ヲ附スルコト甚困難ニシテ若シ今突然該保留ヲ申出ヅルニ於テハ日本国ノ真意ニ関シ種々疑惑ト揣摩臆測トヲ喚起スルノ憂尠カラス」、かつまた「蒙古ニ於テ日本国ハ如何ナル特殊利益ヲ有スルヤ南満洲に接近スル蒙古トハ如何ナル地域ヲ指スヤ等ノ点モ説明セサル可ラサル場合ニ立チ至ル(47)」からであった。これは日本が蒙古に対する特殊利益を主張する何の理由もないことを物語るものである。故に、加藤大使は「実際問題発シタル場合ニ於テ始メテ相当ノ手段ヲ講スルコトトナス方得策ナリ(48)」と上申した。これに対し九日内田外相は、ロシアが全蒙古をその勢力圏内に収めたのに、日本が南満州のみ留保すれば、「蒙古ハ悉ク露国ノ特殊権利及利益ノ範囲内ニ在ルコトヲ是認スルナリ」として、ロシアと蒙古を争奪する決意を再度表明し、日本が特殊利益を有するのは蒙古のどの地域であるかとの質問に対しては「右ハ南満洲ニ接続スル東部内蒙古ヲ指ス(49)」意であることを明言するようにした。しかし内田外相も銀行団会議においてこの問題が論議されることを恐れ、銀行団会議開催前の適当な時期に蒙古に関する問題を各国政府に説明し、もし銀行団会議においてこれに関する可否の議論が起こった場合、日本代表は「如此純然タル政治問題ハ関係各国政府間ニ於テ決定スベキモノナリトノ理由ノ下ニ論議ヲ避ケシメラルル(50)」ように取計らうことを指示した。内田外相は蒙古東部と南満州に地理上・行政上・経済上の密接な関係があることを力説し、訓令の通り日本の要求を貫徹するよう指示した。これに対し一〇日加藤大使は、そう言うのならば南満州ともっとも密接な関係がある直隷・山東地方に対してそのような要求を出すことも出来るではないかと反問し、蒙古の問題はロシアと直接交渉して借款問題と切離すよう具申した[51]。これは日本が内蒙古東部に浸透する理由がないことを物語る。しかし内田外相はこの具申に賛成せず、従来の意見を主張した。加藤大使は「本官ヨリ特ニ本件ニ付当国外務大臣ニ面会説明スルハ余リニ角立チ面白カラサル[52]」と考え、六ヵ国銀行団会議における日本代表に対する訓令摘録写を作成し、五月一三日小池参事官に英外務次官補ラングレーに手渡させ、東部蒙古に対する日本側の意見をイギリス政府に申入れた。ラングレーは東部蒙古問題は「日露密約中蒙古ノ一部モ日本ノ勢力範囲ニ含マレアルヨリ来リタル[53]」と思考しながらも、イギリス政府の意見は申述べ難いと答え、外相グレーに伝えることを約束した。

日本はフランス・アメリカにも蒙古に対する日本の要求を申入れた。駐仏の安達峯一郎臨時代理大使はフランスとロシアとの同盟関係に鑑み、ロシアが日本の蒙古に対する要求を承諾したか否かを確かめた上、五月一四日仏外務省のアジア部長に申入れた。アジア部長は「日本国カ支那ニ於テ有スル特殊地位ト之レニ伴フ特殊利益ハ仏国政府ニ於テ之レヲ認ムルニ異議ナキコトハ屢次言明シタル通リ[54]」だと述べ、ロシア政府に問合せた後に確答すると約し、日露間の親交からしてフランス政府は別に異議を唱えないと付言した。駐米の珍田大使もアメリカ当局に同様の意を申入れたが、ウィルソンは然らば日本政府の意は「当初留保区域ヲ東部内蒙古ニ迄拡張《エキステンド》スト云フニ外ナラサルヘシ」として、単に“**I take note of your explanation**[55]” と述べた。

満蒙における日露の新たな権益を欧米列強が承認するか否かの問題は、日露が四ヵ国銀行団に参加するか否かの外交交渉においても焦点になっていた。それは銀行団規約第一六条に、各国が中国において現に取得もしくは将来取得すべき鉄道敷設権及び公債発行権はすべてこれを銀行団に提供し、平等にこれを分配すべしと規定されていたからである。故に、日・露とイギリス等四ヵ国は三ヵ月余り交渉した結果、六月一八日パリで開かれた日・露とイギリス等四ヵ国銀行団代表会議において日・露両国の満蒙における特殊権益を容認し、会議録に対中国借款が「満洲及び南満洲に接近せる東部内蒙古に於て日本国が有する特殊権利及び利益に何等不利の影響を及ぼすことあるべからずとの了解」[56]の下で日本銀行団が対中国借款と六ヵ国銀行団に参加するという付帯条件を記載し、ロシアに対しても同様に記載して、日・露両国も正式に銀行団に参加した。これは日・露とイギリス等欧米列強が満蒙をめぐり争奪・牽制し合っていたことを示し、最後には中国侵略という共通の目的のために互いに妥協し合ったことを物語る。

日・露両国は対中国借款と銀行団への参加をもって満蒙における両国の特殊権益を欧米列強に認めさせ、その後で新協約を他の列強に内報する件について協議した。六月二〇日内田外相は本野大使にロシア側とこのことについて協議するよう訓令し、その内報案を発送した。内報案は、新協約によって一九〇七年と一〇年の協約の範囲外に置かれていた西部満州と内蒙古における両国の利益地域の分界線が追補されたことを大雑把に述べ、その具体的条項を挙げることは避けながら、日英・日仏間に存在する既成の条約に抵触する事項が含まれていないことを示して英・仏の了承を得ようとしたのである。本野大使は六月二九日この内報案をサゾノフに手渡し、サゾノフは七月一日この案に異存なきことを回答すると同時にロシア側の内報案を提示した。その内容は日本案とほぼ同様であったので、日・露両国はそれぞれイギリスとフランスに内報することを決定した。

六月末第三回日露協約の最終修正案が成立し、内田外相は本野大使にこの協約に署名する全権を委任し、駐イギリス・フランスの日本大使に協約の件を在任国に内報するよう訓令した。七月三日駐英の加藤大使はイギリス外相グレーに内報し、協約締結の目的は「露国ノ侵蝕ニ制限ヲ置カントスルニ外ナラサルヘシ」[57]と述べ、日露・英露間の対立を利用してイギリスの支持を獲得しようとした。グレーは「該地方ニハ英国ハ別段政治上利害関係ヲ有セサルニ付支那ノ独立ヲ害セス又貿易上ノ門戸開放主義ニ反セサニ於テハ該協約ニ対シ何等故障ヲ挟マサル」[58]意を表した。同日駐仏の安達臨時代理大使もフランスの外務次官に内報した。次官は「右協約ハ日本国ノ成効ナリトシテ祝意ヲ表シ且仏国政府ニ於テハ其ノ従来日露ニ対シ執リ来レル政策ニ照シ何等異存アルヘキ筈ナシ」(59)と語り、この協約締結を支持した。ロシア側も同様にこの両国に内報した。しかしアメリカには内報しなかった。それは日露戦争後アメリカが積極的に満州一帯に進出したので、アメリカと日・露の関係は他の列強との関係よりも緊張していたからである。

こうして両国間の半年間の交渉とイギリス・フランスの支持の下で、七月八日ペテルブルグで第三回日露協約が締結された。その内容は次の通りである。(60)

日本帝国政府及露西亜帝国政府ハ千九百七年七月三十日即露暦七月十七日及千九百十年七月四日即露暦六月二十一日両国政府間ニ締結セラレタル秘密協約ノ条項ヲ確定補足シ以テ満洲及蒙古ニ於ケル各自ノ特殊利益ニ関シ誤解ノ原因ヲ一切除去セムコトヲ希望シ之カ為前記千九百七年七月三十日即露暦七月十七日ノ協約ノ追加約款ニ定メタル分界線ヲ延長シ且内蒙古ニ於ケル各自ノ特殊利益地域ヲ定ムルコトニ決シ左ノ条項ヲ協定セリ

第一条　前記分界線ハ托羅河ト「グリニッチ」東経百二十二度トノ交叉点ヨリ出テ「ウルンチュール」河及「ムシシャ」河ノ流ニ依リ「ムシシャ」河ト「ハルダイタイ」河トノ分水線ニ至リ是ヨリ黒竜江省ト内蒙古トノ境界線ニ依リ内外蒙古境界線ノ終端ニ達ス

第二条　内蒙古ハ北京ノ経度（「グリニッチ」東経百十六度二十七分）ヲ以テ之ヲ東西ノ二部ニ分割ス

日本帝国政府ハ前記経度ヨリ西方ノ内蒙古ニ於ケル露西亜国ノ特殊利益ヲ承認シ且之ヲ尊重スルコトヲ約シ露西亜帝国政府ハ該経度ヨリ東方ノ内蒙古ニ於ケル日本国ノ特殊利益ヲ承認シ且之ヲ尊重スルコトヲ約ス

第三条　本協約ハ両締約国ニ於テ厳ニ秘密ニ付スヘシ

この協約は中国の主権を公然と侵害し、中国の領土を分割・侵略する取決めであり、清朝政府が崩壊し民国が誕生した機に乗じた火事場泥棒的行為であった。イギリス・フランス等列強は満蒙地域において日・露と直接的利害関係がなかったから、日・露とこの地域を争奪しようとせず、中国に対する侵略という共通の立場から日・露による勢力圏分割に異議を唱えず、協調的立場をとった。これは日・露と英・仏の二重外交関係においては協調が主であったことを示す。しかし日・露両国間には協調と争奪が共に存在し、第三回日露協約は満蒙における両国の協調と争奪の産物であったということが出来よう。

この協約の締結交渉において印象深いのは、日本側が終始外交的主導権を掌握し、本来ロシアの利権が存在する地域に自分の利権を強硬に浸透させ、南満州と東部蒙古を結びつけて一体化し、所謂満蒙政策の基盤を確立したことである。これは日露戦争における戦勝国としての日本外交の在り方を示したものであるといえよう。

(1) 外務省編『日本外交文書』第四五巻第一冊、四三ページ。
(2) 同右書、四五ページ。
(3) 同右。
(4) 同右書、四四ページ。
(5) 同右書、四六ページ。
(6) 同右書、四六—四七ページ。
(7) 同右書、五〇ページ。
(8) 同右。
(9) 同右書、五一ページ。
(10) 同右。
(11) 同右。
(12) 同右書、五二ページ。

(13)　同右書、五二―五三ページ。
(14)　同右書、五四ページ。
(15)　同右書、五六―五七ページ。陳春華ら訳『俄国外交文書選訳』(有関中国部分、一九一一・五―一九一二・五)、中華書局、一九八八年、二六一―六二ページ。
(16)　外務省編『日本外交文書』第四五巻第一冊、五六ページ。
(17)　同右書、五八ページ。
(18)　同右。
(19)　同右書、五九ページ。
(20)　同右。
(21)　同右。
(22)　同右書、六〇ページ。
(23)　同右書、六〇―六一ページ。
(24)　同右書、六一―六二ページ。
(25)　同右書、五八ページ。
(26)　同右書、六二ページ。
(27)　同右書、七〇―七二ページ。陳春華ら訳、前掲書、二八九―九〇ページ。
(28)　同右書、七三ページ。
(29)　同右。
(30)　同右書、七四ページ。
(31)　同右書、七五―七六ページ。陳春華ら訳、前掲書、四一〇―一一ページ。
(32)　外務省編『日本外交文書』第四五巻第二冊、七六ページ。
(33)　同右書、七七ページ。

(34) 同右書、七七—八〇ページ。陳春華ら訳、前掲書、四二四—二五ページ。
(35) 外務省編『日本外交文書』第四五巻第一冊、八〇—八一ページ。
(36) 同右書、八二ページ。
(37) 同右。
(38) 同右。
(39) 同右。
(40) 同右。
(41) 同右書、八三ページ。
(42) 同右。
(43) 同右。
(44) 外務省編『日本外交文書』第四五巻第二冊、三四一ページ。
(45) 同右書、三六七ページ。
(46) 同右書、三五一ページ。
(47) 同右。
(48) 同右。
(49) 同右書、三五三ページ。
(50) 同右。
(51) 同右書、三五五ページ。
(52) 同右書、三七〇ページ。
(53) 同右。
(54) 同右書、三六八ページ。
(55) 同右書、三七七ページ。

(56) 臼井勝美『日本と中国――大正時代』原書房、一九七二年、二五ページ。
(57) 外務省編『日本外交文書』第四五巻第一冊、九〇ページ。
(58) 同右。
(59) 同右書、九一ページ。
(60) 外務省編『日本外交年表並主要文書』上、原書房、昭和四〇年、三六九ページ。

六　閩浙沿岸地域に対する浸透

辛亥革命期、日本は北方においては満蒙における利権と勢力圏の拡大を図り、南方においては閩《びん》(福建省)浙《せつ》(浙江省)沿岸における浸透を図った。閩浙、特に閩は日本が一八九五年日清講和条約により台湾を領有した後、台湾を拠点として南から中国大陸に侵入するコース上にあった。しかし日本は貧弱な国力と軍事力のため、その時点ではこの地域に勢力を拡大することが出来なかった。故に、日本は他の欧米列強が日本より早くこの地域に触手を伸ばすことを防止しようとして、まず一八九八年四月に交換公文書の形式で「清国政府ニ於テ福建省内ノ各地ヲ他国ニ譲与若クハ貸与セサルヘキコトヲ声明セラレンコト(1)」を清国政府に強要し、将来日本がこの地域を勢力圏内に収めるための国際的外交情勢を形成しようとした。だが欧米列強は徐々にこの地域に浸透し始めた。本節では、主に日本海軍のこの地域における活動とその長期的目的を考究すると共に、外務省の福建一帯に対する外交方針を検討する。

辛亥革命勃発後、吉松茂太郎中将を司令長官とする第二艦隊は馬公港を拠点として閩浙及び広東海域を巡航し、軍艦薄雲は福州、霞は厦門《アモイ》に碇泊して二〇名の海軍陸戦隊が福州に上陸し、革命の動向を監視しながらこの地域における日本の既得権益の保護に当っていた。福州には英・米・独の軍艦も碇泊しており、革命軍が福州を占領した時には日本二〇名・イギリス二五名・ドイツ三〇名とアメリカ三〇名の陸戦隊が当地に上陸した。(2) この時期日本は中国に対して欧米列強との協調一致の原則を守っていたので、福建・浙江において単独行動はとらなかった。だが、一二月イギリスが率先して袁世凱の共和政体支持に乗出したことにより、列強の協調一致の体制が崩れ始め、日本も閩浙沿岸において単独行動をとり始めた。閩浙沿岸での行動は海軍が中心になって推進した。これは陸軍を中心とした満蒙政策と対照的であった。

一二月二八日海軍省参事官山川端夫は「時局策」を作成した。これは、この時期の日本海軍の閩浙沿岸における活動方針を提起した重要な文献である。山川はその「帝国ノ単独処置ニ関スル事項」で、「我海軍ノ必要ヨリ云ヘハ寧ロ厦門及三都澳地方一帯ノ租借又ハ占有進ンテハ福州ヨリ九江又ハ武昌ニ至ル鉄道ニ対スル密切ナル関係ヲ結ヒ置クヲ急務ナリ」(3) とし、福建を拠点として浙江・江西両省への利権扶植・拡大を考慮すべきだという意見を提出した。山川の構想は福州・厦門と武昌・九江を鉄道で結び、これを長江の航行自由化によって上海と結び、最後に閩浙沿岸と結んで三角型の勢力圏をつくろうとするものであり、その起点或いは拠点として福州・厦門を提示したのである。また山川は将来日本が東南アジアに侵入する拠点としてもこの地域を重視し、「厦門及三都澳ハ戦略上ノ要点トシテ大船隊ノ碇泊ニ適シ台湾澎湖島ト相応シテ帝国将来ノ南方作戦ノ根拠地点タリ得ヘキ」(4) だと強調した。山川は長江以南の中国と東南アジアに対する遠大な戦略的見地からこの「時局策」を提起したのである。

この見地と構想による「時局策」で山川は次のような三つの意見を提出した。(5)

第一は軍艦と駐在武官の派遣。「福建省殊ニ福州厦門方面ニ於テ帝国カ重要ノ利害関係ヲ有スル事実ヲ冥々裏ニ列国ニ承認セシムルヲ最モ必要」とし、この目的を達成するために、「此際我海軍ノ手段トシテハ同地に相当ノ軍艦及駐在武官ヲ常派シ我在留臣民保護ノ名義ヲ以テ可成世人ノ注目ヲ喚起セサル範囲ニ於テ一層附近ノ民情状態ヲ調査セシメ又必要ニ応シ臨機我権勢ノ増進ヲ計ラシム」とした。

第二は土地の購入。出兵・占拠という方法ではなく、海軍に必要な島と地域を購入する方法によって拠点を確保するため、次の四カ所を買収する。

厦門　虬松嶼ノ全部及其南方ノ突角

福州　羅星塔（其一部ハ前年邦人某之ヲ買収セリ）

三都澳　長腰島向飽ノ全部、三都島南岸ノ一部及其前面

羅源湾　三角島ヨリ加藤崎ニ至ル沿岸一帯ノ平地及其前面ノ干潟（清国ニテハ干潟も所有権アリト記憶ス）

「時局策」がこの四カ所を買収するよう主張した理由は、㈠にこの地域は戦略上の要点として大艦隊の碇泊に適するのみならず、台湾及び澎湖島と相呼応して台湾海峡を制御することが出来、㈡に中清富源の中枢である長江方面に突入し得べき地勢上・経済上の利益を占める枢要の地点であり、㈢に将来中国に対する拡張の基礎を築く日本の南門の鎖鑰《さやく》（要所）を固めるために必要であったからである。(6)

土地買収の方法として「時局策」は「私人ノ名義ヲ以テスヘキハ勿論ナレハ先ツ台湾総督府ヲシテ台湾銀行其他信用アル邦人ヲ使用シ買収ノコトニ当ラシムルヲ便宜トス」(7)とした。同時に他の列強がこの地域で土地を買収したり港を利用することを阻止するよう注意している。

第三は利権の拡張。「時局策」は「内乱平定ノ前後ヲ問ハス官革両軍ニシテ苟クモ鉄道鉱山等相当ノ担保ヲ提供スルアラハ我民間ノ有力者ヲ奨励シテ之ニ資金ヲ貸与セシメ以テ利益ノ握取ニ努メシムルヲ要ス而シテ利益ノ握取ハ浙江福建江西諸省附近ノ如キ将来我権勢ヲ扶植スルヲ要スヘキ地方ニ於テ最モ必要ヲ見ル」(8)とした。

右述の「時局策」が海軍首脳部の政策決定にどのように影響したかは明確でないが、その後の福建・浙江沿岸における

日本海軍の行動は、ほぼ「時局策」に沿って進められた。このことは一九一二年一月一五日海軍大臣斎藤実が第三艦隊司令長官川島令次郎少将に与えた次のような訓令からも窺うことが出来る。(9)

清国カ帝国ニ対シ福建省ノ不割譲ヲ約シタル関係上且同方面カ帝国南方ノ鎖鑰タル将来ノ形勢ヲ占ムル関係上帝国海軍ニ於テ大ニ重ヲ置クモノアルニ依リ貴官ハ同方面ニ派遣セラルル艦艇ヲシテ前記一般心得ノ外ニ左ノ諸項目ニ依リ行動セシムル様取計ルルヘシ

一　今後閩浙方面殊ニ福州厦門ニ於テ地方ノ秩序紊乱シ居留外国人ノ生命財産ニ危害ヲ及ホスノ虞アリト認ムルカ又ハ外国ニ於テ保護ノ名義ヲ以テ兵員ヲ上陸セシムルカ如キコトアラハ帝国艦艇ニ於テハ必スシモ外国艦艇ノ態度ヲ顧慮スルヲ要セス時機ヲ失スルコトナク成ルヘク優勢ナル兵員ヲ揚ケ進ンテ内外臣民ノ生命財産ヲ保護スルノ任ニ当リ以テ各国ヲシテ冥々ノ裡ニ同方面カ帝国ノ重大ナル利害関係ヲ有スル地ナルコトヲ覚知セシムルノ途ニ出ツルコト

二　厦門ヨリ福州ニ至ル鉄道及福州ヨリ江西省南昌ヲ経テ九江ニ至ル鉄道ハ……帝国ニ於テ利害関係ヲ有スルモノナルニ依リ此際同鉄道ノ敷設実行又ハ之ニ対スル借款問題等ノ提起セラルルナキヤニ付テ絶ヘス注意ヲ加フルコト

三　地方ノ状態及民情ノ推行等ヲ調査シ殊ニ外国人ノ革命軍責任者及地方人民ニ対スル行動態度ニ付テハ最モ厳密ナル注意ヲ加フルコト

四　閩浙方面ニ於ケル現実ノ権力施行者及地方紳士ニ対シテハ努メテ友好ノ関係ヲ結ヒ其人心ヲ収攬スルノ方法ヲ講スルコト

この訓令は「時局策」に沿ったものである。こうして基本方針が決定された後には、これを執行するための具体策が必要であった。そこで日本海軍は「清国閩浙沿岸ニ於ケル漁業調査ニ関スル覚書」を作成した。この覚書は漁業調査の名目で上述の領土・政治・経済・軍事的目的を達成しようとするものである。その主な内容は次の通りである。(10)

一　列国相競フテ利益ノ獲得ニ熱中スルニ際シ是等浙江沿岸ノ如キ各種ノ方面ヨリ我平和的利益ヲ扶殖シ列国ニ対シテ確乎タル優越ノ地歩ヲ占ムルト同時ニ一朝事アルニ当リ沿岸枢要ノ地点ヲ利用シ得ルノ準備ヲ為シ置クハ実ニ目下ノ急務トス而シテ是等沿岸ニ我漁村ヲ開拓シ要地ヲ買収シ或ハ清国漁民ニ投資スル等ノ如キハ右ノ目的ニ対スル有力ナル手段ノ一ナルカ故ニ先ツ第一着手トシテ茲ニ閩浙沿岸漁業ノ実況ヲ調査セントスルモノナリ

二　調査ノ方面ハ前号記載ノ閩浙沿岸一帯ノ地方ナルモ左ニ列記ノ港湾ハ殊ニ海軍ニ於テ重キヲ置ク地点ナルカ故ニ特ニ其方針ヲ以テ調査センコトヲ要ス

三都澳　羅源湾　興化湾　金門島及附近

三　尚ホ前号ノ諸港湾ニ於テ将来我利権ノ下ニ置カンコトヲ希望スル地域ハ大略左ノ如シ

三都澳

㈠　長腰島向飽島ノ全部

㈡　三都島南岸ノ一部及其対岸

羅源湾　Black Saddle ヨリ Windward PII ニ至ル沿岸一帯

金門島及附近

㈠　大金門島南西角 Part PI 一帯

㈡　小金門島ノ東岸一帯

続いて四として、調査内容は漁業関係の他に「沿岸未開地ヲ買収シ海陸産ヲ開拓シ新村落ヲ建設シ得ルヤ否ヤニ関スル調査ヲナス」等と規定し、調査期間は往復七五日、費用一五〇〇円とした。

海軍省は上述の方針と調査覚書により、外波内蔵吉少将（一月一日訓令発令）、栃内軍務局長・吉田大佐（一月一七日東京出発）、竹下大佐・山川端夫参事官、退役海軍大尉郡司成忠（山本太郎と改名）・平田時次郎（二月一八日東京出発）らを閩浙沿岸に派遣し、上記の任務と調査を遂行させることにした。これには第二艦隊と外務省の出先機関が協力した。三月一日厦門に到着した退役海軍大尉郡司成忠は、厦門領事菊地義郎に「目的ハ厦門興化附近ニ二三千人ノ移民地ヲ形成シ之カ保護ノ名ノ下ニ軍隊上陸ノ口実ヲ得ントスルニ在リ表面上ノ事業トシテ只今迄視察ノ結果漁業ハ見込大ナラス真珠ノ養殖ハ最モ有利ニシテ適当ト思考セラル(11)」と漁業調査の政治・軍事的目的を述べている。

派遣された竹下大佐と山川参事官はまず厦門の虬松嶼を買収しようとした。一九〇三年三井物産が石油地栈の敷地として虬松嶼の一部を租借することを現地の漳州道台と交渉し、租借料洋銀八千ドル、租借年限二五年で契約を締結しようとしたが、海軍側と台湾銀行の都合により一時中止したことがあった(12)。しかしその後アメリカのスタンダード・オイルが虬松嶼の南側の対岸を買入れ、イギリスのアジア・オイルも虬松嶼買収の計画を立てていた。山川と竹下は三月一五日財部彪海軍次官に「同所ハ是非共此際我手ニテ買入レヲ為シ置クノ必要アリト認ム……此ノ機ヲ逸スレハ買入方頗ル困難ナル事情アリ(13)」と進言し、三五公司の日本人愛久沢亘哉の手を借りて内密に計画を進めようとした。彼らは愛久沢と債務関係がある中国人鄭成林の名義で養鶏場を設けるとの口実で虬松嶼東岸の海埔を買収しようとした。しかし鄭成林が応じなかったので、三井物産と煙草を売買していた台湾人曾厚坤の名義で買収工作を進めた。この島は島民の共有地であり、村の長老の許可を得れば買入れることが出来た。この島は南北八〇〇メートルの小島であり、その東岸部の海辺を占有すれば同島の全部を掌握したに等しかった。彼らの計画はこの海辺を買収した後、陸地に出来るだけ進入するというもので、都合がよくなければ南半部を買収しようとするものであった(14)。しかしこの買収計画は順調に進まなかった。東郷吉太郎海軍少将らはこの島の長老と福州から派遣された土地整理委員に贈賄して買収しようとしたが、委員が急遽帰福することになって交渉は停止した。蚵松嶼買収計画は一時挫折したが東郷らはさらに一案を立て、「当地ノ墳墓所有者ヲ抱キ込ミ風水地域ヲ新ニ撰定セシメ之レヲ一個人ノ所有ニ帰セシメ然ル後買収ノ手続ニ及ハントス丁度都合能キトコロニ墳墓アリ之ヲ利用セン」(15)とした。

竹下・山川はまた廈門の大金門・小金門島を海軍艦艇の錨地に利用しようともした(16)。

また三都澳の長腰島を買収しようとした。竹下・山川はこの地域を視察し、財部次官に「長腰島ノ南半部ハ丘陵低ク且ツ相当平地アリ其西多大ノ土地利用シ得ベシ同島南部ハ総テ耕地ニシテ水田等モアリ村二個ニシテ戸数三十余南西錨地ト相待ツテ良好ノ根拠地タルヲ得ヘシ依ツテ他ノ買収予定地点ハ暫ク見合セ同島南部ノミヲ成ル可ク速ニ買収方法ヲ講セラルルヲ必要ト認ム」(17)と上申した。彼らは来廈した郡司成忠と共に愛久沢と協議して、中国人薛某と台湾人林某らに漁業公社を設立させ、郡司を教習技師の名目で招聘して公社を監督させ、公社によって三都澳・長腰島に漁業用の用地を買収し、これを林某の所有に帰せしめるという手段をとることにした(18)。財部次官はこの提案を批准して買収費一三〇〇〇円を電送し、郡司に「三都澳内長腰島ハ特ニ充分ノ調査ヲ遂ケラルル」(19)よう指示した。その後しばらく長腰島の買収工作の詳細は不明であるが、一一月の下旬になって本格化した。

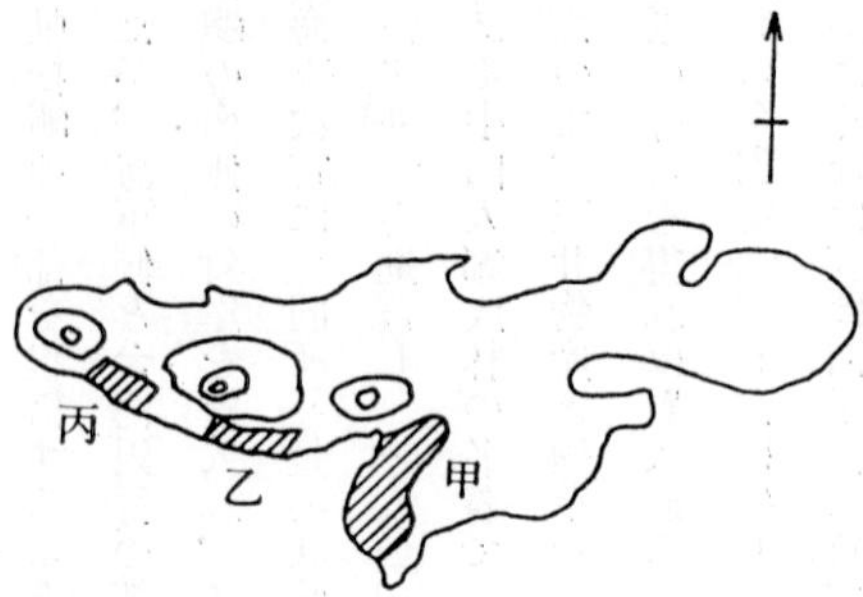

長腰島図

一一月二九日東郷吉太郎大佐は財部彪次官に、長腰島南部を甲・乙・丙の三区に分け、まず甲の地区を買収するという意見を上申した(20)。その理由は「甲乙丙地ノ三方面ヲ同時ニ買収セントスレハ必ス支那人ニ疑ヲ起サシムル基ニナル故ニ先ツ一個所ニ土台ヲ据ヘ他ノ地ハ商業者ニ此地ヲ使用セシメ其商業ノ必要名義ノ下ニ出来ルナラハ徐々ニ方法ヲ講スルヲ可ナリト思考ス[21]」るからだった。東郷らが三つの地区のうち甲をまず買収の対象として選択したのは、㈠に土地が平らで広く平地を造成する便宜があること、㈡に海岸に埋立をする便宜があること、㈢に接した海面の水深が深く巨艦も近くに碇泊することが出来ること、㈣に上陸地・突堤の設置に天然の好形状を有すること、㈤に必要ならば南端海岸に施設を設ければ巨艦の横づけが可能であること等、軍港の建設に適しているという理由であった。[22] 東郷らの上申に対し海軍は積極的な姿勢を示した。一二月一三日財部次官は賛成の意を表し、「予算ニ余剰アラハ成ルヘク隣接地ヲ広ク買ヒ置ク様致度シ当方ノ希望ハ成ルヘク甲地南方ノ半島ヲ併セテ収用スルニ在リ[23]」と訓令した。財部次官は買収工作が「万一失敗シテ当地人民ノ反対ヲ惹起スカ如キコトアラハ将来同地ニ手ヲ着クルヲ得サルニ至ルノ恐アリ買収手段ニ付テハ最モ慎重ナル注意ヲ要ス尚海軍駐在官ノ名義ヲ出スコトハ絶対ニ之ヲ避クヘキコトハ勿論ナリ[24]」と指示した。東郷らは買収費として四万円を請求したが、財部次官は一万円以内で買収するよう指示した。[25]

しかし海軍の長腰島買収計画は中国の抵抗にぶつかった。一九一三年初め三都澳当局は「各国人租地建屋章程」を発布し、外国人の土地買収を禁止する措置をとった。その要領は次の通りである。[26]

一　外国人ハ土地ヲ所有スル事ヲ得ス租借ヲナスモノハ双方官憲ノ交渉ニ依リ之ヲ定ム租借者ハ方一丈（一丈我カ十一尺三十五分）ニ付弐元ノ税金ヲ払フ事個人間ノ売買ハ無効トス

一　永遠租ヲ許サス租借年限ヲ三十年トスル事従来永遠租ヲナシタルモノハ此章程発布ノ日ヨリ起シ爾後三十年ヲ租借期限トスル事

長腰島はこの章程に規定された管轄下に属し、売買禁止になっている地域であった。東郷らは買収方法を工夫し、長腰島を買収する三つの案を考案して財部次官に提出した。財部次官はその第二案即ち「支那人タル買収者ヲ土地ノ所有者トナシ買収費ヲ支那人ニ貸与シ其土地全部ヲ抵当シ地券（契ト称ス）ヲ我レニ納メ貸借抵当物件ヲ我カ領事館ニテ登記シ権利ヲ吾レニ掌握スル様ニナスヿ亦支那官憲ヲ経由シ抵当ノ登記ヲナサシムレハ更ニ確実ナリ(27)」という案によって買収工作を進行するよう指示した。それはこの案により「買収ノミニテ済ミ後年税金ヲ払フニ及ハズ又支那官憲ガ取リ返サントスル時ハ文句モ附ケ得ヘク賠償モ得ラル(28)」からであった。この案に基づいて東郷は海軍の長腰島土地買収の戦略的目的を隠蔽するため表に出ず、丸一洋行支配人の桃原良弘が中国人梁世華と一九一二年三月一二日土地買収・抵当の契約書を作成した(29)。その内容は、梁世華は長腰島東南部の甲地三万三五〇〇坪を個人の名義で買収するが、漁獲物の買収と帽草栽培のための自己資金が不足しているので、この土地を抵当として桃原より六〇〇〇円を借用し(毎月利息一分二厘)、漁獲物と帽草はいずれも桃原の一手販売に帰するというものであった。この六〇〇〇円を出資したのではなく海軍であり、抵当とした土地の所有・使用権は海軍にあった。駐福州の土谷久米蔵副領事が駐福州日本帝国領事を代表してこの契約の認証に調印し(30)、外務省出先機関もこの件に直接介入していた。

四月日本海軍が長腰島の一部を買収した事実が世間に洩れ、梁世華が三都澳海防局に召換された。東郷らは梁を日本人の住宅に隠し、台湾に逃走させようとしたが(31)、その後のことは史料が欠けているため不明である。

日本は閩浙地域において鉄道・炭鉱等の利権も拡大しようとした。日本は一八九八年五月既に「清国政府ヨリ将来同政府ニ於テ福建省内ニ関シ外国ノ助力ヲ仰ク場合ニハ必ス先ツ日本政府ニ協議スヘキ(32)」との確約を得ていた。一九〇〇年四月山県内閣は厦門→福州→光沢→江西省撫州→南昌→漢口の幹線鉄道と福州→羅源・南昌→衢州→杭州の二つの支線を敷設する利権を獲得するため清朝政府と交渉したが、義和団事件により中止された。欧米列強もこの地域で鉄道敷設権をめぐって日本と競争を始めた。この競争は辛亥革命期にも継続した。日本はこの地域の鉄道敷設権を獲得することにより、まず欧米列強の浸透を阻止し、それによって独占的地位を確保しようとした。一九一二年二月一五日財部次官は駐閩浙の外波内蔵吉少将に「欧米人ノ利権争奪ニ手ヲ染メントスルモノ□者漸ク爪牙ヲ顕シ来リタルヲ以テ将来台湾ノ対岸ヲ我権ノ下ニ置キ且ツ之ヲ江西省ニ連係シテ我勢力範囲トナスノ素地ヲ今日ニ於テ経始スルノ時機到レルヲ認ムルト共ニ少クモ欧米人ノ望心ヲ此方面ニ容レシメサルヲ要スルヲ以テ南京政府ヲシテ閩浙地方官ニ対シ厦門福州及福州江西間ノ鉄道敷設ヲ我国人ノ資力ニ依頼セシムルノ利ナルヲ悟ラシメン為メニハ南京政府招聘シタル原口要ノ輩ヲ利用スルコトニ付既ニ貴官ノ著眼ヲ逸セサル所ナルヘキヲ信ス……機会ノ乗スヘキアラバ之ヲ利用セラレンコトヲ切望ス(33)」と訓令した。

外務省の対応も海軍と同様であった。三月七日内田外相は駐福州の土谷副領事に「近来屡々福建鉄道ヲ担保トシ外国ヨリ借款ヲナスヤノ風説アリ担保ノ結果ハ同鉄道ヲシテ結局外国ト特殊ノ関係ヲ生セシムルコトナルヘク斯クテハ自然我方トノ約束トモ衝突ヲ生スルニ至ルヘシト思考セラルルニ付貴官ハ右の次第ヲ都督ニ説明セラレ該鉄道ヲ担保トスル借款ハ先ツ之ヲ我方ニ相談スル方可然旨懇談シ置カルル(34)」よう指示した。

一九一二年秋、台湾銀行が福建の竜巌州炭鉱を開発しようとした。この炭鉱に愛久沢は若干の所有権を有していた。台湾銀行副頭取中川小十郎は一〇月二二日この件に関し財部次官と相談したが、海軍側は竜巌州炭鉱について「従来大ニ注目セル所ナルヲ以テ出来得レハ之ニ関係ヲ附ケ置クヲ要スルノ意見ヲ有スル(35)」旨を述べた。台湾銀行が現地調査をおこなったところ、東北の本渓湖炭に匹敵する良質の炭質であった。海軍はこの石炭を海軍艦艇の燃料に使用しようとした。だが石炭は水竜江を利用して運送しなければならず、その水深は浅く、ある区間は水運が不能であった。福州では土谷副領事・台湾銀行支店長・東郷吉太郎海軍大佐らが台湾人林秀商とこの炭鉱開発に必要な借款等について相談した(36)。海軍はこの時期福建の鉱山や台湾海峡の珊瑚資源等についても調査していた。台湾銀行は福建省の孫都督と塩税を担保とする五〇〇万円の借款を交渉し、鉱山・鉄道等で借款が必要な場合にはまず日本と協議することを約束させた(37)。

外務省も福建省に対し無関心ではなかった。一九一二年起草された「支那に関する外交政策の綱領」では福建問題を重視していたが、過去同地方に対する浸透政策が順調に進まなかった現状に鑑み、「臨時応変ノ必要ニ依ル場合ノ外強テ福建ニ於テ利権扶殖ニ関スル事功ノ急ヲ求ムルモ其効ナカルヘク寧ロ他国ノ行動ヲ監視スルト共ニ……人心ノ融和ヲ図リ平和的ニ漸次我経済的根拠ヲ養成シ好機ヲ促ヘテ利権扶殖ノ目的ヲ達スルニ如カス」(38)という方針を立てた。この方針は主に他の欧米列強の勢力がこの一帯に浸透するのを阻止する防禦的な政策であり、海軍の直接的な行動より消極的であった。この時期アメリカのスタンダード・オイルは福建都督府と同地の鉄道と鉱山を抵当として一二〇〇万ドルの借款を交渉していた。(39)これを察知した駐厦門・福州の日本領事内田外相にこの情報を報告すると、内田は二月二二日「福建省ノ我ニ対スル関係ニ鑑ミ此種借款ノ件ニ付テハ貴官ニ於テ十分注意ノ上委細報告」(40)するよう訓令し、三月七日には孫都督に鉄道を担保とする借款についての関する日本の優先権を説明して、「借款ハ先ヅ之ヲ我方ニ相談スル」(41)よう指示した。一二日駐福州の土谷副領事はこの意を孫都督に申入れたが、孫都督は一八九八年の日清間の福建不割譲に関する交換公文書の存在すら認めず、日本の優先権は「他各領事トノ権衡上前以テ約束スル能ハサル」(42)と、日本の要求を拒否した。日本は所期の目的を達成することが出来ず、アメリカのスタンダード・オイルも現地の民間団体の借款反対によりこの借款を実現出来なかった。しかし外務省の福建における上述の活動は、この地域における目的が海軍と同様であったことを物語る。

辛亥革命期の日本の閩浙沿岸における南方政策と満蒙における北方政策を比較すると、それぞれに特徴がある。相対的に前者は海軍が中心であったのに対し、後者は陸軍と外務省が中心であり、前者は買収・交渉・調査等の方式をとったのに対し、後者は占有・分割・独立等強硬な方式をとり、前者は日本と欧米列強の争奪により展開したが、後者は日露の協調と争奪により進行した。政策遂行の結果、両者共に一定の目的を達したが、特に前者は所期の目的を完全に達成することは出来なかった。しかしこれらの行動はこの時期の日本の対中国侵略の企図と計画を示したものであった。

(1) 外務省編『日本外交年表並主要文書』上、原書房、昭和四〇年、一八五ページ。

(2) 外務省編『日本外交文書』(辛亥革命)、五一〇ページ。
(3) 山川端夫海軍省参事官「時局策」、明治四四年一二月二八日稿。防衛研究所所蔵。
(4) 同右。
(5) 同右。
(6) 同右。
(7) 同右。
(8) 同右。
(9) 明治四五年一月一五日、斎藤海軍大臣より川島第三艦隊司令長官宛電報。防衛研究所所蔵。
(10) 「清国閩浙沿岸ニ於ケル漁業調査ニ関スル覚書」。防衛研究所所蔵。
(11) 明治四五年四月二三日、山本太郎(郡司成忠のペンネーム)より斎藤海軍大臣宛電報。防衛研究所所蔵。
(12) 明治四五年四月八日、財部海軍次官より在厦門平井少佐宛電報。防衛研究所所蔵。
(13) 明治四五年三月一八日、財部海軍次官より在厦門平井少佐宛電報。防衛研究所所蔵。
(14) 大正元年八月二二日、海軍大佐東郷吉太郎より財部海軍次官宛電報。防衛研究所所蔵。
(15) 大正二年六月一七日、海軍少将東郷吉太郎より財部海軍次官宛電報。防衛研究所所蔵。
(16) 明治四五年三月一六日、竹下大佐・山川参事官より財部海軍次官宛電報。防衛研究所所蔵。
(17) 明治四五年三月二八日、竹下大佐・山下参事官より財部海軍次官宛電報。防衛研究所所蔵。
(18) 明治四五年、東郷吉太郎大佐より財部海軍次官宛電報。防衛研究所所蔵。
(19) 明治四五年三月二九日、財部次官より第一〇駆逐隊司令狭間宛電報。防衛研究所所蔵。
(20) 大正元年一一月二九日、在厦門東郷吉太郎大佐より財部海軍次官宛電報。防衛研究所所蔵。
(21) 同右。
(22) 同右。
(23) 大正元年一二月一三日、財部海軍次官より東郷吉太郎少将宛電報。防衛研究所所蔵。
(24) 大正元年一一月二五日、財部海軍次官より在福州東郷吉太郎大佐宛電報。

(25) 同右。
(26) 大正二年一月一五日、東郷吉太郎大佐より財部海軍次官宛電報。防衛研究所所蔵。
(27) 同右。
(28) 同右。
(29) 大正二年四月一日、東郷吉太郎少将より斎藤海軍大臣宛報告書。防衛研究所所蔵。
(30) 同右。
(31) 大正二年七月一六日、東郷吉太郎少将より財部海軍次官宛電報。防衛研究所所蔵。
(32) 小村外相「南清鉄道敷設権獲得ニ関スル施設ノ大要」、明治三六年一一月稿。防衛研究所所蔵。
(33) 明治四五年二月一五日、財部海軍次官より在上海加藤中佐宛電報。防衛研究所所蔵。
(34) 明治四五年三月七日、内田外相より在福州土谷副領事宛電報、第三号。外交史料館所蔵。
(35) 『清国事変書類』第三巻。防衛研究所所蔵。
(36) 大正元年九月一〇日、在福州土谷副領事より内田外相宛電報、機密第二四号。外交史料館所蔵。
(37) 明治四五年三月八日、在福州土井中佐より参謀本部宇都宮第二部部長宛電報。外交史料館所蔵。
(38) 外務省編『日本外交年表並主要文書』上、三七四ページ。
(39) 外務省編『日本外交文書』第四五巻第二冊、七三、七四、七六―七八ページ参照。
(40) 同右書、七六ページ。
(41) 同右書、七九ページ。
(42) 同右書、八二ページ。

第四章　北京政府と中日外交

袁世凱の北京政府も南京臨時政府と同様に、成立後まず解決すべき課題は外国からの承認と借款であった。本章では、これらの問題をめぐる北京政府と日本及び欧米列強の二重外交交渉を考究すると共に、辛亥革命が中日貿易と三井物産に与えた影響及び中露の外蒙古をめぐる外交交渉への中日両国の対応を検討する。

一　北京政府の成立と承認をめぐる対応

一九一二年二月一二日清帝は退位の上諭を発布し清王朝の終焉を宣言した。これは中国史上の一大変革であった。この変革はすぐに諸外国に通告された。一三日袁世凱は中華民国臨時政府を組織する全権首領の名義で各国に皇室を優待する条件を通告し、外務部は駐北京の各国公使に清帝の退位・立憲共和政体の選定及び袁が全権をもって臨時共和政府を組織することを通告した。(1) これによって清朝終焉と北京臨時政府成立の外交手続が完了した。本節では、清王朝終焉後の袁世凱と北京政府成立及びその承認をめぐる中国・日本と欧米列強との二重外交関係を考究する。

清朝終焉後、袁世凱の一大課題は彼を大総統とする北京政府を樹立することであった。前年一一月に袁を総理大臣として成立した内閣は清朝の終焉と共に解散し、新しい内閣を組織すべきであったが、袁はその内閣を依然として過渡期の内閣として維持し、これに対する諸外国の外交的承認と支持を得ようとした。そこで元外務部大臣胡惟徳は一二日外務部首領の名義で伊集院公使と各国公使に「前内閣総理大臣袁世凱全権トシテ中華民国臨時政府ヲ組織スルコト、ナレルニ付茲ニ袁全権ノ命ヲ奉シ原有ノ各部大臣ハ均シク暫ク留マリテ事ヲ弁シ各部首領ト改名ス」とし、対外政策においては「本部首領ヨリ各条約ヲ遵守シ旧ニ照ラシテ継続弁理スヘキ(2)」ことを通告した。これは袁の政府が列強の中国における既得権益を全面的に認め、既成の不平等条約をそのまま承認することを意味した。これは南京臨時政府と同じであった。

駐北京の各国公使館は袁の北京臨時政府を正式の政府と認めず、過渡的政府と見なして外交的対応策を講じた。一三日駐北京の各国公使から構成された外交団はこの政府に対する外交交渉の取扱に関して協議し、袁の臨時政府が発した上述の通告に対しては正式な回答をせず(3)、日常業務上の交渉や往復の場合には「一箇人ノ『ノート・パーソナル《私信》』ヲ以テ単ニ外務部ト名宛シ発送シ発送者之ニ署名スルコトニ一定(4)」し、公的な接触を避けようとした。

外国駐在の公使館も清朝の終焉に伴って改変された。駐日の清国公使館は中華民国公使館と改称され、公使は中華民国臨時外交代表と改称された。一二日駐日の元公使汪大燮はこの名義で内田外相に「出使大臣ハ総テ臨時外交代表ト改称シテ事務ヲ引続カシ(5)」むることを通告した。日本もこれに相応しい対応をとり、一三日内田外相は元清国領事館があった神奈川・兵庫・長崎県の知事らに「在貴地清国領事ハ最早其ノ資格ヲ失ヒタルモノト認メ今後同領事トノ交渉往復ハ全然非公式ニ為サルル様致シタシ(6)」と指示した。

袁は臨時大総統、政府は臨時政府なので、外交ルールにおいては臨時的・非公式的な形式をとったが、実際の外交活動は、この形式と異なっていた。袁を支持していたイギリスのジョルダン公使とフランス・ベルギー・イタリア・アメリカの諸公使は一六、一七日相次いで袁を表敬訪問し、袁に対する好意と期待を表した。終始反袁的であった伊集院公使は袁への表敬訪問に猛烈に反対し、一九日ジョルダン公使を訪ねて「現下ノ事情ノ下ニ袁世凱ヲ往訪スルカ如キハ世間ノ誤解ヲ招キ勝チノコト」だと述べ、自分は「政府ノ訓令ナキ限リ之ヲ避ケタキ考ナリ」(7)と語って袁に対する怒りを吐露した。駐北京のロシア臨時代理公使も同様の意を表して伊集院を支持した。(8)袁は二〇日英・米・独、その他二、三の公使を来訪して答礼の意を表したが、反袁的な伊集院公使は訪問しなかった。これは伊集院の予想外のことではなかったが、彼の憤怒をかきたてるものだった。伊集院はこれを袁の離間策と見なし、袁をめぐる日英の歩調の一層の乱れは「実ニ日英同盟ヲ基礎トスル我対清外交局面ニ至大ナル影響ヲ及ホスヲ免レサルヘク此意義ニ於テ決シテ軽々看過スヘカラスト認メラルルニ付テハ此際一応本件ニ付テハ英国政府ニ対シ照会アリテ可然義ト思量ス」(9)と内田外相に上申した。モリソンもこの時期に日・英両公使館と公使の行動が協調的でなかったことを遺憾だと語った。(10)これらの事実は日本外交が基本とした日英同盟が既に風化・変容していることを示し、中国と袁世凱をめぐる日英の政策が正面から衝突していたことを物語る。

伊集院はロシア臨時代理公使セキンと連携して袁を擁護する英・米・仏等と対抗しようとした。二二日公使館の水野参事官がセキンを訪れてこの意図を伝えると、セキンは「北京外交団カ既ニ袁世凱訪問ニ付テ歩調ヲ破リタルハ甚タ遺憾ナリ」と述べ、これは袁の常套の離間策だと非難し、今後「日露両国間ニ於テハ十分意志疏通ヲ計リ一致行動ヲ執ルコトハ絶対ノ必要ナリ」(11)と日本側と約束を固めた。セキンはこれにより外国が連携して中国に対応する危険性は既に過去のものになったと語った。(12)これは臨時大総統袁をめぐり列強が分裂し始めたことを意味している。

共和政体の採択、袁世凱の大総統への選任は、君主制に最後まで固執し袁に反感を抱いていた伊集院にとっては、彼自身が述べたようにその「立場ノ困難不快ナルコト固ヨリ想見ニ難カラス」(13)であった。伊集院は二月一四日内田外相に、日本政府が新共和国を承認する前に「本官ヲ召還シ清国駐箚ノ任ヲ解カレンコト」(14)を切望した。その理由として伊集院は、

㈠に「終始君主立憲論ヲ公言シテ憚ラサリシ本使ニシテ新共和国ニ駐箚」することは今後の帝国の対新共和国外交に不利であること、㈡に「袁世凱モ本使ノ態度ニ付テハ懸念ニ堪ヘサルモノノ如ク他国ノ好感ヲ繋クニ腐心シナカラモ常ニ日本ノ感情ヲ害セサラント努メツ、アル」故に袁との疎隔が甚だしく、「大統領トシテノ袁世凱ニ見エンコト実ニ忍ヒ難キモノナル」こと、㈢に「此ノ動乱ニ際シ袁世凱及同盟国使臣ト斯ク隔意アル地位ニ立タサルヘカラサルハ本使ノ不敏ノ致ス所」であり、その業務上の責任を負うこと、㈣にこれらの諸原因により「実際帝国ハ他国ニ比シテ著シク不利ノ地位ニ立タサルヘカラス……若シ夫レ新政府創立ニ伴フテ利益借款等ノ運動頻生スルニ際シテハ公式交渉ノミニテハ従来ノ経験上余リ効果ナキニ因リ大ニ裏面ノ活動ヲ要スヘキニ拘ラス袁ノ周囲トノ関係斯ノ如クナルトキハ本使ノ在任セン限リ我ハ常ニ表裏ノ妨害ヲ受ケ交渉ハ勿論情報ヲ得ルニサヘ多大ノ不便不利ヲ免レサルヘシ是レ実ニ国家ノ不幸ニシテ帝国ノ為ニ忍フヘカラサル所ナリ」(15)こと等を挙げた。これは伊集院個人のことだけではなく、日本の対辛亥革命外交及び対袁政策の失敗を語ったものであった。

伊集院は日本の国策＝対中国政策の見地から自身の更迭を切望したが、内田外相らは逆に国策の見地から更迭の不得策と留任の必要性を強調した。内田も伊集院が列挙した更迭の理由を認めざるを得なかったが、「此時ニ際シ貴官ノ任地ヲ去ラルルハ帝国政府自ラ従来ノ素地ヲ放抛セルモノトノ誤解ヲ起サシムルノミナラス内外ノ耳目ヲ聳動シ時局ニ対シ甚タ穏カナラサル行動ヲ表示スルコトトナル」(16)と述べて反対した。山本権兵衛は「此際ニ於ケル貴官ノ離任ハ恰モ政府カ局面ノ推移ニ依リ従来取リタル外交政策ノ非ヲ認メ其責任ヲ公使ニ負ハシムルカ如キ誤解ヲ起サシメ政府ノ立場ヲシテ困難ナラシムルニ到ラシム」とし、また伊集院の離任は「列国及清国ニ対シ我外交ノ信用ヲ軽カラシムル次第トモナリ」(17)、その不利益は現下の状態において実に忍ぶべからざるものだと述べた。内田外相は伊集院に「貴官離任ト仮定シテモ新政府承認前ニハ後任者ヲ派遣シ難キハ勿論ナル義ニテ勢ヒ此最肝要ナル時機ニ代理公使ヲシテ局ニ当ラシムルコトトナルヘク斯クテハ縦シ実際上ノ不都合ナシトスルモ帝国カ清国ニ対シ有スル甚タ重大ナル立場ニ顧ミ面白カラサル次第ナリ」と述べ、山本も「自重忍耐シテ其任ニ留マラレンコトヲ望(18)」んだ。内田・山本らの伊集院留任の理由も、日本の対辛亥革命外交と対袁政策の失敗、及び袁の北京臨時政府に対する日本外交の困難さを表している。これは伊集院個人の責任ではなく、この時期における日本の外交方針と政策に起因することであった。

故に日本は対中国・対袁外交政策の転換を迫られた。内田外相は伊集院公使に今後の外交策として、変転極まりない政局に対し「其局面ノ推移ニ連レテ我歩武ヲ之ニ適応セシムルヲ要スルハ勿論ニシテ此間必シモ主義ノ一貫ニ拘泥スルヲ得ス……態度ヲ一転シテ進ンテ袁其他ト会見折衝ヲ試ミラルルモ更ニ差支ナカルヘシ(19)」と訓令した。このような方針転換は伊集院にとっては不本意であったが、進退困難な立場に追込まれて留任せざるを得なかった。

上述のような伊集院の離任問題は北京の外国記者らの議論の対象になった。モリソンは伊集院が北京から離任するとの噂を流布しながら(20)、北京駐在の記者は皆政体の変革に対する彼の融通性のない姿勢に非難を浴びせたと語り、彼のような人間が北京駐在の公使に留任するのは不思議なことだと述べた(21)。モリソンはまた伊集院は英語の会話が下手なのに通訳も使わないため彼との交渉は大変困難であり、日本政府がこのような人物を北京の公使に留任させるのはばかげており、おかしいことであるとまで言った(22)。モリソンの伊集院に対する辛辣な評価は、辛亥革命期の日本の外交に対する非難でもあったといえよう。

日本はこれまでの対辛亥革命外交において受動的であり、他の列強に立遅れていたが、このような状態から脱するため、まず袁の北京政府の承認問題で対中国外交の主導権を掌握しようとした。日本は孫文の南京臨時政府承認の要求には応じようとしなかった。しかし、北京政府に対しては袁が承認を要求する前から率先してこの問題を取上げたが、その原因はここにあった。日本に敏感なモリソンが二月一二日水野参事官に「日本国ハ必ズ列強ニ先ンシ新政府ヲ承認スルナラン(23)」

かと尋ねたことはこれを立証する。

日本は承認問題でまずロシアと共同し、次に英・米の意向を察知しようとした。ロシアもこの時期対袁関係のため日本と同様に北京政府と袁から遠ざけられていたので、承認問題で日本と協力しようとした。一二日ロシアの外相サゾノフは駐露の本野大使に「承認問題ニ付テハ日本国政府ト協同ノ態度ヲ執リタキニ付日本国ノ意向承知シタシ」(24)と述べた。内田外相は辛亥革命勃発以来ロシアとの協調政策をとってきたから、二一日ロシアに次のような覚書を提出した。(25)

諸外国人カ現ニ支那国ニ於テ享有スル一切ノ権利、特権及免除ハ新制度ノ下ニ於テモ之ヲ継続セシムルコト極メテ肝要ナル処是等ノ権利、特権及免除ハ主トシテ条約ニ基クモノナリト雖モ支那国及各国国法ノ規定若ハ従来ノ慣行ニ拠ルモノモ亦尠シトセサルヲ以テ列国ニ於テ承認ヲ為スニ際シ念ノ為新政府ヲシテ是等ノ権利特権及免除ヲ正式ニ確認セシメ置クコト得策ナルヘク之ト同時ニ新政府ヲシテ従来支那国ノ負担セル外債ハ之ヲ継承スヘキ旨ヲ正式ニ約諾セシムルヲ可トスヘシ

新政府承認問題並右承認ニ至ル迄ノ間ニ執ルヘキ行動ニ関シ列国ニ於テ全然其歩調ヲ一ニセンコトヲ提議シ……同一ノ行動ニ出ツルトキハ各々単独運動ヲ為スニ比シ一層有利ナル保障ヲ享有ス

これは既成条約の承認と既得権益の確保を北京政府承認の前提条件として提起したものである。本野大使がこの覚書を手渡した際、ロシア外相は「全然帝国政府ト其ノ意見ヲ同フスル」(26)旨を表明した。

この案を日本が率先して提起し、また日本は日露戦争以来中国における新権益拡大の意欲に燃えていたため、他の欧米列強もその主導的役割を認めざるを得なかった。イギリスは二四日、フランス・ドイツは二七日、アメリカは二八日に承認に関する日本の覚書に同意する意を表明した。(27)同時に三月四日イギリス外務省は駐英の山座臨時代理大使に「承認条件ニ関スル文言ハ日本国政府ニ於テ発案セラレンコト可然」(28)と申入れた。

だが承認問題において、特殊権益の取扱が新たに提議された。二月二六日ロシア外相サゾノフは本野大使に「清国今日ノ形勢ト日露両国カ清国ニ於テ有スル特殊ノ地位トヲ考フルニ是非共此ノ機会ニ乗シ日露両国特殊ノ権利及利益ヲ特ニ承認セシメ置キタク之カ為列国ノ権利ヲ承認セシムルト同時ニ適当ノ手段ヲ執ルノ必要アリト信スルニ付更メテ日本国政府ト御協議ニ及ヒタキ次第ナリ」と申入れ、「日露両国カ満洲蒙古ニ於テ有スル特殊ノ権利及利益ヲ維持シ益之ヲ拡張鞏固ニスルノ意志ヲ有スル以上ハ今日ノ如キ機会ヲ利用スルノ外ナカルヘシ」(29)と提案した。これは辛亥革命に当って、ロシアは蒙古において日本より多大な新利権を獲得したからであった。これに対し急進的な満蒙政策を主張していた本野大使は、ロシアが中国に対し強硬な政策をとる方針に傾きつつあると判断し、「帝国政府ニ於テハ此際躊躇ナク賛成ノ意ヲ表シ最近ノ好機会ヲ以テ断乎タル処置ニ出ツル地歩ヲ作リ置カレンコト」(30)を内田外相に要望した。これに対し内田外相は、ロシア外相の提議は日本政府として十分考慮を要する事項であることは勿論であるが、「帝国政府ニ於テ既ニ列国ニ対シ意見ヲ発表シ列国モ亦或ハ之ニ同意シ或ハ之ヲ考慮シツヽアルニ当リ帝国政府自ラ突然其ノ意見ヲ変改シ露国政府ト共ニ新提議ヲナスコトハ帝国政府ニ於テ何分之ニ同意スルニ躊躇セサルヲ得サル義ナリ」(31)と難色を示した。

袁世凱は日本と欧米列強の早期承認を得るために、過渡的な政権から正式な北京政権の樹立に着手した。このため袁はまず臨時大総統就任宣誓式を挙行することにした。三月八日外務部の首領胡惟徳はこの意を伊集院公使に伝え、「外交団ハ支那側ヨリ公然招待スル訳ニハ参ラサルモ参観ヲ望マルル向アラハ欣ンテ迎接スヘキ」(32)旨を述べた。しかし、この一〇日の就任宣誓式には日本と欧米の公使らは出席しなかった。臨時大総統に就任した袁は新政府の人事に取掛かった。内閣総理大臣には唐紹儀が任命された。唐は袁・孫双方が賛成し得る人物であったので、このポストに就くことが出来た。三月二五日唐は南京に来て組閣し、三〇日陸徴祥を外務総長に、趙秉鈞を内務総長に、熊希齢を財政総長に、段祺瑞を陸軍総長に、劉冠雄を海軍総長に、蔡元培を教育総長に、宋教仁を農林総長に、陳其美を工商総長に、王寵恵を司法総長に任命し、所謂北京政府が成立した。閣僚の顔触れを見ると革命党党員が多数を占めているようであるが、軍事・外交・内務・財政等の主要ポストには袁の腹心が就いていた。これは南北・新旧対立の一要素となった。

袁が臨時大総統に就任して北京政府が成立し、また欧米列国が日本の新政府承認問題に関する提議に賛成したため、承認問題は一層具体化することになった。三月二三日内田外相は駐欧米大使と中国公使に次のような「中国新政府承認ニ関スル細目条件案文」を発送した。(33)

第一は承認の時期についてである。内田外相は「帝国政府ハ支那ノ負担ニ属スル諸般ノ国際的義務ヲ履行スルノ意思ヲ証明スルニ至ルベキ鞏固ニシテ且実力アル政府ノ樹立セラル、ニ至ラバ直ニ之ヲ承認スベキコトナスヘキ旨ヲ提議セント欲ス」とし、この問題は日本政府が決定するのではなく「北京ニ於ケル列国代表者会議ノ研究ニ付シ且承認時期ニ関スル列国ノ行動ハ右代表者ノ共同提言ニ俟ツベキ」(34)とした。

第二は北京政府に承認を受ける前に左記の諸項の宣言を要求したことである。(35)

イ　新政府ハ旧政府ト列国トノ間ニ締結セラレタル一切ノ現存諸条約及諸約定並是等諸条約及諸約定実行ノ為発布セラレタル一切ノ現存規則上諭ヲ含ムヲ確認シ且関係列国政府ノ同意ナクシテ是等規則ノ孰レヲモ改廃セザルベキ事ヲ約スルコト

ロ　新政府ハ支那国ノ旧政府及事実上ノ臨時政府並諸地方政府ノ外債ニシテ現ニ存在スルモノノ全部ニ対シ完全ナル責任ト義務トヲ負担シ且是等負担ニ関シ前記諸政府ノナシタル諸般ノ契約及約定ヲ誠実ニ履行スベキ事ヲ約スルコト

ハ　新政府ハ旧諸政府又ハ地方政府ガ外国ノ政府、団体又ハ個人ノ為ニ締結若ハ設定セル前掲以外ノ一切ノ契約、約定、義務、特恵並譲与ニシテ現ニ効力アルモノヲ履行スベキ事ヲ約スルコト

ニ　新政府ハ現ニ支那国ニ於テ了解セラレ且実行セラルガ如キ治外法権或ハ領事裁判権ノ制度並外国ノ政府、団体又ハ個人ガ現ニ同国ニ於テ享有スル権利、特権及免除ノ全部ヲ確認スルコト

この四つの要求は清朝政府ばかりではなく南京臨時政府とその管轄下にあった各省の地方政府が列強、特に日本と締結した条約・借款等の一切を北京政府が承認し、その義務を負うことを強要しようとしたものであった。

第三は承認公文書の起草問題についてである。三月四日イギリス外務省が承認条件に関する文言を日本政府が発案することに賛成しなかったので、内田外相は「北京ニ於ケル其代表者ニ対シ承認ヲ与フルニ必要トスル条件ヲ同文公書ヲ以テ新政府ニ通告スルノ権限ヲ附与セラレンコト……且最後ニ帝国政府ハ前顕同文公書起草ノ任務ハ之ヲ前記代表者ニ委託セラレンコト」(36)を提議しようとした。この項目は日本が承認問題の主導権を掌握しながら、具体的条件の提案や承認公文書の起草等は列国代表者会議或いはその代表に委ねようとしたものであった。上述の第二の具体的条件を提案するのは袁世凱と北京政府にとっては大きな衝撃であり、今後の承認外交において彼らの好意を得られるものではなかったから、日本は列国が共同で責任を負うことにしようとしたのである。しかしこれまでイニシアチブをとってきたイギリスら欧米列強は逆にこのように厄介な仕事を日本に任せ、日本が草案を起草するよう要望したのである。

上述した日本と欧米列強の北京政府承認外交を南京臨時政府の場合と比較すると、以下の特徴があった。㈠孫文と南京臨時政府は日本と欧米列強に積極的に承認を要望したが、袁と北京政府は南北和議と妥協の時既に新政権に対する承認を確認し、また清朝政府の外交権をそのまま継承していたので相対的に積極的ではなく、逆に日本と欧米列強がその承認に積極的であった。㈡孫文と南京臨時政府はまず日本の承認を獲得し、それを突破口として他の列強の承認を得ようとしたが、これとは逆に日本が率先して北京政府を承認しようとし、かつまた他の欧米列強を承認に誘導しようとした。㈢孫文と南京臨時政府は承認獲得のために主体的に列強の既得権益を承認すると共に新権益の提供を提案したが、日本と列強は

袁と北京政府に既得権益の承認と新権益の提供を強要した。これは日本と欧米列強の対中国外交における孫と袁、南京臨時政府と北京政府の位置づけが正反対であったことから起こった現象であり、ある意味においては国際関係における孫と袁、南北両政府の力関係から起こった事態であったともいえよう。しかし南北両政府共に政権の基盤が不安定であったために、後述のように北京政府も直ちに承認を獲得することが出来なかった。

この時期の北京政府は不安定であった。唐内閣は南北の混成内閣であり、その内部における対立、内閣と大総統袁世凱との矛盾も日増しに激化した。特に六カ国銀行団とベルギーからの借款問題及び直隷省都督王芝祥の選任問題をめぐって唐紹儀と袁世凱との対立が激化した。この時期北京政府は六カ国銀行団に借款を要請していたが、六カ国はこの借款の用途に対する監督権を要求し、唐紹儀はこれに反対した。これは列強に一大ショックを与えた。これらの諸原因により唐は六月一五日辞表を提出し、引きつづき革命党の宋教仁・蔡元培・王寵恵・陳其美らも各部の総長を辞任した。袁は陸徴祥を総理に任命したが、この内閣も九月二二日総辞職して短命に終った。このように半年間に二つの内閣が総辞職したことは政局の不安定さを意味していた。

このような情勢の下でまずイギリスが北京政府の承認に不賛成の意を表した。それはイギリスは中国における最大の権益の保有者であったからである。七月一四日、駐日イギリス大使マクドナルドは政府の覚書として、北京政府の総理に「代表的国民議会ガ憲法ヲ確定的ニ制定シ且右憲法ノ条規ニ準拠シテ大統領ノ選挙カ無滞完了スルニ至ル迄ハ英国政府ニ於テハ支那共和国承認問題ニ対シ考量ヲ加フルコトスラ之ヲ難シトスル所ナル」(37)旨を通告することを内田外相に通知した。だがアメリカは早期承認を主張した。七月二二日駐日アメリカ大使オブライエンは政府の訓令として、内田外相に「日本国政府ハ現支那政府ヲ以テ今日迄ノ処国際法上認定セラレタル基礎ニ実質上準拠スルモノニシテ正式ノ承認ヲ得ルニ足ルモノト見做シ得ヘカラサルヤ否ヤヲ考量スルノ御意嚮アリヤ」(38)との秘密覚書を手渡し、日本政府の意見を尋ねた。アメリカ政府はイギリス・フランス両政府にも同様の意の覚書を送った。アメリカでは財界が中国に対する借款問題から早期承認を要望しており、これが世論となって議会を動かしたので、議会は政府より積極的な姿勢をとった。下院の外交委員長サルシアは「清国共和政体ノ樹立ハ近世ニ於ケル最モ嘆賞ニ堪ヘサル一大進歩ナルヲ以テ列国カ速カニ之ヲ承認シテ出来得ル限リ之ヲ扶助誘掖スヘキ筈ナルニ未タ其挙ニ出テサルノミナラス徒ラニ借款問題ニ対シ監督条件ヲ提起シテ之ヲ苦ムルカ如キハ畢竟欧米資本家ノ私利ヲ庇護セントスル趣旨ニ外ナラスシテ横暴ノ措置ナリト言ハサルヲ得ス(39)」として、早期承認の必要性を強調した。列強の足並は再び乱れ始めた。

この乱れた足並を調整するため、駐北京の各国公使の間では外交的折衝が頻繁におこなわれた。伊集院公使は七月二三日に来訪したジョルダン公使とこの問題に関して会談をおこなったが、ジョルダンは「自己ノ意見トシテハ支那今日ノ状態ニ於テハ未タ承認ノ時機ニ達セス二三カ月後国民議会成立シ大総統ノ公選ヲ見ルニ至ラハ其ノ時コソ承認ヲ与フルノ時機カト思考ス(40)」と述べた。翌日伊集院はアメリカ公使カルホウンを訪れて承認問題に対する意見を尋ねたが、彼は「成程目下ノ政府ハ未タ十分鞏固ナリト謂フヘカラサルモ去リトテ今後再ヒ大変乱ノ起ルヘシトモ思ハレス結局何時迄遷延スルモ果テシナキ故此際承認ヲ与ヘナバ新民国ノ『スタビリチー』ヲ増スニ好影響ヲ及スモノト思考スル(41)」と答えた。アメリカは他の列強より中国における植民地的権益が少なかったので、承認をめぐる既得権益の確保よりも新権益獲得を目指して、このような早期承認を主張したのである。これに対し伊集院は「若シ今ニシテ承認ヲ与ヘナ〔ク〕ハ南方ノ少壮連ハ益得意トナリ外国ニ対シテモ驕慢ノ態度ヲ執リ大局ヲ誤ルニ至ルナキヤヲ虞ル(42)」と述べ、南方の革命党勢力に政治的圧力を加えるため、依然として早期承認を主張した。

欧州駐在の日本大使らも承認問題をめぐって在任国政府と頻繁に交渉した。駐英の加藤高明大使は七月二四日グレー外相と会談したが、グレーは「支那ノ現状ニ鑑ミ未タ到底政府ヲ承認スルコト能ハサル(43)」と語り、アメリカにもこの意を伝えると述べた。同日パリにおいては石井菊次郎大使がフランス外相ポアンカレと会談したが、彼もグレーとほぼ同様の意見を表明した。英・仏は共に唐紹儀が六ヵ国借款の用途に対する監督に反対したことを重く見て、不承認によって北京政府に外交的圧力を加えようとしたのである。これはまた承認問題を通じて対中国外交の主導権を掌握しようとした日本を牽制することにもなった。

日本は承認の方針を堅持するか否かの選択を迫られた。この時期承認の方針を堅持したのは日本とアメリカであった。イギリスとフランスは既に承認しないようアメリカを説得していた。このような情況で日本も自己の主張を放棄し、八月一四日アメリカ政府に不承認に関する覚書を提出した。この覚書では不承認の理由として、㈠「現下ノ政治組織ハ単ニ一時的タルコト毫モ疑ヲ容ル、ノ余地ナシ永続的政府ノ制定ヲ規定セル何等ノ根本法未タ制定セラレス」、㈡もし承認すれば「折角着手シタリト思ハル、行政改革事業ヲ継続セシムヘキ主要ナル刺戟ヲ除去スルコトトナルヘシ」、㈢「支那諸省ヨリノ報道ニ徴スルトキハ同国ノ事態永久的ニ平静ニ向ヘリトハ到底確信スルコト能ハサルナリ」、㈣もし承認すれば「列国ノ権利利益ヲ損傷スルニ至ルヘキコト(44)」等が挙げられていた。この理由のうち、㈣は重要であった。六カ国銀行団は北京政府に借款を提供する条件として、先述した借款の用途に対する監督に加えて軍隊の縮小に対する監督等中国主権を侵害する条件を設けたが、唐紹儀はこれに反対し、ベルギー政府から借款を受入れた。これにより日本が提示した承認の前提条件を北京政府が受入れるか否かがまた問題になり、日本は外交主導権の掌握と既成権益保護の二者択一を迫られて後者を選び、中国における既成権益擁護のため承認問題を棚上げにしたのである。その上陸徴祥内閣は完全に袁に掌握された内閣であり、袁を警戒していた日本政府としてはこのような政府を承認したくなかったのも当然であった。

このような情況に至り、アメリカ国務長官ノックスもその口振りを改め、今日をもって必ずしも適当な時機と認めたのでもなく、また列国の同意を求めた趣旨でもなかったと弁解したが、翌年の四月には再び積極的に新政府の承認に乗出した。(45)それはアメリカと他の列強の中国における新権益の争奪が直接関係していたからだといえよう。しかし中国における既得権益擁護という共同の目的のために、承認するか否かの問題において列強は一時的ながらも足並を揃え、一致した行動をとった。これは北京政府承認問題をめぐる日本と欧米列強間の二重外交関係を示すものであり、中国における既得権益と新権益獲得に対する欲望の多少が比例的、或いは反比例的に承認問題における列強の姿勢を決定するのに直接的な影響を及ぼしていたことを物語っている。

(1) 中華民国史事紀要編輯委員会編『中華民国史事紀要』民国元年(一九一二)一至六月份、中華民国史料研究中心、一九七三年、二三四—三五ページ。外務省編『日本外交文書』第四五巻第二冊、二—三ページ。陳春華ら訳『俄国外交文書選訳』(有関中国部分、一九一一・五—一九一二・五)、中華書局、一九八八年、二七三ページ。
(2) 明治四五年二月一二日付「在北京各国公使ニ対スル外務部ノ照会」。外交史料館所蔵。中華民国史事紀要編輯部委員会編、前掲書、民国六年(一九一二)一至六月份、二三五ページ。
(3) 陳春華ら訳、前掲書、二八〇ページ。
(4) 明治四五年二月一三日、在中国伊集院公使より内田外相宛電報、第一一四号。外交史料館所蔵。
(5) 辛亥一二月二六日(旧暦)、大中華民国臨時外交代表汪大燮より内田外相宛通報。外交史料館所蔵。
(6) 明治四五年二月一三日、内田外相より神奈川・兵庫・長崎各県知事宛電報。外交史料館所蔵。
(7) 外務省編『日本外交文書』(辛亥革命)、五七七ページ。
(8) 陳春華ら訳、前掲書、二九八—九九ページ。
(9) 『日本外交文書』(辛亥革命)、五七八ページ。
(10) 駱恵敏編『清末民初政情内幕』上、知識出版社、一九八六年、九〇一ページ。
(11) 明治四五年二月二二日、在中国伊集院公使より内田外相宛電報、第一四〇号。防衛研究所所蔵。
(12) 陳春華ら訳、前掲書、二九八ページ。

(13)『日本外交文書』(辛亥革命)、五六九ページ。
(14)同右。
(15)同右書、五六八―六九、五八〇―八一ページ。
(16)同右書、五八二ページ。
(17)同右書、五八三ページ。
(18)同右。
(19)同右書、五八二ページ。
(20)駱恵敏編、前掲書上、八三七、八四六、八七九ページ。
(21)同右書、九〇一ページ。
(22)同右書、九〇〇ページ。
(23)『日本外交文書』(辛亥革命)、六〇六ページ。
(24)同右書、六〇七ページ。
(25)同右書、六〇九―一〇ページ。陳春華ら訳、前掲書、二九二―九三ページ。
(26)明治四五年二月二二日、在露国本野大使より内田外相宛電報、第三八号。防衛研究所所蔵。
(27)外務省編『日本外交文書』第四五巻第二巻、五―六ページ。
(28)同右書、七ページ。
(29)『日本外交文書』(辛亥革命)、六一二―一三ページ。
(30)同右書、六一三―一四ページ。
(31)同右書、六一五ページ。
(32)外務省編『日本外交文書』第四五巻第二冊、九―一〇ページ。
(33)同右書、一一―一二ページ。
(34)同右書、一一ページ。
(35)同右書、一二ページ。

(36) 同右。
(37) 同右書、一四ページ。
(38) 同右書、一五ページ。
(39) 同右書、一七ページ。
(40) 同右書、一六ページ。
(41) 同右。
(42) 同右。
(43) 同右書、一八ページ。
(44) 同右書、二一ページ。
(45) 『申報』一九一三年四月五、一一、一四日参照。

二　善後借款をめぐる対応

南京臨時政府と同様に、新たに成立した北京政府にとっても最大の課題は財源を確保することであった。北京政府はその政府機関と一〇〇余万人に達する軍隊を維持するため巨額の資金が必要であった。中国の主な財源は関税等であったが、これらは列強に対する賠償金と一三億両に達する外債の返済及びその利息の支払にあてられ、政府にはこれを使用する権利すらなかったので、北京政府の毎月の財政赤字は六五〇万両にも達した。また革命期に膨張した軍隊の兵員を復員させるにも巨額の資金が必要であった。もしこの財政赤字の補塡が不可能になれば、政権が崩壊するかもしれないという事態に至った袁世凱と北京政府は、列強に借款を要請せざるを得なくなった。列強はこの借款を提供するに当り、北京政府に対して政治・経済・軍事各方面における監督権を要求した。本節では、この借款と監督権をめぐる北京政府・袁世凱の抵抗と日本及び欧米列強との外交交渉を考究すると共に、これをめぐって列強間の二重外交関係が協調から争奪へと転換して行く過程を究明する。

袁世凱と北京政府は二月から既に四カ国銀行団に借款の提供を要望し、銀行団は二月二八日に二〇〇万両（これは南京臨時政府に融通）、三月九日に一一〇万両、一一日に二〇〇万両の前渡金を提供した。四カ国銀行団は三月一二日のロンドン会議において北京政府に対する借款方針を協議し、三月に合計一一〇〇万両、四、五、六月に各六四〇万両、必要ならば七、八月も同額の前渡金を提供し、五年間にわたって六〇〇〇万ポンドを上限とする所謂改革借款＝善後借款を提供することを決定した。前渡金は善後借款が成立する前に臨時に前渡しする借款であり、善後大借款成立後にそこから償還するようにしたのであった。これまでは南方の革命軍とその軍政府を刺激するのを恐れ、袁を支持しながらも彼に公然とは借款を提供しなかったイギリス等欧米列強は共同して袁と北京政権に対する大借款に乗出したのである。しかしこの借款には用途に対する監督と四カ国銀行団の北京政府の財政代理人への指定という条件が付加えられた。このため袁世凱・北京政府と銀行団はこの条件をめぐって一年間の外交的攻防戦を展開した。

銀行団は北京政府に次のような代理契約書を強要しようとした。(1)

一　「財政代弁者ハ提供セラレタル担保ヲ精査スルノ権限ヲ有スルコト」。「財政代弁者ニ於テ必要ト認ムル場合ニハ担保ニ供スヘキ収入ヲ外国専門家ノ管理ニ属セシムヘキコト」。大借款は塩税を担保としていたため「塩税ニ付テハ外国専門家ノ下ニ海関ヨリ選任スル税務司一名並数名ノ補助員ヲ附シ徴収方法ノ改正ヲ行ハシムルコト尚右専門家ノ徴税報告ハ財政代弁者ニ通報スヘキコト」。

二　「借款金額ハ凡テ『財政代弁銀行組合』ニ預入ルルコト」。

三　「借款金額ニ対スル一般ノ支出要求ハ財政部附財政代弁者代表ノ署名承認ヲ要スルコト」。

右契約の内容は北京政府の財政を四ヵ国銀行団の監督と支配下に置き、公然と中国の内政に干渉して中国の金融市場を独占しようとするものであった。

これはベルギー借款と密接な関係があった。三月一四日北京政府はベルギー銀行と一〇〇〇万ポンドの借款契約を締結した。これは北京政府が四ヵ国銀行団の中国に対する借款の独占を打破し、中国に有利な借款条件を獲得するための措置であった。ベルギーは小国でありながら銀行団への加入を申出たが、日本と四ヵ国銀行団にその要求を拒否されたので、このような単独行動をとったのである。銀行団は三月九、一一日袁世凱と書簡で取交した借款優先権と独占権を主張し、北京政府にこの借款に対する抗議を申入れた。この圧力により北京政府はこの契約を破棄した。四ヵ国銀行団はこの件を通じて中国の金融市場を独占する必要を痛感すると同時に、ベルギーの借款を断念した後、北京政府が資金の緊急調達に苦慮するのに乗じて右記の契約を強要しようとしたのである。しかしロンドン本部は中国側の反対を恐れ、この契約案を中国側に提出することに賛成しなかった。しかし対中国借款に対する監督を放棄しようとはしなかった。

善後借款は革命後の経済復興のための経済的借款ではなく、政治的借款であった。欧米列強はこの借款を提供することによって、北京政府と袁世凱を自分の手元に掌握し、彼らの中国における利権を保護・拡大しようとしたのであった。借款はこの目的を達成するもっとも有効な手段であったから、伊集院公使は二月二六日既に内田外相に「今後北京政局ニ於テ借款問題ハ最モ重要ナル部分ヲ占ムヘキハ必定ナル」(2)旨を進言し、その対応策を講ずるよう要請した。日本は主に南京臨時政府と借款交渉を進めていたため北京政府に対する借款においては欧米列強に立遅れていたが、北京政府が南北統一後唯一の政権になるこの時期には、早急に欧米列強の仲間入りをして、彼らと共に北京政権に浸透しながら、彼らと争奪しようとした。日本政府と内田外相は「今後起ルベキ支那借款ニシテ政治的性質ヲ有スルモノニハ主義トシテハ必ス参加スルノ方針」(3)を確立し、この政治的借款に参加するに当り日本は「契約当事者トシテ他国団体同様一切ノ権利ヲ獲得スル」(4)ことを声明した。

欧米列強はどのように日本に対応したのであろうか。彼らは日本の参加を好ましくないとは思いながらも日本の参加を要望した。日本の参加を正式に要請したのはドイツであった。三月八日駐日ドイツ大使フォン・レックスは本国政府の訓令に従って、「支那借款ニ対シ日本資本家団ノ参加ヲ日本帝国政府ニ勧誘スベキ」(5)旨を内田外相に申入れた。ドイツが日本への参加勧誘の口火を切った動機は不明であるが、その後一三日にイギリスが、一四日にアメリカも正式に日本の参加を要請した。フランスは一三日外務省アジア部長ベルトローが非公式に日本の加入を歓迎する意を表明した。フランスが他の列強より遅れたのは、ロシアとの同盟関係に基づいて、ロシアの参加問題についてロシアと交渉する必要があったからである。日本もロシアとの協約関係に基づいて、また日・露が連携して四カ国銀行団に対抗するため、ロシアと共にこの借款に参加することを希望し、関係の調整に取掛かった。

日本はロシアをパートナーとして共にこの借款に参加しようとした。しかしロシアは躊躇する姿勢を示した。それは前述のように、ロシアは北京政府承認の前提条件として北京政府が中国における列強の既成権益を承認することを要求し、またこの時期に既に日本と第三回日露協約の交渉を開始して蒙古と中国西部地域におけるロシアの権利を拡大しようとしていた故に、借款に応ずることは共和政府を承認することになるとして、北京政府承認の前に借款を提供することをなるべく避けようとしたからである。(6)その上ロシアはベルギーの清白銀行とシンジケートを結成していたので、ベルギーが参加するか否かもロシアの参加を牽制していた。(7)しかしロシアとしても日本との協調を軽視することは出来ず、またこのチャンスを完全に放棄するのも惜しいことであった。そこで妥協案として前渡金借款だけに参加し、善後借款には参加しないことを日本に通告した。日本はロシアと協調しながらも、独自の権益のため善後借款にも参加することを決定した。ロシアはこれに不満を表明して日本の単独行動を牽制しようとした。しかし日本は三月一八日四ヵ国銀行団に善後借款に参加することを通告した。だが銀行団にはまだ参加していなかった。

日本政府は日本の銀行団体の代表として横浜正金銀行を指名し、正金銀行は日本の国家と銀行団体を代表してこの借款に参加することになった。正金銀行は国家独占資本の性格を帯びた銀行として各国銀行団の会議と活動に参加することになったのである。日本政府は一七日首相官邸に西園寺首相・内田外相・倉知外務省政務局長・橋本大蔵次官・勝田大蔵省理財局長、及び井上馨・高橋是清らが参集して、正金銀行に訓示すべき次のような具体的方針を決定した。(8)

一　日本資本家団体の負担すべき借款の公債を国内市場で募集する場合には本借款関係資本家団体の一もしくは数者が共同で発行すること。

二　中国の借款に関する一切の事項は南満州と蒙古において「帝国ノ有スル特殊ノ権利及利益ト何等抵触スルカ如キコトナカルヘキヲ当然期待スル次第ナルヲ以テ該借款ニ関スル事項ニシテ直接間接該地方ニ関係アルモノニ付テハ資本家団体ニ於テ帝国政府ノ意見ヲ無視シテ何事ヲモ為スコトヲ得サル」こと。「今回ノ借款ニ依リ得タル金員ハ満洲及蒙古ニ関シ一切之ヲ使用セサル」こと。右目的達成のため「常ニ露国資本家団体トノ間ニ密接ナル関係ヲ保つこと。

三　他国資本家団体との同等の権利を主張し、借款は日本「資本家団体ニ於テ他国資本家団体ト同一ノ割合ヲ以テ負担ヲナスヘキモノナルト同時ニ右ニ関連スル外国専門家傭聘其他一切ノ事項ニ付テハ我ニ於テ必ス他国ト同等ノ権利ヲ有スヘキモノナル」こと。

四　一九一一年四月四ヵ国銀行団と清政府との間に締結された幣制改革及び産業開発を目的とする一〇〇〇万ポンドの借款を日本国は是認していないが、もし四ヵ国が該契約第一六条の規定を削除するかまたは前記第二に記載した条件を入れるなら、この借款に参加する希望を有する。しかし本借款の実行如何にかかわらず「支那ノ幣制改革ニ関スル借款ヲ起スコトトナル場合ニハ我ニ於テハ必ス之ニ参加スヘキ」こと。

五　漢冶萍公司等他の借款は「今回ノ参加ニ依リ何等ノ拘束ヲ受ケサルヘキ」こと。

これが日本政府の方針であり、中国に対する共同借款に参加すると同時に、この善後借款への参加によって日本の満蒙等における特殊権益を確保し、新しい権益を拡大しようとしたのである。善後借款における日本の活動はこの方針に沿っておこなわれた。

日本銀行団の代表として横浜正金銀行取締役小田切万寿之助が四カ国銀行団に加入し、四カ国は五カ国になった。五カ国銀行団は前渡金に対する監督方法を協議し、次のような監督案を北京政府に提出した。(9)

一　国際資本団はその代表として監査役外国人一名を北京政府財政部に配属させる。「其ノ任務ハ前貸ニ依ル一切ノ支払命令ニ署名シ資本団に定期ノ報告ヲ為スニ在」った。

二　北京政府陸軍部は関係公使館選出外国陸軍武官(複数)と協力して委員会を組織する。軍隊解散の費用及び給与について外国人監査役は委員会の命令を遵守すべきである。委員会はその代表として一名または数名の中国人及び外国陸軍武官を南京・武昌・広東等に派遣し、軍隊の給与、解散させるべき部隊に関し絶えず報告せしめる。軍隊を解散させる場合、委員会は兵数と給与を監査役に報告し、監査役はこれに基づき支払命令に署名する。解散させた兵士に対しては、武器及び装備の兵器庫への返納と引換えに、給料の支払伝票を委員会から派遣された代表の面前において交付する。伝票には「若シ額面金額ノ交付ヲ受ケサルトキハ代表派遣員ニ申告スルヲ得ル」旨を記入しておく。右の手続は維持すべき軍隊にもなるべく適用する。将来の支払も委員会の命令を待って支払う。

三　文官の俸給及び行政費支出については所要月額の概要をあらかじめ官報に発表する。詳細な項目を財政部より監査役に提出し、監査役は不要または過多と認められる項目について質問査覈した後、署名発給する。地方に発給したものは当該地方または最寄りの領事に支払表を送付し、領事をして内秘方法により金額が適当に使用せられているかを取調べ、不正不当の支出の疑いあれば報告する。

四　前記以外の費用に関し監査役の遵守すべき規則は、その都度財政部と資本団との間で協議すべきである。

この監督案は中国の財政を監督するだけではなく、中国の軍事問題をも監督・干渉しようとしたものであった。辛亥革命の時期南北の軍隊は急激に拡大され、一〇〇万人（南方三〇万人）に膨張した。北京政府はその中の五〇万人を復員させようとした。これには二〇〇〇万両の予算が必要であった。(10)日本とイギリス等四ヵ国はこの機を利用して軍事問題にも干渉しようとしたのである。

五月一日北京政府は借款前渡金の用途に関する明細書を銀行団に提出し、総額七〇〇〇万両に達する巨額の前渡金を要求した。(11)これに対し日本と四ヵ国銀行団は五月六日に一五〇万両、一〇日に二〇〇万両を提供するのと引換えに、四月二七日に五ヵ国銀行団が決定した監督条件を北京政府に強要しようとした。(12)このような条件を突然正式に提案すれば北京政府側が当惑し拒否するかもしれないため、五月一日の夜、香上銀行代理人ヒリヤーが北京政府総理唐紹儀と施肇基に上述の監督案を内示した。翌二日銀行代表団と唐・施らは正式に会談した。唐は「監督条件ニ対シ自分ハ素ヨリ内閣モ参議院モ無論反対ナルヘク殊ニ軍人側ハ決シテ承知ス間敷ト信スル」(13)と語り、断然承諾し難き旨を言明した。唐は「民国新ニ成リテ自分初メ国民最得意ナル時ニ方リ従来外国ガ満洲国（清朝政府――筆者）ニ対シ要求シタルヨリモ更ニ酷ナル条件ヲ要求スルハ無理ナリ」(14)とその理由を説明した。これは辛亥革命後民族と国家主権に対する意識が高揚したことを反映したものであり、正当な理由であった。しかし唐も借款の用途を実業と軍隊復員に分けるという妥協案を提出し、実業に関する事項についての監督と外国人傭聘に賛成する代りに、軍隊の復員にあてる三五〇〇万両の用途に対する監督条件は是非撤回するよう切望した。これは軍隊が国家主権を象徴する重要なものだからであった。しかし五カ国銀行団はこれを拒否した。これによって唐紹儀との会談は行詰った。

唐紹儀は行詰りを打開するため、五月五日ヒリヤーに南方から着任した財政総長熊希齢を銀行団とつづいて交渉させたいと申入れた。ヒリヤーは翌日いつでも交渉に応ずる用意があることを回答した。銀行団は各国公使の指導の下で北京政府との借款交渉に当っていた。ロシアは四月に日本の説得に応じて善後借款に参加していた。六日日・露とイギリス等四カ国公使は交渉の行詰りについて意見を交換し、「大体ニ於テ前貸ニ付テ全然無監督トナスコト能ハサルハ勿論ナレトモ監督ノ実ヲ挙ケ得ルニ於テハ形式ニ就テハ銀行団ノ提出案ニ多少変更ヲ見ルモ苦シカラス」(15)との意見を銀行団に示した。五月七日ロシアの銀行代表を含む六カ国銀行団は熊財政総長と会談した。熊は「用途監督ニ関スル事項ハ勿論外国人監査役設置ヲサヘ難シ」(16)と述べたが、監督問題については閣僚らと審議する意向を表した。九日熊は審議の結果として「軍隊解散規定草案」を六カ国銀行団に提出し、外国人の監督を避けて軍隊を自主的に解散させる具体策を提案すると共に、借款によって各種の事業を興す際には外国人の専門家を招聘してその援助を受ける意図があることを示した。(17)この熊の案も唐の意見とほぼ同様であり、再度中国側は抵抗の意を表明したのであった。しかし六カ国銀行団はこの案を拒否し、双方の対立が激化した。日本は四カ国より遅れて監督問題にかかわっていたため、相対的に北京政府との関係がそれほど悪化していなかった。そこで日本銀行団の代表小田切は双方の間に立って両者を妥協させようとした。日本が果した居中調停の役割は善後借款交渉における特異なケースであり、袁と北京政府から好感を得るためには有利であった。一一日小田切は個人の資格で熊希齢を訪問し、軍隊解散の監督に関して、「関係地方ノ税関長ヲ以テ外国武官派遣ニ代ラシムレハ実際ノ効果同シクシテ地方人民ノ感情ヲ害スルコトナカルヘシ」(18)との私見を述べた。熊は大いに首肯し、閣僚と相談の上回答すべしと答えた。外国人監査役に関して熊は「暫ク支那側ト銀行トノ孰レニモ属セザル中間機関ヲ設ケ監査事務ヲ執ラシムル」(19)案を提出した。ただし熊は二案とも契約中に明記せずに書面の往復だけに留めおくことを主張した上で、この案で六カ国銀行団と交渉する意向を表明した。

小田切の仲介により一一日午後熊希齢と六カ国銀行団との交渉が再開された。熊は「地方軍隊解散費ハ表面税関収入金ヨリ支出シ之ニ相当スル金額ヲ借款中ヨリ税関勘定ニ振替ヘ補充スルコトトセハ税関長カ干渉スル表面ノ理由モ立チ体面ヲモ保チ得ヘク従テ民論の激昂少カルベシ」との意見を表明し、銀行団も「監督ノ実効サヘ挙ケ得ヘクハ異議ナシ」(20)との妥協的姿勢を示した。財政の監査役に関しては双方共に中立機関案に賛成し、その費用は銀行側が負担することになった。熊はこの中立機関に中国側の財務委員が参与することを希望し、銀行側も同意した。この二案はすべて書面の往復で取決め、前渡金契約中に記入しないことが合意された。この交渉に基づき、一二日六カ国銀行団はロンドン本部に中国側の対案として次のような案を報告した。(21)

一　財政部付近に会計監査局を設置し、六カ国銀行団より任用した外国人監査役一名と北京政府より任用した監査役一名（必ず中国人たるを要せず）及び双方の監査役が選任した外国人及び中国人補助員若干をもってこれを組織する。

二　前渡金をもって支出する請求にはすべて前記監査役の署名を要する。支出請求の時に支出項目及び説明書を監査役に提出し、監査役は何時にても実際の支出額に対する証拠書類を検査することを得る。

三　地方軍隊に対する支給並びにその解散に関しては当該税務司と北京政府派遣の高級軍事代表者とが共同して地方軍事官憲の提出による正副二通の支払項目表を検査しこれに署名する。税務司は税関収入よりこれを支払い、これに相当する金額をあらかじめ借款中より上海の総税務司勘定に振替える。

四　右記の取決めを前渡金契約中に記入しない。

六カ国銀行団は右提案に対する確定的な同意を得た上は、北京政府の緊急の必要に応じ三〇〇万両の前貸しを即刻実施するようロンドン本部に上申した。[22]一四日熊希齢財政総長は六カ国銀行団と会見し、一二日ロンドン本部へ提出した監督条件を承諾すると共に、至急六〇〇万両を前渡金として融通するよう要請した。熊はもし六カ国銀行団が提供してくれない場合には「不得止非常ニ不利益ナル条件ヲ忍ヒテ他ヨリ借入レサルヘカラス」[23]と述べ、銀行団に外交的圧力を加えた。伊集院公使は中国政府がこのような小借款をなしつつあるのは六カ国政府と銀行団の好まざるところであるとして、「前貸ニ関スル監督条件ニ支那政府代表者ノ応諾シタルヲ機会トシテ此際極メテ簡単ナル手続ヲ以テ六百万両位前貸ヲ為シ与フルコト必要ナラン」[24]と考え、私見として小田切に伝えた。これは北京政府が他の国の他の銀行家から小借款をすることを阻止しようとしたのであった。イギリス等四カ国銀行団もこの意見に賛成し、一六日四カ国と日本側代表者との間で前渡金三〇〇万両を五月一七日に交付することが決定された。[25]その用途に対する監督条件は一二日ロンドン本部に提出した案の通りであった。銀行代表団はこの前渡金の提供を機に三月九日袁世凱宛書簡で提出した「先ツ四国団体ニ相談セスシテ四国団体以外ノ筋ヨリ借款セントスルモノ、如キ願出ヲ許可セサルヘキコトヲ約束ス」[26]ることをあらためて北京政府側に確認させた。この前渡金には日・露共にその六分の一ずつ参加することにし、その契約は六カ国銀行団成立後に締結することにした。

上述のように北京政府は前渡金を至急手に入れるために、日本等六カ国銀行団は北京政府に対する借款を独占するために、前渡金用途の監督に関して形式上は相互に譲歩し、妥協し合った。これには北京政府の抵抗が一定の成果を挙げたといわざるを得ない。しかし監督そのものは依然としてつづいていた。

孫文・黄興ら革命党はこの監督条件に反対した。彼らも過去日本と借款交渉をしたが、このような監督条件は容認しなかった。四月二七日孫文は広州で「もし監督されるのであれば、それを拒否すべきである」[27]と語り、かつ「四カ国が中国の現今の財政困難を利用して中国の進歩を阻止しようとするなら、国民は必ず発憤自助し、国内において公債を募集して目前の緊急を救済するであろう」[28]と述べ、黄興らと共に国民的募金運動を展開した。駐香港の今井総領事はこの孫文の「外国ノ財政監督ハ政府ニ於テ極力拒絶スル」という意見を内田外相に速報した。[29]四月二九日黄興は全国に国民募金を訴え、借款による亡国の危機を救うよう呼びかけた。[30]南方諸省の国民はこれに応じ、特に胡漢民を都督とする広東省は積極的であった。黄興はまた南京の船津領事にも「飽迄借款問題ニ反対スル」[31]意を示した。孫文は六月一日国民募金会の総理に任命された。参議院の議員らも列強の監督に反対して二項目の監督条件を削除するよう要求した。これは北京政府の借款交渉にインパクトを与えた。

熊希齢はこのような国民的反対を背景に六月初めヒリヤーに監督条件の撤回を要求したが、[32]ヒリヤーは即刻拒絶した。しかし北京政府の存続は外国からの借款にかかっているため、六カ国は前渡金を提供せざるを得なかった。六月一二日に第二回目の三〇〇万両が、一七日に第三回目の三〇〇万両が北京政府に提供され、従来の監督条件も依然として堅持された。[33]しかし提供に際しては監査局を財政部内部からその付近に移したり、或いは **"for their inspection and approval"** を **"for their approval"** に改めたりして、監督条件を緩めたような印象を中国側に与えようとした。[34]

六月一八日パリで開かれた日・露と四カ国銀行団代表者会議は、日露の銀行団への参加を正式に承認した。これによって一九一〇年に四カ国銀行団が成立して以来の日・露と四カ国間の紛糾と争奪は結着し、一時的ながらも六カ国間の対中国借款における協調態勢が整備されたのである。では中国における金融市場と借款を独占し得る四カ国はなぜ日・露の善後借款と銀行団への参加を要望し、承認したのであろうか。日・露両国には独自に中国へ巨額の借款を提供する能力がないにもかかわらず、日・露の満蒙における特殊権益を容認し、彼らの参加を希望した原因は何であったのだろうか。それはイギリスの新聞『ステーティスト』が指摘したように、日・露両国は「中国本土に近接し、必要の場合においては中国に圧力を加えるのに便宜であるためである」[35]からであった。銀行団と北京政府との交渉が行詰り停頓した時、日本側代表が日本の軍事力をバックに居中調停の役割を果したことはこの側面を説明しているであろう。日・露の銀行団への参加により四カ国銀行団は六カ国銀行団に拡大し、借款交渉もそれまでの四カ国銀行団から六カ国銀行団という名義の下で進行することになった。交渉の内容も前渡金から改革借款＝善後借款に変化し、今度は担保の問題が交渉の重要な内容になった。

袁世凱と北京政府は依然として監督条件の撤回を要求し、袁は「六国銀行団ノ提出セル条件ハ到底参議院ノ同意ヲ得ルノ見込ナキニ付提出サヘ見合セ(36)」るとフランス公使に語った。これは監督条件に対する袁の抵抗を表明したものである。これに対し六カ国公使も七月八日の会議で「監督条件ニ付テハ断乎譲歩シ難シ」と決定し、ヒリヤーに「監督条件無シニハ一切貸金ヲ為ス能ハサル旨ヲ明カニ且詳細ニ熊ニ表示スヘキ(37)」ことを指示した。双方が真っ向から対立する情況の下で、袁世凱は借款の減額によって、監督条件を撤回させようとした。熊希齢は七月八日の会談で、袁の意見通り一〇〇〇万ポンドならば銀行団は監督条件を撤回するだろうと考え、借款減額の意を表したが、銀行団は「貸金ノ多少ヲ論セス所要ノ条件ハ譲歩シ難シ(38)」と答えた。熊は塩税の代りに京奉鉄道の収入（年六〇〇万両）の全部を担保として提供する意を申入れたが、銀行代表らはそれでも監督条件を撤回しようとしなかった。こうして熊と銀行代表との会談は一時決裂した(39)。翌日六カ国公使も陸徴祥外交総長に、このような情況の下では六カ国政府は中国に対する借款提供を批准することは出来ないと通告した。この事実は袁と北京政府が国家主権を守るため一定の努力をしたことを示している。

借款交渉が決裂した後、銀行団側は日本の伊集院公使と小田切代表に中国側を説得して譲歩させるよう申入れた。七月一一日伊集院公使は袁世凱を訪問し、袁に六カ国銀行団の真意は「貴国刻下の難局ヲ救ヒ秩序ヲ回復セシメ既放資金ノ安全ヲ謀ラント欲スルノ外他意ナキ」と述べたが、袁は「六国団体ノ趣旨カ果シテ好意ニ基クモノナリトセハ我ノ承認シ能ハサル不可能ノ条件迄モ之ヲ強ユルカ如キ謂レアルヘキ筈ナク余ノ見ルトコロニ拠レハ六国団体ハ名ヲ支那ノ救済ニ藉リ以テ利益ヲ壟断シ内政ニ干渉ヲ試ムル」ものであると述べ、「此際至難ノ条件ヲ撤回シ担保ノ如キ若シ塩ノ収入ニテ不足ナリトアラハ更ラニ他ニ適当ノ担保ヲ提供スルモ差支ナキニ付其辺ノ処ニテ成立ヲ告クル様尽力アランコトヲ望ム(40)」と語った。袁は担保の追加を代償に監督条件を撤回させようとしたのであるが、銀行団はこれに応じようとしなかった。

監督条件交渉の決裂により、六カ国銀行団は前渡金の提供を中止し、北京政府に経済的圧力を加えた。北京政府はその対応策として、元財政総長熊希齢を会長とする財政委員会を組織し、六カ国銀行団に参加していない他の銀行に小借款を起こそうとした。銀行団に参加していない各国の銀行は対中国借款の機会を得るため、この小借款に応じようとした。まずドイツのディートリヒセン商会が北京市内電車を担保として八〇〇万マルクの借款提供を承諾し、前渡金三〇〇万両をとりあえず提供しようとした。これにつづいてイギリス・アメリカの実業団体からも北京政府に借款提供の申入れがあった。八月三〇日中国駐英公使劉玉麟はイギリスのロイズ銀行の取締役クリスプと一〇〇〇万ポンドの借款契約を締結した。これは北京政府が財源を確保するためであると同時に、六カ国銀行団の独占を打破し、その監督条件を撤回させようとする手段であり、六カ国に対する挑戦でもあった。

六カ国銀行団は北京政府が小借款を画策している情報を察知し、八月九日六カ国公使会議を開いて、対応策を講じ始めた。イギリス公使ジョルダンはこれらの小借款を支持するのは六カ国銀行団にとって甚だ不利である故に「之ヲ承認セサルコトニ六国一致共同ノ措置ヲ執ラサルヘカラス」と述べ、また「六国所属臣民ノ企ツル一切ノ借款ニ対シ厳重ニ否認ノ態度ヲ採ル必要アリ(41)」と述べた。ロシア・フランス両公使もこれに同意した。イギリス政府はその後北京政府に小借款に対する抗議を申入れると同時に、ロイズ銀行のロンドンにおける債券発行を妨害し、その取消を強要した。しかし六カ国銀行団に参加していないロンドン&サウスウェスタン銀行等はこの小借款を支持し、フランス・アメリカの銀行家の中にも支持者があった。イギリス政府と銀行団はこの小借款を阻むことが出来ず、ロイズ銀行は九月一五日まず五〇万ポンドの前渡金を北京政府に提供した。

次に問題となったのは実業的借款への対応についてであった。この種の借款については各国の利害が異なり、共同一致の対応をとることは不可能であった。ジョルダン公使は自国民が中国中央または地方政府と鉄道・鉱山等に関する借款契約を締結し、北京政府より承認方照会に接した場合、これを承認するか否かにつき各公使の意見を求めた。ロシア・フランスの公使は承認を拒絶すべきだと言明し、アメリカ・ドイツの公使は本国政府の訓令を仰がざるを得ないと答えた(42)。伊集院公使も「銀行団ニ属セサル財業者ヲ絶対的ニ羈束スルコトハ単純ニ決シ難キ問題ナリ(43)」として本国の訓令を仰ぐ必要があると答えた。それは日本は政治的な借款に関しては銀行団と共同一致の態度をとっていたが、実業的借款に関しては単独行動をとっていたからである。これに対し内田外相は八月一五日伊集院公使に「所謂不承認トハ当該政府ノ賛成セザルコトヲ声明スルニ止マリ斯ル借款ヲ禁止スルノ命令ヲ意味スルニ非ルベク」として、実業的借款の禁止を関係国間に約束することは到底望み得ないと消極的態度を示しながらも、イギリス等との協調を保つため「帝国政府ニ於テハ右効果ノ如何ハ暫ク措キ現下ノ事態ニ鑑ミ本件協定ノ精神ニ賛成シ六国側ト支那側トノ関係ノ現状継続スル間且他関係国カ総テ不承認ノ態度ヲ執ル限リ帝国政府モ亦同様ノ歩調ニ出ツベキ(44)」だと訓令した。しかし日本は裏においては漢冶萍公司借款や中国東北地区における鉄道建設借款等の交渉を中国側と単独で進行させ、独自の権益拡大に努力していた。これは日本と欧米列強が一面においては協調しながら、別の面においては争奪していることを示している。

四カ国或いは六カ国銀行団のイニシアチブはイギリスが掌握していたから、借款の用途の監督と小借款をめぐって北京政府とイギリスとの対立が激化した。その上イギリスが中国兵のチベット入境を拒否し、この地区における自己の勢力圏を拡大・強化しようとしたので、対立は一層激化した。九月一四日イギリスのジョルダン公使は袁世凱に本国政府からのクリスプ小借款に対する抗議の訓令を申入れたが、袁は「今回倫敦借款（小借款を指す——筆者）交渉ハ自分ニ於テ承諾シタルニ相違ナシ……各国ニ駐劄セル支那公使ニ訓令シ金策ヲ試マシタル其ノ内ノ一ニ外ナラス」と述べ、また「事ノ玆ニ至リタルハ実ニ已ムヲ得サル次第ニシテ自分ニ於テハ何トモ致シ方ナシ」(45)と述べて圧力に屈しない姿勢を示した。この件について伊集院公使は「今日に於テ袁カ英国公使ニ対シ斯カル冷澹ナル態度ニ出デタルハ近来西蔵及借款等の問題ニ関シ同公使ノ一向袁ヲ援助セサルノミナラス寧ロ進ンテ困却セシムル様ノ地位ニ立テルヲ以テ袁ハ同公使ニ対シ嫌焉タラサルモノアリテ殊更ニ斯ク待遇シタルニアラスヤ」(46)と分析した。これはイギリスは袁が中国に君臨するまでは袁を支持・支援したが、その目的は中国における権益を拡大するためであったから、袁が政権を掌握した後には新権益の提供を袁に強硬に要求し、これに対し袁が反発したことを示す。これがイギリスと袁との関係の弁証法であった。

イギリスと袁との対立が激化する反面、日本と袁との関係は相対的に緩和し始めたようであった。故に、北京政府は日本を通じて銀行団との交渉を再開しようとした。七月一二日財政総長に就任した周学熙は八月三一日趙秉均と共に密かに小田切を訪ね、「小口借款ヲ試ミテモ到底其詮ナキニ付矢張六国銀行団ト借款ヲ議シタキ」(47)旨を申入れた。小田切は銀行団の同僚と交渉再開の件を相談したが、いずれも再開に同意した。(48)周学熙は交渉再開を前に、九月一四日小田切に参議院の賛成を得た中国側の対案を内示した。この案はまず借款問題における次のような原則を提示した。(49)

一　中国政府ノ行政権ニ障害ナキヲ要ス。

二　中国人民ノ風潮ヲ激動セサランコトヲ要ス。

この原則は中国の主権を維持しようとしたものであった。もし銀行団がこの原則に同意するならば、借款は二期に分けて処理するとされた。第一期は「消費的借款ト為シ軍隊解散並ニ発餉及旧債償還等ニ用ヒ其額ハ約二千万磅トス」、第二期は「生産的借款ト為シ実業ノ振作費等ニ用ヒ将来一事業毎ニ借款ヲ行フコトトシ金額ヲ制限スルノ要ナキモノトス」(50)とされた。このように政治的借款と経済的借款を分けることによって第一期の政治的借款の比重を減らし、これによって担保・監督の条件を緩和しようとした。このため周は銀行団が第一期借款提供の条件として提出した担保・監督等に関し、㈠借款の抵当とした塩税に関しては北京政府財政部派遣の中国人と財政部雇入れの外国人が会同して徴収し、塩の運搬及び販売はすべて塩運司が主管する、㈡外国人財政顧問は一般の契約手続に従って中国自ら招聘し、借款の用途に関しては北京政府より会計に精通する中国人を選抜し、かつ監査専門の外国人を雇入れて帳簿の検査に立会わせ、毎期これを公布する、㈢「第一期借款契約成立以後債票ヲ発行シ終ラサル以前ニ於テ中国カ若シ続イテ借款ヲ起サントスルトキハ先ツ銀行団ニ掛合ヒ其条件ニシテ他ノ資本家ト相等シキトキハ銀行団ハ引受ノ優先権ヲ有スルモノトス」[51]等を提案した。これによって借款において出来得る限り中国の主権を維持し、銀行団の借款独占を打破しようとしたのであり、また北京政府自らの外国人の雇入れ或いは招聘により銀行団と部分的に妥協しようとしたのであった。周学熙はこの部分的妥協により、銀行団からとりあえず三〇〇万両の前渡金を得ようとした[52]。

しかし北京政府が銀行団に頼らざるを得ない情況に頻している機会に、銀行団がこのような案を受入れるはずはなかった。九月一八日銀行団は従来よりも一層厳しい条件を提出した。それは、㈠借款担保とするべき「塩税全部其他ノ物件ハ海関又ハ外人ノ指揮ニ属スル海関同様ノ特殊機関ニ依リ之ヲ管理シ且其収入ハ海関ニ関スル現行方法ト同様ノ方法ニ依リ之ヲ団体所属銀行ニ払込ムベキ」とする、㈡借款の用途は「財政総長及外国人出納主任官ト共同シテ之ヲ監督スル」、㈢北京政府財政部は銀行団と「五箇年間団体ヲ以テ支那政府ノ財務代弁者ニ指定スル旨並其一般財政政策、利源開発機関及租税ノ改正徴収等ニ関シ団体ニ協議スベキ旨ノ契約ヲ締結スベキモノトス」[53]等であった。特に第三の条件は借款だけでなく北京政府の財政全般に対する監督を要求したものである。二〇日周財政総長は「六国団ノ条件ハ全然承諾シ難キモノナリ」[54]とし、九月一四日に内示した案を国務会議の決定を経た「借款大綱」として正式に銀行団に提出し、従来の主張を繰返した。しかし銀行団がこれを拒否して交渉はまた停頓した[55]。

九月二七日北京政府は銀行団に対抗する措置として、クリスプと締結した一〇〇〇万ポンド借款のうち五〇〇万ポンドの公債募集をロンドン金融市場で開始した。(56) イギリスのジョルダン公使は袁にこのような行動の中止を強く要求したが、袁は「銀行団提出ノ条件ハ到底承諾シ得ベキモノニアラズ……支那側ニ取リテハ已ムヲ得サルニ出タルモノ(57)」だと反駁した。北京政府と袁世凱の抵抗に直面したイギリス政府は、九月二七日日本等五カ国に借款提供の条件を緩和すべきだと申入れた。(58) それは「改革借款商議ハ玆ニ全然拋棄セラレタルモノト見做サル、ニ至(59)」ったからであった。しかし日本政府は従来と異なり、イギリスの意見に反対した。一〇月一六日内田外相は駐日イギリス大使に「此際六国団体ヨリ進テ借款条件ヲ緩和スルノ挙ニ出ヅルカ如キハ得策ナラザルベシト信ズ(60)」との意見書を提示した。その理由として内田外相は、㈠「六国団体自ラ其弱点ヲ自白シ」、中国側をしてこの「勢ニ乗シテ好ンデ資本家間ノ対抗ヲ誘発スルノ策ニ出ヅルニ至」ったこと、㈡「支那ト列国トノ間ニ於ケル他ノ諸般ノ問題ヲ満足ニ解決スル上ニモ非常ナル悪影響ヲ及ホスニ至ルノ虞(61)」あること等を挙げた。これは日本の強硬な姿勢を示したものであった。内田外相は駐北京の六カ国銀行団と六カ国公使が「現下ノ事態ニ照ラシ絶対必要ニシテ且実行可能ナルヘキ条件ノ何タルヤヲ攻究セシムル(62)」ことを提案した。イギリス等他の五カ国もこの提案に賛同した。

同時に六カ国は弁済が遅滞している、或いは既に弁済期限に至ったすべての債務の至急返済を北京政府に要求し、またクリスプ借款において塩税を担保としたことに再三の抗議を提出して、北京政府に外交的・経済的圧力を加えた。

このような圧力の下で、北京政府は財政難を打開するため六カ国銀行団に借款交渉の再開を希望し、一〇月二一日伊集院公使に「是非六国団ニ相談シタキ(63)」旨を表明した。この再開を前に周財政総長と趙秉鈞国務総理が小田切を訪ね、日本側に尽力を要請した。(64) イギリス・アメリカも小田切に中国側と接触して双方の関係を調停するよう希望した。小田切を代表とする日本銀行団は六カ国銀行団の一員であり、また銀行団と中国側との間に立って双方を調停する二重的役割を果した。この二重的役割がイギリス等四ヵ国が日本を銀行団に参加させた一原因でもあったともいえよう。その結果、一一月二七日に北京政府総理趙秉鈞・外交総長梁如浩・財政総長周学熙を全権委員とする代表団との交渉が再開された。周総長は二〇〇〇万ポンドの借款を要望し、借款の減額によって銀行団の監督・干渉を緩和しようとした。この交渉に先立って銀行団はクリスプの借款契約を破棄するよう要求し、クリスプもイギリス政府と銀行団からの圧力と障害によって借款を提供しようとしなかったためにクリスプ借款は事実上中止になった。しかしこの借款は銀行団との交渉において一定の役割を果した。これを踏まえておこなわれた両者の交渉は、双方の譲歩・妥協により大いに進捗した。この結果銀行団と北京政府は次のような点でほぼ一致した。(65)

一　借款総額二五〇〇万ポンド、利子五分。

二　塩税を担保とする。塩税徴収を保障・監督するため、財政総長の監督下に塩務処を設置し、同処内に総稽核処を置き、中国人総弁一名、外国人外会弁一名がその管理に当り、産塩地には稽核処支局を設け、外国人を雇入れ塩税収を取扱う。各省の地租及びその他の収入を臨時担保とする。これら外国人招聘に関しては取決め前非公式に銀行団に通告する。

三　借款使途監督のため会計検査院に外国人一名を顧問として招聘し、同院内に国債科を置き、科長に中国人、副科長に外国人を任命して国債の収支を監督せしめる。副科長は借款資金一切の支払命令に署名することが出来る。副科長の人選は中国側より六ヵ国銀行団に通知し、その了解を得る。借款資金引出小切手に六ヵ国銀行団代表者と北京政府財政当局が連署する。六ヵ国銀行団代表者は何時でも会計検査院より決算に関する証拠書類を検閲することを得る。

こうして借款総額は六〇〇〇万ポンドから二五〇〇万ポンドに減少し、銀行団の借款の用途に関する監督も直接的な形式から間接的な形式になった。外国人による塩政・塩税及び借款の用途に関する監督は事実上依然として存在したが、形式的には北京政府がその主権を行使する体裁をとって銀行団と妥協したのである。このように妥協した原因は、北京政府にとっては六月の二回の三〇〇万両の前渡金とクリスプからの五〇万ポンドの前渡金しか得られず、その上クリスプの一〇〇〇万ポンドの借款契約もイギリス等の妨害により不可能になり、財政の窮乏その極に達していたからであり、一方六カ国銀行団にとっては北京政府がクリスプ借款の契約に締結することによって銀行団の独占を打破し、銀行団に抵抗しようとしたことにショックを受け、独占的地位を確保するために形式上譲歩せざるを得なかったからである。これは北京政府の対抗措置が一定の効果を挙げたことを物語る。

上述の借款交渉において北京政府財政総長と交渉していたのは表向きは銀行団だったが、裏では各国政府と駐北京の六カ国公使が指揮していた。銀行団は上述の内容を基本とした借款契約草案を作成して六カ国公使に提示したが、公使らは契約草案中または別に文書をつくって外国人の人選及び招聘契約はあらかじめ銀行団の承諾を得べきことを公約することと、辛亥革命における外国人の損害賠償を借款契約に記入することを要求した(66)。外国人招聘の件は事実上その最終批准権を銀行団が掌握しようとしたものであった。一二月三一日伊集院公使はフランス公使と共に陸徵祥外交総長と周学熙財政総長を訪ね、この要求を提出した。両総長は原則として革命期の損害賠償に対しては応ずることを言明したが、外国人招聘の手続の問題に関しては峻拒した(67)。談判の末双方は「六国公使ハ適当ノ時機ニ於テ外交部宛六国借款ニ関聯シ支那政府傭聘外国人ノ地位権限契約等ヲ承知シタキ旨ノ書面ヲ送リ外交部ハ之ニ対シ人名地位契約等ヲ六国公使ニ通知スヘシ(68)」ということで妥協した。これは銀行団側の譲歩によるものであった。翌年の一月九日六カ国公使は双方の同意事項を覚書に認め、六カ国公使連署の上北京政府外交部に送付し、中国側の確認を取付けようとした(69)。一五日陸徵祥がほぼ同様の回答を送ってきた。しかし金融帝国であるフランスのコンチイ公使は九日の覚書に不満を抱き、ロシア公使クルペンスキと共に北京政府と別に契約を締結すべきだと主張し、[70] イギリス・ドイツ公使と対立した。この対立は借款の条件として北京政府が招聘する外国人顧問の各国割当をめぐる銀行団内部の競合を反映したものであった。駐北京のイギリス・アメリカ・ドイツの公使は「仏国ノ真意ハ成ルベク多数ノ仏国人ヲ持込マントスルニアルベシ」[71]と的確に分析した。六カ国公使会議においてもイギリス・フランス・ドイツ・ロシア四カ国公使が塩務会弁・審計院・国債局の顧問等のポストをめぐって争奪戦を展開していた。そのため六カ国間の協調態勢は再び崩れ始めた。これは中国における列強間の協調と争奪の二重関係の中で、後期には協調よりも争奪が主になったことを示している。

ポストをめぐる争奪は権益をめぐる競争でもあった。この競争は意欲の問題だけではなく、各国の金融力の大小に直接関係していた。フランスが世界の金融帝国としてその力をバックに重要なポストを要求するのは当然のことであった。しかし財政的に弱い日本は借款資金の提供において他の列強と競争する金融力がないため、当初から上述の重要な三顧問は断念していた。そして「地方塩務ニハ他国人ヨリモ成ルベク多クノ日本人ヲ入ルルコトヲ条件トシ且借款ニ関係ナキ中央部ニ日本人顧問ヲ入ルルコトニ対シ関係国ノ援助アルコト」[72]だけを希望し、六カ国協調の下で速やかに借款契約に調印することを要望していたため、六カ国が争奪のために分裂の危機に追込まれた時、銀行団内部において居中調停の役割を果した。首相兼外務大臣であった桂太郎は、一月二五日五カ国政府に一月九日の覚書と一二月三一日北京における打合せの結果に従って中国側と妥協するよう申入れた。その理由は、現下の事態に鑑み北京政府がフランスの主張に同意するはずはなく、もしあくまで北京政府に対してこれを主張すれば、借款交渉が遂には分裂する可能性がある上、旧暦の年末も目前に迫り、資金欠乏の北京政府が如何なる窮余の策に出るか計り難いと憂慮していたからであった。[73] 駐北京の水野臨時代理公使もイギリス等各国公使と個別協議をしながら意見の調整に取掛かった。

しかしこの折にアメリカの銀行家の中から銀行団から脱退しようとする動きが現れた。駐北京アメリカ公使カルホウンも借款交渉はもはや中国を援助するための友好的な国際協力ではなく、政治上の利己的な目的を達成するための共通の利害関係を有する大国の結託であると非難した(74)。この時民主党のウィルソンが大統領に就任し、国務長官に就任したブライアンは三月一八日アメリカ銀行団の脱退を声明した。この声明の中でブライアンは「借款条件中ニハ時勢ニ後レタル課税ヲ含メル一定ノ租税ヲ担保トスルノミナラス外国人ノ之ニ関スル管理方ヲモ規定シアリ右ハ支那行政権ノ独立ニ干渉スルモノ(75)」であるとして、銀行団からの脱退の理由を説明した。これはアメリカ脱退の理由の一部を語ってはいるが、その本質を説明するものではない。アメリカはこの銀行団において日・露とは満蒙の権益をめぐって対立し、イギリス・フランス・ドイツとは銀行団内部の権力をめぐって対立しており、相対的に孤立状態に置かれていた。故にブライアンはこの声明の中でアメリカの伝統的外交政策である門戸開放のスローガンを唱えて、中国における権益・権力を他の列強と平等に争奪しようとしたのである。

しかしアメリカの脱退はその主観的目的とは別に、銀行団による対中国借款の独占、中国財政に対する直接的強制的な監督・干渉の打破に、客観的に一定の影響を及ぼした。北京政府はアメリカの脱退を大いに歓迎した。袁世凱は三月二五日駐米公使を通じてウィルソン大統領に謝意を表した(76)。北京政府はアメリカの脱退を利用して銀行団の独占による借款条件を緩和しようとしたが、日本とイギリス等五カ国は銀行団の分裂を阻止するため「五国ノ結束ヲ鞏固ニスルノ必要(77)」を強調してこれに対応した。アメリカの脱退により六カ国銀行団は五カ国銀行団となり、借款交渉も一時停頓したが、四月二六日二五〇〇万ポンドの善後借款契約が締結された。これに対し北京の参議院は「臨時約法」を違反だとしてその無効の決議を採択し(78)、孫文と国民党もこれに反対した(79)。しかし北京政府の陸外交総長は二九日伊集院公使に北京政府がこの契約を遵守することを通告し、契約が発効したのである(80)。

最後に北京政府の善後借款と南京臨時政府の借款を比較してみる。㈠南北政府共に外国に借款を要請したのは共通であるが、南は主に日本一国と借款交渉をしたのに対し、北は四ヵ国銀行団から日本を含む六ヵ国銀行団即ち主要列強と借款交渉をした。㈡南は実業の名目で借款をしたのに対し、北は公然と政治的借款を要求したが、南の借款も本質的には政治的借款であり、南北共に政治的借款を要求した。㈢この政治的借款の目的はそれぞれの政権と軍隊の維持のためだという点では共通していたが、南は北の清朝と袁の政権に対抗するためであったのに対し、北は南北統合政権の維持と南の革命党勢力の鎮圧のためであった。しかし自己と対立する相手を打倒或いは制圧することでは共通であった。㈣南に提供された借款の総額が六、七〇〇万円であったのに対し、北は二五〇〇万ポンドに達した。㈤借款を提供した列強側から見れば、日本は南に対して経済的権益の提供を条件に挙げたが、銀行団は北には南と異なる政治的・軍事的権益を要求した。㈥南に対する借款は中国側の株主と欧米列強の反対と牽制を強く受け、主な借款はこれによって取消されたのに対し、北では袁と北京政府が銀行団の提供条件に反対或いは抵抗し、孫文・黄興ら南の革命派も反対した。反対という現象は同様であったが、反対者そのものは正反対であったといえよう。㈦南に対する日本の借款提供はロシアを含む欧米列強の共同一致の反対と牽制を受けたが、北に対する銀行団の借款においては逆に日本が居中調停の役割を果し、前期には列強が共同一致して対応したが、後期には列強間の争奪と相互牽制が主になった。

このように中国南北に対する借款をめぐる共通点と相違点は、辛亥革命進展の段階の変化と南北政権の中国と国際政治上における地位の相違による、日本と欧米列強のこの両政権に対する対応の仕方と、この借款をめぐる日本と欧米列強の二重外交関係、即ち協調と争奪によって規定されたのであった。

（1）外務省編『日本外交文書』第四五巻第二冊、三三一―三三ページ。
（2）同右書、二三九ページ。

（3）同右書、三〇二―〇三ページ。
（4）外務省編『日本外交文書』（辛亥革命）、二五四ページ。
（5）同右書、二五五ページ。
（6）外務省編『日本外交文書』第四五巻第二冊、二六二ページ。
（7）同右。
（8）同右書、三二六―二七ページ。
（9）同右書、三三九―四〇ページ。
（10）同右書、三五四ページ。
（11）同右書、二四一ページ。
（12）同右書、三四一―四二ページ。
（13）同右書、三四二ページ。
（14）同右書、三四三ページ。
（15）同右書、三五〇ページ。
（16）同右書、三五二ページ。
（17）同右書、三五九―六一ページ。
（18）同右書、三六二ページ。
（19）同右書、三六三ページ。
（20）同右。
（21）同右書、三六四―六五ページ。
（22）同右書、三六五ページ。
（23）同右書、三七二ページ。
（24）同右。
（25）同右書、三七九ページ。

(26)　同右書、三八〇ページ。
(27)　『孫中山全集』第二巻、中華書局、一九八二年、三五〇ページ。
(28)　同右。
(29)　明治四五年五月一日、在香港今井総領事より内田外相宛電報、第八二号。防衛研究所所蔵。
(30)　『黄興集』中華書局、一九八一年、一七一ページ。
(31)　明治四五年五月二七日、在南京船津領事より内田外相宛電報、第九一号。防衛研究所所蔵。
(32)　外務省編『日本外交文書』第四五巻第二冊、三九〇ページ。
(33)　同右書、四〇六—〇七、四一二ページ。
(34)　同右書、四〇七ページ。
(35)　臼井勝美『日本と中国——大正時代』原書房、一九七二年、二六ページ。
(36)　外務省編『日本外交文書』第四五巻第二冊、四三八ページ。
(37)　同右書、四四九ページ。
(38)　同右書、四五一ページ。
(39)　同右書、四五一—五二ページ。
(40)　同右書、四五六—五九ページ。
(41)　同右書、四六〇ページ。
(42)　同右。
(43)　同右。
(44)　同右書、四六三ページ。
(45)　同右書、四七二—七三ページ。
(46)　同右書、四七三ページ。
(47)　同右書、四六四ページ。
(48)　同右。

(49) 同右書、四七四ページ。
(50) 同右。
(51) 同右書、四七五ページ。
(52) 同右書、四七八ページ。
(53) 同右書、四八一ページ。
(54) 同右書、四八三ページ。
(55) 同右書、四八六—八八ページ。
(56) 同右書、四九二—九三ページ。
(57) 同右書、四九四ページ。
(58) 同右書、五〇七—〇八ページ。
(59) 同右書、五〇九ページ。
(60) 同右書、五三五ページ。
(61) 同右。
(62) 同右書、五三六ページ。
(63) 同右書、五四二ページ。
(64) 同右書、五七四ページ。
(65) 同右書、五九七—九九、六〇〇—〇二ページ。
(66) 同右書、六〇六、六二七ページ。
(67) 同右書、六二九—三〇ページ。
(68) 同右書、六三〇ページ。
(69) 外務省編『日本外交文書』大正二年第二冊、九一ページ。
(70) 同右書、八九ページ。
(71) 同右書、九〇ページ。

(72) 同右書、一三一ページ。
(73) 同右書、九八—九九ページ。
(74) 臼井勝美、前掲書、二八ページ。
(75) 外務省編『日本外交文書』大正二年第二冊、一四七ページ。
(76) 同右書、一六九ページ。
(77) 同右書、一六〇ページ。
(78) 同右書、二〇四ページ。
(79) 同右書、一九八—九九、二〇五ページ。
(80) 同右書、二〇四—〇五ページ。

三　地方諸省の借款

対外借款は北京政府だけではなく、地方政府、特に南方諸省政府も出来得る限り列強に借款を要請しようとした。これは南京臨時政府の時と同様であり、ある意味においてその継続だともいえよう。本節では、中国地方政府と日本及び欧米列強との借款交渉を検討すると共に、これをめぐる日本と欧米列強間の争奪と競争を考究する。

南京・上海の都督府はまず三井物産に借款を申入れた。次にドイツのディートリヒセン商会と五〇〇万マルクの借款を交渉し、その条件として今後兵器を注文する場合には同様の条件ならばこの商会からドイツ製品を購入することにした。(1) 南京・上海の三井物産からの借款は、中国銀行が黄興・陳其美・朱葆三・王一亭を借主として三井物産上海支店から三五万両を無期限で借入れたものである。(2) これは一九一二年五月一三日のことであった。

江蘇省都督程徳全は九月に南京市場救済の名目で日本に借款を申入れたが、これには政治的借款の疑いがあったから、江蘇銀行が程都督に代って台湾銀行上海支店と二〇万円の借款を交渉した。中秋節を前に軍人の給与にあてようとしたのであった。(3) また程都督は三井物産と江蘇省の米二五万石を輸出することを交渉し、米一石につき都督に一両九銭六分の税金を納める条件で、九月二七日この契約が成立した。(4) 程都督はその他にロシア銀行上海支店・怡和洋行（ジャーディン・マセソン）とも省内の鉄道を抵当として借款交渉を進めていた。

湖北省も日本と列強に借款を申入れた。都督を兼任する黎元洪は数回にわたって漢口の松村総領事に借款の提供を要請し、八月二〇日には軍事顧問杜長栄を総領事館に派遣して三〇〇万両（漢口銀）の借款斡旋を依頼した。(5) 黎都督は、この借款は湖北官銭局基金にあてるもので、湖北省通境銷場税を担保とし、利子八分、手取り九八、期間一五ヵ年、五ヵ年据置とすることを申入れた。(6) しかし内田外相は松村総領事に「先方ノ依頼ニ対シテハ然ルヘク謝絶アリタシ」(7) と訓令した。これは六ヵ国銀行団との関係を考慮したからであった。(8) 黎都督はイギリスのダラー商会とも三五〇万ポンドの借款を交渉した。この交渉は六月に始まり、担保なしで外国人招聘、原料・機械類売込の優先権、及び漢口の道路修築、湖北官銭局基金としての使用等を条件として進められ、(9) 一〇月一二日に一五〇万ポンドの借款契約が成立した。(10) 日本はこの借款交渉において漢冶萍公司が何らかの抵当とされることを警戒し、李維格に確認をとった。これは地方借款における日本と列強間の争奪を物語っている。民間企業も外国に借款を要請した。漢口の機器公司は現地の横浜正金銀行支店に一〇万両の借款を申入れた。この公司は一九一〇年に正金銀行から一五万両を借入れており、漢口総領事もこの借款の成立に協力した。(11)

広東省も積極的に借款の交渉を進めた。広東都督府は四月初め台湾銀行に三〇〇万円の借入を申込み、交渉に取掛かった。担保や六ヵ国銀行団等との関係により交渉は進展しなかったが、(12) 八月に至り当座貸越の形式でセメント・水道・電灯諸会社における政府財産を担保として一五〇万円を台湾銀行から借入れた。(13)

広東都督府はイタリア・アメリカ・ドイツの銀行とも借款を交渉した。八月にはイタリアのシンジケートと五〇〇万ドルの借款を交渉し、担保として澳門《マカオ》北一〇華里の香州港の使用権を提供しようとした。(14)アメリカとは駐広東アメリカ副領事の斡旋の下でニューヨークの資本家ヤーン及びモルガンと五〇〇万ドルの借款を交渉した。担保としてアメリカ側は地租を要求したが、北京政府がこれを許可しなかったため、地租以外の広東省の収入を担保とした。(15)この借款は広東の市内電車敷設費にあてる名目であったが、実はその半分は北京政府に提供され、半分は広東都督府が使用するという政治的借款であった。この借款は一一月下旬北京で調印された。広東の恵潮鉄道公司はアメリカ・ドイツの銀行と一〇〇〇万ドルの借款を交渉し、条件として貸主側から技師と機器・材料の提供を受けることになった。(16)

広西省も日本の台湾銀行と借款を交渉した。省都督府は省議会の決議を経て一〇月に地租以外の収入を担保として五〇〇万円の借款を申入れた。台湾銀行は条件として南寧・梧州への支店の設置、広西省の収入・支出の取扱、紙幣発行権等を要求した。(17)

上述の諸借款は地方借款の一部にすぎないが、善後大借款と比較した場合、二つの特徴を挙げることが出来る。㈠は特定の国或いは特定の銀行と企業団体に限定されておらず、さまざまな国のさまざまな銀行・企業に借款を申入れたことである。㈡はこれらは皆実業的借款の名目でおこなわれたが、実際には地方の政治的借款が多かったことである。しかし実業的借款があったのも事実で、漢冶萍公司の借款はその一例である。

一九一二年三月漢冶萍公司株主総会は公司と日本との合弁契約の締結を否決した。また南京臨時政府が解散し孫文も臨時大総統を辞任したので、漢冶萍公司と日本との合弁借款交渉は一時停頓した。その後北京政府・湖北省政府と株主との間で漢冶萍公司の国有化問題等が討議され、紛糾したが、公司と日本は引きつづき新たな名目による借款を交渉した。この交渉において漢冶萍公司駐在の日本側代表高木陸郎は重要な役割を果した。九月二二日高木は横浜正金銀行本店に漢陽鉄廠の創業資金として日本から二五〇万円の新借款を提供するよう要請した。これは漢冶萍公司の要請によるものであった。[18] 農商務大臣であった牧野伸顕はこの借款申入れを非常に重視して、「帝国ノ製鉄事業ノ上ニ於テモ余程ノ便利ヲ得ヘク又大冶漢冶萍ニ対スル帝国ノ権利ハ為ニ其根拠ヲ強クスルノ結果ヲ来スヘキ」[19]であるとし、南京発行の公債五〇〇万元を担保として正金銀行に提供し、必要に応じて三五〇万円を上限に漢冶萍公司に貸出すように提案した。[20] 結局横浜の正金銀行本店は上海支店と高木の要請に基づいて、二五〇万円を貸出すことを了承した。[21] その結果一九一二年一二月七日正金銀行上海支店長児玉謙次と漢冶萍公司経理李維格・葉景葵《しょうけいき》との間に二五〇万円の借款契約が締結された。[22] 高木陸郎らは公司に対し日本側が経営を代行する要求を提出し、準備を進めていた。[23] これは日本が漢冶萍公司に借款を提供した理由の一つであった。しかし漢冶萍公司は経営資金獲得のため、再び日本に借款を申入れざるを得なかった。八月漢冶萍公司は熔鉱炉二基の新設や拡張・改基工事のため、横浜正金銀行に一六〇〇万円の借款を申込み、一二月二日この借款契約を締結した。[24] この締結に基づき日本側は技術及び会計の両顧問を公司に派遣した。[25] 漢冶萍公司に対する借款はその後も継続された。

三井物産は安徽省の銅官山礦務公司と借款を交渉した。南京臨時政府成立後三井物産は公司と一五〇万円の借款契約を締結したが、漢冶萍公司のように中日合弁の形式をとったので、この契約もその後破棄された。しかし三井物産はその後この鉱山の鉄鉱を確保するため、この鉄鉱を担保として二〇万円の借款契約を締結した。[26] この契約の主役は森恪であった。

森恪は朝日商会の全権代表としても安徽省の安正鉄路有限公司と鉄道の開設資金として二〇万円の借款を交渉し、一九一三年一月二二日に契約を締結した。[27] 安正鉄道は同省の安慶から正陽関に至る約五八〇華里の鉄道で、その敷設のための測量・設計費としてまず二〇万円を提供することにした。この公司の顧問に招請された森は、日本はこの借款によって「将来安徽省ノ礦山其他有利ノ事業ニ漸次着手スル希望ヲ有シ……将来本邦ノ利権ヲ揚子江流域ニ扶殖スル点ニ於テ非常ナル効果之レアルヘク」[28]と述べ、日本の資本家を勧誘して第二回目の借款を起こそうとした。五月に至り朝日商会はこの契約に定められた権利・義務を東亜興業株式会社に譲渡した。二八日東亜興業株式会社と安正鉄路公司との間に新たな契約が成立し、八月七日には日本の工学士石川石代を鉄道技師長として招聘する契約を締結した。(29) しかし七、八月の第二革命において安徽省が柏文蔚都督を討袁軍総司令として袁世凱と対抗したため、袁世凱は南方の勢力を鎮圧した後、安正鉄路公司の関係者を逮捕し、公司を解散させた。これは袁世凱が、南方の革命派に反袁の第二革命を画策したのは日本だと考えていたからである。これに対し牧野外相は一一月二四日駐北京の山座円次郎公使に「日本資本家ノ利益トヲ無視シタル不当ノ処置」(30) だとして、その復活策を講ずるよう指示した。山座公使と森恪は在上海の安徽同郷人会を通じ安徽都督倪嗣冲《げいしちゆう》と交渉したが、契約の復活には至らなかった。

第三回日露協約によって満蒙における勢力圏を拡大した日本は、この時期満蒙において鉄道敷設計画を推進した。一九一三年三月一九日駐奉天の落合総領事は牧野外相（一九一三年二月二〇日に就任）に日本の借款による満蒙鉄道敷設に関する意見を上申し、二六日中村満鉄総裁も外務省の阿部守太郎政務局長に次のような鉄道敷設希望書を提出した。(31)

一　満鉄本線四平街駅ヨリ西北奉化線（買売街）ヲ経テ鄭家屯ニ至ル鉄道
二　鄭家屯ヨリ更ニ延長シテ洮南府ニ至ル鉄道
三　満鉄本線開原駅ヨリ東方掏鹿ヲ経テ海竜城ニ至ル鉄道
四　海竜城ヨリ吉林ニ至ル鉄道
五　満鉄撫順駅ヨリ営盤、山城子又ハ興京地方ニ至ル鉄道
尚満鉄ヨリ遼西地方ヲ経テ長城北方朝陽赤峰地方ヲ通過スル鉄道ハ其敷設方法如何ニ依テハ必要ナルモノト思考ス
又本線沿道ニ在リテ短距離支線ハ逐次必要ヲ生スベク目下考案中ニ属ス

袁世凱も日本の借款による満蒙鉄道建設に積極的であった。七月二九日山座公使が袁を訪問し、長春より洮南を経て熱

河に至る鉄道敷設を申入れた。これに対し袁は「本件鉄道敷設計画ハ自分ノ最モ賛成スル所ニシテ既ニ交通部当局へ許可ノ内訓ヲ与ヘ居レリ」(32)と答えた。この内訓により八月九日山座公使と北京政府の交通総長朱啓鈐とは満蒙鉄道借款についての交渉を開始した。日本側は横浜正金銀行の小田切取締役が具体的交渉に当った。中国側は日本が要求した洮南から熱河に至る鉄道敷設権を認めようとしなかったが、日本側の強要により妥協せざるを得なかった。その結果山座公使と孫宝琦外交総長との間で次のような「満蒙鉄道借款大綱」が定められた。(33)

一　中華民国政府ハ日本国資本家ノ資金ヲ借入レ自ラ左記各鉄道ヲ布設スルコトヲ承諾ス

甲　四平街ヨリ起リ鄭家屯ヲ経テ洮南府ニ至ル線

乙　開原ヨリ起リ海竜城ニ至ル線

丙　長春ニ於ケル吉長鉄道停車場ヨリ起リ南満鉄道ヲ貫越シ洮南府ニ至ル線

以上ノ各鉄道ハ南満鉄道及京奉鉄道ト連絡スヘク其弁法ハ別ニ協定ヲ行フヘシ

二　前記借款弁法細目ハ須ク浦信鉄道借款合同定本ヲ以テ標準ト為シ本大綱議定後中国政府ハ速ニ日本資本家ト協定スヘシ

三　中国政府ハ将来若シ洮南府城承徳府城間及ヒ海竜府吉林省城間ノ両鉄道ヲ敷設セントスル場合ニ外国資金ノ借用ヲ要スル時ハ真先キニ日本資本家ニ商議スヘシ

この大綱に基づいて細目が協議されることになった。日本側は当事者として満鉄を推薦したが、中国側はこれらの路線が満鉄の支線になるのを恐れてこれに反対し、横浜正金銀行が当事者として細目に関する協議に当った。

満蒙における日本の鉄道敷設交渉は欧米列強との競争と争奪の中で進行した。日本は満蒙を日本の特殊権益圏として鉄道敷設権を独占しようとしたが、欧米列強はこれに挑戦し、各自の権益を満蒙において拡大しようとした。これは日本の中国善後借款と銀行団への参加を認めた時は満蒙における日本の特殊権益を認めたイギリス等四ヵ国銀行団が、裏において再び日本と権益の争奪を始めたことを示している。イギリス人メンジースはピアソン社の代表として中国側と奉天↓海竜↓吉林間の鉄道敷設に関する交渉をおこなった。伊集院公使はこの交渉を阻止するため、メンジースに「満洲ニ関スル問題ハ到底日本ヲ外ニシテ解決サルベキニアラザ(34)」る旨を申入れた。またイギリス人ジャックは伊通州より長春を経て伯都訥(新城府)に達する鉄道敷設について中国側より相談を受けていた。この伊新鉄道については一九一二年一二月二三日フランスの資本家代表と伊新鉄道公司とが八〇万ポンドの借款仮契約を締結していたが、フランス側で資金調達の見込みが立たず取消されていた(35)。これはフランス・イギリスが満蒙において日本と鉄道敷設権を争奪していたことを物語っている。これに対し駐奉天の落合総領事は「日本以外ノ外資ヲ以テ此上南満洲方面ニ鉄道布設ヲ見ルガ如キコトアラバ当方ニ於ケル我特殊ノ地位ニ累ヲ及ボスヲ免レザル(36)」として、対応策を講ずることを牧野外相に上申した。伊集院公使も「満洲方面ノ鉄道借款談ガ各方面ヨリ続出スルコトハ成否ニ拘ハラス我ニ取リテ甚タ危険」だとして、中国側に注意を喚起すると共に、外国側との交渉成立を妨げ、「帝国政府ニ於テモ此際満洲ニ於ケル鉄道ニ対する方針ヲ一定シ支那ニ要求スヘキモノハ成ルヘク速ニ提出シテ先鞭ヲ附ケ置(37)」くよう外務大臣に上申した。このような情況の下で日本は満蒙における鉄道敷設問題に本格的に着手し、その交渉に乗出したのであった。

日本は満州の鉱山にも手を伸ばした。吉林省の天宝山鉱山と通化の懐仁炭鉱がその例である。懐仁炭鉱では先にイギリスのシンジケートが中国側と特許権益獲得について交渉していたが、内田外相は一九一二年六月二〇日駐英の加藤高明大使に、「右鉱山ハ我国ニ於テ特殊ノ権利利益ヲ有スル南満洲ニ存在スルノミナラス已ニ我関係者ニ於テ相当出資ヲ為シ居レル関係等従来ノ行懸ヲモ顧慮シ今後ニ於テモ出来得ル限リ関係者ニ相当援助ヲ与ヘ度考ナル(38)」と伝えて、イギリスと共にこの炭鉱の採掘権を獲得しようとした。

上述したような経済的借款は、とりあえず革命が決着し、経済建設があらためて重要な問題として浮上してきたことを意味している。この点は南京臨時政府期の借款と異なっているが、それは時代の変化と特徴によるものであった。

(1) 明治四五年四月二六日、在上海有吉総領事より内田外相宛電報、第一四七号。防衛研究所所蔵。
(2) 明治四五年五月一三日、在上海有吉総領事より内田外相宛電報、第一六〇号。防衛研究所所蔵。
(3) 大正元年九月一八日、在南京船津領事より内田外相宛電報、第一二九号。防衛研究所所蔵。
(4) 大正元年九月二六日、在南京船津領事より内田外相宛電報、第一三九号。防衛研究所所蔵。
(5) 大正元年八月二〇日、在漢口松村総領事より内田外相宛電報、第七号。防衛研究所所蔵。
(6) 同右。
(7) 大正元年八月二一日、内田外相より在漢口松村領事宛電報、第五三号。防衛研究所所蔵。
(8) 同右。
(9) 明治四五年六月三日、在漢口松村領事より内田外相宛電報、第九七号。防衛研究所所蔵。
(10) 大正元年一〇月一四日、在漢口芳沢総領事より内田外相宛電報、第三三号。防衛研究所所蔵。
(11) 大正元年一一月二日、在漢口芳沢総領事より内田外相宛電報、第四二号。防衛研究所所蔵。
(12) 明治四五年四月五日、在広東瀬川総領事より内田外相宛電報、第四五号。防衛研究所所蔵。
(13) 大正元年八月三〇日、在広東井上大尉より参謀総長宛電報、受第二〇八三号。外交史料館所蔵。
(14) 大正元年八月一四日、在香港今井総領事より内田外相宛電報、第一〇七号。防衛研究所所蔵。
(15) 大正元年一〇月一六日、在広東赤塚総領事より内田外相宛電報、第七九号。防衛研究所所蔵。
(16) 大正元年一二月八日、在広東赤塚総領事より内田外相宛電報、第九四号。防衛研究所所蔵。
(17) 大正元年一〇月二七日、在広東赤塚総領事より内田外相宛電報、第八四号。防衛研究所所蔵。
(18) 外務省編『日本外交文書』第四五巻第二冊、一八七―八八ページ。
(19) 同右書、一九六ページ。

(20) 同右書、一九七ページ。
(21) 同右書、二〇〇ページ。
(22) 外務省編『日本外交文書』大正二年第二冊、九〇一―〇二ページ。
(23) 同右書、九二八―二九ページ。
(24) 同右書、九五七―五八ページ。
(25) 同右書、九六七ページ。
(26) 外務省編『日本外交文書』第四五巻第二冊、九三ページ。
(27) 外務省編『日本外交文書』大正二年第二冊、八五二―五七ページ。
(28) 同右書、八五二ページ。
(29) 同右書、八七八―七九ページ。
(30) 同右書、八九三ページ。
(31) 同右書、六七二ページ。
(32) 同右書、六七六ページ。
(33) 同右書、七〇八―〇九ページ。
(34) 同右書、六五八―五九ページ。
(35) 同右書、六六一―六七ページ。
(36) 同右書、六七〇ページ。
(37) 同右書、六五九ページ。
(38) 外務省編『日本外交文書』第四五巻第二冊、七〇―七一ページ。

四　中日貿易と三井物産

日本と欧米列強の中国における最大の権益は貿易であった。既述の借款は資本の輸出であるが、貿易は商品の輸出であり、経済的には政治的借款より一層重要であった。対中国貿易は辛亥革命の勃発による戦乱と経済秩序の混乱によって一時的に大きな打撃を受けた。これが日本と欧米列強の対中国政策に大きな影響を及ぼしたのである。例えば、辛亥革命期に日本と欧米列強が南北の和議を支持して統一された強力な中央政権の樹立を希望し、社会秩序の早期安定を要望した原因は、まずこれによって対中国貿易の正常化を図ろうとしたためである。この視角から辛亥革命期の貿易問題を考究することは、大変重要な研究課題である。本節では、この時期の中日貿易の激減と辛亥革命が中日貿易に及ぼした変化について検討すると共に、辛亥革命において大いに活躍した三井物産の対応と対中国貿易の変化について考究する。

近代以降中日の貿易額は急激に増加し、日本は中国の対外貿易において重要な地位を占めるようになった。一八六八年に僅か三一六万海関両であった中日の貿易額は一九一〇年には一億三八三六万海関両に増加した。その増加率は一八六八年の指数を一〇〇とした場合、一九一〇年は四三七八・五に達した。同時に中国の対外貿易における日本の比率も、表1が示すように一八七〇年の三・一六パーセントから一九一〇年には一六・四パーセントに激増し、イギリスの一〇・六二パーセント、アメリカの六・七八パーセントを上回り、第一位を占めた。(1) 中国の主な輸入品である綿糸において、日本は一九一〇年には中国の輸入総額の四一・〇三パーセントを占め、香港の二六・六〇パーセント、イギリスの〇・一二パーセント、インドの二九・四八パーセントを上回り、第一位を占めた。(2) 綿布は二七・九七パーセントを占め、イギリスの四

表1　中国の対外貿易において日・米・英が占める比率

年＼国別＼貿易	中国への輸入			中国からの輸出			貿易総額		
	日	米	英	日	米	英	日	米	英
1870	2.20	0.58	37.96	4.48	13.74	52.49	3.16	6.70	44.72
1880	4.41	1.52	27.54	2.83	11.69	35.72	3.62	6.56	31.63
1890	5.81	2.89	19.36	5.54	9.37	15.02	5.70	5.53	17.60
1900	12.20	7.92	21.54	10.65	9.28	5.88	11.53	8.50	14.81
1905	13.72	17.20	19.82	15.56	11.86	7.93	14.34	16.40	15.49
1910	16.58	5.46	15.32	16.18	8.48	4.91	16.40	6.78	10.62
1915	26.46	8.15	15.74	18.54	14.46	7.62	22.66	11.18	11.85

出典：何炳賢『中国的国際貿易』商務印書館，1937年，184頁より

一・九三パーセントには及ばなかったが、第二位を占めていた。(3) これらの数字は中国の対外貿易において日本が重要な地位を占めていたことを物語る。

日中貿易は日本の対外貿易においても重要な地位を占めていた。一九一〇年に日本の対中国貿易総額は一億五八〇〇万円という巨額に達した。これは日本の対外貿易額の一七パーセントに当り、アメリカに次いで第二位を占め、輸入はインド・イギリスに次いで第三位、輸出はアメリカに次いで第二位に当っていた。(4) 日本の対中国貿易は長期間黒字であり、一九一〇年には二一四七万円の黒字を示した。(5) 一九一〇年には対中国貿易の主要商品である綿糸の輸出総額の八六・七パーセント、(6) 綿布の七三・六パーセントが中国に輸出され、(7) 両者共に中国が日本の対外輸出の第一位を占めていた。これらの数字は日本の対外貿易において中国が重要な地位を占めていたことを物語る。

対中国貿易において、長江を中心とする中部中国に対する貿易はもっとも重要な地位を占め、その総額は一九一〇年には一億三三七万円に達し、対中国貿易の六四パーセントを占めていた。(8) そのうち輸出は五五七万円で対中国輸出の六一パーセントを占め、輸入は四八〇〇万円で対中国輸入の七〇パーセントを占めていた。(9) このように日本の対中国貿易で重要な地位を占めていた中部中国において武昌蜂起が勃発し、長江流域の各省に波及したのであった。革命による中国国内の経済秩序の混乱は、中国国内の経済と同時に日本

表2　日本から中国への輸出

月＼年	1910—11年	1911—12年
7月	6,288,667円	7,966,328円
8月	5,310,391	9,105,408
9月	6,339,516	8,924,527
10月	9,458,313	8,142,754
11月	9,547,387	4,412,041
12月	7,370,482	4,927,367
1月	5,397,726	3,635,069
2月	7,384,214	5,506,545
3月	8,805,158	9,302,709
4月	7,824,564	8,960,136

出典：八木生「対支那貿易ノ恢復」外務省通商局より

表3　日本の中国からの輸入

月＼年	1910—11年	1911—12年
7月	4,071,864円	4,725,821円
8月	2,503,557	2,619,665
9月	3,871,983	3,245,980
10月	8,561,801	4,371,561
11月	12,931,673	4,683,787
12月	11,523,402	4,221,955
1月	8,866,516	3,335,648
2月	5,204,213	3,080,522
3月	4,920,303	2,368,696
4月	6,654,349	5,485,667

出典：同右文より

の対中国貿易にも強い影響を及ぼしたのである。

辛亥革命勃発前の一九一一年一〇月、日本の対中国輸出・輸入は、表2・3が示すように一九一〇年の同時期に比べ順調に増加していた。しかし革命が勃発した一〇月から南北和議が成立して清皇帝が退位した翌年の二月までの五ヵ月間、輸出・輸入共に前年の同時期に比べて急激に減少した。[10] この五ヵ月間の対中国貿易総額は七七六八万三九二六円から四六三一万七二五〇円に減少し、減少額は三一三六万六六七六円、減額率は四〇・三パーセントに達した。[11] そのうち中国への輸出はこの五ヵ月間に三九一五万八一二二円から二六六二万三七七六円に減少し、減少額は一二五三万五三四六円、減額率は三二パーセントに達した。[12] 中国からの輸入もこの五ヵ月間に三八五二万五八〇四円から一九六九万三四七四円に減少し、減少額は一八八三万二三三〇円、減額率は四八・九パーセントに達した。[13] 両者を比較すると中国からの輸入の減少率は輸出の減少率よりも一七パーセント高い。これは秋の一〇月から翌年の一月までが綿花・苧麻・生糸・油粕・羊毛・豆類等の輸入の最盛期であったため、その影響が特に強かったのである。

辛亥革命期の対中国貿易額は総体的には減少しているが、中国北部＝華北に対する輸出・輸入は共に増加した。一〇月から一二月までの主要な輸出品の輸出額は一九一〇年の五七四万七九五二円から六四三万四七七八円に増加

表4　日本から中部中国への輸出

月＼年	1910—11年	1911—12年
7月	3, 375, 459円	4, 654, 225円
8月	2, 523, 471	5, 700, 953
9月	3, 324, 967	5, 264, 024
10月	5, 404, 645	3, 505, 391
11月	6, 540, 088	1, 253, 968
12月	5, 777, 451	2, 624, 664
1月	4, 516, 475	2, 473, 152
2月	5, 511, 519	3, 288, 486
3月	5, 643, 613	6, 546, 337
4月	4, 497, 988	5, 342, 737

出典：八木生「対支那貿易ノ恢復」より

表5　日本の中部中国からの輸入

月＼年	1910—11年	1911—12年
7月	1, 976, 116円	2, 061, 399円
8月	1, 886, 816	1, 754, 041
9月	2, 873, 273	1, 728, 851
10月	7, 041, 186	2, 123, 750
11月	10, 619, 313	2, 033, 457
12月	9, 640, 949	2, 725, 564
1月	6, 611, 781	2, 191, 188
2月	4, 162, 679	2, 244, 655
3月	2, 141, 570	1, 049, 071
4月	3, 352, 406	2, 031, 454

出典：同右文より

し、増加額は六八万六八二六円、増加率は一一・九五パーセントであった(14)。同時期の輸入額は一九一〇年の二五七万七七四二円から三七〇万七七三八円に増加し、増加額は一一二万九九九六円、増加率は四三・八パーセントに達した(15)。この輸出・輸入の平均増加率は二六・五パーセントであった。

東北＝満州への輸出額も同時期に二六七万二五〇六円から三〇七万八九六九円に増加し、増加額は四〇万六四六三円、増加率は一五・二パーセントに達した(16)。東北からの輸入額は逆に一九一〇年同時期の二四一万八五一三円から二一九万八八六七円に減少し、減少額は二一万九六四六円、減額率は九パーセントであった(17)。しかし同時期の輸出・輸入総額は一九一〇年の五〇九万一〇一九円から五二七万七八三六円に増加し、増加額は一八万六八一七円、増加率は三・七パーセントであった(18)。

しかし中部中国の貿易額は輸出・輸入共に激減した。表4・5が示すように、革命勃発前の九月まで中部中国の貿易額も順調に増加していたが、一〇月から激減した。輸出額は一〇月から翌年の二月まで激減し、輸入額は四月まで激減した(19)。一〇月から翌年二月までの輸出額は一九一〇年同時期の二七七五万〇一七八円から一三一四万五六六一円に激減し、減少額は一四六〇万四五一七円、減額率は五二・六パーセントに達した(20)。輸入額は一〇月から翌年の四月まで一九一〇年同時期の四一六四万二八八四円から一四三九万九一

表6　1910・1911年における横浜・大阪・神戸港の対中国貿易

港	輸出・輸入	北部中国 1911年	北部中国 1910年	中部中国 1911年	中部中国 1910年	南部中国 1911年	南部中国 1910年	東北 1911年	東北 1910年
横浜港	輸出	円 16,549	円 1,464	円 54,464	円 172,858	円 758	円 657	円 325	円 3,452
	輸入	38,376	79,863	179,099	326,385	26,223	6,332	4,740	0
大阪港	輸出	164,287	283,146	174,559	306,043	——	729	23,363	——
	輸入	48,293	39,197	41,146	155,873	320	14,029	3,967	1,064
神戸港	輸出	275,275	191,861	270,863	960,399	8,045	8,968	2	103
	輸入	84,320	61,028	236,722	1,878,827	81,958	34,242	152,194	293,328

出典：「清国革命蜂起ノ結果対清貿易ニ及ホス影響調査一件」より

三九円に減少し、減少額は二七二四万三七四五円、減額率は六五・四パーセントに達した(21)。これを対中国の輸出・輸入額の減額率と比較すれば約二〇パーセントも高い比率である。これは辛亥革命期日本の対中国貿易額の減少が主に中部中国における貿易額の減少に起因することを示している。

辛亥革命期の対中国貿易額の増減は横浜・大阪・神戸港等の貿易額の増減にも現れている。表6が示すように、この三つの港の華北と東北＝満州及び南部中国に対する貿易額は増加しているが、中部中国に対する貿易額は激減している。対中国貿易の集散地である神戸港の対中国貿易額を見ると、貿易の最盛期である一九一一年一二月から翌年の一月まで輸出額は一九一〇、一一年の五五七万三〇〇〇円から三六六万三〇〇〇円に減少し、減少額は一九一万円、減少率は三四・三パーセントに達している(22)。対中国貿易の主要商品である綿糸の場合、一〇月から翌年の一月までに一九一〇、一一年の七万二〇〇〇梱から四万二〇〇〇梱に減少し、減少額は三万梱、減少率は四一・七パーセントという高率に達した(23)。精糖の場合は、同時期に七万五〇〇〇俵から三万俵に激減し、減少量は四万五〇〇〇俵、減量率は六〇パーセントに達した(24)。輸入額（香港を含む）の減少率はこれよりも高い。一九一一年一一月は前年の八三一万一八二一円から二六六万八〇二八円に減少し、減少額は五六四万三七九三円、一九一二年一月は前年の二二〇万四〇二〇円から八五万一三三一円に減少し、減少額は一三五万二六八九円であった(25)。長崎・下関・門司港の対清貿易額も減少しているが、その減少率は神戸港より低い。

しかし一九一一、一二年の日本の対外貿易総額は一九一〇年の九億五二五九万八一二三円から各々九億九九二〇万二六一六円と一一億九二三五万七九一〇円に増加し、一二年は一〇年より二億三九七五万九七八七円増加している。[26] 輸入は二年連続増加し、輸出は一一年に一一七四万円減少し、一二年には六九八五万円増加している。[27] これは対中国貿易が日本の対外貿易に影響を及ぼしてはいたが、日本の対外貿易総額は依然として伸びていたことを物語っている。

日本の対中国貿易額が減少したのは、中国の対日輸出と日本からの輸入が減少したことに起因する。その具体的情況は統計史料の欠如により明らかにすることが出来ないが、個別的地方、例えば漢口の対外貿易の一側面を知ることは出来る。漢口は一八六二年に外国に開放された港であり、上海に次ぐ中部中国最大の貿易港の一つである。漢口港の一九一〇年の対外貿易総額は一億三五〇〇万海関両で、中国で第二位を占めていた。主な輸出品は豆類・豆粕・豚毛・綿花・牛皮・銑鉄・薬材・桐油・苧麻・胡麻・植物性油・黄糸・山羊毛皮・茶・煙草・木材等であったが、この一七の主要輸出品目の一九一〇年度輸出額は六〇〇〇万海関両（以下同）、一〇月一〇日から一二月末までの減少額は約一四三〇万両であった。[28] 一九一〇年度輸入額は三七八〇万両、一〇月一〇日から年末までの減少額は約九〇〇万両であった。[29] そのうち綿糸は約七万担、一七五万両減少し、精糖は約三二万両減少した。[30] 同時期漢口港における日本商品の輸入額は約五七万二一五一両減少している。[31] 宜昌・長沙の対外貿易額も二分の一ないし三分の一減少している。

表7が示すように、一九一一、一二年の中国の対外貿易額は一九一〇年並の水準を保っていたが、一一、一二年に輸出額はやや減少している。[32]

表8・9が示すように、辛亥革命期の中国の対英米貿易額は輸出・輸入共に増加し、対英貿易額は総額と輸入額は増加しているが、輸出額は減少している。この数字から見ればアメリカは辛亥革命の動乱の影響をほとんど受けず、イギリス

はその影響を受けてはいるが総体的に日本より影響は少ないといえよう。(33)

辛亥革命期に中国と列強との貿易額が減少した原因は次の通りである。㈠社会秩序の一時的混乱により外国商品に対する需要が一時的に減少した。㈡政治的・経済的混乱により大清銀行などから発行された各種の紙幣の流通が途絶し、大量の紙幣が金・銀に兌換されたため、銀行・銭荘・銭舗・票荘等が閉店して通貨が流通しない状態となり、金融体制が麻痺して金融への信用が失われた。これは対中国貿易額が減少した最大の原因である。㈢中国における卸商と小売商人の取引は延取引(信用取引法としてまず商品の取引をし、二、三ヵ月後代金を支払う)ではなく大部分が現金取引であったため、通貨が流通せず、銀行・銭荘が閉店したことがこの現金取引に直接的影響を及ぼしたこと。㈣日本が他の列強よりも大きな打

表7　中国の対外貿易額

単位　千海関両

年＼貿易額	輸入	輸出	総額	輸入－輸出
1909	418, 158	338, 993	757, 151	79, 165
1910	462, 965	380, 883	843, 848	82, 082
1911	471, 504	377, 338	848, 842	94, 166
1912	473, 097	370, 520	843, 617	102, 577
1913	570, 163	403, 306	973, 469	166, 857

出典：徐泰来主編『中国近代史記』中，湖南人民出版社，1989年，731頁より

表8　中米貿易額

単位　海関両

年＼貿易額	輸入	輸出	総額
1910	24, 799, 494	32, 288, 831	57, 088, 325
1911	40, 822, 853	33, 965, 679	74, 788, 532
1912	36, 197, 671	35, 049, 902	71, 247, 573
1913	35, 427, 198	37, 650, 301	73, 077, 499

出典：何炳賢『中国的国際貿易』65頁より

表9　中英貿易額

単位　海関両

年＼貿易額	輸入	輸出	総額
1910	70, 949, 137	18, 703, 350	89, 652, 487
1911	89, 997, 051	17, 294, 626	107, 291, 677
1912	74, 856, 196	15, 899, 621	90, 755, 817
1913	96, 910, 944	16, 346, 413	113, 257, 357

出典：同上書，115頁より

撃を受けたのはまず日本の対中国貿易量が他の列強より多かったからである。次に他の列強の貿易商は中国人の買弁を介し、これに商品を担保させ直接中国人と取引関係を結んでいなかったのに対し、日本の貿易商の多数は利益を高めるため買弁的中国人を介さず、直接中国商人或いは銭荘と取引をしていたためその影響を大きく受けたのであった。

対中国貿易の不振は日本国内の生産と市場にも影響を及ぼした。中国からの輸入品、例えば漆・鶏卵・麻等は、輸入量の減少及び途絶により日本国内における価格が一割ほど高くなった。またマッチ等中国への輸出産業は輸出が半分に減少したため、一部の工場は生産が半減し、一部の工場は倒産した(34)。日本の経済界はこのような企業に対して救済措置をとらざるを得なかった。中国に輸出される軍需品の生産工場、例えば毛布工場などは逆に生産が増加した(35)。中国への輸出の第一位を占める綿糸は輸出の減少により一俵の価格が三、四〇円下落し、一部の工場はその生産を二割五分以上減少させざるを得なかった。これらの数字は、一般的な商品については中国からの輸入品の価格は高騰し、輸出品の価格は下落し、輸出品生産工場が大きな影響を受けたことを示している。

日本とは逆に、中国の市場では日本から輸入する商品の価格が高騰し、日本に輸出する商品の価格が下落した。輸入品のマッチは一包六〇銭から八〇銭になり、綿糸・精糖・昆布等も一割ないし三割高くなった(36)。輸出品の漆は一〇〇斤一一両から一〇両以下に下落し、綿花一〇〇斤も五三串文から三八串文に、生繭は一〇〇斤四〇ドルから三二ないし三〇ドルに下落した(37)。

農商務省は辛亥革命後の対中国貿易策を講ずるため、在中国の嘱託らに南北中国の経済情況と今後の対応策を調査させ、その報告書を本省の『商工業報』号外「清国動乱ト中清ノ経済界」として発行した。例えばその中の「革命擾乱中ノ我国対清貿易振興策」は、もし南北和議が確定して商品の需要が急激に増大したら、「此好機ヲ利用スルハ我国ノ特権ナリ」と述べ、有利な条件として、地理的に中国と近接し、四日間で上海に商品を輸送することが出来ること（諸外国は二〇日乃至一ヵ月間）、日本商人は中国語を口にしその商慣習に通じていること、革命後の官吏の一半は日本留学生出身であること等を挙げ、この好機を利用して中国市場に進出することを切望している。この報告書は中国国内における貿易方法として、㈠「現銀ヲ輸送シ内地ニテ貨物ヲ買集」める、㈡「貨物ヲ内地ニ輸入シ其代金トシテ受取レル紙幣又ハ貨物其物ヲ以テ貨物ヲ買入レ又ハ交換スル」の二つを提案し、中国内地で輸出品の価格が暴落し輸入品の価格が高騰している機会を利用して一挙両得の策を講ずるよう提案している。(38) さらに報告書は中国における買弁制度の害をあばき、外国商館の活動の重要性を強調し、北部・中部・南部中国に商業視察員を派遣し、今後の対清貿易の方策を確定することが焦眉の急務だと提案した。(39)

辛亥革命は政治革命であると同時に風俗の変革でもあった。断髪や洋服の着用等はその変化の一例である。この変化・変革がこの時期の中日貿易に新しい内容を盛込んだ。外務省はこの変革を直ちにキャッチし、一九一二年二月二日内田外相は駐中国の領事館に、今後この風俗・嗜好の変化の趨勢に適応出来るか否かが日本の対中国貿易に至大な関係を有するとして、この変化に伴う需要の推移を調査して当該業者に将来の方針を示し、政策を指導することが目下の場合一層緊要だと考えると指示し、次のような事項を調査・報告するよう要求した。(40)

一　事変ニ基ク風俗嗜好ノ変遷之ニ因ル新商品需要ノ傾向並ニ将来ノ見込
一　前記新需ニ関スル外国商人競争ノ状況及将来ニ対スル計画
一　事変ニ基ク内外合同企業ノ傾向並ニ企業ノ種類及合同ノ方法ニ関スル意見
一　事変ノ影響ニ顧ミテ商品取引慣習等変革ノ予想

駐中国の各地の領事・総領事はその変化の情況を即刻調査し外務省に報告した。南京領事鈴木は「思想ノ革新ハ風俗慣習ニ多大ノ変移ヲ来シ延テ清国ノ生産業上ニ一大影響ヲ及スベキ」(41)と分析し、断髪・洋服の着用等による社会需要の変化や、南京は臨時政府の所在地で政府官憲には多数の日本留学生出身者がいるため、南京の日本商店の客の八、九割はこの

表10　日本から中国へ輸出した主な商品（1911―12年）

品別	単位	11月	12月	1月	2月	3月	4月
帽子	円	39,034	182,225	217,960	59,163	195,564	323,194
メリヤス	打	3,937	12,221	6,866	1,450	8,827	18,396
洋服	円	1,769	25,211	23,145	6,760	44,486	120,577
熟皮	斤	42,916	22,269	20,535	36,003	29,525	32,770
麦酒	打	4,450	5,980	6,602	3,370	16,192	21,352
清酒	升	111,342	55,174	30,793	26,683	30,286	50,983

出典：八木生「対支那貿易ノ恢復」より

人たちであり日本製の醤油・ビール・缶詰等の需要が増加していること、動乱の影響により日本製のはじき鉄砲・玩具等の注文が増えたこと等を報告した。(42) 南京の日本商人は臨時政府の優遇により城内で開業するようになったが、他の外国商人は城外で開業していた。漢口・安東・芝罘・重慶・蘇州・広東等の総領事・領事らも各地の変化・需要の増加の情況を外務省に報告した。

辛亥革命における風俗の変化により、中国への輸出が増加した主な商品は表10の通りである。この中で目立つのは断髪による帽子輸出の増加である。一九一二年四月の輸出額は一一年一一月より八二七パーセント増加している。このため大阪府においては帽子の価格が上昇し、一九一一年一一月一二日には一〇円の中折帽が二二円に、三円の鳥打帽が七円に高騰した。(43) 中国の国内市場では帽子の需要が激増したため各種の帽子の価格が一時三倍ほどに高騰した。(44) 散髪用のバリカンは従来中国が輸入したことのない商品であったが、この時期二万三〇〇〇ダースが中国に輸出され、日本国内の価格が上昇し、中国でもその価格は下等品で一ドル七〇セントにまで高騰した。(45) 散髪の励行と共にセルロイド製の櫛も大量に輸出され、神戸港では一九一一年一一月に輸出額四四七円であったのが翌年には一万七五〇円に激増した。(46) 女性の結髪にも変化があり、女性用の洋櫛・リボン等の輸出が急増した。洋装の普及により洋服の輸出が表10の通り激増し、それに伴うホワイトシャツ・カラー・ネクタイ・ズボン吊り等の輸出も増加した。(47)

風俗の変化が見られたのは主に上海を中心とした都会の中流社会・青年層であり、広大な農村地帯には及んでいなかった。農商務省嘱託員太田外世雄は上海を中心に中国の風俗変化の情況と新商品の輸入情況を調査し、農商務省に「革命戦後新タニ需要ヲ増加セル商品ノ貿易状況及び此等商品の本邦輸出貿易上ニ就テノ警戒」と題する報告書を提出し、その冒頭で「此変化タルヤ元ヨリ之レ一時的ノ現象ニアラズシテ将来益々変遷ヲ見ル可ク又啻ニ上海其他二三地方ノ傾向ニ止マラズシテ愈々各地方ニ伝播シテ遂ニ革新セラレタル新支那風俗ヲ出現セズンバ止マザル可シ而シテカヽル新商品ノ需要ハ一トシテ隣近我国ノ輸出ヲ増長セザルナク殆ンド我国対支那貿易上ニ一新紀元ヲ画シ支那人嗜好ノ向上ト共ニ其需用品ハ益々我国ノ夫レニ接近ス可ク其流行ノ変遷著シキニツレ近距離ノ本邦輸出品ハ最モ便宜ノ地位ニ立チ広漠タル支那数億ノ民衆ガ年々益々其需要ヲ増加スル此新商品ハ全ク我国ノ供給ニ待タザル可カラザルガ如キ勢アリ(48)」と展望を述べ、社会風俗と嗜好の変化を詳細に調査・分析した。例えば帽子については、洋帽の流行は上海に始まり今や各地の流行となったが、上海ではフェルト、南京では緞子製、漢口では鳥打帽が流行している等、色や柄に対する一般の嗜好の変化とそれが新商品に及ぼす影響まで分析している。

日本の対中国貿易は欧米列強との競争の中で展開した。需要が増加した新製品も初期には日本商品が優勢な地位を占めていたが、品質がよくて値段の安い欧米の品物が輸入されると、市場を欧米列強に譲らざるを得なかった。この時期日本の主な競争相手はアメリカとドイツであった。太田報告は日本と列強の主な商品が中国南北の市場で占める割合を具体的に調査してその情報を提供し、日本商品の品質向上、商館の設置等を提言し、日本商品の競争力を高めようとしたものであった。

この時期風俗・嗜好の変化により外国商品の輸入が激増したが、その反動として伝統の復活、国産品の優先等を主張する傾向も広東等の一部の地域で現れた。広東では辛亥革命初期に日本が清廷を支援するとの噂により日貨ボイコット運動が起きたことがあったので、軍隊は既に衣服材料・携帯品・煙草・ハンカチ・靴下等すべてに国産品を使用するようになり、民間においても特に衣服は大いに旧に復り、国産品を使用する者が益々多くなった(49)。正月の休日には市内で洋装の者を見ることは極めて少なく、旧時代の服装をする者がほとんどであった。女性の結髪も明代の髪形を模倣する等復古の傾向があった。上海にも同様の現象が現れていた。これは辛亥革命そのものの中に漢民族の民族意識があり、漢民族的な慣習を提唱し、民族資本を発展させようという思想と行動があったからである。

辛亥革命は民族資本の発展を促した。当時中国では実業協会・工業提唱会・民計共済会等の団体が創立されて民族資本の発展に貢献した。上海には既に帽子製造会社二社が設立され、豊泰缶詰会社は新機械を輸入してビスケットの生産を倍増させた。利権回収の思想の萌芽も現れ、中国に新しい競争者或いは反抗者が現れて、「独占市場ハ遂ニ独占スルヲ得ズシテ悪戦苦闘セザル可カラザルニ陥ル可シ豈警戒ス可カラズヤ(50)」と太田報告は指摘している。

表11　中国の対日貿易額

単位　海関両

年＼貿易額	輸入	輸出	総額
1912	91, 016, 652	55, 262, 004	146, 278, 656
1913	119, 346, 662	65, 544, 186	184, 890, 848
1914	127, 119, 992	64, 616, 059	191, 736, 051
1915	120, 249, 514	77, 676, 817	197, 926, 331

出典：何炳賢『中国的国際貿易』181頁より

辛亥革命期の中日貿易は、半年間の波乱を経て、輸出は三月より輸入は五月より前年の同時期を上回り、貿易額も表11が示す通り正常な増加を保つようになった。中国の新聞『中報』（五月九日）も中日貿易が三月より回復し、対日輸出は五月より上昇し始めたと報道した。しかし辛亥革命は社会革命としては中国経済の発展を大きく促進することが出来ず、中日貿易もこの社会変革によって激増はしなかった。

次に日本企業の辛亥革命への対応と辛亥革命による経済活動の変化を検討する。

辛亥革命に深くかかわった日本の企業としては横浜正金銀行・大倉組・三井物産を挙げることが出来よう。日本の企業が中国の革命にどう対応したかを考究するのは中日間の政治・経済関係の研究に意義あることだと考え、三井物産を中心に辛亥革命への対応と経済分野における活動の変化と情況を究明する。ただし前述した借款問題をめぐる三井物産の活動はここでは省略する。

三井物産は武昌蜂起＝辛亥革命をどう見ていたのだろうか。三井物産は上海・天津・漢口等に支店を設けていた。辛亥革命発祥の地である漢口の支店は現地の外国商社の中では中国への輸入で第二位、中国からの輸出で第六位を占めており、上海に次ぐ第二の支店であった。漢口支店は武昌蜂起勃発の当日、東京本店に「革命党武昌兵営三ヶ所ニ火ヲ放チ只今混乱中」[51]だと報告し、翌日には「謀反ノ目的ハ満人ニ対スル反抗ニシテ外国人ニハ危害ヲ与ヘスト宣言ス事態ハ可ナリ重大ト思フ」[52]と報告した。上海支店は「武昌、漢陽、漢口ハ全ク革命軍ノ手中ニ帰セリト雖モ外国人ハ極メテ安全ニシテ一般秩序頗ル良好ニ維持セラル」[53]と報告し、「十月十五日迄ノ日本国内新聞ヲ見ルニ暴動ニ関スル報告ハ総テ誇大ニ失セルヲ見ル」[54]として事実を歪曲した報道を批判している。天津支店は「外国ノ干渉出テサル以上北京天津ハ結局革命党ノ手ニ帰スヘシ」、「日本ノ援助アルニ非レハ共和政体トナル外ナカルヘク荏苒日送レハ清朝ハ根底ヨリ破滅スヘシ」[55]と報告した。一一月二七日上海支店は漢陽が官軍に攻略された原因を黄興の言葉を引用して「官軍ニ与ヘタル独逸士官ノ援助並独逸ノ供給セル軍器ノ為メナリ」[56]と報告した。三井物産は帰国の途に就いた孫文の動静を重視し、シンガポール支店は「孫逸仙今朝（一二月一六日——筆者）上海ヘ向ケ立ツ孫ハ同地着ノ上革命党ノ長トナリ兵力ヲ集中満朝ヲ倒ス決心ナリ」[57]と、上海支店は「孫逸仙今朝（一二月二五日——筆者）着イタ」[58]と即刻本店に打電した。南北和議と共和体制に関しては「黄興一派ハ共和政府ニ決心セル」、「媾和談判ハ多分失敗ニ終ルヘク」[59]、「唐紹怡〔ハ〕革命派カ清朝保存反対決心ノ固キヲ見テ袁ヘ共和政体承諾ノコトヲ電信シ又北京公使ヘ電信ニテ袁ヘ勧告ノコトヲ依頼セリト云フ……袁ノ大総統トナルコトハ真革命派ハ反対ナルモ当地商人ハ強ク反対セス」[60]等とその社報で報告した。明確なものではないが、これらの報告には辛亥革命と革命党に対する反感はなく、ある程度革命党側に傾いている感じを受ける。これは中国の政治・経済・文化の近代化を目指す辛亥革命が、日本の近代的な大企業であった三井物産とそれほど矛盾するものではなかったからかもしれない。前述のように三井物産が革命党と臨時政府に対する借款と武器提供に他の企業より積極的であった原因が、企業としての利権の獲得にあったことはいうまでもないが、その他に上述のような要因もあったように思われる。

しかし辛亥革命は大きな社会変革であり、また一時的な経済的混乱でもあったから、企業としての対応策を講じなければならなかった。三井物産は一〇月一六日取締役協議会を開き、中国駐在の支店・出張所がとるべき応急措置を検討し、同日左記のような一〇項目の訓示を発した(61)。

一　擾乱地所在ノ店ニ於テハ危険ノ程度ニ依リ妻子ヲ避難セシメ又ハ危急已ムヲ得サル場合ニ於テ一時店舗ノ引揚ヲ為ス等臨機適切ノ措置ヲ執ルヘキ事

二　擾乱地所在店ハ必要ニ応シ最寄店ヘ人手並其他ノ援助ヲ請求スルコトヲ得此場合ニ於テハ被請求店ハ可及的ノ便宜ヲ与フヘキ事

三　清国各店ハ官憲トノ契約並債権ハ勿論私人トノ契約並債権ニ就テモ適宜其履行又ハ取立ヲ了スヘク急速其運ニ立至ラサルモノハ之ヲ確適ニ証明シ得ヘキ証憑書類ヲ準備シ置キ他日契約ノ履行債権ノ取立又ハ損害ノ要償等ヲ為スニ支障勿ラシメンコトヲ期スヘキ事

四　清国官憲ニ対スル取引ニ就テハ此際特ニ注意ヲ加ヘ現金引換ニテ取引スル等ノ手段ヲ取リ万一ノ場合不測ノ損失ヲ醸成セサランコトヲ期スヘキ事

五　私人トノ取引ニ就テモ亦深ク注意ヲ加ヘ不測ノ損失ヲ醸成セサランコトヲ期スヘキ事

六　擾乱地所在店ヨリ他ヘ売約シタル商品ニシテ積出不能等ノモノニ付テハ其商品相場ノ如何ニ拠リ弟手店ニ電照シ相場謄貴ノモノハ一方安値ノ買附ハ其儘存シ置キ売附ハ之ヲ解約シ他日幸ニ安値ノ買附ニ弟シ荷渡アリタルトキハ改メテ之ヲ売却スルカ如キ又相場下落ノモノハ買附ヲ取消シ売先ヨリハ安値ニ買戻シ若クハ安値ノ代品ヲ買附ケテ

之ヲ供給シ若クハ又履行ヲ延期シ置ク等適宜ノ措置ヲ取ルヘキ事

七　各店ヨリ擾乱地所在店ニ売約シタル商品ニシテ仮令之ヲ積出スモ完全ニ荷渡ヲ為シ且之レカ代金ヲ収受スルコト不能ナルヘキ恐アルモノハ其商品相場ノ如何ニ依リ擾乱地所在店ニ電照シ相場下落ノモノハ一方高値ノ売附ハ其儘存シ置キ買附ハ之ヲ解約シ他日幸ニ買手カ前約ニ依リ荷物ヲ引取ル場合ニハ改メテ安値ノ品ヲ買入レ之ヲ供給シ又相場騰貴ノモノハ売附ヲ取消シ買先ヘハ高値ニ売戻シ若クハ之ヲ引取リテ転売シ若クハ又履行ヲ延期シテ買約定丈ハ之ヲ持続セシムル等適宜ノ措置ヲ取ルヘキ事

八　擾乱地所在店保管ノ商品ニ就テハ之レカ保全ヲ計ルヘキハ勿論不得已シテ之ヲ抛棄スル等ノ場合ニハ他日清国官憲ニ対シ損害要償ヲ為スニ必要ナル証憑書類ヲ準備シ置クヘキ事

九　此度ノ如キ擾乱ニ際シテハ商品、通貨並為替相場ノ変動モ常軌ヲ逸スヘク従テ其間ニ処シ挙措其宜ヲ制スルハ往々ニシテ奇利ヲ博シ得ヘキコトナキニ非ス是等ノ点ニ就テハ機敏ノ行動ヲ怠ラサルコトヲ期スヘシ但シ事ノ経伺ヲ要スルモノハ其手続ヲ踏ムヘキコト勿論トス

十　其他機ニ臨ミ変ニ応シ善処ノ措置ヲ執リ転禍為福的ノ謀ヲ旋ラスヘキ事

一、二項は応急措置であるが、六、七、九項は中国国内の経済秩序が混乱に陥った機会を利用して経済的利益を追求する内幕が生々しく語られ、企業の対応策を窺うことが出来る。

辛亥革命は三井物産の対中国貿易にプラスとマイナスの両様の影響を与えた。三井物産は毎年の一〇月一日から翌年の三月三一日までを上半期とし、次の時期を下半期として総括し、決算をおこなう。辛亥革命の時期は明治四五年（一九一二年）の上半期に属する。この期の事業報告書は「我対清貿易上ニ受ケタル打撃ノ大ナリシハ敢テ言ヲ埃タス只動乱ニ関鏈スル特殊商売ノ成立ニ依リ多少損失ノ補塡ヲ為シ得タルハ至幸ト謂フヘキ」だと指摘し、「隣国ノ革命ニ依リテ蒙ムレ

ル圧迫ノ反動ト革命ニ伴フ支那国民ノ覚醒トハ我ニ利スルトコロ大ナルヘシトノ予想ヨリ人気丈ニ振作シ景気亦之ニ伴ウテ引キ立チタリ」(62)として、辛亥革命が与えたプラスとマイナスの影響を指摘している。これはこの時期の日本全体が対中国貿易から受けた影響と同様であった。

辛亥革命期には武器と軍需品の貿易が盛んであった。右記の事業報告書で指摘されている「特殊商売」とは軍需品と武器を指している。この時期三井物産はこれらの物資を満州に五〇万八〇〇〇円、上海に二八五万三〇〇〇余円、漢口に二万六〇〇〇余円、広東に四一万八〇〇〇余円、福州に四万三〇〇〇余円輸出した。(63)辛亥革命において大いに活躍した藤瀬上海支店長は革命軍に対する三井物産の兵器・軍需品の販売について、「我々ハ南方革命派幹部ニ特ニ接近シツヽアリシカ、革命ノ始マリタル後モ一層親密ノ関係ヲ結ヒ軍器引合上ニハ利器ヲ有シ、革命騒乱時代に南京政府ノ使用シタル軍器、軍需品ノ取扱ハ殆ト十中ノ八九我々ノ手ニ帰シタル有様ナリ……南北妥協前ニ売渡シタルモノハ全部代金ノ支払ヲ受ケタリ其後南北妥協成立後南京政府ニ売渡シタルモノ相当ノ高ニ達シタレト、是等ノ支払ハ全部北京へ移スコト、ナリ」(64)と述べている。これらは辛亥革命期における三井物産の軍需品・兵器販売の一側面を示すものである。

辛亥革命の発祥地であった漢口の支店はこの時期約「二割ノ影響ヲ受ケ」、貿易額は前期の四七〇万両から三四〇万両に減じた。(65)しかし辛亥革命の時三井物産の対中国貿易は一時的・部分的影響を受けたものの、三井物産全体の販売総額は一億七七〇一万両で前期より一割増加し、一九一二年五月から景気が回復すると、漢口支店では下半期(四月から九月)の貿易額が六二〇万両に増加し、伸び率は八二パーセントに達した。(66)上海支店も一九一二年の下半期の貿易額が上半期の一一六三万両から一三三五万両に増加し、一四・七パーセント増加した。(67)

(1)　何炳賢『中国的国際貿易』商務印書館、一九三七年、一七九―八一ページ。

(2) 同右書、二〇八ページ。
(3) 同右書、二一一ページ。
(4) 安木重治「支那貿易に於ける日本の地位」、『新日本』明治四四年一二月号、二四ページ。
(5) 同右。
(6) 何炳賢、前掲書、二〇七ページ。
(7) 同右書、二一〇ページ。
(8) 安木重治、前掲文、二六ページ。
(9) 同右。
(10) 八木生「対支那貿易ノ恢復」外務省通商局。外交史料館所蔵。
(11) 同右。
(12) 同右。
(13) 同右。
(14) 同右。
(15) 同右。
(16) 同右。
(17) 同右。
(18) 同右。
(19) 同右。
(20) 同右。
(21) 同右。
(22) 「清国革命蜂起ノ結果対清貿易ニ及ホス影響調査一件」。外交史料館所蔵。
(23) 同右。
(24) 同右。

(25) 同右。
(26) 「外国貿易」。外交史料館所蔵。
(27) 同右。
(28) 農商務省「清国動乱ト中清経済界」(其一)、四六ページ。
(29) 同右書、四九ページ。
(30) 同右書、五〇—五一ページ。
(31) 同右書、五二ページ。
(32) 徐泰来主編『中国近代史記』中、湖南人民出版社、一九八九年、七三一ページ。
(33) 何炳賢、前掲書、六五ページ。
(34) 明治四五年一月八日、大阪府庁「清国動乱ノ大阪ニ及ボス影響」第三報。外交史料館所蔵。
(35) 「清国革命蜂起ノ結果対清貿易ニ及ホス影響調査一件」。外交史料館所蔵。
(36) 同右。
(37) 同右。
(38) 農商務省、前掲書(其二)、三一ページ。
(39) 同右書、三五ページ。
(40) 明治四五年二月二日、内田外相より在中国出先機関宛の電報。外交史料館所蔵。
(41) 明治四五年二月一六日、在南京鈴木領事より内田外相宛電報。外交史料館所蔵。
(42) 同右。
(43) 明治四五年一月八日、大阪府庁「清国動乱ノ大阪ニ及ボス影響」第三報。外交史料館所蔵。
(44) 「清国革命蜂起ノ結果対清貿易ニ及ホス影響調査一件」。外交史料館所蔵。
(45) 同右。
(46) 同右。
(47) 八木生、前掲文。外交史料館所蔵。

(48) 農商務省、前掲書（其五）、一五三ページ。
(49) 大正二年三月二〇日、在広東赤塚領事より牧野外相宛電報。外交史料館所蔵。
(50) 農商務省、前掲書（其五）、八ページ。
(51) 三井物産株式会社『社報』明治四四年一〇月一一日。三井文庫所蔵。
(52) 三井物産株式会社『社報』明治四四年一〇月一二日。三井文庫所蔵。
(53) 三井物産株式会社『社報』明治四四年一〇月一八日。三井文庫所蔵。
(54) 三井物産株式会社『社報』明治四四年一〇月一九日。三井文庫所蔵。
(55) 三井物産株式会社『社報』明治四四年一一月二四日。三井文庫所蔵。
(56) 三井物産株式会社『社報』明治四四年一二月二日。三井文庫所蔵。
(57) 三井物産株式会社『社報』明治四四年一二月一八日。三井文庫所蔵。
(58) 三井物産株式会社『社報』明治四四年一二月二六日。三井文庫所蔵。
(59) 三井物産株式会社『社報』明治四四年一二月一八日。三井文庫所蔵。
(60) 三井物産株式会社『社報』明治四四年一二月二三日。三井文庫所蔵。
(61) 明治四四年一〇月、三井物産株式会社「取締役協議簿――一、支那事件ニ付関係一般的訓令ノ件」。三井文庫所蔵。
(62) 三井物産株式会社「第五回（明治四五年上半期）事業報告書」。三井文庫所蔵。
(63) 同右。
(64) 大正二年七月、三井物産株式会社「第二回支店長会議議事録」。三井文庫所蔵。
(65) 同右。
(66) 同右。
(67) 同右。

五　露蒙協約をめぐる対応

一九一二年一一月三日ロシア政府は辛亥革命期に独立を宣言した大蒙古国と露蒙協約を締結した。協約の主な内容はロシア政府が蒙古国を援助し、蒙古軍を編成・訓練すること、中国軍の蒙古国内への駐屯と中国人の移住を禁止すること、ロシア政府の許可を経ずして他の国と本協約に反する条約締結を禁止すること等であった。(1)同時にロシアと蒙古はこの協約の付属議定書(一七条)を締結し、ロシアは外蒙古において、ロシア人の居住・移転・商工業経営の自由、輸出・輸入品の免税、銀行の設立、鉱山・森林・漁業の経営、領事館設置、郵便局開設、治外法権の保障等の諸権利を享有することになった。(2)この協約と付属議定書の締結によりロシアは蒙古の独立を承認し、蒙古をロシアの植民地的保護国とした。この協約を踏まえて、北京政府とロシアは一九一三年一一月五日に中露共同宣言書を発表した。

この協約の締結と共同宣言書の発表は日本と直接の関係はないように思えるが、実際にはこの協約の締結によってロシアの勢力が外蒙古に拡大し、内蒙古における日本の勢力圏に脅威を与えるようになったのである。故に日本は対応策を講じつつロシアと内蒙古を争奪しようとした。これは中国の領土の一部である蒙古をめぐる争奪であり、また北京政府が蒙古をめぐる日露間の争奪と対立を利用してロシアを牽制しようとしたため、中日外交に影響を及ぼさざるを得なかった。本節では、露蒙協約締結から中露共同宣言発表に至るまでの日・中・露三者間の三角・二重の外交関係を考究すると共に、外務省とその出先機関の対応の相違を検討する。

この協約の締結に際してロシアは日本と協調してその了解を得ようとすると同時に、日本と内蒙古を争奪しようとした。

ロシア外相サゾノフは蒙古と上述のような協約を締結する前に、まず駐露の本野一郎大使に前駐清公使コロストヴェッツが庫倫に出張することを通告したが、その使命は秘密にしておいた。通告を受けた本野大使はロシアの対蒙古政策は「名儀丈は外蒙古ニ対スル支那ノ主権ヲ維持シ実際ハ同地方ヲ自主ノ国ト為シ露国保護ノ下ニ置カムトスルニアルコトハ毫モ疑ヲ容レサル所(3)」だと内田外相に報告し、北京政府はこれに対し強硬な手段をとらないであろうと予測した。これは正確な分析であり、その後の日本の対露・対中国外交政策決定における情勢判断の基礎になった。

この時期日本はロシアの一番重要なパートナーであると同時にライバルでもあった。一一月八日ロシア外務省はこの露蒙協約締結の件を「エイド・メモアール」の形式で本野大使に通告し、これに対する日本の了解を求めた。協約では「蒙古」という言葉が使用され、内外蒙古全域を協約が適用される地域に含めるような表現がなされていた。この協約はロシアと外蒙古との協約であるので、外蒙古だけに適用されるべきであったが、ロシアがこのような広い地域を包括する用語を使用した裏には、協約が適用される地域を拡大解釈してその勢力圏を内蒙古まで拡大しようとする意図があったのである。これは、内蒙古における日本の勢力範囲を侵すものであり、日本と内蒙古を争奪する意図を示したものであった。本野大使は直ちにこの協約が適用される地域を尋ねたが、ロシア側は「今回ノ露蒙協約ニ依リ日露協約ニ違反スルカ如キコトナカルヘキハ勿論ナリ(4)」と述べ、詳細は蒙古政府が宣言を発表すればわかることであるとして明確な回答を与えようとはしなかった。一一月二五日本野大使はサゾノフ外相に再度蒙古の範囲について問い、内蒙古におけるロシア勢力の南下を牽制しようとした。サゾノフは「露国ノ利益と日露協約ノ規定トヲ根拠トシテ之レヲ定ムヘキ(5)」だと回答し、第三回日露協約に定められた内蒙古東部における日本の勢力圏はこの協約から除外されるが、西部のロシアの勢力範囲に対しては露蒙協約において獲得した諸権利が適用されるとの意図を示唆した。これにより内蒙古東部の日本の勢力圏は確保したものの、ロシアは内蒙古西部を外蒙古同様にロシアの保護地としたので、ロシアの南下を阻止することは出来なかった。

北京政府は外蒙古の独立を承認せず、露蒙協約も承認しようとしなかった。北京政府は対応策として外交的に蒙古における日・露の対立・争奪を利用し、日本の協力によってロシアを牽制しようとした。一一月一三日駐日の汪大燮公使が内田外相を訪れ、協約の内容を通告すると同時に、協約に対する日本の意見と中国側が注意すべき点の指摘を要望した。(6)これに対し内田外相は慎重な態度をとり、「支那政府自身ノ意見ガ肝要ナルニ因リ先ヅ之ヲ承知致シタシ」(7)と反問し、日本側の意見と姿勢を示さなかった。この時期中国側には伊集院公使が述べたように「日本ニ親ミ日本ニ倚ラントスルノ傾向益々顕著ナルモノ」(8)があった。これには日本に傾いていた趙秉鈞が国務総理になっていたことも関連していたであろう。一三日の夜趙総理は個人の資格で伊集院公使を訪れ、露蒙条約の件について「支那ハ如何ナル態度ニ出ツルヲ可トセラルヽヤ腹蔵ナキ意見承ハリタシ」(9)と語った。伊集院公使は内田外相と異なり積極的な姿勢を示し、中国の力によってロシアの南下を牽制しようとして、「第一ノ策ハ貴国ハ宜シク理ニ依リテ彼ヲ責メ若シ容レラレスンハ武力ニ迄モ訴フルノ覚悟ヲ以テスルコト当然ノ事ナリ」(10)と趙総理に助言し、北京政府にこのような成算ありや否やと質問した。趙総理は種々の原因により「到底断乎タル措置ニ出ツルヲ得ス」(11)と答えた。そこで伊集院は第二の策として「大局保全ノ見地ヨリシテ日本国ニ援助ヲ請ハルルガ順序ナルベキモ日本ノ現状ハ直ニ之ニ応ズルヲ許サス」と述べ、北京政府がこの機会に他の列強に支援を求めることを警戒し、他の列強に援助を求めれば「徒ニ露国ノ悪感ヲ増スノミニテ百害アリテ一利ナシ」(12)と警告した。伊集院は他の列強の介入を排除して日・露・中三者間で解決しようとして、趙総理に「貴国ハ飽迄露国ト直接シ誠意妥協ノ方法ヲ講スルヲ要ス」(13)と勧告した。これに対し趙は「至極同感ナリ」(14)と答え、フランス公使の仲介により駐北京のロシア公使と討議する意向を表明した。これは露仏両国が同盟関係にあったからである。伊集院はこれに賛成したが、さらに露中の交渉における日本の影響力と発言権を強化しようとして、「露国ハ東洋ニ於テ日本国ノ勢力ヲ度外視スルコト能ハザル地位ニ在ルコトナレバ方法如何ニ依リテハ日本国ノ助言ニ依リ或ル程度迄ノ効果ヲ奏スルコト無キニアラザルベシ」[15]と付言して趙総理の注意を喚起した。伊集院公使はこのように中国側に積極的にコミットする姿勢を示したが、逆に内田外相はこれにより「支那側ヲシテ露国ヲ牽制スルニ日本ノ力ヲ藉ルコトヲ得ベシト誤解期待セシムルガ如キコトアリテハ甚面白カラズ」[16]として、コミットを避けるよう指示した。これは露蒙協約をめぐる中国への対応における内田外相と伊集院との間の相違を示したものであった。それはこの時期内田外相はロシアとの協調を重視しており、また内蒙古に対する外交において中国を支持してロシアと対抗するほどの国力はないと考えていたからであった。

日本の助言とフランスの仲介によって一一月一六日から外交次長顔恵慶とロシア公使クルペンスキとの予備交渉が始まった。北京政府は依然として日本の支持・協力を期待した。一八日趙総理は交渉の模様と一九日に陸徴祥外交総長とクルペンスキとの正式会談が開始されることについて、「支那政府最後の決心ハ要スルニ体面ヲ損ハサル範囲内ニ於テ露国ノ要求ヲ容レ直接協約ヲ取結フコトトスル筈」[17]であること等を日本側に内報した。二六日趙総理は再度露中会談の情況を内報し、ロシア側が中国が提出した露蒙条約破棄の要求を拒否しているため、ロシアの要求に基づく新協約をロシアと締結することによって露蒙協約が自ずから無効となるように試みんとする意を表明した。[18]一二月一〇日趙総理は陸外交総長がロシア側に強硬な姿勢を示し、中国側の条件として「蒙古領土ノ主権ハ完全ニ民国政府ニ属ス」、「蒙古通商ニ関スル対外交渉上一切ノ主権ハ完全ニ民国政府ニ属ス」[19]等の四カ条を提出したことを日本側に内報し、日本の支持を期待した。

中国側の上述の要望に対し、伊集院公使は依然として積極的に応ずるよう主張した。一九一二年一一月一五日伊集院は露蒙協約をめぐる中露交渉に対して日本政府がとるべき政策を内田外相に上申した。伊集院は交渉の見通しとして「支那ハ武力ヲ用キズシテ活路ヲ発見セントスルモ露国ハ実質的ニ既占ノ地位ヲ退クコトヲ肯ゼザル可キハ必定ニ付結局支那カ此交渉ニヨリテ得可キ最大限ハ多少形式上ノ譲歩ヲ得テ体面ヲ維持スルニ過キサル可シ」と予測した。さらにロシアの対中国政策の全体像から実際的問題を論じて、ロシアは新協約が適用される地域に関して外蒙古だけでは満足せず、西蒙・内蒙の一部を包含することを要求し、蒙古を掌握した後は「新疆ヲ圧シテ勢〔力〕圏ヲ甘粛ニ拡張シ蘭州ヨリ陝西河南ヲ経テ江蘇省ニ出テ以テ西比利亜鉄道ノ一点ヨリ分岐スル鉄道ヲ以テ支那ノ北中部ヲ斜断シテ黄海海岸ノ不凍港ヲ欧露ト連結ス可キ素地ヲ作ラントスルニアラザルヤヲ疑ハ」るので、「東洋将来ノ大局ニ於テ帝国ニ対シ究極ノ敵手タルモノハ支那ニ非ズシテ露国ニ有之従ッテ露国勢力ノ東漸南下ハ結局帝国ノ不利ナレハ極力之ヲ制止スルヲ以テ我カ百年ノ長計ト存候……今日ニ於テ露勢ノ東漸南下ノ傾向ヲ可成丈ケ緩和シ置クコト有益肝要ノ義ニ有之」と述べ、日本のとるべき政策としては「仲介的干渉ヲ以テ最上」だと進言した。[20] 伊集院は仲介的干渉の方法として日本は「露国ニ対シ露支協商ノ範囲ヲ外蒙古ニ止メ内蒙古ハ暫ク問題外ニ置ク可キ旨ノ好意的警告又ハ注意ヲ与ヘ」[21]、内蒙古を日・中・露三国間の緩衝地域となすことによって、日本は「一面露勢南下ノ傾向ヲ緩和シ一面支那ニ対シテ多大ノ恩ヲ売リ以テ報酬ヲ受クルヲ得可シ」[22]として、一石二鳥の利を得られると主張した。さらに伊集院は中国側から報酬として「支那ノ各方面殊ニ満蒙我カ勢力範囲内ニ於ケル各種実業上ノ利権ノ獲得、吉会鉄道ノ急設、洮南府及ヒ其ノ他ノ鉄道ニ関スル権利」[23]等を獲得しようとした。このような積極的な対満蒙政策の背景には第二次西園寺内閣が総辞職し、第三次桂内閣が成立したことがあった。桂は対満蒙政策の積極的な推進者であった。

上述のように上申した後、伊集院は一八日袁世凱を訪ね、双方の交渉の成り行きを確認しようとした。袁は「根本主義一致セサル為容易ニ解決ノ運ニ至ラス殊ニ蒙古ニ対スル中国ノ領土権ヲ確認セシムル一段ニ至リテハ露国ノ言分曖昧ニシテ頗ル困難ヲ感シツヽアリ但シ支那ハ飽迄和平ノ態度ヲ以テ之ニ当リ決シテ決裂ヲ来スカ如キコトハ為サヽル方針ナリ」[24]と語った。袁は蒙古に対する中国の領土主権を確保しようとしていたが、日本を警戒していたので協力を求めなかった。伊集院は一九日さらに詳細に成り行きを把握するため高尾書記官を趙総理の下に派遣した。趙も袁と同様のことを語り、ロシア側の提案と中国側からの対案がなされたと述べた。高尾は双方の案の内示を求めた。二〇日趙はこの案を内報してきた。ロシアの案においては「蒙古ガ中国ト連結スル関係上ヨリ生スル権利ヲ承認スヘシ」とされるのに対し、中国側は「露国ハ蒙古カ中国ノ完全ナル領土ノ一部分タルコトヲ承認スヘシ」(25)と要求し、双方は対立していた。

この折、日本国内では桂内閣が第一次護憲運動により総辞職し、二月二〇日山本内閣が組閣された。この内閣は西園寺内閣以来の慎重な態度を改め、中露交渉に介入する外交方針をとった。牧野伸顕外務大臣は三月一八日伊集院公使に「此際或ハ第三者ノ居中斡旋ニ依リ双方ノ意志ヲ疏通セシメ解決ヲ早ムルコトモ一策トシテ考ヘラル」(26)として、仲介の余地があるか否かを袁世凱或いは趙秉鈞に打診するよう訓令した。伊集院は高尾書記官にこの内意を含め趙秉鈞総理を訪問させた。しかしこの時には露中双方の交渉が進捗しており、ロシアは中国側が露蒙協約付属議定書（通商章程）の主な内容を承認し、ロシア側が満足する新露中協約を締結すれば、中国の外蒙古に対する主権を承認し、外蒙古の独立を認めないと表明していた。牧野外相の訓令は機を逸したのである。伊集院は「今日ノ所他国ノ調停ヲ要スルカ如キ時期ニハ達シ居ラス」(27)として交渉の進展を見守る旨を返答した。日本は居中調停の役割は果せなかったが、袁世凱・趙秉鈞らとの直接会見を通じ中露双方の申出を伝達し、意思を疎通させる役割を果したのである。

三月以来中国側が北満に増兵すると、ロシア側も同様に北満に増兵するとの風説が流布し、一時露中の関係が緊張した。日本はこの緊張緩和と武力衝突回避のため大いに活躍した。三月二九日駐日ロシア大使マレウィチは牧野外相に中国側が北満において増兵していることを述べ、「露国政府ハ今日ノ儘ニ放棄シ置ク事ハ到底堪ヘ能ハサルトコロナレハ若シ支那ニ於テ改ムル事ナクハ何等カノ手段ヲ取ルノ止ムヲ得サルニ至ルベシ」(28)と断固たる姿勢を示して、「露国カ日露協約ノ精神ニ則リ我政府ト協調ヲ保ツ誠意ニ鑑ミ日本国政府ノ本件ニ関スル御意見至急御回示相成ルコト」(29)を要望し、日本と共に中国に対抗する意図を表明した。しかし牧野外相は中国側から得た情報によって「現下ノ状勢ニ於テ袁世凱ガ兵力ヲ以テ該方面ニ何等積極的行動ヲ執ルノ意図アルベシトハ認メ難キ」(30)と答え、北満増兵の風説は針小棒大な報告によるものだと分析していた。もしロシアと中国間に軍事衝突が起これば中国側の敗北に終るのは必至であり、ロシアがこの機に蒙古と北満における権益を一層拡大・強化すれば満蒙における日本の権益に脅威を与えることになるので、日本は双方の軍事衝突を回避しようとした。このため牧野外相は伊集院公使に、中国当局者に「露国側ヨリ挑発的ト看ラレ易キカ如キ行動ハ其動機如何ヲ問ハズ此際努メテ之ヲ避クルコト得策ナル」[31]ことを勧告するよう訓令し、伊集院はこの旨を趙総理に警告した。[32]牧野外相は三月二九日また伊集院に「此際責任アル支那当局者ヲシテ誠意ヲ以テ貴官ニ対シ該方面ニ於テ支那ガ兵力ヲ以テ露国ノ利益ヲ侵スノ虞アルカ如キ積極的行動ニ出ヅルノ意図ナキコトヲ言明保証シ之ヲ帝国政府ヨリ露国政府ニ伝ヘテ其安心ヲ求ムル様貴官ニ依頼セシムルヲ得バ至極好都合」[33]であるとして、その手配を指示した。伊集院公使は四月二日陸徴祥外交総長にこの意を伝えた。陸外交総長は「支那政府ハ断シテ露国ト難ヲ構フルカ如キ意志毛頭無之旨茲ニ言明保障」[34]することを露国政府に伝達するよう伊集院に依頼した。四月九日牧野外相は駐日のロシア大使に中国側の保障を正式に伝達した。[35]これにより露中間の緊張状態は緩和し、一時停頓した交渉も進展を見せるようになった。

その結果、露・中双方は五月二〇日、ロシアは蒙古が中国領土の一部たることを承認すること、中国は外蒙古の歴史的地方自治制を変更しないこと、外蒙古におけるロシア人の商業上の特権を許可すること、外蒙古の重要な国際関係を変更しないこと等六項目よりなる露中協約草案をまとめた。[36]この草案は中国の外蒙古に対する領土主権を一応法的に認めてはいたが、内容的には外蒙古におけるロシアの特権を承認したものであった。これは中・露双方の譲歩・妥協の産物であった。袁世凱はこの妥協によって北方のロシアとの関係を安定させ、南方の革命党鎮圧に全力を注ごうとした。袁は衆議院に圧力を加えてこの草案を通過させたが、参議院はこれを否決した。ロシアはこの機に「支那ハ蒙古（内蒙古ヲ構成スル地域ヲ除ク）ノ自主《オートノミー》及之ニ基キ蒙古ニ属スル一切ノ権利ヲ承認ス」[37]等四項目の協約案を提出し、中国側に強硬な姿勢を示した。あたかもこの時第二革命が勃発し、双方の交渉はまた停頓した。袁世凱は南方の革命党鎮圧後の九月中旬に交渉の再開を要望し、十数回の交渉を経て一九一三年一一月五日に中・露双方は蒙古に関する共同宣言書を発表した。「露西亜ハ外蒙古カ支那ノ宗主権ノ下ニ在ルコトヲ承認」する一方、「支那ハ外蒙古ノ自治権ヲ承認」(38)して外蒙古の内政・商業等に対する一切の権利を放棄し、ロシアの外蒙古における通商上の権益を承認した。

この宣言書の特徴は「蒙古」を「外蒙」に改めたことである。これは中・露交渉における日本外交の「獲得物」であったといえよう。日本外交の最大の狙いは、ロシアの権益を外蒙古に制限し、内蒙古における日本の勢力範囲とその権益を擁護することであった。これによって日本の目的は一応達成されたといえよう。しかし日本はこれに満足しなかった。日本国内には「帝国ハ内蒙古ニ於テ露国ノ外蒙古ニ於ケル勢力ト均衡ヲ保ツニ必要ナル施設ヲ為スノ自由ヲ得ベシ」(39)と主張する声もあった。これは内蒙古において日本は中国からロシアと同様の権益を得るべきであるという主張であり、伊集院公使も一九一二年一二月一五日の内田外相への建言において利権均霑も一策だと上申したことがあった。しかし伊集院は自分の主張を改め、この時期に至って日本が内蒙古に対しロシアの外蒙古における利権と同様なものを要求するのは得策ではないと外務省に上申した。それは、南満州においては関東州と満鉄の租借権の延長と満州における商工業に関する利便及び有利な鉄道敷設権獲得が最大の外交課題であり、内蒙古における利権の獲得は当時の日本の国力から考慮するとそれほど緊迫した外交課題ではなかった上、この均霑を要求した場合に生ずるであろう中国全土における排日運動による日本商工業の甚大な損害、列国の日本に対する猜疑・反感、或いは中国再分割の波乱を引起こす可能性等の諸要因を考慮したからであった。(40)これは当時の日本の対蒙外交の在り方を語るものであった。この時期日本は国力を考慮した上で第三回日露協約で規定された現状を維持するにとどまり、内蒙に対してはまず勢力圏を画し、そこにロシアや他の列強の勢力が侵入するのを阻止する防衛的な外交方針をとったのである。

この時期の外交を第三次日露協約締結期の外交と比較した場合、日・中・露の三角二重外交には新たな変化が見られた。

日露協約期には、日露両国は争奪しながらも基本的には一致・協調して西満州と内蒙古を分割し、中国は交渉の相手から除外されていたが、今回は中国が主体になり、表向きはロシアに抵抗すると共に、裏面においては内蒙古における日本とロシアの争奪と対立を利用し、日本と連携してロシアと対抗しようとした。日露協約期の中日の対立関係が緩和され、連携へと傾くのとは反対に、日露協約期の日・露の連携はこの時期にはロシア利権の内蒙古への一層の拡大により、対立に転じようとしていたが、日・露間にこの問題をめぐる直接的な交渉はなく、両者の表向きの協調関係は維持された。次に日露協約期には、満州と内蒙古のどちらに日本外交の重点を置くかをめぐって外務省とその出先機関との間に意見の相違があったが、この時期にはこの問題は解決し、日本は内蒙古においてロシアと均霑すべきか否か、或いは中国を利用して蒙古においてロシアと対抗すべきか否かをめぐる相違があった。第三に日露協約期には、日本と北京政府及び袁世凱との関係が緊張していたが、この時期にはロシアに対抗して両者の利害が一致し、相対的に両者の関係が緩和し、北京政府及び袁世凱と彼らから遠ざけられていた日本が接近し始めた。このような変化は、日露協約期とは異なり、被侵略者であった中国が主体になっていたため、三者間の二重的外交関係における各側面の比重が変動したからであった。この変化を促進したのは、日・露・中三者の国際関係において常に作用している各々の利害であった。

（1）外務省編『日本外交文書』第四五巻第二冊、七三八―三九ページ。
（2）同右書、七七五―七八ページ。
（3）同右書、七二九ページ。
（4）同右書、七三一ページ。
（5）同右書、七七一ページ。
（6）同右書、七四一―四二ページ。

(7) 同右書、七四二ページ。
(8) 同右書、七八八ページ。
(9) 同右書、七四二ページ。
(10) 同右。
(11) 同右。
(12) 同右書、七四二—四三ページ。
(13) 同右。
(14) 同右。
(15) 同右書、七四四ページ。
(16) 同右書、七四六—四七ページ。
(17) 同右書、七五六ページ。
(18) 同右書、七七二ページ。
(19) 同右書、七八三ページ。
(20) 同右書、七八五—八八ページ。
(21) 同右書、七八八ページ。
(22) 同右。
(23) 同右。
(24) 外務省編『日本外交文書』大正二年第一冊、四二一ページ。
(25) 同右書、四二二ページ。
(26) 同右書、四五四ページ。
(27) 同右書、四五八ページ。
(28) 同右書、四六四ページ。
(29) 同右書、四六八ページ。

(30) 同右書、四六四—六五ページ。
(31) 同右書、四六〇ページ。
(32) 同右書、四六二ページ。
(33) 同右書、四六五ページ。
(34) 同右書、四六九ページ。
(35) 同右書、四七一—七三ページ。
(36) 同右書、五一九—二〇ページ。
(37) 同右書、五二〇ページ。
(38) 同右書、五五二—五三ページ。
(39) 同右書、五四九—五〇ページ。
(40) 外務省編『日本外交文書』第四五巻第二冊、七八七—八八ページ。

第五章　孫文の訪日と中日外交

一九一二年四月一日臨時大総統の職を辞任した孫文は、清皇帝の退位と北京政府が成立して南北が統一されたことによって、三民主義のうち民族・民権の二大主義は既に実現したので、次に達成すべきものは民生主義であるとして、その実現に着手しようとした。これには外国からの膨大な資金、先進的な技術と経営法の導入が必要であった。このため孫文は訪日を要望し、一九一三年二月一三日から三月二三日まで貴賓として日本を訪問した。これは孫文の生涯における外国に対する唯一の公式訪問であり、一八九五年から結ばれた日本との関係も最高潮に達した。本章では、孫文訪日の思想的背景である対外開放政策、一時的挫折の後で実現した孫文の訪日、訪日中における活動、特に桂太郎との政治会談及び中国興業株式会社の発足・設立とその改組によって成立した中日実業株式会社等を通じ、この時期の孫文の日本に対する期待と日本政府の対孫・対袁政策を考究すると共に、この訪問を通じて孫文の対日意識が一時的に変化した原因とその性格を検討する。

一　孫文の訪日要望と日本の対応

一　孫文の訪日要望と日本の対応

四月一日臨時大総統の職を辞任した孫文は上海を経て、湖北・福建・広東・香港・山東・北京・山西・江西・江蘇・浙江・安徽諸省を歴訪し、各地で民生主義実現の必要性とその実施方法を訴えた。孫文は民生主義を実施するということは、中国で社会主義或いは国家社会主義を実施するということであり、そのためにまず中国の産業を振興させることを強調した。孫文はこれによって中国の内政、列強と締結した不平等条約及び軍事等についての問題を根本的に解決し得ると考えていた。故に孫文は産業の振興が何よりも重要なことだと考え、自ら進んでこの課題を担うことを決心し、国内政治は袁世凱に任せたのである。産業振興のためには外国からの資金と技術と経営法の導入が必要であった。そのため孫文は六月中旬からの訪日を要望した。本節では、孫文が訪日を要望した思想的背景にある産業振興政策、対外開放政策と訪日の要望が形成される過程を究明すると共に、これに対する日本政府・外務省及び民間人の姿勢を考究し、孫文の訪日の要望が一時挫折する経緯を通じて、この時期の日本の対孫政策を検討する。

まず孫文の産業振興政策と対外開放政策を考究する。孫文は「産業の母は交通であり、交通の母は鉄道である」(1)、「鉄道は一般に国家興盛の先駆であり、人民幸福の源泉である」(2)と述べ、鉄道建設を中国産業振興の最大の緊急課題であると主張した。孫文のこのような主張は欧米と日本の近代化の経験から学んだものであり、特にアメリカをモデルとして辛亥革命前から考究してきたものであった。孫文は中国において三五〇万里の鉄道を建設すれば、中国は世界の一大強国になれるという遠大な構想の下に、まず一〇年間で二〇万里の鉄道を建設する計画を立てた。南・中・北の三本の基本幹線を建設し、南路本線は海南島→広東→広西→貴州→雲南→四川→チベット→天山南麓、中路本線は長江河口→江蘇→安徽→河南→陝西→甘粛→新疆→伊犂、北路本線は秦皇島→遼東→内蒙古→外蒙古→烏梁海《ウリヤンハイ》（外蒙古の西北部）とする構想であった。(3)中国の近代史においてこれほど鉄道建設を重視し、このような大規模な鉄道建設計画を立てた人物は他にいなかった。孫文は近代中国鉄道建設構想の先駆者でもあったといえよう。

このような壮大な構想を実現するには、六〇億両の資金が必要であった。(4)当時の中国財政にはこの巨額の資金を捻出する余裕がなかったから、孫文は外国と外債に頼らざるを得なくなり、第一に外債を借りて中国が建設する、第二に外国と設立した合弁会社によって建設する、第三に外国の会社が直接投資・建設して独自に経営し、四〇年後に中国政府が回収する等の方策を提起した。(5)この三つの方策の中で孫文が強調したのは第三の方策であった。それは直接に外国の資本を導入すると同時に、外国の技術と経営方法をも利用することが出来るからである。しかし当時の中国には閉門自守の保守思想が根強く存在していた上、武昌蜂起が外国資本の導入による鉄道建設を直接の導火線として勃発した経緯もあって、外債と外国による鉄道建設は路線権を喪失し国家の滅亡を招くことだとして、反対意見が四方から起こったため、実現は容易なことではなかった。

孫文は彼の理想と鉄道建設の構想を実現するため、各地で演説をおこなって国民を説得しようとした。演説において、孫文は従来の閉門自守の考えを批判して対外開放政策を主張した。孫文は中国は閉門自守の考えのために自分が出来ないことを外国人に任せようとせず、外国人がその国の政府の名で我が国においてそれをやろうと要求しても我が政府にはこれを拒絶する力もなく、最後には外国人の掌中に収まることにならざるを得なかったと述べ、従来の閉門自守の政策を対外開放政策に転換すべきだと強調した。(6)

孫文は対外開放政策の一環として、特に外資の導入、外債の利用を主張した。借款の条件として、㈠国家主権を侵さないこと、㈡担保をとらないこと、㈢低利息等を強調した。しかし外国借款は常に国家主権と国家間の外交問題にかかわるので、孫文は外国の個人或いは会社から直接借款することを主張した。そして、そうすれば中国政府或いは中国の鉄道会社は外国の政府に対し責任を負うことなく、債権者に対してのみ責任を負うことになるから[7]、政府に籍を置かない民間人として外国の民間からこのような借款をする権限を北京政府から与えてほしいと念願していた。孫文はこのような対外開放政策を通じて中国が富強な国になれば、外国と締結した不平等条約も改正することが出来るし、治外法権をも撤回することが出来ると述べ、如何なる国から借款をしてもよいし、外国人の投資を禁止する必要もないと強調した[8]。

孫文の上述のような対外開放思想は欧米と日本の近代化から学んだものであった。孫文は講演或いは記者会見において日本に対し次のように述べて、日本に学ぶことを主張した。

一　日本は先代外国人と往来がなかったが、この数十年以来門戸を開放したため、東亜の強国になっている[9]。日本は門戸開放主義者である[10]。

二　日本は対外開放政策をとっているため、その製造業等はイギリス人が経営し、日本はこれにより大きな利益を得ている[11]。

三　日本の勃興は皆外債の力によるものである[12]。

四　東京市電はまず民営にして二五年後に回収して国営（市営——筆者）にし、日本郵船会社も政府から外国借款を借入れる全権を得て事業を起こしている[13]。

五　我らは日本にいる外国人が皆日本の管轄下に置かれていることを学ばなければならない[14]。

六　日本はタバコの専売等で国家社会主義を実施している[15]。

七　五、六〇年後中国は日本に匹敵する国になる[16]。

日本に関するこのような論述は日本そのものを専門的に論じたものではなく、日本が成功した例を挙げて自分の対外開放、外債の導入、鉄道の民営から国営への転換、外国租界の回収等の主張の正当性を証明し、他人を説得しようとするものであった。例えば安徽省における講演で孫文は、諸君、日本を見よ、土地は我が中国の二つの省より広い、人口は我が中国の二つの省より多い、四〇年前は最小・最窮・最弱の国であったが、明治維新後四〇年間で厳然と列強の一つになった、地球上列強といえるものは六、七ヵ国しかない、日本は厳然とこの六、七ヵ国の中の一国である、日本はどんな方法によってこのような強国になり得たのだろうか、それは開放主義をとったからである、我ら中華民国は土地が日本より二〇倍広く人口も二〇倍多い、もし中国が日本のように開放主義をとれば、三、五年たらずして日本より一〇倍富強な国になる、と述べた(17)。孫文の上述のような言論から孫文の対日意識=対日観の一部を知ることが出来ると共に、また孫文が訪日を要望した思想的背景をも窺うことが出来る。

孫文は各地で中国産業の振興、鉄道の建設、対外開放政策の実施を訴えると同時に、日本に赴くことを考えていた。孫文が訪日の意向を最初に表したのは、六月一五日に広州の訪問を終え、香港経由で上海へ戻る直前であった。孫文は「上海ヨリ北京ニ赴キ滞在ノ上上海ニ引返シ夫レヨリ都合ニ依リテハ八月頃日本ニ赴ク考(18)」えであると語った。孫文は上海滞在後直接日本に赴く考えであったが、袁世凱が再三北上を要望したので、予定を変更して八月一八日に山東の煙台経由で入京することになった。この北上を前にして、孫文は八月八日黄興と共に上海日本総領事館の西田書記生と会見し、彼に「袁ヨリ頻リニ北上ヲ促セル為メ久シ振リニ北方ノ情況ヲ視察セン為メ赴燕セントスルモノニシテ暫時滞在ノ上事ニ依リテハ日本ニ赴カン希望ヲ有ス実ハ日本ニ先赴シ然ル後北京ニ向ハント考ヘシモ此際右ノ行動ハ種々ナル誤解讒言ヲ来ス恐レアルニ付先ツ北京ニ赴クコトトセリ(19)」と述べた。これは孫文が訪日を決定したというよりも、彼の訪日の意向に対する日本側の意見を打診しようとしたものであった。これに応じて有吉明上海総領事は八月八、九、一二日の三日連続して孫文の訪日の要望を内田外相に報告し、上海駐在の本庄繁少佐も参謀総長に同様の内容を打電した。[20] しかしこれに対し外務省と参謀本部は何の意向をも表明しなかった。

この時期、駐中国の日本公使・総領事及び各地駐在の将校は孫文と黄興の行動と言論を注視し、特に孫・黄北上の目的について関心を寄せていた。それは孫文の訪日要望の政治的背景を察知しようとしたからである。駐広東の赤塚総領事は孫文の談話を引用して、孫文は「今後ハ政治ニ関係スル考ナク今回北上ノ用向ハ実業上ノコトニテ袁世凱ト打合ノ為ナリ」と内田外相に報告し、また他の方面からの情報として「孫ノ北上ハ借款問題ニ関シ黄興と熊希齢トノ間ヲ調停スル為ナリ」[21]と打電した。日増しに激化する南北間の対立の調整が孫文北上の一目的であったのは事実であった。

孫文は八月二四日に北京に到着し、九月一七日まで北京に滞在して各種の集会で産業振興・鉄道建設等について演説し、袁世凱と十数回会談した。この時孫文の訪日が協議された。八月二六日孫文は北京政府の総理陸徴祥との会談において、外交においてもっとも重要なのは列国の民国に対する承認問題であるが、これは大変困難な問題であるためまず一、二カ国の単独承認を得なければ効果を挙げるのは困難であると語った。[22] 陸はそれなら孫文自ら日本とアメリカに赴いて日米の承認を得れば、他の国は承認が本意でなくても自ずから一律に承認するであろう、[23] と答えた。孫文はこれを承諾した。二九日孫文はドイツの記者に「私は三週間以内に満州と日本を経由して欧州に行くつもりだ」[24] と語った。孫文は東北＝満州に赴くつもりであったが、袁は東三省は治安が悪く事故が頻発するので東北に赴くのを中止させた。これらの事実から北京政府も承認を獲得するため孫文の訪日を認めたのであろう。

孫文は北京から東三省経由で渡日する計画を変更し、北京から太原・済南・青島等を訪れた後、一〇月三日上海にもどってフランス租界の宝昌路第四九一号の小さな洋館に泊まり、その館員に北上の所感、鉄道建設計画、今後の行動予定等を述べ、あらためて訪日の意志を表明した。この館員の身分は不明だが、有吉総領事はこの館員から孫文の情報をキャッチしていた。孫文は東西貫通線より鉄道建設計画を始めると述べ、さらに清朝時代に各国と締結した条約と各列強の勢力範囲を説明し、二、三カ国が協約その他により密かに鉄道敷設範囲を分割したから「仮令借款其他ニヨリ資金ヲ得タリトスルモ之レカ実行ハ頗ル至難タルハ予ノ自覚スル処ナルモ此至難ヲ恐レ支那自身カ何等計画スル処ナケレハ結局亡国ノ禍根ヲ遺スノミナルヲ以テ何トカシテ之レカ遂行ヲ計ラサルヘカラス然ルニ現時各国対支政策ヲ大観スルニ何レモ自国利益主義ニシテ支那扶助ノ如キハ其好名ノミ」だと述べた。また日本に特別な期待を寄せ、「日本ハ自国権利ノ伸長ハ勿論ナルモ一面東亜ノ大局ヨリ相当能アル支那国家ノ存在ヲ必要トスル一種特別ノ他国ト異ナリタル密接ナル関係ヲ有スルニ付是非トモ是レカ実行ニハ日本ノ援助ヲ借ルノ要アル可ク又日本カ維新後四十年苦心経営セル実際ノ模範ニ付キ大ニ学フノ必要アリ」(25)と語った。孫文はまた「現ニ蒙古ニ於ケル露国ノ圧迫ハ益々切迫シ居ルニ付一部人士中ニハ蒙古鉄道ヲ先キニス可キコトヲ唱フル者アルモ斯クノ如キハ日本ノ十分ナル援助アルニアラサレハ実行シ難シ」(26)と語り、日本側の援助を要望した。今後の行動計画について、孫文は「一面着手ノ方法及資金借款弁法ヲ講スル必要アリ然ルニ着手及借款方法ニ関シテハ支那従来ノ弁法ニテハ失敗ニ終ル恐レアル」故に、日本の鉄道建設の経験を参考にすることを強調し、「是非共日本ニ赴キ明治維新ヨリ今日マテノ種々ナル経験ニヨリ経営シツツアル日本鉄道ヲ実際ニ十分ニ視察研究センカ為メ場合ニヨリテハ来月上旬乃至中旬頃ニ渡日ノ希望ヲ有スル」(27)と、二、三週間滞在したい旨を表明した。しかし孫文は「日本ハ果シテ予ヲ歓迎シ視察其他ニ付十分便宜ヲ与ヘラルルヤ否ヤ」と問い、「若シ日本ニシテ自分ノ渡日ニ対シ余リ好意ヲ表セサル模様ナラハ致方ナク一応広東ニ帰リ来春匆々欧米視察ノ途ニ上ル筈ナリ」(28)と付加えた。もともと孫文は訪日後上海に帰り、翌年の一、二月に欧米を巡遊して鉄道視察と借款交渉を試みようとしていたが、鉄道敷設権をめぐる日本と欧米列強間の争奪による対立を利用して、日本を督促しようとしたのであった。

上海の有吉総領事は上述のような孫文の訪日の希望を内田外相に報告し、対応策を建議した。孫文の鉄道建設計画に対して有吉は、その計画は「漠然タル空想ニ出テタルモノニスキサルモ……本人ニ於テハ案外真面目ニ実行ヲ期シ居レルモノト察セラレ已ニ之カ準備ニ着手セントシツツアルハ事実ニ有之」として、「事情ノ許ス限リ相当ナル方法ヲ以テ便宜ヲ与ヘ将来ノ連絡ヲ持続シ置ク事モ無用ノ業ナラス(29)」と内田外相に具申した。それは有吉が孫文を中国の政治舞台において「時勢ノ推移ニヨリ漸次一部ノ声望ヲ失シツツアリトスルモ少クトモ尚ホ一勢力ナルハ争フ可ラス(30)」であると考えていたからであった。

次に孫文の訪日の要望に対して有吉は、孫文は「右当館員ニ対シテノミナラス関係本邦人ニ対シテ切リニ歓迎ノ有無ヲ云為シ少カラサル掛念ヲ有シ居ルモノノ如ク然モ其期待スル所謂歓迎ナルモノハ其従来ノ語気ト抱負ニ照シ単ニ民間有志若シクハ一二協会ノ私的歓迎ニアラスシテ或ハ少クトモ国家ノ元勲タル待遇ヲ意味スルモノト認メラルル筋ナキニアラサル」と述べ、日本と中国南北の「目下ノ形勢ニ鑑ミ同人ノ本邦行ハ到底之レカ満足ヲ得ヘカラサル虞アリ」として、私見として「敢テ勧誘スヘキ筋合ナラスト思惟致候モ自然他方面ヨリノ運動モ可有之若シ愈々之レカ実行ヲ見ルカ如キ場合ニハ其鉄道ニ関係ヲ有スル点等ヲ利用セラレ適当ノ方面ヨリ相当ノ待遇ヲ与ヘラレ(31)」たら如何かと具申した。それは有吉が孫文の「言論ニ徴シ最近ニ於テハ自国将来ノ為メ多少本邦ニ依頼スルノ必要ヲ自覚シ来リツツアリ」と判断し、「此際少クトモ之レニ悪感ヲ与ヘサル事得策(32)」だと考えていたからであった。

外務省と内田外相は孫文の訪日の要望と有吉上海総領事の上申にどう対応したのであろうか。孫文の訪日問題は単なる孫文個人の問題ではなく、日本の対中国・対袁政策と対欧米外交にかかわる問題であったから、外務省は日本の基本的外交方針に基づいてこの問題を処理しようとした。一一月中旬内田外相の意見によって起草された「支那に関する外交政策の綱領」から窺われるように、この時期外務省の中国一般に対する政策は、「盟邦英国と常に協調を図ると共に、最も我通商の伸張に力め、各省到る所に邦人の平和的活動を進め、利益の扶植、市場の開拓を図らざるべからず。殊に中部及南部支那は、人口稠密、物資豊富従て列国の競争激甚なるを以て、用意周到我歩武を進め、地盤を鞏固ならしむることを要す」というものであった。[33] 内田外相は江西省の南潯、安徽・浙江・湖北・湖南・広東諸省における鉄道敷設に強い関心を寄せ、これらの鉄道借款に応ずる姿勢をとっていたため、来日して鉄道を視察したいという孫文の要望に応ずる意図を持っていた。しかし内田外相は対中国政策においては、特にイギリス及びロシアとの協調を図るのが日本にとって得策だと考えており、また中国に君臨する袁世凱との関係を改善する必要性から、来日に際して孫文を元首として待遇し、首相・外相・陸相・海相と会談をおこなうことは得策ではないと考えていた。故に西園寺内閣は孫文の来日に対して矛盾した冷淡な姿勢を示し、孫文が来日しても首相・外相・陸相・海相は彼を接見しないと決定した。

孫文は一一月一三日近江丸で上海を出発し、長崎・福岡・京都・奈良経由で上京する予定であった。[34] 日本では東亜同文会・中国問題研究会・神戸商工会議所等が孫文歓迎の準備を始めていた。宮崎滔天は孫文来日の架け橋的役割を果した。彼は四月六日上海の六三亭で大総統を辞任して上海に来た孫文を慰労し、孫文は六月三〇日黄興と共に陳其美宅で催した宴に彼と宮崎民蔵・山田純三郎を招いた。八月二五日同盟会が中国国民党に改組されると、滔天は萱野長知と共に国民党に入党し、九月一日上海で『滬上評論』を創刊・発行する等、孫文との関係が密接であった。滔天は一〇月一八日上海を出発し、二三日神戸を経由して二四日帰京すると、「孫逸仙の来遊」と題する談話を『大阪朝日新聞』に発表した。

日本政府は孫文の来日を阻止或いは一時延期させるため、北京から山座円次郎参事官を上海に派遣して、孫文に日本の事情を説明させた。

上海に到着した山座参事官はまず一一月三日に宗方小太郎と会談した。[35] 宗方は一〇月五日に日本から上海に到着し、南方の政治情勢、特に革命党関係の情報を収集して海軍或いは領事館に提供していた。[36] 宗方は一〇月一七日に山座が長沙で黄興と面会した際、注意事項について彼に書簡を送ったこともあった。[37] 宗方は山座と面会した後で孫文を訪問しており、宗方が山座と孫文の仲介の役割を果していたようである。四日に山座は孫文と面会した。孫文は「近々日本ニ行キタキ考ナルガ日本国ニ於テハ如何ニ受ケラルヘキ」(38)かと尋ねた。山座は「今日ノ場合我ニ於テ公然若ハ盛大ナル歓迎ヲ与フルコト能ハサルハ勿論ナルガ第一如何ナル用事ニテ日本ニ行カントスルヤ」(39)と聞いた。孫文は訪日の目的を「日本ハ第二ノ故郷ナルカ故ニ友人トの旧好ヲ温メ且当路者ニモ面会其対支意嚮ヲモ伺ヒタル上益々両国ノ親交ヲ図リタク」と答え、「公然若ハ盛大ナル歓迎ノ如キハ素ヨリ期スル所ニ非ラス」(40)と付加えた。孫文は山座が煮え切らない返答をするにもかかわらず、しきりに日本行きを希望する旨を繰返し、最後に「鉄道視察等ノ名義ノ下ニ赴カハ公然トナク首相ニ御面会出来得ヘキ」(41)かを電報で東京に問合せてくれないかと希望した。山座は孫文が訪日を切望している情況に鑑み、これに賛成する意見を抱き、内田外相に「鉄道視察ノ名義ノ下ニ来朝スルニ於テハ民間ヲシテ相当ナル待遇ヲ与ヘシメ首相及閣下（内田外相――筆者）ニ於テモ公然トナク御面会アルコト可ナラント思考ス」(42)と上申した。その理由は、第一に孫文が「目下南清ニ於ケル大勢力タル」こと、第二に「従来ノ関係上我ニ頼ランスル」こと、第三に「来春匆々ハ欧米諸国ニモ赴カントスル」(43)ことから、すげなく突放すのは得策にあらずと考えたからであった。こうした山座参事官の意見は有吉総領事とほぼ同じであった。日本の中国における国益拡張のために孫文を利用し、その訪日を容認するよう希望したのである。だが首相や外相らと面会するか否かについては両者の意見は異なっていた。

内田外相は、有吉上海総領事の意見に同意し、首相・外相との面会には賛成しなかった。五日内田外相は山座に「孫来朝ニ付今日ノ場合我ニ於テ公然歓迎ノ意ヲ表スルコト能ハサルハ貴電ノ通ナルモ鉄道及其他ノ事業取調等ノ為渡来スルコトハ何等差支ナキノミナラス其向々ヲシテ充分ノ便宜ヲ与ヘシム」と伝えたが、首相・外相らとの面会については目前の時局に鑑み「未タ時宜ヲ得タルモノト思ハレサルノミナラス内外種々ノ関係ニ顧ミ却テ誤解ヲ生スル虞アリ日支両国ノ親交ヲ図ル上ニモ得策ナラスト思考セラルル」(44)と述べ、この意を孫文に伝えるよう指示した。この時日本の外交はロシアと中国、袁世凱と孫文のそれぞれどちらを優先或いは選択するかを迫られていたが、内田外相のこの指示から見ると、外務省はロシアとの協調と袁世凱との関係改善を優先していたのである。

この頃孫文の説得にかかわっていた人物に秋山定輔という政治家がいた。秋山は桂太郎と特殊な関係を有していた。秋山定輔が上海に着いた期日は不明であるが、山座と共に孫文に会っていることから山座とほぼ同時期に上海に滞在していたと思われる。秋山は一八九九年宮崎滔天らの紹介により孫文と面会して意気投合し、孫文の革命運動を支援するようになった。秋山はこの年孫文の要望に応じて陳少白らが香港で刊行する『中国日報』の印刷に必要な印刷機と活字を東京で購入して提供し、一九〇二年には滔天の「三十三年之夢」を自分の発行する『二六新報』に連載し、一九〇五年には同盟会成立にも協力しており、孫文と深い関係があった。秋山と孫文にこのような関係があることを知っていた桂太郎は、秋山に「孫文が来ても、総理をはじめ、陸海軍大臣も、元老も、一人も会はんといふことに、今日閣議で決定した……政府の者が誰も会はぬのに、わたし一人孫君に会ふといふのも誠に具合の悪いことである。事実そんなことをすれば大変なことになる、さうなつては来る人に対して甚だ無礼になる」(45)と語って上海に派遣したのである。桂は辛亥革命後の日本の対中国政策の観点から孫文の訪日を歓迎する態度をとっていたが、閣議でこのように決定した情況下で来日すれば孫文は大いに失望し、将来の日華関係に悪影響を及ぼすであろうと心配したので、孫文の来日を一時延期するのが得策だと思い、秋山を上海に派遣して孫文を説得させようとしたのである。秋山は京都へ紅葉見物に行くという口実で東京を発つと、密かに上海に向った。この件には三井物産もかかわっていて、藤瀬政次郎上海支店長が秋山を迎えて、自分の社宅に案内した。秋山はフランス租界の孫宅を訪れて来意を述べた。孫文は「それは困る。もう万端準備して出発するばかりだ。日本の方でも、こつちでも、正式に発表した後だから今更中止は出来ぬ」(46)と断言した。翌日、秋山は桂の衷心、内閣の事情、その他一般情勢等すべてを率直に話し、孫文を説得しようとした。しかし孫文は「誰も会はんといふなら会はんでもよい。

僕は強いてその人達に会って貰はんでもよい。さういう偉い人達に無理に会つて貰はふとは思はぬ。元の下宿屋のお婆さん、親しい友人たちに、あまり世話になつたから今度いつて礼を云ひたいのだ。それと富士山を見れば沢山だ(47)」と激高した。秋山は「清朝は倒した。君は今中華民国のエキスプレジデントとして、世界の人から仰がれる立場になつた。その表面に立つた老兄をお客様として迎へる時が漸くやつて来たのだが、今日はまだこつちのお座敷の掃除が出来てゐない、せつかく来て呉れてもお茶も出せない始末だから少々待つてくれといふのだ。それを待たれぬといふのは何事だ。しかもこれは僕一人の意志ぢやない、今日本で名実共に第一人者として実力の所有者である桂公爵がこのことを心配して、わざわざ僕を呼んで相談があつたから、僕は千里を遠しとしないでこゝにやって来て頼むのだ(48)」と述べ、さらに「清朝が倒れたから革命は成功した、大間違ひだ、ほんたうの革命はこれから始まるのだ」から少々待つようにと勧告した結果、孫文も納得した。これは一一月六、七日頃のことであったと思われる。

秋山とは別に山座も孫文に対する説得工作をつづけた。六日山座は孫文と再び面会し、内田外相の五日の来電の主旨を伝えた。孫文は「沈思黙考ノ末寧ロ日本行ヲ見合スベキヤノ意嚮ヲ洩ラ(49)」した。同日夜山座はあらためて孫文と面会し、詳細な話合いがおこなわれた。その結果孫文は「愈日本行ヲ一時見合ハス考ナル(50)」旨を山座に語った。山座はその理由を「彼カ名義トスル実業調査上如何ニ便宜ヲ与ヘラルルモ閣下並首相等ヘ面晤出来スハ却テ支那南北ニ対シ彼ノ面目ヲ失墜スヘケレハナリ(51)」と内田外相に報告した。当時の孫文の実情から見てこれは適切な分析であったといえよう。

山座・秋山の説得により孫文は訪日を見合せ、滬天に「病気で日本行を延期するから関係方面へ宜敷く頼む(52)」との電報を打った。これに対し東京の政界と財界は遺憾の意を表した(53)。

孫文の訪日の要望がこの時期に実現出来なかった第一の原因は、日本の対露・対袁政策とロシアと袁世凱が背後から日本を牽制したことにあった。この時期あたかもロシアは外蒙古と露蒙協約を締結した。これに衝撃を受けた日本の一部にこの機に南満州及びこれに隣接する内蒙古東部を割取して、この方面の問題を根本的に解決すべきだとの論調が現れた。しかし内田外相はロシアとの関係悪化を考慮してこの論調に反対し、経済的・平和的な方法で満蒙における日本の既得の地位を保持することを主張し、「露国と親善なる関係を維持すること」[54]を強調した。だがロシアはこの時期日本の対中・対露外交に敏感だったので、孫文の訪日には日本と中国が連携してロシアに対抗する意図があると考え、駐日ロシア大使が外務省に「孫逸仙等今般本邦来遊ニ関シ之カ接待振」[55]りを尋ね、孫の来日を牽制しようとした。内田外相もこれを重視し、八日有吉総領事と伊集院公使に「昨今露国ト外蒙古トノ新関係ガ問題トナレル際支那側ニ於テ或ハ他国ヲ藉リテ露国ヲ牽制セントスルガ如キ意嚮アルニ非ザル」[56]かを取調べるよう訓令した。孫文はこの時期袁世凱に日本と連携してロシア及び露蒙協約に対抗するよう数回提議したことがあった。[57]袁と北京政府も前述のようにロシアと対抗するため日本側に助言と同情・協力を求めていたのである。[58]しかし内田外相は露蒙協約については慎重な姿勢をとり、ロシアとの協調を第一に考えていたので、中国側の要望に応ずる姿勢を示そうとはしなかった。内田外相が孫文の訪日に冷淡であった一因は、日本と中国が連携してロシアに対抗するかのような印象をロシア側に与えることを避けたからである。しかし北京政府は日本に同情と協力を求めながらも、この要望を孫文の訪日を通じて表明しようとしなかった。内田外相の訓令に基づき、高尾書記官が趙秉鈞にこの件を尋ねた時、趙は「露蒙新関係ニ関シ孫逸仙ガ我ニ求ムル所アルヘシトハ中央政府若ハ袁ニ関スル限リ考ヘ居ラサル所ニシテ仮令彼一個人トシテ何カ申シ出ツル所アルトモ聞流シ置カレテ差支ナカルヘシ」[59]と答えた。だが伊集院は趙のこの回答を報告した時に「支那政府ハ十一月八日露国公使ノ通告ニ接シ即夜其ノ次第ヲ新聞ニ発表セシメ蒙古ノ関係ニ関シ世界ノ同情ヲ博セント努メツツアルハ事実ナリ」[60]と付加え、趙の回答を完全に信じようとしなかった。この露蒙協約について孫文は二月二日山座参事官に「蒙古問題ニ付テ支那一般ニ頗ル憤慨シ居ルモ自分ノ考テハ支那ハ目下外国ト難ヲ構フル時ニアラサルヲ以テ結局何等カノ『コム《妥》プロマイ《協》ズ』ヲ見出サルヘシ本件ニ付テハ北京政府ヨリハ何等通報ニ接セス自分ヨリモ容喙セサル考ナリ」(61)と語った。これは孫の袁宛の提議と矛盾しているが、内田外相のこの件についての慎重な姿勢を考慮して、このように語ったのかもしれない。

内田外相が孫文の訪日に冷淡であった第二の原因は、袁との関係に配慮したからである。内田外相は武昌蜂起後袁世凱の出馬と袁の臨時大総統就任に好感を抱いていなかった。しかし袁が北京中央政権を掌握して中国に君臨することが現実になると、袁の要望に応じて大借款に参加しようとし、一〇月一七日には大倉組が北京政府に一〇〇万円の借款を提供した。(62)南北の対立が日増しに激化する中で孫文に接近することを避け、彼との関係と距離を一定に保ちながら袁との関係を改善しようとしたのである。そこで内田外相は孫文訪日に対する袁の態度を重視し、有吉と伊集院に「孫等外遊ニ関スル袁世凱ノ内意又ハ希望等精々取調べ」(63)るよう指示した。伊集院公使は高尾書記官を趙秉鈞の下に派遣してこの件を尋ねたが、趙は「彼ノ日本行ハ袁世凱ノ希望ニモ勧誘ニモ出タルニ非ラス素ヨリ何等ノ使命ヲモ帯ヒ居ラサルハ申迄モナシ従テ日本側ニ於テ彼ニ対シ相当ノ待遇便宜ヲ与ヘラルルコトハ希望スル所ナレトモ其言動ニ対シ支那政府ガ直接何等責任ヲ負フ筋合ナキコトハ了解シ置カレタシ」と答え、「此ノ事ハ袁世凱モ同様ノ意見ト見ナシテ差支ナキ」(64)旨を付言した。これは袁と北京政府が孫文の訪日を支持しない意向をそれとなく示唆したものであり、また孫文訪日に対する牽制でもあって、内田外相の予想とほぼ一致するものであった。

このように内田外相の対露・対袁協調外交と露・袁の牽制策により、孫文の訪日の希望は一時挫折した。この件によってこの時期の孫文の思想と日本への期待、また西園寺内閣の対孫・対袁政策及び対露政策が浮彫りになった。

(1)『孫中山全集』第二巻、中華書局、一九八二年、三八三ページ。
(2)同右書、四八九ページ。

(3) 同右書、三八三―八四ページ。
(4) 同右書、四一五ページ。
(5) 同右書、四九〇ページ。
(6) 同右書、四四九、四九九ページ。
(7) 同右書、四八九ページ。
(8) 同右書、三四〇、四九九ページ。
(9) 同右書、五三〇ページ。
(10) 同右書、四四九ページ。
(11) 同右。
(12) 同右書、三二二ページ。
(13) 同右書、四五五ページ。
(14) 同右書、三六八ページ。
(15) 同右書、四四二ページ。
(16) 同右書、三六八ページ。
(17) 上海『民立報』一九一二年一〇月二九日。
(18) 明治四五年六月一九日、在広東赤塚総領事より内田外務大臣宛電報、第六〇号。防衛研究所所蔵。
(19) 大正元年八月一二日、在上海有吉総領事より内田外務大臣宛電報、機密第六六号。防衛研究所所蔵。
(20) 大正元年八月九日、在上海本庄少佐よりの電報、参謀第五二八号。外交史料館所蔵。
(21) 明治四五年六月一九日、在広東赤塚総領事より内田外務大臣宛電報、第六〇号。防衛研究所所蔵。
(22) 上海『民立報』一九一二年九月四日。
(23) 同右。
(24) 『時報』一九一三年九月八日。
(25) 大正元年一〇月八日、在上海有吉総領事より内田外務大臣宛電報、機密第八七号。防衛研究所所蔵。

（26）同右。
（27）同右。
（28）同右。
（29）同右。
（30）同右。
（31）同右。
（32）同右。
（33）内田康哉伝記編纂委員会・鹿島平和研究所編『内田康哉』鹿島研究所出版会、一九六九年、二〇七ページ。
（34）『大阪朝日新聞』大正元年一〇月二四日。
（35）宗方小太郎「辛壬日記」一九一二年一一月三日。『近代稗海』第一二輯、四川人民出版社、一九八八年、五〇ページ。
（36）同右書、四九―五〇ページ。
（37）同右書、五〇ページ。
（38）大正元年一一月四日、在上海有吉総領事より内田外務大臣宛電報、第二五三号。防衛研究所所蔵。
（39）同右。
（40）同右。
（41）同右。
（42）同右。
（43）同右。
（44）大正元年一一月五日、内田外務大臣より在上海有吉総領事宛電報、第一二二号。防衛研究所所蔵。
（45）村松梢風『金・恋・仏』関書院、一九四八年、五〇ページ。
（46）同右書、五八ページ。
（47）同右書、六一ページ。
（48）同右書、六二―六三ページ。

(49)大正元年一一月七日、在上海有吉総領事より内田外務大臣宛電報、第二五五号。防衛研究所所蔵。
(50)大正元年一一月八日、在上海有吉総領事より内田外務大臣宛電報、第二五七号。防衛研究所所蔵。
(51)同右。
(52)村松梢風、前掲書、六四―六五ページ。
(53)『時報』一九一二年一一月一二日。
(54)内田康哉伝記編纂委員会・鹿島平和研究所編、前掲書、二〇六ページ。
(55)大正元年一一月八日、内田外務大臣より在上海有吉総領事宛電報、第一二四号。防衛研究所所蔵。
(56)同右。
(57)『孫中山全集』第二巻、五四二ページ。
(58)本書三四二―四四ページ参照。
(59)大正元年一一月一一日、在上海有吉総領事より内田外務大臣宛電報、第二五八号。防衛研究所所蔵。
(60)同右。
(61)大正元年一一月一一日、在上海有吉総領事より内田外務大臣宛電報、第二六〇号。防衛研究所所蔵。
(62)大正元年一〇月二七日、在北京伊集院公使より内田外務大臣宛電報。防衛研究所所蔵。
(63)大正元年一一月八日、内田外務大臣より在上海有吉総領事宛電報、第一二四号。防衛研究所所蔵。
(64)大正元年一一月一一日、在上海有吉総領事より内田外務大臣宛電報、第二五八号。防衛研究所所蔵。

二　孫文の訪日と孫・桂会談

孫文は日本側の勧告に従って一時訪日を見合せたが、翌年の二、三月には貴賓として堂々と日本を訪問することになった。本節では、一時挫折した孫の訪日がこの時期に実現した原因を考究すると共に、孫文の訪日中の活動と孫文・桂太郎会談の内容を究明して、この時期の日本の対袁・対孫政策を考究する。

孫文の訪日は一時挫折したが、その意志は終始変らなかった。変化したのは日本国内の政局とこれに伴う日本の対袁・対孫政策であった。当時日本の国内政局に急激な変化が起こった。当時陸軍は二個師団の増設を内閣に要求していたが、西園寺内閣は一一月三〇日の閣議でこの要求を否認した。すると上原勇作陸相は帷幄上奏をおこなって単独辞職し、陸軍は後任の陸軍大臣を推薦しようとしなかった。そこで西園寺内閣は一二月五日に総辞職せざるを得なくなり、二一日に第三次桂内閣が成立した。二個師団の増設は、一九一〇年八月に日本が朝鮮を併合した後、朝鮮駐屯軍の強化を口実として二度にわたって内閣に提起され、その度に延期或いは拒否されていたが、内閣の総辞職にまで至らなかった。この問題が再燃して内閣を総辞職にまで追込んだ裏には、上原と軍務局長田中義一らによる朝鮮半島を拠点として積極的に対満蒙政策を推進しようという狙いがあった。これに桂太郎による日英同盟の変容に伴い新たな対中国政策を確立しようとする計画が融合し、過去の対袁・対孫政策を改めて新たな対中国政策を確立しようとしたのである。これは訪日した孫文に対する日本朝野の熱烈な歓迎と孫文の訪日中の活動、特に孫と桂の会談の内容から明確に窺うことが出来る。

秋山定輔は孫文に客を迎える「座敷の掃除」が出来るまで一年待ってくれと約束したが、上述の事情によってこの「掃除」は三、四カ月で完了した。一九一三年二月一一日に孫文は馬君武・何天炯・戴季陶（天仇）らと共に山城丸で上海を出発し、長崎経由で一四日に東京に到着し、三月二三日まで貴賓として日本に滞在することになった。この訪日実現に至る政策の決定過程は不明であるが、上述した日本国内の政局の激変と桂首相の政治的決断によるものであったと思われる。しかし桂は藩閥の代表的人物の一人であって、その内閣は山県有朋らと結んだ藩閥内閣として民衆の激怒を買い、遂に藩閥打破・憲政擁護をスローガンに掲げた第一次憲政擁護運動により、孫文らが上海を出発して訪日の途に就いた二月一一日にデモクラシーの力により打倒された。次期内閣として政友会を与党とする山本権兵衛内閣が二〇日に成立した。孫文はこの新旧内閣交替の最中に訪日することになった。桂内閣の成立によって孫の訪日は促進されたが、その辞職によって孫の訪日目的の達成は大きな影響を蒙らざるを得なかった。

孫文訪日の目的は、第一に先の革命において世話になった旧友に謝意を述べて旧交を温めること、第二に日本の鉄道やその他の産業を視察すること、第三に対中国投資機関である中国興業株式会社を設立すること、第四に中日親善を強化し中日連携を確立すること等であった。中日連携というのは同文同種の民族としての連携と両国間の経済提携のことであったが、上述のように露蒙協約について中日が連携してロシアに対抗しようという政治・外交上の目的も裏にあったといえる。孫文が訪日の前に袁世凱に二回打電して、半年乃至一年で中日連盟を実現させる可能性があるから絶対に露蒙協約を承認しないように要望し(1)、最近の中国政府の対日・対露方針について詳細な指示を求めたことはこれを立証している(2)。しかし袁世凱は日本との連携は時期尚早だと述べ、日本政府の意向を打診するにとどめるよう返答した(3)。

新橋駅に到着した孫文は日本の各界から熱烈な歓迎を受けた(4)。雑誌『支那』は「民国巨人を迎ふるの記」に次のように描いた(5)。「数万の群集は新橋停車場の構内と言はず、広場と言はず、立錐の余地なき迄に詰掛け、在京支那学生一千余名は学籍別に一団を成し、『歓迎孫中山先生』の大旗を翻へし、五色の民国旗は夜目にもしろく、津軽伯(故近衛公令弟)、犬養氏、頭山満、三浦将軍、花井卓蔵、木下友三郎、南挺三、内田良平、渋沢栄一、山座円次郎、伊藤松雄、中村春雄、益田孝、杉田定一、其他知名の士二百余名、民国の名士幾人はプラットホームに孫氏を迎へ、広場には高張提灯勇ましく、孫氏が最後に連結せる展望車より現はるゝや、和漢洋の三国人は場の内外相応じて一斉に万蔵の歓呼宛ら湧くが如く、留学生総代は美々しき花輪を贈呈し、孫氏は莞爾として之を受け、孫氏が之を随行員に渡す暇もあらばこそ、群集は偉人を見んとて潮の如く詰め寄せ、中にも留学生等の歓喜熱狂は実に筆舌の尽す処に非ず、犬養氏はツト進んで固く孫氏の手を握れるが、政争に疲れたる蒼白の神貌はたゞ孫氏を見詰めてあるのみ、感慨や如何なりし、斯くて孫氏は名士に対して挨拶を交はさんとするも群集の為めに遮られて得ず、万歳連呼の中に漸く一道を開いて静かに歩を進め、花輪を先登に一行は押されながら改札口にと向ひ、孫氏はシルクハットを高く打ち振りつゝ、歓呼の裡に用意の自動車に乗り、帝国ホテルへと向ひしが、群集は尚ほ之を追ひてホテル迄見送れり、斯くて隣邦の偉人は凱旋将軍にも増して熱烈なる歓迎を受け、第二の故郷否自ら第一の故郷となす帝都の客となれり」。

ところで貴賓として歓迎された孫文は誰の招請により訪日したのであろうか。これに関する明確な史料はまだ発見されていないが、日本政府が招請したとは思われない。それは㈠孫文の訪日要望が一時挫折した原因、㈡孫文が政府の職に就いていなかったこと、㈢孫文が新橋駅に到着した時に政府・外務省からは参事官級の山座円次郎しか出迎えに来ていなかったことから推測することが出来る。この時期孫は中華民国鉄道協会会長・全国鉄道協会名誉会長等民間団体の職にしか就いていなかったため、民間団体が招請した可能性が大きい。筆者は東亜同文会が桂内閣の指示によって孫文を招請したのだと推測している（『東亜同文会史』六八ページ参照）。これは㈠東亜同文会の故近衛篤麿の弟である津軽英麿が東京駅で孫を迎えたこと、㈡翌日の第一回目の盛大な歓迎の宴会は東亜同文会が主催したこと、㈢三日目に会の前会長近衛篤麿の墓参をしたことから推測することが出来る。過去孫文は東亜同文会の委員らとの交流はあったが、これは個人的関係であり会との関係ではなかった。この時東亜同文会がこのように目立った役割を果したのは東亜同文会が招請したからだったのであろう。しかし形式的には民間による招請であったにしても、実際には日本政府による招請であった。

孫文は二月一四日から三月五日まで東京に滞在した。東京滞在中孫文は政界の元老山県有朋（三月二日）・元老松方正義（三月三、四日）・前首相桂太郎（二月二〇日、三月二日）・首相山本権兵衛（三月三日）・衆議院議長大岡育造（二月一九日）・元首相大隈重信（二月二五日）・外務大臣牧野伸顕（三月四日）・前外務大臣加藤高明（二月一八日）・前逓信大臣後藤新平

（二月一九日）・東京市長阪谷芳郎（二月二五日）らと招待の宴或いは表敬訪問の際に会談した。桂太郎とは特別に長時間にわたって中日の政治・外交に関する会談をおこなった。山本首相は孫文に我が内閣が存在する限り必ず日中同盟の目的を達すると語り、さらに中国の政府が正式に成立すれば率先して承認すると語った。(6)

東京滞在中特に目立ったのは財界人の積極的な接待を受けたことであった。渋沢栄一・大倉喜八郎・益田孝ら財界の巨頭は孫文を新橋で親しく出迎えた。これは政界の要人が姿を見せなかったのと対照的であった。財界では日本郵船（二月一八日）・日本鉄道協会（二月二〇日）・三井物産（二月二〇日）・横浜正金銀行（二月二二日）・大倉組（二月二四日）・三菱財団（二月二六日）・日華実業協会・日本貿易協会（二月二六日）・銀行関係者（二月二六日）等が孫文歓迎会或いは宴会を開催し、二月二一日には東京の一流銀行と大企業等四四社の共催による大宴会が催され、渋沢栄一ら百数十名が出席した。孫文は渋沢ら金融・財界人と中国興業株式会社設立について交渉し、実のある結果を得た。東京の第一・第五・正金・安田・大倉・三菱・三井の七社が孫文に借款を提供する意向を表明した。(7)日本財界のこのような接待振りは孫文訪日の経済的な性格を明確にし、孫文訪日の実現における財界人の役割を示している。

軍部も孫文を積極的に接待した。孫文は二月一八日に木越安綱陸軍大臣・長谷川好道参謀総長を表敬訪問し、陸軍小石川砲兵工廠・板橋火薬工廠を参観し、近衛師団の一大隊の演習を見学した。また陸軍大学校と陸軍士官学校も視察した。

東京滞在中、孫文は先の革命で世話になった旧友を訪れ、お礼の挨拶をし、旧交を温めた。犬養毅・頭山満・寺尾亨・副島義一・根津一・梅屋庄吉らの旧友は二月一六日紅葉館で孫文歓迎の宴を開き、二二日に孫はお礼の宴を催して二〇〇余名の旧友を招待した。(8)

孫文は民間団体とも交流を深め、東亜同文会（二月一五、一六日）・日華協会（二月二一日）・キリスト教青年会・鉄道青年会（二月二三日）等の歓迎会にも出席した。

二月二八日には箱根に赴き温泉と名勝とを楽しんだ。

孫文の東京訪問の最後の日である三月四日に牧野伸顕外務大臣は霞ヶ関の外相官邸に孫文一行を招いた。この宴には松井慶四郎外務次官の他、山本内閣の閣僚である高橋是清大蔵大臣・元田肇逓信大臣・山本達雄農商務大臣らと床次《とこなみ》竹二郎鉄道院総裁・開平同副総裁・阪谷芳郎東京市長・山座円次郎参事官らが出席した。当日孫文もお礼の晩餐会を開き、日本の政・財界人や旧友らを招待して別れの挨拶をした。

東京訪問を終えた孫文は三月五日横浜、七日横須賀、八日名古屋、九日京都、一〇日奈良・大阪、一三、一四日神戸、一五日広島・呉、一六日下関、一七日八幡、一八日福岡・三池・荒尾、二〇日熊本、二一日長崎を訪問した。孫文は各地で市長或いは知事及び各界の歓迎を受け、名古屋商品展示館・大阪紡績工場・神戸の川崎造船所・八幡製鉄所・三池炭鉱・三菱長崎造船所等産業施設を視察した。横須賀と呉では海軍砲術学校・海軍艦艇・海軍工廠等も視察した。孫文は彼の革命を支援してくれた旧友三上豊夷・一之瀬勝三郎・安川敬一郎と各地で会談して旧交を温めた。三月一九日の午後には宮崎滔天の郷里荒尾を訪ねて滔天の親族に会い、中日両国の関係が彼と宮崎兄弟のように親密であることを願った。

孫文訪日の目的の一つは日本の鉄道施設の視察であったが、鉄道協会の招待の宴と鉄道青年会の歓迎会に出席した他は、牧野外相の送別の宴で鉄道院総裁らに面会したくらいであった。一記者が日本鉄道視察の感想を尋ねた時、孫文は東京中央駅（新橋駅）を視察した他はただ往来の列車内から大体を見ただけであると語った。(9) 鉄道視察の目的は達せられなかったようである。

孫文にとって今回の訪日における実のある収穫は桂太郎との政治会談と中国興業株式会社の設立であった。ここではまず孫・桂会談を考究する。上述したように、孫・桂会談は孫文の訪日が実現した原因を示すと共に、桂内閣の対中国及び対袁・対孫政策の転換を表明したものであり、その後の孫文の対日観と国際観に強い影響を及ぼした大きな出来事であった。

当時孫の通訳としてこの会談に参加した戴季陶（天仇）の回想によれば、孫・桂会談は二回おこなわれ一五、六時間に及んだという。(10)会談の日を台湾編纂の『国父年譜』（増訂本）は二月二〇日と三月二日であるとし、(11)呉相湘の『孫逸仙先生伝』は二月一六、一七日だと推定している。(12)秋山定輔はその回想で三回だと述べており、彼の伝記の編集者は三月一日に箱根で一回会談した可能性があると述べている。(13)戴季陶の他に誰が会談に参加したかは不明であるが、『秋山定輔伝』の編集者は桂太郎の女婿長島隆二と秋山定輔が参加したと記し、(14)それはこの両人が当時孫・桂会談の仲介の役割を果していたからであると述べているが、確実ではない。孫文と桂太郎はこの会談で何を話し、何を約束したのであろうか。戴季陶の回想によれば、桂は孫文に次のようなことを話し、それを約束したということである。(15)

一　日英同盟を日独同盟に切換え、将来イギリスと戦いその覇権を打破する。これによって東亜の安全、日本の安全が保ち得られ、東亜全民族の運命はこの計画が成功するか否かによって決せられる。

二　現在世界には三つの問題がある。日独同盟を中心として、日・中・独・墺が同盟を結成して、まずインド問題を解決する。インド問題が解決されれば、世界の有色人種は皆蘇生することが出来る。

三　こうなれば、日本は移民・貿易市場のないことを恐れることなく、中国を侵略するような拙策も絶対にとらない。

四　日中両国が提携すれば東半球の平和が保障され、中・日・独・墺・トルコの五カ国が提携すれば世界の平和が保持される。

五　袁世凱は民国に忠実な政治家ではない。彼は民国の敵であり孫文の敵である。だが中国の国力と孫文の勢力から今すぐに事を構えるのは百害あって一利なし。

六　目前全力を挙げて鉄道幹線を建設しようとすることはもっとも重要な計画である。
七　鉄道幹線を完成すれば、孫文は再起して政権をとるべきであり、我は全力を挙げて孫を支援する。

戴季陶はこの回想で「この二回の密談では、双方とも腹蔵なく意見を交換し(16)」たと述べている。孫文の訪日に重要な役割を果した宮崎滔天も「桂公と孫文が東京三田の桂邸の一室で数回の会見を行ひ、互に全く肝胆相照らし、桂公は孫文を援けて大東洋政策を遂行し、孫文は日本と提携して新支那の建設を行ひ、彼の持論たる大亜細亜主義の実現を計ることを誓ひ合つた(17)」と回想している。

桂の女婿長島隆二も孫・桂会談に関して「この東洋の偉人達が、胸襟を開いて語り合った問題は、今後のアジア経営の大計画であった。吾々日支両国人は互ひに深く結び合って、アジア復興の大業を成さうといふ事であった。二人は早春の冷い夜の更けるのも忘れ、時の過ぎるのも知らずに、益々熱心に深刻に語り合った(18)」と回想している。

胡漢民の回想によれば、孫文は桂に、大アジア主義の精神は真の平等と友好親善を原則とする、日露戦争前中国は日本に同情していた、その後日本はこの戦争の勝利によって朝鮮を占拠したため、中国は日本に同情しない、その及ぼす影響は計ることが出来ない(19)、と語ったということである。

この会談以後孫と桂は「互いに深い敬愛の念を抱き、互いに大きな期待を寄せるようになった(20)」と戴季陶は回想している。反袁の第二革命に失敗した孫文は八月日本に亡命・滞在した。この時桂は既に病中にあった。桂は長島隆二を通じて孫文に「自分は今病気であるが、病気が癒るともう一度日本の天下を取る。天下を取らないと本当の約束は実行出来ないから、自分の病気が癒って天下を取るまで暫らく待ってくれ(21)」と伝言した。だがこの年の一〇月一〇日に桂は逝去した。死の直前、桂は付添っていたある親しい人物に「孫文の袁世凱打倒を援助して、東方民族独立の大計を達することができなかったのは、わが一生の痛恨事である(22)」と語った。桂逝去の訃報に接した孫文はため息を洩らし、「もはや日本には、ともに天下を語るに足る政治家はいなくなった。今後、日本に東方政局転換の期待をかけることはできない(23)」と語り、桂の死を追悼して花束を贈ろうとした。宮崎滔天も一九二一年の「桂太郎と孫逸仙――仲介役の秋山定輔」で「日支両国に取つての一大不幸とも謂ふべきは、実に桂太郎の死であつた。若し桂公にして此世に在つたならば、支那革命事業が夙に一段落を告げたるは勿論、今日の如き日支両国葛藤の起るべき筈なく、両国親善の実挙りて、欧米人を羨望せしむること が出来たであらうに、さりとは天無情！ ……歴史上の一大事業として現はるべき桂・孫両雄の提携が、一朝忽焉、桂公の死によりて水泡に帰せし(24)」と述べている。

当事者らの上述のような回想と評価から見れば、孫文と桂が大アジア主義の名分の下での中日の連携を約束し、桂が孫文の革命運動を「支援」することを表明したのは確実なことであろう。その人物の言論を聞き、その人物の行動を見守ることが、歴史上の人物を評価する一原則である。惜しいことに桂は再度政権の座に就くことが出来ずに逝去した。もし桂が生きていたら、その後の中日関係と日本の対孫政策はどうなっていたであろうか。

しかし一人は日本帝国の軍閥の首領、一人は民国を建てた革命の領袖、一方は日本軍国主義の権化、他方は三民主義の指導者、この対極的な両人がこれほど腹蔵なく理解を深め、中日連携を誓い合った一致点は何だったのであろうか。両者の会談の内容から見ると、それは孫文＝中国と桂＝日本が連携してイギリスと袁世凱に対抗しようとすることであった。桂は鋭い洞察力と臨機応変の才覚を有する軍人・政治家であり、東アジアと欧州をめぐる国際関係の変化に敏感であった。特に日露戦争における日本の勝利、極東、特に満州における日米の対立激化、国際政治におけるアメリカの地位向上等の諸要因により、イギリスが日英関係よりも英米関係を重視しつつあることを洞察した。一九一一年七月に調印された第三回日英同盟条約も内容が変容し、双方協調一致の原則によって東アジアにおける日本の膨張的単独行動を牽制し始めた。武昌蜂起後、中国に対して出兵・干渉するか否かの問題においてこれが端的に現れた。桂が第三次内閣を組閣した時、駐イギリスの加藤高明大使が外相に就任することになった。加藤がロンドンを去る時、イギリスのグレー外相は加藤に「自分は日英同盟の重要性を認識してその存続を希望しているが、ここに日本政府においてもよく了解して貰いたいのは英国と米国との特殊関係で、両国の親善維持に最も重きを置くのが英国の国是であり、日英同盟の運用が英米間の国交に悪影響を及ぼすような事態の発生を避けることが英国政府の方針であるから、日本の当局者にもこの事情を了承しておいて貰いたいのであるが、今度帰国されたら総理始め政府の首脳にこの内話の趣を披露ありたし(25)」と語った。加藤外相がこの旨を桂に伝えたので、桂は孫文に、日露戦争の結果日英同盟の効果が完全に終焉したことは既に明らかである、今後日本は絶対にイギリスと連携することは出来ず、イギリスもまた日本と連携しようとはしない、太平洋において日英両国は完全に対立的地位に立っている、今後の日本の唯一の活路、東方民族の唯一の活路は、極力英・露の連携を分断し、ドイツと連携することである(26)、と語ったのである。桂はまた、現今の世界においてイギリスと対抗し、それを倒し得るのは、我と孫文と独・墺・土(トルコ)である(27)、と言い添えた。大アジア主義の旗印の下でアジアでは日中両国が連携してイギリスに対抗し、欧州では独・墺・土と連携してイギリスと対抗しようとしたのであった。桂のこの外交戦略は遠大な見通しを有していた。事実その後の国際関係ではイギリスが日本の最大の敵国となったのである。孫文もその革命事業の遂行において、列強の中国侵略の端緒を開いたイギリスを最大の敵国だと考えて桂の反英の主張に共鳴し、黄色人種対白色人種の闘争観からも桂のこの主張を受入れたのであろう。

桂は、この会談において反英を主張すると同時に反袁をも主張した。武昌蜂起以来のイギリスの裏面からの支援によって、袁は最後に辛亥革命の贈物である新政権を乗取ったのであり、袁を牛耳っていたのはイギリスであったから、桂は日英の同盟関係が疎遠になった時、袁とイギリスが連携して日本に対抗するという東アジアの新しい国際情勢を予見し、孫と連携して反英・反袁の大事業を遂行しようとしたのである。しかし孫文は八月に北上した時、袁との十数回の会談を通じて袁に幻想を抱くようになり、袁に反対しようとしなかったので、孫文は桂との会談において袁に協力する意を表明したのである。これに対し桂は、袁は民国に忠実な政治家ではない、彼は民国の敵であり孫文の敵であると述べた(28)。これは正確な分析であったが、これに孫文がどれほど賛成したかは不明である。しかしその直後の袁による宋教仁暗殺によって袁に対する幻想は消滅し、孫文は桂の反袁主張にも完全に賛成したといえよう。

この会談において桂はドイツと提携する外交路線を主張したが、この主張はその後の孫文の国際観に強い影響を及ぼした。第一次大戦勃発後、また大戦後にも孫文はドイツと連携すべきだと強調した。では孫・桂はなぜドイツと連携する必要性を強調したのであろうか。それは桂にとってはヨーロッパの新興国ドイツこそヨーロッパの再分割と覇権をめぐってイギリスに対抗し得る力であり、イギリスの背後からその対中国・対アジア政策を牽制し得る国だとの思いからであり、孫にとっては反英の観点から、またドイツが中国において植民地権益が比較的少ない国だとの考えから、ドイツと連携する方針を主張したのである。孫・桂は共に反英のためにドイツとの提携を強調したのである。

国際政治において、最終目的が異なり対立する両国或いは両集団が、一時的な共通の目的のために連携することは珍しくない。孫文は中国の完全独立、富強と民主・共和のために反英・反袁を唱え、桂は日本の対中国政策と対アジア政策から反英・反袁を唱えた。両者の最終目的は異なるが、一時的な共通の目的のために連携しようとしたのである。

孫・桂会談は偶然の出来事ではなかった。この会談は孫文が訪日する前、即ち桂が首相の座に就いていた時に既に決定していたものであり、決定に至る過程があったのである。これを究明するには、孫文の訪日と孫・桂会談において重要な役割を果した秋山定輔と桂との関係をまず考究すべきである。この考究によって桂の対中国・対孫文政策を一層深く理解し得ると思う。

秋山は一八九三年に『二六新報』を創刊し、二〇世紀初頭には反藩閥の立場をとり、山県有朋の藩閥勢力に属する第一次・第二次桂内閣と対立していた。特に第一次桂内閣時代の一九〇二年、桂は第二回労働者大懇親会を開催しようとした秋山と『二六新報』を弾圧し、秋山も警視庁に拘引されて、両者の対立は一層激化した。しかし秋山は一九〇八年と一九一〇年の二回中国と欧米を歴訪した後、日本と世界に対する認識を改めた。第一の変化は、藩閥勢力との妥協である。秋山は日本は欧米よりも小国であり弱国であるから、日本国内の諸勢力は互いに対立すべきではなく、挙国一致を図るべきであると考え、藩閥勢力と妥協し始めた。第二の変化は、彼はもともと英語を学び、欧米文明を崇拝していたが、欧米視察後は東洋の文化・文明及び精神を重視し、漢学と仏教の研究を始めたことである。これは概ね中国に由来する東洋学であった。秋山は欧米の物質文明は素晴らしいが、精神文化は東洋より劣ると考え始めた。帰国後秋山は東洋学と仏教を研究し、「食ひもしなければ食はれもせぬ」(29)アジア民族大連合による大アジア主義を提唱した。このアジア主義が秋山と孫文を結ぶ共通の思想であり、またこの思想が秋山と桂を結ぶ役割を果した。秋山は欧米での見聞と自分のこの考えを山県有朋に語った。山県は秋山にその考えを自分の腹心である桂太郎にも伝えるよう指示した。これは桂の第二次内閣が総辞職した直後の八月であった。

八月、桂と秋山は桂邸で三回にわたり徹夜で会談をおこなった。二回目の会談では世界情勢と中国問題について話合い、秋山は桂に次のようなことを述べた(30)。

一　清朝はすでに衰亡の相をあらはし、破滅にひんしてゐる、四億の民衆は塗炭の苦みにあえいでゐる。

二　欧米の列強はこの機に乗じて中国を侵略し、この最大のアジア民族を完全に彼らの奴隷にしやうとしてゐる。

三　この中国民族の危機に直面して、身をもつて民族を救ゐ、国家を救はんとして、命を捨てて努力してゐるのが孫文一派の革命党である。

四　今や中国民衆が覚醒して改革のことをなさんとしている秋にあたり、是非日本がこれをたすけ、アジア民族共同の理想に向つて邁進すべきである。

秋山が孫文の革命党を支援しようとしたのは、上述したように一八九九年から孫文と接触し、彼の革命を支援したことにより、孫文派に対する理解があったからである。また一九〇八年春に北京を訪れて袁世凱に面会した時、大変失望したこともあり、孫文派の革命党支援を桂に訴えたのである。桂はこれに同感し、是非やろうと答えた。これは確実なことである。宮崎滔天は「桂太郎と孫逸仙――仲介役の秋山定輔」で、秋山が提案して桂の同意を得た要件は次の通りであると述べている。(31)

一 「支那問題の解決を目的として今一度宰相の任に就く事」。

二 「宰相の任に就くことも陛下のお声掛かりを以てせずして、新に政党を組織して立憲的態度を以て天下を取る事」。

三 「支那問題解決の相棒として孫逸仙君と肝胆相照す事」。

滔天の子息竜介も「孫文回想」で孫文の訪日と孫・桂会談に触れ、秋山は桂を訪ねて三日間徹夜で口説いたと述べ、得た結論は次の通りであると記している。(32)

一 日英同盟をやめて、日独同盟と日露協商に切りかえる

二 中国の建設は孫文に任せる

三 桂は国内世論を背景とした大政党を作り、強力な内閣を組織する

四 ダーダネルス海峡以東のアジア民族の自立を達成して、これ等と連帯する

ここで新政党或いは大政党という言葉が出てくるが、これは日本の政治が明治末・大正初期の藩閥内閣・藩閥政治から政党内閣・議会政治に転換し始めようとする時代に、桂が秋山に頼って新政党――立憲同志会を結成しようとしたことを指す。一方秋山は政治権力者の一人である桂太郎に頼って孫文支持とアジア主義を実現しようとした。このような相互関

係によって両者は政治的に結ばれたのである。一九一三年二月七日、秋山の桜田倶楽部で立憲同志会が発足した。だが世間はこれを危機に陥った桂の藩閥内閣が存続を図るための術策だと見なし、反桂内閣運動は一層盛りあがった。この衝撃により一一日に桂内閣は倒れた。これによって秋山の『二六新報』社も世論の攻撃を受け、秋山も一時政界から隠退せざるを得なくなった。

孫文はこのような日本政局の嵐の中で桂・秋山の努力により訪日したが、桂・秋山の政治的失脚によって、孫・桂会談は在野の桂との密談に終って世論に影響を及ぼすことが出来ず、日本政府の対中国・対孫外交政策の決定にも直接的影響を及ぼすことが出来ず、桂の死去により歴史上の出来事になってしまった。しかしこの会談は日本朝野の熱烈な歓迎と共に、一時的ながらも孫文の対日認識に大きな影響を及ぼした。

(1)『孫中山全集』第二巻、中華書局、一九八二年、五四二ページ。
(2)同右書、第三巻、一〇ページ。
(3)呉相湘『孫逸仙先生伝』下、遠東図書公司、一九八二年、一一七六ページ。
(4)『申報』一九一三年二月一五日。
(5)東亜文化研究所編『東亜同文会史』霞山会、昭和六三年、二二三ページ。
(6)『申報』一九一三年三月六日。上海『民立報』一九一三年三月八日。
(7)上海『天鋒報』一九一三年三月一二日。
(8)上海『民立報』一九一三年二月二五日。
(9)『福岡日日新聞』一九一三年三月一七日。
(10)戴季陶『日本論』、市川宏訳、社会思想社、一九七二年、九六—九七ページ。
(11)羅家倫編『国父年譜』上、台北、一九六五年、四五二—五三ページ。

(12)呉相湘、前掲書、一一七八ページ。
(13)桜田倶楽部編『秋山定輔伝』第二巻、桜田倶楽部、一九七九年、一〇六—〇七ページ。
(14)同右。
(15)戴季陶、前掲書、九七—一〇〇ページ。
(16)同右書、九六ページ。
(17)『宮崎滔天全集』第五巻、平凡社、一九七六年、五四八ページ。
(18)桜田倶楽部編、前掲書第二巻、一〇九ページ。
(19)羅家倫編、前掲書上、四九六ページ。
(20)戴季陶、前掲書、九六ページ。
(21)山浦貫一『森恪』上巻、高山書院、昭和一八年、四〇八ページ。
(22)戴季陶、前掲書、九六ページ。
(23)同右。
(24)『宮崎滔天全集』第一巻、平凡社、一九七一年、五一〇ページ。
(25)牧野伸顕『回顧録』下、中公文庫、昭和六二年、六八ページ。
(26)戴季陶、前掲書、九七—一〇〇ページ。
(27)同右。
(28)同右。
(29)村松梢風『秋山定輔は語る』大日本雄弁会講談社、一九三八年、二七七ページ。
(30)同右書、四〇二—〇三ページ。
(31)『宮崎滔天全集』第一巻、五一一ページ。
(32)安藤彦太郎編『現代中国と孫文思想』講談社、一九六七年、一〇八—〇九ページ。

三　中国興業株式会社

孫文訪日の重要な目的の一つは、中日合弁の金融機関である中国興業株式会社を設立することであった。孫文は訪日前から既に在上海の森恪と在東京の高木陸郎を通じて日本側とこの会社の設立に関する予備交渉をしていた。この交渉が孫文の訪日を促したのである。中国興業株式会社設立の計画は主として財界が推進していたが、裏では桂内閣と軍部が支持していた。桂内閣はこの会社の設立のために至急孫文の訪日を実現しようとし、孫文の訪日はこの会社の設立を促した。本節では、中国興業株式会社設立の政治的・経済的背景を探りながら、この会社の設立と孫文の鉄道建設計画及び対露政策との関係を考究し、この会社設立をめぐる孫文と渋沢ら日本財界との意見の相違点を究明すると共に、第二革命との関係を検討する。

中国興業株式会社の設立は、帝国主義段階に移行しつつあった日本の対外拡大政策の必然的産物であった。帝国主義の一つの特徴は資本の対外輸出であり、資本の対外輸出は資本主義の帝国主義段階への移行を促進し、帝国主義段階への移行は資本の対外輸出を一層拡大する。そのため日本は辛亥革命前後から中国に対する資本の輸出を重視・強化したのである。一九一〇年一二月三井財閥は三井銀行の尾崎敬義ら一行を中国に派遣し、中国の経済及び金融市場を視察させた。尾崎一行は中国各地で調査をおこない、九月から三カ月間上海に滞在して辛亥革命における中国社会の変化を目撃し、一二月一三日東京に帰って来た。帰京した彼らは調査結果を「対支那放資論」としてまとめ、三井財閥の重役会の席上で報告し、大きな反響を呼起こした。この報告書は一五章から成っているが、その特徴は「経済問題を政治的視野から、わが国対支政策に立脚して一元的に論じてゐる点で、従来に於ける一商人の経済事情に限定された単なる視察報告書とその類を異にしてゐる(1)」ところにあった。報告書は始めに辛亥革命による中国の変化に言及して、「清国と云ふ名称は、今は歴史上の文字と化し、支那全土は中華民国と云へる共和政体治下のものなるに至れり。而かも是れ国家形体上の変化に止り、内容経済事情に至りては依然として旧の如きもの多し」と記し、このような中国は今「正に世界列強が経済上の輸贏を争はんとする舞台として、列国金融業者の張目胆視する所(2)」であると述べて、中国における列強の競争と争奪が白熱化していることを指摘した。この情勢への対応策として報告書は「支那刻下の運命は借款に依つて初めて開発することが出来ると同時に、列国の立場から見ると、支那に於て苟も相当勢力とか発言権とかを得様と思へば、どうしても金を貸すより外に手段はない。言葉を換へて云へば、目下の支那に放資をするといふことは、其金利で儲けをするといふ様な単純な目的でなく、金を貸すのは手段であつて、其第一の目的は利権の獲得である。第二の目的は勢力の扶殖である。第三には又ある〔もの〕より大なる目的があるかも知れない。兎も角も刻下の支那問題は所詮金の問題に外ならないのである。……今日に於て痛切に必要を認めてゐるのは公債よりも何よりも、鉄道、鉱山、その他有利の工業に放資する事で、何故なればこれらこそ真実に利権獲得の目的を達するに好箇の放資物である(3)」と提起した。これは資本輸出＝借款によって中国における日本の権益を獲得・拡大し、日本に傾く勢力を扶植するという対中国外交政策を実施することを提案したものである。具体策として報告書は「現在の東亜興業会社を改造して支那側の参加を求め、日支合弁組織にするのが焦眉の急策である(4)」と建言した。東亜興業会社は一九〇九年に対中国投資機関として工学博士古市光威によって設立された会社であり、中国の南潯鉄道敷設に三〇〇万円を投資した。大倉組がその工事を請負ったが、工事は種々の法規上の障害に直面し、事業の経営は難航した。この教訓から合弁によらなければ中国での事業は大変困難である実情が理解されるようになり、このような日中合弁による投資会社の設立が考えられたのである。

三井財閥は、この報告書をパンフレットとしてまとめ、桂太郎首相兼外相・石井菊次郎外務次官・若槻礼次郎蔵相・田中義一軍務局長らに送付してその支持を求めた。桂内閣もその必要性を認め、対中国外交政策の一部として速やかにこの計画の実現を推進するよう指示した。

中国興業株式会社設立の計画は孫文の鉄道建設計画及び対露政策とも密接な関係があった。孫文はこの会社の設立によって日本から必要な資金を導入しようとした。日本はこの会社を通じて中国に資本を輸出し、それによって中国における日本の権益を拡大しようとした。つまり中国興業株式会社設立計画と鉄道建設計画は並行して推進されていたのである。孫文は中国興業株式会社設立に関する交渉の際、内蒙古に入る北路本線について森恪に「南満鉄道ニ連絡スル地点例ヘハ長春ヨリ発シテ内蒙古ニ入ル鉄道ニ対シテ日本ヲシテ放資セシメ一日モ早ク其鉄道ノ完成ヲ期シ度考有之(5)」と語り、その理由として、露中間で蒙古問題をめぐる紛糾が日増しに激化しているこの時期、日本の資本を導入することによって、「一方内蒙古ノ交通ヲ促進シテ其富源開発ヲ計ルタメト他方日本ヲシテ其関係ヲ深カラシメ日本ノ国勢ヲシテ自然ニ露国ニ対応セシムルコトトセバ支那ハ自ラ其国威ナリ領土権ナリヲ確保シ得ヘキヲ以テ満洲ヨリ内蒙古ニ通ズル線ヲ日本ヲ利用シテ早ク施設セシメン(6)」と述べた。これは日本の資本によって内蒙古に鉄道を敷設すると共に、日本を利用して北のロシアに対峙させようとする孫文の一石二鳥の政策であった。森恪が述べたように、日本の対中国外交政策は「日本ノ国力ヲ満洲ニ於テ確実ニシ進ンデ蒙古方面ニ伸張シテ一面露国ノ南下ヲ圧シ他面支那ノ牽制ヲ試ムヘキ」ことであり、そのためには「南満鉄道ヲ起点トシテ更ニ西北南ニ支線ヲ延長スル権ヲ日本ノ手ニ収ム可キハ目下殊ニ緊要ナル急務」であったから、日本は逆にこの策を利用して「右ノ鉄道ハ日本側ニ於テ思フ儘ニ予定線ヲ作リテ之ヲ孫ニ提供シ承諾セシメ(7)」ようとした。高木陸郎は陸軍と協議した結果、孫文が提案した路線の他に奉洮線の敷設も孫文に提議するよう森恪に要望した。(8)それは将来ロシアと干戈を交える際に奉天以北は最前線になるから、奉天から内蒙古に入る路線をもう一つ確保しておこうとしたからであった。このように日本の満蒙鉄道建設計画が中国興業会社の設立を促進したのである。森と孫文はこの他に内蒙古実業公司の設立をも交渉していた。(9)

中国興業株式会社設立における日本側の中心は渋沢栄一であった。彼は二月一四日新橋駅頭で孫文を迎え、東京での主な歓迎会と招宴に出席していた。一七日渋沢は帝国ホテルに孫文を訪ね、会社設立問題を協議し、(10)その後山本条太郎とも協議した。

渋沢と孫文の交渉は裏で大蔵省が主導していた。同省次官であった勝田主計《しょうだかずえ》は一八日渋沢に次のような指示を与えた。(11)

一 政府側は表面上関係せざること但裏面に於ては充分の援助を与ふること

一 合弁会社の性質は先づ東亜興業の如き起業会社とし仕事を見付くることを主とすること

一 会社の見付たる仕事は之を其路の専門家に紹介し資金関係に付きては既設機関例へば日仏銀行の如きを利用するは勿論別に本邦資本家団又は欧米及本邦連合の資本家団を作り活動すること

一 先方に於て会社組織に熱心なるも当方に於て極めて煮切らざる態度を取らざる様本関係の凡ての計画は渋沢男を中心とすること

一 渋沢男は適当の時機に適当なる範囲の銀行家実業家を会同せしめられ協議せらるゝこと但し其範囲は最初より余り広汎に亘らざること成功上必要なること

一 東亜興業会社は江西□□(二字不明)関係上支那の利権獲得会社の如く感ぜられ居る傾あるを以て先方との会談に於ては之が関係のことを取出すことを避け成立の上東亜の善後策を講ずること

これはこの会社の性格から設立後に利権を獲得するまでの原則と具体策を策定したものである。

一九日渋沢は孫文との協議情況を勝田次官に報告した。(12)二〇日三井物産集会所で会社の第一回発起人会が開かれ、(13)中国側からは孫文、日本側からは大倉喜八郎・安田善次郎・益田孝・倉知鉄吉・三村君平・山本条太郎らが出席した。二一日渋沢の事務所で渋沢・益田孝・山本条太郎と孫文・戴季陶（天仇）が日華合弁事業について双方の意見を交換し、覚書を作成して再び協議すべきことを約束した。[14] 渋沢は日中合弁の中国興業株式会社設立に関する目論見書草案を作成し、二五日これを勝田次官に提出した。[15] 三月一日渋沢ら日本側の関係者はこの目論見書草案を検討し、全員この原案に賛成した。[16]

三月三日渋沢・益田・山本・大倉の四人は日本側起草の「中国興業公司目論見書概要」と公司設立の主旨を孫文に提出した。[17] 概要は次のように一〇項目一九条から構成されていた。[18]

中国興業公司目論見書概要

一　名称

一　中国興業公司ト称シ英文ニテ "The China Exploitation Co., Ltd." ト書ス

二　組織

一　中日合弁ノ株式会社ニシテ中華民国ノ法律ニ依リ設立ス

三　営業

一　各種企業ノ調査、設計、仲介及引受

一　各種ノ企業ニ対シ直接又ハ間接ニ資金ノ供給及融通ヲ為スコト

一　其他一般金融並ニ信託ノ業務

四　資本及株式

一　資本ヲ五百万円トシ各半額ヲ中日両国人ニ於テ引受クルモノトス

但第一回ノ払込ハ其四分ノ一トス

一　資本ハ株主総会ノ決議ヲ経テ増額スルコトヲ得
一　株券ハ記名式トシ取締役会ノ同意ヲ得ルニ非レハ之ヲ譲渡スルコトヲ得ス

五　営業所

一　本店ヲ上海ニ支店ヲ東京市ニ置ク

六　役員

一　取締役十名監査役四名トシ中日両国人株主中ヨリ右半数（取締役ハ百株以上ノ株主中ヨリ監査役ハ五十株以上ノ株主中ヨリ）ヲ株主総会ニ於テ選挙ス
一　取締役中ヨリ総裁一名副総裁一名及ヒ専務取締役二名ヲ互選ス

七　株主総会

一　定期総会ハ毎年一回上海ニ之ヲ開キ臨時総会ハ必要アル毎ニ上海又ハ東京市ニ於テ之ヲ招集ス

八　債券

一　本公司ハ取締役会ノ決議ヲ経テ中国興業公司債券ヲ発行スルコトヲ得
一　中国政府ハ本債券ノ発行ヲ許可シ成ル可ク其利益ヲ保護スルコトニ努ム可シ
一　日本資本家ハ債券ノ応募又ハ引受ニ関シ出来得ル限リ尽力ス可シ

九　資本ノ仲介

一　本公司ハ日本若クハ外国ノ資本団ニ対シ資金供給ノ仲介ヲ為スコトヲ得
一　以上ノ場合ニ於テ本公司ハ日本若クハ外国ノ資本団ニ向テ内外市場ノ状況ニ依リ債務者ニ対シ成ルヘク有利ナル条件ヲ以テ資金ヲ調達セシムヘシ

一　日本資本団中ニハ東京及大阪ニ於ケル有力ナル第一流銀行を網羅スルモノトス

十　創立事務

一　創立事務ハ中華民国ニ於テハ孫文氏、日本ニ於テハ男爵渋沢栄一氏之ヲ担当ス

孫文と渋沢・益田・大倉らがこの草案を条項ごとに検討すると、双方の間には次のような意見の相違があった。

第一項の名称について、孫文は「China Exploitation Co. デナク Development ト云フ字デモ使ヒタイ」(19)と提案した。

第二項の組織については、中国と日本のどちら側の法律によってこの会社を設立するかという問題であった。これは国家主権にかかわる根本的な問題であり、孫文は「矢張リ支那ノ法律ニ従フ方ガ宜イダラウト思ヒマス」(20)と主張し、国家主権を擁護しようとした。孫文はその理由として、中国には既に「公司律」という会社法があり、新国会においては国民党が多数の議席を占めているから、自分の考えと同じような新たな法律も制定し得るし、また中国の法律に従うことによって内地でも商売が出来る上に、事業を起こす際にいちいち中国政府の許可を得る必要もなくなること等の有利な面を挙げて日本側を納得させようとした。(21)しかし渋沢と益田は「日本ノ法律ニ依テ組織スルコトハ何ノ差支モナイ」(22)と強調した。彼らはその理由として、もし中国の法律によれば日本人が躊躇するかも知れず、またこの会社は直接事業を展開するものではなく各種企業の調査・研究・仲介の役割を果すものであること等を挙げた。孫文は「今ノ所之ヲ直チニ日本ナラ日本ノ法律ニ依ルト極メテモ国ヘ帰ッテカラ国ノ人カトウ云フ考ヲ持テ居ルカト云フコトガ少シ懸念デス、或ハ誤解サレルカ知ラナイ」(23)と語り、この問題はしばらく措いて他の問題を検討するよう提案した。

第四項の資本及び株式について、渋沢は資本金を五〇〇〇万円とし、日中双方が半額ずつ分担することを提案した。孫文は一〇〇〇万円にしたらどうかと提案したが、日本側の不賛成により最後には五〇〇〇万円になった。(24)

第五項の営業所については、益田が本店を東京、支店を上海に置くように主張したため、第二項の問題と共にしばらく

棚上げにしておいて後で決定することにした(25)。

第六項の役員については、大倉が中国との合弁会社においてはすべて総弁二名を置く前例に従って総弁二名を置くことを提案した。しかし孫文は「総弁を二人ニスルト或ハ仕事ヲスルニ困難カモ知レナイ、権利上ノ衝突カ出来ルカモ知レナイ、デスカラ仕事ノ便利上カラ考ヘルト一人ノ方カ宜シイ(26)」と主張した。

第七項の株主総会開催地について、日本の法律によると総会は本店、臨時総会は本店或いは支店で開くことになり、これも第二項第五項にかかわることであるから、後回しにした(27)。

第八項の債券問題については、日本の法律によれば中国政府は債券の発行を許可し、なるべくその利益を保護することになっているが、孫文が指摘したように中国ではその前例がなかったので問題となった。政府の許可・保障を得ることで利益を得る面もあるが、他方では政府からの干渉を受ける不便もあるので、最後に孫文と渋沢はこの項目を除外することに合意した(28)。

第九項の資本の仲介と第一〇項の創立事務については双方共に異論がなかった(29)。

会談は最後に再び組織・法律問題にもどった。どの国の法律に従うかによって他の項目の内容も変動することになるから、これは根本的な問題であった。益田孝は特に日本の法律によることを強調したので、渋沢も「日本ノ法律ニ依テ成立ツコトヲ望ム(30)」と提案した。孫文は「向フノ資本家ト相談シナケレバナラナイ事デアリマスカラ跡テ決定スルコトニ致シタイ(31)」と申入れた。渋沢もこれに賛成し、この件は概要の中で空欄にしておくことで合意した。この件は国家主権にかかわる法律問題において孫文がかなりの努力を尽したことを示している。

最後に孫文は資本金分担について中国側が困難であることを申入れた。中国側は半額の二五〇〇万円のうち第一回目に六二万五〇〇〇円(四分の一)を払込むべきであったが、孫文は彼個人としてはこの四分の一を引受けることが出来るが、他の出資者にとっては不動産こそ有しているものの現金を融通することは非常に困難であると語り、中国側の株主が孫文だけになってしまうので、これに対する日本側の援助を示唆した。(32) 孫文は中国側の出資者の不動産を抵当に日本側から借款を受けることで中国側が第一回目に払込むべき資本金を調達しようとした。これに対し渋沢は「夫丈ケノ事ハ必ス努メテ見マセウ」(33)と答えたが、合意には達しなかった。

この会談において双方が対立した根本的な問題は法律についてであった。三月一日、三井集会所で日銀・正金・興業・三菱・三井・大倉・古河ら諸銀行の代表がこの問題について再度協議し、「中日合弁ノ株式会社ニシテ中華民国ノ法律ニ依リ設立ス」(34)と明確に決定し、第四項の「資本及株式」については依然として「資本ヲ五百万円トシ各半額ヲ中日両国人ニ於テ引受クルモノトス」(35)とされた。しかし三月三日孫文に渡した文書では空欄になっていた。これは法律については益田孝の反対があり、資本金についても日本側の不賛成があったからだと思われる。ここから推測すると、孫文が東京を出発するまでこの問題は合意に達していなかったのであろう。

帰国した孫文は宋教仁の暗殺によって険悪化しつつあった南北問題を処理すると共に、中国興業会社の設立準備に取掛かった。これによって同会社の設立は単なる経済・金融の問題ではなく、第二革命とも密接な関係を有することになった。四月三日孫文は中国鉄路総公司に元司法総長王寵恵・実業家王一亭・張静江・印錫璋ら八名を招集して中国興業会社設立の理由と必要性を説明し、実業家らの賛同を促した。(36) 国内情勢が悪化する中で各地の実業家を招集してこの会社の株主にするのは不可能なので、孫文はまず上海の主な実業家と協議して第一回払込金額の一部を負担してもらい、残りの出資金は自分が調達して、会社設立後の適当な時期に各省の主な実業家に分担してもらおうとした。(37) 日本側からは森恪が出席して孫文と共に説明に当った。参加者はこの会社設立の主旨と目論見書概要に対して賛同の意を表し、上海の商務総会の主要人物らと相談した後で再会することを決めた。

四月五日第二回相談会が開かれた。孫文・森恪・王寵恵・李平書・王一亭ら一二名が出席し、中国側が第一回目に出資すべき六二万五〇〇〇円のうち、上海の実業家より二〇万円を出資し、残額は孫文から日本側に立替えを請求し、会社設立後各省の主な実業家に割当てることを決定した(38)。

四月九日第三回相談会が開催された。孫文・森恪・李平書・王寵恵・印錫璋・張静江・王一亭ら一五名が出席し、中国興業会社設立の主旨及び目論見書概要を条項ごとに検討した。会社の名称は中国興業有限公司とすること、中国の法律に基づくこと、事業と同時に金融活動を営むこと、資本金は日本円で取決めること、本店は上海に置くこと等の意見が多数を占めた。法律以外の問題はほとんど目論見書概要に準拠することになった(39)。

この時上海に来ていた高木陸郎は一〇日上述の中国側の意見を渋沢に打電した。これに対し、渋沢は一三日三井物産の藤瀬上海支店長に「此際設立成ルベク日本法律ニ依ル(40)」ことを孫文に伝言するよう依頼した。藤瀬と森恪は翌日この意見を孫に伝え、一に資本金の大部分は日本側が出資し、二に中国側の関係法律がまだ制定・整備されていないこと等の理由を挙げた(41)。しかし藤瀬自身は日本の法律によることに反対し、「先方ニテ支那法律ニ拠ルコトヲ主張スレハ強テ争ハズ彼等ノ意見ニ従フ方宜シト思フ(42)」と述べた。それは孫文ら中国側が主張したように、日本の法律によれば外国会社という性格を帯び、内地で自由に事業を展開することが出来ず、事変発生の場合は幾多の困難を生じる上、内地の中国人の感情を害して会社の発展にとって不利なことが多くなるからであった。また、中国側が制定しようとしている会社法は日本の法律と大同小異になるということもあった(43)。これは孫文が最後まで断固とした姿勢を貫けば、中国の法律に基づいていた可能性があったことを示していたが、四月一八日高木・藤瀬・森恪ら日本側の四人と孫文・王寵恵とが会談した結果、孫文は「他日支那法律制定サレタル時ニハ支那ノ会社ニ変更スルト云フ条件ヲ容ルレバ日本法律ニ依リ会社創立ノ事承諾セリ(44)」として、日本側の主張を受諾した。孫文がこのように譲歩せざるを得なかった原因には、一回目に払込むべき資本金のうち四〇万円を日本側に立替えてもらったという事情があった。高木はこの同意を得て、一九日帰国の途に就いた。

孫文は日増しに激化する中国南北の対立がこの会社の設立に影響を及ぼすのを恐れ、四月七日渋沢に「中国興業至急設立セシメ政治上ノ影響ヲ受ケザル様尽力中故御安心アレ」(45)と電報を発し、五月六日に「中国興業ハ政変ノ影響ヲ受クル恐ナシ当方ハ十五日迄ニ予定額払込正金ニ預入レル高木承知ノ条件ニテ急ギ会社設立アリタシ」(46)と再び日本側を催促した。孫文がこのように切望したのは、会社設立そのものが討袁策を講じつつある南方革命派にとっては無言の「同情」と「支援」になり、五ヵ国銀行団から二五〇〇万ポンドの借款を得た袁世凱に対抗する一つの手段でもあったからだった。

この時期日本は北の袁と南の孫に同時に資金と借款を提供する政策をとっていた。袁には四月二六日五ヵ国銀行団の一員として借款を提供し、孫には中国興業会社設立の名目で資金を提供しようとした。こうして対立する袁と孫のバランスをとろうとしたのである。

日本側は五月一九日第三回発起人会を開き、発起人を日本側八名、中国側八名とし、その人選、引受株数等を協議した。(47)六月一四日発起人及び関係者一同を招集して発起人総会を開催し、日本側発起人として渋沢栄一・大倉喜八郎・安田善次郎・益田孝・倉知鉄吉・三村君平・中橋徳五郎・山本条太郎の八名を選出し、発起人総会決議案を採択した。その内容は次の通りである。(48)

一　商号　中国興業株式会社（中国興業股份有限公司）

一　資本　金五百万円（壱株金壱百円とし、総株式数五万株、之を日支両国各半額宛、即ち金弐百五拾万円宛として、第一回払込額は四分の一、即ち一株につき金弐拾五円とす）

一　目的　（一）各種企業の調査・設計・引受及仲介

（二）各種の企業に対し、直接又は間接の資金の供給及融通〔を〕なすこと

（三）各種債券の応募又は引受

（四）其他一般金融並に信託の業務

一　本支店の所在地

（一）本店　日本国東京市

（二）支店　中華民国上海

株式の割当は東京において約一万八〇〇〇株、大阪約六〇〇〇株、その他約一〇〇〇株とし、六月三〇日までに申込と払込を同時におこなうことにし、創立委員として渋沢・山本・倉知ら八名が選定された(49)。孫文と高木らとの協議に基づいて、日本の商法に準拠して営業することが決定された。日本側は七月二五日までに株金払込事務を終了し、八月一一日に東京商業会議所で設立総会を開催することが決定された。このことは第二革命勃発前までは日本側がこの会社の設立に積極的であったことを物語っている。

中国側もこれに積極的に対応し、李平書・印錫璋・沈縵雲・張静江・顧馨一・王一亭ら十数名が一万円或いは五〇〇〇円ずつの株を引受けた(50)。

しかし日増しに悪化する袁・孫と南北の対立及び第二革命の勃発は、中国興業会社の設立に重大な影響を及ぼした。六月中旬孫文は広東の胡漢民・陳炯明と討袁策を協議するため広東に赴き、会社設立に関する一切を黄興・陳其美・王亮疇らに委任した(51)。第二革命勃発後孫文にはこのことを顧みる余裕が全くなかった。七月二八日孫文は渋沢に南北開戦のため代表派遣も不可能になったので、「会社を設立し実業の発達を図ることも延期致す能はざるに付一切の文書を森恪に托し、御相談申すべき(52)」ことを希望した。これは第二革命の勃発により、軍資金が一層必要になったからであった。

この時日本側では逆に同会社の設立を延期すべきだという主張が現れた。八月九日有吉明上海総領事は牧野外相に「同会社ノ組織発展ハ尠クトモ目下ハ其時機ニ非サルヘシト認メラレ……之カ組織ハ暫ク延期スル方宜シ〔カ〕ルヘシト認ム」[53]と上申した。その理由は第二革命によって「将来同会社ハ殆ント其立場ヲ失フカ如キ事ナキヲ必シ難キノミナラス差当リ俄然衆望ヲ失セル一派（孫文ら革命派を指す——筆者）トノ提携ハ世上ニ喧敷各種ノ風評ト共ニ延テ一般日本側ニモ直間接ニ不利益ヲ齎ス事モ可有之」[54]というものであった。この時期に孫文らと合弁会社を設立すべきではないと主張したのである。しかし渋沢ら財界人は「折角是迄苦配せし甲斐も無之と申説多く」[55]と主張して予定通り八月一一日東京商業会議所で中国興業会社設立総会を開き、取締役に倉知鉄吉・尾崎敬義・森恪（上海駐在）と印錫璋・王一亭・張人傑の六名を指名した。総裁には孫文が選ばれる予定であったが、戦況の急変により孫文は既に（九日）神戸に亡命していたので、当分欠員とすることにした[56]。皮肉なことに森恪が中国側の代表代理としてこの設立大会に出席した。

中国興業株式会社の設立により、日本は中国に対する資本輸出を強化して中国における日本の権益を拡大しようとし、孫文は中国の産業振興と鉄道建設のために日本の資本と技術を利用しようとした。このように双方で異なる目的が情勢に応じて変転する第三次桂内閣の対孫・対袁政策の下で一時的に合致し、設立総会を開催するまでに至った。しかし第二革命における孫文と革命派の敗北及び山本内閣の対孫・対袁政策の再転換や袁の同社に対する牽制策によって、この会社は終焉を迎えたのである。第二革命の失敗により、孫文の産業振興・鉄道建設計画は挫折し、孫文は武力による討袁戦争＝第三革命への準備に取掛かったが、日本側の中国における目的にはいささかの変化もなく、袁世凱と共にその計画・目的を達成しようとして、この年の秋から中日実業株式会社の設立に取掛かることになった。

（1）　山浦貫一『森恪』上巻、高山書院、昭和一八年、一九九ページ。
（2）　同右書、一九八—九九ページ。

（3）同右書、一九九―二〇〇ページ。
（4）同右書、二〇〇ページ。
（5）外務省編『日本外交文書』大正二年第二冊、六五一ページ。
（6）同右書、六五一―五二ページ。
（7）同右書、六五二ページ。
（8）同右書、六五一ページ。
（9）同右。
（10）『渋沢栄一伝記資料』第三八巻、渋沢栄一伝記資料刊行会、昭和三六年、五七一ページ。
（11）山浦貫一、前掲書上巻、二〇六―〇七ページ。
（12）『渋沢栄一伝記資料』第三八巻、五七二ページ。
（13）山浦貫一、前掲書上巻、二〇七ページ。
（14）『渋沢栄一伝記資料』第三八巻、五七二ページ。
（15）同右。
（16）同右。
（17）同右。
（18）外務省編『日本外交文書』大正二年第二冊、九七三―七四ページ。
（19）同右書、九七五ページ。
（20）同右。
（21）同右書、九七五―七六ページ。
（22）同右書、九七六―七七ページ。
（23）同右書、九七七ページ。
（24）同右書、九七八―七九ページ。
（25）同右書、九七九ページ。

(26) 同右。
(27) 同右。
(28) 同右書、九八〇―八一ページ。
(29) 同右書、九八一ページ。
(30) 同右書、九八二ページ。
(31) 同右。
(32) 同右書、九八三ページ。
(33) 同右書、九八四ページ。
(34) 同右書、九七三ページ。
(35) 同右。
(36) 同右書、九八七ページ。
(37) 同右書、九八七―八八ページ
(38) 同右書、九八八ページ。
(39) 同右書、九八八―九〇ページ。
(40) 同右書、九九一ページ。
(41) 同右。
(42) 同右。
(43) 同右書、九九三ページ。
(44) 同右書、九九二ページ。
(45) 同右書、九八八ページ。
(46) 同右書、九九五ページ。
(47) 『渋沢栄一伝記資料』第五四巻、渋沢栄一伝記資料刊行会、昭和三九年、五一六、五三〇ページ。
(48) 同右書、五三〇ページ。

(49) 同右書、五三一ページ。
(50) 外務省編『日本外交文書』大正二年第二冊、九九二ページ。
(51)『渋沢栄一伝記資料』第五四巻、五三四ページ。
(52) 同右書、五三六ページ。
(53) 外務省編『日本外交文書』大正二年第二冊、一〇〇一、一〇〇五ページ。
(54) 同右書、一〇〇五ページ。
(55)『渋沢栄一伝記資料』第五四巻、五四二ページ。
(56) 同右書、五三八ページ。

四　中日実業株式会社

孫文が第二革命に失敗して日本に亡命すると、渋沢ら日本の財界人は孫文と共に設立した中国興業株式会社から孫文ら革命派を追出して袁世凱派を引入れ、一九一四年四月二五日中日実業株式会社を設立した。これは中国興業株式会社を改組・改称して設立されたものであり、日本の資本を輸出することによって中国における日本の権益を拡大し、客観的には袁の政権を支援する役割を果すことになった。本節では、中国興業株式会社が中日実業株式会社に改組される過程を通じて日本と孫・袁の関係の変化を考究すると共に、中日実業株式会社の中国における投資活動をめぐる日本と欧州列強の対立と中国買弁との関係を検討する。

七月に勃発した第二革命において、八月初めには既に孫文ら革命派は敗北への途をたどっていた。渋沢らは臨機応変に対処するため、まず政経分離論を唱えた。八月に渋沢は孫宛の書簡で「今回南北ノ戦況如何ニ拘ハラス本会社ハ毫モ之ニ関係ナク、閣下ヨリ本会社設立ノ趣旨目的ヲ貴国各省ノ都督及商業会議所其他ノ実業家等ニ通知シテ、其株式ヲ引受ケシメ、毫モ政争ノ繋累ヲ蒙ラシメスシテ広ク経済ノ共通ヲ企図セラレタルトノ事ハ、実ニ至公至平ニシテ真ニ憂国ノ衷情ヨリ発露セラレタルモノト、閣下ノ御厚意ニ感佩仕候(1)」と孫文を讃えた上で、中国興業株式会社は本来政経分離であるべきだと強調し、その位置付けの再考を提言した。これは孫文が七月二八日渋沢宛の書簡で「小生等は同会社（中国興業株式会社――筆者）設立を以て中日両国実業連絡を鞏固にし、其発達を図るを念と致候事は始終不変に御座候、今回南北開戦致候共、同公司とは何等関係無之は勿論、設立の上は小生より同社創立の趣旨全国各都督並商会に通告し、有力実業家に株式引受方を勧誘し、各地方にて同社事業の発達を期し度、尚南北を問はす同社株式希望の向あらは承諾すること〻致し度候(2)」と述べた言葉を引用したものであった。この孫文の政経分離論は第二革命の戦況の影響を排除して至急この会社を設立し、第二革命に必要な資金を調達しようとしたものだったが、これを逆に利用して、渋沢らは孫文派の勢力をこの会社から分離・排除する論拠としたのである。

袁世凱も孫文を中心とした南方の革命派が日本と合弁会社を設立することを警戒し、六月末に孫宝琦・李盛鉾を東京に派遣した。袁は彼らに「孫逸仙関係ノ日支実業協会ナルモノカ若シ孫逸仙側ヨリノ出資覚束ナキ為メ進行中止等ノ事実アルニ於テハ当方（袁政府側）ニ於テ更ラニ支那実業家出資勧誘方ヲ担任シ完全ニ成立ヲ期スルコト若シ幸ニシテ既ニ孫ノ尽力成功シ居レリトアルニ於テハ更ニ拡張ヲ企図シ出資ノ加入ニ努ムル(3)」ように訓令し、自派の勢力を扶植しようとした。孫・李両名は七月二日と九日に渋沢と会談し、この会社への袁世凱派の参入を要望した。渋沢はなるべくその参入を許すことにしたいと答えた(4)。これは袁の孫に対する牽制策であり、また同社改組の基盤工作を始めたことを示すものであった。

だがこの時渋沢らは「孫文氏等トノ従来ノ関係ハ飽ク迄之ヲ維持スルコト」、「孫文氏ハ会社ノ総裁トナスコトニ関スル従来の成行ハ之ヲ維持スルコト(5)」等の方針を堅持していた。しかし袁軍によって南京が陥落した後の九月五日になると、渋沢は「此際精々孫文氏之名ニよりて引受居候株式を政事ニ関係なき純然たる実業家ニ勧誘加入せしめ(6)」ようとした。これは孫文ら革命党関係者を同会社から排除しようとしたものであった。

袁の北京政府も孫文派をこの会社から追出し、新会社を設立しようとした。北京政府総理熊希齢は九月一七日駐北京の山座円次郎公使に「自分ノ考ニテハ同会社（中国興業株式会社――筆者）ハ根本ノ組織ヲ改メ新ニ支那側有力者ノ連合ヲ計ルコト貴我双方ノ為利益ナリト認メ居リタル(7)」と述べ、渋沢が北京に来てこの件を相談しては如何かと提議した。山座公使もこれに同調して「孫文ハ現ニ社長ニアラサルノミナラス支那側重役ノ多クハ今回ノ動乱ニ縁故深キモノノミニ付速ニ之等ノモノヲ淘汰シ中央政府ニ信用アルモノト代フノ必要ナル(8)」旨を述べ、渋沢らが当地に来て貴官及び北京政府と接触することは至極好ましいと述べた。一〇月五日北京政府は日本の好意を得るために多年の懸案であった満蒙における鉄道五路線の敷設権を日本に与え、日本への接近を図ろうとした。

この頃中国興業株式会社副総裁であった倉知鉄吉は牧野伸顕外相と松井慶四郎外務次官に新会社に対する援助と便宜の提供を要請し、外務省もこれを支持して協力した(9)。一〇月二七日外務次官官邸において松井外務次官・小池政務局長・勝田大蔵次官と渋沢・倉知・山本条太郎ら八名が会合して中国の時局の変化に伴う対応策を検討し、次のような措置をとることが決定された(10)。

一　株を広く北方その他の中国全国有力者に配分する。
二　中国側の重役王一亭・張人傑・沈縵雲らの辞任による欠員に北京政府関係者を加える。
三　全国有力者を中国側相談役に推挙する。
四　会社の組織についてはなるべく現状を維持するを主旨とし、先方より拡張の申出ある時に応ずる必要ある場合は、資本総額七〇〇万円までの拡張に同意し、日本側の拡張株式は東亜興業会社の合併株を充てることとする。

五　北京政府において中国興業会社を日中実業連絡の機関とし、これに十分の便宜を与える旨を承諾せしめる。

六　場合によっては製鉄（付漢冶萍）、石油事業と福建・安正鉄道及び幣制顧問の件を中国側と相談する。

この決定は中国興業株式会社そのものを維持しながら袁と北京政府の要人をもって孫文一派に替えようとしたものである。過渡的な措置であったといえよう。

この時孫文は既に東京に亡命していた。孫文は討袁の第三革命を準備するために日本からの援助を希望し、中国興業株式会社にも大きな期待を寄せていた。山本条太郎の話によれば、渋沢や中野武営らはその要望に応じようとしたが、外務省と軍部の反対によって実現しなかったという(11)。右の決定後の二九日に孫文は渋沢事務所を訪れ、渋沢・中野・山本らと密談しているが、その内容は不明である。その後孫文は渋沢に「元来政治と経済とは別個の問題なれば、此際北方の加入（中国興業株式会社への加入――筆者）は喜んで之に応ずることに同意すべく、又先方の希望ならば、現株主は潔よく其持株全部を北方に譲渡するも亦何等の異存なし(12)」との回答を寄せている。この回答より推測すれば、渋沢らは二七日の決定に基づき、孫文に株の譲渡を迫ったようである。これによって孫文は取得していた同社の四八〇〇株を手放さざるを得なくなった。これで日本と袁の北京政府とが新たな合弁会社を設立するための前提条件が整った。

こうして中日実業株式会社の設立に関する交渉が本格化した。外務省は財界と共にこれに積極的に取組んだ。渋沢は北京の招請に応じて渡華する予定であったが風邪にかかり、倉知鉄吉が代理として渡華することになった。牧野外相は一一月七日山座公使に「渋沢男渡支見合ハセタル此際倉知氏ノミ貴地ニ赴クガ為メ何等カノ誤解ヲ招クガ如キコトアリテハ面白カラサルニツキ右様ノ懸念モアラバ同氏渡支ハ見合ハサシムルヤウ取計フ積リナルヲ以テ其辺ニ関スル貴見電報アリタシ(13)」と打電し、北京側の意向を打診するよう訓令した。一四日山座は北京側に異議なしと返電した。一八日倉知は東京

を出発し、朝鮮経由で二八日に北京に着いた。一二月三日東京で相談役会議が開かれ、次のようなことが決定された。(14)

一　楊士琦を会社総裁に推薦すること。

二　会社名称を中日企業株式会社とすること。

三　本店は東京、支店は天津（または北京）に設けてこれを中国総局とし、中国各地に設置される支店を統轄せしめること。

四　会社の国籍は日本にあるが、中国政府工商部に登録し、中国の会社と同一の特権を得ること。

以上の事項は、北京側の照会による要望に対して日本側が同意する形で決定したのである。北京では倉知と工商総長張謇及び楊士琦らが協議し、右の決定とほぼ同様の内容で双方の意見が一致した。(15)これに基づき倉知は楊らと中国興業株式会社の章程を改訂して、中日企業株式会社章程作成の作業を完了した。この章程改訂においてはどの国の法律に基づくかについては取上げられなかったが、会社の国籍は日本に置かれるので、日本の商法に依拠することになった。倉知は中国側との交渉内容と修正後の章程を覚書にまとめ、山座公使と松井外務次官に報告した。(16)

このような過程を経て一九一四年四月二五日東京でこの会社の第一回定期総会が開催され、北京からは孫多森ら八名が出席した。孫らの渡日に際し、小池政務局長は岡警保局長に特別の保護策を講ずるよう要請した。(17)当時東京には多数の革命党員が居住しており、この会社の設立は孫文ら革命派に対する裏切りであったから、革命党員に襲撃される恐れがあったためである。この一行には元中国興業株式会社の大株主であった周金箴（四四〇〇株）・印錫璋（四〇〇〇株）・朱葆三（三四〇〇株）も同行していた。彼らは孫文と交流はあったが革命党員ではなかったので、この設立大会に出席して旧会社との内在的つながりを示そうとしたのである。

新会社は成立に当って工商総長張謇の主張により社名を中日実業株式会社（中日実業有限公司）と改めた。設立大会において楊士琦と倉知鉄吉が正・副総裁に、孫多森・尾崎敬義・周金箴・森恪の四名が専務取締役に選ばれた。中国側の役員は一新されたが、日本側は取締役の中島久万吉以外は旧会社の役員であった。株主も中国側には異同があったのに対し、日本側はほぼ旧会社のままであった。このことは日本の日中合弁会社設立の目的が終始変化していなかったことと、第二革命における袁の勝利によりその派閥が中国側の一切を独占するようになったことを物語っている。

設立総会では会社章程が改正され、総裁と副総裁の一体性と共同性が強化された。例えば中国興業株式会社章程では「総裁又ハ副総裁」が招集する（第一七条）とされていた株主総会は「総裁及副総裁」が招集することになり、「総裁及副総裁ハ各自会社ヲ代表ス」とされていたのが「共同シテ」代表すると改正された。[18] これは日本側の副総裁の権限を強化・拡大したものであり、新会社における日本側の権限は一層強くなった。

新会社設立後、日本側は対中国資本輸出と権益拡大に取掛かった。このため渋沢栄一は五月二日に東京を出発して訪中することになった。渋沢は四月の新会社設立前に訪中しようとしたが、熊希齢・楊士琦らは「渋沢男渡支サレテハ世評喧シク却テ同公司ノ事業ニモ妨アラン」[19] かと懸念し、山座公使も新会社設立後に訪中するのが得策だと具申したため、渋沢は訪中を一時見合せた。これはイギリス等列強の敏感な反応が予想されたからである。渋沢も「近時支那に於ける英字新聞は余の旅行を以て利権獲得の為なりと称し殆ど三日にあげず罵詈誹謗を逞ふ」[20] していると語った。北京の『デイリー・ニュース』紙は「支那に於ける日本」と題する記事で、「渋沢男爵の渡支は長江沿岸に於て占むる英国の勢力圏を奪ひ且之を確保せんと欲するものなり」[21] とその目的を暴露した。しかし渋沢は訪中の目的は「一の漫遊にして支那の風景を遊覧すると共に中日実業会社の産婆役を務めんとする」[22] ことだと語り、真の目的を隠蔽しようとした。

渋沢は五月六日上海に到着した。加藤高明外務大臣は駐中国の山座公使と各地の総領事・領事に渋沢が「貴地着ノ節ハ通訳及旅館準備等諸事便宜ヲ与ヘ」[23] 協力するように訓令した。これは渋沢の訪中を外務省がバックアップしていたことを示している。渋沢は上海・杭州・漢口を経て、一九日に交通部特派の貴賓列車で北京に着いた。各地の外務省出先機関は渋沢の活動の詳細を加藤外相に報告した。

渋沢の訪中においてもっとも重要なことは北京における袁世凱や北京政府の要人との会談であった。二一日に渋沢は袁と会談したが、袁は渋沢に「両国の親善なる交誼を鞏固に保持せんと欲せば其の経済上の関係を密接ならしめざるべからず」と述べ、新会社の発展のために尽力することを希望した。(24) 袁はこの会社を通じて日本の資本を導入し、自己の経済的基盤を固めると同時に、日本との関係を改善しようとしたのである。元総理の熊希齢は、近来中国が欧米等の国と連携して日本を排斥するとの世評があるが、中国側にはこのような意向はないので、貴国当路者においては誤解なきよう帰国後説明してほしいと依頼した。(25) 曹汝霖外交次長は日本の新聞が袁を攻撃することによって、中国国内に面白からぬ感情を惹起する憂いがあることを述べ、両国国交の妨害となるような論調を改めるよう日本側に勧告してほしいと求めた。(26) 孫宝琦外交総長も昌黎事件以降中日両国が良好な感情を深めていると述べ、渋沢に中国財政に対する意見を尋ねた。(27) これに対し北京の松平臨時代理公使は加藤外相に「支那当路者ハ同男ノ日本ニ於ケル社会ノ名望ヲ利用シテ国際ノ緩和円滑ヲ図ラン」(28) と打電し、袁と北京政府の対日関係改善の意図を伝えた。

楊士琦との会談において、渋沢は訪中の目的である権益拡大を鑑みて、新会社の事業として四つを提案した。これらの事業は事前に山座公使と相談の上提案したものであった。第一は中国の電話事業に対する借款である。(29) 倉知は前年一二月七日楊士琦との会談時に日本から一二〇〇万円の借款を導入し、電話機器を全部日本から購入することを話合った。(30) 渋沢はこの計画の実現を要望した。第二は東北の四平街より洮南間の鉄道敷設工事及びその材料・機械類の売込であった。第三は中国の石炭・銅・鉄等の鉱山調査のために新会社から技師を派遣すること、第四は新会社に電灯部を設け、電灯未設の都市における電灯事業を経営することであった。(31) 一方楊士琦は、一〇万乃至二〇万元の小資本で北京に貯蓄銀行を開設し、事業が発展したら天津・上海・香港等の大商業地にこれを拡大する計画を提出した。[32]しかしこれらの事業は皆中国における他の列強との競争・争奪にかかわるものであった。例えば電話事業はジーメンス社が既に交通部と交渉中であった。そこで双方共に尽力の意を表明するにとどまり、合意には至らなかった。

中国における日本の投資と権益を拡大しようとする同社の設立は他の列強に大きなショックを与え、外国人の耳目をそばだてた。七月一日『北京政府公報』は同社の章程を農商部登録の趣旨と共に公表した。これにより、それまで秘密にされてきた同社は他の列強の標的となった。ドイツ系の『ガゼット』紙は楊士琦が政事堂（国務院）左丞の重職に就いていながら営利企業の総裁を兼任しているのは不穏当だと非難し、日本資本の中国進出を牽制しようとした。この裏には欧州列強と結びついている買弁の工作があった。かねてドイツに接近していた梁士詒ら広東派は張謇の江蘇派と連携して、安徽派に属する楊士琦を排撃しようとした。このような情況の中でおこなわれた七月二四日の会議において、駐北京の同社役員らは楊に総裁辞職を迫った。これは単に楊の「政治的立場ヲ危クスルノミナラス延テハ中日実業会社ノ為メ不利益不得策ナル」[33]からであった。楊は一時辞職して当面の政敵である梁士詒・張謇らの鋭鋒を避け、その腹心である孫多森を後任として総裁に推挙し、政府内部における黒幕として尽力することにした。駐北京の小幡臨時代理公使はこの措置は「此場合最モ策ノ得タルモノナル」[34]と森恪に述べ、加藤外相にもこの意見を上申した。森は七月二九日に帰朝して日本側の役員とこの件を討議し、孫多森が総裁に就任した。これは中国において日本と欧州列強及びそれぞれと結びついた中国買弁資本の間に激列な競争と争奪が展開されていたことを示している。

中国興業・中日実業は、共に日本側では三井財閥の役員が中核を占めており、また三井の森恪（一九一四年二月に三井の天津支店長に就任）が重要な役割を果していたので、外部にはこの会社が三井系であるという印象を与えていた。だが三井は辛亥革命において孫文ら南方の革命派に資金・武器等を提供したので、北の袁世凱派には親革命派の印象を与えており、その評判は頗る悪かった。この印象は中日実業の北方における事業に影響を及ぼさざるを得なかった。小幡臨時代理公使は中日実業が三井的色彩を帯びないようにするため、「森ヲシテ此際三井ニ手ヲ切ラシメ中日重役トシテ北京ニ常任シ専念会社ノ為メニ活動セシムル」[35]ことを加藤外相に上申した。これらは袁とその派閥が一面においては日本との関係を改善しようとしながらも、一面においては日本と孫文ら革命派との従来の関係から依然として日本を警戒し、それほど好感を抱いていなかったことを物語っている。

新会社中日実業の中国における投資活動は、日本の他の会社とも競争・対立することになった。江西省の余干鉱山の投資・採掘において中日実業は大倉組と対立し、これに外務省とその出先機関まで介入する事態になった。加藤外相は「我対支企業家殊ニ大倉組、中日実業会社ノ如キ有力ナル輩ガ互ニ相陥擠スルガ如キコト有之ニ於テハ結局我対支企業ノ発展ハ到底望ミ難キ次第ニ有之」[36]として、駐北京日置公使に尾崎専務取締役が北京に到着したら戒飭するよう指示し、大倉組を支持する立場をとった。この競争・対立の裏では各々の会社の黒幕である楊士琦と張謇らとの対立が絡み合っており、楊はその権力を利用して張謇派に圧迫を加えた。その結果北京政府工商部は中日実業・大倉組と江西官憲三者に各二鉱区を割当てることにより双方を妥協させた。[37]

中日実業株式会社は設立後中国、特に北方において投資・借款活動を展開し、山東省に五〇〇万円の借款を提供して二、三の鉱山採掘権を獲得した他、電話借款(当初一〇〇万円)・直隷省の水災借款五〇〇万円等を提供した。[38]しかし中日実業の投資活動は予想通りには発展しなかった。その後第一次大戦が勃発して日本が膠州湾を占領し、一九一五年に二十一カ条を袁に要求すると、袁と日本との政治的対立が激化し、中国民衆の反日感情も高まった。中国側の役員らは同社の職務をサボタージュし、専務取締役が出勤しないという事態になった。この情況は一九一五年一二月四日に森恪が総裁李士偉宛の書簡で洩らした不満から窺うことが出来る。[39]しかし訪日中の孫文に示した冷淡な姿勢と比較すると、当時の日本はどちらかといえば客観的には援袁的であったといえよう。しかしこれは袁を支援するというよりも、日本の中国における投資・権益の拡大のためであった。

中日実業株式会社の対中国投資活動が活発化するのは、袁の死後、寺内内閣が段祺瑞を援助する時期であった。

（1）『渋沢栄一伝記資料』第五四巻、渋沢栄一伝記資料刊行会、昭和三九年、五三九ページ。
（2）同右書、五三六—三七ページ。
（3）外務省編『日本外交文書』大正二年第二冊、九九六ページ。
（4）『渋沢栄一伝記資料』第五四巻、五三五ページ。
（5）同右。
（6）同右書、五四二ページ。
（7）外務省編『日本外交文書』大正二年第二冊、一〇一四ページ。
（8）同右書、一〇一五ページ。
（9）同右書、一〇〇五、一〇一五—一六ページ。
（10）同右書、一〇二〇—二一ページ。『渋沢栄一伝記資料』第五四巻、五四六ページ。
（11）「支那革命ニ関スル山本条太郎ノ談」乙秘第一六五五号、大正三年八月二七日。外交史料館所蔵。
（12）『渋沢栄一伝記資料』第五四巻、五四七ページ。
（13）外務省編『日本外交文書』大正二年第二冊、一〇二一ページ。
（14）同右書、一〇二二—二三ページ。
（15）同右書、一〇二七—三〇ページ。
（16）同右。
（17）外務省編『日本外交文書』大正三年第二冊、五九六ページ。
（18）同右書、六〇〇—〇一ページ。

(19) 同右書、五九五ページ。
(20) 山浦貫一『森恪』上巻、高山書院、昭和一八年、二一七ページ。
(21) 同右書、二一六ページ。
(22) 同右書、二一七ページ。
(23) 外務省編『日本外交文書』大正三年第二冊、六〇二ページ。
(24) 同右書、六一七ページ。山浦貫一、前掲書上巻、二一八ページ。
(25) 同右書、六一七ページ。
(26) 同右書、六一九ページ。
(27) 同右。
(28) 同右。
(29) 同右書、六二〇ページ。
(30) 外務省編『日本外交文書』大正二年第二冊、一〇二四—二五ページ。
(31) 外務省編『日本外交文書』大正三年第二冊、六二〇ページ。
(32) 同右書、六一九ページ。
(33) 同右書、六二六ページ。
(34) 同右。
(35) 同右書、六二七ページ。
(36) 同右書、六二八—二九ページ。
(37) 同右書、六三一—三二ページ。
(38) 山浦貫一、前掲書上巻、二二七ページ。
(39) 同右書、二二〇—二二ページ。

五　孫文の対日言論の虚像と実像

孫文の訪日に対する日本朝野の熱烈な歓迎、桂太郎との政治会談、財界と共に中国興業株式会社を設立したことは孫文と日本との政治的・経済的な連携を促進し、孫文の訪日目的と対日期待は達成されたかのように見えた。そのため孫文はこの訪日に満足し、彼の対日言論にも「変化」が起きたようであった。本節では、訪日前後における孫文の対日認識を比較し、訪日中の対日言論の実像と虚像を考究する。

訪日前の孫文の対日認識は二元的であった。孫文は各地で中国の産業振興と鉄道建設を訴える際に、日本の対外開放・外資導入等による産業の近代化を賞揚し、それに学ぶよう呼掛けたが、(1)また一方では日本の中国侵略の野望を糾弾した。特に八、九月に北京と北方の各地を訪問した際は日本の侵略を辛辣に告発し、対応策を講ずるよう訴えた。九月二日に国防問題に触れた折、孫文は中国の国防が堅固でないので、ロシアは蒙古と北満州に、イギリスはチベットに侵入し、日本は南満州を侵略していると述べた。(2)九月一日の軍と警察官の歓迎会においても、国勢は危機的状態にあり、日本軍が南満州に、ロシア軍が蒙古に、イギリス軍がチベットに、フランス軍が雲南・貴州に駐屯し、中国を分割しようとしていると語った。(3)九月二〇日の山西省の軍関係者に対する講演でも、イギリス・ドイツ・フランス・アメリカは強大国であるが、まだ完全に東方にその勢力を及ぼしてはいない、我が国と国境を接する国は日本とロシアだけである、日本は陸軍二〇〇万を有して戦時には一〇〇万を出兵させることが出来るし、ロシアは五〇〇万の陸軍を有して戦時には三〇〇万を出兵させることが出来る、近年この両国は満蒙に対し大きな野心を抱き、満蒙を自国の勢力圏と見なしている、これは大いに憂慮すべきことであると語った。この情勢への対応策として、孫文は軍事訓練、軍事学の研究、新兵器生産等の必要を強調した。(4)鉄道建設の問題に触れた時も、東三省(満州)は完全な我が領土ではない、なぜ日本とロシアの手中に陥っているのか、それはロシアと日本が東清鉄道と南満鉄道を掌握しているからであると語った。(5)孫文は北京で民国の首都を南方に移転すべきことを主張したが、その主な理由の一つは日本とロシアの脅威であった。孫文は八月三一日の参議院での演説で、国都は北方の両強大国と隣接している、ロシアは蒙古を、日本は南満州を占拠し、朝鮮と満州の交通は日増しに便利になっているので、一旦事変が起これば日本は一〇万の兵力を五日間で出動させることが出来、北京は内外から困難に陥るであろうと語った。(6)九月一日に北京蒙蔵統一政治改良会の講演で民族問題を論じた時にも、孫文は日本の朝鮮に対する侵略を告発し、日本は朝鮮人を牛馬のように扱っていると非難した。これらの事実から見れば、孫文は日本の中国、特に東三省に対する侵略の本質に対し明確に認識していたといえる。

孫文のこのような二元的対日認識は互いに矛盾しているようであるが、それは日本の社会構造が矛盾していたからであった。日本は対内的には欧米諸国の文明と資金を導入して近代国家を建設したが、対外的には軍国主義国家として中国・朝鮮を侵略するという二重的国家であったから、孫文の対日認識も二元的であり、矛盾していたのである。これは日本に対する正確な認識であった。

しかし訪日中に孫文の対日言論に新たな「変化」が起こった。対日認識の根本的な問題は日本が中国を侵略する国であるか否かであるが、この根本的問題についての見解に「変化」が起こったのである。孫文は二月二三日に東京の中国留学生による歓迎会での演説で、ロシアは侵略主義を推進する国であるが、日本はそうではなく、「我が国と利害がかかわりあい、東亜を侵略する野心は絶対にない。歴史の上から観察した場合、彼は島国であり、我は陸国であり、絶対に互いに侵略しない。近年来侵略の挙動を免れなかったのは、全くやむを得ざるものであり、その本心ではない。我々はこの上なく日本を諒とするであろう」(7)と述べた。また孫文は、以前日本が中国に対し侵略政策をとったのは、中国の国勢が振わずにヨーロッパの支配を受けるようになれば、海国日本も三つの島を守りにくくなるから、やむを得なかったことであると語った。(8)孫文は、武昌蜂起の時ロシアは外蒙古を併合したが、日本は軍を押えて出兵せず、国交も平常通りであり、蒙古における日露の勢力範囲を分割した第三回日露協約も実効はなく、それを恐れる必要は全くないと述べた。(9)このような言論は孫文が訪日前に日本の侵略を告発したことと矛盾するので、後の対日認識に「変化」があったように見える。

孫文は日本は東アジアの平和を維持するために欠かせない国であるとして、東アジアにおける日本の地位を高く評価した。二月一五日に、東亜同文会の歓迎会での講演において、孫文は「東亜の平和を維持し得る力を有してるのは唯だ日本のみであり」、日本は四〇年前の維新によって「遂に今日の強国と成る迄発達して、日本の力で能く東洋の平和を維持することが出来るやうになりました」、「若し日本があの当時覚醒せず、支那と同じやうに今頃になつて夢から醒め、国民が革新運動を起すやうであつたならば、思ふに東洋の天地は早く既に東洋人の有では無かつたのではないでしやうか」(10)と東アジアにおける日本の役割を高く評価した。これはアジアにおいて維新を成し遂げ、近代化の道を歩んで、外国と締結した不平等条約を廃棄した日本への評価としては正しいのであるが、対外的には朝鮮・中国を侵略し、東アジアの平和を攪乱し始めたという事実には合致しない評価である。

孫文はまた彼が指導した革命に対する日本の影響を強調し、彼が何故革命の決意を固めたかについて、「私の心に一の大なる確信が横はつて居るからであります、亜細亜には支那が革命をなす場合に之を援助する所の大なる力がある、私の革命は必ず此の大なる力があつて援助して呉れるに相違いないと私は心から信じて居りましたから私は革命の為めに身命を惜しまないで努力したのであります、而して其東亜に於ける大なる力と云ふのは即ち日本帝国の存在して〔ゐ〕ると云ふ事であります」と述べ、トルコ革命と比較するとトルコにはこのような強大な隣国が存在しないのが唯一の相違点であるが、「此の如く亜細亜人が日本に信頼すると云ふ観念を持つて〔ゐ〕ることは一大事実で、私の如きは二十年来此思想を有して居りました」(11)と語った。孫文は三月一〇日大阪の歓迎会でも同様の趣旨の演説をした。(12)二月二三日東京の中国人留学生の歓迎会での演説でも「東亜において我らの革命事業が成就し得たのは皆日本の力によるものである。今回中国革命が成功した、日本に対し感謝せざるを得ない」(13)と語った。これは彼の革命運動における明治維新の影響と彼自身が終始日本の援助を期待していた事実を吐露したものであるが、これほど明確にこれほど高く評価したのは珍しいことであった。

日本人の中国観に対する孫文の言論も「変化」し始めた。孫文は二月二三日、東京の中国人留学生による歓迎会での演説で、過去日本人は中国人を軽蔑していたが、今は民国の成立によって我らを羨望しているから、日本人に対し過去の「憤慨を親愛に変えなければならない」(14)と訴えた。また孫文は、日本の思想は一変して共和に賛成し、民国に対して尊敬と敬服の誠意を表していると語った。(15)孫文は二月一五日の東亜同文会の歓迎会でも、「私は今度貴国に来遊しました処が、沿道に於て私の目に見、耳に聞いた処、凡ての日本人は東洋の平和を切念し、我支那を愛して居らるゝと云ふことが明了になりました」(16)と述べた。

一九一二年中国各地、特に南方と東南アジアの華僑の間で日貨ボイコット等の反日運動が盛りあがり、中国の新聞にも反日的記事が掲載された。これに対し孫文は臆説や誤報による猜疑だと述べ、「日支両国の人は相交る上に猜疑があつてはならぬ、のみならず妄りに他邦人の説を軽信して他を誣ゆるが如きは断じて避けなければならぬのであります」(17)と主張した。

孫文はまた感情的にも日本に対する親近感を表した。二月一五日の東亜同文会の歓迎会で、孫文は「日本は真に第二の故郷でございます」、「今度再び其家へ帰つて来て、家族や親戚知己と一家団欒的に打ち解けて歓談するやうな気が致します」(18)と語った。

この時期、日本に対する孫文の期待は大きく膨らんだ。

まず孫文は中国と列強が締結した不平等条約の撤廃に関する日本の協力を希望した。二月二一日東京の実業家の合同歓迎会で、中国が悩まされている問題には国内的なものと国際的なものがあり、法律の不備等の国内の問題は今度の革命によって徐々に排除されたが、国際的な問題、即ち過去外国人と締結した不平等条約によって中国は主権を喪失し、中国において外国人は治外法権を享受し、中国人・外国人共にその被害を受けることは中国人の力だけでは解決出来ないので、友邦の助力に期待せざるを得ないと訴えた。(19)これは日本に対する最初の不平等条約撤廃の訴えであり、国家主権回復を念じながら反帝国主義の思想を公然と表明したことを示している。

次に孫文は中国と日本との政治的・外交的連携を希望した。二月一九日に大岡育造衆議院議長主催の宴会で、孫文は「中国日本両国は数千年の親密関係を持っており、種族・文字も同じであります。両国の外交は世界列国の共同行動に依随するのでなく、古来の親密関係を回復すべきであります。中日両国が一致した行動を執れば、東亜の利益が保障されます」(20)と語った。二五日の阪谷東京市長主催の宴会でも、欧米の同種・同文・同教圏の諸国は特別に密接な関係を保っている、これは今の世界の大勢である、中日両国もこのように密接に提携して東アジアの幸福と世界の平和を図るべきである、と訴えた。(21)二月二三日の東京の中国人留学生による歓迎会の演説でも、ロシアの新疆・蒙古に対する侵略行為を非難し、同時に清朝の「親露防日」、「遠交近攻」の外交政策を批判して日本と連携する必要性を強調した。(22)

第三に孫文は日本との経済的提携を希望した。二月一八日に日本郵船会社の招待会で孫文は、今後東アジア最強の国である日本と東アジア最大の国である中国が経済面において提携し、相互に扶助するよう切望し、日本は維新によって改革を始めて以降の歳月が中国より長く、あらゆる経験を持っているので、我が国は日本の指導を希望している、と述べた。(23)二一日の東京の実業家による合同歓迎会でも、日本は数十年の経験と知識で中国を支援してほしいと希望した。(24)また孫文は、長期的に考えれば、もし中国経済が発達しなければ必ず日本に多くの不利をもたらすし、同時に日本の実業の発達は中華民国の発展にとっても有利であるとして、経済的提携を希望する意志を再三表明した(25)。帰国した孫文ら一行は日本の熱烈な接待に感謝し、次のような礼状を梅屋庄吉ら日本の友人に送った(26)。

私共今回貴国観光に際し、各界より熱烈なる歓迎を承けました。これは貴国の人士が確実に同種同文の国を愛するを以って心とし、またアジアの保全を務めとされることを証明しました。およそ我がアジア人士にして馨香崇拝せざる者はなく、それを極力実行して、貴国人士の望みに副うべきであります。私共は全力を尽して貴国人士の好意を国民に伝え、両国が日増しに親密になるようにします。これは両国の幸のみならず、実に世界平和の幸であります。

ここにこの書簡で御招待の厚意を謝し、前途の多幸を祝します。

この書簡から孫文がこの訪日に満足し、所期の目的が達成されたと思っていたことを窺うことが出来る。

孫文は日本で中国と日本との連携・提携を訴えたが、帰国後は日本が中国と連携・提携しようとしていると訴えた。帰国の後、孫文は袁世凱と北京の参議院及び国民党関係者に日本との連携・提携を呼掛けた。帰国当日の二五日、孫文は袁世凱に「今回遊日に際し、日本の朝野官民中日連合の理を陳述し、双方の意見が完全に和合した。日本政府は既に両国親交の真意を図ることを確かに示した。これは東アジアの平和にかかわることである(27)」と打電し、袁も中日連携の方針を決定し、これを推進することを希望した。孫文は北京の参議院にもほぼ同じ内容の電報を発した(28)。二七日の国民党交通部の宴会でも、孫文は「日本在朝在野の政治家は皆世界的視野と知識を持っており、大アジア主義を抱いている。彼らは東アジア唯一の大国は我が中華であり、日本は三島に立国し、地域的に中国と相接し、中華と唇歯輔車の利害関係を持っており、もし中華が滅亡すれば、日本も終局的には生存して行くことが出来ないと思っている。日本人は自衛策として、形式上中華民国に賛成すると言っているが、事実上は日本帝国を維持するがためである。故に、日本人は中華政治の革新に対し政府と人民皆同情の意を表している(29)」と語り、中国と連携・提携しようとしている日本側の意向とその理由を中国側に説明した。

孫文の日本に対する言論と期待には訪日中と訪日後で「変化」があった。では、この「変化」はなぜ起こったのだろうか。どう解釈すべきなのだろうか。孫文は中国の代表者として日本を公式に訪問した。これは国際間の関係であった。国際関係とは、国と国が目前の一時的な目的を達成するために、相手の本質に対する認識を超えて、相互の一時的な共通点をきずなとして結ばれるものである。訪日中の孫文と日本との関係もこのような国際関係であったため、思想史的認識論を超えた国際関係論で分析し、説明しなければならない。

第一に訪日という特定の歴史条件である。孫文は日本帝国の貴賓として公式に訪日していたため、日本を非難或いは批判する言論を発表することは外交上の礼儀としては不適当であり、出来得る限り日本を賛美することが外交上の礼儀に適っていた。外交の場における言論は外交上の礼儀と要請に沿って発せられることが多く、相手国に対する本音を表しているとはいえない。これは孫文独特のことではなく、国際外交上の礼儀として常識的なことであった。

第二に孫文は日本からの経済的援助による中国の産業振興と鉄道建設を計画しており、また桂との政治会談において約束したように日本と連携してイギリス・ロシアに対抗するために、日本との政治的連携と経済的提携を希望していた。孫文はこの希望を実現するため外交上の礼儀以上に日本を賛美し、日本の対中国侵略までも否定する発言をしたのである。この発言は東京の中国人留学生による歓迎会の演説においてであったが、青年留学生らが日本の対中国侵略を非難し、それに抵抗しようとしたのに対し、孫文は上述の目的を達成するための外交方針として、青年らの反日的思想と行動を押えようとしてこのように発言したと思われる。孫文は過去またはこの後にも、日本との連携・提携のために反日運動と日貨ボイコットを押えたことがあった。このことから孫文の演説も理解することが出来ると思う。

歴史上の現象には実像と虚像がある。政治家にもその実像と虚像がある。故に政治家の発言或いは演説を絶対化してはならない。政治家はその時期、その場所、その条件と情勢により、一つの問題に対して異なる発言をする場合が多い。政治家は理想と原則、倫理と哲学を有しながら、政局と情勢の変化に対応するため、臨機応変の政策をとり、柔軟な言論を発表し、その政策と言論が一時的にその理想と原則、倫理と哲学及び認識と矛盾し、対立することもあるのである。これは政治家に普遍的な現象である。孫文も例外ではない。故に孫文の言論を分析・評論する時には、その時期、その場所、その条件と情勢等の諸要素を念頭に置きながら分析すべきである。孫文が指摘した日本の本質は彼の対日観の実像であり、政治的理想と一時的目的を達成するために述べた外交辞令や外交政策は彼の対日観の虚像である。孫文は政治的な個性が強い政治家であった。彼は自己の政治的な理想を固く信じ、それが必ず実現すると信じていたため、それを実現する手段と方法は柔軟であった。この柔軟性の幅は理想に対する信念が固いほど広くなるため、訪日中の孫文の日本に対する言論の中には柔軟性の限度を大きく逸脱する言葉もあった。訪日中の孫文の日本に対する言論を分析する時には彼のこの政治的個性を念頭に置きながらその実像と虚像を区別すべきである。

では、この時期孫文は実際は日本をどのように認識していたのだろうか。それは日本の中国侵略に対する脅威であった。上述のように、孫文は日本に侵略的産物である不平等条約の撤廃を要求した。孫文は帰国の途中、三月二二日に長崎での最後の演説で日本の侵略を注意深く指摘した。孫文はこの演説で、一部の者はアメリカからの援助を主張しているが、モンロー主義のアメリカに中国は頼ることが出来るか、アメリカは中国の運命を左右し得るのかと問い、さらに「中国の将来において、中国の死命を制することの出来るのは必ず日本であり、私はこれを完全に確信し疑わない」[30]と断言した。これは日本こそが中国の運命を左右し、中国の死命を制する国であり、将来中国に対し最大の脅威を与える国であることを指摘したものである。これは孫文がこの訪日を終えるに当っての最後の言葉であったが、孫文が過去と将来における日本の対中国侵略を忘れていなかったことを示すものであった。孫文は一九一七年以降また日本を激しく批判し、その侵略政策を告発している。これは訪日前の対日認識と本質的には同じものであった。日本の貴賓として三八日間訪日した時の孫文の日本に対する言論の「変化」はこの特定の歴史的条件の下での短期的なものであり、外交的策略であり、孫文の対日観の虚像を拡大したものだといえよう。

(1)　本書三五四―五五ページ参照。
(2)　『孫中山全集』第二巻、中華書局、一九八二年、四三三ページ。
(3)　同右書、四二八―二九ページ。
(4)　同右書、四七五ページ。
(5)　同右書、四三三ページ。
(6)　同右書、四二五ページ。
(7)　『孫中山全集』第三巻、中華書局、一九八四年、二六―二七ページ。
(8)　同右書、二六ページ。
(9)　同右書、五一―五二ページ。
(10)　孫逸仙「東亜に於ける日支両国の関係を論ず」、『支那』第四巻五号、三ページ。
(11)　同右論文、同右雑誌、四ページ。
(12)　『孫中山全集』第三巻、四二ページ。
(13)　同右書、二六ページ。
(14)　同右書、二七ページ。
(15)　同右書、二五―二六ページ。
(16)　孫逸仙「東亜に於ける日支両国の関係を論ず」、『支那』第四巻五号、六ページ。
(17)　同右。

(18) 同右論文、前掲雑誌、三ページ。『孫中山全集』第三巻、一三―一四ページ参照。
(19) 『孫中山全集』第三巻、一八―二〇ページ。
(20) 同右書、一七ページ。
(21) 同右書、二八ページ。
(22) 同右書、二六ページ。
(23) 同右書、一六―一七ページ。
(24) 同右書、一八―一九ページ。
(25) 同右書、一九ページ。
(26) 「梅屋庄吉文書」。小坂哲瑯・主和子所蔵。
(27) 『孫中山全集』第三巻、五一ページ。
(28) 同右書、五二ページ。
(29) 同右書、五一―五二ページ。
(30) 同右書、五〇ページ。

第六章　第二革命期の中日外交

第二革命は辛亥革命期の一大転換点であり、この革命を契機として辛亥革命期を前期と後期に区分することが出来る。この革命の勃発によって、中国情勢は袁と孫との妥協による一時的統一の時期から南北分裂・袁孫対立の時期に突入した。この時期の対立は武昌蜂起後の対立より一層激しいものであった。これによって日本も統一した中国への対応から分裂した南北と対立する孫と袁への対応を迫られた。中国の国内情勢の激変は日本の対孫政策に大きな変化をもたらし、孫文が訪日中に約束した日本との政治的連携と経済的提携は泡沫のように消え去った。孫文は自分の政敵袁を平和的或いは軍事的な方法で中国の中央政権から排除するため、時局の変化に伴ってさまざまな要望を日本に提出し、日本の支援を期待した。袁は逆に日本の支援を阻止しつつ、三つの事件の発生によって悪化した日本との関係を改善し、北京政府の承認を獲得するため懸命であった。本章では、袁と孫のこのような対日姿勢を考究し、日本政府・外務省・軍部が自国の国益を中心としながら、どのように対袁・対孫両政策のバランスをとり、対中国外交を推進したかを、宋教仁暗殺事件、第二革命の勃発、孫・黄の訪日と日本における活動、兗州《えんしゅう》・漢口・南京事件、北京政府承認問題等を通じて究明すると共に、中日外交をめぐる日本と欧米列強との二重的外交関係を検討する。

一　宋教仁暗殺後の対応

辛亥革命の結果、孫文と袁の妥協により清帝が退位し、統一的な中華民国が成立したが、南北間の政治的・軍事的対立が依然として存在した。その対立が日増しに激化する中、一九一三年三月二〇日上海駅頭で南方国民党の重鎮であった宋教仁が暗殺される事件が発生した。宋教仁は議会政治と政党内閣を共和国体制の基盤とすることを主張し、辛亥革命後の第一回国会議員選挙（一九一二年一二月から一三年三月まで）において大活躍をしたので、国民党は与党の共和党を押えて大勝利を収めた。共和国体制と国民党に反対する反動勢力は、彼を最大の敵と見なして暗殺したのである。これは共和国体制に対する反動であり、国民党に対する挑戦でもあった。この反動勢力の代表は袁世凱だったから、袁世凱を中国政治の舞台から排除し、共和国体制を維持・擁護するのが第二革命の目的であった。これに対して袁は優勢な軍事力を行使し、南方の国民党勢力を武力で鎮圧しようとしたので、国民党側も武力で対抗しようとした。こうして中国大陸では妥協によって一時的に収まっていた南北間の大戦が勃発することになった。本節では、この決戦において北方の袁と南方の孫が日本に何を期待し、これに日本政府・外務省と軍部がどう対応し、民間が政府・外務省の対応をどう非難したか等を究明すると共に、日本政府・外務省と軍部の「中立不偏」の本質とその客観的効果を検討する。

宋暗殺事件が起こった時孫文は訪日中であった。事件の発生を知った孫文は三月二三日長崎を出発し、二五日上海にもどった。その夜孫文は黄興宅で国民党の主要な幹部の会議を開き、事件への対応策を講じた。孫文は議会政治を信じそれを主張する政治家として、議会において袁を弾劾し排除しようとした。帰国の翌日孫文は有吉明上海総領事を訪れ、有吉に訪日の折の日本朝野の歓迎と歓待への多大の謝意を表すると共に、この意向を伝えた。孫文は「袁ニシテ大統領ノ栄職ニ在リテ尚此種卑劣ナル手段ヲ執ルニ於テハ到底他ノ看過スル所トナラサル」ものだと袁を非難し、「昨日来党ノ有力者ト協議シテ飽迄正当ノ手段ニ依リ世界ノ公議ニ訴ヘ袁ヲ排斥センコトニ決意セリ即チ議会ハ予定ノ通リ之ヲ招集セシメ此劈頭袁を弾劾シテ之カ立場ヲ失ハシメン考ナリ(1)」と有吉に述べた。当時国民党は一九一二年一二月から始まった衆参両院の選挙において三九二議席を獲得していた。共和・民主・統一等の与党は二二三議席にとどまっていたため、国民党が議会における第一党であり、四月八日北京で開催される予定になっていた第一回議会において袁の弾劾が実現する可能性があった。しかし孫文は時局を憂慮し、これによって南北が乖離し北方においては紛擾が起こる可能性があることを指摘し、場合によっては国家のため自ら大総統に就く決意があることを表明した(2)。この時期孫文は議会における自己の勢力で袁を排除しようとしたため、日本には特に要望を提出せず、ただ「此際十分注意ヲ払ハレ警戒ヲ加ヘラレタキ(3)」旨を申入れた。

この時北京公使館付武官青木宣純少将は、上海の国民党が秘密会議を開き、袁世凱と国務総理趙秉鈞を暗殺するため数名の刺客を北京に派遣するとの情報を軍に打電した(4)。これに対し三月二七日牧野外相は有吉総領事に、至急孫文と面談し、「党員ニ対シ決シテ軽挙盲動セサル様充分注意アリタキ旨切言セラレタシ(5)」と訓令した。有吉は翌日孫にこの旨を伝えたが、孫は刺客派遣を否認して「自分及国民党ノ方針トシテハ曩ニ明言セル如ク飽迄公明正大ノ手段ニ依リ議会ニ於テ袁世凱ヲ弾劾シ公人トシテ立場ヲ失ハシメントスルニアリ」と述べ、もし袁が武力で議員を弾圧するならば、「我方モ亦武力ヲ以テ之ニ対セサルヘカラス南方一帯既ニ其覚悟アル(6)」旨を伝えた。有吉は黄興とも面談したが、黄興も孫と同様の意見を述べた。有吉は孫文と黄興との会談を通じて「彼等(孫文ら――筆者)ハ刺客手段ニ依ラス兎モ角議会ニ於テ袁世凱ノ罪状ヲ具陳シ之ヲ弾劾排斥スルヲ第一策トシテ之カ結果如何ニ依リ更ニ武力其他ノ対抗策ヲ講スル計画ナルモノノ如シ(7)」と判断し、これを牧野外相に打電した。日本は孫文のこの第一策に賛成していた。

この頃宋暗殺の加害者武士英は既に逮捕されてフランス租界内の会審衙門で審問を受け、袁や趙らが謀略によって宋を暗殺した事実が明らかにされていた。袁・趙は犯人と彼らとが連絡していた証拠の湮滅を図ると共に、英・仏の公使に運動して上海の英・仏総領事に対し穏便な処置をとるように訓令してほしいと懇願した。(8)日本に対しても、趙は二八日高尾書記官に「上海会審裁判ノ結果ニシテ万一袁世凱及自分ニ関連シ北方ニ不利ナル判決ヲ下サルルカ如キコトアラハ由々敷大事ニシテ袁世凱及自分ノ致命傷ナレハ伊集院公使及英国公使ノ斡旋ニ依リ何トカ事前ニ抹消スノ方法ハナキモノニヤ内密ニ公使ト相談セラレ切ニ尽力アランコトヲ乞フ」(9)と要望した。伊集院公使はイギリスのジョルダン公使と相談し、「此際揉消策ヲ講スルコトハ却テ不利ヲ招ク虞アリ」(10)と考え、趙の要望に応じようとしなかった。この時期、中国駐在の日本外務省の出先機関は宋の事件の真実に対する明確な認識を有していた。それに、フランス租界の会審衙門において犯人を審理する際、その証拠が公表されるので、事実を揉消せる可能性はなかった。牧野外相も伊集院の意見に賛成し、二一日に「時局ニ顧ミ此際総テ苟モ新ニ北京政府ニ累ヲ及ボスガ如キ嫌疑ヲ招クノ虞アル行動ハ最モ之レヲ避クルニ注意スルコト必要アル」(11)旨を直接または趙を通じて袁に好意的に勧告するよう訓令した。四月四日、伊集院は高尾書記官を通じて趙に訓令の意を伝えた。趙は日本側の好意に深く感謝して早速袁に取次ぐと答え、江蘇都督程徳全を上海に派遣して孫・黄らとの妥協に当らせていることや、黄興の代理が密かに北京に来て袁との協議に応じつつあることなどを述べ、「宋教仁暗殺事件ハ格別大事ニ至ラザルモノノ如シ」(12)と語った。また趙は四月八日に国会が開催されれば、十中八九袁が当選すること疑いなしと述べ、新内閣の組織や平和的な人物の入閣等に関する意見を高尾に表明した。伊集院はここから受けた印象として「北方ニテハ南方ノ意気込ミニ反シ余程楽観シ居ルモノノ如ク又宋教仁暗殺事件に対シテモ……実際ニ於テハ案外静穏ノ状態ナリ」(13)と牧野外相に打電した。伊集院の印象は有吉の報告と対照的であって情勢判断において相違点があった。しかし事態の悪化を避け、現状を維持しようとした点では、双方は一致していた。

北方の袁世凱は暴力で国会と孫文に対抗しようとした。このような情況の下で孫文は、国会が開会される前に袁が暴力を行使して、弾劾案を提出しようとする議員を暗殺する可能性があるため、この案を提出することは不可能であり、たとえ提出したとしても円満な解決を見ることは出来ないと判断し、開催される国会に対する懸念を抱き始めた。孫文は議会に対する信念が動揺し始めたので、三〇日有吉総領事に一時中国の政局を避けて再度渡日したい旨を申出た。孫文は有吉に「時局甚憂慮スベキ」を説き、「自分ハ大勢ニ照ラシ南北双方ノ中間ニ立チ出来得レハ和平ニ時局ヲ収拾シタキ考ナルモ当地ハ御承知ノ如ク……北京対抗策ノミノ中心トナリテ之ガ渦中ニ投ズルノ結果トナリ大局上甚面白カラズ寧ロ暫ク当地ヲ離レ南北双方ノ情勢ヲ卓観孰レヘモ注意忠告ヲ与ヘテ成ベク平和ニ解決スル方案ヲ講ズルコト得策ナリ」(14)と述べた。その頃孫夫人盧慕貞が訪日中東京で車の事故によって負傷し、入院中であった。孫文はその見舞い或いは出迎えという名目で四月四日に渡日したいとの意向を表し、渡日の上は「東京ニテ一寸立寄リ妻ヲ同伴シ箱根又ハ軽井沢辺ニ引込ミ南北双方ヨリノ情報ト右ニ対スル自分ノ考ハ之ヲ日本当局者ニモ時々相伝ヘ度キ考ニテ全ク変名ヲ用ヒ極メテ秘密ニ旅行シ来月八日議会開会後二週間時局ノ何レカニ転換スル迄避ケ居リタシ」(15)と語り、この意向を日本側に伝言するよう要望した。この渡日の目的について、駐上海の加藤大佐・増田中佐らは日本側の援助を得るためであると述べているが、(16)この発言の内容から見る限りでは中国南北の闘争を避けようとする消極的なものであった。

この孫文の渡日の要望に対し外務省の出先機関は承諾するよう上申した。有吉総領事は、孫は「単ニ暫時政争の渦中ヲ離レ公平ニ何等カノ手段ヲ執ルノ考案ニ止マリ我方ニ対シ差当リ別段期待スル所アルモノトモ見ヘザルニ付強テ差止ムル必要モ之レ無カルベシ」(17)と牧野外相と伊集院公使に上申した。これに対し伊集院公使は「孫ノ日本行ハ日本人中ニ同情ヲ得ル運動ノ為ナリトモアリ之モ昨今ノ事態ニ照ラシ一応の理由モアル如クニ思考スル」が、「若シ民間各種ノ人士等ニ接触スルトキハ日本人間ニ種々議論ヲ生シ我政府ノ政策上面倒ヲ惹起スコトナキヤノ懸念アリ」と躊躇し、また「孫ハ日本ニ行クコト不可ナレバ何レニカ避ケントスルモノナレハ寧ロ日本国ニ引付ケ置キ帝国ノ方針ニ基キ之ヲ利用スルハ又一策ニシテ或ハ帝国政策運用上得策カト思考セラルルガ日本行ノ場合ニハ変名ナドスルモ決シテ露見ヲ防ク能ハス却テ内外人ノ嫌疑ヲ増スヘキニ付其妻ノ容体是非至急見舞ヲ要スル旨ヲ披露シ微行トシテ赴日スル方可然カ」という意見を上申した。(18)日本の対中国政策上、伊集院は孫を利用するため、彼を日本に引付けておこうとしたのである。

駐中国の軍部の将校らも孫文の来日を認めるよう上申した。駐上海の加藤大佐は孫の渡日の要望を拒絶しないよう海軍大臣斎藤実に上申した。その理由として加藤は、㈠断然拒絶の態度に出れば彼を失望させ、他に助力を求むる事態になること、㈡過日孫訪日の時日本朝野が孫に与えた優遇は全く虚偽となり、南方派は大いに鼓を鳴らして我が不信を責め、日本経済界はこれにより多大な損害苦痛を受けること、㈢経済的関係より論ずれば、寧ろ南を助けること利多く、北方に利薄きこと等を挙げた。(19)だが加藤大佐は孫の来日を受入れることは「列国環視ノ裡ニアリテ我国カ公然南方ヲ援助スルヲ得サルトナリ」と懸念し、この際孫に対し「不就不離ヲ以テ要訣トス」(20)という意見を付加えた。北京の日本公使館付武官青木宣純少将も四月二九日参謀総長長谷川好道に「袁世凱趙秉鈞カ宋教仁暗殺ノ主謀者タル事ハ略ホ明瞭トナレリ外国人ハ尚袁世凱ヲ以テ今日ノ時局ヲ救フニ欠クヘカラサル人物トナシ之レヲ庇護シアルモ吾人ハ公徳上最早斯ノ如キ卑劣漢ヲ助クル能ハス」、「袁世凱ニ政権アル間ハ却テ絶間ナキ騒擾ヲ起スナラン」として、「此際ハ人道及正義ノ上ヨリ南方国民党ニ同情シ出来得レハ之レヲ援助シ少ナクモ之ニ便宜ヲ与ヘラルルヲ至当ト思ウ」(21)と上申した。軍部の将校は明確に反袁的であったので孫に同情し、彼を援助することを主張したのである。しかしこれらの主張は軍中央に採用されなかった。

政府・外務省と軍部は上述のような上申を受入れようとせず、これと反対の決議を採択した。三月三一日午後、山本内閣は閣議を開き、「孫逸仙来朝の希望あるも可成は他に往かしむる方に勧告する事」(22)と決定した。この決定には孫を他に赴かせて南北の武力的衝突を避けようとする狙いがあった。同日、この決定に基づき牧野外相は有吉に「帝国政府ハ申ス迄モ無キコトナガラ全然中立不偏方針ニシテ且此紛争ニ乗シテ何等特殊ノ利益ヲ獲得セントスルノ意図ナキ[23]」と日本政府の方針を訓令した。軍部も政府と同様の方針をとった。四月一日陸軍次官本郷房太郎は漢口駐屯の中支派遣隊司令官与倉に「帝国政府ハ此ノ際不党不党ノ態度ヲ執ルノ方針ナレハ貴官ハ将来特ニ右方針ニ準拠シテ行動ヲ律セラルルヲ要ス[24]」と命令した。参謀次長大島健一も同日駐上海の斎藤少佐に「政事問題ニハ決シテ関係スルナ[25]」と訓令した。政府・軍部は対立する中国南北に対して中立的姿勢をとる方針を採択したのである。

この方針に基づき、同日牧野外相は孫文渡日の要望に関して有吉総領事に「彼我ノ為メ不得策ニ付目下再来ノ義ハ是亦思止ラシメタシ[26]」と指示した。その理由として牧野外相は「孫氏ハ過般来遊歓迎ヲ受ケ帰後親日論ヲ鼓吹セル関係モアリ宋事件ノ為メ世間ノ耳目上海ニ集注シテ同紙ノ動静最モ留意セラレ居ル此際突如再ビ来遊スルニ於テハ到底内外ノ誤解及猜疑ヲ避クルニ由ナク[27]」と述べた。これは孫の来日がイギリス等欧米列強と袁世凱に及ぼす影響を考慮したことを物語る。牧野外相は有吉に、孫文にこの意見を伝えると同時に、「日本政府ハ成ルベク速カニ支那新制度ノ確立ヲ希望シ出来得ル丈之カ為メ援助ヲ与フルコトヲ方針トシ必要ノ場合ニハ支那ノ為メ列国ニ対シ斡旋ノ労ヲ執ルヲ辞セサルノ意ナル[28]」ことも説明するように指示した。これは袁が君臨する下での新制度・新秩序の確立を希望し、中国に新たな動乱が発生するのを避けようとしたことを示し、この時期の中国情勢に対する日本の政府・外務省の基本方針を示したものであった。

三一日、有吉は牧野外相の意向を孫に伝えた。孫はその意を了解し、「何レニ赴クトシテモ兎モ角暫ク延期スルコトトスヘク日本ニ赴カサレハ広東香港方面ニ向フヘキ希望ナリ[29]」と述べ、いずれにしても行動が決定したら直ちに通知すると有吉に約束した。有吉は黄興にも牧野外相の意向を伝えた。黄興は孫文の渡日に対し「自分モ余リ賛成セス[30]」と述べた。この時孫文は既に正金銀行から三万円を引出して日本と香港の各地に送金していたが、これらの事情により暫く上海にとどまることにした。これは孫文の日本・列強に対する新たな期待とも関係していた。

日本と欧米列強は南北の武力的衝突を避けるため、平和的に対立を解決しようとした。孫文は彼らのこのような姿勢を利用しようとして、三一日有吉に、日本と欧米列強が「袁ニ『プレッシュア』ヲ与ヘテ退譲セシムルコト是ナリ」と申入れた。(31) 有吉はこの申入れに対し、中国の内政に列強が干渉するのを希望するのと同じことではないかと反問した。すると孫文は、では「列強ヨリ『ヒント』ヲ与ヘラルレハ十分ナルヘク怯懦ナル袁ハ或ハ直チニ退譲ノ意ヲ洩ラスナルヘク左スレハ之ニ十分ノ名誉ヲ与ヘテ退カシメ円満ニ解決ヲ見ルヲ得ヘシ」(32)と答えた。黄興も孫と同様の意見を有吉に提起した。(33)しかし袁を支持する英米はもちろん、袁に警戒心を抱いている日本さえも孫文の要望通りに動こうとはしなかった。日本は親英米的な袁に好感を抱いていなかったが、彼が中国に君臨している現実とその背後で彼を支持する英米の存在を無視することは出来なかった。そこで、有吉は露蒙問題を取上げ、「大事（蒙古問題——筆者）ノ前ニハ小瑕（宋事件——筆者）ヲ咎メス国内問題ハ之ヲ他日ニ譲リ此ノ際一先一段落ヲ告クル」(34)よう孫文に勧告した。日本がこのような姿勢をとったため、日本と欧米列強の圧力によって平和的に袁を排除しようとした孫文の希望は実現されなかった。

このような情況の下で孫文の方針は法的或いは平和的な解決から武力による討袁に転換し始め、日本に対しても財政的・軍事的援助を要望するようになった。四月七日孫文は横浜正金銀行上海支店長に南北乖離の傾向の大略を説明し、中日合弁の日華銀行の開設を条件として資金の供給を要請した。(35)二五日には有吉を通じて再度この要請を提出した。(36)黄興もごく内密に日本商人に一〇〇〇（一〇〇〇万か——筆者）以上の軍資金の提供を要請した。(37)しかし日本側はこの要請に応じようとしなかった。一方北京政府も日本側が孫ら南方派に借款を提供することを牽制しようとして、四月下旬伊集院に「外交総長ハ支那現政府ノ借款契約調印ニ必要ナル総テノ権限ヲ有スルモノナルコトヲ日本国公使ニ通告」(38)した。

孫文と黄興は日本軍部にも援助を要請した。四月五日黄興の部下の楊廷溥が日本に派遣され、参謀本部の第二部長宇都宮太郎少将らに中国の南北情勢を説明して軍部の援助を仰ごうとした。(39)しかし軍部はその要請に応じようとしなかった。

黄興は「日本当局カ袁ヲ以テ東亜ノ大局ノ上ニ欠クヘカラストシ袁カ位置ヲ保持センカ為欧米ヲ支那ニ引入レテ東亜ノ害ヲ為サントスルニ気付カレス又我等ノ決心ヲ疑ハルルハ如何ニモ残念ニ堪ヘサル」と考えて、彼自ら渡日し、「彼等（孫・黄の革命勢力――筆者）ノ真意ヲ我（日本側――筆者）当局元老ニ伝ヘテ日支両国ノ諸懸案ヲ解決スヘキ密約ヲ結ヒ裏面的有力ノ援助ヲ得テ真ノ両国提携ヲ為サン[40]」と決心した。五月八日参謀本部の大島健一次長と外務省の松井次官は黄興来日の件について相談したが、この来日は実現しなかった。

この時期孫文は、南方に強固なる政府を樹立して北方の袁政権と対抗する計画を立てていた。その際には「日本ノ貨幣制度ヲ其儘採用シ貿易ノ進長ヲ謀ル等両国親近ノ政策ヲ講」ずることを考え、有吉総領事に日本「政府ノ速ニ南方ヲ承認セラルル[41]」ことを要望した。これは日本が袁政府を承認することを牽制する対策でもあった。この時期アメリカが北京政府の承認に踏みきったため、日本もイギリスと承認についての交渉を始めていた。これを契機に趙秉鈞は北京政府に対する承認を日本に要請し、外交において有利な地位を獲得しようとしていた。このように孫と袁は共に日本や列強の承認を獲得しようとしたが、日本は袁側に傾き、孫文の要望に応ずる姿勢を示さなかった[42]。

南北の対立、袁孫の対立は日増しに激化した。有吉総領事は「南北の紛擾ハ目下ノ処到底免レ難キ所ト推測スルノ外ナシ[43]」と判断し、これを牧野外相に数回報告した。牧野外相は「中立不偏」の方針を唱えながらも干渉しようとした。四月九日、牧野外相は有吉に「努メテ紛擾ヲ避クルコトニ尽力スルコト肝要ナル[44]」旨を重ねて孫・黄に勧告するよう訓令した。牧野外相は「正式国会も将ニ開会セラレ新制度ノ折角其緒ニ就カントスル際列国ノ最モ注視セルノ時意外ノ変事ヲ見ルカ如キハ大局ノ維持上甚タ不得策[45]」等と理由を挙げ、現状維持の重要性を再度強調した。しかし有吉総領事は「此際更メテ彼等ニ忠告ヲ与フルモ到底何等ノ用ヲ為サザルベキノミナラズ却テ彼等ヲシテ我方ニ対シ何等カノ疑念ヲ生セシムベキヤノ虞アリ時局如何ニ発展スベキヤモ明白ナラザル際将来ノ為面白カラズトモ思考セラレ[46]」ると考え、牧野外相の訓令に賛成しなかった。有吉はこれまで何度となく忠告した経緯から、孫・黄らも時局の重大なことを悟っているので、「宋ノ暗殺ハ即チ自家（孫・黄の革命勢力――筆者）危険ノ前兆ナリトシテ袁ニ権力ヲ有セシムルコトハ自家ノ存立ト両立セサルモノト見做シ……飽迄正当ナル争ヒヲ為シ其上袁ノ出様次第ニテハ已ムヲ得ス対抗セサルヲ得サルコトアルヘシトテ預メ備ヘ居レルモノト認メラレ」、孫・黄の武力討袁策は「我（孫・黄の革命勢力――筆者）ニシテ備ヘザレハ彼ニ制セラルヘキヤノ杞憂ヲ生セシムル結果彼等ガ着々万一ノ場合ニ備ヘントスルモ一理由ナキニアラザルガ如ク(47)」と牧野外相に具申した。これは孫文の武力討袁策について外務省とその出先機関との間に意見の相違があったことを示している

牧野外相は孫・黄に紛擾を避けるよう勧告したが、四月二六日イギリス・フランス等四カ国と共に北方の袁に対する二五〇〇万ポンドの所謂善後大借款の契約に調印した。この時に早急に調印したのは、アメリカの北京政府承認を牽制しようとしたためでもあったが、客観的には袁に南方の孫・黄らを討伐するための財政的援助を提供したことになった。中国興業株式会社はある意味においては孫文がこの五カ国銀行団による借款に対抗するための措置でもあった。帰国後孫文は討袁策を模索する一方で、前述のようにこの会社の設立準備を進め、それによって財源を確保しようとした(48)。また孫文はこの会社の関係者を通じて渋沢栄一と山本条太郎に書簡を寄せ、五カ国が借款を提供すれば「南北の抗争倍々劇烈となり、其結果南方不利に陥り、延ひて東洋の平和を蠹毒する(49)」と警告し、日本が借款の提供に応じないよう要請した。渋沢は山本首相と牧野外相に前後三回面会して孫文の意向を伝え、考慮するように要請した。二五日孫文は有吉に南方の都督はこの借款を承認せず、香上銀行・横浜正金銀行等関係銀行をしてこれをボイコットをさせる計画であると警告した(50)。しかし日本は孫の切望と警告を顧みず、二六日袁への借款契約に調印した。

袁への借款契約の調印は孫文ら国民党員の猛烈な反対を受けた。二八日孫文は日本外務省にこの借款によって袁を援助しないよう打電し、下旬には各国政府と人民に打電して袁が宋教仁暗殺を使嗾したことをあばき、袁が外国借款を受ける

目的を告発した。(51)国民党員である張継・王正延を正副議長とする参議院は契約の無効決議案を採択し、各省に借款反対を通電した。各地に借款反対運動が起こった。袁との借款契約締結により日本国内にも波紋が生じた。三井関係者らは借款払込延期運動を起こした。日本政府・外務省はこの借款を払込むか否かの選択を迫られた。伊集院公使は南方が借款に反対していることを理由に契約実行を中止することは「日本ノ利害に由々敷影響ヲ及ホサンカト懸念サルル」(52)と述べて反対した。牧野外相も「三井ノ希望ヲ取上グルガ如キ意思毫モ無之」(53)と拒否した。しかし日本国内では世論が「北方袁政府ノミニ便益ヲ供シテ南方ヲ抑フルモノナリ」(54)と非難した。日本政府はこれに対し「帝国政府ハ南方ト北方ト云フ如キ別ヲ設ケテ行動スルモノニアラス支那ノ時局保全責任者タル支那仮政府ソノモノニ対シテ借款ヲ約シタルモノニシテ偶々袁政府之レカ相手方タリシカ故ニ恰モ袁ニ援助ヲ与ヘタルカノ如キ観ヲ呈シタルノミ」だと弁明し、「帝国政府ニ於テハ支那政府ヨリ右借款ノ使途ヲ誤ラス速ニ国内ノ秩序安寧ヲ確立スルニ至ランコトヲ衷心希望シテ已マサルモノナリ」(55)という声明案を起草したが、正式発表には至らなかった。それはこの弁明が理屈に合わないからであった。

袁世凱は五カ国と借款契約を締結すると同時に、この外交上有利な機会を利用して四月三〇日中南海で軍事会議を開き、武力で南方を制圧する準備を進めた。このため袁は日本からの支援を要請した。四月二六日陸軍総長段祺瑞は秘書を青木宣純武官の下に派遣し、「此際日本国ヨリ最新式山砲百門至急買入タキ」(56)との要望を提出した。これに対して伊集院公使は「此ノ際斯ク多数ノ大砲ヲ注文セントスルカ如キハ其ノ真意ニアラスシテ南方側カ日本国ヨリ助力ヲ受クルコトアルヘキヲ懸念シ之ヲ制肘スルト同時ニ我ニ好意ヲ表シ置カントスル策ナランカ」(57)と推測し、袁は日本の南方支援を牽制しようとしており、三井が孫文に四〇〇万両ばかりの借款を提供しようとしていることに対して警告を発した。(58)袁総統府秘書長であった梁士詒も五月四日有吉総領事を訪れ、袁は南方派に対して「断乎タル制裁ヲ加フル筈」との意向を伝え、長江一帯の日本人有志らが「猥リニ不穏分子ニ与ミセサル様配慮アリタキ」(59)旨を表明して日本を牽制しようとした。

五月六日袁は第二回軍事会議を開き、対南方作戦計画を立案した。このような情況の下で日本は袁側にも南北衝突を避けるよう警告した。五月一九日牧野外相は駐漢口の芳沢謙吉総領事に対し、黎元洪に「此際決シテ局面維持ノ必要ナルコトヲ説カレ下流ニ派遣シタル将卒ニ対シ篤ト訓戒ヲ加ヘラレ可然旨ヲ勧告セラルル」(60)よう訓令した。芳沢は二〇日黎にこの意向を伝えた(61)。また牧野外相はイギリスの袁に対する影響力を利用しようとして、二〇日伊集院公使に、イギリス公使と協議の上、「英国公使ヲシテ梁（士詒）ヲ呼寄セ南北融和ノ必要ヲ説キ……之ヲ袁世凱ニ伝ヘテ以テ警告ヲ与フルコト最モ有効ナラン」(62)と訓令した。伊集院はジョルダンと協議した。ジョルダンもこれに同意し、「此際一地方限リニモセヨ武力ヲ用フル如キコトアリテハ甚タ大局ニ不利ナルヘシ」(63)と語った。この時前外務大臣の加藤高明が北京に到着した。袁は五月二一日加藤の招待の宴において孫文ら南方派を攻撃したが、加藤は袁に「時局ヲ平和的ニ収拾スヘキ」(64)よう注意した。これらの事実は、日本は借款と承認問題において袁に傾いていたが、主観的には袁を支援して孫文ら革命派を制圧しようとはしなかったことを示している。

日本は南方側にも同様に勧告した。五月二〇日牧野外相は有吉総領事に「帝国政府ハ大局ノ決裂ニ至ランコトヲ最モ憂慮シ種々配慮スル次第」であるとして、黄興に「江西都督等ニ対シ其部下ノ将卒ヲ戒メテ事変ノ発生ヲ予防スル様注意セシムル」(65)ように指示した。有吉も南北を融和させるため努力した。五月中旬に唐紹儀が上海に来て南北妥協を試みていた。有吉はこのチャンスを利用して南北を融和させようとした。一五日有吉は孫文に「南北融和時局収拾ノ得策ナル所以」を説き、「唐紹儀ヲシテ使命ヲ全クセシムルノ利益ナルベキ」(66)旨を述べた。これに対し孫文は「円満ナル解決ハ自分モ最モ希望スル所ナルモ南北融和ノ必要条件ハ袁世凱ノ退譲ニ在リ袁ニシテ現在ノ儘ナランカ吾人ハ坐シテ死ヲ待ツノ外ナク……袁ノ退譲ヲ見ルヘシトハ見做シ難キカ故徐々ニ自滅センヨリハ雌雄ヲ此一挙ニ決スル外ナキ」旨を述べ、「今や干戈ニ訴フルヤ否ヤ単ニ時期ノ問題ニシテ直ニ事ヲ挙ケンカ今暫ク隠忍スヘキヤハ考慮中ニ在リ」とし、「当地ニ於テ唐紹儀ト一応会見ノ上ハ直ニ広東ニ赴キ其辺ノ打合ヲ為サン計画ナリ」(67)と袁と対決すべき決心を再度表明した。一九日有吉は黄興にも同様に勧告したが、黄興も「袁ハ有ユル口実ノ下ニ其兵力ヲ動カシ南方ヲ圧迫センノ計画ヲ建テ居ル」も、「自分ハ自衛上万已ムヲ得サル場合ニ立到ラサル限リ成ルヘク平和手段ヲ以テ終始セン」と考え、「国家ノ為平和ニ解決ヲ希望セラル」(68)旨を語った。孫・黄と面談後有吉は「袁世凱トノ緩和ハ差当リ余地ナキモノト認メラレ」(69)ると牧野外相に打電し、また黄興については「大体ニ於テ比較的穏当ナル意見ヲ認メ……平和解決ヲ切ニ希望シ……最近ノ孫ノ猪突論ニ対シ黄興ハ自重説ヲ取リ其間多少融和ヲ試ミツツアルモノノ如シ」(70)と報告した。これまで孫・黄の対袁策は当初から相違していたとされていたが、有吉の報告から見ると、五月中旬頃から相互の意見に相違が生じたようである。

宮崎滔天は孫・黄の知己であった。日本政府はこの関係を利用して、滔天に孫・黄の説得工作を依頼した。滔天は五月一九日に日本から上海に来て北方の袁との融和と平和的解決を勧告したが、孫・黄はこれを了承せず、日本政府に「宮崎ヘ伝言ノ件感謝ニ堪ヘス恨ラクハ妥協ノ余地ナク我レ起タサルモ彼レ必ス来リテ圧力ヲ加ヘン危機目睫ノ間ニ在リ若シ日本ノ援助アレハ積極的行動ヲ執ランモ之レナケレハ背水ノ陣ヲ張リテ応戦ス援助ヲ乞フ」と打電した。(71)これは孫・黄の討袁の決意と日本政府からの援助に対する切実な期待を吐露したものである。

この頃革命派内部にも袁と融和しようと主張する勢力があった。老革命党員であった譚人鳳は岑春煊・王芝祥らと共に南北の融和を図ろうとした。譚・王は上京して袁に対する工作をし、岑や章士釗らは武昌に赴いて黎元洪に対する工作をした。日本側はこの妥協工作を利用した。駐漢口の芳沢総領事は二一日岑春煊に「既ニ数日来南方ノ形勢日ニ非ニシテ全ク袁世凱ノ威力ニ圧倒セラレタル感アリ如斯ニシテ経過セハ孫黄等ノ立場甚タ困難トナルコト必然ナルヲ以テ孫黄ノ面目ヲ保ツ様尽力セラレテハ如何」(72)と働きかけた。岑はこれに同意して袁・孫双方を妥協させる意図を表明した。

五月二五、六日頃伊集院と公使を交代する予定になっていた山座円次郎が再び孫文に袁との融和を勧告した。これに対し孫は「自分ハ袁ニ私怨ヲ抱クモノニアラス只袁ノ態度ニ照シテ其共和政体ヲ破壊スルニ至ルヘキヲ憂ヒテ之ヲ排斥セントスルニ止マル」と述べて、山座に「共和政体ヲ安全ニ存続シ而カモ妥協ノ余地アレハ教ヲ請ハン」と問い、「平和策ニテハ到底袁ニ拮抗シ得サル」旨を繰返した。(73) 孫文は日本の一連の融和と妥協の勧告に不満を抱き、山座に「日本ノ援助ヲ求ムルカ如キサシテ予期シ居ラサル」と語り、また「他国ヲシテ袁ヲ援クルカ如キコトナキ様尽力ヲ得ハ十分ナリ」(74)と述べて、日本や他の列強の対袁援助を牽制しようとした。しかしこれは孫文が日本に対する期待を放棄したことを意味するものではなかった。

上述のように日本は終始孫・黄に南北の融和を勧告していたが、それは無条件の妥協と融和であり、具体的内容が欠けていた。黄興は五月下旬有吉が再度融和を勧告した時、有吉に次のような平和的解決の具体案を提起した。(75)

一　「共和政体ヲ存続シ議会ニ干渉セス」。

二　「宋教仁事件之ヲ公平ナル法庭ノ裁判ニ委任」する。

三　五カ国「借款ハ議会ニ附議」する。

四　「北方ヨリ派遣シタル兵ハ之ヲ撤退シ同時ニ南方モ兵備ヲ解キ総テヲ常体ニ復スル」。

この案は公平かつ合理的であり、一触即発の中国南北問題を平和的に解決し得るものであった。黄興は日本公使が率先してアメリカ公使らと共に袁世凱にこの案を承諾させるように要望した。(76) 有吉はこの意見を山座円次郎に打電したが、山座はこれに応じようとしなかった。

六月一日孫文・黄興の要望により北京から上海に来ていた前外相加藤高明が両人と会見した。加藤は北京での袁世凱との会談の模様を語ると同時に、また「此際十分ニ忍耐シ時局ヲ和平ニ解決シ永遠ノ策ヲ講スノ得策ナル」(77)旨を孫・黄に勧告した。孫文は「最近袁ノ態度ニ徴シテ飽迄我方ヲ圧迫掃尽セン意志ト認メラレ……或は江西都督ヲ交迭スル等何等カ動機ニ依リテ事ノ勃発スルヲ必シ難シ(78)」と正確に袁の動静を分析し、もし南方に革命が勃発したら日本はどのような態度をとるかと加藤に質問したが、加藤は日本人は個人的には革命派に同情的であろうが、政府は列国と協調して袁政府の安定を確保するよう一貫して努力するであろうと答えた(79)。これは日本側が孫・黄に平和的に時局を収拾するように勧告した一つの目的が、袁世凱政権の下で安定を確保し、客観的には袁政権を擁護することにあったことを物語っている。これがために孫・黄は日本の勧告を受入れなかったのである。

六月に至り南北の対立は一層激化した。孫・黄は軍資金調達のため日本の民間企業と借款を交渉した。六月二日上海の黄興宅で孫・黄と江西都督李烈鈞の代理が東亜興業株式会社取締役白岩竜平及び台湾銀行支店長江崎らと南潯鉄道借款の継続交渉をおこなった。東亜興業株式会社は既に南潯鉄道に投資していた。孫文らはこの機会に一〇〇〇万円の借款を要求した。白岩はこの会談の模様を大倉組に報告して、「此際孫逸仙、黄興等に多少の同情を示し、吾が対南方経済政策の助けとなすと同時に兼ねて吾政府の大方針たる江西に於ての根本政策を確立するには得難き好機会(80)」であると献言したが、この言葉は借款の目的を露骨に表している。しかしこの借款交渉は日本政府の干渉によって実現しなかった。

上述のように日本は第二革命勃発前に所謂「中立不偏」の方針を唱えて南北に再三勧告し、双方を融和・妥協させて南北分裂と武力衝突を避けようとした。日本はなぜこのような政策をとったのであろうか。第一に大正政変によって山本内閣が桂内閣に交代し、日本の対孫・対袁外交政策が転換したことを挙げることが出来る。もし桂内閣が継続していたならば、桂内閣は孫・桂会談の内容通り、孫を支援して袁を排除する対中国外交を推進したと思われる。第二に山本内閣は桂内閣の外交を継承せず、ある意味においては善後借款や北京政府承認交渉等を通じて袁との関係を改善し、袁の政権に接近し、袁を中心とする北京政権と新たに開催される国会を基本として、中国の平和・安定の現状を維持しようとした。これより見れば「現状維持」がこの時期の日本の対中国政局における基本方針であり、「中立不偏」は「現状維持」の手段であったといえよう。「現状維持」はまず中国国内の平和的安定を維持しようとすることである。もし中国において南北が武装衝突して動乱が起これば、武昌蜂起後のように日本の対中貿易は激減し、[81]それによって日本が蒙る損害は莫大なものになる可能性があった。そこでまず中国国内の安定を図ることが日本の国益に相応しかったのであった。これはまた客観的には、日本が好感を抱いていなかった袁世凱とその政権の擁立につながったのである。袁との関係からいえば、武昌蜂起後、特に一二月の南北和議後日本は借款提供の名目で南方の革命党を「支援」したから、北方の袁との関係は従来より悪化していたが、孫文の譲位によって袁が統一中国に君臨している現状では袁との関係改善に気を遣わざるを得なくなった。このため日本は既にこの時期、裏では欧州列強と共に袁の大総統の地位と北京政府の合法性を承認する準備を進めていた。そのためこの時期に至り、袁と対立する孫文派を支援する外交政策をとらなかったのである。またこれに加えて日本は最初から袁より軍事力の劣る孫文ら南方の革命党勢力が、袁との戦いに勝利するとは信じていなかった。南北戦争において敗北が濃厚な孫文派を仮に「支援」したとしても日本は得をすることなく、逆に勝利した袁との関係を一層悪化させる可能性があった。

しかし袁を支援して孫文ら南方革命派を制圧することも、孫文らと日本との歴史的関係から考えると得策ではなかった。この時期日本の孫に対する袁との融和・妥協の勧告は客観的に袁に有利な面もあったが、袁を支援して孫を鎮圧しようとしたわけではなかったし、孫ら革命勢力に悪意を抱いていたわけでもなかったので、その「現状維持」はある面においては孫文ら南方革命派を維持するために有利な点もあったといえよう。このことは五月二一日の芳沢総領事の岑春煊への南北融合の勧告や有吉が孫・黄両人に「背水ノ陣ハ孫黄ノ為メ並ニ民国全般ノ為メニ取ラス……両人ガ深ク大局ノ利害ニ顧ミ隠忍妥協以テ徐々ニ革命事業ノ大成ヲ期センコト[82]」を切望したことからも窺うことが出来る。それは孫文ら革命派の勢力を維持することが、日本の長江流域における勢力拡大に大変有利だったからであった。

この頃民間の世論は主に南方革命派支援に傾いていた。日中両国国民の連携を主張する民間人は日華協会・日華実業協会・日華国民会等の団体を組織し、対袁借款を非難すると同時に南方革命派への支援を訴えた。六月上旬尾崎行雄は憲政擁護会の晩餐会において「袁氏は昔より我国に対して敵意を有するものにして之れを援助するも我国の益する処は皆無なりと云ふを妨げず之に反して南方の革命党首領は我国に最も関係深く是等南方派の民心を繋ぐことは我国にとりて最も有益なることなり」(83)と述べて、孫文ら南方派を支援すべきことを訴え、日本の南北に対する貿易比率が七対三である実情からも日本の国益は南方にあると強調した。犬養毅もこの会合においてほぼ同様の趣旨を発言し、袁が「強人」で中国を統一する能力があるという見方を否定し、外務省の「援袁外交」と「南北融和説」を非難した。(84)尾崎・犬養は頭山満・中野武営(東京商業会議所会頭)と共に在京代議士並びに新聞記者五〇余名を集めて対支外交協議会を開き、政府をして南北の紛争に対して厳正中立の態度をとらしむること、借款前渡金使途の監督を厳にすること、今後の借款交付を延期せしむること等を決議した。(85)民間世論は政府を不偏不党ではないと非難したが、実際には南方を支援しようとしたのであった。

このように当時日本の政府・外務省は北方の袁からは孫文ら南方派を「支援」すると見られ、国内の民間からは北方の袁を「支援」すると非難され、内外の板挟みに遭っていた。これに対し外務省は政府声明案を起草し、六月九日午後「此ノ如キハ全然誤解ニ属シ政府ハ固ヨリ支那ノ南北ニ依テ恩怨親疎別ヲ設ケ或ハ党争ニ就テ軽重偏頗ヲ為サントスルモノニ非ズ」、「吾政府ハ固ヨリ厳正中立ヲ持シ一般局外者ト共ニ動乱ノ再発ヲ欲セザルノ希望ヲ一ニセリ」(86)との声明を発表せざるを得なくなった。

日本政府・外務省は南北・孫袁の双方に対して不偏不党・不即不離の態度を標榜したにもかかわらず、なぜ世論の囂々たる非難を招いたのであろうか。当時中国沿海に派遣されていた第三艦隊司令長官名和又八郎中将はその原因について次のように分析した。(87)

一　我邦人一般ニ袁氏ノ性格ヲ悪ミ従来我国ニ対スル彼ノ政策ニ嫌焉タラス之ヲ排斥セントスル者多キ事
二　我邦人ノ有志者ト称スル者、実業家、若クハ浪人輩比較的中南支那ノ事情ニ通シ南方人殊ニ国民党ノ人士ニ知己関係多キヨリ自カラ南軍ニ同情ヲ有スル事
三　我国ニ留学セシ支那人ハ概シテ中部南部ノ者ニシテ之等ハ今日官野共ニ枢要有力ノ地位ヲ占メ一般ニ此際我国ノ援助ヲ得ントスル事
四　我国ノ対支貿易ハ中南部ヲ主トシ利権等特殊ノ関係アルモノ亦同方面ニ多キヲ以テ其ノ人気ヲ損シ貿易等ニ影響スル事ナカランコトヲ欲スル事
五　伊集院公使ノ在任長ク袁氏ト特殊ノ関係アリト伝ヘラレ誤解ヲ招キ居ル事
六　北京公使館ノ情報蒐集時局観察ハ北ニ密南ニ疎ニシテ中南部ノ実情ニ通セストノ説アル事
七　北京外交団ハ支那ノ国情ニ通セス袁氏ヲ唯一ノ統一的技倆アル政治家ト過信シテ彼ニ善意ヲ示シ我公使モ之ニ随従シタリト信スル者多キ事
八　五国借款成立ノ時機適当ナラザリシ事

これは当時の複雑な情勢に対する的確な分析であったといえよう。

(1) 大正二年三月二六日、在上海有吉総領事より牧野外務大臣宛電報、第三〇号。防衛研究所・外交史料館所蔵。
(2) 同右。
(3) 同右。
(4) 大正二年三月二七日、牧野外務大臣より在上海有吉総領事宛電報、第二一号。外交史料館所蔵。
(5) 大正二年三月二七日、牧野外務大臣より在上海有吉総領事宛電報、第二〇号。外交史料館所蔵。

（6）大正二年三月二九日、在上海有吉総領事より牧野外務大臣宛電報、第三三号、外交史料館所蔵。
（7）同右。
（8）外務省編『日本外交文書』大正二年第二冊、三三三ページ。
（9）同右書、三三四ページ。
（10）大正二年三月三一日、在上海有吉総領事より牧野外務大臣宛電報、第三八号。防衛研究所所蔵。
（11）大正二年三月三一日、牧野外務大臣より在北京伊集院公使宛電報、第一六四号。外交史料館所蔵。
（12）大正二年四月五日、在北京伊集院公使より牧野外務大臣宛電報、第二五二号。外交史料館所蔵。
（13）同右。
（14）大正二年三月三〇日、在上海有吉総領事より牧野外務大臣宛電報、第三七号。外交史料館所蔵。
（15）同右。
（16）大正二年四月一一日、在上海加藤大佐秘書官より斎藤実海軍大臣宛。防衛研究所所蔵。
（17）大正二年三月三〇日、在上海有吉総領事より牧野外務大臣宛電報、第三七号。外交史料館所蔵。
（18）大正二年三月三一日、在上海有吉総領事より牧野外務大臣宛電報、第三九号（在北京伊集院公使より在上海有吉総領事宛第一六号電報）。外交史料館所蔵。
（19）大正二年四月一一日、在上海加藤大佐秘書官より斎藤海軍大臣宛。防衛研究所所蔵。
（20）同右。
（21）大正二年四月二九日、在北京青木少将より長谷川参謀総長宛電報、受第二四五二号。外交史料館所蔵。
（22）原奎一郎編『原敬日記』第三巻、福村出版、一九八一年、三〇二ページ。
（23）大正二年三月三一日、牧野外務大臣より在上海有吉総領事宛電報、第二三号。外交史料館所蔵。
（24）大正二年四月一日、本郷陸軍次官より在漢口与倉司令官宛電報。外交史料館所蔵。
（25）大正二年四月一日、大島参謀次長より在上海斎藤少佐電報。外交史料館所蔵。
（26）大正二年三月三一日、牧野外務大臣より在上海有吉総領事宛電報。外交史料館所蔵。
（27）同右。

(28) 同右。
(29) 大正二年四月一日、在上海有吉総領事より牧野外務大臣宛電報、第四二号。防衛研究所所蔵。
(30) 同右。
(31) 外務省編『日本外交文書』大正二年第二冊、三三五ページ。
(32) 同右書、三三五―三六ページ。
(33) 同右書、三四二ページ。
(34) 同右書、三三六ページ。
(35) 大正二年四月七日、在上海有吉総領事より牧野外務大臣宛電報、第四八号。防衛研究所所蔵。
(36) 大正二年四月二五日、在上海有吉総領事より牧野外務大臣宛電報、第六七号。防衛研究所所蔵。
(37) 大正二年四月四日、在上海増田中佐より軍令部宛。防衛研究所所蔵。
(38) 大正二年四月二九日、在北京伊集院公使より牧野外務大臣宛電報。防衛研究所所蔵。
(39) 大正二年四月五日、在上海有吉総領事より牧野外務大臣宛電報、第四六号。防衛研究所所蔵。
(40) 大正二年五月六日、在上海斎藤少佐より宇都宮参謀本部第二部長宛電報。外交史料館所蔵。
(41) 外務省編『日本外交文書』大正二年第二冊、三四〇―四一ページ。
(42) 同右書、三四一ページ。
(43) 同右書、三三九ページ。
(44) 大正二年四月九日、牧野外務大臣より在上海有吉総領事宛電報、第二八号。外交史料館所蔵。
(45) 同右。
(46) 大正二年四月一〇日、在上海有吉総領事より牧野外務大臣宛電報、第五七号。防衛研究所所蔵。
(47) 同右。
(48) 本書三九〇―九四ページ参照。
(49) 『渋沢栄一伝記資料』第五四巻、渋沢栄一伝記資料刊行会、昭和三九年、五三一ページ。
(50) 外務省編『日本外交文書』大正二年第二冊、一七五ページ。

(51)『孫中山全集』第三巻、中華書局、一九八四年、五六—五七ページ。
(52)外務省編『日本外交文書』大正二年第二冊、二〇四ページ。
(53)同右書、二一一ページ。
(54)大正二年四月下旬外務省が起草した五ヵ国銀行団の善後借款参加に関する声明草案。外交史料館所蔵。
(55)同右。
(56)大正二年四月二七日、在北京伊集院公使より牧野外務大臣宛電報、第三四七号。防衛研究所所蔵。
(57)同右。
(58)同右。
(59)外務省編『日本外交文書』大正二年第二冊、三四九—五〇ページ。
(60)大正二年五月一九日、牧野外務大臣より在漢口芳沢総領事宛電報、第三五号。防衛研究所・外交史料館所蔵。
(61)大正二年五月二一日、在漢口芳沢総領事より牧野外務大臣宛電報、第七八号。外交史料館所蔵。大正二年五月二六日、在漢口芳沢総領事より牧野外務大臣宛電報、第九〇号。防衛研究所所蔵。
(62)大正二年五月二〇日、牧野外務大臣より在北京伊集院公使宛電報、第二七一号。外交史料館所蔵。
(63)大正二年五月二二日、在北京伊集院公使より牧野外務大臣宛電報、第四三二号。外交史料館所蔵。
(64)大正二年五月二二日、在北京伊集院公使より牧野外務大臣宛電報、第四三二号。外交史料館所蔵。
(65)大正二年五月二〇日、牧野外務大臣より在上海有吉総領事宛電報、第三七号。外交史料館所蔵。
(66)大正二年五月一五日、在上海有吉総領事より牧野外務大臣宛電報、第八六号。外交史料館所蔵。
(67)同右。
(68)大正二年五月一九日、在上海有吉総領事より牧野外務大臣宛電報、第九〇号。外交史料館所蔵。
(69)大正二年五月一五日、在上海有吉総領事より牧野外務大臣宛電報、第八六号。外交史料館所蔵。
(70)大正二年五月一九日、在上海有吉総領事より牧野外務大臣宛電報、第九〇号。外交史料館所蔵。
(71)大正二年五月二四日、牧野外務大臣より在上海有吉総領事宛電報、第三九号。外交史料館所蔵。
(72)大正二年五月二二日、在漢口芳沢総領事より牧野外務大臣宛電報、第八〇号。防衛研究所所蔵。

(73) 大正二年五月二七日、在上海有吉総領事より牧野外務大臣宛電報、第九九号。防衛研究所所蔵。
(74) 同右。
(75) 同右。
(76) 同右。
(77) 外務省編『日本外交文書』大正二年第二冊、三五九ページ。
(78) 同右。
(79) 臼井勝美『日本と中国——大正時代』原書房、一九七二年、三二一ページ。
(80) 同右書、三三ページ。
(81) 本書、三二一三八ページ参照。
(82) 在上海有吉総領事より牧野外務大臣宛電報（期日不明）。外交史料館所蔵。
(83) 『東京朝日新聞』大正二年六月四日。
(84) 同右。
(85) 『東京日日新聞』大正二年六月七日。
(86) 大正二年六月九日、日本政府声明。外交史料館所蔵。
(87) 大正二年七月一一日、名和又八郎第三艦隊司令長官より斎藤実大将宛。防衛研究所所蔵。

二　第二革命勃発前後の対応

六月九日袁世凱はまず孫文の革命派に属する江西都督李烈鈞を罷免し(1)、次いで広東都督胡漢民と安徽都督柏文蔚を罷免した。これが第二革命の導火線となった。罷免された李烈鈞は七月一二日江西省湖口で挙兵して江西省の独立を宣言し、第二革命の火蓋を切った。本節では、この第二革命において、孫と袁が日本に何を期待し、日本はこれにどう対応し、当初の対応が後期にはどのように転換して行ったか、考究すると共に、この革命をめぐる日本とイギリスの外交を検討する。

李の罷免は李個人の問題にとどまらず中国の南北情勢に大きな影響を及ぼし、また李と日本軍人との関係から日本もかかわることになり、袁・孫と日本の三者は共にこれを重視した。袁は日本との関係が密接である李烈鈞の罷免に先立ち、梁士詒及び趙秉鈞を通じて公使館の高尾書記官に「江西ノ李烈鈞ハ依然屈服セス今日ノ儘ニ捨置カハ衝突免カレサルニ付先ツ彼レノ面目ヲ立テ和平解決ヲ計ル手段トシ昨今黎元洪ヨリ辞職勧告中ナルカ……若シ聞入レサレハ時機ヲ見計ヒ断然交迭ヲ行フ積リナル(2)」旨を示唆し、日本側の意向を打診しようとした。しかし、高尾はこれに対し何の意見も示さなかった。南方では有吉総領事が李罷免後の南方革命派の動向を把握するために一一日孫・黄と面談し、李免職に対する彼らの見解を確めた。黄は「飽迄平和主義ナルヲ以テ昨日特使ヲ派シ円満処理方勧告シ置ケリ」と述べ、孫は「自分ハ飽迄猪突主義ニテ一挙袁ヲ排斥セン考ハ始終変ルコトナキ(3)」と述べて、「李ノ交迭ハ多少自党ノ勢力ニ影響スルカ如キ観アルモ世ノ同情ハ之に反シ漸次我党ニ帰セントスル傾向アル」と語り、李の免職について日本に特に要望を示さなかった。

罷免された李烈鈞は孫文と同様に一時訪日して日本の支援を受けることを期待し、日本側にこの意向を申入れた。駐漢口の芳沢総領事は牧野外相に李のこの意向を打電した(4)。しかし外務省はこの要望を受入れようとしなかった。六月一一日牧野外相は「若シ李烈鈞カ本邦ニ出奔シテ其将来ノ計画ニ付我援助ヲ期待スルカ如キ意図アリト認メラルル場合ニハ直接間接ヲ問ハス此際政府カ支那ノ内争ニ関与シテ斯ル援助ヲ与フルコトハ断シテ為サザル意味ヲ通ズル(5)」ように芳沢に訓令した。芳沢はこの訓令を湖口駐在の書記生八木元八に伝え、八木は一六日李烈鈞に面会した。李は「武力ヲ用フルハ徒ニ北方ニ口実ヲ与ヘ大局ヲ破壊スルモノナルニ付之ヲ避ケタリ……一二年在外国悠々遊フヘク(6)」と述べ、上海で孫・黄と面会した後日本に赴き、その後欧米に外遊したいという意向を表明した。これに対し、八木は牧野外相の意見を伝えたが、李は「之ヲ諒シ日本国ハ自分ノ留学地ニ付再遊セントスルモノナリ」(7)と述べた。日本が李の訪日に敏感だったのは、李は日本陸士出身で日本の軍人や大陸浪人と多く交際し、また現役或いは予備役の軍人ら一〇数名が李指揮下の部隊で活躍していたからである。(8)日本は、李が訪日することで、袁や他の列強から、日本が李を使嗾して挙兵させようと画策しているとの誤解を招き、それにより迷惑を蒙ることを恐れていたのである。六月一八日、陸軍次官本郷房太郎は中支派遣隊司令官に李周辺の日本軍人の活動に対し厳に注意するよう命令し、芳沢総領事も八木に慎重に行動するよう指示した。(9)しかし李周辺の日本軍人青柳・林大尉らは、日本の軍艦に搭乗して一五日南昌から上海に赴く便宜を李に提供すると同時に、李に袁軍の軍事情報を通報した。(10)中国の新聞も日本軍人と日本の艦艇が革命派を支援している事実を報道した。(11)

袁世凱は孫文や革命党との従来の関係から、日本が彼らを支援することを非常に警戒していた。袁は李と日本軍人に関する上述の情報をキャッチし、李盛鐸を通じて有吉総領事に李が日本軍艦に搭乗して上海に赴いたことについて尋ねた。(12)六月三〇日袁は坂西利八郎にこの件について再度尋ね、日本軍人の南方派への支援を阻止しようとした。(13)袁は坂西との会談において「徐宝山暗殺ノ重ナル関係者陸恵生目下遁シテ日本ニ在ルコト」、「彼レノ為メニ爆弾ヲ製造シタルモノ日本人ナルコト」等を取上げて、「日本人ノ行動頗ル疑フヘキモノ多シ」と断じ、また「日本側ノ一部ノ斯ノ如キ態度殊に日本軍人又ハ軍艦ニ種々ノ風説ヲ耳ニスルハ事実ノ有無ハ別トシテ其タ好マシカラサルコトナリ現ニ支那人間殊ニ北方人士中ニハ近来日本ニ対シ疑念ヲ挟ムモノ増加シ来リ既ニ新聞紙中之レヲ論議スルモノ尠ナカラサル所斯ノ如キ現象ハ両国ノ関係ニ取リテハ痛心スヘキコト」なりと述べ、伊集院公使に「伝言ノ上何トカ取締ノ方法ヲ講セラルル様相談方」(14)を依頼した。また袁は坂西に、漢口で蜂起を組織した革命党員詹大悲・季雨霖らが日本の岳陽丸で長江を下った旨の黎元洪からの電文を提示し、伊集院公使と相談の上中国側に引渡すよう依頼した。(15)詹と季は二〇日岳陽丸で漢口を出発し上海に赴いたのである。[16]しかし伊集院は坂西を通じて袁に「其ノ辺ノ事ハ帝国政府ニ於テ不断厳重ニ取締リ居リ政府ノ関スル限リ何等曖昧ナルコトハナキ筈[17]」だと返事し、事実を否定した。牧野外相も芳沢宛の電報で上述の事実を否定した。これは日本政府と軍部が南方の革命党を援助して事件を起こそうと画策していると誤解されるのを恐れたためであった。

六月一四日袁世凱は広東都督胡漢民を罷免した。南北情勢は一層緊迫化した。孫文はまず広東を挙兵・独立させる戦略を立て、六月一七日汽船ピーオー号で、上海から香港経由で広東に赴いた。[18]外務省の出先機関は孫文の広東行きの動向を注視し、その動静を即時外務省に報告した。一八日有吉総領事が黄興と面談した時、黄は孫文が密かに広東に向ったことを伝えた。この時黄は有吉に対して日本への不満を述べ、「独リ南方ニ援助ヲ与ヘサルノミナラス五国借款ハ伊集院小田切両氏ノ特別斡旋ニ依リ成立セルモノナリ[19]」と日本を批判した。孫文は二〇日に香港に到着した。駐香港の今井忍郎総領事は官員を派遣して面会時間を打合せたが時間が合わなかったので、[20]孫文は馬君武を派遣して、広東訪問の目的は娘の病気見舞い（その後死去）と胡漢民罷免後の広東の後片付けをするためであると伝えた。孫文は澳門海域の軍艦上で広東の新都督陳炯明と討袁問題について協議し、その後香港に帰って胡漢民と共に今井総領事と会談した。馬君武は今井に、孫は武力討袁を主張したが、陳炯明は当地商人の意向を挙げてこれに反対し、胡漢民も賛成しなかったと語った。[21]当時広東には二個師団と一個旅団の兵力があったが、その師団長や旅団長は既に袁に買収されて北伐・独立に反対していたからであった。[22]孫文は広東訪問の目的を達することが出来ず、二九日パナマ丸で上海に戻った。

この時点で孫文の武力討袁の方針は大いに動揺し始めた。孫文は同日李烈鈞と面会したが、「同人モ南昌ト気脈ヲ通シ機会ヲ観望シ居レルニハ相違ナキモ江西単独ニテ徒ラニ乱ヲ起スカ如キコト殆ト無謀ノ挙[23]」であると語った。三〇日孫文は有吉総領事に「差当リ議会ニ於テ相対峙スル外他ニ策ナク之トテ素ヨリ多ク望ミ難ク先ツ以テ現状ノ儘ニ時勢ヲ観望シ他日の機会ヲ俟ツノ外ナシ[24]」とその心境を語った。孫文は「南下前ト異リ全ク自派ノ勢力ヲ悲観シ居」り、「自分等ノ勢力失墜ヲ一ニ五国借款ニ帰シ袁ノ巧妙ナル籠絡手段ハ同借款ニ依ル資金ニ伴ヒ驚クヘキ迄ニ地方ニ及ヘリ[25]」と述べて暗に日本ら五ヵ国に不満の意を表し、日本に対し特に要望を提出しなかった。

しかし陳其美ら中堅層は依然として武力による討袁を主張し、李烈鈞も七月六日以来江西に潜伏して挙兵を計画していた。第二革命は目前に迫っていた。日本は芳沢総領事が語ったように、「若シ何レカノ方面ニ事変勃発シ仮令一部タリトモ支那ノ秩序ノ紊ルルコトモアラハ列国ハ之ニ対スル責任ヲ我ニ嫁スルニ至ランカト懸念[26]」し、それに対する準備を講じていた。芳沢は牧野外相に駐中国の「我文武官憲ハ何人タルヲ問ハス総テ専心一意帝国国是ノ外交方針ニ導拠スル様戒飭ヲ加ヘラレンコトヲ希望[27]」した。牧野外相と参謀総長・陸軍大臣らが打合せた結果、陸軍中央は与倉司令官に命じて江西で活動中の将校らを一旦漢口に引揚げさせると同時に、中部中国にいる陸軍将校に対して「政府ノ方針ヲ親敷訓諭セシムルコト[28]」を決定した。

この頃伊集院公使が帰朝することになり、山座円次郎が七月下旬から駐中国公使に就任することになった。公使の交代は対中国政策の転換を意味することでもあった。七月九日伊集院は袁を訪ねたが、袁は伊集院に、彼の帰朝に伴って日本政府の対中国政策に変更を及ぼすことなきやとの口吻を洩らした[29]。伊集院は「断シテ然ルコトナキ」旨を述べ、「山本首相ハ……貴国ノ時事ニ留意シ飽迄既定ノ方針ノ支持ニ努メ両国親善ノ実ヲ挙ケンコトヲ期待シツツアリ」と言い、さらに一部世論と長江一帯の日本人が「言行兎ニ角南方ニ偏シ甚シキニ至リテハ直接乱党ニ与スルモノアルカ如シト雖斯ノ如キハ全然政府ノ意図ニ反スルモノニシテ（二字不明）随時必要ノ弾圧ヲ加ヘツツアリ[30]」と語って、日本政府が南方の孫文派を支援しない方針をあらためて袁に表明した。中国の新聞も公使の交代によって日本の対中国政策に変更がないことを報道した[31]。しかし袁世凱は日本の南方支援を恐れ、これを牽制するため、奉天における中日合弁の銀行設立に賛成の意を表し、日本の東北における鉄道敷設計画にも原則的に賛成した。同時に袁は彼が日本に派遣した孫宝琦・李盛鐸に対する日本の歓待に謝意を表した。袁は日本に対する「好意」を表して日本の対南方政策を牽制しようとしたのである。

七月一二日李烈鈞が江西で挙兵して独立を宣言すると、一五日南京、一七日安徽、一八日上海・広東、二五日湖南も続続と独立を宣言し、第二次革命が勃発した。李が挙兵する直前、九江駐屯の江西軍第二師団長劉世鈞は八木に対して、戦争を避ける手段として「領事団ハ居留民保護ノ為九江附近十里内ニ於テ衝突ヲ避ケル様希望スル」(32)旨の要請を劉と九江に進駐した袁軍第六師団長李純に発してほしいと要望した。八木はイギリス領事と相談の上、この要請を起草した。(33)芳沢総領事もこれに賛成したが、第二革命の勃発を阻むことは出来なかった。これは日本が第二革命勃発直前まで南北の軍事衝突を避けようとしたことを物語っている。

革命に対する日本と欧米列強の姿勢は革命の成否にかかわることであった。第二革命勃発後、孫文は日本と欧米列強の反応を重視した。一四日孫文は有吉に「日本側ノ意向ト諸外国人ノ感情」(34)はどうかと質問した。有吉は「日本ヨリハ事変発生後未タ(脱字?)得ス何等知ルトコロナキ」旨を告げ、「居留地附近ハ可成静謐ヲ保タサルニ於テハ延テ諸外国人ノ反感ヲ招クヘク依テ江南機器局ニ於ケル北兵ノ処置ノ如キハ尤モ慎重ヲ要スヘシ」(35)と勧告した。袁世凱は背後から南方革命派を牽制するため、七月六日に先手を打って袁軍の第四師団の一個連隊を派遣して江南機器局を占拠していた。これは孫文派にとっては背後からの脅威であった。南方革命派に属する部隊は七月二三日からこの拠点に数回にわたって攻撃を加えたが、撃退することが出来なかった。孫文は外国の力を利用して、この袁軍を撤退させようとして、有吉に「領事団ヨリ北兵ノ撤退ヲ勧告セラルル様ノ都合ニハナルル間敷ヤ」(36)と要望したが、有吉はこれに応じようとしなかった。

日本政府は第二革命の勃発に際して従来の所謂中立不偏の方針を堅持した。七月一八日山本総理の官邸で長谷川参謀総長・楠瀬陸軍大臣・牧野外務大臣らが会合し、第二革命に対する政府方針を決定した。この方針に基づき、同日牧野外相は駐中国の出先機関に「今回中部支那ニ於テ再ヒ騒乱ノ発生ヲ見ルニ至リタルハ甚タ遺憾ノ次第ナルカ帝国政府ノ方針ハ従来ノ通リ不偏不党公正ヲ持スルニ在リテ断シテ我文武官吏ノ支那内乱ニ加担スルヲ許サズ」と訓令し、在中国居留民に対しても「心得違ノ者ハ政府ノ保護ヲ期待スルヲ得サル旨預メ懇切ニ諭告シ尚必要ノ場合ニハ職権ニ拠リ在留禁止ノ手段ヲ取ル事ニ躊躇セラレサルヘシ」(37)と指示した。軍中央も同様の方針をとり、長谷川好道参謀総長は同日駐中国の与倉司令官・坂西利八郎・多賀少佐・斎藤少佐らに「両軍衝突スル今日殊ニ茲ニ注意シ偵察ノ派遣等モ目下ニ必要ナルモノニ限リ且ツ南北ヲ問ハス其軍ノ処在地ニハ長ク滞在セシム可ラス要ハ我軍人ノ毫モ南北征戦行為ニ関与セサルヲ明ニスルニ在リ」(38)と指示した。しかし李烈鈞周辺の一〇数名の日本軍人は依然としてその軍事行動に関与し、七月二七日の沙河鎮の戦闘で福岡県久留米出身の平山某が戦死した。(39)彼らの行動は政府・軍中央の訓令に対する違反行為であり、個人の意志によるものであった。しかしこうした行動は北京政府と欧米列強に日本が革命派を「支援」しているという印象を与えた。

日本や他の列強による孫文ら南方革命派への「支援」を阻むため、北京政府の外交部は七月二一日日本や他国の公使・領事に「貴国政府ニ於テ叛徒ヲ援助スルカ如キコト之ナキハ勿論ナリト雖商人ニ在ツテハ営利ノ為斯ル挙動必無ナルヲ保シ難キニ付公使ヨリ商船ヘ転達シ叛軍軍隊ノ輸送又ハ軍器ノ供給ニ従ハサル様命令セラレタク若シ違背スル者アラハ領事ニ於テ処分セラルル様措置相成タシ」(40)という覚書を提出した。これは実際には日本に対する要求であった。

この時期、欧米列強も日本が南方の革命派を「支援」していると思いそれを牽制しようとした。

二二日の『チャイナ・プレス』紙は一六日武昌発の通信として、黎元洪が日本政府は日本人の「反徒ヲ助クルヲ黙認シ日本船舶ハ武器ヲ各所ニ供給シ資金モ日本ヨリ支出セラルトシテ湖南ニ於ケル一千$ノ借款談ヲ掲ケ……其商船又ハ軍艦ハ常ニ反徒ノ遁走ニ便宜ヲ供スル多数ノ実例ヲ挙ケ得ヘシ」(41)と指摘して、「日本ノ方針ハ支那分裂ヲ希望シ」ていると非難しているという記事を掲載した。外務省とその出先機関にとってはこのような誤解を解消することが何よりも重要であった。同日牧野外相は、黎が果してこのような談話を発表したか否かを芳沢総領事に確認すると同時に、「支那官憲ニシテ日本ニ対シ此種ノ事ヲ誣フルモノハ国交上重大ナル責ヲ負ハサルヘカラサル」[42]と文書で警告するように指示した。『セントラル・チャイナ・ポスト』も二六日に黎元洪の上述の談話を詳しく報じたので、漢口商務総会の会員らは日貨ボイコットを主張した。このような情況の下で、七月二七日午後芳沢は黎元洪と三時間にわたって会談し、一部の日本軍人や民間人が李烈鈞の軍事行動に参与していることを認めたが、これは政府の指示によるものではなく、政府はその参与を禁止し、取締っていることを説明した。[43]また芳沢は黎が新聞に発表した談話の内容を逐一問いただし、「本件ノ如ク幾多ノ誤解ヲ基礎トセル意見ヲ発表セラレタルハ本官ノ遺憾ニ堪ヘサル所ナリ」[44]と抗議の意を表明したが、黎は日本軍人が作成した江西軍の作戦地図を証拠として提示し、これに反駁した。北京では袁世凱が坂西と会談し、海軍司令官李鼎新からの来電として江南機器局の攻撃に日本人が参加し、水雷・地雷の敷設にも参与していることを指摘した。[45]この時北京の『デイリー・ニュース』や袁世凱派の漢字新聞[46]は、山座公使が語ったように「論旨ハ総テ排日的主義ニ満サレ」[47]ていた。山座はこれは「日支両国ノ親交上甚タ好シカラサル結果ヲ来スヤニ憂慮セラルル」[48]旨を袁に申入れた。上述のように、ごく一部の日本人が革命派の軍事活動に参加していることを袁と黎が大きく取上げたのは、対外政策上日本が革命派を支援することを予め阻止しようとしたからであった。

日本が孫文ら革命派への支援を否定し、袁がその支援を牽制しようとする一方で、孫文は日本と銀行団の袁に対する借款を非難しつつ、依然として日本に政治・外交的協力を要請していた。七月二一日孫文は有吉総領事と会談したが、孫は各省独立の情況を意気軒昂と説き、得意の様子で「袁ヲ退クルニアラサレハ到底平和ヲ望ムヲ得ス」と断言し、袁に退譲勧告の電報を発する意志を表明し、さらに公然と日本ら五カ国の借款の名目による援袁を非難して「五国借款成立ニ際シ各方面ヘ向ケ其内乱ノ原因タルヘキヲ予言シタルモ何レノ国モ耳ヲ傾クルモノナク中立ノ名ヲ仮リテ各国何レモ自己ノ都合好キ政策即チ陰ニ袁ヲ援助スルノ方針ヲ執リ来リタル」と述べ、また日本に対して「所謂南方ハ挙テ日本国ニ信頼シ殆ト准日本ノ観アリテ之ニ多キヲ期待スルニ方リ列国ト斉シク依然トシテ都合好キ中立ノ態度ヲ守ランカ遂ニハ一般ノ信望ヲ失フニ至ルヘ」(49)しと語った。孫文はこのように日本を非難しながらも日本に期待を寄せ、日本が「此際尠クトモ袁ニ対シ退譲方ノ友誼的勧告位英国其他一二ノ国ヲ勧誘シテ先ンシテ之ヲ試ミラルル」(50)ように懇願した。孫文は「外国ヲ恃ミトスル袁ハ此種ノ勧告ニハ案外速カニ服従スヘク」と考えて、もし「他国ニシテ狐疑セハ日本ノミニテ勧誘ヲ与ヘラルルモ可ナラスヤ」(51)と要望した。しかし有吉はこの要望には応ぜず、「斯ノ如クシテ列国容喙ノ端ヲ啓カンヨリ外援ニ依ラス内部ニ於テ事ヲ収ムルノ必要ナルヘキ」ことを説いたが、孫文は「袁ノ飽迄外援ヲ生命トセル」ことを指摘し、「彼ハ遂ニハ蒙古等ヲ餌トシテ露国ニ依ル等ノコトアルヘク何レ外国ヨリノ容喙又ハ干渉ハ現状ヨリシテ事実免レサルヘキニ付吾人ノ希望スル時機ニ於テ寧ロ日本国ニ於テ『イニシアチーブ』ヲ執ルノ利益ナルヘキヲ」(52)主張し、袁への勧告を強く希望した。このように孫文は武力討袁を開始したにもかかわらず、依然として日本と列強の力によって袁を排除しようとした。

有吉は孫のこの要望を牧野外相に報告したが、牧野は断固として拒否し、「斯ル問題ニ付先方ニ対シ帝国政府トノ懸リ合ヒヲ残シ置クガ如キ挨拶ハ好マシカラザルニ因リ……今後ハ貴官限リニ話ヲ止メ先方ヲシテ当然帝国政府ノ回答ヲ予期セシムルガ如キコトナキ様配慮セラレタシ」(53)と厳しく訓令し、日本が孫文らの要請に絶対応じない姿勢を示した。

しかし孫文ら南方革命派は依然として日本に期待を寄せていた。独立した湖南省は軍資金調達のため三井の現地支店に二〇〇万円の借款を要請したが、芳沢総領事は「今日右ノ如キ借款ノ交渉ニ応セサル方得策」(54)だと三井に勧告した。その理由として芳沢は、今回の南北衝突は北の中央政府の勝利に帰するであろうが、中央政府は南方と締結した契約等を承認しないであろうこと等を挙げた。(55)牧野外相も「此際速カニ本件借款ニ応ズルカ如キハ軍資ヲ供給スルニ外ナラザルヘク現下ノ事態ニテハ帝国政府ハ是認ヲ与フルコトヲ得ザル」(56)旨を三井に警告するよう芳沢に指示した。黎元洪もこの借款を阻止しようとして『チャイナ・プレス』等の新聞にこの借款交渉を暴露し、七月三一日には芳沢にこの借款交渉が進展しているか否かを尋ねた。(57)こうして、結局この借款は実現しなかった。

七月下旬、戦況は逆転して南方の革命派に不利になった。この時期に至り、所謂中立不偏の方針を標榜していた日本の南北政策は、明確に北の袁への支援に傾き始めた。日本の民間会社は袁軍の要望に応じて武器を輸送した。漢口の日清汽船は七月二三日袁軍の大砲二門・小銃三〇〇挺を沙市から漢口に輸送した。(58)芳沢はこの件を牧野外相に報告して、「物品ヲ供給スルハ差支ナキ趣意ナラント思考スル(59)」と上申し、これを支持する意見を示した。一方、広東の胡漢民は「此際軍隊ノ陸送ハ長時日ヲ要スルニ付日本ノ商船ニテモ借リ得サル」やと駐香港の今井総領事に申入れたが、今井は「斯ノ如キハ絶対不可能ナリ(60)」と断固拒否した。南北・袁孫に対する日本の態度のこのような変化は、戦況が南方に不利になるに従って明確になった。それは南北衝突の結果、孫文ら南方革命派の敗北と袁の勝利が確定的になったからである。南北衝突の第一線にいた漢口総領事芳沢は七月二八日に「本官ノ予想セル通リ現下ノ戦争ニシテ北軍ノ勝利ニ帰シ中央政府ノ権力再ヒ南方諸省ニ確立スルニ至ラハ本人(本邦人――著者)等カ受クヘキ不利益尠カラサルベキハ勿論国交上甚タ面白カラサル(61)」と意見を牧野外相に上申した。三一日にも同様の意見を具申し、日本人の南方への介入を猛烈に非難していた「黎元洪ヲシテ其胸中ニ抱懐セル排日的勧念ヲ速ニ除却セシメ以テ其中央政府ニ対スル今後ノ報告並ニ地方人士ニ対スル施措ニ影響セシムルガ如キ事ナカラシムルハ吃緊ノ事ニ有之候(62)」として、そのための策を講じるよう上申した。八、九月日本は袁に大砲等の兵器を売渡して公然と袁世凱派を支援した。その目的は芳沢総領事が牧野外相に上申したように「支那現状ニテハ中央政府ヲ支持シ之ヲ利用シテ我利権ノ発達ヲ計ルヲ得策(63)」だと認めていたからであった。この時期日本の対袁・対孫政策は反比例する関係にあった。日本の政策が袁に傾くにつれ、日本の孫文との関係は一層疎遠になりつつあった。このことは孫文の訪日と滞在に対する日本の姿勢から明確に窺うことが出来る。

第二革命に対してイギリスはどう対応したのだろうか。四月初めから駐中国のジョルダン公使は、南北間の政治的見解の相違が原因で、袁と孫との間に戦争が勃発することを予測していた。この頃イギリスは袁こそ中国の統一と安定を保てる唯一の人物だと見なして依然として袁を擁護したが、だからといって袁を支援して孫ら南方の革命党を制圧しようとはしなかった。イギリスも対中国貿易上の利益に基づいて、南北が融和して平和と安定が維持されることを重要視し、袁にその旨を勧告したのである。

イギリスは南方の孫文ら革命党とは直接的な関係はなかったが、袁に対する勧告と同様に南北の融和と武力衝突の回避を要望した。しかし上述したように、日本が孫文ら南方革命派を支援するとの噂が流布した時、(一)には南北の武力衝突を避けるために、(二)には孫文ら革命党を支援して自己の勢力圏内において利権を拡大しようとする日本の狙いを牽制するために、日本の支援を牽制しようとした。駐日のイギリス大使グリーンは日本外務省に本国政府からの訓令として「多数ノ銃器日本ヨリ広東ヘ向ケ輸送中ナリ」(64)という情報の真偽を尋ねた。七月一五日北京の『デイリー・ニュース』の社説は、江西擾乱に日本人が参与していると報道した。同日ジョルダン公使は伊集院を訪ね、この事実を確認するよう要求した。(65)ロンドンの各新聞も北京からの通信として、上述したような記事を掲載し、イギリスの世論を喚起していた。これは日本の南方援助を牽制しようとしたものであると同時に、対日非難でもあった。

江西省の李烈鈞軍に一〇数名の日本人が参与していることは事実であったが、これは国の命令によるものではなく、個人の意志によるものであった。個人の行動がイギリスと日本との国家間の外交問題になったのは、誤解もあったが、中国南方における日英間の争奪が反映されていたからである。牧野外相と伊集院公使はイギリス側に「日本官憲ガ何等関係セザルノミナラズ日本人ニシテ軍資又ハ武器ヲ供給セルモノナシ」と断言したが、一方で「南方ノ当事者中ニハ日本ニ留学シタルモノ多ク従テ日本ノ民間ニ知人少カラズ是等ノ輩ヨリ道義的援助ヲ受クルハ免レ難キ所ナリ」と説明し、「政府ノ方針ハ不偏不党」(66)であると述べた。しかしイギリス側はこれに納得しなかった。二三日駐日イギリス大使グリーンは牧野外相にイギリス政府の七月二二日付の覚書を提示した。覚書は「日本ノ私人等ガ南方諸省ノ袁世凱ニ対スル敵対的態度ニ対シ声援ヲ与フルノ結果漸ク支那ニ於テ日本ニハ著シク親南ニ傾キ毫モ支那ノ統一ヲ悦バザル有力ナル一派アリトノ感想を惹起スルニ至レリトノ報道近頃種々ノ方面ヨリ英国政府ニ達セリ」と指摘し、「日本国政府ニシテ其臣民ノ活動ニ対シ何等覊束ヲ加ヘ得ルニ於テ如上ノ感情ヲ排除シ且平和ヲ増進スルニ資スル所アルヘシ」(67)と要望した。この覚書はイギリスが日本の対南方外交に懸念を抱き、牽制しようとしたものであった。これに対し、二四日外務省はイギリス側に日本政府の不偏不党の方針を説明すると共に、「一個人カ其意ヲ発表スルニ当リ苟モ法令ニ抵触セサル限リ当該官憲ニ於テハ之ヲ管束スルニ由ナキコトヲ言明セザルヲ得ズ但シ帝国内ニ支那ノ分裂ヲ希図スルカ如キ何等有力ナル団体ノ存立セザルコトハ外務大臣ノ確信スル所ナリ」(68)とイギリスの覚書に反駁した。外務省はこのような立場を堅持すると同時に、南方において不穏な行動が認められる日本人に対して退去を命ずる措置をとっていることをイギリスに通告し、了解を得ようとした。駐英の井上勝之助大使も七月二二日グレー外相に日本側の方針と立場を説明し、「此際関係国ハ更ニ一層協調ヲ固クシ以テ一致ノ行動ヲ取ル事必要ナリ」(69)と述べて日英の協調を申入れた。これに対しグレー外相は「全然同意スル所ナリ」と述べ、「此ノ如キ証言ヲ得テ一層安心スル」(70)と満足の意を表し、これによって孫文ら南方革命派に対する日本の単独行動を牽制することが出来たと考えていた。

しかし日本はイギリスに牽制されてはいたが、完全に制御されていたわけではなかった。日本はイギリス等欧米列強による孫文ら革命派への抑圧的姿勢に対して異なる主張を唱えた。孫・黄らは上海の租界を拠点として討袁活動を組織・指揮していた。イギリス等他の列強は租界と居留民の保護を口実に、二四日の領事団会議において会審衛門の審理を経て、孫・黄及び陳其美が租界に居住することを許さないと表明したが、有吉はこれに賛成しなかった。(71)二五日租界の参事会は政治家及び軍閥の領袖が租界を利用することを禁止し、今回の擾乱に与する者は居留地より放逐し、この告示発表後も引きつづき参与する者は逮捕する、と告示することにした。これも孫・黄ら革命派を租界から放逐しようとするものであったが、有吉は「本件ノ実行ハ不妥当ナルノミナラス討袁軍派ノ感情ヲ害シ種々ノ危険ヲ惹起スルノ虞アリ」[72]と牧野外相に報告した。牧野外相は「本件ハ頗ル『デリケート』ニシテ到底政治的色彩ヲ呈スルノ結果ニ相成ルノ虞アルニ付御意見ノ如ク貴官ハ賛否ヲ表スル能ハザルノ態度ヲ執ラルベシ」[73]と指示した。これはある意味において孫・黄ら革命派に同情を示したものであり、また彼らにも有利なものであった。しかし租界当局は告示に基づき、まず陳其美らの閘北司令部の徹退を強要し、二七日陳其美らは呉淞に移転した。[74]有吉は租界の警察署長らに告示の実行を控え、孫文を租界から追放しないように要望し、宮崎滔天らと打合せて、孫文らが自ずから広東方面へ赴くように工作した。[75]有吉はイギリスとの妥協策として、孫文ら南方派だけを特定の対象とせず、南北共に適用される告示を発布し、例えば租界内における南北双方の戦闘禁止等の字句を入れることに対しては賛同の意を表した。[76]これも客観的には戦況不利に陥っていた孫らにとって有利な面があった。

第二革命をめぐる日本と袁・孫及びイギリスとの外交関係は複雑・多岐であったが、その核心は各国にとっての利益であり、各国にとっての利益の有無によってその対応策が決定されたのである。例えば袁はその軍隊を上海に上陸させて閘北に駐屯し、革命勢力が掌握している呉淞要塞を背後から攻撃しようとしたが、袁を支援するイギリスも袁に傾きつつあった日本も自己の権益が集中している上海の安定を維持するため、この要求を拒否した。[77]これは日本・イギリスの対袁政策の本質が各々の国益にあったことを物語っている。日本・イギリスの対孫政策も同様であった。

（1）『申報』一九一三年六月一〇日。
（2）大正二年六月八日、在上海有吉総領事より牧野外務大臣宛電報、第一一一号。防衛研究所所蔵。

（3）大正二年六月一一日、在上海有吉総領事より牧野外務大臣宛電報、第一一四号。防衛研究所所蔵。
（4）大正二年六月一〇日、在漢口芳沢総領事より牧野外務大臣宛電報、第一一六号。外交史料館所蔵。
（5）大正二年六月一一日、牧野外務大臣より在漢口芳沢総領事宛電報、第四三号。外交史料館所蔵。
（6）大正二年六月一七日、在漢口芳沢総領事より牧野外務大臣宛電報、第一二八号。外交史料館所蔵。
（7）同右。
（8）大正二年六月一〇日、在漢口芳沢総領事より牧野外務大臣宛電報、第一一六号。外交史料館所蔵。
（9）同右。
（10）大正二年六月二一日、在九江八木元八書記生より芳沢総領事宛電報。外交史料館所蔵。
（11）『申報』一九一三年七月一七、一八、二〇日。
（12）大正二年六月二〇日、在上海有吉総領事より牧野外務大臣宛電報、第一二三号。外交史料館所蔵。
（13）大正二年六月三〇日、在北京伊集院公使より牧野外務大臣宛電報、第五〇二号。防衛研究所所蔵。
（14）同右。
（15）同右。
（16）大正二年六月二九日、在上海増田中佐より伊集院五郎海軍軍令部長宛電報。外交史料館所蔵。
（17）大正二年六月三〇日、在北京伊集院公使より牧野外務大臣宛電報、第五〇二号。防衛研究所所蔵。
（18）大正二年六月一七日、在上海有吉総領事より牧野外務大臣宛電報、第一二〇号。防衛研究所所蔵。
（19）大正二年六月一八日、在上海有吉総領事より牧野外務大臣宛電報、第一二二号。防衛研究所所蔵。
（20）大正二年六月二一日、在香港今井総領事より牧野外務大臣宛電報、第三〇号。防衛研究所所蔵。
（21）大正二年六月二四日、在香港今井総領事より牧野外務大臣宛電報。防衛研究所所蔵。
（22）辛亥革命史叢刊編輯組編『辛亥革命史叢刊』第六輯、中華書局、一九八六年、三三—三四ページ参照。
（23）大正二年六月三〇日、在上海有吉総領事より牧野外務大臣宛電報、第一二八号。防衛研究所所蔵。
（24）同右。
（25）同右。

（26）大正二年七月三日、在漢口芳沢総領事より牧野外務大臣宛電報。外交史料館所蔵。
（27）同右。
（28）大正二年七月六日、牧野外務大臣より在上海有吉総領事宛電報、第五五号。外交史料館所蔵。
（29）大正二年七月一一日、在北京伊集院公使より牧野外務大臣宛電報、第五一六号。防衛研究所所蔵。
（30）同右。
（31）『申報』一九一三年七月一日。
（32）大正二年七月一二日、在漢口芳沢総領事より牧野外務大臣宛電報、第一五七号別電。外交史料館所蔵。
（33）同右。
（34）大正二年七月一五日、在上海有吉総領事より牧野外務大臣宛電報、第一三五号。防衛研究所所蔵。
（35）同右。
（36）同右。
（37）大正二年七月一八日、外務省より在漢口芳沢及び各地総領事・領事宛電報。防衛研究所所蔵。
（38）大正二年七月一八日、長谷川参謀総長より在漢口与倉司令官及び坂西大佐ら宛電報。外交史料館所蔵。
（39）大正二年八月一日、在九江八木元八書記生より牧野外務大臣宛電報、第四五号。外交史料館所蔵。
（40）大正二年七月二三日、在上海有吉総領事より牧野外務大臣宛電報、第一六三号。外交史料館所蔵。
（41）大正二年七月二三日、在上海有吉総領事より牧野外務大臣宛電報、第一五六号。外交史料館所蔵。
（42）大正二年七月二三日、牧野外務大臣より在上海有吉総領事宛電報、第六二号。外交史料館所蔵。
（43）大正二年七月三一日、在漢口芳沢総領事より牧野外務大臣宛。外交史料館所蔵。
（44）大正二年八月二日、在漢口芳沢総領事より牧野外務大臣宛電報、第二一八号。外交史料館所蔵。
（45）大正二年八月三日、在上海有吉総領事より牧野外務大臣宛電報、第二一九号。防衛研究所所蔵。
（46）『申報』一九一三年七月一七、二八日。
（47）大正二年八月七日、在北京山座公使より牧野外務大臣宛電報、第六〇八号。外交史料館所蔵。
（48）同右。

(49)大正二年七月二一日、在上海有吉総領事より牧野外務大臣宛電報、第一五二号。防衛研究所所蔵。
(50)同右。
(51)同右。
(52)同右。
(53)大正二年七月二二日、牧野外務大臣より在上海有吉総領事宛電報、第五九号。防衛研究所所蔵。
(54)大正二年七月二六日、在漢口芳沢総領事より牧野外務大臣宛電報、第二一二号。外交史料館所蔵。
(55)同右。
(56)大正二年七月二八日、牧野外務大臣より在漢口芳沢総領事宛電報、第六七号。外交史料館所蔵。
(57)大正二年八月一日、在漢口芳沢総領事より牧野外務大臣宛電報、第二一三号。外交史料館所蔵。
(58)大正二年七月二三日、在漢口芳沢総領事より牧野外務大臣宛電報、第二〇八号。防衛研究所所蔵。
(59)同右。
(60)大正二年七月一九日、在香港今井総領事より牧野外務大臣宛電報、第四一号。防衛研究所所蔵。
(61)大正二年七月二八日、在漢口芳沢総領事より牧野外務大臣宛電報、第二一五号。防衛研究所所蔵。
(62)大正二年七月三一日、在漢口芳沢総領事より牧野外務大臣宛。外交史料館所蔵。
(63)大正二年七月三日、在漢口芳沢総領事より牧野外務大臣宛電報。外交史料館所蔵。
(64)大正二年六月一八日、牧野外務大臣より在北京伊集院公使宛電報、機密送一四三号。外交史料館所蔵。
(65)大正二年七月一六日、在北京伊集院公使より牧野外務大臣宛電報、第五二六号。外交史料館所蔵。
(66)大正二年七月一七日、牧野外務大臣より在英国井上大使宛電報、第一二三号。外交史料館所蔵。
(67)大正二年七月二三日、在東京イギリス大使より牧野外務大臣に提出した覚書。外交史料館所蔵。
(68)大正二年七月二四日、外務省より在東京イギリス大使に提出した覚書。外交史料館所蔵。
(69)大正二年七月二三日、在英国井上大使より牧野外務大臣宛電報。外交史料館所蔵。
(70)同右。
(71)大正二年七月二四日、在上海有吉総領事より牧野外務大臣宛電報、第一七一号。防衛研究所所蔵。

(72)　大正二年七月二五日、在上海有吉総領事より牧野外務大臣宛電報、第一七八号。外交史料館所蔵。
(73)　大正二年七月二六日、牧野外務大臣より在上海有吉総領事宛電報。外交史料館所蔵。
(74)　大正二年七月二六日、在上海有吉総領事より牧野外務大臣宛電報、第一八四号。外交史料館所蔵。大正二年七月二八日、在上海有吉総領事より牧野外務大臣宛電報、第一八九号。外交史料館所蔵。
(75)　大正二年七月二九日、在上海有吉総領事より牧野外務大臣宛電報。防衛研究所所蔵。
(76)　大正二年七月二六日、在上海有吉総領事より牧野外務大臣宛電報、第一八一号。外交史料館所蔵。
(77)　大正二年八月一〇日、在上海有吉総領事より牧野外務大臣宛電報、第二四六号。外交史料館所蔵。

三　孫・黄渡日をめぐる対応

七月一二日独立を宣言した江西省の討袁軍は、まず主力を構成した林虎部隊が袁軍の第六師団に猛烈な攻撃を仕掛けて一時勝利を収めたが、その後袁軍の反撃と江西軍の第九連隊の投降及び作成上の失敗によって袁軍に鎮圧された。江蘇省では第三師団が袁軍に攻撃を開始したが、袁軍の増援部隊によって撃滅された。安徽省の討袁軍は袁軍の牽制と内部の紛争のため江西・江蘇省の友軍を支援することが出来なかった。上海では陳其美らが江南機器局を攻撃したが成功せず、その軍も半ば解散状態に陥った。湖南・広東・福建省の討袁軍も長江流域に出動して前線の部隊を支援することが出来なかった。このような情況の中で、七月二六日江蘇都督であった程徳全が独立を取消し、革命を裏切った。これによって討袁軍の敗北と瓦解に拍車がかかった。戦況がこのように急激に推移する中、孫文と黄興は広東で再挙兵する計画を立て、南方に赴くことになった。だが広東の形勢も急激に逆転し、孫文と黄興は計画を変更して日本に赴き、日本に滞在せざるを得なくなった。本節では、孫・黄の日本行きと滞在をめぐる日本政府・外務省とその出先機関及び軍部・民間の対応を考究すると共に、政府・外務省の方針が滞在阻止から滞在許可へと転換した原因を検討する。

まず南下を決定したのは南京で戦闘を指揮していた黄興であった。黄興は日本側に南下の便宜を提供してほしいと要望した。七月二七日夕方、黄興は第八師団の旅団長王孝縝を通じて現地の大和商会の野村に「形勢愈々不可ナルヲ以テ出来得ヘクムバ今夜日本軍艦或ハ商船ニ投シ一先ツ此地ヲ遁レ広東方面ニ赴キ再挙ヲ図リタキニ付可然助力ヲ請フ」(1)と申入れた。野村は中支派遣隊(漢口駐屯軍)付陸軍大尉伊集院俊彦と共に駐南京の船津領事と相談したが、船津は黄興ら革命勢力が最後まで袁と戦うことを願い、「黄興カ急遽狼狽此地ヲ去ル如キコトアラバ各地ニ於ケル同党ノ勢力モ相続テ瓦解ス」(2)るであろうが、この際黄興が断固死を決して大いに活躍すれば大勢を挽回することもあり得ると黄興に勧告するように忠告した。船津は至急牧野外相にこの旨を打電したが、牧野外相は黄興の要望を拒否するように指示した。それは「帝国政府ガ累次声明シタル不偏不党公正ノ態度モ全然其信ヲ失シ中部支那ノ動乱ハ我煽動又ハ援助ニ基クトノ世間ノ風説ヲ確ムルガ如キ結果トナリ極メテ不得策」(3)だったからである。しかし黄興周辺の日本軍人らは黄に協力的であった。秋元少佐は南京に碇泊中の日本軍艦竜田の艦長有馬中佐と相談の上、有馬と共に船津を訪れてこのことについて相談した。船津は黄興に同情・協力の意を表したが、外務省の出先機関の長としては牧野外相の訓令を執行せざるを得なかった。船津は秋元・有馬に「黄ヲシテ帝国軍艦ヲ利用セシムルコトハ甚タ好マシカラサルニ付可成丈ケ之ヲ避ケ日清汽船及其他ノ汽船(三菱ノ大冶礦石船等)ヲ利用スル方法ヲ講スル方然ルヘシ若シ万已ムヲ得サレハ黄興ヲシテ変装セシメ陸路安全ノ地迄遁レシムルコト困難ナラサルヘシ」(4)と述べた。しかし秋元少佐はそれは冷酷だと反対した。有馬中佐は個人的意見として、黄興が軍艦竜田に搭乗することに賛成した。黄興は二九日午前一時頃参謀長黄愷元と共に竜田に乗込んだ。(5)この電報に接した牧野外相は黄興ら革命党員が来日することを知り、その渡日を事前に阻止するために懸命であった。同日牧野外相は船津領事に「同人カ本邦ニ逃亡スルコトハ当方ノ甚タ迷惑トスル処ニシテ可成ハ香港又ハ他ニ安全ノ処へ落延フル」(6)ように竜田の艦長と相談するよう訓令し、黄興の渡日を事前に阻止しようとした。竜田は南京居留民保護のため現地を去ることは不可能だったので、その夜黄興は蕪湖より上海へ急行する軍艦嵯峨に乗換え、黄愷元と共に上海へ赴いた。三〇日牧野外相は上海の有吉総領事に黄興をして「可成ハ香港又ハ他ニ安全ノ処へ落延フルコトニ致度若シ万已ムヲ得サルニ於テハ或ハ一時沖縄辺ニ潜匿スルコトニ取計フヨリ外致方ナキ」(7)旨を指示した。

外務省は黄興に対し上述のような厳しい態度をとったが、海軍はこれとは別の政策をとった。七月二九日、海軍次官財部彪は名和又八郎第三艦隊司令長官と竜田の有馬艦長に「万一首領ガ生命ノ危険ヲ脱センガ為メ身ヲ我艦隊ニ投シテ保護ヲ求ムルカ如キコトアル場合ニ於テハ事情已ムヲ得スト認メ外務令定ニ依リ既ニ之ヲ収容シタルトキハ同首領等ヲ移スベキ地点等ニ付テハ予メ大臣ニ請訓ノ上処置相成度」(8)と指示した。これは黄興らに便宜を提供し得るという意見を表したものであった。海軍は辛亥革命以来相対的に革命党に対して有和的であった。海軍と革命党の関係は陸軍より密接ではなかったが、革命党に対する好感や国際慣礼により、革命党とその軍隊に便宜を提供した。二九日、第三艦隊司令長官名和又八郎は斎藤海軍大臣に、黄興らを「此上ハ日本ニ護送スルノ外ナシト思考ス至急駆逐艦御派遣ヲ乞フ然ラザレバ竜田ヲ一時国内ニ回航セシメタシ」(9)と請訓した。しかしこの時海軍省が外務省と黄興らに対する方針を協議した結果、外務省の方針に従わざるを得なくなった。三〇日財部海軍次官は第三艦隊司令長官に駆逐艦は派遣しないことを通告した。(10)その理由は牧野外相と同じであった。しかし財部は「万一諸ノ事情ノタメ其途附キ兼ヌル場合ニハ一時竜田ヲ琉球ニ回航セシメ黄興ヲシテ一時同地ニ潜伏セシムル」(11)よう指示した。同日斎藤海相は日本軍艦が黄興を収容した事実が世間に漏洩した場合の対応策として、当時の情況に基づき次のように処理するよう電訓した。(12)

一　「出来得ル限リ収容ノ事実ヲ否認スルコト」。

二　もし全然否認することが不可能であれば、黄が竜田に来て保護を求めたが「当時ノ情況ハ危険急迫セルモノト認メラレサリシニ依リ帝国軍艦カ従来執リ来レル公平ノ態度ニ照シ之ヲ拒絶シタル旨言明スルコト」。

三　もし黄興収容の事実世間に知られ、前項の言明をなすこと不利である時には「黄興カ急迫ノ危険ヲ免ル、為身ヲ竜田ニ投シテ保護ヲ依頼シタルニ依リ人道上ヨリ一時之ヲ保護シタルニ過ギズシテ幾干モナク同人自ラ立去リタル旨言明スルコト」。

この方針は黄興の南京脱出にとって有利であった。黄興も日本にこうした措置を期待し、そして十分に利用した。三〇日午後、黄興は軍艦嵯峨で上海に到着した。有吉総領事は名和司令長官と協議した結果、同夜黄興を密かに日本郵船の静岡丸に移し、翌日朝香港に向うように手配した。(13)

南京を脱出した黄興が日本に行くのか或いは欧米に赴くのかをめぐり、外務省とその出先機関との間には意見の相違があった。牧野外相は香港の今井総領事に黄興の来日を避けたき旨を電訓したが、今井は広東の「陳烱明ハ黄興孫逸仙ノ同地ニ来ルハ士気ヲ沮喪セシムトノ理由ニ依リ当地ヨリ直ニ日本国ニ遁カスコトニ決定シ転船方本官ニ依頼シ来レリ」(14)と牧野外相に打電した。当時陳烱明は竜済光軍の外圧と配下の師団長・旅団長らの裏切りによって時局をコントロールすることが出来なくなり、彼自身も八月四日には香港に逃亡せざるを得なくなっていた。八月二日、牧野外相は再度今井総領事に「此際同人ノ本邦ニ渡来スルコトヲ絶対ニ許サ、ル」(15)旨を電訓した。このような情況の下で、今井は日本郵船会社の支店長に依頼して、五日発の同社の南丸で黄興をシンガポールに赴かせようとした。(16)今井は在香港の張継・馬君武を通じて黄興に日本政府の趣意を伝えたが、黄はシンガポール行きを欲せず、欧州かアメリカのいずれかに赴きたいと語った。黄興は福州からの孫文の返電を待って決定する予定だった。八月三日夜、今井は黄興と面談し、牧野外相の訓令通り黄にシンガポールに行くよう勧告したが、彼はそれを望まず、日本経由でアメリカに赴くことに決定した。(17)しかし旅券が問題になり、今井は黄に日本人として旅券を発給する便宜を提供してはどうかと上申したが、牧野外相は「本邦人ニ非ザルモノニ対シ本邦人トシテ旅券ヲ発給スルコトヲ得ザル」[18]という理由で断るよう訓令した。黄興は八日にシカゴ丸で渡米する予定であったが、イギリス官憲の警戒が一層厳重になったため、今井総領事は同地の日本郵船支店長・三井支店長らと協議の上、四日に第四海雲丸でまず日本に赴き、次に渡米することにした[19]。

孫文も江西・江蘇の討袁軍が敗北・瓦解した上、上海租界当局によって租界から追放されたので、八月二日に上海からドイツのヨーク号に搭乗して香港・広東に赴こうとした[20]。三日、孫文は福州の馬尾港に到着した。孫文は張継・馬君武を前もって香港に派遣していた。彼らは今井総領事を通じて日本側に協力を求め、福州の日本領事館に孫文に次の文書を必ず手渡してほしいと依頼した[21]。

> 許崇智（福建討袁軍総司令官——筆者）既ニ福州ヲ離ル諸君ハ上陸スルハ危険ナリ広東ノ形勢ハ不良ナリ又香港上陸ヲ禁シ居レリ八月四日発ノ撫順丸ニテ台湾ニ赴キ同地ニ於テ静岡丸ヲ待受クヘシ黄興モ同船ニ潜ミ居レリ

三日、福州領事館の代理領事土谷久米蔵は領事館員の飯田を馬尾港のヨーク号に派遣し、張・馬に依頼された文書を手渡した。孫文は広東の形勢逆転を容易に信じようとしなかったが、飯田が再三勧告した結果、四日午前撫順丸に乗換えて胡漢民と共に台湾の基隆《キールン》に赴いた[22]。三日の夜、多賀少佐は馬尾港で密かに孫と会見していたが、孫文は基隆で在神戸の宋嘉樹と連絡して今後の行き先を決定すると語った[23]。

こうして香港で落合って広東で再挙しようとした孫文と黄興の計画は泡沫のように消えてしまった。

討袁の失敗により、革命党の領袖や党員は続々と日本に亡命しようとした。これは日本にとって外交上の大きな問題となった。山本内閣は八月五日の閣議で対応策について検討した。牧野外相は「帝国政府ハ内外ノ事情ニ鑑ミ今回ノ支那騒乱ニ関係アル領袖連ノ本邦ニ渡来スルヲ防グヲ得策ナリ」[24]とする案を提出し、閣議で決定された。さらにこの決議を孫・

黄らにも適用し、彼らを他の地域に赴くようにすることが外交方針として正式に決定された。内務大臣原敬はこれに賛成であったが、「其やり方は巧妙ならざるべからず」と注意を与えた。(25)牧野外相は駐上海・福州・厦門・広東の総領事と北京の公使にこの決定を訓令した。(26)このような閣議決定は一部の軍人と民間人が李の江西軍に加担したことによって悪化した袁との関係を改善するために有利な措置であり、袁世凱にとって好ましいものでもあった。

袁と孫は対立する勢力であったため、この時期の日本の対袁・対孫政策は対照的であった。孫・黄の日本への亡命と居留を拒否したのに対し、日本の対袁政策は転換し始めた。日本は袁を支援して関係を改善しようとした。それまで袁の排除を主張していた坂西利八郎も八月初め泰平組合を通じて袁に日本の大砲を売込み、袁の好意を得ようとした。主にドイツから武器を購入していた袁もこれによって日本との関係を改善し、日本に孫文ら革命党員の日本亡命を拒否させて彼らを日本から追放する目的を達成しようとして賛成した。(27)結局日本政府はこれに同意しなかったが、駐北京の山座はこれは「将来我方武器売込ノ引掛ケトナラントスル次第ナルヲ此際我ヨリ破談スルコトハ不利益ナルノミナラス或ハ面白カラサル印象ヲ与ヘンカ」と懸念し、「南方ノ擾乱ハ既ニ下火トナリ首領株モ四散シタルコトニモアリ」(28)、予定通り契約を締結するよう上申した。この結果は不明であるが、東京砲兵工廠は泰平組合を通じて工兵用方形黄色火薬五〇〇〇個、白金線信管三〇〇〇個、電気発火機一〇個等各種の軍用品を袁の北京政府に提供した。(29)また坂西は日本政府は孫文らの日本への渡航と日本滞在を許可しない方針であることを袁に伝え、好意を得ようとした。これに対し袁は「至極仕合ナリ」(30)と述べ、なるべく遠方へ追放するよう依頼した。このような袁との関係の転換は日本の対孫・黄政策に大きな影響を及ぼした。

イギリスは袁を擁護し、南方と香港における権益を維持するため、孫文らの南下と渡日に反対の姿勢を示した。孫文が香港に赴いた後、モリソンは外交総長に対して孫文の香港上陸の拒否をイギリス政府に要求するよう勧告し(31)、その理由を述べて、孫は公然と叛乱に関与し、イギリスと友好的な国家に反対しているからだと述べた。モリソンはロンドンの新聞にも「今回ノ叛乱及ヒ其ノ以前ニ於テ〔日本ハ〕叛徒ノ総テノ行動ニ干与セシコトハ争フベカラサル事実ナリ資金及ヒ軍器弾薬ヲ供給シ各所ノ戦闘ニ於テ其ノ首領ト密切ナル関係アリ」と暴露し、「叛徒ノ首領ガ日本ヲ根拠トシ前ニハ揚子江ニ於テ今ハ広東ニ於テ叛乱ヲ煽動スルニ於テハ英国ノ利益ハ如何ナル影響ヲ受クヘキヤ」(32)という記事を掲載した。これらはイギリスの孫文らに対する敵対感を生々しく示したものであったが、イギリスのこのような姿勢は日本の対孫政策に影響を及ぼし、日本はその牽制を受けざるを得なくなったのである。

八月五日、孫文は胡漢民及び二人の随員と共に基隆港に到着し、台湾総督府の接待を受けた。牧野外相は孫文の渡日を阻止するために必死であった。牧野は台湾総督佐久間左馬太に、帝国政府は国内外の情勢に鑑み、中国の騒乱に関係する有力者が来日するのは得策でないと考えているので、「孫ニ対シ結果本邦以外他ノ方面ニ赴ク様勧告ヲ与ヘラレタシ」(33)と指示した。しかし同日午後四時、孫文は日本郵船の信濃丸で日本に向った。台湾総督府は職員の石井光次を門司まで孫一行に同行させた(34)。胡は一時基隆に滞在することになった。八日午前九時、孫文は門司に到着し、記者らに簡単な談話を発表すると、同日正午、神戸に向って出発した(35)。同日牧野外相は兵庫県知事服部一三に、孫文に対して「此際米国へ渡航スルコトハ至極時宜ニ適ヘルモノ(36)」だと懇切に説示するよう指示した。九日午前七時、孫文は神戸の和田岬に到着した。神戸は孫文の第一目的地であった。孫文は航海中から神戸のオリエンタル・ホテルに宿泊していた友人の宋嘉樹と連絡をとっており、神戸で彼と今後の計画等を相談しようとした。次いで黄興と神戸で再会して再挙の計画を検討しようとした。

孫文来神のもう一つの目的は、萱野長知ら日本の知己と密かに会って今後の日本滞在について相談することであった。基隆港から日本に向う途中、孫文は萱野に「遠く外遊することは我党の前途の為め都合が悪い、是非日本に滞留したい、就ては神戸の船中で密会協議したい(37)」と打電し、協力を要望した。大陸浪人や犬養毅が積極的に協力した。萱野はこの電報を携えて頭山満と面談した。頭山は寺尾亭を通じ三回にわたって孫文来日の許可を山本首相に進言したが、山本は孫文の上陸さえ許可しなかった。頭山は伊豆長岡で静養中の犬養毅に打電し、速やかに上京して山本とこの件を相談するよう要請した。[38] 即刻東京に帰った犬養は山本首相を説得して孫文上陸の許可を得た。孫文を迎えるため八日に東京から来神した萱野・寺尾・古島一雄らが神戸港の埠頭に着いた時、犬養から「ヤマモトセウチシタソンニツタエヨ」との電報が届き、[39] 孫文の神戸上陸が許可されたことがわかった。航海中神戸の友人三上豊夷（三上合資会社社長）と電信で連絡をとっていた孫文は、同日夜三上と川崎造船所社長松方幸次郎の案内で神戸諏訪山の常盤花壇別荘に泊まった。[40] 同夜一一時に宋嘉樹が来訪し、二時間密談した。一方、服部知事は牧野外相の指示通り、三上・松方らに孫文にアメリカに赴くよう勧告させた。[41] しかし孫文はこれに応じようとしなかった。中国の新聞も孫文がアメリカに赴くのを好ましく思っていないことを報道した。一四日夜、服部知事は自ら孫文を訪れ、「長ク日本ニ留マルノ得策ナラサル」ことを忠告したが、孫文は「支那南方ノ形勢今尚恢復ノ見込アリ故ニ暫ク日本ニ滞在シテ之ヲ観察シ其上ニテ已ノ進退ヲ決シタシ」[42] と答えた。これに対し服部は「日本ヲ以テ隣邦ニ敵対スル策源地トナサハ自然困難ヲ醸スヘキニ付十分注意スヘシ」[43] と警告した。

黄興は八月九日に第四海雲丸で香港から門司に到着し、同日下関に上陸した。[44] 中国の新聞は黄興の門司到着を報道した。[45] 黄興の来日と日本における接待は三井物産が担当した。到着後、三井物産門司支店は黄興に一万円の生活費を提供し、同支店の河原林が世話をした。[46] 黄興に対する日本政府の姿勢は孫文に対するものと同様であった。黄興は神戸に赴いて孫文と会合する予定であったが、慎重に考慮した結果神戸に赴くことを止め、上海から同志が来るのを待って渡米することに決め、暫くは下関市郊外の浜町天野布荘の別荘に、次いで山口県豊浦郡長府町にとどまり、渡米のための旅券等を準備していた。当時黄興の渡米の決心は固かった。宮崎滔天は上海から黄興に打電し、「余ハ目下病床ニアリ起臥ノ自由ヲ欠ギ面会スルヲ得ズ目下渡米ノ時機ニアラザレバ暫時日本ニ滞在セラレム事ヲ望ム」と切に日本に滞在するよう要望したが、黄興はこれに対して「好意ハ謝スルニ辞ナク又面会スルヲ得ザルヲ遺憾トスルモ既ニ渡米ノ決意ナシ又渡米ノ得策ナルヲ信スルヲ以テ近ク出発セントス」(47)と返電し、宮崎の勧告に応じようとしなかった。黄興がこのように断固渡米しようとした第一の理由は、日本に対し強い不満を抱いていたからである。黄興は同地の警察署長に対して「日本ハ戦争ニヨリ東洋ニ於テ列国ニ先ンジテ覇権ヲ有スル……殊ニ昨年来民国ニ対スル日本政府ノ態度ハ外交上甚タ宜シカラス」と述べ、また「日本ハ唯目前ノ利ヲ見テ永遠ノ利益ヲ思ハサルノ感アル」(48)と指摘して不満を表した。第二に黄興はアメリカに好意を抱いており、アメリカ側も黄興の渡米に協力的だったからである。アメリカは六カ国借款団から脱退して袁への借款にも参加しなかった。故に黄興は「米国ノ如キハコノ度民国ノ借款ニ加ハラス自己ノ欲スル処ニヨリ自己の利権ヲ世界ニ主張シ大ニ活動スルハ実ニ頼ムヘキ手段ニシテ自分モ暫ク米国ニ赴キ時局ノ成行ヲ窺ハントス」(49)と語った。アメリカ側も黄興に協力的であり、駐上海のアメリカ領事は他人の名義で黄興の渡米旅券の手続をし、アメリカのある大シンジケートも黄興に深い好意を示していた。(50)第三は第二革命の戦略問題をめぐって黄興と孫文の間に相違があったからであろう。しかし黄興はその後渡米の計画を変更して八月二〇日静岡丸で門司を出発し、二三日神戸、二五日清水を経由して二六日東京湾に入った。(51)その原因は不明だが、㈠に日本政府の孫・黄に対する政策に変化があり、㈡に八月一四日寺尾亨が下関に来たことと代議士伊東知也が下関で黄興と面会したことに関係している可能性がある。(52)(53)

八月一二日前後、日本の対孫・黄政策に新たな変化があった。日本は孫・黄の渡日・居留を認めた。牧野外相が「若シ彼等ニ於テ勧告ヲ容レサル場合ニ強力ヲ以テ追放スルハ得策ニ非ザルヲ以テ或ハ万一本邦ニ留マルコトトナルヤモ図リ難ク其場合ニハ本邦ヲ以テ隣国動乱ノ策源地ト為サシメザル厳重取締ノ下ニ彼等一身ノ安全ニ対シ相当保護ヲ与フルヲ得ザル所」(54)であると述べたことが、この新たな変化を示している。

日本政府の対孫政策の変化によって孫文は東京に居住することを決定し、八月一六日朝、菊池良一と神戸の警察官の監視の下に襟裳丸で横浜に向った。(55)孫文の東京入りは兵庫県・神奈川県と外務省・警視庁の綿密な計画と協力によって実行された。[56] 古島一雄がその連絡に当っていた。東京では頭山満・古島一雄・前川虎造（立憲国民党幹事長）らが東京・神奈川の警察の協力の下で孫文を迎える準備を整えた。襟裳丸は一七日夜九時に神奈川県観音崎沿岸に到着し、前川と美和が神奈川県警察部長・水上警察署長と共に小型蒸気船で孫文を迎えて富岡海岸に上陸し、一行は翌日零時四八分に東京市赤坂区西霊南坂二六番地の海妻猪勇彦宅に密かに到着した。[57] ここは頭山満の隣家で、裏門は頭山宅に通ずるようになっていた。孫文は一九一五年八月までここに居住し、同月末千駄ヶ谷町字原宿一〇八番地に移った。

黄興は八月二六日朝八時頃静岡丸で横浜港に着いた。黄興上陸の計画も古島一雄と三井物産の社員が神奈川県庁と協議の上決定し、深夜富岡海岸に上陸する予定であった。[58] 同日夜黄興はまず伝馬船に移り、防波堤の外でまた小型蒸気船に移乗したが、暴風雨のために予定を変更して長浜検疫所に上陸し、神奈川県警部の監視の下、三井物産の石田秀二の案内によって二七日午前四時四〇分密かに東京市芝区琴平町一三番地の信濃屋に到着した。[59] 二八日黄興は家族と共に芝区高輪南町五三番地に移った。[60]

日本政府はなぜ当初孫・黄の上陸と滞在を阻止しようとしたのだろうか。牧野外相は常に「政府ハ今回ノ支那騒乱ニ関係セル南方領袖連ガ此際本邦ニ来往スルコトハ内外諸般ノ関係上我利益ニ非ズト認メ」[61] たからだとその原因を説明していた。それは第一に日本国内の政治情勢に相応しくないと思われたからである。孫・黄は革命党の指導者であり、共和政治を主張して帝政に反対していたので、日本は辛亥革命によって共和の嵐が日本に波及することを大いに恐れていた。一九一三年の一、二月には日本国内に第一次護憲運動が起こり、藩閥内閣打倒と政党内閣・議会政治擁護の暴風が吹き荒れた。アジアにおける最初の共和革命であった辛亥革命はこの運動の勃発に拍車をかけた。護憲運動の余波がまだ残っているこの時期に孫・黄ら多数の革命党員が来日することは、日本の政局から考えて好ましいことではなかった。

第二に袁世凱との関係が悪化することを憂えていたからである。辛亥革命期に日本では三つの内閣が交代したが、どの内閣も袁を積極的に支援せず、彼に好感を抱いていなかったし、また彼からも信頼されていなかった。しかし袁は中国に君臨して最高実力者になったので、日本が中国においてその権益を拡大しようとすれば袁に頼らざるを得なくなった。袁の意向に沿って孫・黄らの来日を許可しなかったことは、袁に媚態を示すものであった。牧野外相・伊集院公使と坂西利八郎は、数回にわたって袁に孫・黄の来日を許可しない意向を伝え、袁もこれに満足していたのである。

第三にイギリスら列強が日本を牽制し、日本も列強との協調を図ったからである。辛亥革命の時、欧米列強は袁を支持して孫を支持しなかった。彼らは日本が背後で孫を支持していると考えていた。袁と孫をめぐる日本と欧米列強のこのような関係は中国における日本と欧米列強間の争奪を意味するものであり、この争奪戦において日本は受動的地位に甘んじていた。欧米列強は孫文らが起こした第二革命に反対し、日本が裏で画策して李烈鈞らがこの革命を起こすよう挑発したとさえ考えていた。そのような情況下で孫・黄らの来日を許可すること自体が日本が彼らを裏から支援していたと証明することになるので、第二革命における日本と孫・黄らとの関係を否定するため、また欧米列強との協調を図るためにも、彼らの上陸・居留を禁止すべきであった。日本はこれらの原因によって拒否した孫・黄らの来日・居留を、数日たたずして許可した。その理由は何だったのであろうか。

それは必然的なものであった。第一に、孫・黄とその革命運動と日本は特別な関係を有していたからである。日本は彼らとその勢力を利用して中国南方における権益を拡大しようとして、一時的ながらも彼らの革命を「支援」したことがあったが、これは日本の彼らに対する期待を物語っている。この期待は孫・黄らの一時的失敗によっても完全に潰えるまでには至らなかった。なぜなら孫・黄は依然として中国政治の舞台における軽視出来ない勢力であったから、彼らを完全に見捨てることは出来なかったのである。これは日本の善意というよりも、寧ろ将来中国において自国の権益を拡大しようとする欲望から生じたものであった。

第二に孫・黄が中国における強力な反袁勢力だったからである。日本は孫・黄を手中に収め、今後の対袁・対中国外交において彼らの反袁運動を利用することによって、袁を威嚇しようとしたのである。

第三にこのように時と場合によっては利用し得る孫・黄らの渡日・居留を拒否した場合、彼らはアメリカ或いは欧州に行かざるを得なくなるからである。列強の中国に対する争奪は中国の指導者に対する争奪と密接な関係があった。頭山満は「アメリカへやったらいかん」(62)と語って、犬養と山本首相に孫文の上陸許可を依頼し、神戸川崎造船所社長松方幸次郎も「毛唐に渡したら駄目だ」(63)と考え、当時袁から注文された船舶を建造していたにもかかわらず、孫の上陸を手伝ったのである。これは日本が欧米列強と孫・黄らを争奪しようとしていたことを示している。

上述した孫文らの渡日・居留を拒否する理由と許可する理由の二番目と三番目は互いに対照的であり、また互いに矛盾するようにも見える。日本は当時外交政策において袁と孫、列強との協調と争奪という二者択一を迫られていたが、絶対的・基本的な外交方針を設けず、両者のバランスをとり、両者の対立と争奪を制御する方針をとった。この方法は孫・黄らに対する「保護」・「監視」・「取締」に反映されている。日本は牧野外相が語ったように、「彼等一身ノ安全ニ対シ相当保護ヲ与フル」ことによって上陸・居留を許可した三つの目的を達することが出来るし、彼らが「本邦ヲ以テ隣国動乱ノ策源地ト為サシメザル様厳重取締」(64)ることによって上陸・居留を拒否した二つの原因を解消し、これによって袁と列強との関係を調停することも出来るのである。これは一石二鳥の方針であり、その後の日本の対袁・対中国外交及び対列強外交に大いに役立つことになった。

このような日本の孫・黄に対する二面的な外交政策は一九一五年末までつづいたが、その後には孫ら革命党を支援して袁の打倒へと転換して行った。

（1）大正二年七月二八日、在南京船津領事より牧野外務大臣宛電報、第六四号。防衛研究所所蔵。
（2）外務省編『日本外交文書』大正二年第二冊、三八一ページ。
（3）大正二年七月二八日、牧野外務大臣より在南京船津領事宛電報、第一〇号。防衛研究所所蔵。
（4）外務省編『日本外交文書』大正二年第二冊、三八一ページ。
（5）同右書、三七八—七九ページ。
（6）同右書、三七八ページ。
（7）同右書、三七九ページ。
（8）大正二年七月二九日、財部海軍次官より名和第三艦隊司令長官宛電報。外交史料館所蔵。
（9）大正二年七月二九日、名和第三艦隊司令長官より財部次官宛電報。防衛研究所所蔵。
（10）大正二年七月三〇日、財部次官より名和第三艦隊司令長官宛電報。防衛研究所所蔵。
（11）同右。
（12）大正二年七月末、斎藤海軍大臣より名和第三艦隊司令長官宛電訓、第六九号。防衛研究所所蔵。
（13）大正二年七月三一日、在上海有吉総領事より牧野外務大臣宛電報、第二〇四号。防衛研究所所蔵。
（14）大正二年八月一日、在香港今井総領事より牧野外務大臣宛電報、第五二号。防衛研究所所蔵。
（15）外務省編『日本外交文書』大正二年第二冊、三八八ページ。
（16）大正二年八月二日、在香港今井総領事より牧野外務大臣宛電報、第五四号。防衛研究所所蔵。
（17）外務省編『日本外交文書』大正二年第二冊、三八九ページ。
（18）同右書、三九〇ページ。
（19）大正二年八月四日、在香港今井総領事より牧野外務大臣宛電報、第六二号。防衛研究所所蔵。
（20）大正二年八月三日、在上海有吉総領事より牧野外務大臣宛電報、第二一七号。外交史料館所蔵。
（21）大正二年八月三日、在香港今井総領事より牧野外務大臣宛電報、第五五号。外交史料館所蔵。
（22）大正二年八月五日、在福州土谷久米蔵代理領事より牧野外務大臣宛電報、機密第一八号。外交史料館所蔵。
（23）同右。

(24) 外務省編『日本外交文書』大正二年第二冊、三九一ページ。
(25) 原奎一郎編『原敬日記』第三巻、福村出版、一九八一年、三三九ページ。
(26) 外務省編『日本外交文書』大正二年第二冊、三九一ページ。
(27) 大正二年八月八日、在北京山座公使より牧野外務大臣宛電報、第六一九号。外交史料館所蔵。
(28) 同右。
(29) 大正二年九月二六日、東京砲兵工廠宮田太郎提理より陸軍大臣楠瀬幸彦宛報告書。陸軍省「密大日記」大正二年第三冊。
(30) 大正二年八月七日、在北京山座公使より牧野外務大臣宛電報、第六一六号。防衛研究所所蔵。
(31) 駱恵敏編『清末民初政情内幕』下、知識出版社、一九八六年、二一九―二〇ページ。
(32) 大正二年八月一六日、在英国井上大使より牧野外務大臣宛電報、第一一五号。防衛研究所所蔵。駱恵敏編、前掲書下、二二一―二二ページ参照。
(33) 外務省編『日本外交文書』大正二年第二冊、三九二ページ。
(34) 石井光次『回想八十八年』カルチャー出版社、昭和五一年、一七四―七六ページ参照。
(35) 大正二年八月八日、福岡県知事南弘より牧野外務大臣宛電報、第四〇四七号。外交史料館所蔵。
(36) 外務省編『日本外交文書』大正二年第二冊、三九七ページ。
(37) 萱野長知『中華民国革命秘笈』帝国地方行政学会、昭和一五年、一九八ページ。
(38) 頭山満翁正伝編纂委員会編『頭山満翁正伝』(未定稿)、葦書房、一九八一年、二五一―五二ページ。
(39) 古一念会編『古島一雄』日本経済研究会、一九五〇年、九二三―二四ページ。
(40) 大正二年八月九日、兵庫県知事服部一三より牧野外務大臣宛電報、第四〇七六号(密)。外文史料館所蔵。
(41) 同右。
(42) 大正二年八月一五日、兵庫県知事服部一三より牧野外務大臣宛電報、第四二三四号(密)。外交史料館所蔵。
(43) 同右。
(44) 大正二年八月九日、福岡県知事南弘より牧野外務大臣宛書簡、高秘第二七七二号。外交史料館所蔵。
(45) 『申報』一九一三年八月一二日。

(46) 大正二年八月九日、福岡県知事南弘より牧野外務大臣宛書簡。外交史料館所蔵。
(47) 大正二年八月一九日、山口県知事馬淵鋭太郎より牧野外務大臣宛。外交史料館所蔵。
(48) 大正二年八月一八日、山口県知事馬淵鋭太郎より牧野外務大臣宛電報、秘第四三二一号。外交史料館所蔵。
(49) 同右。
(50) 大正二年八月一九日、山口県知事馬淵鋭太郎より牧野外務大臣宛電報、高秘第五一七五号。外交史料館所蔵。
(51) 『民国檔案』一九八七年第一期、一一五―一一七ページ参照。
(52) 大正二年八月一六日、山口県知事馬淵鋭太郎より内務大臣原敬宛電報、高秘第五二四七号ノ二。外交史料館所蔵。
(53) 大正二年八月一九日、乙秘第一一八二号（発者・宛共に不明）。外交史料館所蔵。
(54) 外務省編『日本外交文書』大正二年第二冊、四〇〇ページ。
(55) 大正二年八月一八日、兵庫県知事服部一三より牧野外務大臣宛電報、兵発秘第三〇二号。外交史料館所蔵。
(56) 大正二年八月一八日、神奈川県知事大島久満次より牧野外務大臣宛、秘号外。外交史料館所蔵。
(57) 同右。
(58) 大正二年八月二八日、神奈川県知事大島久満次より牧野外務大臣宛、神高秘第一二〇三号。外交史料館所蔵。
(59) 同右。
(60) 「黄興ノ動静」乙秘第一一六三号、大正二年八月二九日。外交史料館所蔵。
(61) 外務省編『日本外交文書』大正二年第二冊、四〇〇ページ。
(62) 頭山満翁正伝編纂委員会編、前掲書、二五三ページ。
(63) 同右。
(64) 外務省編『日本外交文書』大正二年第二冊、四〇〇ページ。

四　孫・黄の在日活動

日本に居留した孫文・黄興は日本を第三革命を準備する根拠地として、日本と中国国内における革命運動を組織・指導した。本節では、一九一三年八月から翌年の七月までの彼らの活動と日本に対する期待を考究すると共に、これへの政府・外務省・軍部・財界と民間の対応を検討する。

孫・黄来日後、胡漢民・陳其美・張継・李烈鈞・柏文蔚・譚人鳳・許崇智ら討袁軍の首領や革命党員らが続々と来日し、その数は数百人に達した。彼らは東京を中心に京都・大阪・福岡・長崎等で活動した。第三革命を準備するという彼らの理想と目的は共通していたが、組織と行動においては統一と分裂が混在していた。

第三革命を準備するに当って何よりも重要なことは活動の資金を調達することであった。孫文は日本の財界から支援を受けようとして、辛亥革命以来密接な関係を有していた三井物産の森恪を通じて三井と交渉しようとした。孫文入京後、森恪は八月二二、二六、二八日の三回にわたって孫文を訪問し、(1)二九日夜、彼の斡旋により孫文は三井の元老益田孝を御殿山に訪ね、約三時間会談した。(2)その場には三井物産常務取締役の山本条太郎も同席していた。会談の具体的内容は不明であるが、借款と資金調達の問題についてだったと思われる。

次に孫文は八月一一日に成立した中日合弁の中国興業株式会社の関係で、金融界の巨頭渋沢栄一と三回（九月一七日、一〇月六日、一〇月二九日）ほど会談した。(3)会談の全容は不明であるが、一〇月六日の会談に関する簡単な記録によれば、孫は袁の第二軍の司令官馮国璋が南京攻撃の際に揚子江を渡江した時、「独英両国ノ態度ハ頗ル曖昧ヲ極メタリ」と述べたことを挙げて、袁に対する五カ国借款における利害関係に触れた後、渋沢に「現時清国ノ盛衰ハ直ニ貴国ノ浮沈ニ関スル則チ東洋問題ナレハ貴国ニ於テモ之レヲ対岸ノ大火視スルコト能ハス」と説き、「吾等同志ハ臥薪嘗胆ノ思ヒヲナシ軍資ノ如キモ漸ク調達ノ途ヲ得タレハ玆ニ再ヒ討袁軍ノ再挙ヲ企図シツツアリ本夜来訪セシハ貴下ノ力ヲ借リ貴国ノ政府及殊ニ陸海軍省ヲ説キ此ノ再挙ニ後援ヲ与ヘラレン事ヲ希望センカ為メナリ(4)」と述べた。しかし渋沢は「自分ハ由来実業家ニシテ国際関係トカ又ハ政治上ノ事ニハ縁遠キ者ナルガ唯今貴下ノ御希望ニ対シ或ハ貴下ガ反感ノ情ヲセラルルヤ知ラザレトモ自分ハ親友ノ情義上只ダ貴下ノ意ヲ迎フルカ如キ言ヲ呈シテ快トスルモノニアラズ自分ノ諫言ハ誠心誠意アル微表ナリ」として、孫文に「貴下刻下計画サル居ル討袁軍ノ再挙ニ就テハ自分ハ不賛成ナリ」と述べ、さらに「貴国ハ唯今不完全ナガラモ形式ハ立憲国トナリ代議機関モ備ハリ居レバ戦ハスシテ勝算ノ期遠カラズシ〔テ〕来ラレ之レ自分ガ再挙ハ時機ニアラズトシテ賛成ヲ表スル能ハザル所以ナリ(5)」と勧告した。しかし渋沢はまた「貴下今日ノ立場ハ大ニ同情ノ念ニ堪ヘズ如何ニシテモ再挙ヲ計ラントセバ敢テ諫止スル次第ニアラザレ〔ドモ〕其際ハ貴下目下ノ意気ヲ大ニ鼓吹シ折角御自愛アレ(6)」と語って孫文に同情の意を表した。渋沢は孫文が袁と列強との関係に触れたことに対し、「袁ノ執政方ハ自分モ大ニ憂慮シツ、アル一人ナルガ元来袁ハ権謀術数ニ富タル人物ナルヲ以テ貴下ノ言ノ如ク英、独、露等ヲ一時薬籠〔中〕トナシ居ルモ誠意ナキ外交ハ何〔レ〕ノ日カ破綻スルノ時アラン(7)」と語り、袁に対する不信感と列強との関係が将来必ず悪化するとの意見を説いた。渋沢は一九二九年六月一日に当時の会談を回想して、「孫先生は次の革命には失敗せられ、亡命的に日本へ来られた時、私を訪ね、革命のために必要だから金の心配をしてくれと申されましたが、政治のことは私の領分でなく、その方面に力がないからお断りました、そして事業経済上の事柄なら心配し得られるが、戦争に使ふ金はどうもならぬ(8)」と述べている。

渋沢がこのように孫文の要望を拒否した裏には、中国興業株式会社そのものが既に袁との合弁によって中日実業株式会社へと変容し始めていたことがあった。渋沢らは孫文派の株主をこの会社から排除し、袁世凱派を取込んで客観的には袁を支援しようとしていたから、財政的に孫文ら革命党を支援しようとしなかったのである。(9)

孫文は南京臨時政府の時期に関係が密接であった三井物産にも期待を寄せ、そこからも財政的支援を受けようとした。孫文は三井物産の常務取締役山本条太郎とは益田・渋沢と会談した際に二回会っており、一九一三年一〇月五日と一九一四年三月二一日にも単独で二回会談をおこなった。(10) 会談の内容は不明であるが、一九一四年八月二七日山本は「孫文借款ノ件ニ関シテハ昨年中渋沢男、安川敬一郎等有力家ト共ニ借款ニ応セントシタルコトアリシモ何分外務省陸軍等ノ当局者ノ意見区々ニシテ纏マラザリシタリ立消ノ姿トナリタリ(11)」と語り、孫への借款をめぐる財界と外務省・軍部の意見の相違を指摘している。この談話で山本は、その後孫文らと交流はあったが、それ以上の関係があるとの噂は誤解であり、事実ではないと否定しているが、また「自分ハ支那ニ関シテハ素ヨリ南方ニ同情ヲ有シツ、アリ大隈首相、加藤外相等トモ親シク会談シタルコトアリシガ何レモ袁政府ニ悦ハサルモノノ如シ然レ〔ド〕モ時局ノ推移ハ対支那策ニ如何ナル変動ヲ来スヤモ計リ知ル可カラズ故ニ政府トシテハ濫リニ方針ヲ明カニスルコト能ハサランモ自分ハ先ノ機会ヲ利用シ革命派ヲ援助シ以テ一挙ニ袁政府ヲ仆シ一日モ彼等ヲシテ民国政府ニ立タシメンコヲ切望ニ堪ヘズ(12)」とも述べた。これは三井の山本らに孫文ら南方の革命党を「援助」して袁政府を打倒する意向があったことを示している。それは彼らにとっては対中国貿易と対中国投資のためであったが、外務省と軍部は袁との関係を考慮し、それに応じなかったのである。

孫文は大倉組とも接触していた。同組の大倉喜八郎は中国興業株式会社の発起人であり、また顧問でもあった。一九一四年五月一一日の午後六時半頃、孫文は胡漢民・王統一・萱野長知と共に大倉を訪問した。大倉は晩餐会を催して孫文と三時間余り会談した。(13)

孫文はまた日本鉱業株式会社取締役浅野士太郎及び豊田利三郎とも接触していた。孫文は自由民権主義者であった大井憲太郎とも接触しているが、その時に日中実業協会の成立等について相談した。

上述のように孫文は日本の財界から革命のための活動資金を調達しようとしたが、財界は外務省と軍部の政策に従い、その期待に応じようとはしなかった。これはこの頃財界の孫文への対応が自己の意志によって決定されたのではなく、政府・外務省と軍部の対孫政策如何によって決定されていたことを示す。

このような情況で、孫文はアメリカのアトランティック・パシフィック鉄道会社の副社長ディートリッヒに五〇〇万及至一〇〇〇万ドルの資金を提供してくれるよう要望した。アメリカは従来より孫文の運動に無関心であったから、この要望も満たされなかった。

孫文が日本財界から資金を調達しようとしたのは主に日本から武器を購入するためであった。そのため孫文は財界と接触すると同時に軍部にも接近しようとした。孫文は辛亥革命期に彼の秘書であった池亨吉→鈴木宗言→飯野吉三郎のルートを通じて、陸軍省の経理局長辻村楠造と面会して軍部の支援を獲得しようとした。一九一三年九月二日の夜、孫文は宋嘉樹と共に小石川区雑司ヶ谷町九八番地の鈴木宗言を訪問した(14)。鈴木は元検察官であり、退官後旭製薬会社の社長を務めていた。次に孫文は彼を伴って千駄ヶ谷町四二五番地の飯野吉三郎を訪問した。その後孫文は鈴木宅を拠点として飯野と連絡をとっていた。九月二日の夕方、孫文は随員と共に鈴木宅に二泊し、中国地図を見ながら何かを相談した(15)。海妻猪勇彦の話によれば、孫文は重大な計画を立て、一、二週間以内にそれを実行しようとしていた(16)。その後孫文は十数回鈴木宅を訪ねているが、その目的は鈴木宅を連絡拠点として一は池亨吉と、二は飯野を通じて軍部の辻村と連絡をとるためであった。同時にまた孫文は秘密会談の場所としても鈴木宅を利用したという。

軍部との連絡において重要な役割を果したのは飯野吉三郎である。彼は日本精神団総裁であり、軍部と関係する人物であった。飯野はさまざまな理由によって故児玉源太郎大将や大島健一参謀次長らと密接な関係を有していた(17)。孫文は飯野の軍部とのこのような関係を利用しようとして、九月一三日彼と「誓約書」を取交し、「全然貴国ニ信頼シテ永久ニ日支両国間ノ親交平和ヲ図リ決シテ他外国ヲシテ擅ニ日支両国ノ国交ヲ損傷セシムルカ如キ事無カラシメ若シ政治上或ハ経済上他国ト提携セサルヲ得サルカ如キ場合ニ於テハ先ツ貴国若クハ貴国ノ指定セル代表者ニ此事ヲ通告シ其同意ヲ得タル上ニテ是ヲ行フコト[18]」と誓約した。これは国家主権にかかわることであったが、軍部に接近するため、一時的にそうせざるを得なかったのである。その後彼の紹介により、九月二一日の夜に孫文は池亨吉と共に辻村陸軍省経理局長と会見した。孫文は辻村に「支那南北ニ対スル日本ノ輿論ハ民論ト政府側トハ互ニ相反シ居ル様ナルモ聞ク処ニ依レバ政府部内ニ於テモ全然民論ヲ無視シ居ル次第ニハアラズシテ唯タ時期ニアラズト云フニアリト聞ク日本陸軍ニ於テハ遠カラザル将来ニ於テ民論ト意見合致スル時機到来スルヤ[19]」と質問し、軍部の南方に対する支援を期待する意向を示唆した。辻村はこれに対して何も回答しなかった。辻村は軍部を代表して孫文と接触したのではなく、個人的資格で孫文と面会したのであろう。しかしこれは軍部が孫文らを支援しないことを無言のうちに表明したものであった。

飯野は表では孫文を「支援」していたが、裏では孫文の革命運動に反対していた。飯野は一〇月一二日に原敬内相を訪れ、孫文が日本を革命の根拠地にすることを阻止するよう要望し、「彼は金なし、如何ともすること能はず[20]」と中傷した。一二月二三日、飯野は自分が孫に「要ハ第三次革命ヲ企ツルノ不利ヲ説キシニアリテ彼ハ其説ニ服シ当分第三次革命ヲ断念シタルモノト信ジ居レル[21]」ことを来客に語った。当時日本に亡命していたインドの愛国者バラカツラも中国との連携のため飯野に孫文への紹介を依頼してきたが、彼は「之ヲ以テ世界大乱ノ基ト認メ[22]」、仲介の労をとらなかった。一九一四年一月四日、飯野は訪れた孫文に「革命ノ不利ヲ説キ今暫ラク隠忍シ静ニ時ノ至ルヲ待ツベシ[23]」と説いた。これらは飯野の孫文の第三革命に対する姿勢を端的に示したものであった。こうした事情を知った孫文は一九一四年一月六日に再度飯野を訪ね、前に彼と結んだ「誓約書」を取消した。[24]これによって軍部の支援を獲得しようとする努力も水泡に帰した。

孫文は政府・財界からの財政的援助は得られなかったが、民間の実業家は個人的に孫文に生活費を提供した。九州の筑豊炭田の炭鉱業者安川敬一郎は毎月一万円を提供し、(25) M香椎商会社長であり、孫の知己でもあった梅屋庄吉も、一九一四年一月に孫文に二〇〇〇円の生活費を提供した。(26)

孫文と黄興は滞日中に二つの学校を設立し、第三革命に必要な人材を養成した。

第三革命のためには軍の将校が必要であった。このため一九一三年一二月一日に軍事指揮官養成のための浩然盧が設立された。この学校の前身は西本願寺の僧侶水野梅暁が来日した革命党員の子弟を収容して教育する塾であり、校舎は荏原郡入新井村大字新井宿一二六〇番地にあった。この学校は黄興・李烈鈞・陳其美らが中心になって設立し、殷如驪が直接管理した。中国側の教官は石介石・呉仲常・陳勇・周哲謀であり、日本側からは予備役の騎兵大尉青柳勝敏と一瀬斧太郎、予備役の歩兵大尉中村又雄や中尉杉山良哉ら一二名が招聘されて軍事教育を担当した。これらの退役軍人たちは日本軍部の指令ではなく個人の意志によって、変名して中国の革命運動を支援していたのである。その中の青柳大尉は第二革命の時に李烈鈞の江西討袁軍の軍事行動に参加し、李の渡日に協力した人物であった。予備役の軍人がこのように中国革命を支援したのは偶然ではなく、第三革命を第二革命の継続と考えていたからである。現役の軍人はこの学校に協力していなかった。学生数は七九名（五三人説もある）で、そのうち三分の一は革命に参加した体験者であり、他は在日留学生或いは革命党員の子弟であった。学校は全寮制で、学生は毎月一〇円の学費を納めた。(27) 授業課目には戦術学・応用戦術学・野外要務令・兵器学・築城学・地形学・交通学・体操・柔道・剣道・日本語・政治経済学・武術等があった。彼らは軍事学を勉強すると同時に革命に必要な爆弾等をも製造しようとした。しかし六月下旬、爆弾を製造している際に突然爆発が起こり、予備役陸軍工兵中尉野口忠雄と学生趙堅が負傷した。日本官憲は爆発事件を厳密に調査して裁判にかけた。(28) これによって浩然盧は形式的に解散せざるを得なくなった。

一九一四年二月九日には東京市神田区錦町三丁目一〇番地の東京工科学校校内に政法学校が設立された。この学校は黄興・李烈鈞・孫文らが中心となって設立したものであり、校長は法学博士寺尾亨であった。(29)この学校は共和政治に適応出来る新幹部養成が主な目的であり、政治経済専修科と法律専修科を設置し、修学年限は二年であった。政治経済専修科は第一学年で政治学・比較憲法・行政汎論・経済原論・財政原論・法学通論・民法総論・国際公法・政治史・西洋史を、第二学年で行政各論（地方自治法詳説）・経済各論（銀行貨幣）・応用経済（経済政策）・財政各論（租税・公債・予算）・民法（物権・債権）・刑法・国際公法・社会学・西洋史（中世・近世）等の講義をおこなった。法学専修科は第一学年で法学通論・比較憲法・刑法・民法総論・国際公法・経済学・論理学を、第二学年で行政法・民法（物権・債権）・商法・国際訴訟法・刑事訴訟法・裁判所構成法等の講義をおこなった。(30)学生数は一八〇人で、主に革命党員とその子弟及び在日留学生であった。教授には東京帝国大学の吉野作造・小野塚喜平次・筧克彦・河津暹・山崎覚次郎・立作太郎・牧野英一・建部遯吾・松本烝治・美濃部達吉及び早稲田大学の本多浅治郎・中村進午・慶応義塾大学の堀江帰一等著名な学者が招聘されていた。(31)これらの学者、例えば吉野作造らは孫文と直接面談したこともあり、中国の共和政治に同情的だった人が多数で大あった。講義は月曜日から土曜日の午後一時から五時までおこなわれた。政法学校は浩然廬と異なり制度が整った学校であり、二年間の成績を踏まえて合格した者には卒業証書が授与された。学生らはこの学校での学習を通じて近代政治・経済・法律を身につけ、中国革命の幹部として養成された。

清末に中国人留学生が主に軍事と法政を学んで同盟会の活動と辛亥革命において大きな役割を果したのと同様に、この二つの学校が養成した学生らはその後の第三革命において活躍した。

孫文は来日した翌日から新たな反袁闘争に取掛かり、挫折を恐れず、勇気を奮って国内における革命運動を指導した。この頃孫文は中国の南北から北京の袁政権を挟撃する戦略を採用し、特に東北と山東における革命勢力の組織化に力を注いだ。これまで孫文は主に南方を戦略の拠点として革命運動を展開していたが、これは北京政権にとっては間接的な脅威にしかすぎなかった。そこで北京に近接するこの地域を拠点として北京の袁政権に直接的な打撃を与えようとした。この地には日本の植民地であった関東州と満鉄付属地を利用し得る地の利があった。関東州は渤海を隔てて山東に臨んでおり、東北と山東を連絡し得るという条件もあった。

関東州は日本管轄下の植民地であったため、第二革命失敗後渡日が不可能な革命党員はこの地域に亡命した。その数は二〇〇余名に上るといわれている。その中には中華実業銀行の支配人沈縵雲も含まれていた。彼らは当時三つの派閥に分裂していたが、一九一三年末に統一的組織を結成して孫文らに指導・支援を要請した。(32) 孫文はまず呉大洲を通じて一〇〇〇円の資金を送り、次に陳其美・戴季陶と山田純三郎を大連に派遣した。一行は一九一四年一月一九日に東京を出発し、二六日に大連に着き、満鉄病院を拠点として活動した。(33) 関東州官憲は彼らの活動を監視する一方で彼らを保護した。陳一行は関東州の「官憲ノ保護周到ナリトテ深ク感謝」(34)していた。関東州当局は彼らの活動情況を調査し、その結果を外務省に報告していたが、その活動には干渉しなかった。当時孫文の方針は「南方、広東雲南広西等ノ各省ニ於テ実力ヲ養成シタル暁ニアラサレハ満洲ニハ着手セサルノ方針ニシテ今軽カロシク満洲ニ於テ事ヲ挙ケルカ如キハ却テ不利益ナルノミナラス徒ニ日本ニ対シ迷惑ヲ懸ケルノ結果ヲ生スヘキ虞アルヲ以テ深ク軽挙ヲ怪戒メ時期ノ到来ヲ待テ決行スル方針」(35)であった。陳其美らは「彼等同志ノ軽挙ヲ戒メ南方準備整フヲ待チ南北呼応シテ事ヲ挙ケントスル」(36)ことを現地の革命党員らに説いた。陳一行は三月一五日に台南丸で大連を出発し、一九日に東京に戻った。

孫文はつづいて東北に革命党員を派遣した。六月には陳中孚を大連に派遣し、奉天を中心として新民屯・本渓湖・撫順・法庫門・土門子一帯で革命活動をするようにした。七月には蔣介石（石田雄介と変名し満鉄職員と仮称）・丁仁傑（長野周作と変名し満鉄職員と仮称）と山田純三郎を北満に派遣した。蔣一行は七月六日に東京を出発し、朝鮮経由で一〇日にハルビン、二四日にチチハルに到着し、黒竜江省巡防隊の反乱工作をおこなった。彼らは巡按使兼参謀長姜登選・独立騎兵旅団長芙順・師団参謀長李景林・旅団長巴芙額らと密かに面談して孫文の親書を伝えた。[37]

南方では上海を中心に長江流域と華南地方で革命党員らが活躍していた。

孫文は上述のような革命運動を展開すると同時に、一九一四年六月二一日[38]に第三革命の準備を指導する中華革命党を組織し、七月八日に東京築地の精養軒でその創立大会を開催した。孫文は第二革命失敗の原因の一つは国民党の不統一だと考え、この従来からの病弊を克服するため、今回の立党においては、党の総理「孫先生に服従する」こと、生命・自由・権利を犠牲にして命令に服従し、生死を共にすること等の誓約を党員に義務づけた。これは党内の民主と統一、党首と党員の関係をどう考えるかにかかわる問題であり、この問題をめぐり革命派内部に激しい論争が起きた。李烈鈞・譚人鳳・張継らはこのような義務に反対した。一貫して孫文を擁護してきた黄興さえもこれに反対して入党しなかった。

革命派内部のこのような論争と対立は孫・黄周辺の日本人にも影響した。犬養毅はこれに対して「双方其理屈がある」として、中間的態度をとった。[39]中華革命党員の入党誓約書を保存していた萱野長知は双方の調和を図るために努力し、その著書『中華民国革命秘笈』で孫・黄両人の主張について客観的に紹介した。[40]宮崎滔天も孫・黄の調整に取組んでいたが、「孫氏は急進説を採り黄は隠忍論を主張す」[41]と述べ、「根本から云へば、其間に感情もありますが、是は私共孫が悪いと思ふ」[42]と自らの意見を明言した。滔天の孫文に対するこのような見方は両者の関係にも影響を及ぼした。この頃滔天の孫文に対する姿勢は、萱野長知や山田純三郎らに比べれば冷淡であったといえよう。またこの時期孫文の大陸浪人に対する姿勢も同盟会成立前後の時期に比較すれば大いに変化し、一人の日本人をも中華革命党に参画させていないし、「革命方略」等第三革命の戦略問題を討論する重要な会議にも彼らを招いてはいない。これは大陸浪人に対する信頼感が薄くなったことを示している。

中華革命党のもう一つの問題は反帝問題であった。同党の党章第二条には「本党は民権・民生二主義を実行することをもって宗旨となす」(43)とあり、民族主義は姿を消している。辛亥革命後孫文は民族主義は既に達成されたと考えていたが、これはこの頃日本を革命の根拠地としていたこと、最大の政敵袁世凱の打倒に全力を注いでいたこと、日本の援助を期待していたこと等とも密接な関係があったと思われる。しかし革命の方針としては大きな欠陥だといわざるを得ない。

この時期黄興は上述のように浩然盧と政法学校を設立して幹部養成に尽力していた。滞日中は前田九二四郎が黄興の世話をし、囲碁の相手をしていた。日本人では宮崎滔天と二〇数回面談し、孫文とも密接な交流があった萱野長知と三〇数回会っている。日本人との接触において注意すべきは、一九一三年一一月一五日の菊池良一・古島一雄・宮崎滔天・山田純三郎らとの会見であり、(44)次に一九一四年一月一〇日に犬養毅・頭山満・古島一雄・美和作次郎・萱野長知・小川平吉・瀬越憲作・柴田麟次郎らと午前一〇時頃から翌日夜九時まで二日間にわたって会合がおこなわれたことである。(45)四月二三日夕方六時三〇分、黄興は萱野長知と共に自動車で牛込区薬王寺町五〇番地に外務省政務局長小池張造を訪問し、夜一一時に帰宅した。(46)この会談の内容は不明だが、四月二五日午前一〇時頃、宮崎滔天・頭山満・安川(敬一郎?)らが来訪して地図を広げながら意見を交換し、午餐を共にして午後二時に辞去したことから、(47)何か重要な問題を検討したようである。黄興の滞日活動は史料の不足によりまだ十分に研究されていないので、これは今後の研究に委ねざるを得ない。

黄興は六月三〇日に横浜から渡米した。黄興は来日当初から日本を経由してアメリカに赴くことを明言していたが、一九一四年春には豊島郡高田村元巣鴨三六〇〇番地に家屋を購入し、そこを修繕して長期滞在の構えを見せていた。しかしこの修繕が完了した日に一泊しただけで渡米したのには、何か突発的な理由があったようである。六月二一日に中華革命党が成立したが、黄興は孫文のやり方に反対し、孫文の党協理に就任してほしいとの要請をも断固として拒否したことから、中華革命党をめぐる孫文との対立の激化が渡米の一原因であったようである。

黄興渡米前の六月二七日、孫文は黄興を訪れ、萱野長知・田桐・鄧家彦らと午餐を共にして黄の渡米を送った。(48)二六日午後五時前には犬養毅・頭山満・古島一雄・宮崎滔天・美和作次郎・寺尾亨・萱野長知・副島義一らが来訪し、夕食を共にして黄興を送った。(49)

黄興の渡米に関して、日本政府と外務省は加藤外相が語ったように、「今回黄興渡米ノ計画アルヲ聞知スルヤ乗船等ニ付便宜ヲ与ヘ退去ヲ容易ナラシメ」(50)る姿勢をとり、関係省庁と神奈川県にこの旨を指示した。神奈川県知事はこの指示に従い東洋汽船会社の井坂支配人と協議して、同社の天洋丸で渡米させることにした。中日実業株式会社は黄興に一万七、八千円を提供した。(51)これはかつての中国興業株式会社への黄興の出資金であった。横浜水上警察の署長と巡査一名が二九日午後に黄興宅を訪れ、同日夜八時に東京を出発して横浜までの保護・安全を確保した。天洋丸にも私服の警察官が派遣されて警戒に当っていた。(52)夜九時四〇分、黄興は天洋丸に乗船した。これに対し黄興は「深ク感謝シ満足ノ意ヲ表シ」(53)た。

しかしこの時に緊急事態が起こった。井坂支配人が来船し、船長と共に一等船室の黄興の下を訪れて、遺憾ながら乗船を拒絶する旨を告げて下船を要求した。黄興は北京政府発行の旅券を持っていなかったため、アメリカの官憲が黄興の入国を拒否し、場合によっては搭乗の船舶まで没収される可能性があるとアメリカの代理店から通告が来たからであった。黄興は旅券を持参していなかったが、アメリカ官憲の有力者による入国許可の文書を携帯していた。水上警察署長はこれを知事に報告し、外務省ら当局側の黄渡米に対する配慮等を説明した。協議の結果再乗船することが決定し、三〇日午前四時に黄興は横浜港を出航した。(54)七月三日、加藤外相は駐サンフランシスコの沼野総領事代理に、黄興は「旅券ヲ携帯シ居ラサルヲ以テ或ハ上陸拒絶等ノ問題ヲ生スルヤモ計リ難キニ付其際ハ東洋汽船会社ノ迷惑トナラヌ様可然御配慮相成タシ」(55)と指示した。しかし黄興は七月一五日に無事サンフランシスコに上陸した。上陸した黄興は同地の日本総領事館を訪れ、日本「滞在中御配慮ヲ蒙リタリ」と謝意を表した。(56)

元来日本政府・外務省は黄興の来日と滞在を阻止しようとしていたが、黄興の自主的渡米によってこの日本の対袁外交における「重荷」をアメリカに送った。これは日本と袁世凱にとっては非常に好ましいことであった。日本は黄興の渡米を通じて一石二鳥の外交的成果を挙げたのである。これは黄興にとっては有難いことであったかも知れないが、孫文と中華革命党にとっては孫・黄の分裂を公然と表すものであった。

孫文と黄興の滞日活動は上述のように日本当局の厳重な監視の下でおこなわれた。警視庁と各道府県は外務省の指示に従い彼らの活動を綿密に調査して外務・内務大臣らに逐次報告し、主要人物の一挙一動を掌握していた。私服の警察官が二四時間体制で孫・黄を監視して、来訪者の出入、孫・黄の外出等を詳細に記録し、毎日「孫文ノ動静」・「黄興ノ動静」として警視庁・外務省に報告し、外相・外務次官や局長らがそれに目を通していた。また孫・黄と交流のある政界・財界・軍部・大陸浪人らに対しても監視の目を向けていた。現在外交史料館に保存されている「各国内政関係雑集――支那ノ部――革命党関係」の第六巻から第一八巻は、当時日本の官憲が彼らの行動を監視した報告書で占められている。これは当時の日本当局の孫・黄ら革命党員に対する監視の模様を生々しく再現する証拠でもある。例えば一九一四年一月に外務省の小池政務局長は内務省の岡警保局長に政法学校と浩然盧に対して、㈠に実際の経営に当っている関係者の氏名、㈡に学校維持の方法、㈢に学生の種類、㈣に教育の方針並びに方法等について「極メテ内密穏和ノ方法ヲ以テ御取調ノ上御回報」(58)あるように要求し、警保局は詳細な調査報告を外務省に提出している。(59)

日本当局はこのように厳重に監視する一方で、基本的には彼らの活動を黙認していたといえよう。牧野外相は袁と北京政府に、孫・黄らが「我領土ヲ根拠トシテ隣邦ニ動乱ヲ企ツルガ如キコトアルヲ許サズ……官憲ヲシテ特ニ亡命者ニ対スル取締ヲ十分切実ナラシム」(60)ことを数回にわたって保証したが、実際には彼らの反袁活動を抑圧しようとはしなかった。

一九一四年初めに袁世凱は坂西に対し、李烈鈞らが東京で軍事協会（浩然盧のことであろう――筆者）を組織して軍事教育をおこなっていることを抗議し、その取締を要求したが、[61]大島参謀次長はそれは全くの虚構であると否定し、要求に応じなかった。[62]その活動が限度を越えた時、例えば浩然盧の爆弾暴発事件のような場合には弾圧的手段を講じたが、その一週間後に青柳勝敏らが私塾として看板を替え、この学校を再開した時にはまたそれを黙認した。

孫・黄らに対する二四時間体制の監視にはまた保護の意味合いもあった。牧野外相は「厳重取締ノ下ニ彼等一身ノ安全ニ対シ相当保護ヲ与フルハ已ムヲ得ザル」[63]と語ったが、それは当時袁世凱が日本に刺客を派遣して彼らを暗殺しようとしたからである。日本官憲はこれに対して厳重に警戒した。例えば一九一四年に警視総監伊沢が松井外務次官に「孫逸仙暗殺陰謀ニ関スル刺客云々ノ件ハ本年二月十四日及本月二日朝鮮総督ヨリノ通報ニ接シ爾来孫逸仙身辺ノ警戒ヲ一層厳ニナス」[64]と回報していることはこれを立証する。袁の北京政府は日本政府に革命党員らの日本からの追放或いは逮捕・引渡し等を要求したが、日本はこれに応じようとしなかった。

上述のように日本政府・外務省は孫・黄ら革命党員に対して支持・支援してはいなかったが、彼らの反袁を目指す第三革命の準備を抑圧しようとはせず、ある意味においては彼らを保護した。日本政府・外務省の彼らに対する微妙な不即不離の外交政策は牧野外相が語ったように「革命以来ノ如キ支那ノ状態ニテ政治上ノ勝敗及敵味方ノ区別定マリナキノ時」[65]、即ち混沌とした情勢の下での対応策であり、将来対袁・対中国外交において孫・黄ら革命党を切札として利用し得る機会があることを考えて完全に見捨てなかったのである。

(1) 兪辛焞・王振鎖編訳『孫中山在日活動密録』(一九一三・八―一九一六・四)、南開大学出版社、一九九〇年、八―一〇ページ参照。
(2) 「孫文ノ動静」乙秘第一一七三号、大正二年八月三〇日。外交史料館所蔵。
(3) 兪辛焞・王振鎖編訳、前掲書、一九、二九、三九ページ参照。

(4)「孫文ノ行動」乙秘第一四一五号、大正二年一〇月七日。外交史料館所蔵。
(5)同右。
(6)同右。
(7)同右。
(8)『渋沢栄一伝記資料』第三八巻、渋沢栄一伝記資料刊行会、昭和三六年、五七四ページ。
(9)本書三九七ページ参照。
(10)兪辛焞・王振鎖編訳、前掲書、二八、一二一ページ参照。
(11)「支那革命ニ関スル山本条太郎ノ談」乙秘第一六五五号、大正三年八月二七日。外交史料館所蔵。
(12)同右。
(13)「孫文ノ動静」乙秘第九四四号、大正三年五月一二日。外交史料館所蔵。
(14)「孫文ノ動静」乙秘第一一九三号、大正二年九月三日。外交史料館所蔵。
(15)「孫文ノ動静」乙秘第一二〇二号、大正二年九月三日。外交史料館所蔵。
(16)「孫文ノ動静」乙秘第一一九三号、大正二年九月三日。外交史料館所蔵。
(17)「要視察人ノ談片」秘受第六六三九号、大正二年一二月二三日。外交史料館所蔵。
(18)「誓約書」、「各国内政関係雑纂」第一一巻。外交史料館所蔵。
(19)「孫文ノ動静ニ関スル件」乙秘第一三四八号、大正二年九月二六日。外交史料館所蔵。
(20)原奎一郎編『原敬日記』第三巻、福村出版、一九八一年、三四六―四七ページ。
(21)「要視察人ノ談片」秘受第六六三九号、大正二年一二月二三日。外交史料館所蔵。
(22)同右。
(23)「孫文其他ニ関スル件」乙秘第二三号、大正三年一月八日。外交史料館所蔵。
(24)同右。
(25)頭山満翁正伝編纂委員会編『頭山満正伝』(未定稿)、葦書房、一九八一年、二五四ページ。
(26)梅屋庄吉「永代日記」、「梅屋庄吉文書」。小坂哲瑯・主和子所蔵。

(27)兪辛焞・王振鎖編訳、前掲書、六二七―二九ページ参照。
(28)「浩然盧ニ関スル件」乙秘第一二九一号、大正三年六月二九日。外交史料館所蔵。
(29)「黄興ノ学校設立ノ件」乙秘第二八一号、大正三年二月二日。外交史料館所蔵。
(30)「政法学校簡章」、「各国内政関係雑纂」第一一巻。外交史料館所蔵。
(31)同右。
(32)「大連在留革命党員及宗社党員等ノ動静」乙秘第二八九号、大正三年二月三日。外交史料館所蔵。
(33)同右。
(34)「陳其美一行ニ関スル件」大正三年二月三日大連民政署長報告。外交史料館所蔵。
(35)「陳其美等ノ言動ニ関スル件」大正三年一月二七日大連民政署田中警視電話報告。外交史料館所蔵。
(36)「大連在留革命党員及宗社党員等ノ動静」乙秘第二八九号。外交史料館所蔵。
(37)「満鉄社員山田純三郎渡満ニ関スル件」機密第三八号、大正三年八月五日、在哈爾浜川越茂総領事代理より加藤外務大臣宛。外交史料館所蔵。
(38)通説としては六月二二日になっているが、これは二一日の誤りである。拙文「一九一三年至一九一六年孫中山在日的革命活動与日本的対策」、『孫中山研究論叢』第三集、一八〇―八二ページ参照。
(39)萱野長知『中華民国革命秘笈』帝国地方行政学会、昭和一五年、二〇五ページ。
(40)同右書、二〇三―〇五ページ参照。
(41)『宮崎滔天全集』第五巻、平凡社、一九七六年、三九四ページ。
(42)『宮崎滔天全集』第四巻、平凡社、一九七三年、三一二ページ。
(43)『孫中山全集』第三巻、中華書局、一九八四年、九七ページ。
(44)「黄興ノ動静」乙秘第一六二七号、大正二年一一月一五日。外交史料館所蔵。
(45)「黄興ノ動静」乙秘第四〇号、大正三年一月一一日。外交史料館所蔵。「黄興ノ動静」乙秘第四八号、大正三年一月一二日。外交史料館所蔵。
(46)「黄興ノ動静」乙秘第八一五号、大正三年四月二三日。外交史料館所蔵。

(47)「黄興ノ動静」乙秘第八二五号、大正三年四月二六日。外交史料館所蔵。
(48)「黄興ノ動静」乙秘第一二六八号、大正三年六月二八日。外交史料館所蔵。
(49)「黄興ノ動静」乙秘第一二六一号、大正三年六月二七日。外交史料館所蔵。
(50)外務省編『日本外交文書』大正三年第二冊、七七五ページ。
(51)同右。
(52)「黄興ノ動静」乙秘第一二七五号、大正三年六月三〇日。外交史料館所蔵。
(53)「支那亡命者黄興一行渡米ノ件」神高秘発第一六八六号、大正三年六月三〇日、神奈川県知事石原健三より加藤高明外務大臣宛。外交史料館所蔵。
(54)同右。
(55)外務省編『日本外交文書』大正三年第二冊、七七五ページ。
(56)同右書、八〇四—〇五ページ。
(57)同右書、七五六—五七ページ。
(58)大正三年四月一日、小池政務局長より岡警保局長宛、機密送第四一号。外交史料館所蔵。
(59)大正三年四月一七日、岡警保局長より小池政務局長宛、警秘第二三四号。外交史料館所蔵。
(60)外務省編『日本外交文書』大正二年第二冊、四一五ページ。
(61)大正三年一月一〇日、在北京坂西大佐より長谷川参謀総長宛電報、坂極秘第一号。外交史料館所蔵。
(62)大島参謀次長より在北京坂西大佐宛（期日不明）。外交史料館所蔵。
(63)外務省編『日本外交文書』大正二年第二冊、四〇〇ページ。
(64)「孫逸仙暗殺陰謀ニ関スル件回報」丙秘第三〇八号、大正三年五月一二日、伊沢警視総監より松井外務次官宛。外交史料館所蔵。
(65)外務省編『日本外交文書』大正二年第二冊、四一三ページ。

五　兗州・漢口・南京事件交渉

一九一三年八月に山東省で兗州事件が、湖北省で漢口事件が発生し、九月には江蘇省で南京事件が発生した。この三つの事件は第二革命と北京政府承認の中間で起こった事件であり、この二つの歴史的事件と密接な関係があった。本節では、この三つの事件をめぐる中日外交交渉の過程を通じて侵略国家日本の外交と被侵略国家中国の外交の実態を究明しながら、この三つの事件の発生と第二革命との関係及びこの事件の交渉と承認問題との関係を考究し、最後にこれらの事件と欧州の列強との関係を検討する。

第二革命期に日本政府は表面的には南北双方に対して中立政策をとっていたが、一部の現役・予備役の軍人及び浪人らが南方の革命派に加担し、一部はその軍事行動にも関与した。また日本と革命派との歴史的関係もあって、この時期日本政府と軍部が南方の革命派を支援するという噂が流布していた。そこで北の袁軍は日本軍を警戒し、両者の関係は緊張していた。そのような情況で日本の支那駐屯軍は南北の軍事情報を収集するため、常に将校や下士官らを袁軍の駐屯地に派遣して軍事偵察をおこなっていた。これらが兗州・漢口事件発生の間接的或いは直接的原因であった。南京事件は第二革命において袁軍が南京を占領した際に発生したものであり、犠牲者は日本の民間人であった。このように第二革命が南方の革命派の武力による討袁戦争であったのに対し、この三つの事件は日本軍と日本外務省及び日本社会の世論による反袁的政治・外交戦として展開されたのである。この両者はその性格を異にするものでありながら、またその矛先が共に袁世凱と北京政府に向けられていたことは特筆すべき現象であった。この点からも三つの事件と第二革命との直接的或いは間接的な関係を窺うことが出来よう。

兗州・漢口・南京の三事件はいずれも軍に関係する事件であるので、前二者と南京事件の外交交渉を比較しながら検討する。

兗州事件は支那駐屯軍所属陸軍歩兵大尉川崎亨一が八月五日に兗州で張勲麾下の武衛前軍兵営内に拘禁され、八日に釈放されたという事件である。川崎は通訳を連れて八月三日に済南を経て兗州に至り、滞在二泊の後、五日に津浦鉄道を利用して済南に帰還せんとした際、車中で武衛前軍に属する袁軍の兵士に捕えられたのである。川崎は支那駐屯軍司令官佐藤鋼次郎の命令により「津浦線沿道地方ニ於ケル支那軍ノ情況視察」(1)のため済南・兗州地方に軍事偵察に赴いたのである。当時北の袁軍は津浦鉄道に沿って南下していたため、この一帯は軍事的に重要な地域であり、緊張した情勢下にあった。川崎は軍事偵察の任務遂行のためには軍人の身分を隠すのが便利だと考え、携帯した護照に身分を商人と記載し、小幡天津総領事もこれに同意し、中国側官憲の副署を得ていた。(2)しかし川崎はやはり特権を有する軍人という身分の方が好都合かも知れないと考え直し、「日商ナル文字ノ上ニ紙ヲ張リ軍人ト記入シタ」(3)。川崎が身分を隠したことと護照を改竄したことは、当時中国だけではなく日本においても不法行為であり、法的責任を問われるものであった。中国兵士がこの違法な改竄に疑問を抱き、彼を拘禁して取調べるのは法的に許されることであった。また川崎は当時軍人の制服ではなく平服を着用していたため、彼が日本軍大尉の名刺を出して自分の身分の真偽を確認させようとしても、中国兵士がそれを確認するには時間が必要であった。彼らは訊問・調査を経て、七日午後にその身分を確認した。当時武衛前軍側がとった措置は正当・合法的なものであった。山座公使も「大尉カ拘禁セラレタル原因ハ主トシテ護照ノ訂正ニヨリ南方ヨリ入込メル間諜ナラスヤトノ疑ヲ懐カレタルニ依ルモノ」(4)と牧野外相に報告し、事件発生の原因が川崎にあることを認めた。しかし川崎は佐藤司令官への顛末報告書で上述の主要な原因に触れずに囚人のように取扱われたことだけを強調した。川崎は自身の法的責任を感じたからこそ真実を隠したのである。

しかし日本政府・外務省は真実を歪曲し、北京政府に責任の追及を迫った。山座公使は事件の真相と責任の所在を知りながら、八月二三日北京政府外交部に「速ヵニ責任者ヲ厳重処分スヘキ」(5)旨を文書で要求した。山座公使は「事態甚ヶ我ニ不利ニ付遺憾ノ次第」(6)だと考えていたにもかかわらず、このような要求を提出したのである。しかし日本はこの要求だけで満足しなかった。九月九日に山本内閣は閣議で南京事件と合せて次のような要求を決定し、一〇日に山座公使が袁世凱に面会し、この要求を提出した。(7)

一　直接責任者ヲ厳重処分シ其監督官ヲ免官スルコト

二　当該軍隊最高指揮官親ラ我北支駐屯軍司令部ニ来リ司令官ニ陳謝ノ意ヲ表スルコト

三　別ニ支那政府ヨリ帝国公使ニ対シ公文ヲ以テ陳謝ノ意ヲ表スルコト

これによって両国軍人間の紛糾は両国間の外交問題にエスカレートした。山座は袁に一切譲歩の余地なしと警告し、要求の全面的承諾を迫った。北京政府外交部は天津交渉使が天津の支那駐屯軍司令官に陳謝することは認めたが、他の要求は武衛前軍が戦線に出動したことを口実に、実行困難であると拒否した。(8)これに対し山座は武衛前軍を現地に留め置かなかったことに抗議し、公文書にて日本側の要求を全部承諾すべき旨を通告するよう強く求め、同軍が現地で要求を実行するよう迫った。しかし外交部は九月一五日に外交総長の名義で正式に「甚ヶ抱歉ト為ス」(9)と陳謝するにとどめ、他の要求には応じようとしなかった。北京政府は外交儀礼の範囲でこの問題を処理しようとしたが、日本側は譲歩せず、その後に発生した南京事件を利用して圧力を加えた。北京政府はこの圧力に屈し、兗州の正稽査・副稽査を免職し、関係する兵士三名を笞五〇〇の刑に処した上で追放し、九月二二日に武衛前軍の指揮官郭殿元が日本の駐屯軍の天津兵営の営庭で謝罪した。(10)郭は営庭で「全然軍法会議ニ於ケル被告人ト同様ノ取扱」(11)を受けた。こうして川崎の護照改竄を正当に取調べた軍人らが免職或いは刑を受け、事件を惹起した責任を負うべき川崎が逆に営庭で郭の謝罪を受ける結果になったことは、是非善悪を逆にするものであり、中国における日本の権益を保護する軍事的後楯としての支那駐屯軍の強権を生々しく具現すると共に、それに屈した半植民地政権である北京政府の無力と無能を体現していた。同時に袁と北京政府がこのような屈辱を受入れたのは、日本の南方革命派に対する支援を牽制しようとする狙いがあった。

八月一一日、漢口で袁軍と現地駐屯の中支派遣隊の軍人との衝突事件が発生した。駐漢口の与倉中支派遣隊司令官の報告によれば、同隊付の歩兵少尉西村彦馬は同日午後六時兵卒一名と共に江岸停車場付近の袁軍の根拠地に赴いて軍事偵察をおこなった後、停車場構内の共同ベンチで休憩中に突然袁軍兵士三四、五名に包囲され、身体検査を受けて帽子・上衣を脱がされ、刀を奪われ、地上に倒されて打撲傷を負い、約一〇分間停車場の柱に縛られた後、兵舎のバラック内の柱に吊しあげられて虐待され、午後一〇時頃に釈放されたとのことであった。(12) しかし袁軍側によれば同少尉と兵卒は第二師団長兵営警戒線内に侵入して軍事偵察をおこなったので、第二師団の兵士がこれを阻止したが立ちどまらず、さらに兵卒が短刀を抜いて当直士官を刺したため、正当防衛上やむを得ず同少尉と兵卒を一時拘束した上で送還したとのことであった。(13) 軍事的衝突事件に対する双方の言い分は従来相当に食違うことが多いが、漢口事件の主な責任はどちら側にあったのだろうか。これが漢口事件をめぐる中日交渉を究明する前提条件である。

当時江岸停車場付近に駐屯していたのは袁軍の第二師団であった。同師団は中国の南北関係が日増しに悪化する情況の下で五月から現地に無数の天幕をはり、軍事的要衝の安全のためこの地域に戒厳令を施行し、停車場付近に歩哨を立て頗る厳しく警戒していた。中支派遣隊は毎日平服或いは制服の将校を派遣し、同師団の動静とその軍事情報を収集した。(14) 中支派遣隊が同地に駐屯したのは清朝政府との協約に基づくものであったが、その目的は漢口を中心とする中部中国における日本の権益と漢口租界等を保護するためであり、それ自体が侵略的なものであった。また同派遣隊が中国側の了解を得ずに第二師団の軍事情報を密かに収集したことも軍事機密を侵害する違法行為であった。中支派遣隊は違法行為であることを知っていたからこそ平服の将校を派遣したのであろう。それに当時袁軍の将校には日本留学生がいたため、派遣将校らは、与倉司令官が話したように「該隊士官等日本留学生ニ面会シタシ抔ト称シテ歩哨ノ注意ヲ顧ミス絶エス警戒線内ニ入込ミタルモノノ如ク之カ為銃剣ヲ差向ケラレ危フク殴打ヲ免カレタル場合尠カラス」[15]という状態であった。そのため駐漢口の芳沢総領事は「従来当停車場ニ赴キタル派遣将校ノ動作モ亦遺憾ナカラ適当且穏当ト云フヲ得ス」と述べ、与倉司令官或いは西村の報告書の内容は「直ニ之ヲ真実ト認ムル能ハス」[16]と牧野外相に上申した。芳沢は過去の衝突事件から、今回の遠因は日本側にあるが直接の原因は不明であると述べながらも、「成ルヘク本件ヲ重要視スルヲ避ケ我方ノ面目ヲ相当ノ程度ニ保持スルニ止メ支那側ヲシテ我方ノ措置ノ公正ナルニ満足セシト欲スル」[17]と具申した。これは芳沢がこの事件の直接的原因が日本側にあると推測していたことを窺わせる。芳沢は一八日に黎元洪の軍事顧問である日本将校と池部書記生及び医師を同伴して現地の情況を視察し、日本の兵卒に短刀で刺された第二師団の少尉武開彊にも面会した。二一日に芳沢は実地検証の結果を二回に分けて牧野外相に電報で報告したが、その最後で「勿論断言ハ致難キモ実地調査ノ結果本官ノ心証ニテ最初我方ヨリ切付ケノ結果支那兵ヨリ取押ヘラレ殴打監禁セラレタルモノナリ与倉司令官ノ報告ヲ信用セサルノ嫌アルハ甚タ苦痛ニ感スル所ナルモ……本官ノ判断ハ多分誤リナカラント思考ス」[18]と結論している。これは実地調査で中国側の説明の大部分が事実であることを確認したからである。

芳沢総領事はこのような結論の上に日本陸軍のこの事件に対する主張を批判した。日本陸軍は軍服を着用した日本軍人に対する侮辱だと主張していたが、芳沢はこれに対して「軍服ヲ著用スルモノハ自己ノ軍規ヲ守ルト同時ニ他ノ軍規ヲモ尊重スヘキモノナルハ云フ迄モナク弱国ナリト侮リテ歩哨ノ注意ヲモ顧ミサルカ如キ行動果シテ之レアリトセハ其曲寧ロ我ニアルノミナラス甚タ好マシカラサルコトヲ仕出カシタルモノト云ハサルヘカラスト思考ス」[19]と述べた。これは良心的な意見であり、日本陸軍に対する非難でもあった。芳沢総領事は漢口事件等の処理について、このように数回にわたって日本陸軍を批判したのである。これは中国のためというより、寧ろそのような不公正な行為が中国側の反日感情を惹起し日本の対中国外交に悪影響を与えるからであった。だが彼は事件そのものの真実を述べたのであり、当時の情況では容易なことではなかったのである。

芳沢は事件そのものには上述のような判断と見解を有していたが、日本帝国の総領事として断固として中国側を非難し、日本軍人の違法行為を弁解し、日本軍の面目を保持し、中国における日本の特権を擁護したのである。これは内心と外交行為上の矛盾であったが、このような矛盾は国益優先の名の下に無視されたのであった。

漢口事件については、まず袁政権が日本側に厳重な警告を発し、加害者の処罰及び責任将校の謝罪を要求すべきであったが、逆に日本側がこのような要求を先に提出した。芳沢総領事は西村少尉の報告書等は「直ニ之ヲ真実ト認ムル能ハス」[20]と考えながら、この西村少尉の報告書を根拠として湖北省都督府交渉員に第二師団兵士の処罰と責任将校の謝罪を要求した。[21]湖北都督であり臨時副総統であった黎元洪はこれに抵抗し、八月二〇日に芳沢のこの要求を拒否して、もし「其曲該少尉（西村——筆者）及随行兵士ニアラバ文明顕著ナル貴国ノコト故軍人全般ノ名誉ヲ回復スル為メ素ヨリ適当ノ措置ニ出デラルベクト思考スルニ付将ニ静カニ貴国ノ処置如何ヲ待ツベキノミ」[22]と回答した。これは穏便な言葉で日本に西村らの処分を要望したものであったが、牧野外相は「甚タ誠意礼譲ヲ欠クモノ」[23]として、この回答の返却を指示したので、芳沢は二七日にこれを返送した。黎は二八日に二〇日の回答に新照会を添えて芳沢に再度送付した。[24]黎元洪は事実に基づいて正々堂々と日本側に対処し、無理な要求を受入れずに日本側の責任を追及しようとした。

日本陸軍側はただ帝国軍人の名誉と体面の問題だけを取上げ、八月三〇日に楠瀬幸彦陸軍大臣は名誉毀損の賠償として次のような要求を中国側に提出するよう牧野外相に提案した。[25]

一　下手人及現場ニ在リシ将校ハ厳刑ニ処スルコト
　但シ右刑ノ執行ノ時ニハ漢口ニ駐箚セル日本将校ノ立会ヲ要スルモノトス
二　前項下手人ノ属スル直系長官ハ中隊長、大隊長、連隊長、旅団長、師団長、軍司令官又ハ都督ニ至ル迄並ニ本件ニ関与シタル漢口鎮守使錫鈞同参謀長張厚森ヲ直ニ免職スルコト
　右ノ免職者ハ少クモ一個年以内ニ文武大小ノ官ニ就クヲ許サス
三　謝罪使ヲ日本ニ送ルコト
四　被害日本将校及兵卒ノ損害及名誉毀損ノ賠償トシテ左ノ件ヲ要求ス
　イ　西村少尉ノ身体及物件ノ傷害及名誉毀損ノ賠償トシテ支那政府ハ金若干円ヲ出スコト
　ロ　兵卒ニ対シ金若干円ヲ出スコト
　前各項ノ外従前ノ懸案タル左記ノ両件ヲ併セテ解決スルコト
　一　漢口ニ在ル日本兵営敷地及之ニ属スル道路ヲ日本居留地ニ編入スルコト
　二　漢口ニ日本ノ軍用無線電信ヲ植立スルノ権利ヲ認ムルコト

楠瀬陸相が提出した最後の二項目の要求は、武昌蜂起以来漢口で勢力の拡大を試みていた日本軍が要求していたものであり、中国側の反対により実現していなかったが、これを機に実現しようとしたのである。

楠瀬陸相は上記のような要求を提出する理由として、日本は中華民国を承認していないので、民国が発布した戒厳令を遵守する義務がなく、戒厳令を遵守するか否かは専ら帝国政府の好意と便宜によって決定すべきことであり、帝国軍人の江岸停車場付近への出入は何等の拘束を受ける根拠がないと述べた。(26)これは横暴で理不尽な理由であり、逆に日本側も中国の戒厳令を遵守すべきであるというのと同様であった。九月二日に首相・外相・海相らが出席した閣議は陸相の要求を

不適当だと認め、別案を制定することにした。[27] その内容は次の通りである。[28]

一　侮辱行為ヲ直接ニ指揮又ハ下手シタル将校兵卒ヲ総テ厳重処刑スルコト並ニ右処刑ニハ我陸軍将校ヲシテ立会ハシムルコト

二　侮辱行為アリタル将卒ノ直属大隊長ヲ免官シ其監督上官即チ連隊長及旅団長ヲ厳重戒飭スルコト

三　右両項ノ各処分実行ト共ニ一面当該師団長又ハ司令官ヨリ親シク総領事館ニ来ツテ陳謝ノ意ヲ表シ一面黎都督ヨリ前記各処分実行ノ旨ヲ総領事及我派遣隊司令官ニ通告シテ陳謝ノ意ヲ表スルコト

四　別ニ支那政府ヨリ公然日本政府ニ対シ遺憾ノ意ヲ表スルコト

日本軍人の違法行為と挑発によって発生した事件に対して正当な防衛措置をとり、日本兵卒に短刀で刺された武開彊らとその指揮官を処罰し、黎元洪都督と北京政府に国家の名で日本に陳謝するように要求したのは、日本の外交が横暴な強権外交であることを示している。

この要求を袁政権に提出すべきか否かをめぐって日本政府とその出先機関との間には意見の相違があった。山座公使はこの要求が「峻厳ナル要求条件」なので、尋常な手段で貫徹させることはほとんど不可能だと考え、その提出を躊躇し、「帝国政府ニ於テハ武昌ノ現状ヲ危フシテ迄モ結局何等高圧手段ヲ執ラルル御決心ナリヤ」[29]と牧野外相に尋ねた。その理由として山座は、(一)に第二革命との関係から「今回ノ兵乱ニ際シ日本人カ南軍ヲ煽動幇助シ南方首領連ヲ庇護セルヤノ批難ハ支那人間ニ行キ渡リ居リ之ト同時ニ軍人等ノ日本ニ対スル反感ハ極メテ強烈ナルモノアリ商業社会モ亦日本ヲ憎悪セルカ如キ傾向」にあること、(二)にこれにより「黎元洪カ同意セサルヘキハ勿論ナルノミナラス仮令彼ヲ同意セシムヘク余儀ナクシ得ルトモ其実行ハ部下将卒ノ反抗ヲ招キ引テ武昌ノ現状維持ヲ困難ナラシムル虞アル」こと、(三)にもし日本政府が「進ンテ高圧手段ヲ執ラルルニ於テハ其手段次第ニテハ支那ノ一般民心ニ大動揺ヲ与ヘ『ボイコット』ハ申迄モナク日支両国関係全体ニ渉リテ忌ムヘキ影響ヲ及ホスコトナキヲ保セサル」こと、㈣にもし高圧手段をとれば「英国其他ノ列国モ亦必シモ傍観セサルヘシト懸念セラル[30]」ることを挙げた。これはもし中国側とイギリス等欧米列強が強硬な姿勢で日本側の要求に対応したならば、日本の要求を押え、公正に解決し得る可能性があったことを示す。

袁政権内部においても北京の袁と漢口の黎との間に意見の相違があった。黎元洪は九月一〇日この要求を拒否した[31]。黎は頑強に日本に抵抗したが、袁世凱と北京政府は日本側の圧力に屈服し、速やかにこの問題を処理しようとした。一三日北京政府は「理屈ハ兎ニ角迅速ニ弁理スヘキ[32]」だと黎に打電し、同日二名の委員を黎の下に派遣して黎に圧力を加えようとした。これは日本側の外交戦略に沿ったものであった。牧野外相は黎元洪が日本に抵抗していたため、袁世凱を通じて黎に圧力をかけようとしたのである。八月二三日牧野外相は山座公使に、黎元洪に注意を与えるよう袁世凱に申入れることを指示した[33]。二七日山座は袁に漢口事件に関して「速カニ黎元洪ヲシテ陳謝ノ意ヲ表セシムルノ必要アル」旨を繰返し説明し、孫文・黄興らが日本に武器・資金の供給を要求したが日本はこれを一切拒否したこと等を述べた[34]。もしも袁が日本の要求を承諾しない場合には孫・黄らを支援することもあり得ると示唆したのであった。これに対し袁は「必ス相当ノ措置ニ出ツヘキ[35]」旨を答えた。袁は日本が孫・黄ら革命派を支持することを大いに警戒していたため、漢口事件に対する譲歩によって日本の孫・黄らへの支持を阻止しようとした。そこで牧野外相は、まず九月二日の閣議で決定した四項目の要求を袁世凱に提出し、袁から「大局ニ顧ミ速ニ我要求ヲ容ルル様黎元洪ニ注意[36]」させるようにした。九月一四日、袁は坂西大佐に、多少の困難が予想されるが牧野外相の要求通り黎には「自分ハ是等ヲ押付ケ実行ノ積リニテ着々其手段ヲ尽シツヽアル[37]」と語った。ここから袁が黎に日本側の要求を受諾するよう働きかけたことを窺うことが出来る。

しかし黎元洪は日本と袁の圧力の下で一部譲歩したものの、大部分の要求を拒否した。九月一五日黎は都督府交渉員を派遣し、日本側要求の第一項に関しては一六日に軍事法廷を開廷して武開彊らを軍事裁判にかけるが、日本軍将校の立会は法律上不可能だと告げた。第二項の連隊長・旅団長に対する厳重戒飭については、同部隊には連隊・旅団が存在しないから実行不可能だと告げた。第三項に対しては司令官段芝貴が北京に帰ったことを口実に実行不可能とし、処分実行については総領事館に通告し、総領事館から派遣隊司令官に移牒するよう要求して、司令官に直接通告することを拒否した。第四項は都督の関与し難きことだとして拒否した。(38) 同日交渉員と芳沢総領事は以上の問題について論争したが、交渉員はそれ以上譲歩せず、逆に「西村少尉及兵卒の懲罰並ニ今後ノ取締ヲ請求シ」(39)た。これは当然の要求であった。漢口ではこのように日本に抵抗していたが、北京では同日漢口事件を含む三つの事件について日本側の要求全部を受諾し、「漢口西村事件ハ一時意気激スルニ依リ遂ニ隣邦将校ニ対シ失検ノ行為ヲ致ス殊ニ不合ト為ス」(40)と謝罪した。この時北京から派遣された二名の委員も武昌に到着し、黎に日本側の要求全部を承諾するよう迫った。

北京政府と袁の圧力の下で黎はその強硬な対日姿勢を改めざるを得なかった。一五日夜、黎は芳沢に日本側要求を全部承諾する旨の書簡を送った。(41) 一八日、日本側の第一項要求に従って、武昌陸軍軍法処は湖北臨時陸軍刑法第九三条に基づいて「主犯」二名に有期徒刑六年四ヵ月、従犯二名に有期徒刑四年の刑を下し、この四人が所属する大隊の隊長は免官され、小隊長は処罰を受けた。(42) この軍事裁判には派遣隊の大隊長と参謀が立会った。二三日には武開疆を有期徒刑二年に処した。(43) 九月二二日には第三項の要求に従い第二師団長王占元が漢口の日本総領事館を訪れ、芳沢総領事に陳謝の意を表した。この謝罪を受けた芳沢は王占元を「無骨一片の人物」(44)だと軽蔑した。また第三項に従って黎都督は芳沢と与倉司令官に前記処分実行の次第を通告し、陳謝の意を表した。駐東京の馬廷亮臨時代理外交代表は北京政府の名で日本外務省に「貴国将校ニ対シ侮辱ノ挙アリタルハ本国政府ノ甚ダ遺憾トスル」(45)意を表した。これらは日本の中国侵略の急先鋒である日本陸軍とその出先機関及びそれらの行動を外交的に保障する外務省の強権的外交によっておこなわれたものであった。

しかし中国軍将校武開疆が日本兵卒に刺された事実は絶対に否定出来ない。これは芳沢に同伴した日本人医師とフランス人医師も診断した確実なことであった。この責任は日本側が負うべきであって、西村らは軍事裁判で裁かれるべきであり、その上官と外務省も中国側に陳謝すべきであった。一〇月二四日、駐日の馬廷亮臨時代理公使は外交部の訓令として次のような要求を外務省に提出した。(46)(47)

一　当直士官ヲ刺傷した凶悪犯ヲ厳重処罰シ其結果〔ヲ〕公文ニテ外交部ニ照会スルコト

二　負傷者ニ対シ治療費ヲ賠償スルコト

三　漢口総領事該営長（大隊長――筆者）ヲ帯同シ副総統ニ向テ遺憾ノ意ヲ表スルコト

この要求は日本側の四項目の要求と比較すると穏便なものであった。事件発生の主な責任と当直士官に刺傷を負わせた重大な事実から、中国側の要求は日本側の要求より厳しくて当然であったが、このように寛容であった裏には袁と北京政府の無力と日本軍に対する恐怖感等があったからであろう。なお、この時期にこのような要求を提出したのは、北京政府承認の問題が一〇月六日に既に解決されていたためであった。

しかし日本側はこの要求を受入れようとはしなかった。一〇月三〇日、山座公使は曹汝霖次長に対して、武を刺した兵卒も打撲傷を負ったことを口実に「此上処罰スルコトハ実際ニ於テ不可能ナリ」と拒否した。曹次長は加害事実すら否認すれば日本の北京政府承認によって中日双方が融和しつつある感情を損なう恐れがあり、大局のため甚だ好ましくないので、「兎モ角本人ヲ軍法会議ニ付シ公平ニ裁断スヘシトノ言明ヲ与ヘラレ……裁断ノ結果ハ強イテ通報ヲ求メストモ可ナリ」という妥協案を提出した。これは形式的な軍事裁判にかけるだけであり、実際に裁こうとしたものではなかった。一一月三日、この意を汲んだ山座は、関係者が帰国したことを口実に、東京で解決を試みては如何かと尋ねた。曹はこれに同意した。しかし牧野外相は交渉は北京と漢口においておこなうように指示した。これは事実上中国側の要求を拒否したのと同様であった。山座公使はこの指示に賛成せず、牧野外相にこれは武を刺した事実さえ否定することなので、「元来(48)(49)

此点ハ事実ヲ隠蔽スルコトハ却テ面白カラスト思料スルニ付貴方ニ於テ至急事実ヲ取調ヘラレタシ」[50]と要望し、これに加えて、日本軍の兵卒が西村同様の虐待を受けたと称しているのに、この被害に対する要求を当初から中国側に提出しなかったのは、兵卒が武を刺した事実があったためだと思うが、この点を与倉司令官はどう説明しているのかと尋ねた。[51]山座は事実を承認し、軍法会議で一応取調べることにしようとしたのであった。しかし陸軍と与倉司令官が兵卒が武を刺したことを飽くまで否認したので、外務省の出淵政務局長は「事実ノ真相ハ兎ニ角……今更本省ヨリ如何ニ陸軍側ニ談判スルモ山座公使希望ノ如ク実ヲ吐カシムルコトハ頗ル困難ナルヘシ」[52]として、兵卒が武を刺したことさえ否認し、その件で軍事裁判にかけることを拒否しようとした。出淵は「我ニ於テ一応当該兵卒ヲ審理スベキコトヲ約スルコト可然ト思考ス（審理ノ上無罪トナスモ差支ナシ）」と山座に伝えたが、「我ニ於テ審理ヲ約スル際ニハ支那ヲシテ右ニテ本件ノ解決ト見做スベキコトヲ確約セシメ予メ問題ノ範囲ヲ局限スルコト必要ナルベシ」[53]と条件を付け、この審理によって本問題は解決されたと中国側に知らせるべきだと提示した。

しかし北京政府は依然として提出した三つの条件を承諾するよう日本側に要求した。一一月一四日、駐日の馬臨時代理公使は外交部の指示に従って「日本兵カ我将校武開彊ヲ傷ケタルニ対シテモ亦速ニ厳懲ニ付スルニアラサレハ事理ニ合ハス」[54]と外務省に再度申入れた。外務省はこの要求をあらためて拒否し、ただ「陸軍法官部ニ於テ特ニ委員ヲ設ケ関係者ヲ取調ブベキ」旨を中国側に通告した。中国側はこれに期待を寄せていたが、一九一四年二月一四日に牧野外相は駐日の中国臨時代理公使に「軍法上何分関係兵士ヲ処罰スヘキ廉ヲ発見致兼候間」[55]と公文書にて回答し、中国側の要求を全面的に拒否した。これによって漢口事件に関する外交交渉は終息した。事件を挑発した者は法的処罰を逃れ、正当防衛の措置をとった者が刑を受けた。このような事態は半植民地国家中国で起きた特異な現象であり、日本外交の強権と中国外交の無力・無能を具現している。

このように兗州・漢口事件に対する日本側の要求を袁世凱と北京政府が全面的に承諾したのは、ある面においては南京事件と密接な関係があった。南京事件とは袁軍が南京を攻略した九月一日に日本の民間人三名が張勲軍の兵士に殺害され、南京居留の日本人の家屋も掠奪された事件のことである。中国の新聞もこの事実を報道した(56)。南京に入城した張軍の兵士は日本人だけでなく中国人にも莫大な被害を与えた。張軍兵士による日本人や中国人に対する暴行は法的に罰せられるべきことであった。兗州・漢口事件と異なり、日本人に対する殺害・掠奪の責任は袁世凱・張勲と北京政府側にあったから、九月六日に袁は外交総長代理曹汝霖を日本公使館に派遣して陳謝の意を表し、外交部も駐日臨時代理代表を通じて外務省に遺憾の意を伝えた(57)。

しかし南京事件は陳謝と遺憾によって解決出来る問題ではなかった。九月九日、山本内閣は閣議において南京事件に対する次のような要求を決定した(58)。

一　虐殺掠奪ヲ行ヒタル兵卒及直接之ヲ指揮シタル将校ヲ其情状ニ従ヒ死刑又ハ其他ノ厳重ナル処罰ニ付スルコト並ニ右処刑（継続的刑罰ニ付テハ宣告）ニハ在南京帝国領事又ハ領事館員ヲ立会ハシムルコト

二　張勲始メ前記将卒ノ直系上官ヲ厳重戒飭スルコト

三　張勲親ラ在南京帝国領事館ニ来リ帝国領事ニ陳謝ノ意ヲ表スルコト

四　死傷者其他一般被害者ニ対シ相当賠償金ヲ支払フコト

五　兇行ヲ敢テシタル連隊ヲシテ我領事館前ニ来リ謝罪ノ意ヲ表スル為メ捧銃ノ礼ヲ行ハシムルコト

日本側が要求を提出するのは当然のことではあるが、市街戦の最中に発生したという客観的情況を顧みると、このような要求を提出するのが適切であるか否かは別問題として考慮すべきであろう。しかし兗州・漢口事件の時とは逆に、山座公使は政府のこの要求に満足せず、江蘇都督の張勲を免職すること、日本人に対する傷害・掠奪事件に関する処分を公表すると共に、今後かかる行為のないよう戒め、日本との交誼を特に尊重すべきことを諭告する大総統令を発布すること等政府以上に厳しい要求を提出した(59)。駐南京の船津領事もこの機会を利用して実利的な権益を獲得することを主張し、浦口を開港すること、津浦鉄道停車場敷地の上流に日本人居留地を設けること、安慶を開港すること、中国の米輸出を解禁することと等を要求すべきだと牧野外相に具申した(60)。この要求は論外であったが、日本の中国における権益拡大の欲望を表明したものでもあった。

袁世凱は南京事件に対する責任を感じ、一〇日山座公使に提出された要求については至急国務院会議で検討・解決すると回答し、陸軍部・参謀部・外交部より委員を南京に派遣して調査・処理することを伝えた。南京では張勲が、市街戦の際に南方軍のため二、三の被害者が出たことを取調べる理由はなく、日本人を銃撃したのは日本領事館付近の民家からの銃撃に応射したものだから責任は日本側にあると主張し、調査さえも拒否した(61)。南京側はこのように強硬な姿勢で対応しようとしたが、北京では一二日に曹汝霖が山座に大総統令の発布等の要求には同意するが、連隊の捧げ銃《つつ》や張勲免職等は困難だと述べた(62)。同日北京政府は国務総理熊希齢が副署した南京事件に関する大総統令を発布して、殺害・掠奪犯人の捜査・処罰、損害の賠償、監督を怠った関係者の懲罰等を言明した(63)。しかし日本側は南京事件に対する要求全部を受諾するように迫った。曹次長はこの旨を袁に報告した。袁は南京・兗州・漢口の三事件に関する日本側の要求を全部承諾することを決意し、一三日に曹は山座にこれを口頭で伝えた(64)。ただし張勲の免職については直ちに実行することは困難だと語った。翌日牧野外相は張免職を至急承諾するよう強く要求した(65)。南京事件の責任は中国側にあったため、袁と北京政府は日本の圧力の下で、一五日に南京事件に関する張勲免職以外の要求を全部承諾すると共に、上述のように兗州・漢口事件に関する要求をも全部受諾した(66)。南京事件はこのように他の事件に対する要求の受諾に拍車をかけたのである。

中国における日本外交の最終目的の一つは政治・経済的権益の獲得であった。外務省はこれを機に満蒙における日本の経済的権益を拡大しようとした。この頃中日間で南満州における鉄道交渉が進められていた。牧野外相は張勲免職が早急に実行される見込がない場合には、次のような権益を北京政府に承諾させて、張免職の問題を落着させようとした。(67)

第一　関東州ノ租借年限ヲ更ニ九十九年間延長スルコト及ヒ南満鉄道（安奉線及一切ノ枝線ヲ含ム）ハ右延長期間内之ヲ支那ニ還付シ又ハ売戻サザルコト

第二　予テ要求セル左記鉄道ニ関スル譲与（コンセッション）ヲ承諾スルコト但シ譲与ノ範囲ハ追テ商議スルコト

一　四平街ヨリ鄭家屯ヲ経テ洮南府ニ至ル線

二　洮南府熱河線

三　四平街奉天間ニ於ケル南満鉄道ノ一点ト洮南府熱河線トノ連絡線

四　開原海竜線

これは南満州における懸案と新たな要求を実現しようとしたものであったが、山座公使はこれに賛同しなかった。山座はその理由として、㈠に「新要求ヲ提出シ殊ニ其ノ条件カ南京事件トハ何等縁故ナク且ツ張勲革職トハ実質上雲泥ノ差アルコト……ニ於テハ帝国政府ハ益々不信ノ責ヲ免レサルニ至ルヘシ」ということ、㈡に新要求の提出により「列国ノ同情ヲ失ヒ強テ貫徹セントセハ有力ナル反対モ起ルヘク(68)」、或いは日本に倣う国も出て中国を分割する可能性があることを挙げた。山座は「張勲問題ハ先方懇請ノ通リ時ヲ仮シテ之ヲ実行セシムルコトトシ満蒙鉄道問題ハ従来ノ経路ヲ追フテ迅速解決セシメナハ事実ニ於テ双方トモ円満ニ我目的ヲ達ス(69)」ることが出来ると一石二鳥の策を牧野外相に上申した。牧野外相はこの上申に同意し、焦点になっている張勲免職に対しては「此際先方ヲシテ近ク張勲ノ革職ヲ断行スヘキ旨文書ヲ以テ誓約セシムルカ若又此義不可能ナレハ確実ナル証言ヲ取付ケ(70)」ておくよう指示した。

この時、張勲免職とは別に、第三・第五の要求を実行する上での細目に関する交渉が船津領事と張勲の代理間でおこなわれていた。交渉の焦点は、張が謝罪のため領事館に来る時に陸軍上将の軍服を着用するか否か、及び領事館前で捧げ銃をおこなう人数を何名にするかであった。張側は軍服は着用せず、人数は二〇〇名にすることを要望したが、船津領事は軍服着用と九〇〇名を要求した。交渉は双方の妥協に達せず、船津領事は二四日張勲に「貴官ハ帝国政府ノ要求条件ヲ実行スルニ付テハ誠意ナキモノト認ム之ニ依リテ何等重大ナル事態ヲ惹起スル如キコトアラハ其責任ハ全ク貴官ニ在ルコトヲ警告ス」(71)という最後通牒を発した。北京の日本公使館も北京政府外交部に南京事件に対する要求の早急な実行を迫った。二五日山座公使は高尾書記官を曹次長の下に派遣し、事態は益々切迫しつつあるから速やかに謝罪と捧げ銃を実行するように要求した。北京政府外交部は日本陸戦隊による挑発を恐れて陸戦隊増援を見合せるようにすると同時に、総統府秘書次長と外交部特派交渉員を南京に派遣し、謝罪や捧げ銃等を処理することにした。南京の張勲はさまざまな口実を設けて日本の要求に抵抗する姿勢をとっていたが、北京政府は張を説得してこの要求を速やかに承諾させることにした。山座公使もこの対応に満足し、「中央政府ハ条件実行ノ決心固ク有ユル手段ヲ尽シツヽアル」(72)と誉めた。

しかし東京の外務省は張勲の抵抗に鑑み、問題を慎重に処理しようとした。牧野外相は陸戦隊の増派等のため日支両国人共に頗る興奮・対立する情況で何らかの行違いによって事件を惹起することを恐れ、北京外交部の特派員らが南京に到着するまで張側との談判を見合せ、捧げ銃の兵士数も減らすよう訓令した。日本は南京に陸戦隊を増派したが、これは軍事的圧力をかけようとしただけであり、武力に訴えて問題を解決しようとしたのではないことを物語っている。

しかし北京から派遣された総統府秘書次長と外交部特派交渉員の説得により、張勲は二八日午前自ら日本領事館に来て船津領事に陳謝し、午後には陸軍中将白宝山が部下九〇〇名を率いて領事館の前で捧げ銃の礼をおこなって謝罪の意を表した。(73)他に殺害の主犯二名に死刑、その直属上官に禁固一〇年、掠奪犯の兵卒九四名に禁固二ヵ月の刑が下され、関係士官が免職された。(74)日本外務省は強権外交によって所期の目的を達成したのである。

三つの事件、特に南京事件に関して日本外務省がこのように強権的な外交政策をとったのは、当時の日本の世論とも密接な関係があった。世論は一国の外交政策決定に影響を及ぼす。南京事件発生後、右翼団体を中心として日本の世論は沸騰し始めた。右翼団体は三つの事件、特に南京事件の発生と事件に対する交渉が容易に進捗しないのは、日本政府・外務省の姿勢が軟弱なためだと非難し、その責任者として外務省政務局長阿部守太郎の名が挙げられた。九月五日の夜、右翼の青年二名が阿部の腹部を刺し、阿部は翌日絶命した。この右翼の行動は外務省に対する政治的圧力となり、三つの事件に対する外交政策に反映されざるを得なかった。黒竜会・対支同志会・浪人会・大陸会等大陸強硬政策を主張する右翼団体を糾合して結成された対支同志連合会は、七日に日比谷公園で山本内閣の対中国外交を攻撃する大会を開催して中国出兵を勧告する決議を採択し、首相官邸・外務省・外相私邸等に押掛けて威圧した。一〇日には日本橋の明治座と青年会館でも対中国問題有志大演説会が開かれ、外務省の門前に押掛け、中国に対して強硬な政策をとるよう要求した。このような世論と右翼の行動は外務省に強力なインパクトを与えた。

また外務省の強硬な姿勢には軍部、特に海軍の軍事的協力があった。南京事件発生後、海軍は第三艦隊から陸戦隊一〇〇名を南京に増派し、海軍艦艇九隻を南京に碇泊させていた。(75) その後第三艦隊はさらに陸戦隊一四〇余名・野砲二門・機関砲一門を上陸させ、南京に陸戦隊二九九名・野砲二門・機関砲五門の兵力を配置して外務省出先機関に協力し、軍事的圧力を強化した。(76)

日本の世論と増派は袁と北京政府の事件に対する姿勢にも直接的な影響を及ぼした。当時中国の新聞は上述したような日本の世論と民間右翼の行動を報道し、(77) 海軍が南京に増派する記事を掲載した。(78) 袁と北京政府は世論の圧力によって日本軍が出兵して南京を占拠するかと思い、三つの事件に対する要求を全面的に受諾したのである。

袁と北京政府が日本側の要求を受諾した第二の原因は、日本や列強から北京政府に対する承認を獲得するためであった。

この頃北京政府を承認するか否かの問題をめぐって日本や欧州の列強間と外交交渉がおこなわれていた。日本はこの問題におけるイニシアチブを握っていたから、袁と北京政府は日本側の要求を全面的に受諾することによって、北京政府承認に対する支持を得ようとしたのである。袁はこれによって承認の目的を達成した。

第三の原因は、日本の要求を受諾することにより、袁と北京政府は事件によって悪化した日本との関係を改善し、日本の孫文と革命派に対する支持の可能性を阻止しようとしたことである。

南京事件の処理において残されたのは、賠償と張免職の問題であった。一一月一九日、山座は外交総長孫宝琦に九八万七四五五ドルの賠償金を要求した。牧野外相は六〇乃至六五万ドルでまとめるように指示し、北京政府は六四万ドルで承諾した。(79) この賠償金は五ヵ国銀行団の借款から正金銀行を通じて支払われた。袁は張免職については張の軍隊を処置した後で実行するとして、即時実行には応じなかった。張は兗州・南京両事件にかかわっていたため、日本外務省は断固としてその免職を主張した。しかし外務省の出先機関はこれに賛成しなかった。船津領事は従来から権益の獲得を主張していたから、張免職の代替案として張軍に日本軍の顧問を招聘させるよう牧野外相に具申したが、牧野は終始免職を主張した。(80) しかし袁世凱はこれに応ぜず、一二月一六日に張勲の江蘇都督を免じ、長江巡閲使に任命する大総統令を発布した。これは日本側の要求を拒否したものであった。これに対し牧野外相は「極メテ強硬ニ抗議」(81) するよう山座公使に指示した。山座公使は一度大総統令を発した以上、これを変更することは実際上不可能であり、たとえ変更したとしても中国官民は非常な反感を覚えるから、「寧ロ張勲処分問題ハ之ヲ打切トシ唯熊希齢等ノ背信ヲ飽迄追窮シ之ニ依リテ他ノ問題ヲ有利ニ措置スルコト適宜ナリ」(82) と牧野外相に具申した。しかし牧野外相がさらなる追及を要請したので、山座は曹次長と熊希齢総理に張を巡閲使に任命したことに対する説明を求めた。熊は巡閲使は閑職であって張を優遇するものではなく、その指揮下の軍隊を巡察するためだと弁解した。一二月二六日、牧野外相は山座の具申と熊の説明に鑑み、それ以上は追及せずに、張免職問題は解決したと見なすことにした。

こうして南京事件に対する要求を全部達成した日本は、一九一四年一月一〇日には南京に上陸した陸戦隊を撤退させ、事件は決着した。

最後にこれらの事件に対する欧州の列強の反応とこの反応が日本の対中国要求に及ぼした影響を検討してみる。一連の事件をめぐる日本と欧州の列強の関係は従来通り二重的関係であった。列強は一面においては日本の中国に対する要求に同情と支持を示し、一面においては日本がこの機会を利用して中国における領土と権益を拡大することを警戒し、これを牽制しようとした。これは南京事件におけるイギリスの対日姿勢に顕著であった。南京事件発生後、日本国内では右翼団体を中心として対中国強硬論が高まった。ロンドンの『タイムズ』紙は九月九日の社説で「吾人ハ支那人ニ対スル日本人ノ憤怒ハ決シテ不正当ナリト云フニアラス(83)」と同情し、一般の新聞論調も「日本ノ支那に対スル今回ノ要求ハ至極尤モナル者ニシテ支那ハ必ラス之ニ応スルナラント信ス若シ支那ニシテ之ヲ拒絶センカ支那ハ遂ニ全欧洲ノ同情ヲ失フニ至ルヘシ(84)」と日本の要求を全面的に支持した。それは中国における利権と居留民の保護という共通点があったからであった。日本はイギリス等欧州の列強からこのような同情と支持を受けたために、中国に対する要求を最後まで貫徹し、これを実現した。一方、中国側はこれとは逆に列強から日本の要求を受入れるように強制されたので、日本に譲歩せざるを得なかったのである。もし列強の支持があったとすれば中国側もこれほど無抵抗で日本に譲歩しなかったであろう。

この時期、日本と欧州の列強のもう一つの共通点は、袁世凱の中国支配を支持し、中国国内の秩序を回復することであった。一〇月六日、日本やイギリス等欧州の列強はこの共同目的のために北京政府を承認し、袁の大総統の地位を承認した。だがこの問題においてイギリス等欧州の列強は、辛亥革命以来日本が袁に好感を抱かず反袁的であったことから、日本がこの機会を利用して彼に圧力を加え、その支配を転覆させることを警戒していた。九月九日の『タイムズ』紙社説は

「若シ此際日本カ支那ニ対シ海軍示威運動ヲ為シ遂ニ支那領土ノ占領トナルニ於テハ折角叛徒ニ対シ勝利ヲ得タル袁モ恐ラク顚覆ヲ免レサルヘシ吾人ハ日本ノ要求ガ斯ル高圧的ノモノナラサルヘキヲ信セント欲ス」(85)と日本に公然と勧告した。『デイリー・クロニクル』も一三日の紙上で「日本ニシテ袁世凱ヲ没落セシメ満洲ニ於ケル其地歩ヲ鞏固ナラシメント欲セハ目下ハ正シク之カ最良ノ機会ナリ吾人ハ日本カ此際此挙ニ出テサルコトヲ希望スル」(86)と述べた。これらの要求と勧告はこの時期の日本の対袁政策に一定の影響を及ぼし、日本の第二革命に対する中立不偏の政策も八月下旬には北の袁の方に傾き始めたので、袁を打倒するような要求と措置を避けたのである。例えば漢口事件と南京事件において、形式的ではあったものの日本側関係者を陸軍法官部で審査することを約したのも、袁の面子を立てようとしたのである。

他の面においてはイギリス等欧州の列強は日本がこの機会に中国における領土と権益を拡大し、長江流域におけるイギリスの権益等を侵害することを非常に警戒していた。九月二九日に駐日イギリス大使グリーンは牧野外相宛の覚書でこのような懸念を表した。一〇月二日にイギリス外務次官補は「今回ノ支那時局ニ際シ日本政府ガ或ハ揚子江流域ノ Status quo ヲ攪乱スルガ如キ行動ヲ採ルニ非サルヤノ懸念」(87)があったから二九日の覚書を提出したのだと井上大使に述べた。井上大使も「当国一般ノ人士ハ日本ハ今回ノ時局ヲ利用シ揚子江流域ニ於テ英国ノ有スル至大ナル利益ヲ損傷スルヲ顧ミズ愈々同地方ニ於テ大ニ活動センカ為メ其足場ヲ獲得スルニ非スヤトノ危懼ヲ抱キタルモノノ如」(88)しと牧野外相に報告した。これは揚子江の要衝である漢江・南京に、日本海軍が陸戦隊を増派していたからであった。オーストリア＝ハンガリー帝国の『フレムデンブラット』紙は「日本ハ支那ノ独立ヲ妨害シ朝鮮同様領土トナサントスルモノナリ」(89)と報じ、『フライエプレッセ』紙は「日本ノ此ノ際先ツ欲スル所ハ経済上ノ利益及遼東半島租借期限ノ延長ニシテ之ヲ達センカ次テ満洲及蒙古ニ及フヘキハ当然ナリ」(90)と報道した。ロシアの十月党の機関紙『モスクワ』は九月一三日に「若シ日支間に戦争発生スル場合ニハ日本ハ南京ノ占領ヲ以テ満足セス南満洲ヲモ併有スヘシ吾人ハ今ヨリ之ニ対シ相当準備スル所ナカルヘカラス」[91]という社説を発表した。牧野外相・船津領事と軍部はこの機会に中国における権益を拡大しようとしたが、公式に提出しなかったのは、イギリス等欧州の列強に背後から牽制されていたからである。[92]そこで日本はその要求を事件そのものに限定することにより、列強の同情と支持を得て要求を実現したのである。これに対しイギリスの『モーニング・ポスト』紙は九月一六日の社説で「今回日本政府ノ態度極メテ穏健」であり、このような解決は「大ニ慶賀スル所ナリ」と述べ、その原因は日本が「或一国ガ支那ニ対シ軍事的干渉ヲ試ミシカ必ズ他ノ関係国ハ其利益擁護ノ為メ何等カノ行動ヲ取ルベキコトヲ知悉シ」[93]ていたからだと分析した。これは欧州の列強による牽制の役割を述べたものである。

しかしイギリスは日本がこの要求を実現した後も安心しなかった。九月二九日の『タイムズ』紙社説は「此際日本ハ長江流域ニ於テモ他ノ方面ト同シク従来厳守シ来レル受動ノ態度ヲ変スル如キ意思ナキヲ更メテ声明」[94]するように要求した。これは依然として日本を牽制するものであり、また中国における日本とイギリスの権益争奪戦でもあった。同紙はこの社説で争奪戦勃発の可能性に触れて、「若シ外国ガ武力ヲ以テ支那領ノ一部タリトモ新ニ占領」すれば、袁の没落とその政府の転覆を口実に「諸列強ハ久シカラスシテ干渉政策ヲ執ルニ至ルヘク支那瓦解ノ結果ハ終ニ限ナキ国際争闘ヲ現出スヘシ」[95]と述べ、日本の領土拡大に警告を発した。

上述のように、日本と欧州の列強の二重的関係によって日本は中国に対する要求を実現し、中国は日本の要求を承諾したが、もし日本が領土占領・袁打倒・権益拡大の政策をとったとすれば、これによって日本と列強との競合と争奪が激化し、袁と北京政府がこれを利用して日本に対抗し得る可能性もあったといえよう。しかし日本はこれを予測して事件に対する要求を事件そのものに限定し、イギリス等欧州の列強の同情・支持の下で所期の外交目的を達成したのであった。

（1）外務省編『日本外交文書』大正二年第二冊、四四九ページ。

（2）同右書、四三九、四四八ページ。
（3）同右書、四四八ページ。
（4）同右。
（5）同右。
（6）同右。
（7）同右書、四八一ページ。
（8）同右書、四九一ページ。
（9）同右書、五〇〇ページ。
（10）同右書、五二八―三〇ページ。
（11）同右書、五三二ページ。
（12）同右書、四三六―三七ページ。
（13）同右書、四四三、四四五―四六ページ。
（14）同右書、四三六ページ。
（15）同右書、四三八ページ。
（16）同右書、四三七ページ。
（17）同右書、四三八ページ。
（18）同右書、四四二ページ。
（19）同右書、四三九ページ。
（20）同右書、四三七ページ。
（21）同右書、四四六―四七ページ。
（22）同右書、四四三ページ。
（23）同右書、四四七ページ。
（24）同右書、四五五―五七ページ。

(25) 同右書、四五三ページ。
(26) 同右書、四五四ページ。
(27) 同右書、四五三ページ。
(28) 同右書、四五八―五九ページ。
(29) 同右書、四五九ページ。
(30) 同右書、四五九―六〇ページ。
(31) 同右書、四八六―八七ページ。
(32) 同右書、五〇〇ページ。
(33) 同右書、四四七―四八ページ。
(34) 大正二年八月二八日、在北京山座公使より牧野外務大臣宛電報、第六八四号。防衛研究所所蔵。
(35) 同右。
(36) 外務省編『日本外交文書』大正二年第二冊、四五九ページ。
(37) 同右書、六〇七―〇八ページ。
(38) 同右書、五〇〇―〇一ページ。
(39) 同右書、五〇一ページ。
(40) 同右書、四九八ページ。
(41) 同右書、五〇二ページ。
(42) 同右書、五〇八ページ。
(43) 同右書、五五五ページ。
(44) 同右書、五一八ページ。
(45) 同右書、五五五ページ。
(46) 一〇月六日日本政府が北京政府を承認したことにより、北京政府の駐日臨時代理外交代表は臨時代理公使に昇格した。
(47) 外務省編『日本外交文書』大正二年第二冊、五六五―六六ページ。

(48) 同右書、五六八ページ。
(49) 同右。
(50) 同右書、五七〇ページ。
(51) 同右書、五六九―七〇ページ。
(52) 同右書、五七二ページ。
(53) 同右書、五七二―七三ページ。
(54) 同右書、五七四ページ。
(55) 同右書、六〇四ページ。
(56) 『申報』一九一三年九月五、一三日。
(57) 『申報』一九一三年九月一〇日。
(58) 外務省編『日本外交文書』大正二年第二冊、四八〇―一ページ。
(59) 同右書、四八四―八五ページ。
(60) 同右書、四八八ページ。
(61) 同右書、四七八ページ。
(62) 同右書、四八九―九〇ページ。
(63) 同右書、四九二ページ。
(64) 同右書、四九三ページ。
(65) 同右書、四九五―九六ページ。
(66) 同右書、四九八―九九ページ。
(67) 同右書、五〇五ページ。
(68) 同右書、五一〇ページ。
(69) 同右書、五一一ページ。
(70) 同右書、五一二ページ。

(71) 同右書、五二一ページ。
(72) 同右書、五二八ページ。
(73) 『申報』一九一三年九月二九日。
(74) 外務省編『日本外交文書』大正二年第二冊、五四四、五五六ページ。
(75) 同右書、四六一ページ。
(76) 同右書、五二二ページ。
(77) 『申報』一九一三年九月九日。
(78) 『申報』一九一三年九月一三、一八日。
(79) 外務省編『日本外交文書』大正二年第二冊、五八〇—八一、五八四ページ。
(80) 同右書、五八六ページ。
(81) 同右書、五八七、五九〇ページ。
(82) 同右書、五八九ページ。
(83) 同右書、四八二ページ。
(84) 同右書、四九四ページ。
(85) 同右書、四八二ページ。
(86) 同右書、四九四ページ。
(87) 同右書、五四〇ページ。
(88) 同右。
(89) 同右書、四九三ページ。
(90) 同右。
(91) 大正二年九月一四日、在露都田付代理大使より牧野外務大臣宛電報、第九三号。防衛研究所所蔵。
(92) 外務省編『日本外交文書』大正二年第二冊、五一〇ページ参照。
(93) 大正二年九月一六日、在英国井上大使より牧野外務大臣宛電報、第一三三号。防衛研究所所蔵。

(94) 大正二年一〇月一日、牧野外務大臣より在北京山座公使宛電報、第一八号。防衛研究所所蔵。
(95) 同右。

六　北京政府承認をめぐる対応

袁世凱の北京臨時政府が成立した後、一九一二年の春にこの政府に対する承認問題が取上げられたが、前述のように善後大借款をめぐる北京政府と列強の対立と列強間の相互矛盾によって棚上げにされた。(1) だが一九一三年三月にアメリカが北京政府を承認しようと単独で動き出したことによって、この問題が中国をめぐる外交課題として再度取上げられることになった。日本の北京政府承認問題は日本の対中国外交でありながら、日本と列強間の外交問題になった。それは日本と列強が帝国主義国家として中国における既得権益を維持する必要上、共同一致して承認しようとしたためであった。だが日本や列強は中国における自国の権益を拡大するために他国と争奪していたので、この争奪が承認問題における意見の相違、行動の分裂として具現したのである。その上、北京政府も日本と列強間の相違と分裂を利用して政権に対する早期承認を獲得するために奔走した。そこで承認するか否かという簡単な国際法上の行為が複雑・多様化し、第二革命の勃発による中国国内の動乱もあって一時膠着状態に陥ったが、一〇月に袁世凱が大総統に当選したことによって日本と欧州の列強は袁の北京政府を承認したのである。

承認問題は袁と北京政府の国際上における合法的地位を承認することであるが、その本質は袁と北京政府が中国における日本や欧米列強の植民地的権益を承認・保障することであった。中国における権益の維持・拡大をめぐり、日本や欧米列強は一面においては互いに協力し、一面においては互いに争奪し合っていたから、承認問題においても同様に、協力しながら互いに争っていた。本節では、この承認過程における日本や欧州の列強とアメリカとの二重的外交関係を考究すると共に、これに対する袁と北京政府の対応を検討することによって承認の本質を究明する。

アメリカ政府は一九一三年三月中旬に袁の北京政府を承認する意向を表明し、承認問題を再度対中国外交の課題として取上げた。この時期にアメリカがこの問題を取上げたのは偶然ではなかった。当時アメリカは進行中の善後大借款交渉において、新たに大統領に就任したウィルソンと新国務長官ブライアンの主張に基づき、三月一八日に対中国借款の条件が中国の行政的独立を脅かすという理由で六カ国銀行団から脱退した。この脱退は、ある意味においては借款をめぐるアメリカと列強の中国における争奪の結果でもあった。アメリカがこの時期に突然単独で北京政府を承認しようとしたのも銀行団脱退から継続する動向であった。

外務省は銀行団から脱退したアメリカがつづいて他の列国に先駆けて中国政府承認に踏切るのではないかと憂慮した。三月二〇日に駐米の珍田捨巳大使は「米国政府ハ近日支那共和国ノ正式承認ヲ専行シ」ようとし、それによって「支那ニ好意ヲ表シ以テ同国対外通商関係上米国ニ於テ何等特殊ノ便宜ヲ得ヘキ地歩ヲ占メントスルノ意アル(2)」ものと牧野外相に報告した。アメリカは銀行団から脱退したことにより、既に袁世凱から公正・高潔・寛大な行動であると謝意を受けていたが、さらに率先して承認に踏切ることによって、より一層の好感を袁と北京政府に与え、これによって珍田大使が指摘したように中国における新たな権益を拡大しようとしたのである。

アメリカのこのような外交行動を踏まえて日本外務省や欧州列強も対応策を講じ始めた。承認問題において日本がもっとも重視したのは、牧野外相が述べたように「主動者ノ地位ヲ占メ(3)」、その地位を保持することであった。それは北京政府承認に対する外交のイニシアチブを掌握することであった。このため一九一二年二月に日本は率先して北京政府承認問題を他の列強に提起し、そのイニシアチブを握ったのである。アメリカが突然承認問題を取上げたのは、この日本の主導的地位に対する挑戦であった。三月二三日に牧野外相は珍田大使に、もし昨年日本が承認問題において主導的地位に立って交渉した経緯をアメリカが無視し、「独リ支那政府ヲ承認スルガ如キコトアリテハ事態甚ダ面白カラサルニ付此際速ニ念ノ為米国政府ノ注意ヲ喚起シ置」き、アメリカ政府が「常ニ腹蔵ナク帝国政府ト意見ヲ交換セラル、」(4)よう要望することを訓令し、アメリカが率先して承認することによって主導権を掌握することを阻もうとした。

次に外務省は英・仏・露・独諸国に対する外交を展開し、承認問題に関してこれら欧州諸国とアメリカとの関係を分断し、日本の主導権の下で集団的に承認するための準備を始めた。元来日本は中国において確固とした政府が樹立され、憲法が制定された後に北京政府を承認しようとしていたが、アメリカの率先的姿勢を懸念し、「確定政府成立ノ後ヲ待ツテ我行動ヲ開始スルガ如キハ或ハ他ニ先鞭ヲ着ケラレ帝国ガ主動者タル地位ヲ失ヒ甚タ不利益ノ影響受クルノ虞アル」(5)ので、二六日に牧野外相は駐北京の伊集院公使に「成ルベク速ニ再ヒ帝国政府ヨリ先ツ本件ニ関シ発言シテ以テ地歩ヲ占ムル」ため、駐英・仏・露らの公使に政府の訓令として「支那政府ノ承認ヲ決スベキ時機追々来ルベキ」(6)旨を伝え、承認実行の時期・方法及び条件等に関し内々で意見を交換するように指示した。二七日には駐英・露・仏・独の大使に、任国外務当局に任国政府においても日本と同様に列強共同主義をとることを申入れるよう指示した。(7)その結果英・露・仏はそれぞれの駐米大使を通じてアメリカ側に日本の要望通りの勧告を申入れた。これらの国はアメリカとは異なり中国にかなりの権益を有しており、借款交渉においても日本と共同行動をとっていたため、承認問題においても日本と歩調を共にした。

しかしアメリカは日本や欧州の列強の勧告には耳を傾けなかった。四月一日にブライアンは珍田大使に「要スルニ本件ハ列国各自ノ自由行動ニ任スノ外ナシ」と述べ、その理由を「列国対支関係カ夫々利害関係ヲ異ニスルヲ以テ其間ニ協同ノ歩調ヲ取ラントスルハ到底実行スヘカラサルコト」(8)だと断言した。これは北京政府承認問題における列強間の利害関係を率直に指摘したものであった。アメリカのこのような強硬な姿勢に対し牧野外相は、宋教仁暗殺事件に北京政府の官憲が関与していたため南北間に甚だしい紛争が起こり、国内秩序が再び乱れたことを口実に「此際遽ニ北京政府ヲ承認スルガ如キハ南方孫黄等ニ対シ袁ヲ助クル結果トナリ」、列強のためのみならず中国のためにも得策でないとして、日本は「米国政府ノ希望ニ応ジテ同一ノ行動ヲ執ルヲ得ス」(9)と表明し、アメリカ政府は中国の事態が平静に至るまで待つように要望した。しかしブライアンは、アメリカ側が入手した宋教仁暗殺に関する情報は日本側の情報とは全然一致しないし、またアメリカ政府においては「何人ガ大統領トナルモ又如何ナル政治ヲ行フトモソハ米国ノ関スル所ニアラズ只正式適法ナル議会ノ成立スルヲ以テ承認ノ充分ナル要件トナス次第ニシテ其立場ハ最モ公明正大ナリト信ズ」と反駁し、孫・黄ら南方派の問題に関しても「今日ニ当リ若シ南方派ノ運動ヲ顧慮シ右予定ヲ変更スルガ如キコトハ却テ南方派ヲ援護スルノ嫌アリ」(10)と批判した。これは終始北方の袁を支持していたアメリカが、従来から革命派と関係があった日本に南方を支援しないよう警告したものであった。

こうして日本とアメリカが承認問題をめぐって対立している時、イギリスとフランスは日本の主張に同意して支持していたが、ドイツは意見を異にしていた。ドイツ外務大臣は「袁世凱ガ宋暗殺事件ニ関係アルト否トヲ問ハス国会ニ於テ大統領ニ選挙セラルルニ於テハ直ニ支那政府ノ承認ヲ為ス」(11)方針をとった。この方針は議会開催時に承認するというアメリカの方針とは異なるが、早期承認という点では同様であった。ドイツも他の列強の同意を得ずに単独で承認する意向があることを示したのである。ドイツは従来より袁との関係が密接であり、武昌蜂起後に袁軍が漢陽を攻撃した時もドイツの軍事顧問が直接参加し、袁が政権の座に就いた時にも大量の兵器を提供していたので、「袁ハ兎ニ角支那唯一ノ人物」(12)だとして彼を支援したのである。またドイツはイギリスと比較すると相対的に中国における既得権益が少なかったため、承認問題においてはイギリスと異なる姿勢をとったのである。しかしイギリスは中国における最大の植民地権益の所有者であったから、袁を支持しながらも、承認の前提条件として自国の既得権益の再承認をドイツより重視し、日本と共にその承認を袁に迫ったのである。これはイギリスが袁の登場を支持したのは、中国における自己の権益を維持・拡大しようとする目的からであったことを物語っている。

袁世凱と北京政府は自己の政権を強化するために一日も早く列強の承認を獲得しようとした。アメリカが率先して北京政府を承認したのも、その裏には袁と北京政府の要請があったからである。袁と北京政府はアメリカの単独行動を歓迎し、その早期承認を期待していた。しかし日本の反対によって認められなくなる恐れがあったので、日本に対する説得に取掛かった。四月六日、陸外交総長は書記官を日本公使館に派遣して「米国ト同時ニ若クハ之レニ先チ民国承認ノ手続ヲ執ラレンコトヲ切ニ希望」(13)した。七日、国務総理趙秉鈞も高尾書記官に同様の意を表した(14)。しかし伊集院公使は依然として単独承認に賛成せず、集団的承認を主張した。国家或いは新政府の承認は個別的におこなうのが通例であるが、このように日本が集団的承認に固執したのは、主導権掌握以外に、北京政府の半植民地的性格とそれに伴う列強の中国に対する共同侵略による共同権益の共同保護にも起因していた。そのため英・仏・露らも日本と歩調を共にしたのである。

北京政府が早期承認を希望し、アメリカとドイツがそれに応じようとする情況の下で、日本はその姿勢を改めて承認問題における主導権を確保しようとした。四月八日に牧野外相は「適当ノ機会ニ成ルヘク早ク承認ヲ与ヘザルヘカラサル」(15)と早期承認の決心を示した。承認の時期は、新国会が新大総統を選出し、中国の国内情勢が平静を保ち異常なかった時とし、承認の条件として「支那政府カ条約慣例等ニ基ク従来ノ国際責務ヲ尊重スル」(16)こと等を挙げた。日本がこの時期にこのように早期承認に踏切ろうとした原因は、主導権掌握以外に、四月八日に北京で国会が開催されたことと宋暗殺事件によって南北紛糾が日増しに激化し、動乱が勃発する可能性が生じたことであった。当時日本や列強は中国国内の安寧と秩序の保持を最大の外交課題としていたので、北京政府に対する承認によってこの目的を達成しようとしたのである。

牧野外相は上述の日本政府の意見をまずイギリスとドイツに申出た。[17] イギリスは日本の意見に賛成すると同時に、条約及び慣行等に基づく国際的な責任を尊重するという承認条件を北京政府に正式な声明において表明させることを提議した。[18] 四月一九日、イギリスの賛成の下で外務省は欧米各国に正式に第二回目の承認提議案を提出した。[19] この案で日本は承認の時期、承認問題に関する列国の決定を北京政府に通告する方法及び通告時の公文書等は列国の駐北京代表による商議・共同建議を経て決定・行使することを提案した。この提案には集団的承認からアメリカを排斥しようとする日本の意図が込められていた。牧野外相はこの案について「例へバ列強中他国ト意見ヲ異ニシ……自己特殊ノ見地ヨリ何時迄モ承認ヲ躊躇スルカ如キモノアル場合ニ其国ノ為全体ノ行動ヲ妨ケラレザルベキ」だと説明した。四月一五日に伊集院公使がイギリスのジョルダン公使と日本の早期承認について商議した時に「米国以外ノ列強ト歩調ヲ一ニセンコトヲ希望」[20]する意を表したことも、この意図を示すものである。それは四月一〇日にブライアンが珍田に「支那政府ニ於テ機関ガ未ダ完備セザルヲ以テ暫ク措置ヲ見合ツツアル」[21]と述べ、駐北京のアメリカ公使館も孫文派に承認問題を暫時延期する情報を洩らしたことがあったからであった。[22] そのためアメリカを排斥することは日本が承認のイニシアチブをとる上で有利であった。

上述のような承認に関する日本の提案に対し、英・仏・露・伊・オーストリア=ハンガリー帝国政府は賛同し、駐北京の公使館にその意を訓令した。しかしドイツは「各国共同ノ態度ヲ執リタキ」旨を述べながらも、国際的な責務を全部承認すべきことは国際法の原則であるので承認の条件として提出する必要はなく、袁の当選と同時に承認すべしと主張し、日本の提案に明確な回答を与えなかった。[23]

日本は銀行団のメンバーと共に、承認問題においてアメリカと競争するための強力な手段として善後大借款を利用した。五カ国銀行団は善後大借款交渉を急ピッチで進め、四月二六日には二五〇〇万ポンドの借款契約に調印して袁と北京政府に巨額の資金を提供し、袁に好感を与えようとした。当時承認と借款の問題において、袁と北京政府はどちらかといえば実際問題としてまず借款を要望していた。駐米のフランス大使が珍田大使に語ったように、アメリカが率先して単独承認することによって袁と北京政府に好意を示しても、現在の経済状況を考えるとアメリカには到底巨額の資金を中国に投下出来る余裕がないため、この好意は現実的な効果を挙げることが不可能であり、深く恐れる必要はなかった。一年間以上交渉しても進捗がなかった借款が、アメリカが銀行団から脱退して単独で承認しようとするこの時期に調印に達したことは、この競争の重要な側面を物語っている。

しかし日本と銀行団のこのような措置もアメリカの単独承認を阻むことは出来なかった。アメリカも自国なりの対中国外交を推進し、五月二日に正式に北京政府を承認した。この承認によりアメリカは袁と北京政府から一定の好意と信頼を得た。この後アメリカのウィルソン政権と北京政府の関係は日増しに密接になった。この意味ではアメリカは外交的に勝利したといえよう。

同日メキシコが、五月八日にはブラジルとペルーが北京政府を承認した。

アメリカが単独で北京政府を承認して競争相手が消えたため、日本や他の列強は互いの意見を調整し、南北紛糾の情勢を見守りながら、ゆっくりと承認の準備を進めた。承認問題の核心は北京政府に対する承認というよりも、北京政府が中国における列強の既得権益と国際的な責務を承認することであった。この問題についてイギリスとドイツは公然と対立した。牧野外相は承認問題の主導的立場にある者として両者の意見を調整しようとした。五月六日牧野は双方の意見を折中して、列強の既得権益と国際的な責務を承認・遵守することを承認の条件として公然と宣言することなく「支那政府ガ承認前自ラ進ンデ列国公使ニ対シ適当ノ声明ヲ文書ニテ行フヲ以テ列国ガ満足スルニ於テハ英独両者ノ見地共ニ相並行シ得ルコトトナル」(24)と主張し、これに対するイギリス政府の意見を打診した。ジョルダン公使は大総統選出の通知と同時に「支那政府ハ条約上ノ義務及存案セル慣行上外国人ノ有スル特権免除等ハ一切厳ニ尊重ス」(25)という声明を駐北京の各国公使館に送付することを提案し、依然として厳しい姿勢を示した。しかし伊集院公使は牧野外相の訓令の精神に沿って、大総統就任教書と北京政府外交部より列国の駐北京公使に大総統選出を通知する公文書の中に、「本総統ハ前清政府及ヒ民国臨時政府カ諸外国ト締結シタル条約協定及ヒ自余ノ国際契約ヲ恪守シ且ツ外国人カ国際契約国内法律及ヒ已成ノ慣行ニヨリテ支那ニ於テ享有セル権利特権及ヒ免除ヲ尊重スヘキコトヲ茲ニ声明ス」という一節を記入することを提案した。(26) これに対しジョルダンは全面的に賛同した。日本はこの一節を英文・漢文に翻訳して北京政府に内示することにした。大総統の就任教書と大総統選出の通知は国家の主権として当該政府が起草すべきであり、外国が干渉すべきものではなかったが、列強がここまで干渉したということはその国家の半植民地的性格と従属性を生々しく顕示したものであった。

イギリスは中国において最大の利権所有者であり、この承認の条件に重きを置いていたので、中国側との事前交渉にはイギリスが当ることにした。五月一六日、ジョルダン公使はこの案文を袁の秘書長梁士詒に内示して北京側の意見を尋ねた。(27) 二二日に梁は「袁世凱モ大体ニ於テ賛成ナル」旨を伝えたが、二八日になって案の中の「已成ノ慣行」は正式に記録されたものに限りたいという希望を出した。(28) これについて両者は三時間にわたって論議したが、両者共に譲歩しなかった。三〇日に梁士詒は北京政府の漢文の対案をジョルダンに提示したが、その中に依然として「各項有公文之成例（公文上ニアルノ成例）」を記入することを主張した。(29) これは修辞上の修正問題ではなく、「実際上ノ利害関係多大ナルモノ」(30)であった。伊集院公使の私案の中の「已成ノ慣行」は広汎な「慣行」を指し、列強はこれを思いのままに解釈して「慣行」の適用範囲を拡大し、中国における権益を拡大することが出来たから、北京政府はこれを制限しようとしたのである。また対案の「公文上ニアルノ成例」の一句についても、北京政府が中国側が公文書にて認めた慣行だと解釈するのに対し、列強側は外国官憲と中国官憲が公文書にて交渉した慣行だと解釈してその適用範囲を拡大し、中国における利権を拡大し得る法的根拠を得ようとした。ジョルダン公使は伊集院とこの件について商議し、列強側の解釈のような意を明記することは中国側の承諾を得られないことが明らかなるのみならず、却って中国側の解釈通りの意味を明確にすることになるとして、一応北京政府側の対案通りにしておくことにした。ここからも承認問題の本質は、承認を与える側の列強の中国における利権を逆承認することであったと窺うことが出来る。

もう一つの問題は、中国において各列強が既成の慣例に基づいて主張した権益で中国側の同意を得ることが出来ずに懸案になっているものが多数存在していたことである。一部の国は北京政府承認の機会に一片の声明によって諸列強に有利な解決を得ようと要求していた。日本や他の列強はこのような好機に一気に多年の懸案を解決することを希望していたが、北京政府がこれを承認しようとしなかったため、この問題は以後各国が個別に北京政府と交渉することになった。(31)

最後の文献として、日本外務省は北京政府を承認する諸外国の北京政府宛の同文の公文書案を起草し、その中であらためて大総統就任教書と大総統選出通知の中に記載されている列強の既成権益承認の意向を繰返すことにして、再度この意図を明確に強調した。

このように北京政府承認に関する文献の起草工作と北京政府との事前交渉は、日本が主体となり、イギリスの協力を得てほぼ完了した。

次に各国間の協議がおこなわれた。各国間の協議は主に駐北京の各国公使の間でおこなわれた。六月一六日、牧野外相は伊集院公使に「帝国政府ニ於テ適当ノ時機ト認メ次第貴官ヨリ予テノ帝国政府ノ提議ニ基キ関係各国公使間ニ協議ヲ開始スル」(32)よう電訓した。関係各国とは英・露・仏・独・墺・伊の六カ国である。各国との交渉でまず問題とされたのは承認の時期であった。牧野外相は依然として「大総統ノ正式選挙後ニ其旨支那側ヨリ公然通牒シ来リタル後ヲ以テ（別段形勢ニ著シキ変態ヲ認メサル限）適当」(33)だと指示した。しかし六月九日に袁世凱は南方革命派に属する江西都督李烈鈞を罷免し、つづいて安徽都督柏文蔚・広東都督胡漢民を免職とした。これによって南北の対立が一層激化して中国は南北内戦寸前の状態となり、大総統選が直ちにおこなわれる可能性はなくなった。このような情勢下で、伊集院はイギリスの代理公使アルストン（ジョルダンは休暇のため帰国）と相談した結果、牧野外相に北京政府承認に関する各国公使会議開催を暫く延期し、「大総統ノ選挙必至ノ勢トナリタル時ヲ見計ヒ支那側ヨリ本使ヘ声明案（中国における列強の権益を承認する声明――筆者）ヲ内示シ相談アリタル体ニテ関係公使会議ヲ催シ一気ニ声明案ヲ是認セシムル方策ニ出ヅル方可然乎」(34)という意見を上申した。それは大総統選挙までにはかなりの期日があり、この間に右の会議を開催すれば外国利権承認に関する中国側の声明を求めることが必然的に討議されるが、その時に既に中国側と事前交渉が済んでいることを言出すのも考慮を要するし、事前交渉済みの声明案を私案として各国公使に示せば、自然と他国公使より字句の修正等が提議されて予想外の事態を惹起する恐れがあるからであった。これも中国における各国の利害が異なるために起きた現象であった。日本とイギリスはこのような事態を予期して両国で密かに中国側と声明案を定めたのであるが、これは各国共同協議という原則に違反するから、その内幕を公にすることは出来ない状態だったのである。このような列強間の複雑な関係は、承認問題をめぐる相違・対立の厳しさを物語ると共に、中国をめぐる列強間の競争・争奪の一側面を具現したものであった。これはこの時のドイツの主張からも窺うことが出来る。ドイツはこの時従来の主張を繰返し、「若シ列強カ協議ノ上大統領選挙以前ニ於テ承認スルコトヲ得ル場合ニ至ラハ独逸国ハ喜ンテ之ニ参画スベキモ若シ之ニ反シ右選挙後尚多少時日ヲ要スル場合アリトセハ独国政府ハ之レヲ肯ズルコト能ハサルニ付或ハ単独行動ニ出ヅルヤモ計リ難シ」(35)と日本に警告したのである。

承認に関して各国公使会議を開くか否かが問題になっている時、七月一二日に李烈鈞が江西省の独立を宣言して第二革命の火蓋を切った。これで承認問題は一時停滞状態に陥ったが、八月一八日には北の袁軍が江西省の省都南昌を攻略し、九月二日には南方革命派の大本営があった南京も攻略され、第二革命は失敗した。これにより袁は完全に南北を統一して全中国に君臨する勢力を築きあげた。そこで承認問題が緊急の外交課題として再度提起されることになった。

この時日本の駐北京公使が交替し、山座円次郎が七月二七日に公使として着任した。山座が新公使に着任したのはある意味において日本が袁との関係を改善する意向を表明したことであり、日本が承認問題において主導的役割を果す上でも有利な面があった。山座は第二革命後袁世凱の権力が強大となり、袁とその与党の希望通り存外速やかに袁が大総統に選出されることを予測して、承認問題を実際に解決する時期が迫ったと判断し、八月一二日に牧野外相に駐北京の各国公使と承認問題に当っての具体的手順を商議したい旨を上申した。山座は伊集院とアルストンが協議した手順を変更して、大総統選出の時期が確実に予見し得る時に、山座が英・露等六ヵ国の公使に七ヵ国公使会議を求め、北京政府の梁士詒と打合せ済みの声明案から"on record"の文字を削ったものを提示し、日本政府の提議として大総統就任教書中にこの声明を包含するよう北京政府と交渉し、北京政府が応諾したら各国は大総統当選就任の通知に対する北京政府外交部宛の回答中にあらためて声明案を摘記し、大総統が中国における外国政府と人民の利権を承認・保障したことを信任して北京政府を承認する旨を記することを提案しようとした。(36) 山座は、公使会議でこの方法が採択されたら声明案を北京政府に提出し、もし北京政府がこの案に反対したら、北京政府に"on record"の文字を加えた修正対案を提出するよう内談し、この修正対案が七ヵ国公使会議において承諾されるよう日・英両国公使が説得するという案を提出した。牧野外相はこの方法をイギリス代理公使と梁士詒に内談するよう指示すると同時に、駐英の井上大使を通じてこの案に対するイギリスの姿勢を打診すると、イギリスは何ら異議なしと回答した。日本、特に山座がこのように"on record"を記入することにしたのは、北京政府の要望を受入れることによって袁と北京政府に好感を与え、その関係を改善しようとしたからであった。このため山座は欧州の列強と中国間に立ってこのような権謀術数を弄したのである。

承認問題に関する協議はこうして順調に進捗したが、漢口・兗州・南京の三事件が起こって日本と袁世凱・北京政府との関係は急激に悪化した。日本国内では反袁の世論が沸騰した。北京政府に対する承認は袁世凱が中国に君臨するのを国際的に承認することでもあったが、このような雰囲気の中で承認するのは至難のことであった。そこで九月一七日に牧野外相はイギリスのグリーン大使に、承認は「予定通リ進行セシムルコトヲ得サルニ至ルヤモ料難シ」(37)と述べた。この時、山座公使は承認問題と引換えに南京事件等に対する日本側の要求を受諾するよう袁に迫っていた。日本は承認問題を引きのばして三つの事件の解決に利用しようとしたが、イギリスは「日本国ニ於テ承認ヲ延サントスルカ如キコトアルモ英国政府ハ夫レカ為承認ヲ延スコト能ハサルヘシ」(38)と反対した。ジョルダン公使は山座公使案に沿って適当な措置をとるよう要求した。イギリスのこの牽制によって日本は承認の時期を引きのばすことが出来なかった。しかしこれは逆に袁と北京政府にとっては三つの事件に対する日本の要求を受諾する外交的圧力になった。

第二革命の失敗は北京政府承認を促した。袁世凱が国会議員に工作して、一〇月上旬大総統に当選・就任する予定となった。北京の外交団は山座公使が計画した手順により、九月二七日にまず日・英・露・仏・独五ヵ国の公使会議を開き、山座が"on record"の入っていない声明案を提出し、一同の同意を得た。次いで山座はこの案を伊・墺の代理公使に示してその賛同を得た。山座はベルギー公使にも示してその賛同を得た。当時外交団の首席公使はスペインの公使であったが、日本は承認の主導権を掌握していたのでこのような核心的役割を果したのである。

このような予備的準備を経て、九月三〇日外交団会議が開催され、山座による手順通りに承認問題を進めることが決定され、北京政府との交渉も山座に依頼された。(39)オランダとベルギーの公使は上述の声明と通告が遅延する時には、自国政府に関する限りは大総統選挙の事実によって承認するつもりだと言明して他の列強と争った。この両国は五ヵ国銀行団から排斥されており、ベルギーは単独で北京政府に借款を提供する等、五ヵ国銀行団と対立する一方で、袁や北京政府との関係が良好であった。それで承認条件をそれほど重視していなかったのである。

次は北京政府との交渉であった。北京政府との交渉は非公式におこなうことにしたため、外交部とではなく大総統秘書長梁士詒と交渉して、直接袁世凱からの承諾を得ようとした。九月三〇日に山座は外交団会議を通過した声明案を梁士詒に示したが、梁は飽くまで"on record"の文字を加えることに固執した。一〇月一日に梁は「前政府カ直接ニ各外国会社人民ト明カニ訂結シタル契約ハ当ニ承認スヘシ」(40)という表現の対案を提出し、出来得る限り利益承認の範囲を制限しようとした。両者の論議を経て、最後に「公文アル」という表現は使用しなかったものの「各項成案成例ニ依リ」(41)(傍点は筆者)という微妙な表現を使用することで双方が妥協した。この「成案成例」だと公文に記されているものか否かが明確ではないので、今後権益をめぐる紛糾が発生した場合は各自が解釈することが出来る余地が残されたのである。これは列強の中国における利権の拡大とそれに抵抗する北京政府との対立を示すものであった。

山座公使は一〇月二日の外交団会議で梁士詒と打合せた声明案を提出し、会議は満場一致でこの案を可決した(42)。山座は大総統選出と声明発表との間に数日の間隔があることを警戒し、これによってドイツ・オランダ・ベルギーが先に承認することを阻止しようとして、この声明は大総統選出済みの通知と共に外交部より各国公使に送り、各国公使は日本が起草した同文の公文書にて承認を通知すべきだと強調した。このように山座公使は終始北京政府承認のイニシアチブを掌握していた。

牧野外相は日本が承認問題において達成すべき目的をほぼ実現したため、山座公使の活躍に甚だ満足し、一〇月三日に「貴官ハ適当ノ時機ニ至リ帝国政府ヲ代表シ承認手続ヲ実行セラレ差支ナシ」と電訓した。

一〇月六日、北京の国会は予定通り袁世凱を大総統に選出し、袁は臨時大総統から正式の大総統になった。各国公使館は同日午後九時過ぎに大総統選出の通知や声明等の公文書を受取った。山座公使は承認に関する同文の公文書を直ちに外交部に送付して真っ先に北京政府を承認し、袁が正式な大総統として中国に君臨することを承認した。同日東京では牧野外相が天皇に承認の旨を上奏した。内閣は八日付の官報で「帝国政府ハ本月六日ヲ以テ支那共和国ヲ承認セリ」(43)と公表した。ここで国名を「支那」としたのは、山本内閣が七月上旬の閣議において政府内部及び日本と第三国間における通常文書においては「支那」の名称を使用し、条約または国書等では「中華民国」の名称を使用することに決定したからである。「共和国」という表現を使用したことは、従来立憲君主制を主張して来た日本が中国の国家政体として初めて共和体制を承認したことを示している。牧野外相が三月末に北京政府承認を検討した時に「共和政体ハ支那国論指導者ノ承服ヲ得ヘキ唯一ノ政体ナルヲ知ルベキ」(44)だと語ったことや、九月五日に孫宝琦が山座公使に中国の政体として立憲君主制は如何と打診したのに対して山座が「既ニ共和政体トナレル今日再ヒ旧政体ニ引戻スコトハ頗ル難事」(45)だと述べたことは、日本が北京政府を承認することはその共和制の国体を承認することであると自覚していたことを示している。

袁世凱は大総統就任教書で日本や欧州の列強が要求した中国における利権を承認し、次のような声明を発表した。(46)

本大総統ハ前清国政府及中華民国臨時政府カ各外国政府ト訂スル処ノ総テノ条約協約公約ハ必ス当ニ恪守スヘク又前政府カ外国会社或ハ人民ト訂スル所ノ正当契約モ亦応サニ恪守スヘシ次ニ各国人民カ中国ニ在リテ国際契約及国内法律並各項ノ成案成例ヲ按シ已ニ享クル所ノ権利、特権、免除等モ亦切実ニ承認シ以テ交誼ヲ連ネ和平ヲ保ツヘキコトヲ声明ス

この声明により、列強は中国における従来の自己の権益を維持すると共に今後もその権益を拡大出来る保障を得た。六日に英・仏・独・露・墺・伊・西ら諸国も日本につづいて承認し、承認を通告する同文の公文書は翌七日に北京政府外交部に送付された。

日本は終始北京政府承認に関する主導権を掌握し、対中国外交のイニシアチブを掌握しようとしたが、日本がこれによって得たものは他の欧州列強が得たものと同様であり、これにより辛亥革命以来受動的であった対中国・対袁外交を転換することは出来なかった。一方、北京政府と袁世凱は承認条件を受諾することにより、その政権と大総統の合法的地位を

国際的に確保した。

（1）本書、二八二―八五ページ参照。
（2）外務省編『日本外交文書』大正二年第二冊、一ページ。
（3）同右書、三ページ。
（4）同右書、二―三ページ。
（5）同右書、三ページ。
（6）同右書、三―四ページ。
（7）同右書、四ページ。
（8）同右書、七―八ページ。
（9）同右書、九ページ。
（10）同右書、九―一〇ページ。
（11）同右書、一三ページ。
（12）同右。
（13）同右書、一四ページ。
（14）大正二年四月七日、在北京伊集院公使より牧野外務大臣宛電報、第二六四号。外交史料館所蔵。
（15）大正二年四月八日、牧野外務大臣より在英国小池臨時代理大使宛電報、第五九号。外交史料館所蔵。
（16）同右。
（17）同右。
（18）外務省編『日本外交文書』大正二年第二冊、二二―三ページ。
（19）同右書、二六―二七ページ。
（20）同右書、二四―二五ページ。

(21) 同右書、二二ページ。
(22) 同右書、二一ページ。
(23) 同右書、三〇—三一、三三—三四ページ。
(24) 大正二年五月六日、牧野外務大臣より在英国小池臨時代理大使宛電報、第八六号。外交史料館所蔵。
(25) 大正二年四月三〇日、在北京伊集院公使より牧野外務大臣宛電報、第三七六号。外交史料館所蔵。
(26) 外務省編『日本外交文書』大正二年第二冊、四三ページ。
(27) 同右書、四二ページ。
(28) 同右。
(29) 同右。
(30) 同右。
(31) 同右書、四六ページ。
(32) 同右書、四五ページ。
(33) 同右書、四六ページ。
(34) 同右書、四八ページ。
(35) 同右書、四九ページ。
(36) 大正二年八月一二日、在北京山座公使より牧野外務大臣宛電報、機密第二八九号。外交史料館所蔵。一又正雄『山座円次郎伝——明治時代における大陸政策の実行者』原書房、一九七四年、八二—八四ページ参照。
(37) 外務省編『日本外交文書』大正二年第二冊、五八ページ。
(38) 同右書、五九ページ。
(39) 同右書、六三—六四ページ。
(40) 同右書、六四ページ。
(41) 同右書、六五ページ。
(42) 一又正雄、前掲書、八七ページ。

(43) 外務省編『日本外交文書』大正二年第二冊、六九ページ。
(44) 同右書、三ページ。
(45) 同右書、五七ページ。
(46) 同右書、七五ページ

第七章　第一次世界大戦の勃発と中日外交

第一次世界大戦の勃発により中国をめぐる国際情勢は大きく変化した。袁世凱と北京政府を支えて来たイギリス等欧米列強は欧州戦線に巻込まれて東方を顧みる余裕がなくなり、従来日本の対中国政策を大いに牽制してきた最大の要因が弱くなった。また中国における欧米列強と日本との対立と争奪を利用し、欧米列強の支持と助力によって日本に抵抗した袁世凱と北京政府の対日抵抗力も衰え、その対日姿勢も変化し始めた。辛亥革命以来、日本の対中国政策は欧米の牽制と袁世凱・北京政府の抵抗により停滞状態に陥っていたが、この二つの要因の変化は日本が対中国政策を転換して積極的に中国を侵略する国際的環境を整えた。日本はこれを「天佑」だと考え、この機会に大戦に参加して対独開戦に踏切り、ドイツの租借地膠州湾と山東鉄道（膠済鉄道）を占拠してこれを軍事的後盾として北京政府に二十一ヵ条要求を提出し、中国における日本の利権を拡大すると共に、中国における日本の覇権を確立しようとした。本章では、日本の参戦・開戦と膠州湾・山東鉄道占拠及び二十一ヵ条交渉をめぐる中日外交を考究すると共に、これらの諸問題をめぐる欧米列強の二重外交と日増しに激化した袁・孫の対立及びこれらの諸問題をめぐる日本と袁・孫の相互の対応を検討する。

一　日本の対独開戦と膠州湾・山東鉄道の占拠

一　日本の対独開戦と膠州湾・山東鉄道の占拠

八月三日のドイツのフランスへの宣戦と四日のイギリスのドイツへの宣戦により、第一次世界大戦が勃発した。第一次世界大戦は列強による世界再分割のための戦争であり、欧州が主戦場であった。しかしドイツが中国に租借地を得ていたため、日本はこれを機にドイツ租借地の膠州湾と山東鉄道を占拠して辛亥革命以来停滞していた対中国政策を積極的に推進するため、変容した日英同盟を口実にこの大戦に参加してドイツに宣戦した。本節では、日本の参戦・対独宣戦及び膠州湾侵攻をめぐる中日外交と欧米列強との外交を論述すると共に、日本の山東鉄道占拠をめぐる外交交渉を考究する。

日本の大戦参加を阻止しようとしたのはドイツであった。ドイツは日本がイギリス等協商国側に加担することを阻止すると同時に、東洋におけるドイツの植民地である膠州湾に対する日本の攻撃を阻止し、この地域におけるドイツの権益を維持しようとした。このため八月三日に東京のドイツ大使フォン・レックスは加藤外相を訪れ、戦争が東洋に波及することになれば日本は如何なる態度に出るかと打診した(1)。これに対し加藤外相はドイツの艦隊が香港を攻撃した場合、「日本ハ日英同盟条約ノ規定ニ準拠シ同盟国トシテ当然ノ責務ヲ果サヾルヲ得ザルハ素トヨリ其所ニシテ特ニ自分ノ解説ヲ待ツ迄モナシ(2)」と明言し、参戦の意向を公然と表明した。当時元老山県らは軽率にドイツに対して武力を用いるべきでないと考えていたが、陸軍は協商国側の優位を予測して対独参戦を主張し、参謀本部では三日から青島《チンタオ》攻略に関する作戦計画の立案に着手して八日に対独作戦要領を策定した。八月八日、日本は閣議において参戦を決定したがその風説が新聞から洩れた。日本の参戦決定はドイツに脅威を及ぼした。ドイツは日本の対独参戦を阻止するため、まず日本に強硬な姿勢を示した。ドイツ大使フォン・レックスは同日午後松井外務次官を訪れて「欧洲ニ於ケル交戦カ結局独国ノ勝利ニ帰スヘキ」(3)だと述べ、日本にとって参戦は得にならないと警告する一方で、「日本政府カ中立ノ態度ヲ保持センコトヲ熱望シ」た。一二日にフォン・レックスは加藤外相を訪ね、「この際戦争区域ノ局限又ハ某海面ノ中立ト云フ如キ何等カノ方法ヲ講スル」(4)ことを提議したが加藤外相は耳を傾けなかった。日本の中立化によってその参戦を阻むドイツの外交的努力は失敗し、日本は大戦参加の第一の障害を除くことに成功した。

しかし日本の対独参戦への最大の障害はドイツではなくイギリスであった。中国をめぐる日本とイギリスの関係は二重的であり、一面においては中国における既成権益の維持をめぐり列強として互いに協力・協調し、また一面においては新権益の拡大をめぐり互いに争奪していた。このような二重関係は日本の大戦への参加とドイツへの開戦問題において、一面では列強の共同的利益の見地から中国におけるイギリスの既得権益を維持するため日本の参戦と援助を希望し、また一面においては互いに争奪する対立的関係から日本の参戦と対独開戦により日本が中国における権益を一層拡大することを恐れ、その参戦を阻止し、或いはその作戦地域を制限しようとする形をとった。この日本とイギリスとの二面的関係は日本の参戦・開戦外交においてどう展開されたのであろうか。

八月四日に対独開戦を決定したイギリスは日本の協力と援助を希望し、駐日大使グリーンを通じて加藤外相に「戦闘ガ極東ニモ波及シ従テ香港及威海衛カ襲撃ヲ受クルコトアル場合ニハ英国政府ハ帝国政府ノ援助ニ信頼ス」(5)との要望を申入れた。この申入は中国におけるイギリスの既成権益を守るためだったので日本の援助の前提条件として地域的制限を設けたのである。加藤外相はこの申入を承諾したが、その条件と制限に満足せず、「其他ニモ例ヘバ公海ニテ英国船ガ拿捕セラレタリト云フガ如キ種々ノ場合アルベシト思考セラル、ガ……此種ノ場合ニ於ケル同盟条約ノ適用問題ニ付テハ英国政府ヨリ帝国政府ニ協議セラル、様致度シ」(6)と要望し、条件と制限を撤廃しようとした。加藤外相は日英同盟の義務を口実にイギリスと対等に自由に参戦することを要求したのである。四日、外務省は欧州大戦に対する日本の姿勢を公示したが、そこでは「万一英国ニシテ戦争ノ渦中に投スルニ至リ且ツ日英協約ノ目的或ハ危殆ニ瀕スル等ノ場合ニ於テハ日本ハ協約上ノ義務トシテ必要ナル措置ヲ執ルニ至ルコトアルヘシ」(7)として、加藤外相の要求が公然と表明されたのである。日本は参戦に当って中国における列強の権益に制限を受けずに自由行動をとろうとする意向を表明したのであった。

イギリス外相グレーは加藤外相のこの意向を察して日本の参戦を阻止しようとした。四日、グレー外相は駐英の井上大使に「英国ハ日本国ノ援助ヲ求ムル必要ニ迫ラルルコトハ多分之レナカルヘク又日本国ヲ今回ノ戦争ニ引入ルルコトハ英国政府ノ避ケントスル所ナリ」(8)と語った。しかしイギリスは欧州大戦に巻込まれ、自力で中国とその沿海における権益をドイツから守ることは不可能であったため、七日に駐日大使を通じて「日本海軍ニ於テ独逸仮装巡洋艦捜索及破壊ノ為英国ヲ援助セシコトヲ求ムル」(9)ことを加藤外相に要請した。これもまた条件と制限付きであったため、日本はこれに同意しなかった。加藤外相は「只日本ノ援助ヲ独逸仮装巡洋艦ニ対スル場合ノミニ限ルコトハ如何アランカ」(10)と問い、不満の意を表明した。加藤外相は日本海軍がドイツの仮装巡洋艦を捜索・撃破することは交戦行為であり、対独宣戦布告が必要であるとして、九日イギリスに一旦日本が対独交戦国となる以上は「日本ノ行動ハ単ニ敵国仮装巡洋艦ノ撃破ノミニ局限スルコト能ハスシテ必スヤ日本ハ支那海ニ関スル限リ両同盟国ニ共通ナル目的ヲ遂行スルカ為メ即チ東亜ニ於ケル日本及英国ノ利益ニ損害ヲ被ラシムヘキ独乙国ノ勢力ヲ破滅センカ為メ成シ得ベキ一切ノ手段方法ヲ執ルコトヲ必要トスルニ至ルヘシ」(11)と述べた。その上で対独開戦の目的をドイツの仮装巡洋艦撃破に限定するのではなく、その根拠を「日英同盟協約ニ記載セル広汎ナル基礎ノ上に置キ」、開戦宣言に「英国ハ日本ニ援助ヲ求メ而シテ日本ハ其請求ニ応シタル」(12)旨を明記するように要望した。加藤外相はこの要望をイギリスに提出するに当り、駐英の井上大使に「一旦独乙ニ対シ開戦スル以上ハ英国希望ノ事柄ニ限ラス日本ハ交戦ニ必要ナル一切ノ行動ヲ為サヾルヲ得サル」と述べ、さらに「英国ノ要求ニヨリ戦闘ニ参加スルモノトナサヾレハ充分ノ理由トナラサル」[13]として、この意向を伝えるように訓令した。このような照会と訓令は中国とその沿岸において日本が無制限に軍事行動を展開する権利と意欲を表明したものであった。井上大使は同日この意向をグレー外相に申入れたが、グレーは「最考量ヲ要シ」[14]、翌一〇日に日本の対独宣戦を延期するよう要求した。[15]しかし同日加藤外相は、日本は「最早其所決ニ対シ重大ナル変更ヲ加フルコト能ハサル立場ニ至リタル」[16]として、即時対独宣戦を要求する覚書をイギリスに提出し、強硬な姿勢で対応し始めた。

　イギリスは日本の無制限な軍事行動、即ち中国における無制限な勢力拡大を容認しようとしなかった。一〇日、グレー外相は井上大使にドイツ仮装巡洋艦撃破のための日本海軍出動の要請を取消すと申出た。[17]一一日、これに対し加藤外相は「英国外務大臣ノ所決ハ帝国政府ノ極メテ意外トスル所ナリ」として、日本がイギリスの依頼に応じて軍事行動に関する諸般の準備に着手しているこの折に「今更英国ニ於テ協力ノ要求ヲ取消ストアリテハ帝国政府ハ **extremely embarassing position** ニ陥ル義ニ」なるので、「是非共其所決ヲ翻ヘサレンコトヲ望ム」[18]旨をグレー外相に要請した。グレー外相は「支那海ニ於テ敢テ危険ナキコトヲ知リ援助ヲ請フ必要消滅従テ右請求ヲ取消シタル」と弁明し、「世間ニ於テ或ハ日本国ハ此際領土侵略ノ野心アリト誤解スル者鮮カラサレ」ば、「戦闘区域ヲ局限シ日本国ハ支那海ノ西及南并ニ太平洋ニ於テ戦闘ニ出テザルコトヲ声明」[19]するよう要求し、日本の参戦に対するイギリスの懸念を率直に述べた。[20]加藤外相はこの要求に同意しなかった。一三日、加藤外相は「戦地局限ノコトヲ布告中ニ声明スルコトハ断シテ不可能ナリ」として、「戦地局限ノコトヲ記載セサル宣戦布告ノ形式ニ対シ英国政府ニ於テ是非共同意」[21]するよう要望した。イギリスはこの要望に応ぜず、欧州大戦においてロシアとフランスと提携していることを理由に、日本の軍事行動について日・英・仏・露四国が協議することを提案し、露・仏の関与により日本の軍事行動を制限しようとした。しかし、その後グレー外相の方針が変化し、一三日には「英国政府ニ於テハ強イテ宣戦布告中ニ戦地局限ヲ記載セラル、ヲ必要トスルモノニ非ラズ要ハ如何ナル形式ヲ問ハス戦地局限ニ関スル帝国政府ノ保障ヲ得ハ足レリ」[22]と譲歩的姿勢を示した。イギリスが譲歩した原因は㈠に日本側の強硬な反対、㈡にイギリスには中国とアジアを顧みる暇がないこと、㈢に威海衛等中国におけるイギリスの権益を保護するため日本の援助が必要であったこと、㈣に対独開戦以来の戦況が協商国側に不利であったことなどにあった。

こうして日本は同盟国であるイギリスからドイツに宣戦し第一次世界大戦に参加する承認を得た。日本の参戦をめぐる対列強外交の目的は一応達成されたのである。だがその目的は完全に達成されたわけではなかった。日本は対独宣戦により膠州湾と山東鉄道をドイツから争奪するため、中国の領土である山東半島において戦闘を開始しようとした。これは中国の領土主権を侵害するので、間接的には対中国戦争でもあった。大戦勃発後、中国の新聞は日本が青島を攻撃・占拠する準備をしていることを報道した。袁世凱と北京政府は日本の対独開戦と戦争の中国への波及を阻止するために、八月六日に中立を宣言し、[23]次いで対欧米外交を展開した。これに日本も対抗したので、北京政府と日本との間に日本の参戦と対独開戦をめぐる外交交渉が展開された。

袁世凱と北京政府は従来イギリスに依存していたが、イギリスは欧州大戦に巻込まれ中国を顧みる暇がないばかりか、日本との同盟関係により日本の援助を要請したので、イギリスに頼ることが出来なかった。袁と北京政府は日露戦争以後中国東三省における権益を拡大しようとして日本と対立していたアメリカが当時戦争に参加せず中立国であったことに注目し、アメリカの力を借りて日本の中国領内における対独開戦を阻止しようとした。中国と日本はアメリカの関与をめぐり外交上の攻防戦を展開した。八月五日、北京政府の駐米公使館の夏偕復はアメリカ国務省に「此際支那ハ米国政府ト共に欧州各交戦国ニ向ヒ成ルヘク戦争ノ禍ヲ減シ殊ニ東洋ニ波及セシメサランコトヲ忠告スヘシ」[24]との旨を政府の訓令として申入れた。中国の新聞もアメリカがこの問題に関与していることを報道した。[25]こうして中国側は日本の対独開戦を阻もうとしたのである。日本はこれに対し敏感に反応した。加藤外相は「若シ右米国側ヘノ申出ニシテ果シテ事実ナリトセハ容易ナラサル次第」と考え、中国のアメリカへの接近と依存とを阻止しようとして駐中国の小幡酉吉臨時代理公使に北京政府に「厳重ニ其説明ヲ求メ」るよう指示した。翌九日、小幡が袁世凱に尋ねると袁は事実を認め、これは「単ニ人道上ヨリ考ヘ戦争ノ惨禍ヲ減スルコトヲ提言(26)」したのだと弁明した。一〇日、小幡は孫宝琦外交総長に「日本国ニ何等相談ナク米国政府ト接触ヲ試ミタルハ……帝国政府ノ極メテ不満ヲ感スル所(27)」だと抗議した。同日、小幡は曹汝霖外交次長にも「引米排日等ノ所作ニ出テラルルニ於テハ其結果ハ重大ノ関係ヲ惹起スルニ至ルヘキ(28)」旨を警告した。

日本はアメリカの対中国行動を牽制するためにイギリスを利用した。一〇日、加藤外相は駐英の井上大使に、イギリス政府よりアメリカ政府に「同国ハ東洋方面ノ現今ノ事端ニハ何等関係セサル態度ヲ持スル(29)」よう勧告してもらうことを訓令した。同日、加藤外相はイギリスに、日英共同で北京政府に「日英両同盟国ニ熟議セスシテ他ノ第三国（アメリカ――筆者）ニ援助ヲ求ムルカ如キコトアリトスレハ時局紛糾ノ極形勢遂ニ収拾スヘカラサルニ至ラン(30)」と厳重に警告することを提議した。イギリスも中国においてアメリカと互いに権益を争奪する関係にあるため、アメリカが中国問題に介入することを恐れて日本の提案に賛成し、一三日に駐北京のジョルダン公使に日本公使と協議するように訓令した(31)。同日、加藤外相も駐北京の小幡臨時代理公使にジョルダン公使と協議するように指示した。日英両国は、中国の領土保全及び中立維持を保障するから第三国に援助を求めないよう中国に共同で警告するための打合せを始めた。ジョルダン公使はこの警告に「膠州湾ハ一時両国ニテ占領スルコトアルモ戦局終了後ハ支那政府ニ還附スル(32)」との趣旨を明記するよう日本に要望した。イギリスは中国の領土保全を口実に日本に膠州湾の還付を要求し、日本の中国における権益拡大を制限しようとしたが、加藤外相はこの記入に反対した(33)。日英双方は膠州湾還付を両国の共同警告に明記するか否かの問題をめぐり五、六日間論争した。この論争は両国の中国に対する争奪を意味した。特にジョルダン公使は加藤外相が述べたように、「日本ノ行動ヲ制肘セントスルノ気味アル」ため、日本側に譲歩しようとせず、その記入に固執した。このような情況で日本はイギリスと共同警告を発するのは逆に不利だと考え、八月二〇日加藤外相は駐日のイギリス大使に「時局ノ発展ト共ニ支那政府カ日英両国以外ノ第三国ニ援助ヲ求メントスルカ如キ懸念ハ今日ニテハ先ツ之レナキニ至リタルヲ以テ帝国政府ニ於テハ此ノ際尚日英両国政府ニ於テ支那政府ニ共同警告ヲ与フルノ必要ハ最早之ヲ見サルニ至リタル(34)」と述べ、日本が提案した共同警告の必要なきことを申入れ、この問題の交渉も終結した。しかしこの交渉は膠州湾をめぐる日英の対立の終結ではなく、その争奪の激しさを物語っていた。

日英両国が膠州湾還付問題をめぐり論争している時、北京政府もドイツとその還付交渉をしていた。駐独公使顔恵慶は政府の訓令によりドイツ外務次官と海軍次官に膠州湾租借地の還付を要求した(35)。ジョルダン公使の話によれば、その条件は㈠に膠州湾租借地を中国に還付する、㈡に同地を通商港として開放する、㈢に同地の防備を撤回する、㈣に同地配備の軍艦を武装解除し戦争終結まで中国政府において保管する、㈤に同地ドイツ軍隊の武装を解除する、㈥に賠償問題は後日中独両国政府間で協定する等であった(36)。ドイツはこのような条件で膠州湾を中国に還付することによって日本の対独開戦を阻止しようとし、北京政府も外交交渉でこの租借地を回収しようとした。しかし八月一一日に袁世凱は坂西利八郎大佐にこのことを洩らし、中国政府としては「其ノ時機ニアラス(37)」としてドイツの要望を拒否したと告げた。翌一二日、小幡は孫外交総長にこの件を確認したがほぼ同様であり、小幡も「支那側ニ於テ敢テ重キヲ措カサル次第カト察セラル(38)」と加藤外相に報告した。しかしジョルダン公使とグレー外相は中独交渉は進行しており中国はこれを承諾すると日本側に伝えた。中独交渉は日本の参戦を阻止する上でイギリスに有利であったため、ジョルダン公使はこの交渉を支持し、「支那ノ動揺ヲ防キ東洋ノ大局ヲ保全スルハ此ノ方法以外良案ナシ(39)」と考えていた。彼は「膠州湾ヨリ或ル一国ヲ排除シテ他ノ一国カ之ニ代ハルカ如キハ支那ニ動揺免カレサル」として、「暗ニ日本国ノ青島攻撃ニハ頗ル不満ノ意ヲ表(40)」していた。イギリスは日本が青島を占領し、そこを拠点として山東省乃至中国における権益を無限に拡大することを好ましく思っていないばかりか、独中交渉を利用してこれを牽制しようとした。小幡臨時代理公使もジョルダン公使が何らかの活動を展開して「膠州湾還附ニ関スル独逸側ノ提議ヲ速カニ支那政府ヲシテ容レシメ以テ戦局限制ノ美名ヲ博シ将来ニ於ケル英国ノ立場ヲ善クセントスル考ヲ有シ居ル」と加藤外相に報告した。[41]加藤外相は問題の重大さを認識し、ドイツの膠州湾還付の申出を絶対に拒否するよう中国側に強く要求した。[42]同時に加藤外相は中国が単独でこのような交渉を進めることは「極メテ重大ナル結果ヲ生スルニ至ル」と警告した。[43]八月一五日、小幡は孫外交総長にこの要求を伝え、袁世凱の意向を確認するように要求した。袁は日本側の警告に「感謝」し、孫総長も「支那政府ハ実行不可能ノ問題トシテ真面目ニ考量シ居ル次第ニアラス」[44]と答えた。事実上中国は当時膠州湾を回収しようとしてドイツ側と交渉していたが、イギリスからの確固とした支援を受ける可能性もなく、日本の反対とフランスの圧力によってこの交渉を中止せざるを得なかった。駐北京のフランス公使コンチイは中国が単独でドイツと膠州湾還付問題を議定するのは交戦国に対する中立違反に問われるのみならず、日本の国論を沸騰させる危険な行動だと孫外交総長に警告し、日本を支援して中国に圧力を加えた。[45]当時フランスは日本が協商国側に参加することを希望していたから、日本を支持するのは当然であった。[46]

参戦・開戦をめぐる日本の外交は日本の希望と計画通り順調に進み、八月一五日に大隈内閣は御前会議の決定を経て、次のような「対独最後通牒文」を採択した。[47]

一　日本及支那海洋方面ヨリ独逸国艦艇ノ即時ニ退去スルコト退去スルコト能ハサルモノハ直チニ其武装ヲ解除スルコト

二　独逸帝国政府ハ膠州湾租借地全部ヲ支那国ニ還附スルノ目的ヲ以テ一千九百十四年九月十五日ヲ限リ無償無条件ニテ日本帝国官憲ニ交附スルコト

そして「八月二十三日正午迄ニ無条件ニ応諾ノ旨独逸帝国政府ヨリノ回答ヲ受領セサルニ於テハ帝国政府ハ其ノ必要ト

認ムル行動ヲ取ルヘキコトヲ声明」[48]した。同日午後、松井次官がこの通牒を駐日のフォン・レックス大使に手渡した。日本はドイツに宣戦布告を発して開戦する計画であったが、突然最後通牒の形式に変更し、また通常二四乃至四八時間にすべき回答の期限を一週間以上に延長したのは、密かに膠州湾の無血占領を企図していたからであった。

この最後通牒は実際はドイツに対する宣戦布告であり、日本がドイツに代って膠州湾を占拠するための侵略的行動であった。しかしこの通牒に接した袁は「日本ノ態度ニ付頗ル安心シ殊ノ外満足ノ意ヲ表シ」、各部総長に「日本国ヨリノ通告ヲ披露シ斯ク日本国ニ於テ支那ニ対スル好意的態度ヲ宣明セル以上支那モ亦誠意ヲ以テ之ニ対セサルヘカラサル」[49]旨を明言し、日本に対し宥和的姿勢を示した。北京政府外交部も「日本政府ノ隆情高誼共ニ東亜ノ大局ヲ維持スルノ感心言表ニ溢レ欣感ノ至リニ勝ヘス」、日本政府の「高義厚徳ハ尤モ欽佩スル所ナリ」[50]と述べた。

袁と北京政府がこのような態度を表明したのは、最後通牒の第二条にドイツが「膠州湾租借地全部ヲ支那国ニ還付スルノ目的ヲ以テ」日本に「交附」することを記入し、また加藤外相が駐日の陸宗輿公使にこの通牒を手渡す時に、日本は「決シテ土地ヲ占領スルノ野心ナク」、中国に内乱（孫文ら革命党の蜂起を指す）が発生した時には相互に援助し合って乱を平定する意を表明したからであったが、本質的には小幡が述べたように「戦局ノ影響ヲ早計ニ悲観シ我将来ノ態度ヲ疑惧シテ」[51]、日本に宥和的態度を示してその好意を得、対立と衝突を避けようとする外交辞令であった。

通牒を発した後、日本軍部は直ちに戦闘準備に入った。

日本の対膠州湾作戦が迫る中、依然としてイギリスは日本の戦闘地域を出来る限り制限し、日本の山東乃至中国における拡大政策を牽制しようとした。八月一七日、駐日のグリーン大使は加藤外相に膠州湾における日本軍の作戦地域を五〇キロメートル以内に制限するよう提案し[52]、駐北京のイギリス公使館は日本軍の軍事行動地域局限に関する声明を発表した[53]。

これに対し加藤外相は、日本政府は「必要ノ場合ニハ日英両国政府間ニハ交戦地局限ニ関シ何等約束ナキコト及英国政府ノ発表シタルモノハ帝国政府ノ意志ヲ推察シタル同政府自身ノ解釈ニ過キサル旨ヲ明言スル」とグリーン大使に警告し、「所謂五十『キロメートル』ノ地域内ヨリ上陸スルコトハ到底不可能ニシテ是非トモ大部隊ハ右地域外ノ北方海岸ヨリ上陸セシメサルヘカラス」[54]と譲らなかった。日本側の強硬な姿勢にイギリスはあらためて譲歩せざるを得なかった。八月二二日、グリーン大使は本国の訓令として加藤外相に「日本軍カ膠州湾攻撃ノ為五十粁ノ区域外ノ一地点ヨリ上陸スルトモ英国政府ニ於テハ何等異議ナキ」[55]旨を伝えた。これはイギリスの譲歩であり、譲歩と制限は日英の二重的外交関係の矛盾を表したものであった。

イギリスの譲歩により日本は開戦外交を順調に進めて所期の目的を達したが、世論は日本を厳しく非難した。北京で発行されるイギリス系の『北京&天津タイムズ』紙は八月一八日の社説で「日本カ今回ノ欧洲戦争ニ参加スルノ理由ナキ」ことを指摘し、「日本ノ此挙動ニ出テタルハ正シク日本カ此機会ヲ把握シテ何事カヲナサント欲スル意志ト外《ホカ》解スル能ハス」と論じ、「暗ニ難ヲ膠州ニ構フルハ日本ノ策源ニシテ英国ノ希望ニアラサル」[56]と諷して日本の膠州湾攻撃を非難した。駐北京の小幡臨時代理公使はこの社説はイギリス公使館筋の意向を受けて執筆・発表されたと推測し、駐北京のイギリス公使ジョルダンについて「日本ノ膠州湾攻撃ヲ喜ヒ居ラサルハ一点疑ナキ所ニシテ……同公使ハ内密支那側ニ日本ノ膠州湾攻撃ニ英国カ参加セシ由来及同地ヲ将来支那ニ還附スヘキコトヲ日本国ニ勧告シ最後通牒ニ其ノ旨記入セシメタル事情ヲ逐一洩ラシ是ノ間巧ミニ支那ヲ操縦シ英国ハ支那ニ対スル好意的態度ヲ仄メカシ著々英国ノ地歩ヲ確保セントシ居ルモノト信スルニ足ル十分ノ理由アリ」[57]と論じた。これは対独開戦と膠州湾をめぐる日英両国の争いを生々しく物語る。

イギリスは膠州湾における日本軍の作戦地域拡大に対しては譲歩したものの、山東における権益の独占に対しては依然として牽制しようとした。このためイギリスはフランスとロシアに工作して八月一八日に英・仏・露三カ国の軍隊が日本軍と共に膠州湾攻撃に参加することを要求し、その準備を進めていた。[58]加藤外相は三カ国の意図を直ちに察知し、「其ノ必要ヲ認メサルノミナラス」、「戦後ノ協定ニ付テモ事態ヲ紛糾セシムル(59)」として反対した。小幡臨時代理公使も、これは「益々山東ニ於ケル我独占的行動ヲ許サヽルヘキハ尤モ明瞭ノコトト信ス(60)」ると述べ、加藤外相に対策を講ずるよう上申した。しかしイギリスのグレー外相は「東亜ニ於ケル軍事行動ニ関シテハ四国ニ於テ成ルベク共同動作ヲ執ルコトト致シタキ(61)」という意見を主張した。これに対し加藤外相は駐英の井上大使に「英国政府ニ於テハ何故ニ仏露両国軍ノ参加ヲ以テ特ニ利益アリトセラルル、次第ナルヤ(62)」とグレーの所信を質すよう訓令し、憤慨の意を表した。グレー外相がイギリスの本意を吐露するわけもなく、ただ日・露・英・仏は連合国であり、露・仏が不参加の場合、この「両国ノ感情ヲ害スルノ不利ナルヲ虞ルル(63)」とのみ答えた。八月二五日、イギリスは日本の強硬な反対により仏・露両国の軍隊を膠州湾攻撃に参加させる主張を取下げ(64)、イギリス軍の参加によって日本を牽制しようとした(65)。

膠州湾攻撃問題については北京政府も日本やイギリスと共に作戦に参加することを要求し、山東方面に増兵した。これは適切な措置であり、自力で膠州湾を回収しようとしたものであったが、日本や他の列強の干渉と圧力により実現しなかった。八月中旬、駐北京の英・露・仏公使は北京政府に中国の山東への増兵「行動ノ結果ニ付又之ニ依リテ生スルコトアルヘキ中立違反ノ行為ニ付重大ナル責任ヲ負担セサル可カラサル(66)」旨を警告して圧力を加えた。八月二一日に北京に着任した日置《ひおき》益《えき》公使も、二六日に中国側の「増兵ノ動機如何ヲ問ハス日本ノ作戦計画確知シ難キ場合多ク支那兵力山東省内ニ駐屯スルコトハ不慮ノ事端ヲ生スヘキ危険ノ虞ヲ増スモノナルヲ以テ斯ル場合ニハ軍事上我ニ於テ膠州湾攻撃ノ外ニ不慮ノ事件ニ備フル為更ニ一団ノ軍隊ヲ増派スルノ必要アルヤモ計リ難シ(67)」と曹外交次長を脅迫した。北京政府は増兵とは逆に山東駐屯の軍隊を撤退させざるを得ない状況に追込まれた。

最後通牒を発した後の日本の開戦外交は、上述のようにイギリスの譲歩によって計画通りに進み、八月二三日にはドイツから最後通牒に対する回答がないことを口実に対独宣戦を布告した。日本は久留米の第一八師団を中心とする五万一七〇〇名の青島攻囲軍（司令官神尾光臣師団長）と第二艦隊を出動させて作戦行動を開始した。

北京政府は既に八月六日に欧州大戦に関して局外中立を表明し、二三ヵ条からなる中立宣言を大総統令の形式で発表した。(68) 日本の膠州湾に対する作戦行動は中国の中立を侵害し国際法に違反する行為であった。北京政府は日本側の圧力とイギリス等列強の日本の軍事行動支持により戦闘行動を黙認したものの、主権国家としては抗議をしなければならない立場にあった。八月二四日、孫宝琦外交総長は日置公使に「日本国ノ中立侵害ニ対シテハ支那ハ……文書ヲ以テ一応抗議ヲナスヘキモ……日本国軍隊ノ動作ニ対シテハ支那ハ内密ニ能フ限リノ便宜ヲ計ル積リナリ」(69)と述べた。北京政府はこの抗議によって日本の膠州湾占拠が違法な軍事行動であることを世界に示し、戦後膠州湾を回収するために有利な法的根拠を整えておこうとしたのであり、これは適切な措置であった。

しかし北京政府のこのような措置は日本の軍事行動の違法性を国際的に示すものであるから、加藤外相は二七日にこの抗議を見合せるよう要求した。(70) これに対し孫外交総長と曹次長は「抗議提出ノ代リニ一片ノ声明ヲナス意嚮ナリ」(71)と回答した。その内容は「日軍ノ中立侵害ニヨリ生スヘキ事件ニ付テハ日本国政府其責ニ任セラレタシ」(72)とする予定であった。これは「抗議」を「声明」に替えたもので、中国はその国際法上の立場を堅持したまま、その「声明案」を日本側に手渡した。(73) この案は冒頭に「貴国ノ独逸ニ対スル最後通牒ニハ膠州湾租借地全部ヲ支那ニ還附スルコトヲ目的トスト声明シアリ」と記し、日本軍の軍事上必要な地点は「実ニ我国完全ノ領土ナルヲ以テ貴国政府ニ向テ将来交戦国カ若シ此レカ為メ別種ノ問題ヲ生スルコトアレハ貴国政府応ニ其責ヲ負ハサル可カラサルコトヲ声明セサルヲ得ス」(74)とあった。日置公使はこの声明は「実質ニ於テ毫モ抗議ト異ナラス」(75)として断固反対し、中国側に日本の要望に応ずるよう要求した。イギリスは日本の要求を支持し、北京側に日本の希望する通り「断然抗議ヲ見合ハスコト然ルヘキ」(76)と勧告した。北京政府は日本が膠州湾を中国に還付するか否かを疑い、その還付を保障する方法としてこの声明を発表しようとしていたが、九月一日に二つの案を提示した。第一案は日英両国公使の連名による照会を北京政府に発し、その内容には日本国は「独逸国ニ向ヒテ支那ニ還附スルノ目的ヲ以テ膠州湾租借地ヲ日本国ニ引渡スヘキ旨要求シタル所独逸国ニ於テ之ヲ承諾セサリシ為膠州湾攻撃ノ已ムナキニ至レリ就テハ山東省ノ何処ヨリ何処迄（濰県諸城県以東ヲ指ス趣旨ト了解ス）ヲ中立除外地域トセラレンコトヲ望ム」(77)旨を記載するよう要望した。第二案では前記の趣旨の書簡を中国政府より各国公使館に送付し、自ら中立除外区域を定めることを要望した。(78)これに対してジョルダン公使は第一案を選択するよう日置公使に勧めた。それはイギリスの介入によって日本の行動を牽制することが出来るからであった。第二案では複数の列強が介入するため、イギリスは新たな紛糾が発生することを恐れて同意しなかった。しかしイギリス等他の列強の介入を排除するため、加藤外相は翌日「二案共帝国政府ニ於テ同意シ難シ故ニ万已ムヲ得サレハ出末得ルタケ文言ノ穏和ナル抗議ヲ提出セシメ之ヲ受領スルコト、スル外ナカルヘシ」(79)と述べた。しかし同日北京政府側は突然この二つの案を放棄し、中立侵害に関する抗議さえも見合せる旨をジョルダン公使を通じて日置公使に伝えた。これは北京政府の対日外交の大きな変化であった。

ではどうして北京政府の対日外交にこのような変化が起こったのであろうか。これは九月一日に袁世凱と日置公使による孫文ら革命党についての会談と直接関係があった。会談において日置公使は、日本政府が孫文ら革命党を支援している日本の大陸浪人を取締っていることを袁に説明し、日本を拠点としている孫文ら革命党の反袁活動を抑圧する意図を示唆し、日本を信頼して日本と提携するように要望した。(80)これに対し袁は「支那ハ日本ト同シク黄色人種ニシテ白哲人種タル欧米人ト到底相親シムヘキモノニアラス黄色ハ飽迄黄色ト和シ以テ白人ノ圧迫ヲ防クノ策ヲ講セサルヘカラス之レ自国ノ存立ヲ鞏固ナラシムル所以ナリ」(81)と語り、「親日」を説いた。これは孫文の黄白色人種論と同様であって、対立する袁と孫が日本の支援或いは日本から好意を得ようとする時に同様の論理を利用したことは注目すべきであろう。袁は「貴国ノ軍事行動ニ対シテハ暗ニ能フ限リノ援助ヲ与ヘ好意的中立ノ態度ヲ支持スヘキハ勿論ノ義ニシテ只中立宣布ノ手前ニ対シ世界ニ信ヲ失セサル丈ノ措置ヲ取ルコトハ万止ムヲ得サル義ト容赦アリ度之ヲ要スル」(82)と述べ、対策を講ずる意向を表した。袁は日本がこの大戦中に孫文ら革命党を支援して国内において反袁蜂起を起こすことを恐れ、日本が孫文ら革命党と彼らを支援する大陸浪人を取締ることを条件に、日本の中立侵害に対し譲歩的姿勢を示したのである。これは袁が日本の侵略よりも孫文ら革命党の取締りを優先したことを示す。中国の新聞も日本と袁との間に革命党に関する密約があったことを報道した。(83)

九月三日、袁のこの譲歩に基づき曹外交次長は小幡に「抗議ハ日英両国側ノ希望モアリタルコトニ付断然之ヲ見合ハスコトニ決定シ其代リ竜口萊州ヨリ膠州湾附近ニ亘リ交戦国ノ必要ナル戦闘行為ニ鑑ミ之ヲ中立地域ノ外ニ置ク旨ヲ公然発表スル」(84)一案を提起した。小幡は中立区域除外に関する宣言の発表には賛同したが、竜口・萊州・膠州湾地域を中国が単独で中立除外地に決定したことに遺憾の意を表した。この中立除外地は日本側の要望よりも狭隘だったからである。

日本は膠州湾占領後、山東省において権益を拡大するために作戦地域を一層拡大しようとした。八月二一日、加藤外相は山東省の黄河以南の地を作戦地域或いは中立除外地として設定するよう要求した。(85)これに対し孫外交総長は「一旦中立条規ヲ発布シタル今日除外地設定ヲ公布スルコトハ支那政府ノ至難トスル所ナル」も、日本軍の軍事行動上必要な地域がわかれば「地方官民ニ対シ日本軍隊ニ便宜ヲ与フヘキ旨内密ニ訓令シ得ヘキ」であるが、黄河以南を除外地とすることを布告すれば中国民衆が「日本軍隊ハ山東全部ヲ占領セントスルモノト思惟シ一般ニ騒擾ヲ来スノ虞アリ」(86)なので、この要望に応ずることは出来ぬと拒否した。こうして中日双方は中立除外地問題をめぐり再び交渉を開始した。八月二三日曹外交次長は次の地域を中立除外地とし、そこでの日本軍の自由行動を認めようとした。(87)

濰河口ヨリ濰河ニ沿ヒテ南行シ灰村ニ至リ濰河鉄道橋東端高家庄ヨリ華耀南濰ニ至ル線ト海廟口ヨリ起リ掖県ヲ経テ下各舗平度州ヲ過キ膠州湾警備区域境界ノ白河廟ニ至リ東折シテ古県蔣家庄夏家庄ヲ経テ金家口ニ至ル線トノ中間

ノ地域

これは日本軍の行動地域を局限して日本の山東省内における勢力拡大を牽制しようとしたものである。これに対し加藤外相は「支那側希望通リニ交戦地域ヲ局限スルコトハ帝国政府ニ於テ断シテ承知シ難シ」と述べ、「濰県ト諸城県トヲ連接シ南北ノ海岸ニ達スル一線以東」(88)を中立除外地にすることを提議した。濰県は山東半島の要衝で袁軍一個旅団が駐屯していた。日本はこうして濰県から中国軍を撤退させ、勢力圏の拡大に対する障害を排除しようとしたのである。八月三一日、小幡は曹外交次長に加藤外相の提案を伝え、「支那政府ノ同意アルト否トニ拘ラス我軍既定ノ計画ニシテ今更変更シ難キ次第」であり、「支那側ノ同意不同意ノ回答ハ当方ニ於テ期待スル所ニアラス」(89)と警告し、鉄道守備隊を含む濰県以東の中国軍の即刻撤退を要求した。山東半島に上陸しようとする日本の軍事力を背景に、北京政府に圧力を加えようとしたのである。同日、このような強力な圧力の下で曹外交次長は小幡に会見を求め、日本の要求に「大体同意スルコトニ決定シ濰県諸城県以東ニ於ケル日本軍ノ軍事行動ヲ承認」(90)し、濰県以東の山東鉄道守備隊も引揚げる意向を言明した。しかし濰県駐屯軍は撤去し難いと指摘し、日本軍が同地方に赴かないよう要望した。翌九月一日、駐日の陸公使もこれとほぼ同様の外交部の来電を松井次官に手渡した。しかしこの来電には濰県・青島間の鉄道には日本軍を暫く便宜上配置するとあり、濰県を境界にすることは明記されていなかった。これはその後も交渉の余地を残そうとしたからであった。

九月二日、日本軍は竜口に上陸を開始した。現地の芝罘道尹兼交渉員は芝罘の松本領事代理に「今貴国カ中立領土タル竜口ニ軍隊ヲ上陸セシメタルハ右条規（一九〇七年ハーグ条約陸戦中立条規を指す――筆者）ニ違背スル所ナルヲ以テ速ニ法ヲ設ケテ禁阻シ以テ中立ヲ侵害セサランコトヲ希フ」(91)と公文で通報した。これは地方当局者として当然とるべき措置であった。九月三日、北京政府は中立除外地域に関する声明を発表して「竜口莱州及膠州湾ニ連接セル附近ノ各地方ヲ以テ各交国軍事行動最小限ノ地点タル」(92)ことを表明した。翌四日、曹外交次長は日置公使に「其軍事行動区域ノ如キモ出来得ル限リ局限シ軍事上実際不必要ノ地域ニハ決シテ立入ラサル様予メ出先軍隊ノ注意ヲ喚起シ置カル(93)」ように要求した。北京政府は竜口・莱州・膠州湾を結ぶ一線を最小限の地域としながら、実際には濰県以東の地域を中立除外地として認めた。日本はこれに満足した。九月七日、駐日の中国公使陸宗輿はこれらの中立除外地に関する交渉内容について「互ニ永ク秘密ヲ守リ漏洩セランコトヲ切望(94)」する外交部の来電を手渡した。こうして北京政府は日本軍の山東半島上陸に抗議せず、山東におけるその軍事行動を容認した。

北京政府のこのような姿勢はドイツ等同盟国側にとって不利であった。これに対し独墺両国は共に北京政府に抗議した。九月四日、両国は「今次日本軍竜口ニ上陸セルニ支那ハ之ヲ拒絶スル手続ヲ執ラス右ハ明カニ中立条規ニ違反シタルモノナルヲ以テ之レニ基ク独墺ノ損害ニ対シテハ支那政府賠償ノ責ニ任スヘキモノナリ(95)」との抗議を発した。一四日にドイツ臨時代理公使は三回目の抗議を提出したが(96)、北京政府はドイツ側が先に中立を侵害したと口実を設け、その生命・財産上の損害に対して責任はないと反駁した。

九月二日、竜口に上陸を開始した日本軍は山東半島を南下し、青島から済南までの山東鉄道全線を占領しようとした。九月一三日、参謀本部第二部部長福田雅太郎少将は外務省の小池張造政務局長に陸軍側の山東鉄道全線を占領する作戦を通告し、外務省に北京政府と交渉をおこなうよう要求した(97)。これは突然の出来事でなかった。日本は開戦外交の当初から山東鉄道に注目し、大隈首相は八月八日の元老と内閣との会合において「とにかく済南鉄道だけは大いに有利なものだ」と語っていた。北京政府もこの鉄道保護のために策を講じていた。山東鉄道会社がこの鉄道全線をアメリカに譲渡するという噂が流布し、加藤外相は日置公使に事実であるか否かを調査するよう指示した(98)。これが事実であるか否かは不明確であるが、中日双方とも日本の対独開戦を前に山東鉄道に注目していたことを物語っている。北京政府外交部は日本と中立除外地の交渉をした時、この鉄道は「飽迄支那ニテ之ヲ守護シ置キ之ニ依テ日本軍ノ便宜ヲ計ル(99)」ことを主張し、加藤外相も中国軍のこの鉄道からの撤退を強く要求してはいなかった。[100] しかし濰県・諸城県を結ぶ一線以東を作戦地区に提案した八月二九日に、加藤外相は両軍の衝突防止を口実に中国の守備隊の撤退を要求し、もし不撤退により両軍の衝突が発生した場合には、その責任は中国側にあると脅迫した。[101] これに対し北京政府は譲歩しながらも抵抗し、三一日に曹次長は濰県以東の鉄道守備隊は引揚げることにするが、濰県駐屯の一個旅団は撤去することが難しいと日本側に伝えた。

九月一二日、参謀本部は山東鉄道全線を占領することを外務省に通告したが、外務省は外交上の紛議を惹起することを恐れ、北京の日置公使にこの問題について北京政府と正式に交渉する旨の訓令を発しなかった。しかし竜口に上陸した第一八師団が参謀本部の命令に従って九月一五日から濰県以東の山東鉄道を占拠すると、加藤外相は二二日に日本軍が濰県から済南に至る鉄道を占領し、日本がその管理・経営を掌握することについて北京政府と交渉するよう日置公使に指示し、[102] 二三日には日本軍が二八日から濰県及びそれ以西の鉄道を占拠することを日置公使に通報した。[103] 日本のこのような軍事行動は、日本の山東乃至中国における権益拡大を警戒・牽制していたイギリス・アメリカの外交的反発を惹起する可能性があった。加藤外相は駐英・米の日本大使に任地国の外相と内談して山東鉄道の管理・経営についての了解を求めるよう指示した。しかし当時中国の新聞や外国の報道機関では上陸した日本軍が「或ハ婦女ヲ姦シ或ハ不当ノ価格ヲ以テ物品ヲ強買シ或ハ恣ニ家屋ヲ徴発スル」[104] 等のことが論議されていた。二三日、曹外交次長は中国側の非難を日置公使に伝えた。これは日本軍の行動に対する世論を伝え外交的抵抗を図ったのであった。このような情況で二四日に日置公使は加藤外相に日本の山東への「派兵其モノカ既ニ中立違反タルハ争フヘカラサル……今日万一我ニ於テ濰県以西ニ兵ヲ進ムルカ如キコトアラハ忽チ支那側ノ反感ヲ招キ激烈ナル輿論ヲ喚起」し、その結果「青島攻撃上不便ヲ来スヘキハ勿論目下進行中ノ懸案ノ如キモ概ネ頓挫ヲ来シ延イテハ将来時局解決ノ際極メテ不利益ナル立場ニ陥ルニ至ルヘキハ必然ナル」[105] として、濰県以西は暫く現状を維持し後日適当な機会に処理することが得策だと上申した。加藤外相は軍による占領よりも外交交渉によって占拠する方が適切だと考え、二六日日置公使に「廿八日ヲ以テ濰県以西ノ鉄道線路押収ニ着手スルノ義ハ暫ク其実行方ヲ見合ハセ其前先ヅ貴官ヲシテ本件同意方支那側ニ懇談ヲ遂ゲシムル」[106]ことに決定したことを通報し、中国側と会談して日本がこの鉄道を「押収」する理由を説明するよう指示した。[107]しかし二五日午後、外交的交渉に先立って日本軍が濰県停車場を占領した。[108]翌二六日、これに対し曹外交次長は中立地除外交渉において中日間で確定した規定により「速ニ濰県ヨリ其兵力ヲ撤退セラルル」[109]よう日本側に要求した。二七日、孫外交総長は日置公使に覚書を手渡し、日本軍による濰県停車場の占領は「故意ニ中立ヲ破壊スルモノニシテ実ニ詫異ニ堪ヘサル次第ナリ」と抗議し、「膠州湾ハ東ニ在リ濰県ハ西ニ在リ行軍経由ノ道ニ非ス前キニ濰県ハ戦線内ニ在ラサルヲ声明シ已ニ貴国政府ノ同意ヲ得タリ」[110]としてその中立地帯なることを言明した。覚書は「膠済鉄道ハ元ト中徳公司ニ属シ従来我完全ナル保護ニ帰セシモノナリ此種問題ノ解決ハ戦後ヲ俟ツヘキモノニテ此際兵力ヲ煩ハスノ必要ナシ……濰県ハ従来我兵駐屯ノ地ナリ倘シ日軍我軍人ニ対シ非理ノ挙動アリ衝突ヲ生スルコトアラハ中国ハ其責任ヲ負フ事能ハス」[111]と声明していた。しかし日本軍の軍事的圧力によって北京政府の外交方針は急激に変化した。翌二八日、孫外交総長は「濰県ニ駐屯スル日本軍ヲ此上西進セシメサル様配慮ヲ請フ」と日置に要請した。[112]北京政府は日本の濰県占領を承認し、それ以上西方に進入しないように要望したのであった。一〇月一日、加藤外相は日置公使に今後の交渉においては「濰県問題ニハ触レサル方却テ得策ト認ムル」[113]と指示した。北京政府は抗議はしたが日本の既成事実に譲歩する姿勢を示したため、日本軍は予定通り二八日から西進を始めた。

日本軍の西進をめぐり中日双方は抗議と反論の攻防戦を展開した。焦点は次の三つの問題であった。

第一は山東鉄道の所有権である。日本側は山東鉄道会社はドイツ政府の特許命令により成立した公的性質を有する特殊会社であって、通常の合弁会社ではなく純然たるドイツの会社、ドイツの鉄道であり、地理的には租借地外の中国領土を通過するがその敷地は法律上の性質において租借地と一体をなし、これを分離して考えることは出来ないから、膠州湾租借地と同様に日本が占領すべきであると主張した(114)。

これに対し中国側は山東鉄道は膠州条約第二条及び山東鉄道章程第一条の規定に基づく中国商人とドイツ商人との合弁会社であって商人の財産であり、また中国商人が出資しているからドイツ政府の官有財産ではなく、膠州湾租借地と同一の性格のものではないので日本がこの鉄道を占拠することは違法であると主張した(115)。

第二は国際的中立法に違反するか否かの問題である。中国側は国際的中立法の規定に基づき、仮にこの鉄道がドイツの公的資産だとしても、この鉄道が既に中立国領土内に存在する以上これを占領することは出来ない上に、これは中独合弁会社の資産であるから占拠する法的根拠がないと主張した(116)。

これに対し日本側には正面から反駁出来る理由がなく、ただ「山東鉄道ハ中立ト認ムル能ハサルヲ以テ其ノ管理ヲ我手ニ収ムルハ中立ニ違背スルモノト云フ可カラス」とし、中国側が重要な論拠として提出した、濰県以西は中日双方が画定した作戦地域外に属するという問題に対しては、山東鉄道の本質論とその管理・経営問題は別個の問題であり、混同すべきではないと反駁した(117)。

第三は山東鉄道がドイツ軍に利用される危険性があるか否かの問題である。中国側はこの鉄道は既に膠州湾との連絡が断たれていてドイツ軍に利用される危険性はなく、また中国側において極力その利用を防いでいるので、軍事的に日本がこれを占領する必要はないと主張した(118)。

日本側はただ「攻囲軍ノ立場ヨリ見レハ其背後ニ密接シ且シ現ニ敵国人ニ依リ経営セラル、鉄道ヲ放任シ置クカ如キハ頗ル危険ニシテ作戦上忍フヘカラサルコトナリ」と主張し、中国側が鉄道によるドイツ軍支援行為を阻止し得なかった幾多の実例を挙げた(119)。

上述の中日双方の主張を比較してみると、中国側の抗議は作戦地域画定の上でも、戦況の実情からも法的に筋の通ったものであったが、日本側の反論はこの鉄道を占拠するため詭弁を弄したのであり、法的に筋の通ったものではなかった。

日本は山東半島に上陸した日本軍の軍事力により山東鉄道全線を占領しようとした。日本軍は一〇月三日以降濰県から西進を開始した。このような緊急の情況下で北京政府は武力で抵抗するのではなく、外交的譲歩により日本軍の武力占領を阻止しようとした。一〇月三日、曹外交次長は日本側に㈠「濰県ニ占拠セル日本軍隊ハ三日乃至五日間其前進ヲ見合ハスコト」(120)、㈡「其間ニ於テ昨日ノ案ニ基キ平和的手段ヲ以テ日本最終ノ希望ヲ達シ得ヘキ方法ヲ秘密ニ協定スルコト」という案を提出した。「昨日ノ案」とは、中国政府が「将来戦争終結ノ後ニ於テ膠済鉄道ニ対シ日本国ト独ト如何ナル協定ヲ取結ブトモ支那政府ハ異議ヲ有セサル(121)」旨の声明を発表したことにより、日本軍の鉄道占領を阻止しようとしたことを指す。翌四日、加藤外相は「支那側ノ提案ニ同意シ難シ」と述べ、昨三日に日本軍一個中隊約一〇〇名が予定通り前進を開始して西方約七里の朱里店に達したことを通告した。(122)これに対し北京外交部は六、七、九日に日本に抗議し、日本軍の即刻撤退を要求したが、(123)日本はこれに耳を貸さなかった。北京政府の曹外交次長は日本軍の占領とその影響を最小限に押えるため、㈠済南における停車場の管理は東車站と称する山東鉄道停車場に限り、西站と称する津浦鉄道停車場には断じて干渉しないこと、㈡鉄道押収兵員は出来得る限り兵器を携えないこと、㈢各停車場に配置する兵員数は大停車場では約三〇名、小停車場では一五名乃至二〇名にとどめること、㈣押収兵員は一ヵ月程度の期間内に純然たる鉄道員と交替させ、然らざれば兵員に平服を着用させること、㈤鉄道に関係あるドイツ人と雖も日本軍の行動に差支えない限り干渉しないこと等を要求した。(124)これは日本の軍事力による占領に対する重大な譲歩であり、事実上日本の鉄道占拠を認めたものであった。北京政府は日本軍の占領と中国側の抵抗運動によって軍事的衝突が発生し、事態が拡大することを恐れていたからである。この頃日置公使が、袁「大総統ヨリ日本軍ニ抵抗スルモノハ国賊ト看做スヘシト云フカ如キ最厳格ナル訓令サヘ発シタル(125)」と語ったことはこれを物語っている。日置公使は袁世凱と北京政府のこのような内実を洞察し、「支那政府ニテハ今ヤ体面上依然我措置ニ対シ反対ヲ声言シ居ルモノノ内実既ニ其已ムヲ得サル事態ナルヲ諦メ只管時局ノ紛糾ヲ防止スルコトニ腐心シ居ル状況ナリ」(126)と数回加藤外相に報告した。このような情況で日本は青島を占領する前に予定通り一〇月六日に済南の東停車場を占領し、山東鉄道全線を占拠した。

北京政府外交部は一〇月一三日に再度抗議を提出し、山東鉄道の管理を中国政府に委任するよう要求した。日本はこれに耳を貸さないばかりか、各停車場より速やかに鉄路巡警を撤退させ、鉄道守備兵を線路より二〇〇メートル以遠に撤退させるよう中国側に要求した。(127)北京政府外交部は一〇月三〇日に鉄道巡警撤退不承諾の通告を日置公使に提出し、少数の巡警を停車場にそのまま残していた。

日本が山東鉄道全線を占拠したのは、国際的にはイギリスの支持とも関係があった。イギリスは日本が山東鉄道を占拠するのは山東省と中国における日本の権益拡大のためであることを知り、それを牽制しようとはしたが、欧州における戦争のため顧みる暇がなかった。しかし北京政府はイギリスの力を借りて国際的に日本を牽制しようとして、外交部参事官の顧維鈞がジョルダン公使に日本軍の濰県停車場占領を通報した。これに対しジョルダン公使は「誠ニ悲ムヘキ問題発生シタルモノト思料ス」(128)と遺憾の意を表したが、対応策を講じようとはしなかった。日本政府もイギリスの支持を得ようとして、九月二九日に加藤外相は駐英の井上大使に、山東鉄道と青島租借地とは分離すべからざる関係にあることを理由に日本軍が濰県以西の鉄道を占拠したことをイギリス側に通報し、その支持を得るよう指示した。(129)翌三〇日に井上大使がグレー外相にこの旨を伝えると、グレーは山東鉄道は「独逸国政府ノ公的財産ニ属シ且独逸側ニ於テ既ニ之ヲ軍事上ニ使用シ居リタリトセハ日本国政府カ此際之ヲ占領セントスルハ強チ無理ナラサル様思考セラル」(130)として支持した。しかしイギリスはこの鉄道の戦後の処理について「支那ニ於ケル他ノ鉄道同様其見積価格ヲ日本ヨリ支那側ニ対スル借款トシ鉄道ハ支那ノモノトシテ経営スル」(131)ことを提案した。北京政府はイギリスの姿勢に不満を抱きながらも抗議するまでには至らず、一〇月一〇日に孫外交総長の名で公文書を送り、日本の山東鉄道占拠に対する抗議と中国側の立場を表明し、「日英両国連合シテ軍事行動ヲナシ居ルニ顧ミ前記ノ次第ヲ貴公使（イギリス公使——筆者）ニ通牒シ本国政府ニ転達ノ上回答アランコトヲ望ム」[132]と要望した。これは日本の占拠を支持したイギリスへの間接的抗議であった。しかしイギリスは一四日に「今回日本国ニ於テ之ヲ押収シタルハ已ムヲ得サル事態ナリ」[133]と認める旨を回答して依然として日本を支持した。山東においてイギリスと日本は互いに争奪しながらまた列強として共同で侵略するという二重関係にあったが、当時は膠州湾に対する共同作戦のため後者の関係が主になっていた。

アメリカも日本の山東鉄道占拠に警戒を示したが、直接干渉しようとはしなかった。一〇月一日に駐米の珍田大使は国務長官ブライアンに山東鉄道占拠の意図を通告したが、ブライアンはこれは「永久的ノモノナリヤ将又膠州湾ト共ニ支那ニ引渡サルヘキ筈ナリヤ」[134]と質問しただけであり、牽制しようとしなかった。アメリカの世論もニューヨークの『サン』紙が指摘したように「華盛頓ノ多数ノ人々ハ日本カ亜細亜大陸ニ益々注意ヲ払ヒテ太平洋諸島及米大陸ニ注意ヲ少ナクスルコトハ憂フヘキ事態ニ非ラスト見做シ居レリ」[135]というものであり、その占拠にはアメリカの利益から見れば有利な一面があるとして黙認或いは容認する姿勢を示した。

山東鉄道を占拠した日本軍は一一月七日に青島を攻略して膠州湾を占領した。これには九月二三日に青島付近の嶗山から上陸したイギリス軍一五〇〇人が参加しており、名目的には日英両軍の共同軍事行動であった。イギリスの参加は軍事的意義よりも戦後の山東問題処理における外交的発言権を強化することにあった。

膠州湾占領で日本軍の作戦行動は終結した。一一月三〇日、北京政府は小幡書記官に日本軍の中立除外地からの撤退を要求し[136]、一九一五年一月七日には日英両国に覚書を発し、北京政府の中立除外地に関する声明は戦闘の終結により無効となることを通告して、日本軍が山東鉄道等から膠州湾租借地に撤退するよう要求した。[137]これは正当な要求であったが日本はこれに応ぜず、逆に山東各地に自国の行政機関である民政署を設置して軍用電線を架設し、青島税関の中国人を追放し[138]て長期的に占拠する姿勢を示した。

上述のように、それまで日本の中国における権益拡大を牽制していたイギリス等欧米列強は、欧州における戦争のため逆に日本の権益拡大を支持し、北京政府は日本と欧米列強の中国における争奪・対立を利用して欧米列強の力を借りて日本に抵抗したが、大戦という情況下でこれが不可能になり、日本の軍事的占拠に政治的・外交的・国際法的に抵抗したものの、行動上は譲歩して日本による軍事的占拠の事実を承諾せざるを得なかった。しかし大戦が終結した後、欧米列強は再び中国に関心を寄せ、ワシントン会議において山東鉄道と膠州湾の中国への還付を提議し、日本は世界大戦を機に占拠したこれらの権益を中国に還付せざるを得なかった。日本の膠州湾と山東鉄道占拠は一時的占拠であり、大戦という特殊な情勢の下で生じた特異な現象であった。しかし軍国主義国家日本の得意は戦争外交であり、その参戦・開戦外交は正に「参戦に優る外交上の良策無し[139]」という意気込みで推進されたといえよう。

(1) 外務省編『日本外交文書』大正三年第三冊、九四ページ。
(2) 同右。
(3) 同右書、一〇七ページ。
(4) 同右書、一二八ページ。
(5) 同右書、九五―九七ページ。市島謙吉『大隈侯八十五年史』第三巻、大隈侯八十五年史編纂会、大正一五年、一六九ページ。
(6) 同右書、九五―六ページ。
(7) 同右書、九九ページ。
(8) 同右。
(9) 同右書、一〇二―〇五ページ。

(10) 同右書。一〇二ページ。
(11) 同右書、一一〇ページ。
(12) 同右。
(13) 同右書、一一一ページ。
(14) 同右書、一一二ページ。
(15) 同右書、一一三ページ。
(16) 同右書、一一四—一六ページ。
(17) 同右書、一一六—一七ページ。
(18) 同右書、一二〇—二一ページ。
(19) 同右書、一二二—二三ページ。
(20) 伊藤正徳『加藤高明』下巻、加藤伯伝記編纂委員会、昭和四年、八八—九二ページ参照。
(21) 外務省編『日本外交文書』大正三年第三冊、一三一ページ。
(22) 同右書、一三六ページ。
(23) 王芸生『六十年来中国与日本』第六巻、生活・読書・新知三聯書店、一九八〇年、三四—三九ページ参照。
(24) 外務省編『日本外交文書』大正三年第三冊、一〇一、一一二ページ。
(25) 『申報』一九一四年九月四日。
(26) 外務省編『日本外交文書』大正三年第三冊、一一二ページ。
(27) 同右書、一一九ページ。
(28) 同右書、一二〇ページ。
(29) 同右書、一一七ページ。
(30) 同右書、一一八ページ。
(31) 同右書、一二九、一三一—三二ページ。
(32) 同右書、一四二ページ。

(33) 同右書、一四四、一七四ページ。
(34) 同右書、二〇一―〇二ページ。
(35) 顔恵慶『顔恵慶自伝』伝記文学出版社、一九八二年、八八ページ。
(36) 外務省編『日本外交文書』大正三年第三冊、一三八ページ。
(37) 同右書、一二五ページ。王芸生、前掲書第六巻、四一ページ。
(38) 同右書、一二六ページ。
(39) 同右書、一三八ページ。
(40) 同右書、一三九ページ。
(41) 同右書、一四二ページ。
(42) 同右書、一三七―三八ページ。
(43) 同右書、一三八ページ。
(44) 同右書、一五七ページ。
(45) 同右書、一七八ページ。
(46) 同右書、六一七―一八ページ。
(47) 同右書、一四五ページ。伊藤正徳、前掲書下巻、一〇〇ページ。市島謙吉、前掲書第三巻、一七一ページ。
(48) 同右。
(49) 同右書、一七八ページ。
(50) 同右書、一九五ページ。中央研究院近代史研究所編『中日関係史料・欧戦与山東問題』上、一九七四年、五七ページ。
(51) 同右書、五四三ページ。
(52) 同右書、一六八ページ。
(53) 同右書、一七七ページ。
(54) 同右書、二一一ページ。
(55) 同右書、三五七―五九ページ。

(56) 同右書、一九二—九三ページ。
(57) 同右。
(58) 同右書、一九〇、一九三ページ。
(59) 同右書、一九〇ページ。
(60) 同右書、一九三ページ。
(61) 同右書、一九八ページ。
(62) 同右書、二一一ページ。
(63) 同右書、二一七ページ。
(64) 同右書、二二五、三五七ページ。
(65) 同右書、三五八—五九ページ。
(66) 同右書、一八七—八八ページ。
(67) 同右書、三六六—六七ページ。
(68) 王藿生、前掲書第六巻、三四—三九ページ。
(69) 外務省編『日本外交文書』大正三年第三冊、三五九—六〇ページ。
(70) 同右書、三六五ページ。
(71) 同右書、三七〇ページ。
(72) 同右書、三七一ページ。
(73) 同右書、三七二—七三ページ。
(74) 同右。
(75) 同右書、三七一ページ。
(76) 同右書、三七八ページ。
(77) 同右書、三七九ページ。
(78) 同右書、三七九—八〇ページ。

(79)　同右書、三八〇ページ。
(80)　大正三年九月二日在北京日置公使より加藤外相宛電報、極密第六四八号。外交史料館所蔵。
(81)　同右。
(82)　同右。
(83)　『申報』一九一四年九月二二日。
(84)　外務省編『日本外交文書』大正三年第三冊、三八六ページ。王藿生、前掲書第六巻、四九ページ参照。
(85)　同右書、三五四ページ。『申報』一九一四年九月二四日。
(86)　同右書、三六四ページ。王藿生、前掲書第六巻、四五ページ。
(87)　同右書、三六七ページ。王藿生、前掲書第六巻、四六—四七ページ参照。
(88)　同右書、三六九ページ。
(89)　同右書、三七四ページ。
(90)　同右書、三七五ページ。
(91)　同右書、三八五ページ。
(92)　同右書、三八八ページ。王藿生、前掲書第六巻、四九ページ。
(93)　同右書、三八八ページ。
(94)　同右書、三九二ページ。
(95)　同右書、三九〇ページ。王藿生、前掲書第六巻、四九—五〇ページ。
(96)　『申報』一九一四年九月一四日。
(97)　外務省編『日本外交文書』大正三年第三冊、三九六—九七ページ。
(98)　同右書、三五三ページ。
(99)　同右書、三六七ページ。
(100)　同右書、三六五ページ。
(101)　同右書、三六九ページ。

(102) 同右書、三九九ページ。
(103) 同右書、四〇一ページ。
(104) 同右書、四〇五ページ。王蘆生、前掲書第六巻、五〇―五一ページ参照。
(105) 同右書、四〇四ページ。
(106) 同右書、四〇八ページ。
(107) 同右書、四〇八―一〇ページ。
(108) 王蘆生、前掲書第六巻、五一ページ。『申報』一九一四年九月二九日。
(109) 外務省編『日本外交文書』大正三年第三冊、四一一ページ。王蘆生、前掲書第六巻、五一―五二ページ。
(110) 同右書、四一九ページ。王蘆生、前掲書第六巻、五三ページ。
(111) 同右書、四一九―二〇ページ。王蘆生、前掲書第六巻、五三ページ。
(112) 同右書、四一五ページ。
(113) 同右書、四三五ページ。
(114) 同右書、四三四、四四九ページ。
(115) 同右書、四二三―二六ページ。
(116) 同右。
(117) 同右書、四三六―三七ページ。
(118) 同右書、四二三ページ。
(119) 同右書、四四九ページ。
(120) 同右書、四四二―四三ページ。
(121) 同右。王蘆生、前掲書第六巻、五六―五七ページ。
(122) 外務省編『日本外交文書』大正三年第三冊、四四四ページ。
(123) 王蘆生、前掲書第六巻、五八―五九ページ。『申報』一九一四年一〇月一三日。
(124) 外務省編『日本外交文書』大正三年第三冊、四四五―四六ページ。

(125) 同右書、四五一ページ。
(126) 同右。
(127) 同右書、四八五、四八七ページ。
(128) 同右書、四一七ページ。
(129) 同右書、四二二ページ。
(130) 同右書、四三三ページ。
(131) 同右書、四四二、四五〇ページ。
(132) 同右書、四六二、四六六ページ。
(133) 同右書、四七九ページ。
(134) 同右書、四三八ページ。
(135) 同右書、四八四ページ。
(136) 『申報』一九一四年三月一日。
(137) 王蕓生、前掲書第六巻、六五―六六ページ。
(138) 同右書、六二―六三ページ。
(139) 伊藤正徳、前掲書下巻、八〇ページ。

二　中華革命党の反袁活動と日・袁の対応

第一次大戦勃発後、中国をめぐる国際情勢は大きく変化した。対立していた袁世凱・北京政府と孫文・革命党は変化したこの国際情勢を踏まえて行動した。孫と革命党は日本の膠州湾侵攻と山東鉄道占拠に伴い激化した日・袁の対立を利用して、日本の支援の下で反袁の第三革命を起こそうとした。袁は逆に日本の侵略を譲歩・黙認する政策によって日本との対立を緩和し、またこれを条件に日本が日本滞在中の孫と革命党の反袁活動を鎮圧するように要請した。この両者の対立をめぐり日本は二者択一を迫られた。本節では、この三者間の外交関係がこの時期どう展開したかを考究すると共に、その原因を究明する。

第二革命敗北後に来日した孫文ら革命党員は、日本を根拠地として中国南北における反袁闘争の準備を進めた。一九一四年七月上旬、孫文と密接な関係があった王統一は「第三次革命ニ関シ吾々同志ハ臥薪嘗胆焦慮シツヽアリシガ近時漸々機運熟シ袁総統ノ旗下ニアル湖北、湖南、広東、江西省等ノ各軍隊トハ連絡相成リ之等軍隊ハ何時タリトモ軍資金未タ整ハサルヲ以テ隠忍シ居ル次第ナルガ当初ノ計画ハ支那全土ニ渉リ一時ニ革命ノ旗ヲ揚クル筈タリシモ軍資金意ノ如クナラザルヲ以テ先ヅ南方支那ニ旗ヲ挙ゲ漸次全土ニ発展スルコトニナッ(1)」たと語った。これは誇張した表現であったとはいえ、孫文らが第三革命の準備を大いに進めていたことを物語っている。

あたかもこの時第一次世界大戦が勃発し、中国をめぐる国際情勢は大きく変化し始めた。大戦の主戦場はヨーロッパであり、イギリスを中心とした欧州の列強はこの戦争に巻込まれ袁政権を援助する余裕がなかった。袁は対外的にはイギリス等欧州の列強の支持によりその政権と国内支配を維持してきたが、大戦の勃発によりその支持・支援を失ってしまった。その上、八月二三日に日本がドイツに宣戦を布告してドイツ租借地の膠州湾を占領しようとした。これは袁政権にとって一大外圧とならざるを得なかった。袁と北京政府は外交上非常に不利な状態に陥った。これとは逆に孫文らの反袁闘争にとっては好機であった。孫文は「目下欧州ニ於ケル戦乱ハ支那革命ニ採リテハ所謂空前絶後ノ好時機ナレバ過般来支那内地ハ勿論南洋及ヒ米国方面等ノ情勢ヲ調査シタルニ何レモ革命ノ気勢昂リ居リテ此際旗ヲ挙クルハ有利ナリト信ジ愈々事ヲ挙クルニ決シ目下其準備中ナル(2)」旨を犬養毅に語った。孫文の片腕陳其美も好機到来と考え、その準備に協力した。戴季陶も「欧州ノ戦乱ハ支那第三次革命ニ取リテハ絶好ノ機会ナリト信ス」と語ったが、慎重な姿勢を示し、「然ル〔三〕革命ハ容易ノ業ニアラザレハ軽挙妄動ハ容サズ四囲ノ状況其他等ヨリ周密ナル考慮ヲ費リ、サルヘカラス(3)」と述べた。

孫文ら革命党に協力していた頭山満らも情勢に対し孫文と同様の分析をしていた。頭山は「刻下ノ時局ニ際シ支那第三次革命ノ旗ヲ翻ス事ハ最早既定ノ事実ニシテ動スベカラサル者ノ如シ彼等革命党員等ノ活動モ目醒シキモノアリ既ニ第一歩ノ準備ハ成シ竣リタル者ノ如シ第二歩即チ実行ノ期ハ何時ナルヤ知ルヲ得サルモ余ノ見ル所ニテハ目下支那ノ天地ニハ既ニ革命ノ曙光現ハレ居ルガ如クナレバ其時機蓋シ遠キ将来ニアラザルモノト見テ間違ヒナカラン(4)」と語った。しかし彼ら大陸浪人の意見も一致して楽観的であったわけではなかった。寺尾亨は「孫文一派ノ革命党員等ハ今回ノ欧洲戦乱ヲ以テ第三次革命ノ挙ニ出ツルハ実ニ千歳ノ一遇ナリトシ大ニ謀議計画ヲ為シツ、アルモノ、如ク予亦革命其モノニ対シテハ好時機ナリト信スルモ目下ノ時局ニ於テ支那内地ニ動乱ヲ起サシムルハ我帝国ト英国外交関係ニ於テ帝国ノ為メ甚ダ得策ナラズ随ツテ彼等ノ革命其モノモ亦成功不可能タルヲ免カレザルノ事情アルヲ以テ彼等愈々此挙ヲ敢行スルコト、ナラバ予ハ断然之ヲ抑止スル積リナリ(5)」と主張した。その後の事実から見て寺尾のこの主張は客観的情勢に適合していたといえよう。浩然盧で教官を担当していた青柳勝敏も同様に「近来支那第三次革命ノ機大ニ熟シ今回ノ欧州動乱ヲ機会ニ今ニモ勃発スル様説ク者アルモ事実ハ全ク之ニ反シ現今革命党ノ内状ハ全ク資力ヲ得ルノ望ミナク首領株モ多クハ各地ニ散在シ……今日ノ処帝国政府モ革命ヲ幇助スルガ如キコトハ万ナカルベク……堂々ト革命ノ旗ヲ翻スニハ今ヤ一モ望ミナキ状態(6)」であると述べ、「自分ハ徐ニ時機ノ至ルヲ待チ支那学生ノ教養ニ努メン」と語った。このように革命党周辺の日本人の情勢に対する分析にも相違があった。

当時、孫文と革命党は反袁闘争を展開する一条件として日本の支持・支援に大きな期待を寄せていた。孫文はこの支援を獲得するため犬養・頭山・板垣らを訪問して中国をめぐる国際情勢と国内情況を説明し、彼らを通じて日本政府・軍部を説得しようとした。八月一二日に孫文は陳其美・戴季陶と共に菊池良一・犬塚信太郎と大戦勃発後の対応策を検討し、一三日に菊池を犬養毅の下に派遣してその意見を尋ねさせた。犬養は「慎重ノ態度ヲ執ランコト」(7)を望んだ。二二日に孫文は犬養に書簡を寄せて面会を要望し、犬養は二四日午後に孫文を訪れた。(8)孫文は犬養に大戦は中国革命の空前絶後の好機であることを説明し、「此際是非共革命ニ対シ日本政府ノ後援ヲ得タク此点ニ就キ貴下ノ配慮ニ預リタ」(9)いと述べた。この会談において孫文は中日の連携を主張したが、その理由として第一に黄白色人種闘争論を説き、「世界ノ大勢ヨリ説キ起コシテ東亜問題ニ及ビ結論シテ東亜ノ解決ハ詮スル処人種問題ニ帰スルニ外ナラサルヲ以テ黄色人種ハ団結シ白人種ニ当ラサル可カラズ」(10)と述べた。これは袁世凱が日本の好意を得ようとして主張した黄白人種論と同様であった。(11)第二の理由として欧州大戦の戦況から「英仏ハ到底独逸ノ敵ニアラス只タ露ハ独ニ取リテハ強敵ナルモ結局ハ独逸ノ勝利ニ帰スルナラン戦局終熄シ日独両国モ平和光復ノ上ハ日本モ対独対支ノ外交上複雑ナル事情ヲ惹起スルコトナランガ此ノ時ニ際シ日本ハ支那内地ニ於テ動乱ノ発生スルコトアラバ外交上至極好都合ナラントト察セラルル」(12)と説いた。これは大戦初期における孫文の国際情勢に対する見通しであったが、その後の事実から見て正確な判断ではなかった。大戦初期に孫文はドイツが勝利すると信じ、日本がドイツと連携してイギリスと対抗することを主張していた。これは袁とその政権を背後で支持するイギリスに対抗するための主観的希望からの主張だったようである。これに対し犬養は何ら意見を示さず、ただ「四囲ノ状況相許セバ此際革命旗ヲ□スハ好機ナラント思ハルル」と説き、「資金調達ノ件等ニ就テハ篤ト頭山トモ相談ノ上御答ヲ致サン」(13)と答えただけであった。二六日午後、犬養は再び孫文を訪れて一時間面談しているが、その内容は不明である。犬養は主観的には孫文らに同情していたが実際にはどうしようもなかったのである。

八月二一日午後、孫文は戴季陶と共に頭山満を二回訪問して一時間半会談している。(14)その内容は不明であるが、その後頭山は「目下支那ノ天地ニハ既ニ革命ノ曙光現ハレ居ルガ如」しだと述べ、「我政府ハ今ニ於テ南方ニ今少シク力ヲ傾ケ置カンコトヲ我国家ノ為メニ希望スル次第」[15]だと同情・支持の意を表明した。

孫文は九月二〇日に戴季陶・萱野長知と共に板垣退助を訪問し、「支那革命ニ関シ現内閣ノ援助ヲ受ケントシ其斡旋方ヲ乞フ」[16]と要請した。これに対し板垣は大隈首相と相談したが確実な回答を得ることが出来ず、孫文ら革命党と関係ある日本側の主立った者と意見をまとめた上で一考すると回答した。[17]一〇月一日、戴は孫にこの旨を報告し、同日中に頭山・寺尾らを訪れて板垣の意向を伝えた。[18]同日夜、板垣は赤坂三河屋で頭山・寺屋・的野半介ら七人と会合し、この件について相談したが、その内容は不明である。[19]

この時期日本滞在中の革命党員は分散していた。東京では孫文・陳其美らが中心であったが、京都では譚人鳳が、長崎では柏文蔚が中心になっていて行動の統一性が欠けていたため、日本との支援交渉も各自によりおこなわれていた。八月九日に柏文蔚が、八月一六日に譚人鳳が上京して東京で会合し、孫文とは別に日本財界・軍部と支援について問題を交渉した。柏・譚は九月二三日の午後に日本産業株式会社社長辻嘉六を訪問し、「支那革命ハ是非日本政府ノ援助ヲ受クルニアラサレバ絶対ニ目的ヲ達スル事ヲ得サルヲ以テ貴下ノ尽力ニ預リ日本政府ノ援助ヲ受ケ差向キ軍資金五十万元ト別記(……)銃器ノ貸与ヲ受ケタシ」[20]と申入れた。これに対し辻社長は「貴下等ノ目的ヲ達スルコトニ尽力セン」と答え、陸軍省と参謀本部内の意向を探ったところ、明石参謀次長は「革命党ニ対シ最モ熾烈ナル同情ヲ持チ居ル者ノ如クシテ銃器ノ如キモ陸軍部内ニテ都合出来得ル模様ノ如ク」[21]と述べたものの、政府・外務省が反対だったので、実現されなかったと語った。これに対し一〇月一二日に長崎に帰着した柏文蔚も「参謀本部ハ声援ノ意思充分ナレトモ大隈伯加藤男ノ意見ハ全然反対ニシテ遂ニ政府ノ賛同ヲ得ルニ至ラス」[22]と語った。ここから推測すれば、当時軍部と政府・外務省との間には革命党支援問題をめぐって、部分的ながらも政策上の相違があったようである。

大戦勃発後、日本は二者択一を迫られていた。㈠孫文ら革命党の支援の要望に応じて袁世凱に外交的・軍事的圧力を加え、袁を排除する政策と、㈡袁の要望に応じて孫文ら革命党を弾圧し、イギリスに代って袁を擁立してその政権を日本の手中に収める政策があった。政府・外務省と軍部は基本的に後者を選択したが、一部の民間人や大陸浪人らは前者を選んだ。これは外交政策としては対立・矛盾するようであるが、その最終目的は共に中国における日本の勢力と権益を拡大することにあった。

一〇月二九日、大陸浪人の大本営であった黒竜会は外務省の政務局長小池張造に「対支問題解決意見」を提出し、孫文ら革命党の支持を訴え、意見書で「革命党及不平党ヲ蜂起セシメント欲セバ今日ハ容易ニ得ベカラザル最好機会ナリ。唯ダ現在革命党及不平党ノ起ツベクシテ未ダ起タザル所以ノモノハ一ニ資力ノ足ラザルガ為メニ外ナラザルガ故ニ我帝国ニシテ窃ニ之ニ貸スニ其資力ヲ以テセバ仮令些少ノ助力ト雖モ彼等ヲシテ一斉之ヲ蜂起セシメ[23]」得ると進言した。一一月七日、国民外交同盟会幹事小川平吉も小池政務局長に中華革命党等の「彼等ノ党与ハ水ノ地中ニ在ルガ如ク四百余州ニ浸潤シテ潜伏シ其幹部ハ則チ我邦ニ在リ彼等ハ実ニ支那ノ改造者ニシテ最モ進歩セル政治上ノ意見ヲ有シ且ツ我邦ト特殊ナル関係ヲ有スルモノナリ我今彼等ニ仮スニ一挙手一投足ノ力ヲ以テセハ彼等ハ蜂起[24]」するであろうと述べた。孫文は小川のこのような態度を観察し、一一月一六日に萱野を小川の下に派遣して対中外交と革命党の近況を説明した。小川は加藤外相にも革命党の支持・利用を進言した。二九日、孫文は和田瑞を派遣して小川に革命党の準備情況を伝えた[25]。

在野の勢力や大陸浪人らが上述のように孫文と革命党の支援を主張したのは、小川が語ったように「彼等ハ蜂起シテ直チニ袁ヲ排斥シテ支那ノ政権ヲ執リ局面一変支那ハ我ト共ニ提携抱負シテ唇歯輔車ノ実ヲ挙ゲ[26]」、満蒙・山東・福建における日本の権益を拡大し得るからであった。彼らは袁は狡猾な人間で権謀術策をもって外交の要訣とし、遠交近攻策によって日本の対中国政策を妨害していると考え、その排除・打倒の目的を達するために孫文と革命党の支持・支援を主張したのである。

しかし日本政府と軍部は孫文と革命党を支援しようとはせず、逆に彼らを弾圧或いは追放しようと考えていた。その理由は日本はイギリスに代って袁世凱を擁護し、袁の北京政権を強化して袁と日支協約或いは日支経済同盟・日支兵器同盟等を結び、中国における日本の覇権を確立しようとしていたからである。このため九月二一日に駐北京の陸軍少将町田経宇は松井外務次官に「日本内地ニ潜伏セル支那革命党員等ヲ充分取締」[27]ることを進言した。大島陸軍次官は孫文ら革命党員をして「小異ヲ捨テテ現政府ヲ幇助セシコトヲ誓約セシメ……孫黄若シ我提唱ニ従ハサランカ是支那国民ノ安寧ヲ害シ其独立ヲ危クスルモノナレハ断然之ヲ帝国領土外に追放シ益々故国ヲ遠サカラシメ以テ民国政府ノ危懼ヲ除キ袁ヲシテ中心帝国ノ指導ニ信頼セシムルヲ要ス」[28]と主張した。

日本政府・軍部のこのような主張は袁世凱の革命党取締要求と合致していた。大戦勃発前の三月二日、北京政府外交部は日本に陳其美の引渡を要求し[29]、七月一日には駐日の陸公使が松井外務次官に革命党取締に関する覚書を提出した[30]。七月一七日に北京政府外交総長孫宝琦は日本滞在中の黄興・陳其美ら革命党員とそれに協力している日本人の取締を要求する覚書を日本側に提出した[31]。大戦の勃発後、袁と北京政府は日本滞在中の革命党員がこの機会を利用して反袁の第三革命を引起こすことを事前に弾圧するため、日本の外務省にその対策を一層強く要望した。九月九日、陸公使は松井次官に㈠革命党の「日本ニ寄寓スル者ニ対シ正式ニ放逐スルコトヲ発表シ永遠ニ日本国境内及其属地ニ居留スルコトヲ許サス其正式ニ日本ヲ退去スル者ニハ再ヒ上陸ヲ許サス未タ日本ニ在ラサル者ニハ一切日本ニ来ルコトヲ拒絶スルコト」、㈡「中国政府ヨリ引渡ヲ請求スルトキハ日本ハ直ニ之ヲ引渡スコト」、㈢日本人が革命党員と「秘密共謀ノ挙動アルトキハ日本政府ハ（日本人ヲ）厳密ニ取締リ且ツ法律ニ依リ懲罰スヘ」[32]きこと等を要求した。一〇月二八日、孫宝琦外交総長は何海鳴・劉玉山らが大連を根拠地にして本渓湖一帯で暴動を組織し、それに日本人六名が参加していると日本側に通告し、その中国人指導者の引渡と日本人参加者に対する告発を要求した[33]。一一月六日、曹汝霖外交次長は浙江一帯の暴動に日本人が参加していることを指摘し、日本側にこれらを厳重に懲罰するよう要求した(34)。

北京政府のこれらの強硬な要求に対して日本外務省はどう対応したのであろうか。日本外務省は袁と北京政府の要求に応じてというよりも、寧ろ当時の日本の対袁・対中国政策、特に膠州湾占領のために革命党の活動に対する監視を一層強化し、本渓湖における陳中孚らの蜂起を鎮圧した。日本の官憲は「日本ノ租借地付近ニ於テ事ヲ起スハ日本ニ如何ナル損害ヲ及スヤ計ラレズ之ガ為メ支那ト物議ヲ起ス如キ事アリテハ御互ニ不利益ナリ(35)」として、この組織に解散を命じた。これは大戦勃発後革命党の行動を一層厳しく取締ったことを示している。これに対し孫文は「我々ノ運動ニ対シ日本政府ハ兎角悪感情ヲ持チ居ル模様ナリ(36)」と非難し、陳其美も「欧州戦乱前日本政府ハ我等亡命者ニ対シ好意ヲ以テ保護シ呉レタルモ戦乱後非常ニ圧迫主義ヲ執リ其実例枚挙ニ遑アラス元来政治犯タル亡命者ニ対シ或ル範囲内ニ於テ保護ヲ与フルハ国際公法ノ認ムル所ナリ然ルニ日本現政府ハ之レヲ無視シテ我等同志ヲ圧迫シ袁老人ニ援助ヲ与ヘント欲スルハ甚ダ其当ヲ得ズ(37)」と非常に憤慨し、日本の政策を非難した。

日本政府はなぜ孫文と革命党に対してこのような政策をとったのだろうか。それには二つの原因があった。第一は大戦へ参加するためイギリスと取引をしたためである。イギリスは戦争のために袁世凱を支援する余裕がない間隙を利用して日本が自国を拠点とする革命党を「支援」し、袁を打倒することを恐れていた。もし袁が打倒されればイギリス等欧米列強は中国における忠実な手先を失い、中国における争奪において大変不利な立場に陥るのである。イギリスは日本の参戦条件の一つとして、当時革命党員らが暴露し、また犬養毅が議会において質したように、「日本政府ガ英国ニ対シ此際支那内地ニ革命騒乱ノ起ルガ如キ事アリタル場合ハ責任ヲ以テ之レヲ鎮圧ス云々ノ協約ヲナシ(38)」たのである。日本は参戦して中国における権益を拡大するため、革命党からの支援要求を犠牲にした。しかし孫文らの革命を支援しようとした頭山満・犬養毅らは日本政府の対英妥協策に反対して非難した。犬養は議会においてこの問題を追及し、頭山は「徒ラニ英国政府ノ干渉ヲ受ケ姑息ノ策ヲ施シ革命党ノ感情ヲ拭フハ策ノ得タル者アラサル可シ」[39]と非難した。

第二に袁世凱も日本がこれを機に革命党を「支援」して自分を排除することを恐れて対日外交を強化したためである。第二革命失敗後、孫・黄ら革命党員が多数渡日し、日本を根拠地として反袁の第三革命を準備し始めた時、袁は対策としての対日外交の重要性を認識し、対日外交の経験者である曹汝霖を外交次長に任命した。一九一四年九月一日、日置公使が袁に「双方ノ意思ヲ充分ニ疏通スル為貴総統ノ最モ信頼セラル、適当ノ人ヲ指名セラル、様希望スル」旨を述べたのに対し、袁は列席していた曹を指して「此人ハ予ノ最モ信頼スル者ナル」[40]と推薦し、日本との外交を密接にする意向を表明した。大戦勃発後、曹汝霖は『報知新聞』北京特派員桑田豊蔵との談話で「日本ニ在ル亡命客ノ始末ニ対シ支那政府頗ル不安ノ状態ニ在ル」と語り、「此際貴国政府ニ於テ断乎タル処置ヲ取ラル、コト出来難キモノニヤ是ニ対スル交換条件トシテ支那政府ハ貴国カ十数年来ノ希望ニ係ハル政治的意味ヲ含メル経済上ノ大問題ヲ解決スルニ於テ吝カナラサルベク」[41]と明言した。曹はまた浩然廬爆発事件[42]に関する日本政府の措置に衷心から感謝の意を表したが、さらに「此際何トカシテ彼等ノ策源地ヲ根絶スルノ必要アリ往年慶親王ヨリ時ノ伊藤内閣ニ懇請シテ亡命客ヲ放逐セシ先例（一九〇七年三月孫文を追放したこと――筆者）ノアルコトナレハ何ニカ方法ノアルヤニ考ヘラル」[43]と要請し、孫文の日本からの再追放を要求した。これに対し桑田は中国政府が彼ら革命党員に旅費を出して海外に旅立たせるのも一策だと提言したが、曹は検討するとだけ答えた。桑田はこの談話の記録を外務大臣に送付した。外務省の政策にどう反映したかは不明だが、小池政務局長はこの記録に目を通し、サインをしている。しかし日本はこうした極端な政策はとらなかった。

前述のように、袁世凱は山東半島の東部を中立除外地とし、日本軍が上陸して自由に軍事行動をなし得る条件を承諾し、さらに山東鉄道の占拠を黙認することによって、日本が自国滞在中の孫文と革命党員に圧迫を加え反袁の第三革命の勃発を押えるように運動した。[44]日本政府と軍部は膠州湾における対独開戦と山東鉄道占拠のため袁のこの要求を受入れた。

しかし上述の理由によって日本政府・軍部はイギリスと袁世凱の要求を承諾はしたものの、彼らの要求を完全に実行したわけではなかった。日本は孫文や革命党員に対する監視を一層強化し圧力を加える一方で、彼らの活動を黙認する態度をとった。山県・寺内らの元老は民間人らが革命党を「支援」したら如何かとの意見を表明した。(45) 軍部の一部には予備役の軍人を訓練し、革命党員らと共に中国に赴いて反袁闘争を「支援」した者さえいた。(46) しかしこれらは個人的或いは局部的なことであり、日本政府・軍部の方針ではなかった。

孫文と革命党員らは日本からの「支援」を得られない条件の下でも依然として国内における反袁闘争を計画し、一部の地域で蜂起の準備に取掛かった。蜂起に必要なのは軍資金であった。日本政府は革命党に軍資金を提供しないことによって彼らの反袁の第三革命の勃発を抑圧しようとした。そこで孫文は軍資金の調達に力を注いだ。孫文は中国興業会社に出資した六万円を引出し、アメリカからも三万円、(47) マニラから二〇万元、(48) 南洋の華僑から総計五〇万元（マニラの二〇万元を含む?）を調達した。孫文はこの資金でまず東京・大阪などに居留していた少壮革命党員三〇〇余名を国内に派遣し、次いで国内の軍隊に対する工作に利用した。(49)

警視庁の調査によれば、孫文ら革命党の蜂起計画は三段階より成っていたようである。第一段階で日本に滞在する革命党員を帰国させて各地で革命を鼓吹し、革命軍の根拠地から離れた各省で小蜂起を起こして上海・広東駐屯の袁軍を牽制し、第二段階で長江沿岸の各地でも同様の蜂起を起こし、南京その他に駐屯する袁軍をその鎮圧のためこの方面に向わせて兵力を分散させ力を弱らせ、第三段階で日本の膠州湾攻略を機に真の革命の旗を挙げるというものだった。(50)

孫文はこの計画を実施するため上海に総司令部を設置し、蔣介石と陸恵生を上海に派遣した。当時孫と蔣との交流は大変頻繁であった。蔣は八月三〇日夜に孫を訪れ、翌日横浜から春日丸で上海に向った。(51)

中国国内では江蘇省・広東省・江西省・東北等で反袁蜂起が勃発した。一〇月下旬の杭州における蜂起には予備歩兵大尉一瀬斧太郎・予備歩兵中尉小室敬次郎ら六、七名が直接参加していた。(52) 上海には日本から来た予備役将校と下士官一〇数名が待機していた。これらの予備役軍人らは東京において一瀬斧太郎が陳其美・許崇智らと協議して召集した人々であった。(53) 許崇智は彼らに月給・被服費・旅費等を支給していた。当時孫文の側近であった王統一は革命に必要な予備役の海軍将校と下士官を日本で募集していた。(54) 横須賀重砲兵連隊では陸軍砲兵予備役将校一〇〇余名を三五日間演習に召集していたが、そのうち五名は日本軍の青島攻略後、現地で革命軍の軍事教育に従事する予定であった。(55) 日本当局は警察或いは県知事らの報告により、革命党員が日本で人員を募集していることを知ってはいたが、阻止する対策を講ぜずに黙認していた。彼らが杭州蜂起に関与して、それが袁側から暴露されて抗議を受けた後で初めて彼らに帰国を勧告した。(56) ここから孫文と第三革命に対する日本の微妙な政策を窺うことが出来る。

(1)「支那亡命者王統一ノ談話」乙秘第一三〇三号、大正三年七月四日。外交史料館所蔵。
(2)「犬養毅ト孫文会見ノ件」乙秘第一六五一号、大正三年八月二七日。外交史料館所蔵。
(3)「支那革命党員戴天仇ノ談話」乙秘第一六一五号、大正三年八月二四日。外交史料館所蔵。
(4)「頭山満ノ談話」乙秘第一八〇二号、大正三年九月九日。外交史料館所蔵。
(5)「寺尾博士ノ談話」乙秘第一五四八号、大正三年八月二〇日。外交史料館所蔵。
(6)「青柳勝敏ノ談話」乙秘第一五三六号、大正三年八月一九日。外交史料館所蔵。
(7)「孫文ノ行動」乙秘第一六三一号、大正三年八月二日。外交史料館所蔵。
(8)「孫文ノ動静」乙秘第一六二八号、大正三年八月二五日。外交史料館所蔵。
(9)「犬養毅ト孫文会見ノ件」乙秘第一六五一号、大正三年八月二七日。外交史料館所蔵。
(10) 同右。
(11) 本書、五四二ページ参照。
(12)「犬養毅ト孫文会見ノ件」乙秘第一六五一号、大正三年八月二七日。外交史料館所蔵。

(13) 同右。
(14) 「孫文ノ動静」乙秘第一五七六号、大正三年八月二二日。外交史料館所蔵。
(15) 「頭山満ノ談話」乙秘第一八〇二号、大正三年九月九日。外交史料館所蔵。
(16) 外務省編『日本外交文書』大正三年第二冊、八二九ページ。
(17) 同右。
(18) 同右。
(19) 同右。
(20) 「支那革命ニ関スル件」乙秘第一九〇九号、大正三年九月二四日。外交史料館所蔵。
(21) 同右。
(22) 「亡命支那人帰着ニ関スル件」高秘特受第二七八七号、大正三年一〇月一三日、長崎県知事李家隆介より大隈重信内相等宛。外交史料館所蔵。
(23) 外務省編『日本外交文書』大正三年第二冊、九四〇ページ。
(24) 同右書、九五〇ページ。
(25) 小川平吉文書研究会編『小川平吉関係文書』一、みすず書房、一九七三年、二二九ページ。
(26) 外務省編『日本外交文書』大正三年第二冊、九五〇ページ。
(27) 同右書、九二一ページ。
(28) 同右書、九〇八ページ。
(29) 同右書、七三八—三九ページ。
(30) 同右書、七七四ページ。
(31) 同右書、八〇四ページ。
(32) 同右書、八一六—一七ページ。
(33) 同右書、八三八—三九ページ。
(34) 同右書、八四〇—四一ページ。

(35)「支那亡命者陳中孚ノ談話」乙秘等一九六五号、大正三年一〇月二日。外交史料館所蔵。
(36)外務省編『日本外交文書』大正三年第二冊、八二五ページ。
(37)「陳其美ノ言動」乙秘第一五六一号、大正三年八月二一日。外交史料館所蔵。
(38)「頭山満ノ談話」乙秘第一八〇二号、大正三年九月九日。外交史料館所蔵。
(39)同右。
(40)外務省編『日本外交文書』大正三年第二冊、八一二ページ。
(41)大正三年八月九日、桑田豊蔵より大臣宛、外交史料館所蔵。
(42)本書、四七六ページ参照。
(43)大正三年八月九日、桑田豊蔵より大臣宛。外交史料館所蔵。
(44)「陳其美ノ言動」乙秘第一五六一号、大正三年八月二一日。外交史料館所蔵。
(45)「亡命支那人帰着ニ関スル件」高秘特受第二七八七号、大正三年一〇月一三日、長崎県知事李家隆介より大隈重信内相等宛。外交史料館所蔵。
(46)「革命軍ニ関スル件」神高密発第五〇号、神奈川県知事石原健三より加藤高明外相宛。外交史料館所蔵。
(47)「孫文ノ行動」乙秘第一六五六号、大正三年八月二七日。外交史料所館蔵。
(48)「支那革命党ノ軍資金ニ就テ」乙秘第二一〇四号、大正三年一〇月一九日。外交史料館所蔵。
(49)「孫文ノ行動」乙秘第一六五六号、大正三年八月二七日。外交史料館所蔵。
(50)「支那革命運動計画ニ関スル件」乙秘第一九二五号、大正三年九月二六日。外交史料館所蔵。
(51)「支那亡命者帰国ノ件」甲秘第一四四号、大正三年八月三一日、警視総監伊沢多喜男より加藤高明外相宛。外交史史料館所蔵。
(52)外務省編『日本外交文書』大正三年第二冊、八四六―四七ページ。
(53)「支那革命運動ニ関スル件」乙秘第一九〇八号、大正三年九月二四日。外交史料館所蔵。
(54)「支那革命ニ干シ在郷軍人募集ノ件」乙秘第二一〇二号、大正三年一〇月一九日。外交史料館所蔵。
(55)大正三年一〇月一四日、宮城県知事俵孫一より大隈重信内相宛、機密発(字)第七二号。外交史料館所蔵。
(56)外務省『日本外交文書』大正三年第二冊、八四六―五一ページ。

三　二十一ヵ条の形成と交渉

膠州湾と山東鉄道を軍事的に占拠した日本はこれを後盾に一九一五年一月一八日北京政府に二十一ヵ条の要求を提出し、その全面的承諾を迫った。本節では、この二十一ヵ条の要求が日本軍の膠州湾と山東鉄道の占拠と並行して作成された事実を究明すると共に、この要求をめぐる中日外交交渉の過程を簡明に述べ、主に袁世凱・北京政府及び日本外務省と山県ら元老の対応を考究し、この要求に関連する条約と交換文書が国際法に違反し無効であったことを立証する。

前述のように日本の大戦への参加とドイツへの宣戦布告は単に膠州湾と山東鉄道の占拠だけを目的としたのではなく、この機会を利用して停滞状態に陥った対中国外交を一変させ、中国問題を根本的に解決しようとしたのであった。参謀本部は日本の参戦動機について「今ヤ列国ハ自国ノ戦争ニ汲々トシテ東顧ノ余裕ナキ情況ナリシヲ以テ……此ノ渋滞セル対支政策ニ一段落ヲ画シ、帝国ノ勢力ヲ増進確立スルヲ必要ト為シタルニ因レリ」(1)と率直に述べている。これは㈠に大戦の勃発により日本と中国における権益を争奪していた欧米列強が中国を顧みる暇がなくなって、その日本の対中国政策に対する牽制力が大幅に減少し、㈡に中国における欧米列強と日本との争奪を利用して日本の中国における勢力拡大に抵抗していた袁世凱と北京政府が国際的に孤立し、その対日抵抗力が弱体化したからである。日本はそれまで対中国政策を牽制してきた二つの障害がほぼ排除されたと考え、さらに膠州湾と山東鉄道の占拠によって日本の中国における軍事力が強化されたので、これを背景に対中国政策を積極的に推進する可能性が生じた。このように日本の対中国政策は大戦の勃発と日本の参戦に密接な関係があり、日本の中国政府に対する根本要綱であった二十一ヵ条も日本の対独開戦外交と対独宣戦による参戦及び膠州湾・山東鉄道占拠と並行して作成されたのである。この頃日本は表面では開戦外交を通じて膠州湾・山東鉄道を占拠し、裏では対中国政策根本要綱＝二十一ヵ条提出の準備を推進していた。前者は局所的目的であったが、ある意味においては後者の手段でもあり、後者は前者の目的であったともいえよう。

日本外交史研究における困難な問題は、外交政策の形成と決定の過程の究明である。二十一ヵ条についても同様である。当時日本の外務省・陸軍・元老・民間から数十件の対中国政策案が提出された。二十一ヵ条は、これらの諸案が集大成されて形成されたのであろうが、その統合過程には不明な点が多い。ここでは、まず各案の内容を検討することにする。八月二六日に駐中国の日置公使が「中国ニ対スル我要求条件ニ関スル件」を加藤外相に建議し、八月七日に参謀本部第二部部長の福田雅太郎少将が「日支協約案要領」を、八月二四日に大島健一陸軍次官が「欧洲戦乱ノ帰趨ト我対華政策ニ関スル件」を、九月二一日に駐中国公使館付武官町田敬宇陸軍少将が「欧洲大戦ニ当リ我国ガ中国ニ於テ獲得スベキ事項ニ関スル意見」を関係当局に提出した。元老の山県は八月下旬に「対支政策意見書」をまとめて首相・外相に提示し、九月二四日に山県ら四元老が大隈首相と「支那ニ対スル根本的方針」を決定した。民間では九月一日に東亜同志会が「我国ガ中国ヨリ獲得スルヲ要スル権利ニ関スル意見書」を、一〇月六日に対支連合会が「対支根本政策ニ関スル意見書」を、一〇月二九日に黒竜会が「対支問題解決意見」を、一一月七日に小川平吉が「対支外交東洋平和根本策」を提出した。これらはその代表的な案であるが、時期的に八月から一一月の四ヵ月間に集中していることは日本の参戦と膠州湾・山東鉄道占拠と同時に提出されたことを物語っており、日本の参戦の根本的目的が対中国政策を積極的に推進し、中国問題を根本的に解決するためであったことを立証している。

上述のような対中国政策案が如何に総合されて二十一ヵ条要求にまとめられたかは従来から問われてきたが、加藤外相が外務省による一元外交の維持・強化に強い熱意を持ちつづけていたこと、及び外務省の政務局長小池張造がこの要求の原案を作成していることから、外務省が核心的役割を果して各方面から提出された案を調整し、集大成したのであろう。

まず二十一ヵ条交渉の主役であった日置公使の「中国ニ対スル我要求条件ニ関スル件」を検討する。日置公使は北京に着任する前に既に加藤外相から中国に要求条項を提出する機会を捉えるようにとの密命を受けていたため(2)、着任後直ちに小幡ら公使館の書記官と今後の対中国政策を検討し、二六日には中国側に提出すべき次のような案を作成し、交渉を開始すべきだとの意見を加藤外相に上申した(3)。

第一　関東州租借期限ヲ更ニ九十九年間延長スルコト

第二　南満洲鉄道ハ右延期期間内之レヲ還付又ハ売戻サザルコト

第三　安奉鉄道ハ一切ノ関係ニ於テ南満洲鉄道ニ準スルコト

第四　日本ノ援助ニヨリ南満洲及東部内蒙古ノ軍政及一般内政ヲ漸次改善スルコト

第五　南満洲及東部内蒙古ノ地域内日本国臣民ノ居住及営業ノ自由ヲ認メ且之レカ為メ必要ナル一切ノ便宜ヲ与フルコト

第六　日本国ヨリ借款ヲ起シ九江武昌間及南昌衢州杭州間ノ鉄道ヲ建設スルコト
将来南昌?撫州光沢福州厦門間及福州三都澳間ノ鉄道并ニ前記南昌厦門線ト南昌杭州線等ヲ連絡スル鉄道ヲ建設セントスル場合ニハ必ス先ツ日本国ニ協議スルコト

（註　第四及五ニ付テハ支那側ノ態度如何ニヨリ結局多少譲歩ヲナスコト）

この案は主に満蒙における日本の権益を維持・拡大し、さらに中国東南部における権益をも確保しようとするものであった。当時駐北京公使館書記官であった出淵勝次はこの案が二十一ヵ条問題の発端となったと語った。日置公使がこのような案を提出したのは、北京側が「日本国カ近ク山東ノ一角ニ兵ヲ上クル暁事態如何ナル発展ヲ視ルニ至ルヘキヤニ付大ニ疑惧ノ念ヲ懐キ今ヤ専心我カ態度ヲ注視シ只管我ノ感情ヲ害ハサランコトヲノミ顧慮シ居ル情勢」であって、「此ノ時機ハ対支交渉案件解決上絶好ノ機会ナリ」(4)と判断したからであった。日置はこのように武力による山東半島の一角の占拠を後盾にその要求を北京側に承諾させようと考え、その交換条件として次のような条件を提出した。(5)

第一　膠州湾租借地占領ノ上ハ追テ之ヲ支那ニ還附スルコト

第二　日本国ニ在住スル主ナル革命党員ハ直ニ之ヲ国外ニ立去ラシメ且再ビ帰来セサル様取計フコト支那ニ於ケル日本居留地其他日本国権下ニ在ル地域ニ於テモ右同様取計フコト

第三　支那政府ニ対スル革命的性質ヲ有スル一切ノ企画ニ関シ厳密ナル取締リヲ行フコト

第四　満蒙開放ニ附随シテ発生スヘキ日支人間ノ交渉按件ハ親切公平ニ処理シ支那政府ニ煩累ヲ及ボサザル様努ムルコト

この条件を提出したのは、イギリスら列強から参戦の同意を得ることが出来、同時に袁から対日譲歩をも得られるからであった。

この日置公使の上申に対し、加藤外相は大体異議なきも「膠州湾攻撃モ未ダ進捗セズ欧洲ノ戦局亦十分前途ノ見据付カス且支那ノ人心モ我ニ対シテ尚多大ノ不安ヲ表白シツツアル」等を理由に「時機稍早キニ過グト認」め、「暫ク形勢ノ推移ヲ看望シ十分ノ見込付キタル上ニテ之ヲ提出スルコト」(6)と訓令した。これを契機に外務省では従来対中国政策に積極的で軍部とも密接な関係があった小池張造政務局長を中心に、軍部やその他各方面の意見や方策をとりまとめて、対中国交渉案の作成に腐心することとなった。

参謀本部を中心とした陸軍も多様な対中国政策案を外務省や軍中央に提出した。軍部の案は外務省の日置公使案よりも広汎な問題を取上げて対中国の根本方針を提出しており、軍部的発想を示している。日本の大陸政策推進の先鋒であった陸軍は、まず満蒙問題の徹底的解決を提案した。満蒙政策が日本の対中国政策の核心だったからである。参謀本部第二部長の福田雅太郎は「南満内蒙ノ自治ヲ認ムルコト」(7)を、大島陸軍次官は「帝国ハ満蒙ヲ併合シテ玆ニ数年来ノ懸按ヲ解決」(8)することを、駐北京公使館付武官の町田陸軍少将は「満蒙ニ於ケル我立脚ノ基礎ヲ鞏固ナラシムルニ必要ナル各種利権ノ獲得」と「満蒙ニ於ケル旅行居住ノ自由、土地所有権、旅大租借期限ノ延長、新邱炭坑ノ採掘権」(9)の獲得を、明石参謀次長は「南満内蒙ニ関シテハ優越権ヲ有スル日本政府ノ提議ヲ尊重スヘキコト……自治類似ノモノ租借類似ノモノ皆ナ此条項ニハマル」(10)ことを提案した。参謀本部付の田中義一は「支那ハ日本ノ南満州及東部内蒙古ニ於ケル諸外国ニ超越スル特別ノ地歩関係ヲ確認スルコト」を要求し、具体的意見として「日本ハ南満州東部内蒙古ニ於ケル支那ノ宗主権ヲ認ム。支那ハ日本ニ南満州東部内蒙古ニ日本人ノ土地処有権及居住営業ノ権ヲ認許ス。又同地域内ニ於ケル利源ノ開発権ヲ外国人ニ譲与セントスル場合ニハ先ツ之ヲ日本政府ニ計ルモノトス。支那ハ日本ニ関東州ノ租借年限ヲ九十九年ニ延長ス。支那ハ日本ニ南満州及東部内蒙古ニ於ケル交通機関ヲ開発シ及之ヲ保護スルノ権利並ニ同地域内ニ於ケル利源開発ノ優先権利ヲ認ム。日本ハ南満州及東部内蒙古ニ支那以外ノ国ニ対シ要塞其他ノ防禦設備ヲナスコトヲ得ル」ことや「支那ハ現在ノ吉長鉄道ヲ現況ノ儘日本ニ譲与スルコト……。支那ハ吉会線其他満蒙ノ五鉄道ハ其敷設営業権ヲ全然日本ニ許与スルコト」(11)等を提案した。これらは二十一カ条の第二号に当っている。

次に陸軍は北京政府の行政・軍政・幣制・外交等を支配し中国に対する根本的支配権を確立するための方策を提案した。福田第二部長は「兵政行政並ニ幣制ノ改善ヲ日本ニ委任スルコト」や「支那ノ利権ヲ外国ニ譲与シ若クハ外国借款ヲ起スニ当リテハ予メ日本ニ知照シ其同意ヲ求ムルコト」(12)等を要求し、大島陸軍次官は「帝国ハ支那ノ内政ヲ幇助」(13)する方法を講じて「支那ヲシテ将来僅少ト雖其利権ヲ外国ニ譲与シ若クハ外国借款ヲ起スニ方リテハ必ス先ツ帝国ニ商議シ其応諾ヲ得ルニ非レハ決シテ之ヲ実行セサルコトヲ約束セシメサル可カラス」(14)こと等を要求し、町田少将は「将来支那ノ軍事ハ勿論外交財政ノ顧問トシテ日本人ヲ入ルル事其他兵器ノ製造及供給ヲ日支合弁或ハ日本ノ手ニテ引受クル等ノ特権ヲ要求[15]」し、明石参謀次長は「行政軍事ノ改善ヲ帝国ニ委任スルコト」と「支那ノ利権ヲ外国ニ譲与シ若クハ外国借款ヲ起スニ方リ予メ帝国政府ニ同意ヲ求ムルコト[16]」等を要求し、田中義一も「日本ハ支那ノ軍事改善国富ノ開発等ヲ幇助シ日支両国ノ国運発展ヲ謀ル事」と「日支両国ハ……外国ニ関係ヲ有スル事項ハ予メ相互ノ協商ヲ遂ケタル後処置ヲ執ル事[17]」等を要求した。これらは二十一ヵ条の第四、五号の内容に当っていた。

第三の提案は中国本土における権益の拡大についてであった。大島次長は「財政ノ幇助ニ依リ支那本土ニ利権ヲ扶殖シテ順次南下ノ素地ヲ作ルモ亦極テ緊要ナリ[18]」と提案し、町田少将も「杭州南昌間、九江武昌間ノ鉄道敷設権並ニ福建省沿岸ニ我日本ノ承諾ヲ得スシテ防禦設備ヲナサシメサル等ノ権利[19]」を要求し、直隷平野と長江沿岸を結ぶ大動脈を制圧するために山東鉄道を占領することを強調した[20]。これらの要求は二十一ヵ条の第五号の第五、六項に当っていた。

第四の提案は山東におけるドイツ権益の争奪と獲得についてであった。町田少将は「此時ニ当リ我日本カ山東省ニ於ケル独逸ノ既得権利ノ譲渡ヲ要求スルコトハ其之ニ払ヒタル多大ナル犠牲ノ報酬トシテ当然ノ事ナルヲ以テ何人モ異存ナキ所ナルヘシ否仮令多少ノ異論アリトシテモ断々乎トシテ之ヲ貫徹セサル可カラス蓋シ膠州湾、坊子、博山ノ炭坑殊ニ山東鉄道ヲ我日本ノ手ニ領有シ置ク時ハ経済上ノ利益ハ勿論将来若シ支那カ其財政上ノ分割ヨリシテ領土ノ分割ニ陥リ列国カ各兵力ヲ以テ其勢力範囲ヲ堅メントスルニ当リ我モ亦山東省ヲ己レノ勢力範囲トシテ占領スルノ口実ヲ得ルノ利アリ[21]」と主張した。しかし大島陸軍次官は「膠州湾ハ支那ノ為東洋ノ為之ヲ支那ニ還附スルヲ良策トス[22]」と主張した。これに対し白仁関東都督府民政長官は還付の条件として、日本が現地の鉄道の政府株、政府が権利を有する諸鉱山或いはその株、諸営造物及び土地で政府が権利を有するもの、諸建設物で政府が権利を有するもの、埠頭の管理及び収益、港湾の管理及び収益、租借地内における日本人の住居・営業及び不動産に関する一切の諸権利を留保し、同時に竜口より山東鉄道に接続する鉄道の敷設権、竜口開港設備の三ヵ月以内の完成、山東省内の人口一万人以上の都市の開放、小清河運航の開放、山東省内の鉱山採掘権の開放等を中国側に要求することを要望した。(23)これらの要求はその後二十一ヵ条の第一号となった。

陸軍中核の要求と主張は基本的には同一であったが、少なからぬ差異もあった。これらの要求と主張をまとめ、軍部の意見として内閣に提出したのが一一月の岡市之助陸相の覚書である。岡陸相は「一、関東州ノ租借期限ヲ延長スルコト。二、間島ヲ租借スルコト。三、南満州鉄道及安奉鉄道ハ共ニ永久日本ノ所有トスルコト。四、吉長鉄道ヲ譲受クルコト、五、南満州及東部内蒙古ニ於テ本邦人ノ土地所有並ニ居住ノ自由ヲ得、且ツ鉱山採掘、鉄道敷設等ノ利権ハ総テ日本ニ於テ優先権ヲ得ルコト。六、本土ニ於ケル要地ノ鉄道敷設権ヲ得ルコト。七、軍事ノ改善、兵器ノ製造ハ日本ノ指導ヲ受クベキコト。八、外国ニ利権ノ譲与若ハ借款ヲ為サントスルトキハ先ツ日本ニ協商シタル後処理スルコト(24)」等を中国側に要求することを提案した。これは二十一ヵ条作成過程における陸軍側の主な要求を総合したものであり、その作成に大きな影響を与えた。

陸軍はこれらの要求を威圧的方法によって達成することを主張した。田中義一は「匕首ヲ袁ニ加フルモ辞セザル決心ナカル可ラズ(25)」と主張し、町田少将も「狡獪多智ノ袁ニ対シテハ同文同種唇歯輔車トカ云フ如キ古臭キ言草ヤ懐柔策ノミニテハ何事モ成功シ得ヘカラサル事ハ単ニ小官ノミナラス支那通有力者ノ皆等シク認ムル所」であって、「此際我日本ニシテ大々的決心ヲ以テ武力ノ後援ニ依リ其権力ヲ発揮セハ上掲要求ノ解決ハ決シテ難事ニアラスト確信ス(26)」と語った。福田第二部長も要求を強いるために「北支那駐屯軍ヲ再ヒ撤裁前ノ兵力ニ復シ有力ナル艦隊ヲ渤海湾ニ游弋セシム(27)」るよう主張した。これは正に陸軍的発想だといえよう。その後の二十一ヵ条交渉の過程から見れば、加藤外相は軍部の威圧的方法に同調していたようである。

しかし山県ら元老は陸軍の威圧的方法を排して独自の対中国政策を主張した。山県有朋・大山巌・松方正義・井上馨の

四元老は九月二四日に大隈首相と合議し、次のような方針を決定した。(28)

第一、支那ニ対スル根本的大方針。イ、袁世凱ヲ始メ支那人ヲシテ従来日本ニ対スル不信ト疑惑トヲ一掃シ、以テ我ニ信頼セシムルコトヲ根本的主眼トナス事。ロ、特種問題ニ対シ、特使又ハ名ヲ漫遊ニ藉リ、袁ノ信服スベキ地位并ニ手腕アル人ヲ派遣スル事。ハ、膠州湾ノ返還ニ対スル条件、并ニ交換スベキ利権ノ調査等ノ協議。ニ、鉄道、礦山其他機会均等主義ニ反セザル政治上経済上ノ問題ニ関シ袁ヲシテ契約セシムル事。第二、対露問題（及ビ武器供給ノ事）。英国ノ意向ヲ探リ、単ニ英国ノミニ専頼セズ、此際露国トノ同盟ヲ結ビ、以テ将来日英露仏同盟又ハ協約ノ基礎ヲ作ル事。第三、対仏問題。仏国ヨリ資金ヲ吸集シテ、日仏銀行ノ名ニ於テ支那ニ放銀スル事。第四、対米問題。支那ヲシテ米国ニ傾ケシメザル様、又米ヲシテ我ヲ疑ハザル様信義ヲ米ニ披瀝シテ、日米間国交ノ親善ヲ進ムル事ノ目的ヲ以テ其最善ノ方法ヲ研究調査スル事。第五、欧米ニ人材ノ外交官派遣ノ事。有力ナル外交官又ハ半官的人材ヲ派遣シ。此時局ニ対スル最善ノ方法ヲ講ズル事。

元老らも中国において政治・経済上の諸権益を獲得することを主張したが、具体的要求は提示せず、満蒙第一主義で臨む態勢を示した。元老らは(イ)と(ロ)に示されているように、袁世凱を説得して日本を信頼させる対中国政策によって所期の目的を達成しようとした。山県は八月下旬の「対支政策意見書」においてこの主張を詳細に述べている。山県は「支那に対しては只威圧を以て志を遂くへしとする者」を批判し、「今日の計は先つ日支の関係を改善し彼をして飽くまで我れに信頼するの念を起さしむるを以て主眼とせさる可からさるなり」と主張し、満蒙における権益を確保し、その経営を進捗させるにはロシアとの親交を維持すると同時に「他の一方に於ては、支那との関係を円満にし、事毎に扞格支吾するが如き患なきを期せざる可からず」と述べ、欧米列強の中国侵略に対抗するため黄色人種としての日華両国民の共感を喚起し、「人種問題の趨勢を説いて、袁世凱等を諭し、次に有力なる援助を之に与ふ……其の有力なる援助とは、他なし、財政上の援助是れなり」[29]と主張した。山県は翌年の二月にも大隈首相に「吾が国運隆昌の基を固くせんと欲せば、支那をして我れに信頼せしむる」ことの重要性を強調した。[30]井上・松方らも山県と見解を同じくしていた。それは信頼・援助・提携論であり、これによって中国における日本の権益を維持・拡大しようとした。これは威圧的方法によって目的を達成しようとした陸軍とは方法・手段が異なっていたが、中国における日本の権益を一層拡大するという目的は同じであった。

しかし外務省による一元外交の維持・強化に強い熱意を抱いていた加藤外相は、入閣の際に条件として「外国の使臣に対し外交上の応答をせらるる場合には、事件の大小に拘らず、一切外相たる自分を通して為され度きこと」[31]を提示し、元老らもこれを承諾していた。この条件に基づいて加藤外相は閣内・閣外において一元外交を貫徹し、明治三一年以来の慣行であった元老への外交文書の回覧さえも停止し、[32]元老の外交に対する関与を制限した。加藤外相は彼らの袁世凱に対する信頼・援助・提携論を採用せず、陸軍と共に威圧的方法によって二十一ヵ条の要求を袁に承諾させようとした。

中国関係の民間団体や世論も外務省に圧力をかけようと独自の対中国政策を提唱し、二十一ヵ条の作成に拍車をかけた。熊本市に本部を置いていた東亜同志会は九月一日に三項目二〇ヵ条からなる要求書を提出した。その主な内容は「膠州湾ノ占領ハ永久タルベキ事」、山東省におけるドイツの一切の権利・権益を日本が独占すること等を要求した上に、一般的利権についても一省内で五、六都市を通商貿易地として開放すること、通商開放地以外にも日中合弁による商品製造工場を設立すること、大冶鉄鉱は永久に日本以外に売却し或いは担保としないこと、中国領海のすべての区域において日本人の自由漁業権を認めること、中国人と外国人との合弁による鉱山採掘権を認めること等を要求し、特殊な権利については日本宗教の中国における布教の権利を獲得すること、中国の陸海軍及び軍人教育学校に必ず日本人教官を招聘すること、中国の高等学校に日本人教官を招聘すること、中国の陸海軍及び軍人教育学校で必要とする兵器・被服・諸器具・軍用食料品を輸入する場合には必ず優先的に日本より輸入すること、港湾修築及び大規模工事等の官業において外国人を招聘し輸入品を採用する場合にはまず日本と協議すべきこと、中国本土において宣屯鉄道（安徽省宣城県より同省屯渓鎮に至る）等一〇余線の敷設権を獲得することと等を要求することであった。(33)この案の特徴は、満蒙問題に触れず、中国本土における利権を本格的に拡大しようとしたことであった。

対支連合会も一〇月六日に外務省に「対支根本政策ニ関スル意見」書を提出した。この意見書は対支政策の基本方針として「支那指導ノ実権ヲ占ムル事」を要求し、直ちに解決すべき要項として「膠州湾占領ノ効果ヲ確実ニスル事」、「山東ヲ中心トセル独乙ノ利権一切ヲ継承取得スル事」、「満蒙問題解決ノ事」(34)等を要求した。

黒竜会を代表して内田良平も一〇月二九日に小池外務省政務局長に次のような「対支問題解決意見」書を提出した。(35)

第一　日本ハ支那ニ於テ内乱アリ又支那ガ外国ト戦ヲ宣スル場合ニハ日本軍ヲ以テ之ニ応援シ領土ノ防衛秩序ノ維持ニ任スベキ事

第二　支那ハ日本ノ南満洲及内蒙古ニ於ケル優越権ヲ認メ其統治権ヲ日本ニ委任シ国防上ノ基礎ヲ確立セシムベキ事

第三　日本ハ膠州湾占領ノ後従来独国ノ占有セル鉄道鉱山其他一切ノ利権ヲ占有スベク又青島ハ平和克復ノ後支那ニ還附シ之ヲ開放シテ世界ノ貿易市場ト為ス事

第四　支那ハ日支海防ノ必要ニ応ズル為メ福建省沿岸ノ要港ヲ日本ニ租借シ日本海軍ノ根拠地ト為スヲ諾シ同時ニ同省内ニ於ケル鉄道布設権並ニ鉱山採掘権ヲ日本ニ与フベキ事

第五　支那ハ陸軍ノ改革並ニ軍隊ノ教練ヲ挙テ日本ニ委任スベキ事

第六　支那ハ兵器ノ統一ヲ保タンガ為ニ日本ノ兵器ヲ採用シ同時ニ兵器製造所ヲ或ル枢要ノ地ニ設置スベキ事

第七　支那ハ漸次海軍ノ復興ヲ図ランガ為ニ海軍ノ建設並ニ教練ヲ挙テ日本ニ委任スベキ事

第八　支那ハ財政ノ整理税制ノ改革ヲ日本ニ委任シ日本ハ適当ナル財政家ヲ選抜シテ支那政府ノ最高顧問タラシムベ

キ事

第九　支那ハ日本ノ教育家ヲ招聘シテ教育顧問ニ任ジ又日本語学校ヲ各地ニ設置シテ人文ノ啓発ヲ図ルベキ事

第十　支那ハ外国ト契約ヲ締結シテ借款ヲ起シ又ハ土壌ヲ租借若クハ割譲スル場合又外国ト宣戦講和ノ場合ハ予ジメ日本ト協議シ其同意ヲ得ル事。

内田良平のこの案には二十一ヵ条の内容が包括的に含まれている。内田はこの一〇ヵ条要求を中国側と国防条約を締結する名目で実現しようと考えていた。この中国側とは袁の北京政府ではなくて袁を打倒した後に成立するであろう新政府を指すものであった。内田はかねてより袁に反対しており、袁は本来権謀術数を旨とする政治家であって、「仮令一時日本ノ歓心ヲ買ハンガ為ニ親日的態度ニ出ルトモ欧洲大戦終結ノ暁ニ会セバ我ニ背キテ列国ニ頼ラントスルハ彼ガ已往ノ歴史ニ徴シテ殆ド疑ヲ容レザル処ニシテ今日我日本ガ支那民衆ノ趨勢ヲ無視シ袁世凱ヲ擁護シテ之ト共ニ対支問題ノ解決ヲ図ラントスルハ全然策ノ得タルモノニ非ザルナリ」と述べ、袁打倒の方法として革命党・宗社党らに資金を提供し彼らをして「到処ニ蜂起セシメ一旦其国内ヲシテ混乱ノ状態ニ陥ラシメ袁政府ノ土崩瓦解スルニ及ビテ我ハ四億民衆中ヨリ其最トモ信用アリ声望アルモノヲ援助シ擁護シ之ヲシテ政府改造国家統一ノ業ヲ成就セシメ我軍隊ニ由テ安寧秩序ヲ回復シ国民ノ生命財産ヲ保護スルニ至ラバ人民悦服シ政府始メテ我ニ信頼スベク国防条約ノ締結容易ニ其目的ヲ貫徹シ得ベキナリ」(36)と提案した。また内田はこの機に乗じて中国の政体を根本的に改造し、「支那ノ共和政体ヲ変革シ之ヲシテ立憲君主政体ト為シ日本ノ立憲君主政治ト粗ボ其形式ヲ同一ナラシメ」(37)ることを主張した。

内田の袁打倒によって中国における利権を拡大しようとする構想は田中義一とは同じだったが、元老と軍部の一部の主張とは対立していた。元老は袁に対する信頼・援助・提携論を主張した。陸軍の町田も「暫ラク袁ヲシテ支那ノ統治ニ任セシムルノ外ナカルヘシ」とし、「袁ニシテ若シ我要求ニ応シ我ニ信頼スルノ態度ニ出ツル以上ハ之ヲ援ケテ支那ノ君主タラシムルモ亦不可ナシトセス」と主張し、それは中国において「差当リ袁ニ代リテ曲ナリニモ支那ヲ統治シ得ル力量アル人物存在セサル以上又尨大ナル四百余州ヲ我保護国トシ若クハ之ヲ合併統治スルカ如キコトハ列国ニ対シテモ亦我国ノ実力ニ於テモ到底不可能ノ事タルコト明カ」(38)であるからだと述べた。このように対中国要求をめぐる日本側内部の対袁策は大きく二つに分かれていた。

上述のように各方面は競って中国に対する要求案を提示した。外務省では外交の一元化を強調した加藤外相が小池政務局長を重く用い、各方面の要求を統合して二十一ヵ条要求の原案を作成させた。この原案は外務省・軍部・民間各方面の対中国政策の集大成であった。この作成に当り外務省と陸軍の要求はほぼ統合された。しかし加藤外相との意見の相違により、元老側からの意見は採用されなかった。袁世凱及び北京政府との外交交渉についても元老らが主張する信頼・援助・提携の方法をとらず、膠州湾と山東鉄道の占領を後盾に軍事的威圧によって要求を達成しようとした。

一一月七日、青島が陥落した。日本の青島・膠州湾占拠は単なる一地域の侵略ではなく、一〇月六日の山東鉄道全線の占拠と共に、中国全域に対する侵略の拠点或いは前提として考えられていた。加藤外相は今こそ待ちに待ったチャンスが到来したと考え、直ちに大隈首相に閣議の招集を要請し、一一日の臨時閣議に日置公使に訓令すべき二十一ヵ条の原案を提議して全閣僚の同意を取付けた。(39)この訓令案は満蒙関係七ヵ条、山東関係四ヵ条、福建・漢冶萍公司・中南支鉄道・兵器等六ヵ条で構成され、全部で一七項目であった。これは二十一ヵ条の原案であり、その後追加・削除・整理などの修正を経て二十一ヵ条になった。当時対中国政策をめぐり加藤外相は意見の相違によって元老らと対立関係にあったが、元老らに対中国要求案に対する支持・賛成を求めざるを得ず、一一月一八日に山県に、二三日に井上に、二九日に松方に、翌年の一月九日に大山に訓令案を内示して同意を得、天皇には一二月二日に内奏し、その裁可を得た。(40)こうして二十一ヵ条の原案は日本国内における政策決定過程を経て、日本帝国の国策として中国に提出されることになった。

このため加藤外相は一一月一二日に北京の日置公使に帰朝命令を発し、日置は一二月三日に東京に到着した。同日加藤外相は日置公使に「中国ニ対スル要求提案」に関する訓令を手渡した。(41) この案は六号二一カ条よりなり、第六号として「膠州湾租借地還附ニ関スル件」が追加されており、一一月一一日の閣議において決定された訓令案より内容が増加していた。(42) しかし翌年の一月一八日に袁に提出された二十一カ条ほどには整理されていなかった。外務省の出先機関である北京公使館とのさらなる意見調整が必要だったのである。

日置公使は一二月中旬に北京に帰任し、公使館の小幡酉吉・出淵勝次・船津辰一郎・高尾亨書記官らと政府案について協議した。彼らは外務省より慎重で現実的な姿勢を示した。日置公使は「我カ国運ノ進展ニ対スル千載一遇ノ好機ニ際シ重要ナル談判ノ衝ニ立ツニ至リ自ラ駑駘ニ鞭チ其大任ヲ全フセンコトヲ期セン」と決心し、「其ノ成功ノ如何ハ支那ニ対スル我カ国運ノ汚隆消長ト我カ国力ノ伸縮盛衰トニ関スルノミナラス併セテ世界ニ於ケル帝国ノ威信ト名誉トニ関シ万一其談判ニシテ所期ノ目的ヲ達スルコト能ハサレハ累ヲ外交ノ前途ニ及ホシ且ツ我カ対内関係ニ影響シ由リテ以テ再三政局ノ変動ヲ来タシ国家ノ大損失ヲ来スルニ至ルヤモ亦タ未タ知ル可ラス」(43)と述べて慎重な姿勢で対応しようとした。小幡首席書記官も「政府原案通りに対支交渉を開始するならば事態は非常なことになる。……政府案はその内容が余りに多岐に亘り、必ずしも当面緊急の問題許りでなく、寧ろ不急用の事項まで包括してゐるから、交渉範囲が非常に拡大され、却って支那政府に疑惑と恐怖の念を与え、その受諾を困難ならしむる虞れがある」と政府案に対する修正意見を提出した。(44) 北京公使館ではこのような意見に基づいて修正案を作成し、同年一二月末に小幡書記官がこれを携えて帰京し、加藤外相と政府案の起草者小池政務局長に再考を求めた。修正案では日本の従来の権益保持上緊急な条項については政府案よりも要求が拡大・強化され、当面緊急ではないと考えられる条項は削除された。(45) 外交的に北京政府にスムーズに承諾させようという狙いがあったのである。しかし加藤外相は強硬に政府案に固執し、小池政務局長も「貴官等の修正要求案に対しては慎重考慮したが、対支交渉訓令は既に閣議決定の上、勅裁を仰いでゐる関係もあり、一回の交渉をも試みることなくして、これを変更する訳には行かない」[46]として、原案から若干の辞句を修正した政府案を手渡した。この時、外務省は強硬な姿勢で交渉に臨むために第六号「膠州湾租借地還附ニ関スル件」を削除し、二二ヵ条は最終的に二十一ヵ条になった。

この二十一ヵ条の作成において海軍は介入せず、八代六郎海相が武力を行使しない条件付きで二十一ヵ条要求の提出に同意しただけであった。[47]

こうして二十一ヵ条をめぐる日本側の外交上の準備が整い、加藤外相は一月八日に日置公使に「貴官ハ最早何時ニテモ袁総統ニ会見シ交渉ヲ開始セラレ差支ナシ」[48]と訓令した。日置公使は一月一八日に袁世凱に面会し、次のような二十一ヵ条要求を正式に提出した。[49]

第一号

日本国政府及支那国政府ハ偏ニ極東ニ於ケル全局ノ平和ヲ維持シ且両国ノ間ニ存スル友好善隣ノ関係ヲ益鞏固ナラシメムコトヲ希望シ茲ニ左ノ条款ヲ締約セリ

第一条　支那国政府ハ独逸国カ山東省ニ関シ条約其他ニ依リ支那国ニ対シテ有スル一切ノ権利利益譲与等ノ処分ニ付日本国政府カ独逸国政府ト協定スヘキ一切ノ事項ヲ承認スヘキコトヲ約ス

第二条　支那国政府ハ山東省内若ハ其沿海一帯ノ地又ハ島嶼ヲ何等ノ名義ヲ以テスルニ拘ラス他国ニ譲与シ又ハ貸与セサルヘキコトヲ約ス

第三条　支那国政府ハ芝罘又ハ竜口ト膠州湾ヨリ済南ニ至ル鉄道トヲ連絡スヘキ鉄道ノ敷設ヲ日本国ニ允許ス

第四条　支那国政府ハ成ルヘク速ニ外国人ノ居住及貿易ノ為自ラ進テ山東省ニ於ケル主要都市ヲ開クヘキコトヲ約ス
其地点ハ別ニ協定スヘシ

第二号

日本国政府及支那国政府ハ支那国政府カ南満洲及東部内蒙古ニ於ケル日本国ノ優越ナル地位ヲ承認スルニヨリ茲ニ左ノ条款ヲ締約セリ

第一条　両締約国ハ旅順大連租借期限並南満洲及安奉両鉄道各期限ヲ何レモ更ニ九十九箇年ツツ延長スヘキコトヲ約ス

第二条　日本国臣民ハ南満洲及東部内蒙古ニ於テ各種商工業ノ建物ノ建設又ハ耕作ノ為必要ナル土地ノ賃借権又ハ其所有権ヲ取得スルコトヲ得

第三条　日本国臣民ハ南満洲及東部内蒙古ニ於テ自由ニ居住往来シ各種ノ商工業及其他ノ業務ニ従事スルコトヲ得

第四条　支那国政府ハ南満洲及東部内蒙古ニ於ケル鉱山ノ採掘権ヲ日本国臣民ニ許与ス其採掘スヘキ鉱山ハ別ニ協定スヘシ

第五条　支那国政府ハ左ノ事項ニ関シテハ予メ日本国政府ノ同意ヲ経ヘキコトヲ承諾ス

㈠　南満洲及東部内蒙古ニ於テ他国人ニ鉄道敷設権ヲ与ヘ又ハ鉄道敷設ノ為ニ他国人ヨリ資金ノ供給ヲ仰クコト

㈡　南満洲及東部内蒙古ニ於ケル諸税ヲ担保トシテ他国ヨリ借款ヲ起スコト

第六条　支那国政府ハ南満洲及東部内蒙古ニ於ケル政治財政軍事ニ関シ顧問教官ヲ要スル場合ニハ必ス先ツ日本国ニ協議スヘキコトヲ約ス

第七条　支那国政府ハ本条約締結ノ日ヨリ九十九箇年間日本国ニ吉長鉄道ノ管理経営ヲ委任ス

第三号

日本国政府及支那国政府ハ日本国資本家ト漢冶萍公司トノ間ニ存スル密接ナル関係ニ顧ミ且両国共通ノ利益ヲ増進

セムカ為左ノ条款ヲ締約セリ

第一条　両締約国ハ将来適当ノ時機ニ於テ漢冶萍公司ヲ両国ノ合弁トナスコト並支那国政府ハ日本国政府ノ同意ナクシテ同公司ニ属スル一切ノ権利財産ヲ自ラ処分シ又ハ同公司ヲシテ処分セシメサルヘキコトヲ約ス

第二条　日本国資本家側債権保護ノ必要上支那国政府ハ漢冶萍公司ニ属スル諸鉱山附近ニ於ケル鉱山ニ付テハ同公司ノ承諾ナクシテハ之カ採掘ヲ同公司以外ノモノニ許可セサルヘキコト並其他直接間接同公司ニ影響ヲ及ホスヘキ虞アル措置ヲ執ラムトスル場合ニハ先ツ同公司ノ同意ヲ経ヘキコトヲ約ス

第四号

日本国政府ハ支那国政府及支那国領土保全ノ目的ヲ確保セムカ為茲ニ左ノ条款ヲ締約セリ

支那国政府ハ支那国沿岸ノ港湾及島嶼ヲ他国ニ譲与シ若ハ貸与セサルヘキコトヲ約ス

第五号

一　中央政府ニ政治財政及軍事顧問トシテ有力ナル日本人ヲ傭聘スルコト

二　支那内地ニ於ケル日本ノ病院及学校ニ対シテハ其土地所有ヲ認ムルコト

三　従来日支間ニ警察事故ノ発生ヲ見ルコト多ク不快ナル論争ヲ醸シタルコトモ尠カラサルニ付此際必要ノ地方ニ於ケル警察ヲ日支合同トスルカ又ハ是等地方ニ於ケル警察官庁ニ日本人ヲ傭聘シ以テ一面支那警察機関ノ刷新確立ヲ図ルニ資スルコト

四　日本ヨリ一定数量ノ兵器ノ供給ヲ仰クカ又ハ支那ニ日支合弁ノ兵器廠ヲ設立シ日本ヨリ技師及材料ノ供給ヲ仰クコト

五　日本国資本家ト密接ノ関係ヲ有スル南昌九江鉄道ノ発展ニ資スル為且南支鉄道問題ニ関スル永年ノ交渉ニ顧ミ武

昌ト九江南昌線トヲ連絡スル鉄道及南昌杭州間南昌潮州間鉄道敷設権ヲ日本ニ許与スルコト

六　台湾トノ関係及福建不割譲約定トノ関係ニ顧ミ福建省ニ於ケル鉄道鉱山港湾ノ設備（造船所ヲ含ム）ニ関シ外国資本ヲ要スル場合ニハ先ツ日本ニ協議スルコト

七　支那ニ於ケル日本人ノ布教権ヲ認ムルコト

この要求は北は中国東北＝満州から南は福建省に至る広範な地域において日本の植民地的利権を拡大・確保し、中国に対する日本の覇権を確立しようとする空前のものであった。

第五号に限っては希望条項であるとされたが、実際には他の号の条項と同様の強要条項であった。

二十一ヵ条の内容を類型化した場合には四つに分類することが出来る。㈠は日本の独占的地位を確保するための中国領土の不割譲であり、第一号の第二条と第四号がこれに属する。㈡は日本の中国における既得権益の確保と再拡大であり、第二号の第一・三・四・七条がこれに属する。㈢は中国における新権益要求であり、第一号の第一、三、四条、第二号の第二・六条、第三号の第一条及び第五号の第二・五・七項がこれに属する。㈣は他の列強の受益を排除し日本の独占的利権と地位を確保しようとするものであり、第一号の第二条、第二号の第五条、第三号の第二条、第四号、第五号の第一、三、四、六項がこれに属する。この類型化より窺われるのは、二十一ヵ条要求においては既得権益の確保よりもその権益の拡大と新権益の要求がはるかに多く、さらに日本の排他的な独占的条項が三分の一以上を占めていることである。これは日本が二十一ヵ条の要求を実現することによって中国における覇権を確立しようとしたことを示している。

このように膨大な対中国外交課題を遂行するため、外務省と加藤外相及び出先機関である北京公使館は次のような外交交渉方針を採用しようとした。

第一に「各条ニ付支那側ト討議セラル、コトヲ避ケ各号 en bloc ニ交渉」すること。即ち逐条討議することを避けて一括交渉を進め、日本側の「要求全部ニ対スル主義上ノ諾否ヲ決スル[50]」ようにさせる。

第二に「迅速ニ解決スルコトヲ以テ極メテ肝要ナリ[51]」として連日協議すること。

第三に本交渉は「絶対ニ之ヲ秘密ニ附スルコト……直接間接共断シテ之ヲ外間ニ洩スカ如キコトナキ様[52]」にすること。これは第二の方針と共に、外部に洩れて他の列強の干渉と中国国内世論の反対を惹起することを防止し、その目的を早急に達成しようとしたためであった。

第四は北京政府の外交大権を掌握している袁世凱とその政府に日本の要求条項を承諾させるため、次のような「引誘条件」を示唆すること。[53]

一　袁大統総ノ地位並ニ其一身一家ノ安全ヲ保障スルコト
二　革命党支那留学生等ノ取締ヲ厳重励行スルコト又不謹慎ナル本邦商民浪人等ニ対シテハ充分注意スルコト
三　適当ノ時期ニ於テ膠州湾還付問題ヲ詮議スヘキコト
四　袁総統及関係大官叙勲奏請方又ハ贈与ノ義ヲ詮議スヘキコト

しかし日置公使は今回の要求条項が「袁政府ノ立場ニ対シテハ案外ニ其ノ重大ナルヲ感シ其ノ承諾ニ困難ナルモノアルヲ恐ルル割合ニ之ヲ勧説シテ我カ要求ニ服従セシメントスルニハ以上引誘条件ノ効力極メテ薄弱ナルヤノ感アリ[54]」と述べ、威圧的手段を用いる必要性を強調した。これは「引誘」と「威圧」の両面の方針をとることであった。

第五に威圧のために次のような方法を採ること。[55]

一　山東出征中ノ軍隊ヲ現地ニ留メ我カ威力ヲ示シ彼ヲシテ我レニ何等カノ野心アルヲ疑ハシムルコト
二　革命党宗社党ヲ煽動シ袁政府顚覆ノ気勢ヲ示シテ之ヲ脅感スルコト

日本は二十一カ条交渉において基本的に上述の方法と手段、特に最後の威圧的手段を大いに活用してその主な目的を達成した。

外交交渉は相互的な外交行為である。袁世凱と北京政府は日本の要求にどう対処したのであろうか。袁と北京政府は日本において二十一ヵ条要求が作成されている時期に「日本の野心那辺ニアリヤ」[56]と危惧しながら、日本が何らかの協定を強要しようとしていることを事前に予感していた。特に八月二一日に『大阪朝日新聞』に掲載された「日支新議定書」は彼らに大きな衝撃を与えた。その記事では日置公使が北京に赴任する際にこの新議定書を持参し、北京で調印・交換すると報道されていた。[57]中国の新聞はこの記事と翌日『大阪毎日新聞』に掲載された「日支間新協定　近く議定調印されん」という記事を訳載して日本に対して激しい反感を示した。袁は日本の膠州湾と山東鉄道の占拠を阻止して軍事的圧力を排除しようとする一方、「親日的訓示」を発して「支那ハ飽迄同一人種タル日本国ト提携シ以テ異人種ノ侵略ヲ防カサルヘカラス」[58]と述べ、日本の好意を得ようと努力した。しかし日本の中国に対する侵略的欲望を阻むことは出来なかった。袁は抵抗と譲歩によって対応しようとし、日本が二十一ヵ条を提出する直前の一月一〇日、坂西大佐に「近時貴国ニハ種々ノ議論アリテ其多ク我国ヲ喰ハントスルモノ多キカ如シ」[59]と述べた。一月一八日に日置公使が二十一ヵ条を提出すると、袁は「極メテ謹厳ナル態度ヲ以テ」[60]対応し、翌日坂西大佐に「頗ル憤慨シタル語気ヲ以テ日本国ハ平等ノ友邦トシテ支那ヲ遇スヘキ筈ナルニ何故ニ常ニ豚狗ノ如ク奴隷ノ如ク取扱ハントスルカ」と述べ、さらに「要求条件ニ対シテハ出来得ル限リ譲歩スヘキモ出来ヌ事ハ出来ヌ故致シ方ナシ」[61]と固い決意を表した。袁は駐北京のアメリカ公使に「日本は、この戦争（第一次大戦）を利用して、中国を自己の統禦下におこうとしているのだ」[62]と語った。曹汝霖外交次長も慷慨の情を吐露した。中国の新聞も二二日から二十一ヵ条要求について報道し始めた。[63]

中日双方は正式な交渉が始まる前から交渉の進め方で論争となった。日本が解決を急いで連日交渉することを要求したのに対し、北京側は週一回土曜日に交渉するという遷延策をとった。妥協の結果、三日に一回交渉することに決した。[64]次に日本が総括的な方針で交渉するように要求したのに対し、北京側は逐条協議することを強調した(65)。さらに日本側は秘密裏に交渉することを要望したが、北京側は表面的には同意したものの(66)、裏では欧米列強と新聞に情報を洩らした。双方共に自国に有利な方針で対処しようとしたが、双方妥協しながらも基本的には北京側の主張が採用された。

中日双方は二月二日から四月二六日まで前後二五回交渉した。二月九日と一二日に北京側が日本の一月一八日の二十一カ条に対する修正案を提出したのに対し(67)、日本は二月一六日付で対案を提出し、二月二五日の第四回会議から四月一七日の第二四回会議において第一号から逐条交渉したが、双方は形式上の問題では譲歩したものの根本的な問題では意見が対立していた。交渉の主な焦点は第二号と第五号であった。北京側は日本の強力な圧力の下で徐々に譲歩したが、日本はこれに満足せず、四月二六日の第二五回目の会談において最終修正案を提出し、北京側に受諾を迫った(68)。これに対し北京側は五月一日に対案を提出した(69)。交渉の詳細については既に十分な研究がなされているので、ここでは省略する。

この両国の案を比較すると、八〇余日間の交渉を経て日本側が提出した二一カ条は一八カ条に圧縮され、警察権等一部は放棄せざるを得なかった。北京側の案は一九カ条で、日本の九条項（第一号の第二、三条、第二号の第一、四、五、六、七条及び第三号、第四号）を完全に受諾し、三条項（第一号の第一、四条、第五号の第一項）を基本的に受諾し、他の六条項（第二号の第二、三、八条と第五号の第二、三、四項）は認めずに北京側の主張を堅持し、第一号に二条（北京対案の第二、六条）を追加するというものであった。これらを具体的に分析すれば、北京側が完全に受諾した条項の多くは、北京側が将来外国と提携して事業を起こす場合には日本に優先的にそれに対する利権を与えるというものであり、もしそういう事業を起こさない場合には問題にならなかった。基本的に受諾した条項は同意したとしても前提条件を付すか、或いは北京側が主導する形式で同意することにした。北京側が反対したのは第二号の満蒙における土地所有権・治外法権・課税・東部内蒙古開放等と第五号の中国中部における鉄道敷設、政府と軍への日本人顧問の招聘、内地における土地購入問題、合弁兵器ては北京側の対案は獲得出来る実質上の利権が少ないものであり、双方の案には相当の懸隔があった。

五月一日付の中国側対案が外務省に到着したのは翌二日の朝であった。加藤外相が松井次官・小池政務局長・小村欣一支那課長らを招集して対策を協議したところ、小池らは最後通牒提出の必要を強硬に主張し、通牒文案を起草した。(70) 加藤外相は大隈首相に臨時閣議の招集を求め、四日午前に二十一ヵ条交渉の最終方策を決定すべく緊急閣議を開き、中国に対し最後通牒を発することを決定した。(71) 同日、閣議決定に基づき加藤外相は日置公使と駐中国の各総領事館及び領事館宛に「帝国政府ハ支那政府ニ対シ最後通牒ヲ発スルニ至ルヤモ難計ニ付貴官ハ管内居留民ノ引揚方其他貴官ニ於テ此際必要ト認メラルル一切ノ措置ニ付内々手配致シ置カレ度シ」(72) と電訓し、各地の出先機関はその準備に着手した。最後通牒は、もし北京政府が日本の四月二六日の最終案を受諾しない場合には、両国間は断交し、日本が戦争手段によって要求を達成することを意味していた。これは重大な外交政策決定であるから、元老らと協議しその同意を得なければならなかった。四日、元老と閣僚の合同会議が開かれた。山県・松方・大山の三元老が出席し、加藤外相が二十一ヵ条の交渉経過及び最後通牒提出の必要性を報告した。(73) 山県は事態ここに至った責任は加藤にあるとして、加藤が特派全権大使として中国に赴き最後の談判を試みるべきであると述べ、松方もこれに賛成した。(74) 袁は政治顧問有賀長雄を日本に派遣して井上・山県・松方らに第五号等の条項の撤回を要望し、元老らもこれに多少動かされていた。(75) 松方は日中が断交した場合に日本が蒙る経済的打撃と、日中開戦になった場合の財政的負担に対する準備ありやと閣僚に尋ねた。これについて若槻蔵相が説明したが、満足させるには至らなかった。元老らは対中国・対袁政策において最初から加藤外相と政策上の相違があったが、(76) この時期に至っても、特に第五号を提出するか否かの問題について依然として内閣と対立し、時局を緩和する方法はないかと質問した。(77) 元老らが最後通牒提出について釈然としていなかったことがわかる。

しかし北京側は日本内部にこのような相違・論争があることを知らなかった。北京政府は五月四、五日に大総統府で首脳会談を開いて討議を重ねた。段陸軍総長のみは強硬に日本の要求を拒絶すべしと主張したが、日本と戦争を試みてまでこれを拒絶する自信はなかった。(78)袁世凱は「既ニ支那ノ譲歩シ得ベキモノハ総テ譲歩シタルヲ以テ一面支那ノ主権他面外国トノ条約ノ関係並ニ国論沸騰等ニ顧ミ到底此ノ以上譲歩ノ余地ナキ」と語ったが、一方で曹次長をして日本人(『報知新聞』北京特派員桑田豊蔵)を介して日置公使に「支那政府ハ二十六日ノ日本最終案ニ対シ更ニ考慮ヲ加ヘ談判開始シタキ」(79)希望を伝えさせた。日本側の新たな圧力の下で抵抗しながらも再度譲歩して、最後通牒の提出を阻もうとしたのである。これに対し日置公使は強硬な姿勢で「此際最後ノ決心ヲ固メ我修正案(四月二六日の――筆者)全部ニ同意セラルル外和平解決ノ途ハナカルベシ」(80)と警告した。同時に日置公使は日本の膠州湾還付の声明を撤回して一層の圧力を加えた。このような情況の下で、曹は五日午後に陸外交総長の代理として日置公使に「五月一日支那側ヨリ提出ノ回答ヲ取消シ四月二十六日日本国ヨリ提出ノ修正案ニ付支那側ニ於テ考慮ヲ加フルノ了解ニテ会議ヲ継続シタキ」(81)旨を再度申出た。しかし曹次長は第五号の福建問題以外の項目については「日本国ノ譲歩ヲ懇願するノ外ナシ」と述べ、第二号の土地・治外法権・課税の問題についても依然として中国の主権を主張し、ただ形式についてのみ日本に譲歩する意向を表明した。(82)日本がこのような譲歩に満足するはずがなかった。六日、加藤外相は北京側が「我修正案ニ対シ満足ナル考量ヲ加フルノ意アルモノト認メラレザルニヨリ会議継続ノ申出ニ応ジ難キ」(83)故に日置公使に最後通牒を発するよう訓令した。この最後通牒は同日の御前会議で山県・大山・松方の三元老と大隈首相以下全閣僚及び長谷川参謀総長や島村軍令部長等が出席して決定されたものである。(84)その内容は、福建省に関する一項目を除く第五号の条項は「本交渉ト引離シ後日改メテ協商スルコトトナス」とし、他の第一号から第四号までの条項と福建省に関する公文書交換の件については「去ル四月二十六日ヲ以テ提出シタル修正案記載ノ通リ之ニ対シ何等改訂ヲ加フルコトナク速ニ応諾センコトヲ茲ニ重テ勧告シ帝国政府ハ此勧告ニ対シ来ル五月九日午後六時迄ニ満足ナル回答ニ接センコトヲ期待ス」るが、もし「右期限迄ニ満足ナル回答ヲ受領セザレハ帝国政府ハ其必要ト認ムル手段ヲ執ルベキコト」[85]を警告するというものであった。

では日本はなぜ最後通牒から第五号を削除したのだろうか。四日の元老と閣僚の合同会議は意見の相違と対立のため双方共にさらに考慮を重ねることにして一応散会したが、閣僚らは引きつづき閣議を開いた。閣議の焦点は第五号の条項を最後通牒の中に含めるか否かの問題であった。大隈首相の電報によって旅行先から急拠帰京した山県の腹心大浦兼武内相は「第五項案、所謂我が希望条件なるものは、未だ同盟国に内示を得ざるものである。此の第五項案の為に、支那との談判破裂するが如きことあらば、其の結果は、恐らくは我国の為に謀りて、策の得たるものではあるまい。因て第五項案は、暫らく撤回して、之を他日に留保するを可とする。之を以て元老の同意を求め、而して後、其他の条項を以て、最後通牒を支那に与へ、対支問題を解決するに若くはない」と提案した。[86] 大浦は正に山県の腹心であり、元老らの意見をあらためて強調したのである。大隈首相・加藤外相らもこの意見に賛成し、第五号(福建省問題以外)を削除することになった。[87] 大浦内相の提案は列強と元老及び北京側の態度と意見を重視し、その妥協案を探り出そうとするものであったから、元老と列強の意見及び北京側の態度が第五号の削除に大きな影響を及ぼしたことを窺うことが出来る。では元老と列強の両者の意見は相互にどのような関係だったのだろうか。かねてより山県ら元老は中国侵略に当って欧米列強との協調を主張し、その範囲内における中国侵略を強調した。二十一ヵ条作成期の九月二四日に提出した方針も、この要求の交渉に当って典型的な協調外交を主張したものであった。[88] あたかも五月四日夜から五日払暁までつづいた閣議の最中にイギリスのグレー外相の第五号に対する反対・牽制の通告が届いた。元老の主張とイギリスの通告が相まって閣議の最終決定に直接的影響を与え、最後通牒から第五号を削除せざるを得なくなったのである。

しかし北京政府はこの情況を知らず、六日夜に曹外交次長が陸総長の命により日置公使に「第一号ハ全部日本最終案ニ同意シ膠州湾還附ノ事ハ公文ヲ以テ日本国ヨリ支那ニ声明シ」、第二号の土地商租の件は「別ニ公文ヲ以テ成ルベク永キ期限ニ取極ムルコトトシ」、治外法権に関しては日本人関係の土地訴訟は日本側法官が裁き、他は中国法官が裁いて日本領事館が官員を派して審判に立会うとし、東部内蒙古に関する残りの一ヵ条は日本の要求を承諾し、第五号については「鉄道問題ハ日本最終案第二案（?）ニ同意シ顧問兵器及布教ノ事ハ日本ノ最終案ヲ基礎トシテ他日商議スヘキコトヲ声明ス学校病院設立ノ件ハ予テ協議済ノ次第ヲ会議録トシ存案スルコトトス」(89)と申出、これまで拒否・反対してきた第五号について大幅に譲歩する意向を表明し、日本の最後通牒の提出を阻もうとした。北京公使館は曹の譲歩案と日本の最後通牒の内容を比較して曹の譲歩案の方が日本に有利であることに気づき、これに応ずる姿勢を示した。(90)日置公使は第五号についての曹の譲歩案は日本側に有利であるから、最後通牒の第五号に関する部分を北京側の譲歩案通り改訂して中国側に提出せよとの意見を加藤外相に上申した。(91)しかし廟議決定のこともあり、加藤は「今更変更シ難キニ付訓令通リ最後通牒提出方決行セラルベシ」(92)と訓令した。七日午後三時、日置公使は陸徴祥外交総長に最後通牒を手渡し、「右通牒ニ対シテハ速ニ満足ナル回答ヲ与ヘラレ」(93)ることを要求した。日本は断交と戦争により北京側に日本側最終案の承諾を迫った。

日本の最後通牒に対して袁世凱と北京政府はどう対処したのだろうか。同日夜、北京政府当局者は直ちに総統府において会議を開き、翌八日にも同様の会議を催し、午後一時から大総統府で国務卿徐世昌・政事堂左右丞・外交総長陸徴祥・次長曹汝霖・各部総長・参政趙爾巽・李盛鐸・梁士詒・楊度・厳復・聯芳・施愚らを招集して大会議を開き、最後通牒に対する回答について協議した。(94)北京当局は前述のように六日には既に第五号を含む日本の最終案に譲歩する意向を示しており、第五号の一部を含む最後通牒を承諾する事前の準備があった。英・仏・露の公使らも北京政府当局者に武力で最後通牒に抵抗しないよう勧告したため、(95)北京政府は日本の最終案を受諾することに決定した。しかし聯芳と熊希齢は「強硬ニ日本今回ノ行動ヲ非難シ将来ノ施政ニ最モ熱烈ナル警告ヲ加ヘタ」(96)。袁世凱は第五号の除外に「深ク感銘シ且日本国政府ニ於テ斯ル寛大ノ度量ヲ有セラレタルナレバ事ノ解決ヲ最後通牒ニ待ツヲ要セザリシ」[97]と述べる一方で、最後通牒中における北京政府に対するさまざまな不誠実・不都合な攻撃に対していちいち弁解・反駁を加える長文の回答案を起草したが、最後に簡単な応諾の旨を日本側に通告することになった。[98] 五月八日深夜一一時、陸外交総長は日置公使に「日本政府四月二十六日ノ修正案第五号中五項ヲ将来協議スルコトトシテ除外シ第一号ヨリ第四号ニ至ル各項及第五号中福建問題ニ関シ公文ヲ交換スルノ件ニ付テハ四月二十六日ノ修正案ニ記載スル所及日本政府五月七日ノ来文内ニ添附セル七件ノ解釈ニ照シ即チ応諾ヲ行[99]」うとの書簡を手渡した。こうして北京政府は日本側の一五ヵ条について完全に承諾した。[100]

その結果、五月二五日に陸徴祥外交総長と日置益公使は、第一号に関しては「山東ニ関スル条約」四条と山東省における都市開放に関する交換文書、第二号に関しては「南満洲及東部内蒙古ニ関スル条約」九条と旅順大連の租借期限並びに南満州鉄道の期限等に関する交換文書等八つの交換文書に署名を交した。[101] 第三号の漢冶萍公司に関しては陸と日置間の交換文書の形式で、[102] 第四号の中国沿岸島嶼不割譲に関しては一三日に国務卿徐世昌が署名した大総統令の形式で日本側の要求を承諾した。[103] 福建省に関しては二五日に陸と日置間の交換文書の形式で日本側の要求を承諾した。[104] 同日陸と日置は戦後の膠州湾租借地処分に関する交換文書を交した。[105] 条約の締結と交換文書により日本は第五号の福建省について等一部を除く他の目的を達したが、これは国際公法に違反する無効な条約或いは交換文書であった。

第一にこれらの条約と交換文書は中国の国家独立権を侵害していた。国家独立権は国際法が認めている主権国家の権利であり、国家の主権を守るための根本的な権利であった。国家独立権とは独立した国家が自己の意志により自己の問題を処理する権利であり、他国の意志と要求により自己の問題を処理することを否定して国家主権を維持する権利であった。しかし山東・満蒙に関する条約は中国の領土主権を侵犯し、満州・東部蒙古においても領事裁判権を行使して公然と中国の独立権を侵害していた。日本は条約改正において国家独立権を侵害するとして領事裁判権を廃止したが、逆に中国にはこれを押付け、公然と国際法に違反した。他の条項に関する協定や交換文書も中国の自発的な意志によって締結・交換されたものではなく、日本の意志・要求によって締結・交換されたものであり、国際法に違反する無効なものであった。

第二にこれらの条約と交換文書は国際正義に反する条項を強制と軍事的脅威によって北京政府に受諾させたものであった。二月八日に日置公使は加藤外相の訓令により陸外交総長に厳重な警告を発し、(106)三月五日に加藤外相が中国側に「我要求ヲ容ルルニアラザレハ日本ハ其目的ヲ達スルガ為メ他ニ手段ヲ求メザルヲ得ザルニ至ルベク万一右ノ如キ場合ニ至ラバ両国々交上ノ不幸之ヨリ大ナルモノナカルベキニ付支那政府ニ於テモ篤ト考量ノ上我要求ヲ承諾スルコトニ致スヘク」(107)と再度警告した。当時日本軍部は南満州駐屯軍と山東守備隊の交替時期を期間を定めずに延長し、交替のため日本から派遣される二個師団の出発を繰上げ、北支駐屯軍約一二〇〇名の増員を詮議した。(108)加藤外相はこの軍事的圧力を北京政府との外交交渉に利用したのである。日置公使も加藤外相の訓令によって三月七日に曹次長を呼寄せて「時局頗ル危険ノ状態ニ急転シツツアル」と警告し、日本側の要求を必ず受諾するよう脅迫した。(109)日本は軍隊の出動を新聞で報道させると同時に、一〇日に門司から機関銃等一三六梱を、一二日に神戸から爆薬等二六梱を中国に輸送することを通告した。新たに派遣された日本軍は三月一七日より前には日本を出発し、二〇日前後から南満州及び山東に上陸し、奉天と済南・張店・濰県・坊子方面でも歩兵・工兵・砲兵隊を増員した。(110)中国の新聞は三月一〇日前後から日本が海軍艦艇と陸軍を中国に続々と派遣することを報道し、情勢は一層緊張した。駐日の陸公使は政府の訓令によって日本政府に「支那ニ軍隊ヲ増派スル事ヲ見合」(111)せるよう申出、外交部も日置公使に兵力増強についての日本側の説明を要求し、中日交渉に対する軍事的圧力を排除しようとした。しかし日本側は故意に駐屯軍と守備隊の交替を延期し、その政治的・軍事的効果を強めた。これは実質上北京側に強い影響を及ぼし、北京側は日本に譲歩せざるを得なくなった。日本が最後通牒を中国に発する時、岡陸軍大臣は満州の第一三、一七師団と独立守備隊及び朝鮮駐屯の第九師団に緊急待機を命令し、(112)海軍は長江付近に一六隻、馬公港付近に五隻、青島付近に五隻、秦皇島付近に七隻の艦艇を配置した[113]。最後通牒提出の日とその翌日、八代海相は第一、二、三艦隊司令長官に作戦行動指令を発し、各艦隊は作戦前の準備行動を開始した[114]。このような軍事的圧力と強要によって北京政府は日本の最終修正案を承諾したのである。軍事的強圧によって調印された条約と交換文書は当然国際法に違反し、無効なものであった。

第三に山東と満蒙に関する条約は中国憲法に規定された条約締結・批准の手続に違反する条約であるから、国際法上無効であった。憲法上の行為は国際法に組入れられており、条約の署名・批准・受諾という国際的行為が国家を拘束するほど実効的であるか否かは常に憲法上の諸制度と関連して考慮され判断されるからである。当時の中国の憲法には一九一二年三月に孫文の南京臨時政府と参議院が制定した「臨時約法」と、その後袁世凱がこの「臨時約法」を廃止して一九一四年五月に制定した「中華民国約法」があったが、中華民国の正統からいえば孫文の「臨時約法」が正式の中国憲法であるべきであり、その第三五条には「臨時大総統は参議院の同意を経て、宣戦・媾和及び条約の締結をすることが出来る[115]」と規定されていた。袁の「中華民国約法」第二五条にも「大総統は条約を締結することが出来るが、領土変更或いは人民負担を増加する条項は必ず立法院の同意を得べきである[116]」と規定されていた。これらの約法から見れば、山東・満蒙に関する条約は参議院＝立法院の批准を経るべきであったが、その手続はとられなかった。国際法は条約締結のために当事国の意思をどう形成するかについては各国の国内法である憲法に委ねている。国家意思形成に必要な国内手続を経ないで締結されたこの条約は、中国人民の意思を反映していないし、また中国を拘束する法的拘束力を有してもいないから、この条約は無効である。一九二三年三月一〇日、北京政府はこのような国際法的見地からこれらの条約は「支那共和国大総統に依り調印されてゐるとは言へ憲法の要求する支那議会の協賛を得るに至らなかつた[117]」として、この条約の廃案を日本政府に通告した。これは国際法に合致する法的行為であった。

（1）参謀本部『秘日独戦史』上巻、二一―二二ページ。平間洋一「対二一ヵ条の要求と海軍」、『軍事史学』第二三巻第一号、三五ページ。
（2）伊藤正徳『加藤高明』下巻、加藤伯伝記編纂委員会、昭和四年、一五四ページ。
（3）外務省編『日本外交文書』大正三年第三冊、五四五ページ。
（4）同右書、五四四ページ。
（5）同右書、五四六ページ。
（6）同右書、五五三ページ。
（7）外務省編『日本外交文書』大正三年第二冊、九〇三ページ。
（8）同右書、九〇七ページ。
（9）同右書、九一五―一六ページ。
（10）北岡伸一『日本陸軍と大陸政策』東京大学出版会、一九七八年、一六七ページ。
（11）同右書、一六八ページ。
（12）外務省編『日本外交文書』大正三年第二冊、九〇三ページ。
（13）同右書、九〇七ページ。
（14）同右書、九〇九ページ。
（15）同右書、九一六ページ。
（16）北岡伸一、前掲書、一六七―六八ページ。
（17）同右書、一六八ページ。
（18）外務省編『日本外交文書』大正三年第二冊、九〇九ページ。
（19）同右書、九一六ページ。
（20）同右書、九一八ページ。
（21）同右。
（22）同右書、九〇七ページ。

(23) 同右書、九二六—二七ページ。
(24) 北岡伸一、前掲書、一七〇ページ。
(25) 同右書、一六九ページ。
(26) 外務省編『日本外交文書』大正三年第二冊、九一七ページ。
(27) 同右書、九〇三ページ。
(28) 徳富猪一郎『公爵山県有朋伝』下巻、九一五—一六ページ。
(29) 同右書、九一九—二八ページ。堀川武夫『極東国際政治史序説』有斐閣、昭和三三年、六九ページ。
(30) 同右書、二八八ページ。
(31) 伊藤正徳、前掲書上巻、三七九ページ。
(32) 同右書下巻、九一〇ページ。
(33) 外務省編『日本外交文書』大正三年第二冊、九一〇—一四ページ。
(34) 同右書、九二七ページ。
(35) 同右書、九三七—三八ページ。
(36) 同右書、九三九—四〇ページ。
(37) 同右書、九四〇ページ。
(38) 同右書、九二二—二三ページ。
(39) 伊藤正徳、前掲書下巻、一五四ページ。
(40) 外務省編『日本外交文書』大正三年第三冊、五七九ページ。同右書、五七九—八八、五八九—九〇ページ。
(41) 市島謙吉『大隈侯八十五年史』第三巻、大隈侯八十五年史編纂会、大正一五年、二六四—二七ページ。伊藤正徳、前掲書下巻、一五四—六〇ページ。
(42) 同右。
(43) 外務省編『日本外交文書』大正三年第三冊、五九一ページ。
(44) 武者小路公共『小幡酉吉』小幡酉吉伝記刊行会、昭和三二年、一〇五ページ。

(45) 外務省編『日本外交文書』大正四年第三冊上巻、一〇七—〇九ページ。
(46) 武者小路公共、前掲書、一〇七ページ。
(47) 平間洋一、前掲論文、前掲雑誌、三〇ページ。
(48) 外務省編『日本外交文書』大正四年第三冊上巻、一〇七ページ。
(49) 伊藤正徳、前掲書下巻、一五六—六〇ページ。王芸生『六十年来中国与日本』第六巻、生活・読書・新知三聯書店、一九八〇年、七四—七六ページ。
(50) 外務省編『日本外交文書』大正四年第三冊上巻、一一一、一一二ページ。
(51) 同右書、一一二ページ。
(52) 同右書、一一三ページ。
(53) 外務省編『日本外交文書』大正三年第三冊、五四六、五六七、五九二ページ。
(54) 同右書、五九三ページ。
(55) 同右書、五九二—九三ページ。
(56) 同右書、三七一ページ。
(57) 同右書、五四七ページ。
(58) 同右書、五五四ページ。
(59) 外務省編『日本外交文書』大正四年第三冊上巻、一一二ページ。
(60) 同右書、一一五ページ。
(61) 同右。
(62) 堀川武夫、前掲書、一五八ページ。
(63)『申報』一九一五年一月二二、二六日。
(64) 曹汝霖『曹汝霖一生之回憶』伝記文学出版社、一九八〇年、九一ページ。
(65) 同右。
(66) 同右。

(67) 王芸生、前掲書第六巻、一〇八―一一〇ページ。
(68) 外務省編『日本外交文書』大正四年第三冊上巻、三四四ページ。武者小路公共、前掲書、一三六―三八ページ。
(69) 王芸生、前掲書第六巻、二二五―二八ページ。武者小路公共、前掲書、一四一―四四ページ。
(70) 武者小路公共、前掲書、一四六ページ。
(71) 徳富猪一郎、前掲書下巻、二八二―八三ページ。『申報』一九一五年五月五、六日。
(72) 外務省編『日本外交文書』大正四年第三冊上巻、三六四ページ。
(73) 市島謙吉、前掲書第三巻、一八三ページ。
(74) 徳富猪一郎、前掲書下巻、九三〇ページ。伊藤正徳、前掲書上巻、二三一―二七ページ。
(75) 曹汝霖、前掲書、九七―九八ページ。伊藤正徳、前掲書上巻、二七一―二八ページ。
(76) 市島謙吉、前掲書第三巻、一八三ページ。伊藤正徳、前掲書上巻、二三一―二八ページ。
(77) 堀川武夫、前掲書、二五八―六〇ページ。
(78) 曹汝霖、前掲書、九九―一〇〇ページ。
(79) 外務省編『日本外交文書』大正四年第三冊上巻、三六六―六九ページ。
(80) 同右書、三七二ページ。
(81) 同右書、三七三ページ。『申報』一九一五年五月六日。
(82) 同右書、三七三ページ。
(83) 同右書、三七四ページ。
(84) 市島謙吉、前掲書第三巻、二八五ページ。『申報』一九一五年五月七日。
(85) 外務省編『日本外交文書』大正四年第三冊上巻、三七八―七九ページ。
(86) 徳富猪一郎、前掲書下巻、九三一―三二ページ。
(87) 伊藤正徳、前掲書下巻、一七三―七四ページ。
(88) 徳富猪一郎、前掲書下巻、九一五―一六ページ。
(89) 外務省編『日本外交文書』大正四年第三冊上巻、三九〇ページ。王芸生、前掲書第六巻、二三七―三九ページ。

(90) 武者小路公共、前掲書、一五三—五四ページ。
(91) 外務省編『日本外交文書』大正四年第三冊上巻、三九一ページ。
(92) 同右書、三九一ページ。
(93) 同右書、四〇八—〇九ページ。王芸生、前掲書第六巻、二三九—四一ページ。
(94) 曹汝霖、前掲書、九九ページ。『申報』一九一五年五月一〇、一三日。
(95) 保羅・S・芮恩施『一個美国外交官使華記』商務印書館、一九八二年、一一五ページ。曹汝霖、前掲書、九九ページ。
(96) 外務省編『日本外交文書』大正四年第三冊上巻、四四三ページ。
(97) 同右書、四一五ページ。
(98) 曹汝霖、前掲書、一〇〇ページ。『申報』一九一五年五月一〇日。
(99) 外務省編『日本外交文書』大正四年第三冊上巻、四一七ページ。王芸生、前掲書第六巻、二四三ページ。
(100) 同右書、四八四—九一ページ。王芸生、前掲書第六巻、二六一—六三ページ。
(101) 同右書、四九二—五一九ページ。王芸生、前掲書第六巻、二六三—七一ページ。
(102) 同右書、五二〇—二一ページ。王芸生、前掲書第六巻、二七一—七二ページ。
(103) 同右書、四五二—五三ページ。王芸生、前掲書第六巻、二五八ページ。
(104) 同右書、五二二—二四ページ。王芸生、前掲書第六巻、二七二ページ。
(105) 同右書、五二四—二七ページ。王芸生、前掲書第六巻、二七二—七三ページ。
(106) 同右書、一三七—三八、一四四ページ。
(107) 同右書、二〇六ページ。
(108) 同右書、二〇七、二一六ページ。
(109) 同右書、二一一ページ。
(110) 同右書、二四六、二四九ページ。
(111) 同右書、二五七ページ。
(112) 同右書、三七六ページ。

(113) 同右書、三七四―七五ページ。
(114) 平間洋一、前掲論文、前掲雑誌、三―五ページ参照。
(115) 『孫中山全集』第二巻、中華書局、一九八二年、二二三ページ。
(116) 『東方雑誌』第一〇巻第一二号。
(117) 長谷部「満洲成立後に於ける商租権」、『満鉄調査月報』第五巻第八号、三ページ。

四 二十一ヵ条交渉をめぐる日・中と欧米列強の二重外交

二十一ヵ条をめぐる中日外交交渉は単なる両国間の交渉ではなく、欧米列強、特にイギリスとアメリカが日本の予想以上に介入し、交渉過程において日本と北京側に少なからぬ影響を及ぼした。当時中国は単独の国の完全な植民地ではなく日本や欧米列強の共同の半植民地であったため、彼らの相互利害が絡み合っていたからである。日本や欧米列強はこの半植民地に対する侵略のために互いに支持・協力しながら、また互いに争奪・牽制し合っていた。これが所謂二重的外交関係である。本節では、この二重外交論の視点から二十一ヵ条交渉をめぐる日本・中国と欧米列強の三者間の外交関係を考究すると共に、二十一ヵ条交渉の最終決着がこの二重外交の産物であることを究明する。

日本は欧米列強が大戦に忙殺されて中国問題を顧みる余裕がないという好機を利用して二十一ヵ条を北京側に提出したが、彼らの存在と中国に対する関心を完全に無視することは出来ず、彼らに対する外交的措置を講ぜざるを得なかった。日本は二十一ヵ条の第一号から第四号までの大略の内容を内報して彼らの支持・協力を獲得しようとしたが、第五号の内容は秘匿して彼らの干渉を阻止しようとした。また第二号から第四号の内容を内報するに当っても、各国との関係に照らして内報の時期と方法及び内容は一様ではなかった。

日本はまず同盟関係にあるイギリスに内報し、他の列強にはその後で通報した。加藤外相は日英同盟に基づき対英協調を主張し、この交渉においてもまずイギリスの黙認或いは支持を期待し、一月八日に駐英の井上大使に第五号を除く要求内容の大略をグレー外相に内密に伝えるよう訓令した。(1) 井上大使がグレーに内報したのは二十一カ条を北京側に提出した後の一月二二日であった。井上がイギリスに対する日本の信頼を示すため「貴大臣以外ニハ何レノ方面ヘモ通報ナカルヘキ」(2)と述べたのに対し、第五号の内容を知らないグレーは「此種ノ協定ヲ支那トノ間ニ遂ケントスルハ大体ニ於テ至極妥当ノ措置ニシテ英国利害ノ関スル限リ何等異議ヲ入ルヘキ所ナカルヘキ様存セラル」(3)と日本の要求を支持する意向を表明した。中国の新聞もイギリスが日本の要求を支持していることを報道した。しかし駐日のグリーン大使は第四号の中国「沿岸港湾及島嶼不割譲ノ点ハ列国ニ於テ最モ重要視スル所ナラン」(4)と警告した。それは日本が中国沿岸を独占して他の列強を排除しようとしていたからであった。イギリスとは反対に日本がもっとも警戒したのはアメリカであった。それは北京政府が大戦に巻込まれていないアメリカと日本の中国における競合を利用して日本を牽制しようとしたからである。一月二八日にブライアン国務長官が駐米の珍田大使に日本の中国に対する要求条件を知っているかと尋ねた時、珍田は「未タ其条件ヲ知ラサル」(5)旨を答えて事実を隠した。二月八日に至り初めて珍田大使はブライアンに第五号を除く内容を一一カ条にまとめて手渡した。(6) フランスとロシアには二月五日に加藤外相が両国の駐日大使らを通じて第五号を除く内容を通報した。(7) これに対しロシア大使のマレウィチは「此提案全般ニ亘リ露国政府ヨリ何等異議ヲ唱フヘキ筋合ニ非ス誠ニ当然ナル良キ提案ナリト存ス」(8)と支持する意見を述べた。ロシアは既に日本と満州と内蒙古における勢力範囲を分割しており、今回提出された満蒙に対する要求がその範囲内にとどまり、その上ドイツとの戦況は大変不利で、日本から兵器を購入している状態でもあったので日本の要求を支持したのである。このように第一、二、三号は主に日本の中国における既成権益の再確認とその権益の再拡大であったため、列強は、基本的には支持或いは黙認したのである。

欧米列強の第一号から第四号までに対する基本的姿勢は、中国における欧米列強と日本との二重的外交関係の支持・協力の一面を表すものであった。欧米列強と日本は共に帝国主義国家であり、中国を侵略し中国での植民地的権益を保護・拡大しようとする点で共通性を有しており、そのため互いに支持・協力する一面を有していた。しかし欧米列強と日本は各自の権益と勢力圏を維持・拡大する必要上、相手を排斥し互いに争奪をする点では対立しており、そのため時には相手の侵略に抗議・反対し、時には相手の行動を制限・牽制する面も有していた。この側面が二十一ヵ条の第五号要求をめぐって明らかになったのである。

日本は欧米列強に第五号を秘匿したが、北京政府の方針によって新聞等を通じてその存在と内容が外部に漏洩し、日本と欧米列強との対立と争奪が激化し始めた。日本は二十一ヵ条を北京側に提出した二〇日後になっても、第五号の内容を同盟国であるイギリスに内報しなかった。二月一〇日にイギリスのグリーン大使が加藤外相に第五号の存在を尋ね、これについて「一言ノ御話ナカリシハ遺憾ナリ」(9)と抗議した。しかし加藤外相はこの時にもその内容を率直に通告せず、ただ「従来ノ懸案等日本ガ支那ニ対シ実行ヲ切実ニ希望スル諸項ヲ支那政府ニ申出デタルコトハ有之ベキ」旨を述べ、これを内示しなかった理由はそれが「貴国ノ権利利益ト衝突スル如キコト無之ガ為ナリ」(10)とか、或いは「希望ノ意味ニ於テ支那政府ニ申込居ルコトハ有之ベキモ決シテ要求ニハ非ズ」等と弁明した。日本は二月二〇日になってイギリスに第五号の内容を内報した。(11)しかしこれで日英の関係が好転したわけではなかった。両国は日本が第五号についてイギリスに内報する義務があるか否かをめぐって論争した。二月二二日、グリーン大使は一〇日に加藤外相が今回の要求内容に対して「英国ニ於テ内告ヲ受クル権利アルガ如ク思考スルハ解シ難シ」(12)と語った言葉を取上げて、これは日本の「条項中ニ英国ノ権利利益ニ衝突スルコトアルトモ必ズシモ英国ニ協議スルノ限ニ在ラズ」(13)と語ったものだと非難し、日本の単独行動に不満の意を表した。日本はイギリスと協議すべき義務があることを否定した。加藤外相は「希望条項ノミナラス要求条項ニテモ悉ク御内示ニ及バザルベカラザル義務アリトハ思ハレズ之ヲ内示スルト否トハ是我方ノ裁量ニ依ルコト」であり、「日本ノ希望条項中ノ事柄ニ付万一英国側ニ故障アルトモ一旦支那ニ提出シタル条項ヲ撤回又ハ変改スルコトハ断ジテ為シ難き所ナリ」(14)と反駁し、第五号提出に譲歩の余地はないと強硬な姿勢を示した。

日本はアメリカにも第五号の内容を通報せざるを得なかった。二月二〇日に加藤外相は駐日のアメリカ大使ガスリーに前回内報した要求条項以外に「貴国ニ内告セザルモノハ毫モ無之次第ナリ只右要求条項ノ外ニ右ト同時ニ日置公使ヲシテ支那政府ニ対シ実行ヲ希望スル旨申入レシメタル事項ハ無之ニ非ズ然レドモ右ハ希望ニシテ要求ニ非ズ」(15)と弁解したが、その具体的内容を率直に示すことは避け、二二日に珍田大使が初めてブライアン国務長官に英文の希望条項を手渡して同様の説明をした。

しかしロシアに対しては、二月一五日に加藤外相が駐日のロシア大使に第七項の布教の自由、第二項の土地所有権等一部のことについて内報した。それは加藤外相が以前「希望トシテ述ベタル事項中ニモ貴国ノ権利利益ト衝突スルモノ一モナキコトハ自分ノ断言シ得ル所ナリ」(16)と述べたように、相対的にロシアの利権と直接衝突するものは少ないと考えていたからであった。

では英・米・露等の列強は第五号を含む日本の要求にどう対応したのだろうか。イギリスは二月二二日にグリーン大使がこの要求に対するイギリス側の基本的姿勢を表明したグレー外相の覚書を加藤外相に提出した。覚書は日本の「要求または希望のうち、英国が既に保有し、またはその許与を約束されているような経済的利益と衝突するものがある場合は、日本政府が英国政府と隔意なく意見を交換されるものと信じ」、「日本政府が中華民国の保全と独立とを毀損するものと当然に考えられるような、如何なる要求をも提出されないことを切望して已まない」[17]と述べていた。イギリスは日本の中国における権益拡大から自国の既得権益を守る意志と、日本の第五号の要求に表された中国における覇権的地位の確立という欲望に対する警告を示したのである。これにより、二十一ヵ条交渉をめぐるイギリスと日本との対立が激化したが、イギリスは対独戦において不利な状況に陥っており、日本の協力に頼らざるを得なかったため、日本に強硬な姿勢で対抗する余裕がなく、穏和な言辞で警告したのである。次いでイギリスは他の列強と同様に自国の権益と直接関係する条項を取上げ、自己の勢力圏に日本が侵入するのを阻止しようとした。華中の長江流域がイギリスの勢力圏であった。三月八日にグレー外相は第五号第五項の長江流域における鉄道敷設権問題を取上げ[18]、一〇日にこれに関する覚書を提出した[19]。イギリスは自国の勢力圏内に侵入して権益拡大を図る日本を排除し、自己の独占的権益を維持しようとしたのであった。イギリスはアメリカが取上げた第六項の福建省（アメリカは辛亥革命の時から既に福建省沿岸において日本と争奪していた）については「英国ニ於テ何等言フベキ所ナシ」[20]と述べたが、日本が自己の勢力範囲内で権益を拡大し、或いは自己の利権を排斥しようとする項目に対しては譲歩しようとはしなかった。二十一ヵ条交渉の時期において列強の駐日大使の中で加藤外相と会談した回数がもっとも多いのはイギリスのグリーン大使で、その回数は一〇数回に上った。グリーンは日中交渉の内情を加藤に尋ね、イギリスに関連する問題を常に提起し、中国におけるイギリスの権益を保護すると共に、日本を牽制し日本と争奪したのである。中国もイギリスの中日交渉に対する姿勢を非常に重視し、その政策と姿勢を分析していた[21]。

アメリカも第五号の存在を確認した後で対応策を講じ始めた。当時北京政府はアメリカの力に頼ろうとしていたので、アメリカは北京側から二十一ヵ条交渉に関する情報を即刻入手することが出来た。駐北京のラインシュ公使は二十一ヵ条提出後四日目の一月二二日に北京側からその情報を受取った。英語が達者だった顧維鈞がラインシュと北京政府間の連絡係の役割を務めていた。ラインシュはこれらの情報から国務省宛の電報の中で「中国の独立と西欧諸国の機会均等が危殆に瀕している」[22]ことを強調したが、国務省は適切な措置を講じなかった。二月一八日に北京政府は駐米公使を通じて国務省に第五号を含む二十一ヵ条の全文を正式に通告し、第五号秘匿の事実をあばいた。二〇日に日本側もアメリカ側に今まで隠していた第五号の存在を承認した。ここに至ってアメリカは初めて第五号の内容を確認し、二二日にブライアン国務長官がウィルソン大統領に第五号の要求には「中国の政治的統一を脅かし、各国への機会均等の原則に違反する」点があると報告し、アメリカは反対の意思を表明すべきだと上申した。[23]しかしブライアンはなおも中日双方を妥協・協調させようとした。国務省顧問ランシングらは一九一三年にカリフォルニアで日本人土地所有禁止法が制定されて以来緊張していた日米関係を、アメリカが日本の南満州・山東における特殊利益を容認することによって好転させようとした。[24]これはアメリカ国務省内部においてさまざまな意見があったことを示している。アメリカ政府は国務省内の意見を調整した後、三月一三日に第五号を含む二十一ヵ条に対する公式見解を日本側に示した。その要旨は次の通りである。[25]

第一に日本側の要求に対し同情或いは支持したのは次の条項であった。

一　「第一号及第二号ノ考案ニ関シ今日ノ処何等問題ヲ提起スルノ意向ヲ有セス」。

二　「第三号及第五号二項第五項第七項ニ付テモ米国政府ハ支那ニ於ケル米国又ハ米国人ノ現在ノ権利々益ニ何等特殊ノ脅迫ヲ与フルモノト認メズ」。

第二に日本側の要求に対し反対或いは承服し難いとして、日本と争奪しようとしたのは次の条項であった。[26]

一　「第四号ニ関シテハ……他国ガ斯ル軍港ヲ得ントスルコトニ日本ハ故障ヲ有スル趣ナリ」。

二　「第五号第一項ニ関シテハ支那政府ハ顧問選択ニ不公平ナル差別ヲナサザルモノト推定シ得ベシト信ズ」と述べ、日本人は既に中国の外国人顧問二五名のうち六名を占めているから必要なしとした。

三　「第五号三項ニ関シテハ米国政府ハ警察合同計画ハ日支人間ノ衝突ヲ減ズルヨリモ或ハ却テ一層ノ困難ヲ醸成ス

ルコトナキヤヲ懸念ス」。

四「第五号第四項軍器弾薬購買制限及第六項福建省開発特権ニ関シテハ……日本ノ要求スル権利及特権ハ米支条約ニ依テ確保セラレタル米国人ノ権利ト牴触ス」。

これはアメリカの日本に対する二重的外交政策を具現したものであった。前者は同じ帝国主義的国家として日本の中国における権益の維持・拡大を同情・支持するものであり、後者は中国の独立・領土保全を擁護する名目でアメリカの中国における利権を保持・拡大するために日本と争奪しようとするものであった。

このような争奪は日本が三月一〇日前後から中国に増兵し、二七日の第一五回会談以降に第五号を交渉し始めたことによって一層激化した。交渉の初期には日本に対する同情・支持の面が主であったのが、三月中旬或いは下旬からは日本と英米列強間の争奪と牽制の面が主になった。中国の新聞もイギリス・アメリカのこのような姿勢の変化を報道した。(27)

日本は三月一三日のアメリカの見解への対策を講じた。三月一九日、加藤外相は駐米の珍田大使にアメリカ政府の申出は中国政府の依頼に基づくものだと指摘し、第五号は「之カ実行方ヲ勧告セルモノニシテ飽迄之ヲ強制セントスルモノニ非ズ」、且つまた「機会均等主義ヲ破ルガ如キ企図ヲ有セザル(28)」ものだと弁解し、顧問・兵器・警察等の問題に対しても日本なりに弁明した。しかし福建問題についてはアメリカと真っ向から対立した。それは辛亥革命前後からアメリカが福建沿岸地方において利権を拡大しようとしていたからである。例えばアメリカによる三都澳港借款問題やベスレヘム製鋼所が福建において船渠《ドック》を建造しようとしたことはこれを示している。日本はかつて清朝政府と福建沿岸不割譲の協定を締結していたが、アメリカの福建におけるこのような行動はアメリカが日本の勢力圏内に浸透して日本とこの地域を争奪しようとすることだったので、日本は第五号第六項によってアメリカ勢力の浸透を阻止し、日本の投資優先権を確立しようとしたのである。(29)加藤外相はこのような優先権は英・仏等が山西・湖南・湖北・広東で行使しているものと同様で日本独自のものではないと反駁した。(30)二二日、珍田大使は加藤外相の意見をブライアン国務長官に申入れたが、その折に「所謂希望条項ナルモノハ之カ実行方ヲ勧告セルモノニシテ飽迄之ヲ強制セントスルモノニ非ズ」(31)という点を省略した。それは「福建省ニ対スル我希望ノ如キハ帝国政府ニ於テ頗ル重大視セラレ居ルコト明瞭ナルヲ以テ此点ハ寧ロ之ヲ控ヘ置ク方可然ヤニ存ジ」(32)ていたからであった。珍田は希望条項は要求条項と同様に重要であることを告白したのである。警察問題に関しては「満洲ト及或場合蒙古トヲ除ク外他ノ地方ニ適用セントスルモノニアラズ」(33)と付言してアメリカと妥協しようとした。福建問題に対しては加藤外相の意見を堅持してブライアンの「台湾ノ海防ト云フ如キ政治上ノ理由乃至必要ニ基キ相当ノ自衛的約束ヲ取付クル事ト商工業即チ平和事業ニ関シ優先権ヲ設定スル事トハ其間自ラ区別在リ」と政経分離の主張に反駁し、この両者は「分界ヲ画シ難ク又仮リニ此カル机上ノ分界ヲ立テ得ルトスルモ実際問題トシテハ此ノ如キ標準ニ依リ行動スルコト殆ンド不可能ナリ」(34)と述べてアメリカに譲歩しようとはしなかった。

こうした情況下でアメリカは福建省における日本の利権拡大を牽制する新しい措置をとらざるを得なかった。三月二九日、ガスリー大使はブライアンの訓令により加藤外相に「支那政府ヨリ貴国政府ニ対シ同省沿岸ニ於テ港湾ヲ修築シ又ハ貯炭所海軍根拠地等ヲ設クルコトヲ他国ヘ許サザル旨ヲ約スル」(35)条文から「先ツ日本ニ協議スル」という文言を削除することを要求し、日本の優先権を牽制しようとした。アメリカは福建問題に対してはこのように強硬な姿勢をとったが、他の問題に対しては日本に譲歩した。顧問問題については「其適当ナル部分ヲ日本ヨリ出スコトニハ異存ナク」、兵器問題も「数量ヲ予定スルコトナク只支那ヨリ外国ニ兵器ヲ注文スル場合ニハ是亦其適当ナル部分ヲ日本ヨリ供給スルコトトセバ差支ナガルベク」、警察の件は「満蒙ノミニ限リ且ツ日本人ノ住居スル区域ニ限ルコトナラバ米国政府ニ於テ異存ナシ」(36)とした。このようにアメリカはこれらの問題において日本が中国全土において支配的地位或いは覇権を確立することには強く反対したが、アメリカと直接的利害関係のない特定地域における要求は認め、またこれらの問題において日本がアメリカから列強と共に享有すべき利権に対しても、帝国主義的共通性から支持した。これもアメリカの日本に対する支持と争奪・牽制という二重外交を物語る。

アメリカが上述のように日本と外交交渉をしている時、イギリスは拱手傍観の姿勢で中日交渉の進捗を見守っていた。三月二七日、グリーン大使は加藤外相にアメリカとの交渉情況を尋ね、また日本の増兵情況に関して質問し、北京のジョルダン公使に北京政府に談判を進捗させるように勧告させては如何と提案した。しかし、加藤はかねてからイギリスの介入に反対していたため、その「必要ナクバ好都合ナリ」(37)と述べて拒否した。

イギリスの関心は依然として第五号第五項の長江流域の鉄道問題にあった。四月一五日、グリーン大使は日本にこの問題についての日本側の新たな回答を求めたが、加藤は「前述ノ通ナル」(38)と述べて譲歩の意を示さなかった。

アメリカとイギリスは共に自国と直接利害関係のある条項については日本と対立したが、イギリスは当時の戦況が連合国側に不利であったため、アメリカのように二十一ヵ条の各条項に対し広汎に日本と対立し、牽制する余裕がなかった。これが両国の共通点と相違点であった。

日本と英米列強の対立と争奪は袁世凱と北京政府にこれを利用して日本に抵抗するチャンスを与えた。袁世凱・北京政府と欧米列強の外交関係も二重的であり、一面においては侵略と被侵略の関係だったが、一面においては日本の侵略と拡大に抵抗し牽制するために互いに利用し合った。袁の軍事顧問坂西大佐も袁のこのような姿勢を洞察し、袁は「列国ノ勢力ヲ借リテ我勢力ノ伸張ヲ妨害」し、「欧洲列強来リテ干渉シ遂ニ日本ヲシテ利益ヲ壟断セシムルコトナカ」(39)らしめるような政策をとっていると語った。北京政府は顧維鈞を通じてラインシュ公使に日本側が増兵による威嚇と詐術によって第五号の受諾を強要しているという情報を流し、また在中国のアメリカ人宣教師らにアメリカ政府に中国におけるアメリカ人の利権を保護し、中国に援助を与えるよう呼掛けさせた。中国留米学生連盟もアメリカ政府とマスコミに中国に対する援助を訴えた。袁世凱もラインシュ公使にアメリカ政府が日本に対し日本の要求が「条約、政策もしくは慣習によってアメリカにとって利害関係のある権益に影響する場合、事態はアメリカの関与なくしては審議しえない」旨の声明を発表するよう要望した。[40] 袁はアメリカの物質的援助よりも世論上の支持を要望し、アメリカの世論が最終勝利を得る力だと考えていた。ラインシュはこの要望を国務省に伝えると同時に、もし北京側のこの要望を支援しない場合には中国人の反米感情を惹起し、アメリカは中国における影響力を喪失するであろうと建言し、積極的な方針で中国を支援して中国における日本の行動を牽制し、アメリカの利権を保護しようとした。しかし国務省とブライアンは中日双方を妥協させることによって解決しようとした。これは消極的な政策であった。中国の新聞も、アメリカのこのような姿勢を報道した。[41]

アメリカ国務省のこのような消極的政策を転換させたのはウィルソン大統領であった。四月一〇日、ウィルソン大統領はブライアンに日本政府が希望条項の受諾を中国側に強要しているとのラインシュの報告にわれわれは重大な関心を持たなければならないと述べ、第五号の中に中国の独立と自主並びに門戸開放政策の維持に違反する問題があることを珍田大使に示すように指示した。これによって国務省とブライアンは強い姿勢で日本に対応することになった。それはアメリカが北京政府の要望に応じて支援するという形式でおこなわれた。一五日、ブライアンはラインシュに北京政府に「アメリカ政府は、中国にもつ条約上の権利のいずれをも放棄したことはなく、また中国の産業的・政治的福祉にかかわるすべての事柄に対してもつ友好的関心は、これを寸分たりとも減少せしめたことはない。目下の交渉が、アメリカの権利、義務に影響をあたえず、その利益を侵害するものでない点を、確信をもって期待しつつ交渉の結果を待つものである」という意向を提示するように電訓した。[42]

これはアメリカの北京政府に対する支援であり、アメリカ・イギリス等欧米列強と北京政府との関係も二重的であったことを示している。この両者も一面においては侵略と被侵略の関係にあったが、他の一面においては日本の中国に対する急激な侵略や中国における英米等列強の権益を排除して日本の覇権的地位を確立する行動を牽制するため、或いは中国を日本と争奪するために、中国の日本に対する抵抗を利用し、中国の国家主権と領土の保全等のスローガンを掲げて中国の侵略に抵抗する部分的要求を支持せざるを得ない一面も有していた。これは英米列強の対中国外交における二重性であった。これに対し中国は自己に有利な英米列強の支持を利用して日本の侵略的要求に抵抗し、或いは英米列強の力を借りて日本を牽制する方針をとったのである。

アメリカが北京政府に提示した意向は日本に対して強硬なものではなかったが、二十一ヵ条交渉開始以来アメリカ政府が初めて直接に北京政府に伝えた意思として、袁と北京政府の日本に対する抵抗の意志を励まし彼らを鼓舞した。中国の新聞もアメリカのこのような姿勢は世間の歓迎を受けるであろうと報道した。(43) アメリカのこのような姿勢は二十一ヵ条交渉に直接的影響を及ぼした。この時、交渉の焦点は第二号の満蒙問題において南満州と東部内蒙古を切離し、東部内蒙古における日本の利権拡大を認めるか否かと、福建省問題を除く第五号を撤回するか否かであった。陸外交総長は日本側の強圧に加え欧米列強の積極的介入を得られないという困難な情況の下で、四月一五日の第二三回交渉において「日本国政府ニ於テ此際第五号ヲ全然撤回セラルルニ於テハ支那政府ハ東蒙問題ヲ成ルベク日本国ノ希望セラルル様考慮スベシ」(44)という交換条件によって解決する案を提出したが、上述のアメリカ政府の支持を受けた翌一七日の第二回交渉においては「第五号ノ全部ハ勿論東部内蒙古問題ニ付テモ断乎トシテ拒絶ノ意向ヲ最モ露骨ニ示シタ」(45)。日置公使は陸総長の姿勢が突然硬化した原因の推測に苦しんだが、一八日『北京&天津タイムズ』紙がラインシュ公使がアメリカ政府の一五日の訓電を北京側に通告したことを報道したので(46)「米国公使ノ通告ナルモノガ確カニ支那政府ノ態度ヲ一変セシル直接ノメタ原因」(47)であると判断し、一九日加藤外相にこの意見を電報した。

アメリカは中国における自国の権益を維持・拡大するために中国を支持して日本を牽制し、将来日本と権益を争奪しようとしたのであったが、これを北京側が利用して日本に対する抵抗を強めたことは、二十一カ条交渉に新たな影響を及ぼした。一七日の第二四回交渉後、日置公使は陸総長の強硬な姿勢に鑑み、同日中に加藤外相に日本の最終案を提出するようにを建言した。(48) 大隈内閣は二〇日の閣議で最終案を決定し、二一日に山県・松方ら元老に内談し、二二日に日置公使にその内容を通報し、二六日の第二五回会談において正式に提出した。(49)

最終案を提出するに当り、日本は二十一カ条提出の時と同様にまずイギリスに内報し、その了解を得ようとした。そこで北京側に提出する前日の二五日にグリーン大使に最終案の内容を内報し、二八日にはロンドンで井上大使がグレー外相に最終案の要領書を手渡した。グレー外相は「提案ハ大体ニ於テ妥当ナルガ如シ」(50)と述べたが、これは主に第一号から第四号までに対する姿勢を示したものであり、五月三日に第五号に対する次のような意見を日本政府に提出した。(51)

一　一項の日本人顧問招聘に関して、もし日本人顧問が半数以上になれば、「是レ支那ニ対シ保護権ヲ設定スルト相距ル遠カラズ」ということになる。

二　第四項の武器供給に関する要求は「将来武器供給ノ権利ヲ日本ノ一手ニ専占セントスルモノナリト為スモノノ如シ」。

三　第五項の長江流域の鉄道敷設問題に関しては「特殊ナル日英両国ノ商業上ノ利益調整ノ問題ナリ而シテ予ハ本問題ニ関シ別ニ電報スル所アルベシ」と留保した。

四　もし北京側が前記の如き要求を拒んだために日中両国が断交した場合、「此ノ如クシテ誘致セラレタル事態ヲ英国輿論ノ前ニ於テ日英同盟ノ該条項ト調和セシメムコトハ不可能ナルベシ」。

グレー外相はこれらの問題を提出すると同時に、「日本ガ此等ノ諸点ニ就テ要求ヲ強フルコトヲ思ヒ止マルカ」、或いは日本の要求に対する「解釈ノ誤レルコトヲ明白ニスルカ」、「二者其ノ一ニ出デラレンコトヲ希望ス」(52)と厳しく警告した。

この警告は日本が第五号「要求ヲ強フルコトヲ思ヒ止マ」るよう要求したものであり、イギリスと日本との二重外交における争奪の側面を表していた。グレー外相の通告は日本語に翻訳されて山県の腹心大浦内相に示され、五月四日の大隈内閣の閣議において最後通牒から第五号の要求が削除される要因の一つになった。この段階或いは第五号問題におけるイギリスの日本に対する牽制的役割はアメリカより決定的なものであったといえよう。

アメリカも日本の最終案を牽制する措置をとらなかったわけではない。四月二九日、加藤外相は珍田大使にアメリカ側に最終案を内報するよう電訓した。(53) 四月二九、三〇日、ブライアン国務長官は次のような意見を珍田大使に伝えた。(54)

一 第三号の漢治萍公司に関する要求は「支那ノ主権ニモ牴触シ且附近ノ鉱山採掘に対シテハ各国ノ権利ニモ反対スルガ如シ」。

二 第二号第五項の満州における租税に関して「日本国領事ノ承認ヲ要ストセハ支那ノ主権ニ牴触スル嫌ナキヤ」。

三 第五号第一項の顧問に関して「in case of necessity ニテハ必要ノ場合排他的ニ日本人ヲ顧問ニ傭聘スヘキ様ニ聞エテ却テ強クナレルモノノ如シ」。

この意見もアメリカと日本との二重的外交関係における相互争奪の側面を表していた。珍田大使はこれを直ちに加藤外相に打電した。この意見も日本が第五号を最後通牒から削除するのに一定の役割を果したのであろう。

イギリス・アメリカの世論も概して日本の最終要求は中国の独立保全を侵し、列国間の機会均等主義に抵触して英・米の既得権益を侵害するものだと非難した。

こうした国際情況を鑑み、外務省の出先機関は外務省とは異なる意見を上申した。五月一日、駐英の井上大使は加藤外相に第五号を「此場合自ラ進ンテ一旦今回ノ交渉ヨリ引離スヘキ」(55) だと進言した。井上はその理由を挙げて、「此際一歩ヲ誤リタランニハ当面ノ問題ノ成行如何ニ拘ハラス帝国ハ国際上終ニ或ハ孤立ノ地位ニ陥リ其結果将来ニ於ケル国運ノ発展ヲモ妨害スル虞アル」と共に、「戦争の終局ニ際シ帝国ハ其提出スル講和条件ニ対シ与国ノ支持ヲ得ルコト能ハズ延イテ戦争ノ結果ヲ没却スルカ如キコトモ亦無之ヲ保シ難(56)」いと指摘した。これは英米に対する協調論であり、井上大使個人の意見であったが、日本政府が最後通牒から第五号を削除した背景と理由を端的に示している。

一方、ロシアとフランス政府は二月下旬には第五号の要求に対して懸念の意を表していたが、この時にはこの最終案に賛同・支持の意を表した。五月四日、駐日のロシア大使マレウィチは「日本政府ノ新修正案ハ極メテ穏当ニシテ賢明ナル処置(57)」だと加藤外相に述べ、フランス外務省のアジア部長も「仏国ハ日本ノ行動ニ反対スベキ理由ナキノミナラス支那ノ利源開発上日本国ト財政的協力ヲ以テ満足スヘシ(58)」と語った。これは当時の戦況とも関係があった。一九一五年五月にロシアは東部戦線でドイツ・オーストリアの猛攻撃を受けて惨憺たる敗北を蒙り、反撃したフランスも多大の損失を蒙った。両国には日本に干渉する余裕がなかったのである。

このように欧米列強は基本的に日本の最終案の第一号から第四号までの要求を支持し、第五号の自国と利害関係がある項目に対しては反対したが、それは中国のためというよりも自国の利権保護と権益拡大のためであった。

最終案に対する英米の姿勢を知った日本は第五号を削除した最終案の受諾を北京側に強要しても欧米列強が反対しないことを悟り、五月七日に最後通牒を中国に提出した。提出後、日本は通牒をめぐる外交を展開した。五月六日、加藤外相は駐米・露・英大使に任国の外務大臣或いは国務長官に最後通牒を提出する経緯を説明するよう電訓した。同日、加藤外相は直接イギリスのグリーン大使に通牒の内容を通報し、「第五号ハ福建省ノ問題ノ外撤回セラレタルコトナレバ何レニセヨ最早『サー、エドワード、グレー』ノ心配ハ自然消滅スベキモノト考フ(59)」と述べた。正にその通りであった。七日、グレー外相はジョルダン公使に「日本国最後ノ提案ハ頗ル寛大ナルモノ故直ニ之ヲ承諾シ時局ノ妥結ヲ計ル方支那ノ利益ナル(60)」旨を北京側に勧告するよう訓電した。

グレー外相が北京側にこのように勧告したのは、上述の理由以外に中日交渉の決裂により双方が戦争状態に入ることを恐れていたからであった。グレーは四月二八日に日本の最終案を受取った時、既に「日支両国間ノ破裂ヲ見ルガ如キコト之レナキヲ切望ス」[61]と井上大使に警告し、五月六日にも「今回ノ交渉問題ノ為両者ノ間ニ開戦ヲ見ルガ如キハ最痛心スベキコトナリ」[62]と警戒していた。それはグレーが語ったように「其ノ結果支那ノ分割ヲ誘致スルニ至ルベキ」[63]であると同時に、この戦争の勝利によって日本が中国において二十一ヵ条以上の権益を獲得するからであった。それに、もし中日開戦となれば、連合国陣営に属している英・仏・露も日本との同盟関係に従って中国と敵対関係に入ることになるから、イギリスとしてはこれを避けたいと思っていた。

アメリカ政府は最後通牒にどう対応したのだろうか。加藤外相は五月六日にガスリー大使に最後通牒を提出する経緯を説明し、珍田大使は七日朝に最終案の英訳をブライアンに手渡した。ブライアンも「希望条項殆ンド全部撤回セラレタルハ之レ妥協ヲ容易ナラシムル所以ナリ」[64]と喜色を表し、イギリスと同じく日本政府が武力に訴えないように希望した。ブライアンも交渉の決裂とそれによる中日開戦を恐れ、大隈首相に「日支両国間ニ実力ノ衝突ヲ見ルガ如キコトナクシテ交渉ノ穏和ナル解決ニ至ル」[65]よう尽力することを勧告すると共に、英・仏・露と共に中日両国政府に干戈相交えることなきよう共同勧告する意向を珍田大使に表明した。これは日本の最後通牒に対する干渉であった。日本は四月中旬以後北京側の姿勢がとみに強硬になったのは、加藤外相がアメリカ代理大使に語ったように「米国ノ態度ニ起因セルニハ非ズヤ」[66]と考えていたため、珍田は同日夜ブライアンに会見を求め、「支那ハ之レニ依リ外部ノ援助ヲ得ルノ空望ヲ懐キテ猥リニ遷延ヲ事トシ其ノ結果却テ益々時局ノ収拾ヲ困難ナラシムル虞アル」[67]と反対の旨を表した。加藤外相もアメリカに対抗する措置として、七日に駐英・仏・露の日本大使にこのような勧告は北京政府に「外国援助ノ希望ヲ生ゼシムルコトナ」るし、日本としても「今日最早其方針ヲ変更スルニ由ナ」いので、任国政府にアメリカの提議に賛同しないよう申入れるように電訓した。[68] しかしこの時、中国側が日本の最後通牒を受諾するという情報が洩れ、イギリス政府は「此際何等手段ヲ執ルノ必要ナシト認ムル」[69] 旨をアメリカ政府に回答し、ロシアは「日本国ヨリ武器供給其他多大ノ援助ヲ受ケ居ル事情ニ鑑ミテ日支交渉事件に付何等干渉ケ間敷措置ニ出ヅルヲ欲セズ」[70] と表明し、フランスもアメリカとは異なる立場をとっていたので、アメリカの共同勧告＝共同干渉の計画は実現されなかった。

北京政府は二十一ヵ条交渉において欧米列強の支援を期待して日本に抵抗した。第五号（福建省問題以外）問題に関しては欧米列強の反対と牽制により最後通牒から削除することが出来たが、第一号から第四号までに関しては欧米列強が基本的に日本の要求を黙認或いは支持したため、抵抗することが出来ず、五月九日に最後通牒を受諾せざるを得なくなった。これは欧米列強の日本と中国に対する二重外交の産物であった。

欧米列強は中国の最後通牒受諾と交渉の終結に際し、異口同音に満足の意を表した。イギリス外相グレーは「今回ノ平和的落着ニ対シ自分モ衷心ヨリ祝意ヲ表スル所ナリ」[71] と述べ、アメリカ国務長官ブライアンも満足の意を表し、[72] フランス外相デルカッセも「貴国ノ成功ヲ祝ス」[73] と述べ、ロシアの新聞『モスクワの声』は「日支問題ノ解決ハ三国協商側ノ外交的成功タル」[74] と祝った。欧米列強は彼らの中国における権益と直接衝突する第五号を削除することによって今回の日本との争奪において勝利し、また中国に第一号から第四号までの日本の要求を受諾させることにより日本を支持し、中国を犠牲にして欧州大戦に不利な影響を及ぼす中日間の戦争勃発を避け、対中国戦争により日本が中国においてその利権を一層拡大する機会を阻止した。欧米列強は日本に対する二重外交の目的を全面的に達成して一石二鳥の利を得たので、最後通牒の受諾に満足したのである。

しかし犠牲にされた中国の世論は悲憤慷慨し、欧米列強とは対照的であった。五月九日に各地の新聞はいずれも日本の最後通牒の漢訳を掲載し、今後人民は五月七日を屈辱を受けた永久に忘るべからざる記念日として臥薪嘗胆し、[75] 大いに発憤して自強の道を講じ、他日この恥辱を雪ぐべき覚悟をしなければならぬと呼掛けた。京師商務総会は全国の各商会に「日本ハ欧洲多故ヲ利用シ朝鮮併呑同一ノ条件承認ヲ迫リ五月七日武力最後通牒ヲ為セリ之レ我ノ生命財産ヲ強奪シ我国家ヲ滅シテ其食欲ニ供セントスルモノナリ……我国民此奇辱ヲ受ク尚何ノ面目アッテ社会ニ存スル夫レ五月七日ノ恥此生此世我子我孫誓ッテ一刻モ相忘レサルヘシ」(76)と訴えた。これは日本に対する敵愾心を表しただけではなく、中国を犠牲にした欧米列強に対する怒りでもあった。しかし第五号の削除については、欧米列強の目的は別として、その客観的効果は無視出来ないであろう。

こうして二十一ヵ条の交渉は決着したが、中国における日本と欧米列強及び中国との二重外交は終焉せず、その対立も継続した。五月一一日、アメリカ政府は日本政府に「アメリカ政府は、日中両国政府間にすでに締結された、あるいは今後締結されるいかなる協定または了解であっても、それが中国におけるアメリカ国家またはその国民の条約上の権利を侵害するものであったり、中華民国の政治的または領土的保全を毀損するものであったり、さらに通常門戸開放主義として知られる中国にかんする国際政策に違反するものであるときは、アメリカ政府はこれを承認しえないことを、日本政府に通告することを光栄とする」という口上書を送り、この意を明確に表明した。(77)

五月一七日、アメリカ政府はほぼ同様の覚書をあらためて日本に提出し、日本と対立しながら牽制した。(78)

日本による二十一ヵ条の要求は第一次世界大戦という特殊な歴史的条件の下で提出された特異なものであった。第一次世界大戦の終結がこの二十一ヵ条の要求に関する中日間の条約と交換文書を大きく変容させた。大戦終結後、欧米列強は中国における頽勢を挽回しようと、再び中国に帰ってきた。新四ヵ国借款団の結成及び一九二一年のワシントン会議においてはアメリカが主体となってイギリス等欧州の列強と共に日本と新たな争奪戦を展開した。この争奪により、日本は二十一ヵ条の一部の条項を存続させたが、一部は放棄せざるを得なくなり、一部は新四ヵ国借款に譲り、一部は中国側の抵抗によって実現困難となった。大戦中一時膨脹した日本の大陸政策も欧米列強の争奪と牽制及び中国の抵抗によって停滞期を迎えたのである。

(1) 外務省編『日本外交文書』大正四年第三冊上巻、五三七―三九ページ。
(2) 同右書、五四二ページ。
(3) 同右。
(4) 同右書、五四三ページ。
(5) 同右書、五四八ページ。
(6) 同右書、五五七―六〇ページ参照。
(7) 同右書、五五〇―五三ページ。
(8) 同右書、五五三ページ。
(9) 同右書、五六一ページ。
(10) 同右。
(11) 同右書、五八六ページ。
(12) 同右書、五七六ページ。
(13) 同右書、五八八ページ。
(14) 同右書、五八八―八九ページ。
(15) 同右書、五七七ページ。
(16) 同右書、五七〇ページ。
(17) 同右書、五九〇ページ。
(18) 同右書、六〇六ページ。
(19) 同右書、六〇八―一一ページ。

(20) 同右書、五八九ページ。
(21) 『申報』一九一五年三月二四日、四月六、一六日参照。
(22) 細谷千博『両大戦間の日本外交』岩波書店、一九八八年、二一ページ。
(23) 同右書、二三ページ。
(24) 同右書、二四―二五ページ。
(25) 外務省編『日本外交文書』大正四年第三冊上巻、六一三―一六、六三〇―三八ページ。伊藤正徳『加藤高明』下巻、加藤伯伝記編纂委員会、昭和四年、一九三―九四ページ。
(26) 外務省編『日本外交文書』大正四年第三冊上巻、六一三―一六、六三〇―三八ページ。
(27) 『申報』一九一五年三月二二、二四、二五、三一日。
(28) 外務省編『日本外交文書』大正四年第三冊上巻、六四二ページ。
(29) 同右書、六四三ページ。
(30) 同右。
(31) 同右書、六四二、六五〇ページ。
(32) 同右書、六五七ページ。
(33) 同右。
(34) 同右。
(35) 同右書、六六八―六九ページ。
(36) 同右書、六七〇ページ。
(37) 同右書、六六六ページ。
(38) 同右書、六八三ページ。
(39) 同右書、一七七ページ。
(40) 細谷千博、前掲書、三〇ページ。
(41) 『申報』一九一五年四月一、四日。

(42) 細谷千博、前掲書、三〇ページ。
(43) 『申報』一九一五年四月一七、二一日。
(44) 外務省編『日本外交文書』大正四年第三冊上巻、三二四ページ。
(45) 同右書、三三〇ページ。
(46) 同右書、六八八ページ。
(47) 同右書、三三五ページ。
(48) 同右書、三三一—三二ページ。
(49) 同右書、三三七—四四ページ。
(50) 同右書、七〇五ページ。
(51) 同右書、七二九—三一ページ。伊藤正徳、前掲書下巻、一九〇—九一ページ。
(52) 同右書、七三一ページ。
(53) 同右書、七〇六ページ。
(54) 同右書、七一二—一三ページ。
(55) 同右書、七一四ページ。
(56) 同右。
(57) 同右書、七一八ページ。
(58) 同右書、七二一ページ。
(59) 同右書、七二八ページ。
(60) 同右書、七八一ページ。
(61) 同右書、七〇五ページ。
(62) 同右書、七五〇ページ。
(63) 同右。
(64) 同右書、七六七ページ。

(65) 同右書、七六六ページ。
(66) 同右書、七三七ページ。
(67) 同右書、七六六ページ。
(68) 同右書、七七三―七四ページ。『申報』一九一五年五月一一日参照。
(69) 同右書、七七九ページ。
(70) 同右書、七八一ページ。
(71) 同右。
(72) 細谷千博、前掲書、三五ページ。
(73) 外務省編『日本外交文書』大正四年第三冊上巻、七七九ページ。
(74) 同右書、七九二ページ。
(75) 『申報』一九一五年五月一二、一五日。
(76) 外務省編『日本外交文書』大正四年第三冊上巻、四四七ページ。
(77) 伊藤正徳、前掲書下巻、一九六ページ。細谷千博、前掲書、三六ページ。
(78) 伊藤正徳、前掲書下巻、一九六―九七ページ。

五　二十一ヵ条をめぐる袁・孫と日本の対応

日本の二十一ヵ条の要求は中華民族の存亡にかかわる重大な問題であったから、袁世凱・北京政府と孫文・革命党は共にこの要求に反対すべきであったが、実際には双方は互いにこの二十一ヵ条をめぐって相手を攻撃し、両者の対立は一層激化した。本節では、二十一ヵ条交渉をめぐる日本の対袁・対孫政策、及び袁孫双方がどのように二十一ヵ条を利用して相手を非難・攻撃し、孫文ら革命党がこの時期如何に反袁運動を展開したかを考究すると共に、欧事研究会が袁と連携して反日行動を起こそうとした事実とこれに対する日本と袁の反応を検討する。

二十一ヵ条交渉をめぐる日本の対袁・対孫政策は対照的であった。袁と孫は中国国内における最大の対立勢力であったため、日本の対袁政策は必然的に対孫政策にかかわり、対孫政策は対袁政策にかかわることになった。既述のように山県らは袁に援助と好意を示して彼に日本を信頼させるよう主張したが、孫文ら革命党に対しては反感を抱き、日本の「操觚者流は、深く革命党に同情しながら、之と通謀して……公然之（袁を指す——筆者）を排撃して、独り孫文、黄興に党するの状あり」[1]と大陸浪人と言論界の対孫・黄方針を批判した。しかし軍部の田中義一・町田少将らや内田良平ら大陸浪人は「匕首を袁ニ加フル」[2]決心で袁に対処し、内田は孫文ら革命党を支援して袁に対抗するように主張した[3]。このように二十一ヵ条交渉をめぐる対袁・対孫政策は、一方を支持する者は他の一方に反対するという反比例的な関係にあった。これは方針としては対立的であったが、二十一ヵ条の目的（第五号以外）を達成するという点では共通していた。北京の日置公使はこの共通の目的達成のために、もし袁が要求条項を容易に承諾しない場合には「革命党宗社党ヲ煽動シ袁政府顚覆ノ気勢ヲ示シテ之ヲ脅威スルコト」[4]を、もし袁を説得して承諾させた場合には「袁大総統ノ地位並ニ其一身一家ノ安全ヲ保障して「革命党及支那留学生等ノ取締ヲ厳重励行スルコト」[5]を加藤外相に上申した。日本は孫文と革命党を袁との交渉における切札として利用し、袁もこの圧力を念頭に置いて日本に譲歩したのである。中国の新聞も日本における孫文と革命党の反袁運動を報道し[6]、袁の譲歩に拍車をかけた。日本のこのような両面政策に対し、袁と孫文は二十一ヵ条に抵抗するため、相互の対立を一時的に緩和して共に日本に当るべきであったが、袁・孫両者の姿勢はこれと反対であった。

二十一ヵ条交渉の時期に孫文ら革命党と袁の北京政府との敵対関係は、両者共にこの二十一ヵ条を政争に利用したために一層激化した。両者はまずこの二十一ヵ条がどのように、どうして日本から提出されたかをめぐって相互に相手を攻撃した。中華革命党は三月一〇日に「党務部通告第八号」を発表した。この通告は、袁世凱の皇帝即位の承認に対する報酬を日本が袁に要求し、袁がその要求を承諾したため、日本は二十一ヵ条を提出したのだとこの交渉の真相を暴露して袁を非難するものであった。(7) 四月下旬に中華革命党総務部長陳其美の秘書黄実が二十一ヵ条交渉に関する通告を中国国内・シンガポール・サンフランシスコ等に発送し、五月上旬に孫文も東京在住の党員に「掲破中止交渉之黒幕以告国人」と題する文章を発表した。これらも通告第八号と同様に袁の謀略を指摘し、袁の政治顧問有賀長雄と青柳篤恒は大隈首相との私的交際が密接であったため、袁は彼らを通じて皇帝即位の欲望を大隈に伝え、大隈は事重大なので元老らの指示を仰いだところ、元老らは代償として中国に各種の条件を提出するよう指示したので、北京の日置公使は昨年の一一月に一旦帰国して内閣とこの件について相談し、帰任後袁との会談の折に皇帝即位承認に対する報酬を示唆し、こうした事前の秘密交渉により日本は二十一ヵ条を公然と中国に提出したのだと暴露した。(8) このような事実を現在の史料から立証することは出来ないが、革命党は袁が売国奴であるとして党員と国民に反袁闘争を呼掛けるのに、この二十一ヵ条を利用したのである。

これとは逆に袁世凱は革命党が日本人と密約を結び、日本人は武力で革命党を支援することを条件にこの二十一ヵ条要求を提出したのだと革命党を非難した。(9) 中国の新聞でも孫文が日本と密約を締結したという説が流布していた。(10) これも事実に基づくものではなく、従来の革命党と日本との関係から二十一ヵ条提出の責任を革命党側に負わせようとしたものであり、孫文と革命党に親日のレッテルを貼って、彼らを民衆から孤立させようとしたのであった。

両者はこのように対立しながらも、共通した点を有していた。それは出来る限り二十一ヵ条を提出した日本に対する抗議と非難を避け、二十一ヵ条に反対する学生運動の責任を相手側に押付けたことである。中国南北各地と在日留学生の間でこの二十一ヵ条に反対する運動が猛烈な勢いで起こっていた。当時早稲田大学の学生であった李大釗は留日学生総会の宣伝部長として「全国の父老に警告する書」を起草し、二十一ヵ条要求の侵略的内容をあばくと共に、中国国民に故国のために決起するよう呼掛けた。二月中旬に東京の中国人留学生一〇〇〇余名が集会を開いて日本の要求に抗議したが、駐日の中国公使館はこれらの行動を支援せず、逆に革命党がその背後で煽動していると噂を流布して非難した(11)。革命党の戴季陶はこれを否定し、中国公使館が「革命党ニ悪名ヲ負ハサンガ為メニシテ革命党トシテハ甚ダ迷惑ノ次第ナリ(12)」と反撃した。孫文も袁は「自分ノ立場ヲ弁解センガ為メ国民ヲ煽動シテ熾ンニ排日熱ヲ昂メツ、アリ」と太陽通信社社長波多野春房に述べ、排日的な袁を排除するため「日本政府ノ援助ヲ求メント運動ナル(13)」旨を語った。このように袁側と孫側は反日で連携すべきであったが、互いに相手が排日を煽動していると非難し、日本に闘争の矛先を向けようとはしなかった。これは異常な事態であった。

では二十一ヵ条の交渉をめぐりなぜこのように異常な事態が起こったのだろうか。それは袁・孫両者が共にこのチャンスを利用して日本或いは民衆・世論の力を借り、自己の政敵を打倒或いは鎮圧しようとしたからである。孫文は革命運動において終始国内の政敵打倒を優先して列強と国内の政敵との対立を利用し、日本或いは欧米の力を借りて国内の政敵を打倒しようとした。二十一ヵ条問題においてもこのような戦略が採用された。「党務部通告第八号」は二十一ヵ条に対する孫文の態度について「独り孫先生は、このことについて、黙して一言も語っていない」と述べ、さらに孫文は「根本問題を解決しなければ、中日交渉問題に対応する方法がない(14)」と主張していると伝えた。根本問題というのは「誤国売国の首魁」袁世凱を打倒することであった。黄実が配布した文章も、袁は売国の罪魁であるから討袁を猶予することは出来ぬ、革命によって国の亡落を救い、根本的に解決すべきであると主張していた(15)。このような主張は孫文が北京の学生宛に送った返書からも窺うことが出来る。五月九日に袁世凱が第五号を除く日本の要求を承諾した直後、北京の学生らは孫文に書簡を送った。その内容は不明であるが、孫の返書から推測すれば、学生らは日本の侵略的要求を非難し、その愛国的熱情を吐露して反日運動を主張したと思われる。しかしこの返書で孫文は学生らの愛国的熱情に感銘しながらも、「しかし惜しいことは、君達はまだ交渉の内容を知っていない。それを知れば必ず私宛の手紙で述べたのとは異なるであろう。また憤慨の気持も私と異なることはないであろう」と記し、今回の二十一ヵ条は「実に袁世凱から願い出たものであり、日本側が提出した条件を見て、袁は相当の報酬を得られるから拒否すべきでないと思い、全く秘密に事を進めようと考えたのである」[16]と述べた。「相当の報酬」というのは袁の皇帝僭称の企みに対する日本側の承認であった。孫文は袁が「売国の首魁」であり、「在室の大盗」であるとして、この「禍根を清めなくては、どうして外敵を防ぐことができようか」と述べ、反日よりも反袁闘争の重要性を学生に訴えた[17]。

二十一ヵ条交渉をめぐり、討袁を最大の課題としていた孫文ら革命党は、二十一ヵ条問題をどのように利用して討袁を進めようとしたのだろうか。当時革命党は二十一ヵ条交渉に対し、(一)袁が拒絶する、(二)袁が承諾するの二つの可能性があると予測していた。もし袁が拒絶した場合には王統一が語ったように、これにより「若シ日支開戦ノ不祥事ヲ見ル時ハ日本ハ他ニ目ヲ着ケズ直チニ北京ニ殺倒シ……袁政府ハ日本ノ一撃ニヨリ崩壊スル」であろうし、これに対し「自分等一派ノ同志ハ目下雌伏シテ時機ノ到来ヲ待チツ、アレバ機運熟セバ何時ニテモ起ツコトヲ躊躇セサルベシ」[18]と計画していた。当時警察側が外務省に中国革命党の動静を報告した中でも、中国革命党は激進派と漸進派に分かれているが、「若シ交渉不調トナリ両国干戈相□□ガ如キ事ナリニ至ラバ其間ニ乗ジ両派相提携シテ旗ヲ挙ケル計画」[19]であると記されている。こうした計画は日本の袁と北京政府に対する戦争を利用して反袁の目的を達成しようとするものであった。このため孫文は「日本人某（姓名ヲ秘シテ言ハズ）ヲ介シテ日本政府ノ援助ヲ求メント運動」[20]し、陳其美・許崇智・林虎らは南洋に赴いて李烈鈞・岑春煊らと連絡をとっていた。

しかし日本の強圧によって袁世凱が第五号を除く日本の要求を承諾したので、上述の計画は挫折せざるを得なかった。このような情況下で革命党が立案したのは、袁が日本側要求を承諾したことにより、ロシアも日本に倣って外蒙における新利権を袁に要求することになれば、中国国民は一層袁に反対するであろうし、革命党は「之ノ趨勢ニ乗ジ政略トシテ日本ノ要求ヲ非難スルト同時ニ一面極力袁政府今回ノ措置ヲ攻撃シ熾ンニ袁反対ヲ鼓吹シ支那人心ヲ激成スルト同時ニ民心ノ懐柔ニ努メ其機ノ熟スルヲ待ツテ旗ヲ挙ケルノ計画」(21)であった。この計画を実現するため、孫文は南洋の同志らに対し、袁の売国的本質がすっかり暴露され、民心は清末の鉄道国有化反対の際よりも一層激昂するから、我が党としてもこの絶好の機会を絶対に逃さないために至急軍資金を調達するようにと要望した。(22)

同時に孫文は一九一五年春に広東・広西・四川・湖北・湖南・貴州・浙江・江蘇・江西・雲南諸省に軍事指揮官を派遣して蜂起の準備を進めた。九月下旬に東京の革命党の主要幹部ら数十名が帰国した。孫文は蜂起に必要な飛行機をマニラで製造していた。この頃孫文はまず雲南・貴州省で第三革命の火蓋を切ろうとして、一〇月に陳其美を国内に派遣した。西南地域における準備工作も順調に進み、東北の開原県・河南省の開封・浙江省の紹興・陝西省の三原・四川省の成都付近等で相次いで反袁蜂起が勃発した。当時のこのような反袁闘争は第一次大戦勃発の機を利用して起こそうとした闘争の延長であり、この年の秋の袁の帝政に反対する闘争に結びつき、連続して護国運動に発展して行ったのである。

しかしこの時期、中国の革命派は分裂状態にあった。黄興らを中心とする欧事研究会は孫文の中華革命党と連携せず、別の方針をとった。第一次大戦勃発後、欧事研究会は直接的な反袁闘争を組織せず、反袁を宣伝する活動をしながら、国内では上海で、国外では日本・アメリカ・南洋で準備を進めていた。孫文は彼らのこのような行動を「緩進主義」だと指摘した。(23)日本が二十一カ条の要求を提出した後、欧事研究会は国難ここに至れりとして、袁と連携して日本に対抗する方針をとった。日本在住の欧事研究会のメンバー李根源・程潜・熊克武らは一九一五年二月一一日にまず国家が大事であって政治・政党は副次的なものであり、国家が滅亡したら政治・政党には何の用もないとして、反袁活動を一時停止し、袁を支援して対日外交に努めるよう呼掛けた。二月二五日に黄興・鈕永建・李烈鈞・柏文蔚らも同じ意見の通告を発表した。

これは孫文の対袁・対日方針と対立するものであった。

袁世凱は革命派内部のこのような対立を利用し、その分裂策に乗出した。黄興らが通告を発表した後、袁は黄興・柏文蔚らは日本に頼る孫に反対して孫から離脱するであろうと語り、外国の力を利用して第三革命を起こそうとしていると孫文を非難した。(24) 同時に袁は三月中旬に駐日の陸宗輿公使に、この度革命党員を赦免するから速やかに帰国して自首し、共に時艱を救済して祖国を守ろうと呼掛けるように指示した。(25) 陸公使はこの指示に従って盛んに懐柔策をとり、何海鳴・劉芸舟・張尭郷ら数十名が自首して帰国した。三月一二日に張・劉ら一行が天津に着くと、当局は招待の宴席を設けて彼らを歓迎した。

これは袁と投降した革命党とが連携して反日の行動を起こすことを意味していた。日本はこれを警戒し、警視庁に監視を強化させた。天津の松平総領事は「此際袁政府ト革命党トノ連絡ヲ結ビ付ケ日本ニ当ラントノ計画ニテモアルニ非スヤト懸念」(26)し、この意見を加藤外相に上申した。

袁は日本側のこのような警戒心を利用し、日本の力を借りて革命党を弾圧しようとした。四月六日、北京政府外交部は日置公使に「孫文ハ海外（日本――筆者）ニ在リ偽職ヲ派シ金銭ヲ携ヘ沿江沿海各省ニ分赴シ日支談判ノ時機ニ乗シ擾乱ヲ謀リ並ニ名ヲ国民ノ公憤ニ藉リ故ラニ外人ト難ヲ構ヘ重大交渉ヲ醸サシメントス」(27)と訴え、革命党の取締を要求した。

二十一カ条交渉時期の孫文の対日活動において特に注意すべきことは、孫文が一九一五年二月五日に陳其美と共に犬塚信太郎・山田純三郎と「中日盟約」（日本では「日中盟約」と称する）を締結し、三月一四日に外務省政務局長小池張造に中日同盟結成の旨の書簡を寄せ、それに「中日盟約」とほぼ同じ「盟約案」を同封したことであった。これらの文献の信憑性とその歴史的背景及びその意義・目的をめぐって学界、特に日本の孫文研究者の間で論争があった。これらの論争について述べる前に、まず盟約の内容を全面的に紹介する。(28)

中日盟約

中華及日本因為維持東亞永遠之福利兩國宜相提攜而定左之盟約、

第一條　中日兩國既相提攜而他外國之對於東亞重要外交事件則兩國宜互先通知協定、

第二條　為便於中日協同作戰中華所用之海陸軍兵器彈藥兵具等宜採用與日本同式、

第三條　與前項同之目的若中華海陸軍聘用外國軍人時宜主用日本軍人、

第四條　使中日政治上提攜之確實中華政府及地方公署若聘用外國人時宜主用日本人、

第五條　相期中日經濟上之協同發達宜設中日銀行及其支部於中日之重要都市、

第六條　與前項同之目的中華經營鑛山鐵路及沿岸航路若要外國資本或合辦之必要時可先商日本若日本不能應辦可商他外國、

第七條　日本須與中華改良幣政上之必要援助且速使之成功、

日中盟約

日本及中華ハ東亞永遠ノ福利ヲ維持スル為メ兩國提携ノ必要ヲ認ムルヲ以テ茲ニ左ノ如ク約定ス、

第一條　日中兩國提携シテ他外國ノ東亞ニ對スル重要ナル外交事件ハ先ツ相通知協定スルコト、

第二條　日中協同作戰ヲ便ナラシムル為メ中華海陸軍ニ使用スル兵器彈藥兵具等ハ凡テ日本ト同式ノ者ヲ採用スルコト、

第三條　前項ト同ノ目的ヲ以テ中華海陸軍ニ外國軍人ヲ聘用スルトキハ主トシテ日本軍人ヲ採用スルコト、

第四條　日中政治上ノ提携ヲ確實ナラシムル為メ中華政府及地方官廳ニ外國人ヲ聘用スルトキハ主トシテ日本人ヲ採用スルコト、

第五條　日中經濟上ノ協同發達ヲ期スル為メ中日銀行及其ノ支部ヲ日中重要ノ都市ニ設立スルコト、

第六條　前項ト同ノ目的ヲ以テ中華ニ於ケル鑛山鐵道及沿岸航路ヲ經營スル為メ外國資本ヲ要シ又ハ合辦ノ場合先ツ日本ニ協商スベシ若シ日本ニ於テ應辦シ能ハザルトキハ他外國ト協商スルコト、

第七條　日本ハ中華ノ幣政改良ノ為メ必要ナル援助ヲ與ヘ之ガ成功ヲ速カナラシムルコト、

領事裁判權等事業、
第十條　屬於前各項範圍內之約定而未經兩國外交當局者或本盟約記名兩國人者之認諾不得與他者締結、
第十一條　本盟約自調印之日起拾年間為有効依兩國之希望更得延期、
中華民國四年貳月五日即
大正四年貳月五日作於東京、

孫文
陳其美
犬塚信太郎
山田純三郎

第八條　日本ハ中華ノ內政軍備ノ整頓ヲ助ケ健全ナル國家ヲ建設セシムルコト、
第九條　日本ハ中華ノ條約改正、關稅獨立及領事裁判權撤廢等ヲ賛助スルコト、
第十條　前各項ノ範圍內ニ屬スル約定ハ日中兩國外交當局者又ハ本盟約記名者タル兩國人ノ認諾ヲ經ズシテ他者ニ締約セザルコト、
第十一條　本盟約ハ調印ノ日ヨリ向フ拾ヶ年間効力ヲ有スルモノトス更ラニ兩國ノ希望ニ依リ延期スルコトヲ得、
大正四年貳月五日即
中華民國四年貳月五日東京ニ於テ作ル、

孫文
陳其美
犬塚信太郎
山田純三郎

これらの文献の中で第一に発見・利用されたのが小池張造宛書簡に同封された「盟約案」である。富山国際大学の藤井昇三教授は外交史料館所蔵の「各国内政関係雑集　支那ノ部　革命党関係」第一六巻の中からこの文献を発見し、その著『孫文の研究――とくに民族主義理論の発展を中心として』でこの文献を正面から取上げて確実な歴史的事実として内容を分析し、当時の孫文の言論・思想に合致すると断定した。(29)これに対しサンケイ新聞社の『蔣介石秘録』三「中華民国の誕生」は小池宛書簡と「盟約案」は「おそるべき偽造文書」(30)だとして、その信憑性を全面的に否定した。日本女子大学の久保田文次教授も「袁世凱の帝制計画と二十一ヵ条要求」において小池宛書簡の信憑性に疑問を呈し、同封されていた「盟約案」も「そのまま孫文の真意とすることは不可能」(31)であると述べた。しかし久保田教授は小池宛書簡の「内容には孫文の考え方と共通のものも含まれており、その意味では、この文書と孫文とのなんらかの関連をまったく否定しさることは現在の段階ではできない」(32)と述べて若干の可能性を残した。この両者の見解に対して藤井教授は「二十一ヵ条交渉時期の孫文と『中日盟約』」において反論し、再度その信憑性を立証しようとした。(33)藤井教授はこの論文において「中日盟約」問題を提起してその全文を公表すると共に、小池宛書簡に同封された「盟約案」と二十一ヵ条とを比較しながら、孫文・陳其美と犬塚信太郎・山田純三郎らとの密接な関係及び二月五日に孫文と陳其美・山田純三郎が会合したことを通じ、その信憑性を立証しようとした。(34)藤井教授のこの論文を基礎に、一九八六年一一月に立命館大学の松本英紀教授が「二十一ヵ条問題と孫中山」を発表して「中日盟約」と山中峯太郎・上原勇作・秋山真之及び小池張造らの関係の立証を試み、「中日盟約」は秋山真之が起草したものだと断定した。(35)

これらの文献は日本で発見されたため、上述のように日本においては研究と論争が活発におこなわれたが、中国大陸では日本側の史料と論文によって『孫中山年譜長編』・『孫中山と中国近代軍閥』及び一部の論文で言及されるくらいで、この件に対する実証的な研究はなされていない。

台湾では一九九一年八月に陳在俊氏が『『孫文密約』真偽之探究――日本侵華謀略例証」において藤井と松本の論拠を全面的に批判し、これを偽物だと反駁した。陳氏は孫文の思想から孫文の印鑑・署名及び盟約文と小池宛書簡の文言と筆跡まで考証して偽造であることを断定した。

これらの三つの文献については近代中日関係及び孫文と日本との関係並びにその評価にかかわる重大な問題であり、綿密な考証を経てその真偽を確認し、分析した上で慎重に使用すべきであろう。

日本と台湾における真贋説は共にその見解を説明し得る部分的な証拠があり、説得力はあるが、各自の見解を確定的に立証するまでには至っていないように思われる。現在この文献の真贋に対する断定的結論を下すことは時期尚早であり、今後一層の考証と研究が必要であろう。

しかしこの問題が既に提出され論争されているからには、この問題を避けて通ることは出来ない。以下に筆者はいくつかの問題を提起してみる。

この盟約は一九一五年二月五日に署名・調印されている。この日の午前一一時四八分から午後一時四五分にかけて、盟約に署名した孫・山田・陳三人は約二時間会合した。孫文が午前一一時一〇分に電話で陳其美を呼び、印鑑を持って直ちに来るようにと連絡したことは重要な証拠となろう。[36]だがまだいくつかの疑問がある。

一　この二時間以外にも「中日盟約」を討論・起草した可能性はあるが、二時間で討論・起草した上に、これを筆で清書することは不可能である。

二　署名者である犬塚信太郎はこの時期孫文と交流していなかった。一九一四年八月一二日に陳其美宅で会ったことはあるが、一九一六年一月二五日になって初めて孫文宅を訪問し、[37]その後の二、三、四月には孫と頻繁に接触している。また犬塚の署名は彼自身のものではない。[38]中文と和文の署名も明確に異なっている。

三　藤田礼造が陳其美と共に来訪して午後一時二分まで同席していたのは何を表しているのか。(39)

四　この日、孫・陳・山田の三人だけで会っていた時間は午後一時三分から陳其美が退出する一時四五分までの四二分間である。(40)この時間内に三人が盟約を検討・起草した可能性は一層少ない。もしこの三人が討論・起草したとすれば、それ以前に数回の会合があったはずである。この三人が会合したのは以下の通りである。

(一)　一月二七日、午後四時五五分から六時三五分、合計一時間四〇分。(41)

(二)　一月三一日、午後三時四〇分から四時四〇分、合計一時間、王統一も参加。(42)

(三)　二月一日、午後四時二〇分から五時一〇分、合計五〇分。(43)

(四)　二月二日、午後一時五分から二時、合計五五分、王統一も参加。(44)

(五)　二月三日、山田・陳が前後二回孫宅を訪れているが、三者が同席した時間は午後三時三五分から三時五八分の合計二三分、戴季陶・王統一も同席。(45)

(六)　二月四日、山田・陳共に訪れていない。(46)

以上の時間から見て、三者が十分に討論し、共同して案を起草する余裕はない。これが第一の疑問である。だが王統一が三回同席していたことは小池宛書簡と「盟約案」の考究にかかわることかも知れない。

第二にこの盟約が山田或いは王統一の親筆で起草されたとしたら、盟約原文と山田或いは王統一の筆跡を比較・考証すべきであろう。ただし山田の筆跡でないことは確実である。

第三に犬塚信太郎と山田純三郎が日本帝国を代表して孫文とこのような盟約を締結する資格と権限を持っていたか否かという問題である。国際法或いは慣習法上それは不可能であり、孫文が彼らを相手にこのような盟約を締結したとしてもその実際的な意味はない。これをどう解釈すべきなのだろうか。

松本英紀氏は「二十一ヵ条問題と孫中山」で、この盟約は海軍省の軍務局長であった秋山真之が起草し、孫文は山田・犬塚とこの盟約を締結したのではなく、上原勇作を中心とする参謀本部と締結し、盟約は参謀本部の金庫に保管されたのであると結論している。(47)これは上述の第一、第二、第三の疑問の解明に新しい糸口を提供しているように思われるが、この問題提起についても疑問がある。

一　松本氏は主に山中峯太郎の『実録アジアの曙——第三革命の真相』・『秋山真之』等を史料的根拠としてこのような見解を提出しているが、この頃山中は孫との交流がなかった。一九一五年一月二三日午後三時二五分に孫宅を訪れたが、孫は面会の要求を拒絶した。(48)これは孫と山中が疎遠であったことを示している。

二　犬塚と秋山は中国問題をめぐって孫文と関係が密接であったとされているが、上述のようにこの時期に犬塚・秋山と孫文は交流がなかった。

三　久原房之助が孫文に提供した借款は秋山・犬塚・小池の紹介によるとされているが、これは一九一五年二、三月ではなく一九一六年三月のことであり、松島重太郎という人物もこの問題のためにこの時期孫文と関係があったのである。(49)犬塚も上述のように一九一六年一月末から孫文との交流を始めている。山中も三月七日に孫文と接触があった。(50)上述の山中と山田純三郎の回想はこの一九一六年三月のことであり、契約というのは孫文と久原房之助との六〇万円（七〇万円説もある）借款契約のことだと考えられる。

さらに孫文の署名と印鑑の真偽についての問題がある。筆者は原本の複写の再複写を見た上で、さらに原本も閲覧した。複写の再複写においては同一であっても技術的問題や他の要因により多少の差がある。特に印鑑の場合はそうである。また盟約の署名と印鑑を考証するために使用する孫文の署名・印鑑もその原文・原物ではなく、その後編纂された書簡の筆跡或いは墨跡からのもので、印刷されたものである。その一部は原本を写真に撮って拡大或いは縮小したものである。故

480172

大正四年三月十四日

小池張造殿　　孫文

謹啓

閣下益御勇健大慶至極ニ奉存上候

現下ノ時局ニ對シ不肖年来ノ持論及主張ヨリ默視シ難キモノアリ不敏ヲ顧ミズ茲ニ一書ヲ呈シ敢テ聰明ナル閣下ノ御考慮ヲ相煩シ度候

曩日貴國政府ヨリ弊國政府ニ對シ御提出相成リタル所謂日支交渉事件ナル者ノ詳細ナル内容素ヨリ窺ヒ知ル能ハザル所ナリト雖モ要スルニ日支ノ親善ト東亞ノ平和ヲ目的トセラルルモノタルヤ論ナシ此ノ點ニ於テハ不肖ノ唱導主張ト一致シ歓喜措ク能ハザル所ナリ然リト雖モ此レガ目的貫徹

MT　1614 1　5546

張ト一致シ歓喜措ク能ハザル所ナリ然リト雖モ此レガ目的貫徹
ニ関スル手段方法ニ至リテハ聊カ失望落膽セザル可カラザルモノアリ誠ニ焦慮ニ堪ヘザル所ナリトス抑モ東亞ノ平和ヲ期セントセバ直正ナル日支提携ヲナスニ非ラザルヨリハ決シテ之ニ達スルナシ故ニ確固タル日支提携ノ成立ヲ見ザル限リ弊國ノ安全ナル存立ハ望ミ難キト全時ニ貴國モ亦絶對安全ノ位地ニ在リト言フヲ得ベカラザルナリ然ルニ交渉事件ニ関シテハ之ノ眞正ナル提携問題ヲ度外トスル誠意ナキ弊國政府當局ニ對シ終始一貫強制的交渉ヲ續行セラレントスルノ傾向顯著ナルモノアルベク察セラレ候ハ荏苒日ヲ曠シクシテ今日ニ至レル悲ムベキ事實ニ徴シテ明白ナリトス之レ吾人ガ最終ノ目的トスル日支提携ノ本旨ニ遠ザカルノ手段ニシテ不肖等ノ遺憾至極トスル所ニ有之候

MT　1614 1　5547

480173

夫レ源泉濁ラバ末流清カラザルハ理ノ正ニ然ラシムル所ナリ溷濁セル弊國政府ノ源泉ヲ清メズシテ末流ノ澄ヲ求メントスルハ決シテ最終ノ目的ヲ達スル所以ノ途ニアラズト存候此ノ點ニ於テ貴國今度ノ外交ハ既ニ其第一歩ニ於テ此ノ不幸ナル撞着ニ遭逢セラレタルモノニシテ假令今回ノ交渉ニ依リテ貴國ノ爲メ多少獲ル所可有之モ却テ之レガ因ヲナシ益日支疎隔ヲ巨ニシテ其ノ悪影響ノ將來ニ及ボス損失ノ甚大ナルモノアルベキハ不肖ノ信ジテ疑ハザル所ニシテ東亞永遠ノ平和ノ爲メ悲ムベキ次第ト愚考仕候モ最早今日トナリテハ此言ヲナスモ其甲斐勘シト雖モ畢竟茲ニ至レルハ奸譎極リナキ弊國現政府ノ首脳ヲ過信シテ現在ノ支那ヲ救濟シ得ルモノトシテ貴國政府ガ交渉ヲ進メラレタルニアラザルナキ乎斯ノ如クシテハ東亞ノ

MT　1614 1　5548

國政府ガ交渉ヲ進メラレタルニアラザルナキ乎斯ノ如クシテハ東亞ノ
盟主タル自任ニ欽ハル所カリト言フニ歸着シ不肖等ノ意外トスル所ニシテ眞ニ自失セザル可カラザルナリ不肖等ハ常ニ東亞ノ安全ト福利トハ日支提携以外ニ何物ヲモナキモノト確信シ鞏固ナル同盟ヲ欲シ嘗テ左ノ如キ盟約案ヲ草シテ貴國ノ有司ニ内示シタル事アリ斯ノ如キ理想ハ今日ノ状勢ニ於テハ之レヲ實現セシムル事頗ル至難ナリト雖モ今ヤ世界ノ大勢亂レテ歐洲ノ戰局ノ變轉極リナキノ秋益日支提携ノ必要ハ一日モ緩ニスベカラザルノ時ニ際シテ同文同種ノ両國ノ國交ニ一變態ヲ來リシハ外異人種ノ侮リヲ受ケ將ニ其隙ニ乘ゼラレントスルハ東亞永遠ノ平和ニ想到シテ痛嘆ノ無限ニ有之候此際ハ何等カノ方法ヲ設ケ局面ヲ挽回シテ眞ノ提携ニ資スベク[illegible]度誠ニ満腔ノ誠意ヲ披瀝シテ敢テ閣下ノ御[illegible]

MT　1614 1　5549

480174

終ニ臨ミ閣下ニ深厚ノ敬意ヲ表シ併セテ御自愛ヲ祈ルノ光榮ヲ有ス

謹言頓首

盟約案

日本及中華ハ東亞永遠ノ福利ヲ維持スル爲メ兩國提携ノ必要ヲ認ムルヲ以テ茲ニ左ノ如ク約定ス

第一條　日中兩國提携シテ他外國ノ東亞ニ對スル重要ナル外交事件ハ先ヅ相通知協定スルコト

第二條　日中協同作戰ヲ便ナラシムル爲メ中華ノ陸海軍ニ使用スル兵器彈藥兵具等ハ凡テ日本ト同式ノモノヲ採用スルコト

第三條　前項ト同一ノ目的ヲ以テ中華陸海軍ニ外國軍人ヲ聘用スルトキハ主トシテ日本軍人ヲ採用スルコト

第四條　日中政治上ノ提携ヲ確實ナラシムル爲メ中華中央政府及地方官廳ニ外國人ヲ聘用スルトキハ主トシテ日本人ヲ採用スルコト

第五條　日中經濟上ノ協同發達ヲ期スルタメ中日銀行及其支部ヲ日華重要ノ都市ニ設立スルコト

第六條　前項ト同一ノ目的ヲ以テ中華ニ於ケル鑛山鐵道及沿岸航路等ヲ經營スル爲メ他外國資本ヲ要シ又ハ合辦ノ場合ハ先ヅ日本ニ協議スベシ若シ日本ニ於テ辦シ能ハザルトキハ他外國ト協議スルコト

平野版

MT　1614 1　5551　　MT　1614 1　5550

480175

第七條　日本ハ中華ノ幣政改良ノタメ必要ナル援助ヲ與ヘ之ガ成功ヲ速ナラシムルコト

第八條　日本ハ中華ノ内政改良軍備整頓ノ助ケ健全ナル國家ヲ建設セシムルコト

第九條　日本ハ中華ノ條約改正關税獨立及領事裁判權撤廢等ノ事業ヲ贊助スルコト

第十條　前各項ノ範圍ニ屬スル約定ハ兩國外交當局者或ハ本盟約記名者タル兩國人ノ認諾ヲ經ズシテ他ノ者ト締結セザルコト

第十一條　本盟約ハ調印ノ日ヨリ向フ拾ケ年間効力ヲ有スルモノトス更ラニ兩國ノ希望ニ依リ延期スルコトヲ得　終

因ニ前記盟約案ハ吾人ノ私案ニ有之候間決シテ

御公表無之様特ニ奉願上候

平野版

MT　1614 1　5553　　MT　1614 1　5552

にその寸法は原文・原物と異なる。印鑑の場合は特にそうである。例えば盟約の印鑑と同年二月二日に山田純三郎が現金二万円を受取った際の受領証の印鑑はその四方の寸法に一、二ミリの差がある。この受領証は写真を撮って製版・印刷したものだから差があるのかも知れない。署名も同時期或いはその前後においては大体一致するといえるが、その真偽を確認するにはさまざまな問題がある。孫文自身の親筆の署名も、大体一致するものの綿密に考証すればさまざまな異なる点が見られる。また孫文が丁寧に書いた場合と速く書いた場合によって同時期であっても異なっている。署名と印鑑の真偽を考証する時にはこのような常識を念頭に置くべきである。

台湾の陳在俊氏は孫文の署名と印鑑について詳細な考証をおこなっている。これは大変意義あることであろう。だが二つの問題がある。㈠盟約の署名と印鑑はテレビの撮影機が三、四〇度の角度から撮ったもので、正面から撮ったものではないため、拡大され変形しており、これを原文・原物とすることには問題がある。㈡真の孫文の署名・印鑑として引用したものに年月日が付されていない[51]ので、それが同時期のものか或いは前後のものかを確認出来ない。この二つの問題から、特に印鑑に対しては精密な考証がされているが、これを確実に判断することは困難である。

盟約における孫文の署名を綿密に考証すれば、中文においても和文においても一定の相違点を見つけることが出来るが、その筆法から大体同一であるといえる。同時期の孫文の署名と比較すると次の通りである。

①「盟約」（中文）の署名。②一九一五年二月二日付山田純三郎宛受領証の署名。③一九一五年三月九日付南洋同志宛書簡の署名。

盟約の署名とその前後の一九一三、一四年及び一九一九年の署名を比較すれば次の通りである。

①

②

③

①「盟約」（中文）の署名。②一九一二年一月二三日付江俊孫宛書簡の署名。③一九一四年五月二九日付黄興宛書簡の署名。④一九一四年六月三日付黄興宛書簡の署名。⑤一九一五年一〇月二三日付黄魂蘇宛書簡の署名。⑥一九一四年一一月一五日付宮崎滔天宛書簡の署名。⑦一九一九年一月六日付子超（林森）・季竜（徐謙）・胡漢民宛書簡の署名。

①

②

③

④

⑤

⑥

⑦

第一の比較からいえば①と②は大体似ているといえよう。③の「文」の字の右引きは孫文の一般的署名においては特異である。「孫」の字は似ていても「文」の字には差異があるといえよう。

第二の比較からいえば「孫」の字の筆法は大体同様だといえるが、「文」の字の書き方、特に右引きの方が大変異なっている。それは一三、一四年と一九年の孫文の署名は丁寧に書いたものではなく速く書いたものだからであろうか。

二〇年代の孫文の署名は次の通りである。

①一九二〇年六月一七日付李綺庵宛書簡の署名。②一九二一年八月四日付葉恭綽宛書簡の署名。③一九二三年七月二七日付胡漢民宛書簡の署名。④一九二三年八月五日付楊庶堪宛書簡の署名。⑤一九二三年九月二日付楊庶堪宛書簡の署名。⑥一九二三年一〇月二四日付犬養毅宛書簡の署名。⑦一九二四年八月二九日付範石生・廖行超宛書簡の署名。⑧一九二四年一〇月二五日付範石生・廖行超宛書簡の署名。

①

②

③

④

⑤

⑥

⑦

⑧

一〇、二〇年代の孫文の署名から見られるように、一〇年代と二〇年代、また同年代或いは同時期においても、必ずしもその署名は一致しておらず、変化と差異があり、流動的である。ここから提起される一つの問題は、孫文のどの署名を原本として盟約の署名と比較すべきかである。署名の真偽を確実に考証することは容易ではない。

次に陳其美の署名を検討する。陳其美の盟約における署名とその前後の署名を比較すれば次の通りである。

①「盟約」（中文）の署名。②「盟約」（和文）の署名。③山田純三郎宛写真の署名（年代不明）。④一九一六年春山田純三郎宛書の署名。⑤一九一三年冬山田純三郎宛書の署名。⑥一九一四年秋山田純三郎宛書の署名。

①

②

③

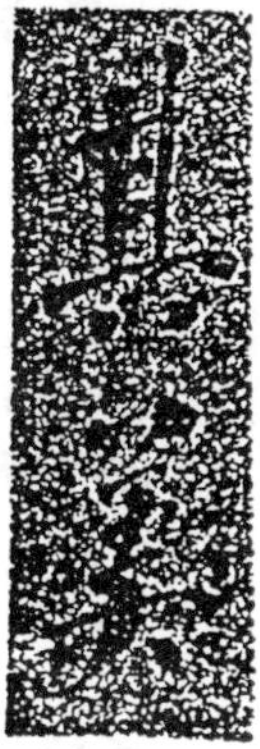
④

⑤

⑥

この比較から見れば、盟約の署名は中文・和文共に「美」の字が同じように見えるが、「陳其」の二字には差異があり、他の署名でも「美」の字は盟約の署名に似ているようだが、「陳」と「其」の字には差異があるように見える。

次に山田純三郎の署名を検討する。山田純三郎の盟約における署名とその前後の署名を比較すれば次の通りである。

①「盟約」（中文）の署名。②「盟約」（和文）の署名。③一九一八年四月二三日付高木陸郎宛「承諾書」の署名。④一九二一年一二月二六日付某氏宛書簡の署名。⑤汪兆銘宛書簡の署名。⑥一九二一年「中日組合規約」の署名。

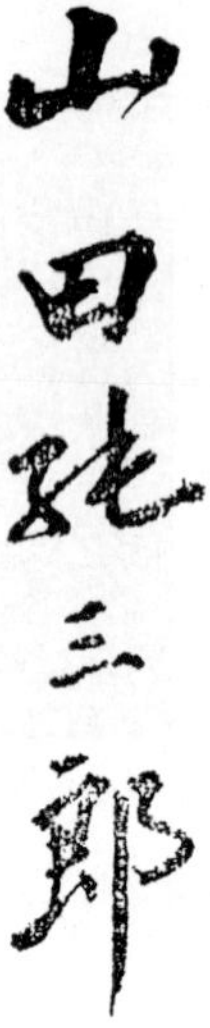
①

②

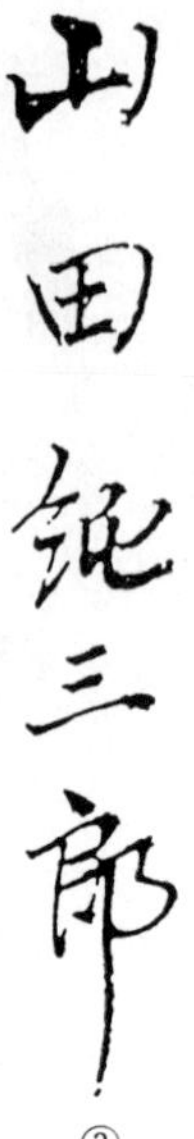
③

④

⑤

⑥

この比較から見れば、盟約の中文と和文の署名はほぼ同じであり、⑥の「山田」と盟約の「山田」の二字も似ているように見える。④と⑤の署名はほぼ同じであるが、盟約の署名とは根本的に異なっているし、③の署名も盟約の署名と異なっている。

次に犬塚信太郎の署名を検討する。犬塚信太郎の盟約における署名とその前後の署名を比較すれば次の通りである。

①「盟約」（中文）の署名。②「盟約」（和文）の署名。③一一月一二日付山田純三郎宛書簡の署名（年代不明）。

①

②

③

盟約の署名において、孫文と山田純三郎の中文と和文の署名はほぼ同じであるが、犬塚信太郎の署名は中文と和文において差異がある。それに③の署名とも大差がある。

署名は固定しているようでありながら、実際は流動的であるために、その真偽を確実に考証することは容易ではない。筆者としては最近収集した関係者の署名を提供してそれに対する比較の印象を述べることにとどめ、その鑑定は筆跡鑑定家の考証に期待せざるを得ない。

次に孫文の印鑑を検討することにする。盟約に押した孫文の印鑑と同じ頃の印鑑を比較すれば次の通りである。

①「盟約」の印（実物は縦・横共に二・三センチ）。②一九一五年二月二日付山田純三郎宛受領証の印。③一九一五年三月九日付南洋同志宛書簡の印。

①

②

③

この三つの印の縦・横の長さは二・三センチ（①は原物より三ミリ小さい）であるが、複写の状態によるのか印字の太さに差があるようである。三つの印鑑の篆刻の字形は似ているように見えるが、専門家の鑑定が必要であろう。また一〇年代と二〇年代の篆刻は異なっている。中日盟約の印の篆刻は一〇年代のものであるが、現在見られるのは原物の印鑑ではなく、再印刷或いは再複写したものであるから、詳細に考証することは容易ではない。

署名と印鑑についての上述のような考究からその真偽に明確な結論を下すことは困難であり、専門家の鑑定に期待せざるを得ない。重要なのは、まずこの盟約が締結されたか否かという歴史的過程の考究である。この「中日盟約」は、当時犬塚信太郎と事業を共にしていた岸清一の子孫を通じて早稲田大学の教授が入手し、今日まで保存されているようであるから、このルートを調べて「中日盟約」の来歴を究明し、「中日盟約」案が起草され署名されるまでの過程を確実に解明することが、この真偽に明確な結論を下すキーポイントであろう。

小池宛書簡と「盟約案」と「中日盟約」を比較検討すれば、その筆跡が「極めてよく似ており」、「盟約案」と「中日盟約」の内容が「殆ど完全に一致している」ので、同一人物によって記されたといえよう。(52) 書簡と「盟約案」の起草者が「中日盟約」の起草者であるとは断定出来ないが、両者の間には密接な関係があり、或いは同一人物によって起草された可能性も完全に排除することは出来ない。書簡、「盟約案」と「中日盟約」を有機的な内在関係のある文献として研究することが重要である。この三つの文献の中の一つに対する否定或いは肯定は、他の文献の真偽の考証に重要な手掛かりになるであろう。

次に書簡と「盟約案」を検討する。

第一に書簡の孫文の署名は孫文の親筆ではない。この時期とその前後の孫文の筆跡を比較研究すれば明確である。孫文の署名の「孫」の字は一〇年代と二〇年代においてほぼ同様であり、変化がない。だが「文」の字の書き方は一〇年代と二〇年代で明確な変化がある。第四筆の「㇏」を一〇年代には長く引いているが、二〇年代はこれより短い。だから比較する場合にはその当時或いは前後の時期の署名と比較すべきである。

またこの「孫文」という署名はこの書簡を書いた人の親筆でもない。第三者のものである。

一説には、この文献が漏洩することを顧慮して孫文自身が意図的にやや異なった書き方で署名したともいわれるが、これは推測である。その結果として、小池はこの署名が孫の親筆でないことを理由に偽物だと判断し、これを受入れないであろう。また孫文自身も書簡を送った目的を達することが出来ないので、このような方法をとる可能性は極めて小さいといえよう。

第二は時間的問題である。書簡と「盟約案」には「大正四年三月一四日王統一持参」と記されているが、この日王統一は孫文を訪れていない。(53) その前の数日を振返ってみれば次の通りである。

㈠　二月二八日、午後四時一五分から四時三〇分まで、合計一五分。(54)
㈡　三月二日、午後四時四〇分から五時一〇分まで、合計三〇分。(55)
㈢　三月四日、午後三時三五分から四時一五分まで、合計四〇分。(56)
㈣　三月六日、午後三時一〇分から三時五五分まで、合計四五分、蔣介石も同行。(57)
㈤　三月七日、午前九時五〇分から一〇時まで、合計一〇分。その後また来訪（時間不明）、一二時五八分まで。(58)
㈥　三月一一日、午前九時三〇分来訪、二〇分後退出。午前一一時から一二時一八分まで、民国社で孫文・王統一ら四人と一時間一八分面談。午後四時二〇分、王が富永竜太郎を案内して来訪、富永中国から帰国、孫に中国国内革命運動情況報告、孫大いに不満、王は富永に生活費五〇円提供を承諾、六時一五分退出。(59)
㈦　三月一二日、午前一〇時五〇分から一一時二〇分まで、合計三〇分、東京日日新聞社の記者□田暁と同行。(60)

以上から見ると、王統一には孫文と十分に書簡と「盟約案」を検討・起草する時間的余裕がなかったようである。これは、この時間以外に検討・起草し得る可能性を否定しない。

第三に書簡には「交捗」・「荏再」・「曠日」等の誤字が多数見られる。(61)もし孫文が中文を起草して訳文を検閲したとしたら、このような誤字は避けられたと考えられるが、そうでないということは、この書簡は孫文と無縁だという証拠を提供しているのではないか。陳在俊氏のこのような問題提起は重要である。

第四に書簡・「盟約案」と「中日盟約」の三者に内在的な関係があったとしたら、なぜ山田らと「中日盟約」を締結した後で小池政務局長に「中日盟約」とほぼ一致する「盟約案」を提出したのだろうか。小池に「盟約案」を提出したということは、山田らと締結した「中日盟約」が無意味であったことを示すのではないか。ここから、もしこれらが本物であったら「中日盟約」の実際の目的は何であったのかという新たな疑問が呼起こされる。

以上四つの点から、書簡も「盟約案」も「中日盟約」と共に疑問点があり、その真偽を確実に断定することは時期尚早のように思われる。

また、この「中日盟約」は当時唯一のものではない。当時中国の新聞で「孫文之日支攻守同盟条約」[62]、或いは「孫文与犬養毅訂結協約」[63]等が報道されている。その内容には「中日盟約」と共通な点もあるが、相当の隔たりもある。これらと「中日盟約」との関係は不明であるが、同時期の問題として何らかの関係があるかも知れない。だがこれらを裏付ける史料はまだ見つかっていない。これもその真偽を考証すべき問題であろう。

(1) 徳富猪一郎『公爵山県有朋伝』下巻、九二一ページ。
(2) 北岡伸一『日本陸軍と大陸政策』東京大学出版会、一九七八年、一六九ページ。
(3) 外務省編『日本外交文書』大正三年第二冊、九四〇ページ。
(4) 外務省編『日本外交文書』大正三年第三冊、五九二―九三ページ。
(5) 同右書、五四六、五六七、五九二ページ。
(6) 『申報』一九一五年四月二三、二五日。
(7) 「支那亡命者印刷物配布ノ件」乙秘第六二九号、大正四年三月三〇日。外交史料館所蔵。『総理年譜長編稿』中国国民党党史史料編纂委員会、一九四四年、一二八―三一ページ。
(8) 外務省編『日本外交文書』大正四年第二冊、二八四―八八ページ。
(9) 「支那亡命者戴天仇ノ談話」乙秘第四三五号、大正四年三月一日。外交史料館所蔵。「印刷物配布ノ件」第三一六号、警視庁より外務省宛、大正四年四月二六日。外交史料館所蔵。
(10) 『申報』一九一五年四月二二、二四日。
(11) 「支那亡命者戴天仇ノ談話」乙秘第四三五号、大正四年三月一日。外交史料館所蔵。

(12) 同右。
(13) 「孫文ノ談話」乙秘第六五九号、大正四年四月八日。外交史料館所蔵。
(14) 「支那亡命者印刷物配布ノ件」乙秘第六二九号、大正四年三月三〇日。外交史料館所蔵。『総理年譜長編稿』一二八―三一ページ。
(15) 「印刷物配布ノ件」乙秘第七六〇号、警視庁より外務省宛、大正四年四月二六日。外交史料館所蔵。
(16) 『孫中山全集』第三巻、中華書局、一九八四年、一七五ページ。
(17) 同右書、一七六ページ。
(18) 「支那亡命者王統一ノ時局談」乙秘第八四〇号、大正四年五月五日。外交史料館所蔵。
(19) 「支那革命党ニ干スル件」乙秘第九五五号、大正四年五月一三日。外交史料館所蔵。
(20) 「孫文ノ談話」乙秘第六五九号、大正四年四月八日。外交史料館所蔵。
(21) 「支那革命党ニ干スル件」乙秘第九五五号、大正四年五月一三日。外交史料館所蔵。
(22) 『孫中山全集』第三巻、一七〇―七三ページ。
(23) 同右書、一七〇ページ。
(24) 李新・李宗一主編『中華民国史』第二編第一巻下、中華書局、一九八七年、六七六ページ。
(25) 同右。
(26) 外務省編『日本外交文書』大正四年第二冊、二七五ページ。
(27) 同右書、二七七ページ。
(28) 洞富雄所蔵。
(29) 藤井昇三『孫文の研究――とくに民族主義理論の発展を中心として』勁草書房、一九六六年、八五―九四ページ参照。
(30) 『蔣介石秘録』三「中華民国の誕生」サンケイ新聞社出版局、一九七五年、二一〇―一四ページ。
(31) 久保田文次「袁世凱の帝制計画と二十一カ条要求」、『草艸』第二〇号、一九七九年一一月、八六―八八ページ。
(32) 同右論文、同右雑誌、一〇六ページ。
(33) 藤井昇三「二一ヵ条交渉時期の孫文と『中日盟約』」、市古教授退官記念論叢編集委員会編『論集　近代中国研究』山川出版社、一九八一年、三四三―五二ページ。
(34)同右論文、同右雑誌、三三六―四三ページ。
(35)松本英紀「二十一条問題与孫中山」、中国孫中山研究会編『孫中山和他的時代――孫中山研究国際学術討論会論文集』上冊、中華書局、一九八九年、六三八―六〇ページ。
(36)「孫文ノ動静」乙秘第三〇〇号(三〇〇号は二〇〇号の誤り――筆者)、大正四年二月六日。外交史料館所蔵。
(37)「孫文ノ動静」乙秘第一一二号、一九一六年一月二六日。外交史料館所蔵。
(38)陳在俊「『孫文密約』真偽之探究」(以下「探究」と省略)付録八参照。
(39)「孫文ノ動静」乙秘第三〇〇号、大正四年二月六日。外交史料館所蔵。
(40)同右。
(41)「孫文ノ動静」乙秘第一二九号、大正四年一月二八日。外交史料館所蔵。
(42)「孫文ノ動静」乙秘第一六四号、大正四年二月一日。外交史料館所蔵。
(43)「孫文ノ動静」乙秘第一七〇号、大正四年二月二日。外交史料館所蔵。
(44)「孫文ノ動静」乙秘第一七九号、大正四年二月三日。外交史料館所蔵。
(45)「孫文ノ動静」乙秘第一八七号、大正四年二月四日。外交史料館所蔵。
(46)「孫文ノ動静」乙秘第一九三号、大正四年二月五日。外交史料館所蔵。
(47)松本英紀、前掲論文、中国孫中山研究会編、前掲書上冊、六四四―五八ページ。
(48)「孫文ノ動静」乙秘第一〇六号、大正四年一月二四日。外交史料館所蔵。
(49)「孫文ノ動静」乙秘第三五一号、大正五年三月六日、乙秘第三七五号、大正五年三月一一日、乙秘第三五六号、大正五年三月一七日参照。外交史料館所蔵。
(50)「孫文ノ動静」乙秘第三六一号、大正五年三月八日。外交史料館所蔵。
(51)陳在俊「探究」付録五、六、七参照。
(52)藤井昇三「二一ヵ条交渉期の孫文と『中日盟約』」、市古教授退官記念論叢編集委員会編、前掲書、三五〇ページ。
(53)「孫文ノ動静」乙秘第五五三号、大正四年三月一五日。外交史料館所蔵。

(54)「孫文ノ動静」乙秘第四三四号、大正四年三月一日。外交史料館所蔵。
(55)「孫文ノ動静」乙秘第四五四号、大正四年三月三日。外交史料館所蔵。
(56)「孫文ノ動静」乙秘第四七三号、大正四年三月五日。外交史料館所蔵。
(57)「孫文ノ動静」乙秘第四九一号、大正四年三月六日。外交史料館所蔵。
(58)「孫文ノ動静」乙秘第四九八号、大正四年三月八日。外交史料館所蔵。
(59)「孫文ノ動静」乙秘第五三五号、大正四年三月一二日。外交史料館所蔵。
(60)「孫文ノ動静」乙秘第五四四号、大正四年三月一三日。外交史料館所蔵。
(61)陳在俊「探究」四ページ参照。
(62)『申報』一九一五年四月二二日。
(63)『申報』一九一五年四月二四日。

第八章　洪憲帝制と中日外交

政体はその国の性格を規定する基盤である。辛亥革命は中国の二千年にわたる封建的君主制を打倒して共和制の政体を確立した。これは中国史上の一大進歩である。しかし歴史の流れには一歩前進して二歩後退することもある。一九一五年の袁世凱の帝政復活運動は正に中国の歴史の流れの一時的後退であり、辛亥革命に対する反動であった。本章では、この帝政復活運動をめぐる日本と袁政権及び欧米列強三者の二重的外交関係を考究すると共に、日本の対帝政政策が傍観・延期・中止・承認から袁打倒へと転換する外交過程とこれに対する袁政権の反応を究明し、日本が袁打倒のために中国南北の反袁勢力を如何に支持・支援したかを検討し、最後に袁死後の中国政局に対する日本の外交政策を検討する。

一　帝政運動をめぐる対応

一九一五年八月、袁世凱は共和制を否定し、自分が中国に君臨して新皇帝に即位するという帝政運動を推進し始めた。このため袁は君主制を賛美する世論を形成させると同時に、組織的活動を展開した。袁の顧問のアメリカ人グッドノウは八月三日に袁政府の御用新聞『亜細亜報』に「共和と君主論」を発表し、中国の歴史的伝統と現状からは共和制よりも君主制が相応しいという謬論を流布して帝政運動に大きな影響を及ぼした。一四日に楊度ら六人が籌安会を組織し、グッドノウの謬論を引用して君主制こそ中国を救う制度であると宣伝した。楊度の「君憲救国論」はその代表的なものであり、帝政運動の理論的綱領でもあった。こうして辛亥革命後四年目にして帝政復活の運動が盛りあがり、袁世凱は九〇余日間皇帝となった。これは辛亥革命に対する反動であり、その主な要因は袁世凱の政治的欲望であったが、辛亥革命の不徹底とそれに伴う中国の社会・政治的情勢も一因であった。これは帝政の復活が偶然ではなかったことを示している。本節では、日本の帝政に対する外交政策が傍観・延期・中止・承認から袁打倒へと転換する過程及びこれに対する袁政権の反応を考究すると共に、袁の帝政をめぐる日本・中国と欧米列強との外交を究明する。

帝政復活運動は辛亥革命後の重大な政治的事件であった。日本はこの運動を重視し、その動向を調査・分析して対応策を講じ始めた。日置益公使はこの復活運動が公然化する前から情報を収集し、帝政復活説は「多少根拠アルヤニ認メラル」(1)と判断し、八月一七日に籌安会の設立とこれに対する袁の姿勢等を加藤高明外相に報告した。上海の有吉総領事も八月三一日に籌安会なるものは「即チ袁世凱カ皇帝タルヘキ決意ト態度ヲ公然社会ニ表示シテ世論ノ如何ヲ探試セントスル最初ノ一端ナリ」(2)と指摘し、その行動及び影響等について特に注意を要すると上申した。九月三日には北京の小幡酉吉臨時代理公使が一層明確に「袁総統カ表面上非干渉主義ヲ持シナカラ内実其長子袁克定ト共ニ帝政ノ実現ヲ希望シ居レルノ実情次第ニ明白トナル」と指摘し、「大勢ハ著々帝制決行ニ傾キ居ルモノト考ヘラル」と判断し、「今ヤ帝政運動ハ筹安会ノ学術的研究ノ範囲ヲ脱シ事態日ニ拡大漸次ニ実行ノ域ニ入ラントシツツアルモノノ如シ」(3)と報告した。同時に彼らは反帝政運動側の情況をも重視し、梁啓超・湯化竜・張謇・蔡鍔ら進歩党の動向と総統府・政事堂・各部総長・参政院・憲法起草委員会・外交部及び上海・南京等地方における反帝政派の主張と動向を調査し、「裏面ニ於ケル反対ノ暗潮ハ相当ノ潜勢力ヲ有スルモノト見テ差間ナ」く、たとえ袁世凱がこの勢力を圧倒したとしても、この「暗潮ハ将来ノ政局ニ深大ノ影響ヲ遺スモノナルコトハ容易ニ之ヲ看過シ得ヘカラサル」[4]ことだと報告した。上海の有吉総領事は日本から上海に潜入した陳其美・許崇智ら革命党の活動に注目し、反帝政勢力のうち「比較的団結強ク積極的主義ナルハ革命党派ナル」[5]も、第二革命以来圧迫を受けたために、辛亥革命の如き行動は実行し得ないと分析していた。有吉は帝政派と反帝政派との力関係の分析から「現時ノ状態ニテハ籌安会ノ目的通リ縦ヘ袁家帝制ノ実行ヲ見ルモ少クモ暫時ノ間ハ具体的ニ大ナル変乱ノ惹起ハナカルヘシ」[6]と推測していた。これらの情報は的確であり、日本の対帝政外交方針の決定に重要であった。

上述の情報に基づき、日本政府・外務省は当初傍観する政策をとった。九月六日、首相兼外相大隈重信は駐中国と香港の領事らに、当分の間は「極メテ熱心ニ事態ノ成行ヲ注視シ」、「何等明白ニ賛否ノ態度ヲ言明スルヲ避クヘキ」旨を指示し、日本の新聞及び新聞通信員らにも「袁総統ニ対シ悪声ヲ放ツカ如キ事モ謹ム」[7]よう指示した。これは「此際支那帝制ニ対スル賛否ヲ言明スルハ共ニ帝国将来ノ地位政策ニ悪影響ヲ及ホシ或ハ帝国行動ノ自由ヲ束縛スルノ虞」[8]があるからであった。しかし大隈首相は思想的には君主制を賛美して共和政治を否定し、「帝制ノ復旧ニハ多少ノ反対アリト雖モ今日ノ勢ヲ以テセバ竟ニ共和制廃シテ君主制ノ復活ヲ見ルモノト断ジテ不可ナラン」と述べ、且つ袁世凱を「支那現代ノ一大偉人」と賛美し、「袁総統ニシテ皇帝トナルモ国内統治ノ実力手腕ヲ有スルニ於テハ敢テ国民ノ反対セザル所ナルヤ明カナリ」として「君主制復活ノ暁ニ於テハ袁総統先ヅ皇位ニ登ル者ト観ルベキナリ」[9]という談話を発表した。大隈首相は帝政問題は「全然支那ノ内政問題ニ属スルヲ以テ日本トシテハ其君主制タルト民主制タルトハ敢テ問フ所ニ非ザルヲ以テ其他国ノ使嗾ヲ受ケテ這般国体ノ変更ヲ実現シ若クハ其実現ガ帝国ノ利害ニ影響ヲ及ボサザルニ於テハ何等干渉スヘキニアラズ」[10]と不干渉の立場をあらためて表明した。大隈首相のこの談話は日本の二、三の新聞に掲載された。

この頃中国の新聞は「日本ハ我国ノ君憲問題ニ賛成ス」[11]という表題まで付けて大隈の談話を訳載し、[12]『北京日報』も

「日首相ノ我国ニ対スル表示」と題した記事で「日本東京確実ノ消息ニ拠レハ中国ノ国体改革問題ニ対シテハ大隈首相ハ我国公使ニ対シ円満賛成ノ意ヲ表セリ」(13)と報道した。これは日本の不干渉と大隈の帝政支持の談話が袁の帝政運動に拍車をかけ、その活動を大いに促進したことを示している。袁世凱と籌安会が帝政運動を推進する際にもっとも懸念していたのは日本の干渉であったが、日本公使館の諜報員辻武雄が収集した情報によれば、袁らは「日本大隈総理ノ傍観的ノ態度ヲ執ル云々ノ言明アリタル以来断然準備ヲ整ヘテ国体ヲ変更スルコトニ決定シ」(14)たのである。北京でも地方においても、梁士詒・周自斉ら官僚の工作による帝政請願運動が展開され、帝政運動を民衆の意志によるかのように見せかけた。各種の請願団が国体を改正して袁を皇帝にするよう参政院に請願書を提出した。国体変更は憲法にかかわる重大問題なので、参政院は国民会議を招集して決定するよう政府に建議した。こうして帝政運動は籌安会設立当初の理論研究から請願運動を経て法的検討・決定の段階に進展したのである。

このような帝政運動の急激な進展は日本に新たな政策の選択を迫った。日本は傍観から干渉へと政策を転換し始めた。大隈首相は反帝政派の動向を探るように指示すると共に、九月二九日に駐イギリスの井上大使に袁の帝政計画についての英国政府の意向を打診するように訓令し、日本政府の帝政に対する干渉の意図を表明した。(15)この訓令において大隅首相は、八月の帝政賛美の意を改めて中国の政体変更の必要性を否定した。その理由として大隈首相は㈠に「袁総統ハ今日ニ於テハ已ニ事実帝王ニ等シキ権力ヲ有シ且ツ同総統ニシテ健在ナル限リ同総統ニ代リ得ルモノ表ハレ来ルヘキ筈モナキニヨリ此際種々ノ危険ヲ冒シテ迄国体ノ変更ヲ試ムル必要ナキヤニ思考セラル」こと、㈡に中国の大官・将軍・巡按使及び革命党の中には「此機ニ乗シ倒袁ノ画策ヲ廻ラシツツアル模様ニシテ未タ具体的ニ表面ニ現ハレタル事実ナキモ長江一帯及南支地方ニハ反対ノ風潮漸ク弥漫セントスルモノノ如シカカル情勢ノ下ニ急遽帝政ヲ実現セントスルニ於テハヨシ大動乱ハ之ヲ見ストスルモ各地ニ小暴動等ヲ生スルコトナキヲ保スヘカラス」こと、㈢に「若シ為ニ支那ニ動乱ノ勃発スルカ如キ事アランカ直接間接最損害ヲ蒙ムルモノハ日英両国」[16]ことである等を挙げた。二十一カ条交渉におけるイギリスの強硬な外交から、大隈はイギリスの存在を無視することが出来なかった。大隈は駐英の井上大使に、日本の上述の意見と姿勢を井上個人の意見としてイギリス政府に内密に述べ、「本問題ニ対スル英国政府ノ腹蔵ナキ所見ヲ叩カレ詳細電報アリ度シ」[17]と訓令した。これはイギリスと協調して対処しようとしたことを示している。

あり得ることではあるが、帝政運動当初のイギリスの対応は、外務省と駐中国のジョルダン公使の意見が統一されておらず、矛盾していた感がある。一〇月三日にジョルダン公使は袁世凱と会談したが[18]、中国の二、三の新聞はジョルダンが袁に、帝政実現の際にはイギリスはこれを承認するにやぶさかでなく、皇帝に即位するのは袁以外にないと語ったと報道した[19]。ジョルダンはこの事実を否定して帝政承認を予告した如きことは全くないと述べ、北京政府の外交部に訂正を要求した。外交部は中国側の新聞社にその報道の取消を強く要求した[20]。これは一時中国のマスコミに大きな波紋を呼起したが、小幡臨時代理公使は「新聞記事ノ実否ハ別問題トシ英国公使ハ極メテ非公式ニ且ツ全然個人ノ資格ニテ帝制賛成ノ意ヲ仄カセルモノカト想像セラル」[21]と推測した。一〇月八日に小幡がジョルダンを訪れた時、ジョルダンは小幡に「帝制恢復ハ今ヤ避クベカラザル形勢トナリ其実現モ蓋シ遠カラサルヘシト考ヘラルルコト并ニ大ナル動揺ハ之ナカルヘシト観察シ居ル」と語り、「此際何等ノ動揺不安ノ事態ヲ惹起サザルコトヲ……切ニ希望シ」[22]ていた。ジョルダンのこの話から推測すれば、ジョルダンは個人の意見として一時的に帝政に賛成したようである。しかし一〇月八日にイギリス外務省が日本政府に提出した袁・ジョルダン会談に関する覚書では、ジョルダンは「支那官辺ノ人士トノ私的談話中今回ノ変革ニ因リ国内ノ動乱ヲ誘致スルカ如キコトアルトモ支那ハ欧洲諸国中ノ何レヨリモ援助ヲ得ルノ見込ナシ」との旨を言明し、もしこの動乱により袁が「大総統ニ選ハレタル際為シタル厳粛ナル約定ヲ破棄スルカ如キコトアラハ其名声ハ失墜ヲ免レサルヘキ」[23]旨を断言したと通告した。この通告から見れば、イギリス政府は袁の帝政運動に対して厳しい姿勢をとっていたようである。しかし、一三日にイギリス外務省のラングレーがジョルダン公使からの来電の内容として井上大使に述べた話によれば、「此際外部ヨリ何等干渉ノ措置ニ出デンニハ却テ之カ為メ面白カラザル事態ヲ醸発スルノ虞レスラ有之有様故此際成行ニ任ス方機宜ニ適スヘ[24]」しと、帝政運動を黙認する姿勢を示した。イギリスのその後の対応から見れば、この頃イギリスはこうした姿勢をとっていたといえよう。一九一一年一一月に袁が出馬した時、イギリスは立憲君主制が中国に相応しいと主張したことがあったから、この時に袁を皇帝とする立憲君主制を黙認しようとしたのも偶然ではなく、歴史的背景があった。しかし帝政派と反帝政派の衝突により動乱が起これば、イギリスと中国との貿易は影響を受け、列強の中国における既得権益が脅かされる恐れがあったため、政体の変更に賛成しないという矛盾した姿勢を示したのである。

九日に袁は参政院が提議した国体問題を決定する国民代表大会組織法を批准・公布し、帝政運動は大きく進捗した。日本政府はこの機を捉えて一〇月一五日の閣議において帝政運動に対する方針を決定し、同日石井菊次郎外務大臣が駐英の井上大使に、至急イギリス外務大臣に日英共同して「支那政府ニ対シ友誼的勧告ヲ試ミ国体変更ノ計画ヲ一時中止セシメ以テ事ヲ未然ニ防クコトト致度[25]」と申入れるように訓令した。辛亥革命に際して最後まで立憲君主制に固執した日本は、なぜこの時には反君主制の姿勢をとったのだろうか。第一に帝政と反帝政の両派の戦いによる中国の分裂と動乱を避け、中国の統一と安定を確保しようとする狙いがあった。これは経済的利益から考慮したものであった。中国国内の動乱は辛亥革命の時のように日本の対中国貿易と中国国内における経済活動に大きな影響を及ぼす恐れがあった。日本政府と大隈首相・石井外相は終始この点を指摘した。尾崎行雄司法大臣もこれを理由として帝政の阻止を強調した[26]。辛亥革命の時、日本が立憲君主制に固執した一因も同じだった。日本は君主制から急激に共和制に移行したら社会的混乱或いは動乱が起こると懸念したのであった。両時期の政体についての主張を比較すると互いに矛盾しているが、その理由には共通する一面があった。変転する政策の中で変らないものが本質である。この本質は帝国主義列強としての日本が中国において政治体制の問題よりも経済的利益の確保を優先していたことを物語っている。

第二は袁世凱に対する日本の反感であった。辛亥革命の時、日本の政府・軍部と民間は共に袁に対して好感を抱かず、立憲君主制を主張したが、その原因の一つに君主によって内閣総理たる袁を牽制しようという狙いがあったことが挙げられる。この時、袁の帝政を牽制・干渉しようとした裏面に袁に対する反感があった。大隈は袁を「策毒に罹つた人物だ」(27)として好まなかった。それに二十一ヵ条交渉において第五号を放棄せざるを得なかったことや交渉後に締結した条約の実行において袁がさまざまな障害を設けたこと等により、政府・軍部の中核と民間人には袁に対する不満と反対が少なからず存在しており、このような人物が皇帝になることを好まなかった。これは当然であった。しかし、袁が実権を掌握して中国に君臨する現状を鑑みて、日本はまた彼に期待せざるを得なかった。そのため好ましからざる袁を支援せざるを得ないという矛盾した事態に陥った。大隈首相が一時袁の帝政運動を支持しようとしたのも、陸軍の一部が「適当ノ時期ニ帝制を承認シ、尚ホ之ヲ援助スル意味ヲ以テ我権内ニアル革命党及之ニ附随スル人物ヲ厳重ニ取締リ、若シ擾乱発生シタル場合ニハ帝国ハ自衛的ニ我利権ヲ保護スル覚悟ヲ要スル」(28)と表明したのも、このような矛盾の表れであり、支援することによって袁の日本に対する好意を獲得した上でコントロールを図り、袁に日本の侵略的・植民地的な要求を承諾させようとしたのであった。しかし中国国内における反袁勢力の抬頭と強大化に比例するかのように、この矛盾における袁を牽制或いは排斥する面が袁を支援する面よりも徐々に強くなって行ったのである。袁の帝政に対する日本の政策は基本的にこうした経緯によって変転したのである。

第三に第一次大戦という国際情勢が日本に有利であったことが、日本に袁を公然と牽制させたのであった。欧州を中心とした大戦により、中国における欧米列強の勢力は一時的ながらも後退した。欧米列強に依拠してきた袁の対日抵抗力も弱体化し、また従来日本の対袁政策を制約してきた欧米の牽制力も欧州の戦況が連合国に不利であったため一層弱くなった。これは日本の対袁政策の強硬化を促進した。

第四は民間の大陸浪人らの袁の帝政に対する反対であった。彼らは思想的に帝政に反対したというよりも、袁に対する反感から反対したのである。例えば内田良平は一〇月一七日大隈首相に「支那帝制問題意見書」を提出し、「袁世凱の帝制強行は彼が自ら墓穴を掘るものであつて、支那問題解決の機運を招来するものとして寧ろ歓迎すべきものである。……故に政府としては帝政問題については賛否共に絶対に其の意思を表明しないことが肝要である。而して若し帝政が実施せられたのちは断じて之に承認を与へず、袁をして窮地に立たしめねばならぬ」(29)と建言し、袁を窮地に追込んで打倒しようとした。こうした民間の意見も大隈内閣の対袁政策に影響を及ぼしたのであった。

帝政一時阻止の方針を決定した日本は、まず対英外交に乗出した。一〇月一八日、井上大使はグレー外相に日英「協同勧告ノ方法ニ依リ以テ事変発生ヲ防遏スルノ切要ナル所以」(30)を申入れた。イギリス政府は対袁政策決定においてはジョルダン公使の意見を重く見ていたため、グレーはジョルダン「公使ノ意見ヲ徴シタル上ニアラサレバ何等回答シ得サル次第」(31)だと答えた。石井外相と井上大使は北京の小幡臨時代理公使に、ジョルダン公使の所見は日本の見込と全く反対であるから、「支那現下ノ状勢ニ関スル我方ノ情報ニ対シ駐支英国公使ノ注意ヲ喚起シ同公使ヲシテ成ルベク我方ノ所見ニ適合スヘキ意見ヲ本国政府ニ進達セシムル様」(32)に指示した。小幡臨時代理公使は一八、一九日と二一日の三回にわたってジョルダン公使と会談したが、ジョルダンは「日本政府ノ提議ハ至極尤ノ次第ニシテ今一カ月モ前ナリシナラバ容易ニ其目的ヲ達シ得タラント信スルモ目下ノ形勢ニテハ袁自身ニ於テ果シテ能ク此ノ運動ヲ食止メ得ルヤ否ヤ甚ダ疑ハシク感ゼラル」(33)と述べ、また一、二国或いは二、三国がそうした勧告をなすのは面白くないとして「此際日英米露仏ノ尠クモ五国位ニテ共同ノ勧告ヲ試ムルニ於テハ或ハ袁モ時局ヲ収拾スルニ適当ノ方略ヲ講スヘシ」(34)と語った。ジョルダンは日本の提案に断固として反対したわけではなかったが、かなり消極的な姿勢を示した。ジョルダンは辛亥革命の時には共和制を主張しており、思想的には立憲君主制の復活に反対する傾向があったが、この時日本の勧告に消極的だったのは、この勧告によって日本が対中国・対袁政策のイニシアチブを握り、中国の政局を左右することを警戒したからである。

しかしイギリス政府は二一日付の覚書で日本の共同勧告に同意する旨を通告した。[35] 二三日、石井外相はこれに満足し、イギリス政府に駐ロシア・フランス・アメリカの英国大使に命じて、各々の任国に日本と同じ勧告を申入れさせるよう要望し、併せて「日英両国ヨリ至急支那政府ニ勧告ヲ与フルコト」[36]も要望したが、イギリス外務省のラングレーはロシア・フランス・アメリカの三カ国と交渉し、回答を得てからでなければ答えることは出来ないと返事した。ラングレーが語ったように、この裏にはジョルダン公使からの勧告時期遅しという回報とイギリス側の帝政運動下の「支那ノ現状ハ格別危険ノ兆ナキ」[37]という情勢判断があった。日本とイギリス「双方ノ見込ノ違フ所」[38]が出てきたのであり、イギリス側の帝政阻止に対する消極性を窺うことが出来る。しかし二五日にイギリス政府は「三国ノ回答ヲ待タス日英両国ニテ不取敢支那ニ勧告ノコトニ同意スル」[39]意向を表明した。これは大戦に巻込まれたイギリスには中国に介入する余裕がなかったので、中国における主導権を日本に譲らざるを得ない情況の下で[40]日本との協力関係を維持するために、消極的であるにもかかわらず日本の勧告案に賛成せざるを得なかったのである。モリソンはイギリスと日本とのこのような関係を「日本の糸でひかれた沢山のあやつり人形」[41]のようなものだと皮肉り、不平を洩らした。

イギリスの賛同を得た日本は、他の列強への工作に取掛かった。石井外相は駐ロシア・フランス・アメリカの日本大使に、任国政府に帝政延期についての共同勧告に参加するよう申入れることを訓令し、また三カ国の駐東京大使にも同様の方針を伝えた。[42] ロシア政府は国体変更そのものには反対しないが目下その時期にあらずと考え、一〇日前に変更を延期するよう駐北京のロシア公使に訓令したので再度訓令する必要はなく、また日英との共同勧告に参加する意向もないと回答したが、二八日に至ってサゾノフ外相は駐北京ロシア公使に「日英両公使ト協議ノ上措置スヘキ」[43]旨を訓令し、日本との共同勧告に賛成した。アメリカの国務長官ランシングは「元来共和政体ノ維持ハ米国トシテハ懌フ所ナルモ事他国ノ内政ニ属スル上ニ在支米国人等ニ於テモ政体変更ニヨリ何等ノ影響ノ虞モナキニ付斯クハ此際何等措置ヲ執ラサルコトニ決定シタ(44)」と駐米の珍田大使に回答し、また「勧告ハ支那ノ内政ニ干渉スル嫌アリト思考スル」と述べた。この回答からアメリカがこの勧告に参加しない理由を窺うことが出来ると同時に、大戦中日本とアメリカの中国をめぐる対立が激化しつつあったことも察せられる。当時日本の元老と外務省・軍部は大戦後日本が中国を争奪する上での主な相手はアメリカだと考えていたし、アメリカも大戦以来の中国における日本の行動から日本の対中国政策を牽制する必要を感じていたので、共和制を支持していたにもかかわらず、帝政問題においては日本と共同行動をとらなかった。これは日本に対する牽制策でもあった。フランスは内閣が更迭されて多忙だったために確答をせず、外務省は「支那ノ政体変更ニ関シテハ何等利害ヲ感ゼザルノミナラス本件ハ支那ノ内政ニ関スル次第ニ付仏国政府ノ態度ヲ確定スル前ニハ閣議ヲ経ザルベカラザルヤニ考ヘラルル(45)」と述べたが、一一月に至って賛成した。

しかし当時日本国内にはこの勧告に反対する意見もあった。中国の新聞は日本には賛成・傍観・干渉の三つの主張があると報道した(46)。元老山県は従来から袁との信頼関係の確立を主張していたため、このような措置をとることに反対し、一木喜徳郎内相と小幡臨時代理公使も賛成しなかった(47)。参謀本部の一部にも反対意見があった。しかしこのような反対意見は大隈内閣に採用されなかった。

大隈内閣はイギリス・ロシアと共に率先して北京政府に共同勧告することを決定した。一〇月二八日、北京の小幡臨時代理公使はフランス・ロシア公使と共に陸外交総長に帝政実施を一時中止するよう勧告した(48)。陸総長は「各地トモ極メテ安静ニシテ毫モ動揺ノ模様ナシ(49)」と勧告の理由に反駁した。これまで帝政に反対していた曹次長も三国の勧告に難色を示した(50)。北京政府外交部は帝政実施に対する外交的な保障を得ようとして日本外務省及びその出先機関と対立し、帝政をめぐる外交的攻防戦を展開した。

北京政府が共同勧告に対してこのような姿勢を示したため、石井外相は一〇月末に駐日のイギリス大使グリーンとその後の対応について検討した。石井は勧告を全面的に拒絶することはあり得ないが、時期遅れと主張することはあり得るとして、袁が即位した後「変乱ヲ鎮圧シ得ル実力アルコトヲ証明シタル後初メテ承認スルコト至当ナルヘシ」(51)と述べて、袁を牽制する策を講じようとした。

しかし北京政府は依然として従来の立場を堅持した。一一月一日、北京政府は陸総長の名で日本等三カ国の帝政中止勧告に対する北京側の回答を送ってきた。(52)この回答は主に帝政を実施せざるを得ない情況を説明し、帝政を中止するか否かの明言を避けていた。中国側の回答は婉曲で曖昧だったので、(53)同日の夜、小幡臨時代理公使は曹次長に政体の変更を進めるか否か、動乱発生の恐れがあるか否か、明確に承知したいと確認したが、曹は「国体変更問題ハ事態既ニ余リニ進行シ居リ三国ノ勧告ハ諒トスルモ今更到底中止ノ途ナキニ付其儘進行セシムル方針ナル」上、「是カ為何等重大ナル動乱ノ発生ヲ見ルコト断シテ無之見込ナル」(54)旨を確答した。東京では一一月三日に石井外相が陸宗輿公使に「支那政府カ日本ノ誠意ヲ込メタル勧告ヲ採用セサルコトニ決セラレタルハ甚タ遺憾トスル所ナル」(55)意を表して北京側に圧力を加えた。

一一月三日にフランス外務省は日本の提議に全面的に同意して日本勧告案の通りに北京政府に帝政延期を申入れることを決定し、同日駐北京のフランス公使コンチイが単独で陸総長に帝政実行延期を勧告した。(56)内閣更迭の問題もあったが、フランスは特に「独逸国カ帝制問題ニ関シ袁世凱ニ後援ヲ与ヘ而シテ一旦帝制成ルノ暁ニハ之ヲ承認シテ袁ノ歓心ヲ得ルニ努メ」(57)ることを憂慮し、その際に単独で行動する余地を残しておくために共同勧告に参加しなかった側面もあったのであろう。フランスのこの勧告も袁とその政府にとっては新たな外圧とならざるを得なかった。

三日、駐日の陸公使から外交部に、日本が二回目の勧告を準備し、軍艦二隻が南に向うという情報が入った。(58)このような外圧により袁とその政府は妥協・折中の方針をとらざるを得なかった。四日、陸外交総長は来訪した小幡臨時代理公使に、国民大会代表の選挙は着々と進行し、一二省では既に終了しているので、今から中止するのは困難であるが、「其ノ実行ハ短時日ニ於テ之ヲ能クスヘキニアラス」(59)と述べた。六日、陸公使も政府の訓令として石井外相に「支那政府ハ急速国体ヲ変更スルノ意ハ初ヨリナシ現在モ尚此意ナキコトヲ証明ス」(60)と曖昧な回答をした。これは小幡が語ったように、「此際主義トシテ之ヲ決定シ置キ其ノ実行ハ成ル丈手間取ラス」(61)折中策をとったのである。石井外相は「支那政府ノ意志尚不明ナリ支那ハ到底日本政府ノ問フ所ニ対シテ明答ヲ与ヘザルモノト認ム従テ最早追究ヲ為サザルベシ此不明瞭ノ為生ズル一切ノ責任ハ支那政府自身ニ在ル」と警告し、また「右ノ如ク急速変更ノ意ナキヲ述ベツツ若シ突然変更ヲ行フガ如キコトアラバ之レ帝国政府ヲ侮辱スルモノト看做ス」(62)と再度圧力をかけた。

このような圧力により北京政府は明確に回答せざるを得なくなった。九日、曹次長は小幡に「今年中ハ之ヲ実行セサルコトト内定セリ」(63)と非公式に通告し、一一日には陸外交総長が日・英・仏・露公使に「多少ノ延長ヲ必要トス」(64)と正式に通告した。これは一時的な延期であり、帝政そのものを取消したわけではなかった。一五日、曹次長は小幡にこの通告を解説して、日本はこの通告に満足するか、日本は帝政に絶対に不賛成かと尋ねた。北京側がこのように尋ねたのは、独・墺の帝政に対する支持とアメリカの不干渉も一因だったが、日本が帝政実施延期を勧告したものの、帝政そのものに対して賛成か反対か明確な意向を示さなかったからである。日本は帝政そのものに対しては反対しなかったが、その実施には反対するという矛盾した姿勢をとった。この矛盾に日本の対袁政策の本質があり、北京側が日本の勧告をスムーズに受入れようとしない原因があった。

このような情況で日本政府は新たな策を講じ始めた。一一月一八日、日本は関係する列強に「若シ支那政府ニシテ我予期ニ反シ早々帝制実行スルカ如キコトアルモ関係列国ハ支那内部ノ実況ヲ顧ミ内乱動揺ノ虞ナキ見据相付クマテ支那新帝国ノ承認ヲ差扣ヘ此問題ニ付キ早計ニ出デザルベキ」[65]旨を提案し、欧州大戦終結まで承認しない方針を決定した。承認問題によって帝政の実施を牽制しようとしたのである。同日、石井外相は駐英・仏・露・米・伊大使にこの方針を訓令し、各国も日本と共に袁政府にこの旨を申入れ、「自国ノ権利ヲ留保スルト共ニ暫ク時局今後ノ発展ヲ注視セン」[66]ことを提唱した。日本は依然として対袁外交のイニシアチブを握って列国と共同行動をとろうとした。国際的に袁を孤立させようとする狙いがあったのである。

日本のこの申入れに対して各国は多様な反応を示した。フランスは外務省のド＝マルジュリーが個人の意見として「万一支那ガ予期ニ反シ急速帝制ヲ取ルカ如キ事アリトセン」か、その時に「独逸ニ後レテ之ヲ承認スルカ如キハ仏国目下ノ立場トシテ甚ダ忍ビ難シトスルトコロニシテ尠クトモ独逸ト同時位ニ承認セザルベカラスト信ズ」[67]と述べ、帝政そのものに反対しないばかりではなく、これを承認することもあり得るという意向を表明した。それは、ド＝マルジュリーが語ったように「支那政体ノ変更ガ仏国政府ニ何等痛痒ヲ与ヘサル」ことに加え、「仏国政府ノ念トスル所ハ一ニ之ニ依リ支那ニ於ケル仏国ノ利益ニ影響ヲ及ボサザランコトヲ希フノミ」[68]だったからである。しかし、もし中国に動乱が起こった場合、フランスは対袁・対中国外交のイニシアチブを握っている日本に頼らざるを得ないという側面があったため、二三日にド＝マルジュリーはもし英・露両国政府に異論がない限り「仏国政策モ亦日本国政府ノ提議通リ通告ヲナスニ同意スベシ」[69]と回答した。しかし日本が提示した「自国ノ権利ヲ留保スル」ことに対しては、ド＝マルジュリーは日本が武力干渉をする権利を留保する可能性があるので、「支那国内ニ騒乱起リタル場合支那ニ於ケル駐屯軍ヲ増員スルカ如キ単ニ各自ノ利益防護ノ手段ヲ執ルニ止メ決シテ支那ニ圧力ヲ加フルカ如キコトナカルヘシトノ了解ノ下ニ之ヲナスコト勿論ナリ」[70]と付加えた。これはフランスの留保条件であり、日本に対する牽制でもあった。

ロシア政府は一一月二四日と一二月一日にサゾノフ外相が駐露の本野大使に日本「帝国政府ノ提議ニ異議ナキ」[71]旨を言

明し、英・仏政府とも交渉する意図を表明した。

イタリア政府は一〇月二八日の三国共同勧告に参加しなかったが、一一月一二日に駐北京の伊国公使ヴァレーが陸外交総長に「帝制問題ニ関シ日英露仏四国代表者カ為シタル友誼的勧告ニ協同スヘキ」旨を通告して四カ国と共同行動をとり、(72)日本の一一月一八日の方針に対しても、二二日に外務大臣ソンニーノが「別ニ異議ナク考量ノ後同様ノ手段ヲ執ルヘキ」(73)旨を日本の林大使に伝えた。

アメリカは内政干渉であるとして共同行動に参加せず、逆に世論が日本の意図を告発した。一二月一六日の『ニューヨーク・タイムズ』は「帝制問題ニ関スル勧告ノ如キモ其表面ノ理由ハ容易ニ信セラレス却テ之ニ依リ騒擾ヲ誘致シ以テ干渉の口実ヲ作リ延イテ支那ニ於ケル日本ノ地位ヲ堅メ極東ノ覇権ヲ確実ニ握ラント期スルモノナリ」(74)という北京からの通信を掲載した。中国における日本の主要な競争相手であったアメリカは日本の帝政延期勧告の真の狙いを明確に把握していたのであろう。アメリカのこのような姿勢は袁の帝政運動にとって有利だったので、袁の腹心蔡廷幹は袁の指示により帝政が実施されたら中国は一層の中米親交を図るであろうとアメリカ側に伝えた。(75)

イギリス政府は基本的に日本の提案に同意したが確実な回答は示さず、(76)一二月四日に帝政延期問題に関する対北京通告文案を石井外務大臣と駐日の関係国代表とが協議・作成する旨の覚書を井上大使に渡した。(77)イギリスは共同勧告に消極的であり、日本のように勧告によって袁を窮地に追込もうとはせず、逆に袁政権の国際的地位を高めて日本に対する抵抗力を強化しようとした。

当時イギリスは袁政権の連合国への参加、中国の対露武器供給計画、及び中国において武器を秘密で取引したり破壊活動をおこなうドイツ人の追放等に対する日本の支持を要望していた。(78)イギリス・フランス・ロシアは戦時下における実際的問題として、帝政延期よりもこれらの問題をより重視しており、日本の協力を切望していたのである。しかし日本は、この時期中国が連合国に参加して独・墺に宣戦することを望んでいなかった。それは中国がこの参戦によって国際的に政治的・軍事的な地位を高め、連合国との連携により日本に対する抵抗力を強化し、戦後における講和会議において有利な地位を獲得出来るであろうことは中国にとって有利であり、逆に日本にとって大変不利だったからである。この意味では、この時期にイギリスやロシアが中国の参戦について取上げたのは、一九一六年の三大決戦（ベルダン攻防戦・ユトランド沖海戦・トレンチノの戦）に備えてというよりも、帝政延期勧告によって対中国・対袁外交の主導的地位を掌握しようとした日本に対する外交的反撃だったといえよう。袁の顧問であったモリソンもこの時期中国の連合軍側での参戦を宣伝し(79)、袁も参戦の意志を明らかにした(80)。既に袁は帝政延期勧告の主導者が日本であり、英・仏・露等は消極的に追随しているにすぎないと知っていたのであろう。この三カ国の要望は袁にとって有利であり、袁としてもこの参戦によって日本に対する抵抗力を強化した上で帝政を実施しようとしたのである。日本は一二月六日に英・仏・露の中国参戦提案を拒否した。

袁はこのような情勢の下でも依然として帝政運動を推進した。一二月一〇日、国体変更に関する国民代表選挙が終了し、投票総数一九九三票全部が立憲君主制に賛成した。一一日、参政院は袁世凱を皇帝に推戴した。袁は一旦この推戴を婉曲に辞退したが、一二日に二度目の推戴を受諾して皇帝に即位し、中国に帝政が復活した。袁は年号を洪憲と定め、大典籌備処を設けて即位の準備に取掛かった。

袁がこのように日本の勧告を無視して皇帝になったのは、裏面ではジョルダン公使が支持していたからであった。ジョルダンは七日前後に密かに袁を訪ね、「若し閣下が大総統であることを民衆が望むのなら、大総統であればよい。若し民衆が閣下が皇帝になることを望むのなら、皇帝であればよい。これは民衆の意志を反映しているのであり、貴下の大総統就任の時の宣誓に反する行動をとっているわけではない(81)」と語った。これが袁を帝政実施に踏切らせる切掛けとなった。

石井外相は一三日に駐北京の日置公使にイギリス等四カ国と協議・作成した帝政延期に関する回答文を打電し、日置公使は一五日に英・露・仏・伊四カ国公使と共同で陸総長にあらためて延期を申入れた。イギリスはこの勧告に参加したものの、ジョルダン公使はこれは全く日本の考えでなされたものであり、何ら効果をもたらさないのみか中国人をドイツの掌中に追いやることになると不平を洩らした。袁政権はイギリスの支持の下でこの勧告を受諾しようとせず、陸総長は帝政は「種々準備其他ノ都合モアリ今直チニ之カ実現ヲ行ハントスル次第ニアラサル」と述べ、各国には「支那ノ独立及主権ハ充分ニ之ヲ尊重セラレンコトヲ希望ス」(82)と付言して外部からの干渉を排除し、帝政を実施する決意を示した。

このような情況の下で袁の帝政実施を長期間牽制し干渉することは、逆に日本に不利な結果をもたらす可能性があった。北京の日置公使はこれ以上牽制しないように主張した。一六日、日置公使は石井外相に「我邦ニ於テモ何トカ折合ヲ付ケ本問題ノ結末ヲ告ケシムルコト得策ナルヘシ」(83)と進言した。日置公使はその理由として、㈠に「独リ大勢ニ逆行シテ時局ヲ紛糾セシムル嫌ア」り、㈡に「益々支那ヲシテ我ニ背馳シテ他国筋ニ走ラシムルノ結果ニ終ルヘク況シテ支那政府トシテ或一定ノ時期以上帝制の実現ヲ延期シ得サル破目ニ陥リ居ル事情ニ顧ミ且ツハ勧告国ノ協調ニ幾分緩ミヲ生セルカ如キ機微ノ消息ヲモ探知シ居ル支那側は已ムヲ得サル処置トシテ我意嚮ニ頓着ナク断然外国ニ向ヒテ帝政実行ヲ通告スルカ如キ挙ニ出ツルモ保シ難ク」、㈢に「事茲ニ至レハ関係各国モ漸次ニ新国体ヲ承認スルノ態度ニ出ツヘキヤニ察セラレ其結果我方ノミ独リ帝制ノ承認ヲ肯セス故ラニ孤立ノ地位ニ陥ルコトトナルヘク斯クテハ外交上甚タ面白カラサル局面ヲ現出」(84)することを挙げた。勧告の過程における列強の姿勢とその後の袁政府と他の列強との交渉及び英・仏・露三カ国の早期承認の要望から考えれば、日置の挙げた第二、第三の理由はもっともなものであった。石井外相は日置公使の上申を受入れ、一六日に駐英・露の日本大使に、任国政府に「支那政府ハ曩ニ関係列国ノ与ヘタル友誼的勧告ノ趣旨ニ顧ミ厳ニ国内ノ動乱ヲ予防スルノ手段ヲ講シ過日上海ニ於ケル騒擾モ幸ニ重大ナル発展ヲ見ルニ至ラズシテ平定シタル如キハ帝国政府ノ憂慮ヲ軽カラシムル所以ニシテ今後同国政府ニ於テ暫クノ間更ニ必要ノ警戒ヲ加ヘ騒乱ヲ未然ニ防クニ至ラバ帝国政府ハ右勧告ノ目的一応徹底シタルモノト認メントス」[85]という意向を申入れ、その同意を求めるよう訓令した。

石井外相はこの訓令で「暫クノ間更ニ必要の警戒ヲ加ヘ」云々とは「今後三四ケ月支那政府ニ於テ更ニ警戒ヲ加ヘ動乱発生ヲ防キタル上ハ其節ニ至リ帝政の実現ヲ見ルモ我勧告ノ趣旨貫徹シタルモノト考フルヲ得ベシト云フ意味」であると解釈し、三、四カ月後に袁の帝政を承認する理由として、㈠袁政府が一二月上旬に陳其美ら革命党が上海で袁軍の軍艦肇和の水兵を煽動して起こした蜂起を鎮圧したこと、㈡「多数支那人ハ勿論支那ニ於ケル外国人間ノ輿論モ此上余リ長ク帝政実現を延期セシムハ得策ナラズト云ヘルニ傾」くこと、㈢「強テ支那ニ対シ余リニ長キ延期ヲ求メ其結果帝政主張者ヲ圧抑スルコトトナリ却テ騒乱ヲ惹起スルガ如キコトアルニ於テハ帝国政府ニ於テモ亦自ラ之ニ対スル責任ヲ感ゼザルヲ得ザル」[86]こと等を挙げた。㈢の「騒乱ヲ惹起」する理由については帝政延期勧告の当初から日本と袁政府との交渉の焦点となっていた。日本は騒乱を事前に阻止するために帝政延期を勧告し、袁政府は民意に基づくものだから騒乱発生の可能性はないという理由で日本に反駁したが、騒乱を事前に阻止するという理由が逆に中国における反帝政・反袁勢力と日本滞在中の孫文ら革命党の反袁活動に拍車をかけることになり、遂に日本は帝政延期勧告の口実としたこれらの反対勢力を支持して袁の排除に乗出したのである。

軍部も外務省と共に三、四カ月以内に袁の帝政を承認しようとして、一二月一八日に田中参謀本部次長は袁の顧問坂西利八郎にこの意向を袁に伝え、袁にこの承認により「日支両国相互ニ充分ナル誠意ヲ披瀝シテ永ク緊密ナル関係ヲ保」[87]つように要求することを訓令した。これは皇帝即位を承認する代償として袁に日本への「忠誠」を尽すように要求したものであった。同時に坂西は袁が大正天皇に勲章を授与するために派遣する特使を受入れるという田中の意向も伝えた。これは一二月中旬まで参謀本部は袁を排除或いは打倒しようとせず、帝政の承認によって袁に対するコントロールを強化し、日本に好意を抱いていない袁を親日的に改造しようとしていたことを示している。坂西は田中次長の訓令の内容を袁に伝武器ハ日本ノ供給セルモノナル事ヲ発見セラレタリ又孫逸仙ノ署名アル文書ニ依リ同人ハ日本ヲ策源地トナセルコト明瞭トナレルガ此事実ハ日本政府ノ知悉セル処ナルニ拘ラス何等ノ手段ヲ執ラサリキ尚又十二月一日日本総領事ハ至急相当ノ手段ヲ講セスンば帝政問題成効ノ虞アリト東京ヘ打電シタル等今回ノ事件ハ孫ト共謀シタル日本人カ上海ニ於テ之ヲ起シタルモノナルコト確ナリ」(13)と報道した。上海は欧米列強の権益が集中する地域であり、袁を支持してきた欧米列強は上海で反袁の事件を挑発することを好まなかったので、アメリカにおける上述のような報道が他の列強に対しても悪影響を及ぼす可能性があった。石井外相は対策を講じ、駐米の珍田大使に上述の報道の取消をアメリカ政府に申入れるよう電訓すると同時に、北京の日置公使にもアメリカに対してと同様の取消の要求を袁政府に申入れるよう訓令した。(14)これはアメリカの報道は袁政府が提供した情報に基づいていると判断したからであった。(15)日置公使は石井外相の取消の要求を袁政府外交部に申入れたが、外交部はアメリカの新聞との関係を否定した。日置公使はこのような措置に賛成せず、石井外相に取消を袁政府に要求するのは「却テ面白カラサルヘキニ付之ニテ打切ト致シタシ」(16)と上申した。その理由は、もし公然と取消を発表すれば北京における事件の審理において日本滞在中の孫文との関係や日本製の拳銃が使用された事実等が再び取上げられ、事件と日本との関係が暴露されるので、打切る方が却って日本には有利だったからである。

上海の外国新聞もこの事件と日本との関係を報道した。上海の『ノースチャイナ・デイリー・ニュース』紙等は事件に日本人が参加したことをほのめかし、『シャンハイ・タイムズ』の主筆ノッティンガムは袁の海軍司令官李鼎新に「日本アラサリセハ斯カル擾乱ヲ見サリシナルヘシ」(17)という内談までしていた。

上海居留地の警察も日本人の動向に注意していた。山田純三郎はこの事件と直接関係があり、東南アジアから革命党に提供される資金もまず山田宛に送られてきていたため、警察は山田の行動を監視していた。有吉総領事はこれに対し警察側に弁解すると共に、一六日に山田が一時帰国するように手配した。(18)有吉総領事は事件と日本との関係についての「風説

府ハ右勧告ノ目的一応徹底シタルモノト認メントス」[85]という意向を申入れ、その同意を求めるよう訓令した。石井外相はこの訓令で「暫クノ間更ニ必要の警戒ヲ加ヘ」云々とは「今後三四ヶ月支那政府ニ於テ更ニ警戒ヲ加ヘ動乱発生ヲ防キタル上ハ其節ニ至リ帝政の実現ヲ見ルモ我勧告ノ趣旨貫徹シタルモノト考フルヲ得ベシト云フ意味」であると解釈し、三、四ヵ月後に袁の帝政を承認する理由として、㈠袁政府が一二月上旬に陳其美ら革命党が上海で袁軍の軍艦肇和の水兵を煽動して起こした蜂起を鎮圧したこと、㈡「多数支那人ハ勿論支那ニ於ケル外国人間ノ輿論モ此上余リ長ク帝政実現を延期セシムハ得策ナラズト云ヘルニ傾」くこと、㈢「強テ支那ニ対シ余リニ長キ延期ヲ求メ其結果帝政主張者ヲ圧抑スルコトトナリ却テ騒乱ヲ惹起スルガ如キコトアルニ於テハ帝国政府ニ於テモ亦自ラ之ニ対スル責任ヲ感ゼザルヲ得ザル」[86]こと等を挙げた。㈢の「騒乱ヲ惹起」する理由については帝政延期勧告の当初から日本と袁政府との交渉の焦点となっていた。日本は騒乱を事前に阻止するために帝政延期を勧告し、袁政府は民意に基づくものだから騒乱発生の可能性はないという理由で日本に反駁したが、騒乱を事前に阻止するという理由が逆に中国における反帝政・反袁勢力と日本滞在中の孫文ら革命党の反袁活動に拍車をかけることになり、遂に日本は帝政延期勧告の口実としたこれらの反対勢力を支持して袁の排除に乗出したのである。

軍部も外務省と共に三、四ヵ月以内に袁の帝政を承認しようとして、一二月一八日に田中参謀本部次長は袁の顧問坂西利八郎にこの意向を袁に伝え、袁にこの承認により「日支両国相互ニ充分ナル誠意ヲ披瀝シテ永ク緊密ナル関係ヲ保」[87]つように要求することを訓令した。これは皇帝即位を承認する代償として袁に日本への「忠誠」を尽すように要求したものであった。同時に坂西は袁が大正天皇に勲章を授与するために派遣する特使を受入れるという田中の意向も伝えた。これは一二月中旬まで参謀本部は袁を排除或いは打倒しようとせず、帝政の承認によって袁に対するコントロールを強化し、かつ日本に好意を抱いていない袁を親日的に改造しようとしていたことを示している。坂西は田中次長の訓令の内容を袁に伝

えた。袁は「貴我両国ハ決シテ離ル可カラサルノ運命ヲ有ス予ニ於テハ決シテ遠キニ親ミ近キヲ疏ンスルノ意無」と述べ、さらに「貴国ニシテ誠意アル親善主義ヲ以テ臨マルコトハ予カ断エス懇望スル所ニシテ支那モ亦充分ノ誠意ヲ以テ之ニ対スルニ躊躇セス(88)」と言明した。帝政承認獲得のための儀礼的な言葉だったにせよ、袁も親日的な姿勢を示したのである。しかし袁は「貴国側ニ於テ我国権ヲ犯シ国ノ内外ニ対スル予ノ立場ヲ困難ナラシムルニ至ラバ予ハ手ヲ束ネテ黙スルノミ支那兵ハ弱シト雖地広ク人民多キ故勢ノ趣クトコロニヨリテハ貴国ノ利益トモナリ害トモナリ得ヘシ(89)」とも警告した。

日本の帝政承認に関する新提案についてイギリス・フランス・ロシアは当然賛成の意を表した。グレー外相は一八日に井上大使に「自分ノ関スル限リ英国政府トシテ異議スヘキ所ナキ様存セラレ(90)」ると述べ、フランスも一四日に「異議ナキ(91)」旨を口頭で伝え、ロシアも一八日に同意を表した。この三カ国は欧州独自の事情により日本に上述のように回答する前から互いに協議し、共同で日本に対処したのである。またこの三カ国はフランスのように「若シ帝政ノ実現カ確定ノ事実トナリタル場合ニ連合諸国カ一斉ニ尠クトモ独逸ト同時位ニハ之ヲ承認スルノ挙ニ出テンコトヲ切望(92)」し、日本の三、四カ月間という期限に一定の留保条件を設けた。それは一六、一七日に駐北京の墺国・独国の公使が袁政権との関係を強化して連合国に対抗するため、陸外交総長に帝政復活の公式の祝辞を述べ、祝辞を呈するために袁皇帝に親しく謁見したい旨を申入れ、帝政承認の姿勢を示していたからである。(93)しかし、日本は欧州大戦に直接参加していなかったため、ドイツのこのような出方に配慮しなかった。

袁政府は上述のような連合国側と独・墺両国との対立及び連合国側内部の共同行動下における相違点を察知し、英・仏・露三カ国に対する外交工作を強化した。一二月二〇日頃、袁政府はイギリス・ロシア・フランス・イタリアの各公使に翌年の二月上旬に袁の皇帝即位式を挙行し、帝政の実施を正式に宣布する旨を伝えて尽力を希望した。二一日、イギリスのグレー外相は井上大使に「英国トシテハ此際右支那政府ヨリ申入ノ希望ヲ容諾シタキ考ナリ」と述べ、逆に「日本政府

ニ於テモ可成我々ト歩調ヲ一ニセラルル様」[94]に申入れた。グレー外相はその理由として「此上尚之ヲ阻止スルニ於テハ支那側トノ間ニモ面白カラサル紛糾ヲ来スノ虞アリ且……独墺側ヲシテ我々連合国側ニ比シ支那ニ対シ有利ノ地歩ヲ制セシムル」[95]こと等を挙げた。二八日、北京のロシア公使クルペンスキも政府の訓令として日置公使に「露国政府ニ於テハ袁皇帝ノ承認ヲ延期又ハ拒絶スヘキ何等ノ理由ヲ有セス兎ニ角関係各国ニ於テ注意スヘキハ独墺ヲシテ本問題ノ為メ対支関係上吾等ヨリ一層有利ノ地位ニ居ラシメサルコトナリ」と述べ、「可成速ニ国体ノ変更ヲ承認シ袁ノ地位ヲ固ムル時ハ幾多危険ノ根源タル不定ノ状態ヲ除却シ該帝国内秩序ノ維持ヲ容易ナラシ」[96]めなければならぬと語った。これは日本側の理由と異なる点であり、対袁政策の相違が表面に現れたものであった。この時既に西南諸省では反帝政・反袁の護国戦争が起こり、動乱が発生していた。欧州三カ国は動乱防止のため帝政延期を勧告したが、動乱が起こった際にはその鎮圧のために袁の帝政を承認する姿勢をとった。日本が袁打倒へと政策を転換したのとは正反対であった。

上述のように、日本が三、四カ月後に帝政を承認しようとしていた一二月中旬には、既に各地方に反帝政・反袁運動が勃発していた。駐中国の外務省の出先機関は一一月中旬からこの情報をキャッチして外務省に報告し、外務省も運動の発生を知っていたはずである。しかし、この「動乱」を事前に阻止するため帝政延期を勧告した日本が、「動乱」が勃発しつつある情況で帝政を承認しようとしたのは、勧告の理由に対する自己否定であった。これには袁の帝政を支持することにより袁の支配力を強化して「動乱」を制圧し、中国国内の安定を図ろうとする狙いもあったのであろうが、客観的には反帝政・反袁運動に拍車をかけ、その勃発を促進した。

一二月二三日、雲南の将軍唐継堯は袁に帝政を取消すよう電報を発し、二五日には袁政府からの独立を宣言して護国戦争の火蓋を切り、護国軍三個軍団を組織して袁の討伐に乗出した。

中国の国内情勢が急激に転換する情況の下で、日本や欧州の列強は対袁・対中国政策を改めざるを得なくなった。帝政

承認に対して日本よりも積極的であったイギリスは一時傍観する方針を主張した。二九日にグレー外相は井上大使に「此際ハ帝政布告モ又承認問題モ亦其儘トシ暫ク形勢観望ノ外ナカルヘキ」旨を述べ、三一日に駐日のイギリス大使グリーンも石井外相に「雲南事件ノ前途予見スヘカラサル今日暫ク形勢ヲ観望スルノ外ナカラン」と述べた。日本政府もこれに賛同せざるを得なかった。しかしこれは暫定的な方針であり、袁が帝政を宣言した場合にどう対応するかの政策決定を迫られた。一月六日に駐日のロシア大使マレウィチは幣原喜重郎外務次官に、袁が二月上旬に日本とイギリス・フランス・ロシアの回答を待たずに断固として帝政を宣言することがあり得るので、対応策を考究しておくべきだと申入れた。駐中国の英・仏・露三カ国の公使は一旦帝政を宣布した上は、独・墺に遅れずに承認することが必要だと主張し、駐ロンドンの露・伊国大使も同様に主張した。グレー外相は現在の動乱がこれ以上拡大しない限りにおいてはこの主張に賛成すると表明した。その理由は駐北京の英・露公使が語ったように「各国ニ於テ寧ロ速カニ帝制ヲ承認スル事却テ勧告ノ目的タル動乱ヲ避クルノ主旨ニモ合致ス」るし、また「支那ノ秩序ヲ維持セシムルノ方法ハ現政府ヲシテ十分ニ其権威ヲ使用セシメ他国ヨリ何等其自由ヲ束縛セサルニ如カ」ないからであった。

英・仏・露のこのような主張は袁に帝政宣言計画実施の決意を固めさせた。袁は一九一六年一月の七日か九日に即位式典を挙行して帝政を宣言することを決定し、一四日にジョルダンとモリソンを通じてこの旨を日置公使に伝え、一七日には曹次長がこれを日本公使館の高尾書記官に伝えて日本の同意を求めた。

しかし中国西南諸省の反帝政・反袁運動が盛りあがる情況下で、日本の対帝政政策は欧州の列強とは逆に帝政承認から帝政阻止へと転換した。一月一七日、日置公使は「帝制ヲ宣布セシメナガラ之カ承認ヲ拒ミ関係国ノミ異常ノ地位ニ立ツコトハ如何ニモ面白カラサルニ付寧ロ帝制宣布其物ヲ阻止シテ各国共ニ同様ノ地位ニ立ツノ方策ヲ執ルコト得策ナルヘシ」と石井外相に上申した。これは袁の皇帝即位を阻止するために強硬な措置をとるべきだという意見であった。日本は

まず袁政府が大正天皇に勲章を贈呈するために来日する予定であった特使（農商総長周自斉）の受入れを拒否し、袁に対する日本の方針が転換しつつあることを示した。次に一九日の閣議において次のような帝政阻止の方針を決定した。(106)

支那政府ハ曩ニ帝政計画延期ニ関スル帝国政府ノ勧告ニ対シ国内ノ形勢毫モ憂慮スベキモノナキ旨言明シタルニ拘ラス今回雲南ニ端ヲ発シタル動乱ハ其形勢決シテ軽視スヘカラサルモノアリ就テハ万一支那政府ニ於テ此情勢ヲ無視シ強ヒテ帝政ヲ実行スルニ至ルトモ帝国政府ニ於テハ一面南方ニ於ケル動乱ノ発展ヲ注視シツツ帝政承認ヲ差控ヘ一面支那ニ向ツテハ列国協同トシテ更ニ勧告ヲ重ヌルニハ及バザルモ現ニ発生セル動乱ヲ無視シテ帝政ヲ実行スルノ無謀ナル所以ヲ明白ニ表示スルコトトスベシ

右ニ付テハ関係四国ニ対シ成ルヘク我方ト同一ノ態度ニ出ツル様交渉ヲ遂クルコトト致度

これは前回のように勧告ではなく、勧告より重い警告であった。一月二一日、石井外相は駐日の陸公使に「若シ支那政府ニシテ列国勧告ノ趣意ヲ無視シ国内動乱ノ実情ヲ顧慮セス帝政ヲ実施スル如キコトアルニ於テハ帝国政府ハ断シテ之ヲ承認スルコト能ハス……万一帝国政府ニシテ支那ノ帝政ヲ承認セサル場合ニ立至ルトセハ両国ニ於ケル外交機関ハ両国政府当局ト正式ノ交渉応酬ヲ為ス事能ハサルニ至ルヘク其結果恐ルヘキ誤解ノ発生セサルヲ保シ難ク此ノ如キハ両国ノ最モ避ク可キ所ナリ支那政府ニ於テ慎重考慮スル事然ルヘシ」(107)と警告した。これは外交関係を断絶するという警告であった。参謀本部も同様の方針をとった。坂西大佐は田中次長の訓令として、一八日に袁に、一九日には曹次長に軍部の強硬な姿勢を示唆した。一月頃から外務省と軍部は一体となって共に対袁・対中国政策転換問題について検討していた。外務省政務局長小池張造の部屋で陸海軍省・参謀本部・軍令部の関係部長らは週一、二回会合し、満蒙・山東・上海・南方における反袁政策について検討した。一九日の閣議決定はこの共謀の産物であった。さらに一二日の大隈首相暗殺未遂事件もこの政策転換に拍車をかけた。

一月二一日、帝政問題に対するイニシアチブを握っていた日本は欧州の列強に日本と同様の政策をとるよう要求した。[108]しかし英・仏・露は既に帝政承認に傾いていたため、前回のように共同行動をとる可能性は少なかった。イギリスのグレー外相は「独墺其他ノ諸国ヲシテ帝政承認ノ先駆ヲナサシムルコトハ支那ニ於ケル英国ノ地位ヲ害スルモノナリ」と述べ、万一日本政府において「尚承認猶予ニ決セラルル場合ニ於テハ已ムナク他ノ連合国ト歩調ヲ一ニスル為帝制宣布ト同時ニ承認ヲ与フルノ余義ナキニ至ルモ計リ難[109]」しと井上大使に返答した。フランスも従来通り「独墺両国ノミカ連合側ニ先チテ支那帝制ヲ承認スルニ至ランカ[110]」と懸念していた。イギリス・フランスがこのように独・墺に承認を先んじられることを懸念したのは、フランス外務省のド＝マルジュリーが語ったように、この承認によって「袁世凱ニ対スル独墺側ノ勢力ハ頓ニ強勢トナリ袁世凱モ独墺ノ行為ニ顧ミ今後連合側ヨリ支那ニ於テ何等排独墺処置ヲ請求スルモ袁世凱ニ於テ之ヲ甘諾スルコトヲ憚ルニ至ル[111]」ことをもっとも恐れていたからであった。当時袁政府は中立であったが、大戦において独・墺が勝利すると信じていて彼らとの関係が良好であり、また連合国の一員である日本が中国に対する侵略的行動を強化するのに対抗するため、独・墺を利用しようとしたのである。中立国である中国が連合国と独・墺等同盟国のどちらに傾くかは極東における両陣営の力関係にも影響を及ぼすことであったから、イギリス・フランスはこの問題を重視した。しかし欧州大戦に直接巻込まれていなかった日本は「独墺両国ノ承認ヲ顧慮シ之ヲ標準トシテ全局ノ政策ヲ決定スルノ必要ナカルヘキ[112]」だと強調した。袁の帝政問題について、石井外相は一貫して日本の対袁政策とこれに対する袁の姿勢を規準或いは前提として方針を決定した。これは日本とイギリス・フランスとの相違点の一つであった。この相違点が日本と欧州列強の対帝政政策の相違を招く一因となった。

袁政権はこの時期対帝政政策のイニシアチブを掌握していた日本の警告を受入れざるを得なかった。二一日、袁政権は二月上旬の即位儀式を中止することを曹次長を通じて日置公使に内報した。[113]袁が帝政実施を一時中止した原因としては、

㈠国内的に雲南の護国軍を鎮定するのは容易なことではなく、また西南護国戦争が山東方面にも拡がっていたこと、㈡財政情況も窮乏を告げていたこと、㈢日本国内において反袁の世論が日増しに高まり、一月一二日には対袁強硬派による大隈首相暗殺未遂事件が発生したことにより、袁が日本は「必ス何等カノ高圧的行動ニ出ツヘシト想像シ苟モ口実ヲ与ヘサランコトニ焦慮シ」(114)たこと、㈣アメリカ公使ラインシュの「雲南事件勃発シ国内ノ模様落着カサル今日支那トシテハ危険ヲ冒シテマデ無理ニ帝制ヲ実行スルノ必要ナカルヘク寧ロ依然共和制ヲ持続スルコト得策ナル」(115)べしという勧告に加えて、アメリカの企業が袁政府に対する借款を停止したこと等が挙げられる。(116)これらの理由により、袁はその後帝政の無期延期を宣言し、日本の警告に応じようとした。

しかし帝政の中止に対する列強の反応は異なっていた。フランスは依然として速やかに帝政を承認することを主張した。雲南省等の西南地方はフランスの勢力範囲に属していたため、承認によって袁の権威を確立して反袁の護国戦争を制圧し、この地域の安寧を維持しようとしたのである。しかしイギリスは帝政の中止に満足し、その旨を袁政権に通牒するよう日本に申入れた。これはイギリスの対帝政政策の転換であり、中国の安定によって中国におけるイギリスの国益を守ろうとしたのであった。しかし石井外相はこれに賛同せず、「其儘ニ致置クコト然ルヘシ」(117)と返答した。日本は帝政の延期に満足せず、情勢の変化に伴って袁打倒へと転換しようとしていた。

西南護国軍の第一軍団は雲南省から四川省へ、第二軍団は雲南から広西省・貴州省方面に進撃した。これは中国各地における反袁・反帝政運動に拍車をかけ、一月二七日には貴州省が袁政権からの独立を宣言した。しかし日本は直ちに袁打倒へと転換しようとはしなかった。それは中国情勢についての判断と関係していた。石井外相は、袁が三、四カ月乃至半年間で雲南の護国軍を制圧する可能性もあり、湖南・両広地方が雲南に加担することもなく、馮国璋・黎元洪・徐世昌等反帝政を表明している有力者が積極的な反袁行動に出ることもないと判断し、情勢の変化を一時静観する姿勢をとった。(118)

しかしこれは暫定的な方針であり、一ヵ月後には大きく方針が転換し始めた。

三月七日、大隈内閣は袁世凱の打倒を目指す「支那目下ノ時局ニ対シ帝国ノ執ルヘキ政策」を決定した。その内容は次の通りである。(119)

一　「支那ノ現状ヲ観ルニ袁氏権威ノ失墜、民心の離反及国内ノ不安ハ漸ク顕著トナリ同国ノ前途実ニ測ルベカラザルモノアルニ至レリ」と中国情勢を分析・判断し、「此際帝国ノ執ルヘキ方針ハ優越ナル勢力ヲ支那ニ確立シ同国ヲシテ帝国ノ勢力ヲ自覚セシメ」ること。

二　帝国の右方針を遂行するため、「袁カ支那ノ権位ニ在ルハ帝国カ叙上ノ目的ヲ達スルノ障碍タルヲ免レザルヘシ従テ……袁氏カ支那ノ権力圏内ヨリ脱退スルニ至ルヲ便トス」。

三　袁を中国の権力圏より脱退させるためには「成ルヘク支那自身ヲシテ其ノ情勢ヲ作成セシムルヲ得策トス」。その理由は、㈠に「袁ヲ排除セムカ為帝国政府カ正面ヨリ袁氏ニ肉薄シテ帝制中止又ハ退位ヲ要求スルカ如キハ却テ現ニ進退ニ窮シツツアル袁氏ノ為ニ活路ヲ開ク所以」であり、㈡に「欧米列国ハ本件考案ノ如キ明白且直接ナル支那内政の干渉ニ対シテハ到底之ニ賛同セザルモノト断定セザルベカラズ」ことであり、「帝国ハ成ルヘク与国トノ協調ヲ破ラサル範囲内ニ於テ所期の政策ヲ遂行スルヲ得策トスル」。

四　これらの理由により、目下の時局に対する具体的手段は、㈠に「適当ナル機会ヲ俟テ南軍ヲ交戦団体ト承認スル」ことであり、㈡に日本の民間有志で袁排斥を目的とする中国人の活動に同情を寄せ金品を融通する者に対して日本「政府ハ公然之ヲ奨励スルノ責任ヲ執ラザルト同時ニ之ヲ黙認スルハ叙上ノ政策ニ適合スルモノナリ」とする。

五　上各項の執行に当り、「外務省専ラ之ガ実行ヲ調理シ厳ニ行動ノ不統一ヲ防クコトヲ要ス」。

この閣議決定によって日本の袁打倒の方針とその具体策が決定された。日本にとっては日露戦争或いは辛亥革命以来の

宿願である袁の排除を実現するチャンスが訪れたのである。外務省と軍部は東北では第二次満蒙独立運動と東北軍閥張作霖を支持し、山東では孫文の革命軍を支援し、南方では岑春煊・梁啓超らを支援して、間接的な方法で南北から反袁運動を展開した。(120)

大隈内閣の対袁政策がこのように急激に打倒へと転換した裏面には、参謀本部の積極的な推進策があった。参謀総長の上原勇作と田中次長は袁を支援して袁に対するコントロールを強化して対中国政策を進めるという上県・寺内の政策を避け、袁を排除して対中国政策を積極的に推進する政策をとった。二月二一日、田中次長は岡陸相に「今日ハ袁ヲ全ク退譲セシムルノ手段ヲ講シ、之ト共ニ我政治的勢力ヲ扶殖スルノ手段ヲ講スル方有利ナリト被存候。内々各方面ノ意向ヲ叩キ候処大抵主義ニ就テハ同意ノ様ニ被存候。福田(雅太郎、参謀本部第二部長)ヨリ承ハリ候得バ閣下モ御同感ノ由、左スレバ是レニテ漸次歩ヲ進メ之ヲ一政ノ議論トシ而纏マリヲ附ケタキモノ」(121)だと述べ、三月一日には原敬に「もはや袁を救ふ事不可なる形勢となり、而して此際は革命党と袁に対する我外交方針を定むる事肝要なるに付目下陸軍より外務省に迫りて廟議決定を促がし居る」(122)と語った。陸軍は一二月末から袁打倒の計画を推進し、三月に至ってこの計画が日本政府の方針として決定されたのである。これは袁打倒の行動が先行し、政策決定が後になったことを示している。

欧米列強は袁を支持していたため、(123)日本は三月七日の閣議決定を欧米諸国に内報しなかった。イギリス外相グレーは袁が帝政を中止し中国情勢が激変することへの対応策を日本側に尋ねたが、石井外相は二七日に「袁ニ援助ヲ与ヘ又ハ反袁派ノ気勢ヲ殺ガムコトヲ努ムルカ如キハ却テ時局収拾ヲ速ムル所以ニ非ズ」(124)と婉曲に袁打倒と反袁勢力支援の意図を表した。グレー外相は三一日に「万一ニ備フル為此際揚子江ニ於ケル英国砲艦武装復旧ニ着手」(125)する必要はあるかと日本側に尋ねたが、石井外相は四月八日に「外国人ノ生命財産ニ危害ヲ及ボサヾル限リ干渉ヲ避ケテ大勢ノ進行ニ任スヲ以テ穏当ナル政策ト思考ス」(126)と返答し、出来得る限り欧米列強の介入を排除して日本単独で反袁政策を遂行し、袁打倒後の中国政

局を左右する地位を独占しようとした。

三月二二日、袁は帝政の完全中止を宣告した。これは護国戦争が一層拡大し、三月一五日には広西省が独立を宣言したことに加え、二一日に袁の政治顧問モリソンが帝政を放棄する明確な命令を下すよう袁に建言したからであった。(127) 袁はこれで内戦を収拾しようとした。しかし既に手遅れであった。

こうして中日外交交渉は帝政問題から袁が大総統の地位から引退するか否かの問題に焦点が移った。北京側は皇帝即位中止後も袁が大総統として引きつづき君臨することを主張し、北京の欧米公使らもこれを支持したが、(128) 日本は袁の引退を断固主張し、双方は真っ向から対立した。四月一一日、陸公使は政府の電訓として石井外相に「総統ハ年歯高ク本来政権ニ恋々タルノ意ナシ然レトモ真心ヲ以テ各方面ヲ考察スルニ実ニ尚ホ其任ヲ継続シ難局ヲ維持スルノ人ナキカ故ニ総統ハ国ヲ救ヒ乱ヲ免レシメンカ為メ勉テ其難キヲ為サヾル能ハス」と述べ、日本もこの意向を了解して「袁大総統ニ対シ好意友誼的扶助ヲ与ヘラルヘク中国政府モ当ニ切ニ両国親善提携ノ途ヲ講スヘシ」(129) と申入れた。日本は「動乱」を鎮静化するために袁の引退を要求したが、北京側は「乱ヲ免レシメンカ為メ」(130) に袁の留任を希望した。一七日、石井外相は陸公使に「袁大総統ニ援助ヲ約スルカ如キハ内外ニ重大ナル疑惑ヲ招キ却テ日支親善ノ目的ヲ達スル所以ニ非ズト信ズルヲ以テ遺憾ナカラ之ヲ避クルノ外ナシ」(131) と伝えて北京側の要望を拒否したが、「袁大総統ニシテ引退後暫ク日本ニ歳月ヲ送ラントスルノ意思アラハ袁君ハ勿論其家族等ニ至ル迄日本ニ於ケル滞在ヲ出来得ル限リ安全且愉快ニ為サンカ為メ充分保護ヲ怠ラサルノ厚意ヲ有ス」(132) と付言した。日本は引退後の袁を手元に掌握し、その後の対中国政策に利用しようとしたのである。

北京側も日本のこの意向を洞察し、二一日に曹次長は日本公使館の高尾書記官に「此際須ク袁ノ現地位ヲ利用シ日本ノ欲スル処ハ其何モノタルヲ問ハス試ニ之ヲ要求シ……憲法モ出来ズ立法院モ開ケズ万事袁独裁政治ニテ行ハルヘキ今日ノ場合ガ袁ヲ利用スルニ最絶好ノ機会ナラズヤ」(133) と力説した。曹次長は「亡命後ノ袁ニ対シ十分ノ保護ヲ加フベシトノ好意ア

ラバ何故一国ノ元首タル現在ノ袁ニ対シ之ヲ保護シ之ヲ利用スルノ方策ニ出テラレサルカ」[134]と反問し、日本に袁を利用して中国における利権を拡大させることにより袁の大総統の地位を確保しようとした。袁とアメリカの関係は友好的だったので北京のアメリカ公使ラインシュも袁を擁護し、日置公使に「外国関係ニ於テハ蓋シ袁政府以上ニ円満ナルヘキコトハ到底望ムヘカラス」と述べ、「此際日本政府ニ於テ袁ニ一臂ノ力ヲ貸シ時局ヲ収拾セシムルコトハ日本ノ為ニモ亦一般ノ為ニモ望マシキ次第ナリ」[135]と進言した。当時、欧州の列強は日本を押えるためにアメリカが表面に立って対袁政策の主導権を掌握することを希望していたが、アメリカは逆に日本の主導的立場を認めたのであった。

前年夏以来、日本は帝政問題に対するイニシアチブを掌握し、他の列強も徐々にそのイニシアチブを承認せざるを得なくなった。[136]帝政問題を通じて日本は一時的ながらも中国の政局を左右する主導権を確立していたのである。反袁の護国戦争が高潮し、袁が引退するか否かによって時局を収拾し得るという重要な時期に至って、北京の列国公使は日本が率先して行動をとることを希望した。フランス公使コンチイは「日本カ卒率先シテ袁ノ退位ヲ調停シテ速ニ時局ヲ収拾スルノ至当ナル」[137]旨を日置公使に二度進言し、ロシア公使も大同小異の意見を述べた。この時期に至りアメリカ公使も態度を変化させ、五月一三日に「最早袁ノ退位ヲ見スシテハ時局ヲ収ムルニ由ナキ」[138]と明言した。彼らはそれまで中国の安定のために袁を支持していたが、今ではそのために袁の引退を希望するようになったのである。この変化の中で変らなかったのは中国における自国の権益を守ることであった。日置公使はこのような情勢を観測して、「今ヤ当方面一般ノ空気ハ帝国カ此際時局解決ニ対シ何等カノ提議ヲ列国ニナスヲ至当トシ又之ヲ予期スルモノノ如シ」と考え、一五日石井外相に「関係各国ト共ニ支那政府ニ対シ袁ノ退位ヲ勧告」[139]することを上申した。これは日本が他の列強と共に袁退位を公然と要求するということであった。これ以上欧米諸国からの支持を受けられない情況の下で、袁政府外交部の意見もこの方向に傾いて行った。二五日、曹次長は日置公使に「日本ニ於テ袁擁護ノコト不可能ナラハ寧ロ日本政府ヨリ明白ニ且公然其ノ意志ヲ

支那政府ニ通告シ袁ノ退位ヲ希望スルナラハ其ノ旨……明白卒直ニ切出レンコトヲ望ム」と述べ、袁自身も「決シテ退位セサル考ニハアラス」(140)と確信していると語った。日置公使は曹がこのように洩らすのは「袁ニ於テ夫レヲキツカケニ安全ナル退却ノ機会トナサン考アルガ為ニアラスヤトモ思ハレ或ハ政府側ガ日本ノ勧告ヲ機ニ袁ノ退位ヲ実行セントノ魂胆ヲ有スル為ノ様ニモ想像セラレサルニアラス」(141)と二六日に石井外相に電報した。真意がいずれにあるかは別として、いよいよ袁の退位が迫ってきた。しかしイギリスのジョルダン公使は袁の退位に賛成したものの折中的な方法をとり、「袁ヲシテ国会成立迄留任セシメ」(142)ようとした。辛亥革命以来袁を支持してきたイギリスは袁を擁護して「時局ヲ解決セシムルコトヲ最善ノ方法ト考ヘ」(143)ていたからであった。日置公使はこれと反対に、「袁其ノ人ノ留任ガ却テ時局収収ノ障害ト認メラルルニヨリ先ツ以テ袁ヲ除カザレバ時局解決ノ歩ヲ歩メ難カラン」(144)と袁の即刻退位を強調し、イギリスと対立した。

五月末には袁の退位は時間の問題となり、焦点は袁退位後誰を大総統に推薦するかという問題に移った。四月下旬以降、日本は副総統の黎元洪が大総統の地位を占めるべき人物だと考え、二二日に石井外相は日置公使に「此際我方ニ於テ同人ト密切ナル関係ヲ保チ置クコトハ最モ必要ノコト」(145)と指示した。日置公使も黎元洪を推薦するのが「最機宜ニ適シ併カモ比較的実行シ易キ解決案ナリ」(146)と賛成し、その理由として、㈠後継者としての法律上の論拠があること、㈡黎の寛厚の資質は人の同情を引き無用の敵が少ないこと、㈢大総統に就任した場合、外国から承認を受ける必要がないこと、㈣南方独立諸省が既に公然と黎を大総統に推薦していること等を挙げた。(147)日置公使は黎を親日的・理想的な後継者とは見なしていなかったが、三月九日の閣議決定でも規定しているように、「何人カ袁氏ニ代ルトモ之ヲ袁氏ニ比スルトキハ帝国ニ取リテ遥ニ有利ナルヘキコト疑ヲ容レサル所ナリ」(148)との見解から黎を推していた。これに対しイギリスのジョルダン公使は「黎ニハ到底此ノ紛糾セル時局ヲ収拾スルノ力ナシ現ニ馮国璋、段祺瑞、倪〔嗣沖〕、張〔勲〕等有力者ノ反対アルニアラズヤ」(149)と反対した。日置公使も「黎氏ガ此ノ難局ニ処シ乱麻ヲ断ツノ機略智力ヲ備フル政治家ノ資質ニ於テ欠クル所アル

コト其ノ有力ナル子分ニ乏シキコト其ノ文武両方面ノ官僚ニ対シ勢力ナキコト、又現ニ段祺瑞、馮国璋、張勲、倪嗣沖ノ如キ有力者カ其ノ節度ニ服セサルヘキハ勿論袁派ノ首領中公然反対ヲ唱フルモノモ尠カラサル等ノ事実ニ顧ミレハ黎元洪カ此ノ難局ニ当ルノ人トシテハ甚シキ欠点ノ尠カラザルハ何人ノ意見モ一致スル所ナル」(150)と認めざるを得なかったが、他に良案がなければ、黎が時宜に適していると考えたのである。日置は袁を退位させる一方策として黎の出馬を主張していた。彼は黎が大総統になったら、反対勢力を押えるために「各国カ之ニ強固ナル掩護ヲ与フルノ意思」を明白に表し、軍隊動揺の兆候ある場合には「外国ヨリ出兵ノ已ムナキヲ声明スル」(151)措置をとることを石井外相に進言した。しかし日本内部の意見は一致していなかった。公使館付武官の青木少将は徐世昌が適していると語った。(152)

では日本はどういう方法によって袁を退位させようとしたのだろうか。第一に、日本にはこの勧告を単独でおこなう意図もあったが、四囲の状況に鑑み、またその有効性から共同で勧告しようとした。日置公使は帝政中止に同意した五カ国が共同で袁に退位を勧告することを提言した。第二に、袁の面目を保ったまま退位させ、後任の大総統が時局を収拾し得べきこと等について袁を安心させる措置をとろうとした。第三に、この代償として袁に政権を平穏に移譲させようとした。第四に、袁の大総統被選資格を剝奪しようとした。(153)日置公使は以上の案を私見として石井外相に上申したが、日本政府・外務省の最終決定までには至らなかった。ここから袁の死亡前における日本の対袁政策を窺うことが出来る。

六月六日、袁は内外における反袁・反帝政運動による神経性疲労に尿毒症を併発して急死した。日置公使は五日に至って袁の病状が決して軽くないことを外務省に打電したが、その情報の収集はイギリスより大変遅れていたので、袁死後の対応策を事前に講ずることが出来なかったのである。

袁の死によって帝政復活問題は終息した。帝政問題をめぐる日本の政策は当初の傍観から帝政実施延期の勧告へ、延期の勧告から三、四カ月後の承認へ、承認から再び帝政中止の警告へ、中止の警告から袁そのものの打倒へと数回変転した。

この変転において一貫していたのは日本の袁世凱に対する見解及び袁と日本との関係であった。大隈首相は袁を「策毒に罹つた人物だ」(154)と非難し、モリソンは日本と袁は毒蛇と青蛙のように敵対的な関係だと形容した。(155)北京参政院の参政李盛鐸は袁と日本との関係について「彼ハ常ニ欧米ヲ然ルヘク操縦シテ日本ヲ牽制スルノ策ヲ取リ来レリ袁ハ到底日本ト提携スルノ誠意ナシ是或ハ日本ノ対支政策ノ誤レルニ基因スルナランモ亦彼カ感情的強烈ナル排日家ナル……袁氏ハ前述ノ如ク感情的及根本的ニ日本ニ対シ好意ヲ有セサル」(156)と語った。周自斉農商総長も中国と日本の関係について「日支間感情ノ睽離ハ益其度ヲ高メ実ニ憂慮ニ堪ヘサルノ形勢ヲ醸シツ、アルニ付此形勢ヲ排除スルコト刻下ノ急務ナリ支那ハ日本が事毎ニ圧迫制強的ナルヲ怨ミ日本ハ支那ガ遠交近攻ノ小策ヲ弄シ反覆常ナキヲ憤リ互ニ相責メツツアル」と語り、袁と日本との関係については「日本ニ於テハ袁総統ニ対シ一種ノ強烈ナル悪感ヲ懐キ過去ニ於ケル袁総統ノ日本ニ対スル態度等ヲ云々シ袁総統ハ到底日本ト親善ナル能ハサルモノ、如ク推断スル……袁総統ニシテ日本人の想像スル如ク渾身排日的思想ヲ以テ満タサレ居ルモノトスルモ袁総統ハ自己ノ感情ニ制セラレ国家ノ利害ヲ度外視スル程ノ馬鹿者ニ非ス」(157)と述べた。曹汝霖外交次長も「日本政府ハ何故ニ斯ク迄支那ヲ苦シメラル、ニヤ東亜前途ノ大局ニ顧ミ遺憾ニ堪ヘサル処ナリ」(158)と高尾書記官に率直に語った。

上述のような日本と袁世凱との関係は単なる袁個人と日本との関係ではなく、袁が中国に君臨する政治的地位にあったことにより、この時期の中国と日本との国家関係を具現したものであった。当時の中日関係は日本の膠州湾と山東鉄道(膠済鉄道)の占拠及び二十一カ条の強要により一層悪化していた。この悪化の原因は日本の中国に対する侵略であり、この侵略により袁と日本との関係も悪化した。袁は日本の侵略的要求に対して譲歩・妥協しながらも直ちに応じずに抵抗し、日本の要求を完全には満足させなかった。袁の帝政問題に対する日本の姿勢と袁打倒の方針は、日本の侵略に対する障害を排除しようとしたことにあった。これが日本の袁帝政への対応の根底にあった。この方針は不変であったが、客観的情

勢と条件の変化に伴って日本の対帝政・対袁政策も数回変化せざるを得なかった。しかしこの変化は手段の変化にすぎず、最終目的に従属するものであった。そのため日本の帝政延期或いは中止の勧告は勿論、帝政承認も客観的には中国における反袁・反帝政運動を促進し、究極的には袁打倒にとっては有利であった。

日本の最終目的とは日本帝国の国益であった。日本はこの国益を外交による国際的交渉を通じて確保・拡大しようとした。外交においてはイデオロギーよりも国益が優先する。帝政問題についての日本の外交方針は正にこの通りであった。辛亥革命の際、日本は立憲君主制に固執して共和制に反対した。立憲君主国家としてのイデオロギー上の立場から立憲君主制に固執した面もあったのだろうが、そこには宣統皇帝を頂点とする体制の下で内閣総理に就いた袁の権力を牽制しようとする意図もあったといえよう。もしイデオロギーに基づいていれば日本は帝政問題において袁を支持すべきであり、もし袁が皇帝に即位することに反対ならば清朝を偲ぶ清帝の遺臣や張勲・張作霖らの宣統帝復位説に同情して、宣統皇帝を君主とする立憲君主制を主張すべきであったが、日本は立憲君主制に反対した。こうした事実は、中国における立憲君主制或いは共和制そのものは中国においては最大の重要な問題であったが、日本にとっては重要な問題ではなく、国益を確保・拡大する一手段にすぎなかったことを示している。

欧米列強の最大の関心は中国国内の安定であった。彼らは共和制であってもまたは立憲君主制であっても、袁が中国に君臨する現状を維持し、袁の支配下で中国を安定させて中国における既得権益を保持しようとした。これが彼らの中国における国益であった。世界大戦という国際情勢の下で、欧米列強に特に中国情勢の安定を希望した。欧米列強が帝政延期勧告に参加したのは帝政実施による中国の「動乱」を避けようとしたからであり、これによって袁を牽制し、最終的に袁を打倒しようとしたわけではなかった。共同勧告に参加しながらもこの点が日本とは異なっていた。彼らは袁に帝政延期を勧告しながらも袁を擁護し、袁の支配の下で中国における自国の権益を維持しようとした。次いで彼らは権益維持のた

めに帝政を承認しようとし、最後には権益維持のために帝政の放棄を勧告し、袁が大総統の地位から引退することを希望した。この変転の中にあって変らなかったのは既得権益の維持ということであった。権益の維持が彼らの国益であった。帝政をめぐる日本と欧米列強の対袁政策とその変化には相違点もあったが、国益の擁護という点では完全に一致していた。これは彼らが中国に対する上で同一の帝国主義的本質を有していたからである。

しかし中国の「動乱」を避けるための彼らの帝政延期勧告と「動乱」を避けるための帝政承認は、逆に中国における反袁運動を促進して西南諸省を中心とする護国戦争を引起こし、中国は一時南北戦争に陥り、「動乱」状態となった。欧米列強は勧告によって所期の目的を達することが出来なかったばかりでなく、これまで支持し依拠してきた重要人物袁世凱さえも失ってしまった。しかし逆に日本は袁打倒という最終目的を達成して中国侵略における最大の障害を排除し、親日的な段祺瑞を支援して一時的ながらも中国の政局を左右し、中国に対する新たな侵略を独占する局面を現出させた。結果から見れば、これも日本と欧米列強との相違点であった。これは袁に対する日本と欧米列強の姿勢と政策の相違から発生した現象であった。

人類の歴史においては、動機と結果とが一致する場合も多いが、逆になる場合も多い。それはその時期の客観的条件により異なっているのである。日本と欧米列強は中国における自国の権益維持のために帝政問題をめぐって上述のような対帝政外交を展開したが、最終的には逆に袁の帝政復活の夢を打砕いて中国の歴史の後退を阻止し、形式的ながらも中国は共和制を維持することが出来た。中国を侵略しようとしたその目的が、逆に中国に客観的には有利な結果をもたらしたのである。これは歴史の流れの中で起こる異例な現象だといえよう。

袁の帝政を実現するため、帝政問題をめぐって袁政府は過去と比較すれば相当の外交的機能を発揮したといえよう。陸外交総長と曹次長及び駐日の陸公使は、帝政問題における日本の外交上の地位に対する明確な認識を有していた。曹次長

は「欧洲戦争勃発以来支那問題ヲ左右スルノ中心ハ全ク日本ニ移リ政事経済其他ノ点ニ於テ支那トノ関係最も浅カラサル英国ト雖日本ノ意志ニ反シテハ何事ヲモ為ス能ハス」(159)と分析して帝政外交のイニシアチブを日本が掌握していると判断し、帝政実施の承諾を得るための外交交渉の主要な相手を日本とし、交渉の優先順位の第一位に日本を置いた。同時に北京の外交部は勧告における日本と欧米列強との相違或いは矛盾を探り、それを利用しながらジョルダン公使の裏面における支持の下で外交的に帝政実施の承諾を得ようとしたが、最後には欧米列強も帝政と袁に対する支持を放棄する情況に陥り、その外交は失敗したのである。帝政外交において日本は終始攻撃的であり能動的であったが、北京側はこれとは対照的に守備的であり受動的であった。

(1) 外務省編『日本外交文書』大正四年第二冊、八ページ。
(2) 同右書、一六ページ。
(3) 同右書、二五—二八ページ。
(4) 同右書、三三—三四ページ。
(5) 同右書、二三ページ。
(6) 同右。
(7) 同右書、二八ページ。
(8) 同右書。
(9) 同右書、七七—七八ページ。
(10) 同右書、七八ページ。
(11) 同右書、五五ページ。
(12) 『申報』一九一五年九月七、一四日。
(13) 外務省編『日本外交文書』大正四年第二冊、七三ページ。一〇月一五日、石井菊次郎外相は、大隈首相の談話は政府の意見で

はなく、また新聞の報道には実際と異なるところも多いと語り、大隈が話したのは「袁世凱ハ兎ニ角一時支那ノ危急ヲ救ヒタル英傑ト思考スル」ことと国体変更は内政に属するから干渉しないことだけだと釈明した（同右外交文書、七六―七七ページ参照）。

(14) 同右書、四七ページ。
(15) 同右書、六〇―六一ページ。
(16) 同右。
(17) 同右書、六一ページ。
(18) 同右書、六七―六八ページ。
(19) 同右書、六八ページ。
(20) 同右書、六九―七二ページ。
(21) 同右書、六八ページ。
(22) 同右書、六八―六九ページ。
(23) 同右書、六七―六八ページ。
(24) 同右書、七四ページ。
(25) 同右書、七五ページ。
(26) 曽村保信『近代史研究――日本と中国』小峰書店、一九七七年、一一六ページ。
(27) 市島謙吉『大隈侯八十五年史』第三巻、大隈侯八十五年史編纂会、大正一五年、三三六ページ。
(28) 北岡伸一『日本陸軍と大陸政策』東京大学出版会、一九七八年、一八七ページ。
(29) 黒竜倶楽部編『国士内田良平』原書房、一九六七年、五六七ページ。
(30) 外務省編『日本外交文書』大正四年第二冊、八一ページ。
(31) 同右。
(32) 同右書、七九ページ。
(33) 同右書、八四ページ。
(34) 同右。

(35) 同右書、八五—八六ページ。
(36) 同右書、八六ページ。
(37) 同右書、八八ページ。
(38) 同右。
(39) 同右書、九一ページ。
(40) 駱恵敏編『清末民初政情内幕』下、知識出版社、一九八六年、四九八—五〇ページ。
(41) J・チェン『袁世凱と近代中国』、守川正道訳、岩波書店、一九八〇年、二五一ページ。
(42) 外務省編『日本外交文書』大正四年第二冊、八六—七ページ。
(43) 同右書、九七ページ。
(44) 同右書、一一二ページ。
(45) 同右書、九八ページ。
(46) 『申報』一九一五年一〇月三〇日。
(47) 原奎一郎編『原敬日記』第三巻、福村出版、一九八一年、一四〇ページ。
(48) 武者小路公共『小幡酉吉』小幡酉吉伝記刊行会、昭和三二年、一七〇ページ。『申報』一九一五年一〇月三〇日。王芸生『六十年来中国与日本』第七巻、生活・読書・新知三聯書店、一九八一年、六—七ページ。
(49) 外務省編『日本外交文書』大正四年第二冊、九八ページ。
(50) 曹汝霖『曹汝霖一生之回憶』伝記文学出版社、一九八〇年、一〇七ページ。
(51) 外務省編『日本外交文書』大正四年第二冊、一〇三ページ。
(52) 王芸生、前掲書第七巻、九—一一ページ。
(53) 『申報』一九一五年一一月三、六日。
(54) 外務省編『日本外交文書』大正四年第二冊、一〇九ページ。
(55) 同右書、一一〇ページ。
(56) 同右書、一一二、一一三ページ。

(57) 同右書、一一一ページ。『申報』一九一五年一一月五日。
(58) 王蕓生、前掲書第七巻、一一ページ。
(59) 外務省編『日本外交文書』大正四年第二冊、一一七ページ。王蕓生、前掲書第七巻、一一ページ。
(60) 同右書、一一九―二〇ページ。
(61) 同右書、一一七ページ。
(62) 同右書、一二〇―二一ページ。王蕓生、前掲書第七巻、一四―一五ページ。
(63) 同右書、一二七ページ。
(64) 同右書、一二八ページ。
(65) 同右書、一四〇ページ。
(66) 同右書、一四一ページ。
(67) 同右書、一四三ページ。
(68) 同右。
(69) 同右書、一四七ページ。
(70) 同右書、一四八ページ。
(71) 同右書、一四八―一五四ページ。
(72) 同右書、一三三ページ。
(73) 同右書、一四四ページ。
(74) 同右書、一七六ページ。
(75) 同右書、一七七ページ。
(76) 同右書、一四五、一五二ページ。
(77) 同右書、一五八―五九ページ。
(78) 同右書、一四五―四七、一四八―五一ページ参照。『申報』一九一五年一一月二八、二九、三〇日。王蕓生、前掲書第七巻、一六―一九ページ参照。

(79) 駱恵敏編、前掲書下、五〇一―〇二、五〇七―〇八ページ。
(80) 同右書、四九八ページ。
(81) 曹汝霖、前掲書、一一八ページ。
(82) 外務省編『日本外交文書』大正四年第二冊、一七一ページ。
(83) 同右書、一七四ページ。
(84) 同右書、一七五ページ。
(85) 同右書、一七五―七六ページ。
(86) 同右書、一七六ページ。
(87) 同右書、一八〇ページ。
(88) 同右書、一九四ページ。
(89) 同右。
(90) 同右書、一八一ページ。
(91) 同右書、一九五ページ。
(92) 同右書、一八二ページ。
(93) 同右書、一八六―八七ページ。
(94) 同右書、一八八ページ。
(95) 同右。
(96) 同右書、二〇〇ページ。
(97) 同右書、二〇二ページ。
(98) 外務省編『日本外交文書』大正五年第二冊、一ページ。
(99) 同右書、一―二ページ。
(100) 同右書、五ページ。
(101) 同右。

(102) 同右書、三ページ。
(103) 同右書、六ページ。
(104) 同右書、一二ページ。
(105) 同右。
(106) 同右書、一三ページ。
(107) 同右書、一六ページ。王芸生、前掲書第七巻、三〇—三一ページ。
(108) 同右書、一七ページ。
(109) 同右書、二〇ページ。
(110) 同右書、一九ページ。
(111) 同右。
(112) 同右書、一七ページ。
(113) 同右書、一七—一八ページ。王芸生、前掲書第七巻、三一ページ。『申報』一九一六年一月二五日。
(114) 同右書、二一ページ。
(115) 同右書、二二ページ。
(116) 保羅・S・芮恩施『一個美国外交官使華記』商務印書館、一九八二年、一四六、一四九ページ。
(117) 外務省編『日本外交文書』大正五年第二冊、二四ページ。
(118) 同右書、四〇ページ。
(119) 同右書、四五—六ページ。
(120) 本章第二—四節参照。
(121) 北岡伸一、前掲書、一九八ページ。
(122) 原奎一郎編『原敬日記』第四巻、福村出版、一九八一年、一六一ページ。
(123) 駱恵敏編、前掲書下、五四四ページ。
(124) 外務省編『日本外交文書』大正五年第二冊、五六ページ。

(125) 同右書、五八ページ。
(126) 同右書、六一ページ。
(127) 駱恵敏編、前掲書下、五三五ページ。
(128) 同右書、五四四ページ。
(129) 外務省編『日本外交文書』大正五年第二冊、六三ページ。
(130) 同右。
(131) 同右書、六二ページ。
(132) 同右。
(133) 同右書、六六—六七ページ。
(134) 同右書、六七ページ。
(135) 同右書、六九ページ。
(136) 駱恵敏編、前掲書下、四九九—五〇ページ。
(137) 外務省編『日本外交文書』大正五年第二冊、七二ページ。
(138) 同右。
(139) 同右。
(140) 同右書、七四ページ。
(141) 同右書、七五ページ。
(142) 同右書、八四ページ。
(143) 同右。
(144) 同右。
(145) 同右書、六三ページ。
(146) 同右書、七八ページ。
(147) 同右書、七九ページ。

(148) 同右書、四五ページ。
(149) 同右書、八四ページ。
(150) 同右書、七八—七九ページ。
(151) 同右書、七九ページ。
(152) 駱恵敏編、前掲書下、五四四ページ。
(153) 外務省編『日本外交文書』大正五年第二冊、八〇—一ページ。
(154) 市島謙吉、前掲書第三巻、三三六ページ。
(155) 駱恵敏編、前掲書下、四八七ページ。
(156) 外務省編『日本外交文書』大正四年第二冊、一九二—九三ページ。
(157) 外務省編『日本外交文書』大正五年第二冊、一四—一五ページ。
(158) 同右書、六五—六六ページ。
(159) 同右書、六六ページ。

二　第三革命と護国戦争

前述のように袁の帝政復活運動と日本及び欧米列強による帝政延期の勧告は中国における反帝政・反袁運動に拍車をかけ、その勃発を促進した。中国における反帝政・反袁運動は、孫文と中華革命党が上海・山東を中心として展開した第三革命運動と、雲南の将軍唐継尭・蔡鍔及び梁啓超ら進歩党を中心とした雲南・貴州・広東・広西・四川等西南諸省の護国戦争から成っていた。この革命運動と戦争の間には内部事情による若干の相違と対立があったが、反帝政・反袁という共

通の目的を達成するために連携して袁と闘った。だが中国国内における政治力・軍事力の差から、反帝政・反袁における両者の役割は異なっていた。第二革命以来反袁闘争を主張してきた孫文と中華革命党が先鋒的役割を果したとすれば、西南の唐・蔡・梁らは主体的役割を果したといえよう。本節では、孫文ら中華革命党の第三革命及び西南の護国戦争と日本との関係を究明し、これをめぐる日本と欧米列強との外交関係を考究し、これらに対する日本の方針を評価する。

袁の帝政運動は孫文ら中華革命党が反袁闘争を展開するのに有利な情勢を導いた。袁の打倒を第三革命の最大課題として準備を進めて来た孫文らは、一九一五年晩夏、東京において中華革命軍東南軍（陳其美）、東北軍（居正）、西南軍（胡漢民）、西北軍（于右任《うゆうじん》）の四軍団総司令部を設置し、反袁の挙兵準備に取掛かった。この四つの軍のうち挙兵したのは東南軍と東北軍だけであり、他の軍は目立った行動をとらなかった。

東南軍総司令官陳其美は一〇月一四日東京で孫文と最後の会談を終え、(1)一〇月末上海に潜入した。陳はフランス租界内の山田純三郎宅を拠点として、まず上海で挙兵し、その後周辺の浙江省・南京地区及び東南に勢力を拡大しようとした。この計画を遂行するため、陳其美らは上海において革命党を残酷に弾圧していた上海鎮守使鄭汝成を暗殺することを決定し、彼が一一月一〇日上海総領事有吉明が催した大正天皇即位の祝宴に列席した機会を捉えて、革命党員王暁峯と王銘三が鄭の車を襲撃して暗殺した。二人は即刻逮捕されて死刑に処されたが、二〇日東京の麹町区大手町大日本私立衛生会において革命党員劉大同主宰の追悼会が催され、張継・譚人鳳らが演壇に登って両名の霊を祀ると共に革命の気勢を上げた。(2)上海総領事有吉は直ちにこの暗殺事件の顚末と上海会審衙門における審理の情況を石井外相に報告した。(3)有吉総領事は帝政運動の当初から陳其美ら革命党の行動に注目し、彼らを反帝政・反袁の重要な勢力であると見ており、八月三一日には大隈首相に陳其美を中心とした上海革命党が討袁軍を挙げようと苦心している情報を報告した。(4)

鄭汝成暗殺後、陳其美は蒋介石・楊庶堪・周淡游らと共に上海港に碇泊している袁海軍の肇和・応瑞・通済の三隻の軍

艦を乗取る計画を立案した。上海における袁軍の拠点は製造局であり、そこには袁軍の二個連隊が駐屯していた。陳其美らは陸上からこの拠点を占領することは第二革命における経験から困難だと考え、海上から製造局を攻撃する計画を立て、袁軍の軍艦乗取り作戦に取掛かった。王統一を中心とする東京の中華革命党は横須賀に派遣されて日本海軍で訓練を受けている袁海軍の士官候補生に対する工作をおこなった。この時期、肇和等袁海軍の艦艇には陳可鈞ら二、三〇名の革命同志がおり、彼らをこの乗取り計画に内応させることにした。一二月五日午後五時頃、楊虎の指揮する陸戦隊四〇名が小型汽船二艘に分乗して肇和に接近すると、内応者の協力の下に肇和を乗取り、六時半頃より製造局を砲撃し始めた。同日、孫祥夫(海軍陸戦隊副司令官)の指揮する陸戦隊四〇名も応瑞を乗取るために出動したが、二日前に買約した小型汽船が税関の手続を済ませていなかったために居留地埠頭に繋留することが出来ず、陸戦隊がこの汽船に乗込めなかったので、応瑞乗取り計画は失敗した。この計画は乗取った二隻の軍艦が製造局に砲撃を加え、製造局内の袁軍が混乱に陥った際に、三隻の小型汽船に陸戦隊を乗せて製造局に上陸し、同局を奇襲する予定であったから、この計画は頓挫したわけである。肇和は製造局に前後三〇発を発砲し、陸上の部隊も南市警察署等を襲撃した。翌日午前五時頃から袁の海軍司令官李鼎新の命令により応瑞・通済両艦が肇和を砲撃し、数発が命中したので、楊虎ら陸戦隊と内応者は肇和から撤退した。陳其美ら革命党が計画したこの事件は失敗した。(5) しかし一九一六年五月初めに帰国した孫文はこの計画を再度実施しようとした。五月五日に革命党員らが軍鑑策電を襲撃したが、またもや失敗した。

日本の軍部はこの事件を重視し、一二月下旬には青木宣純少将と松井石根中佐を旅順から上海に派遣してこの地域の反袁勢力を支援し始めた。肇和事件はこれ以前に発生していたので軍部と直接の関係はなかったようである。しかしこの事件は日本と無縁ではなかった。上海総領事有吉は石井外相に報告したように「肇和トノ連絡ハ当館ニ於テハ約弐週間前ヨリ極秘トシテ情報ヲ得」(6) ており、五日に肇和が製造局に砲撃を開始すると、総領事館の西田を内密に陳其美の下に派遣し

た。陳は西田に行動の進行情況と計画を示して「製造局陥落ノ暁ニハ王寵恵ヲ外交主任ニ任シ領事団等トノ交渉ニ当ラシムル筈」であると述べ、「自分の目的ハ北軍ノ最集中セル当地ヲ陥レ他ノ心胆ヲ寒カラシムルニ在リテ終局ハ袁ヲ失墜セシメサレハ已マサル決心ナリ」(7)と語った。一二月一三日、有吉総領事は石井外相に「上海ニ於ケル革命党ノ動乱ニ関スル報告書」(8)を提出しているが、ここには革命動乱前の情況、肇和の製造局砲撃、革命党員の警察署襲撃、動乱後の革命党及び肇和の情況、革命動乱に対するフランス租界側の態度、動乱の被害と当地の人心に及ぼした影響等が「革命党側ヨリノ消息等ヲ併セ詳細」(9)に記述されている。このことは有吉が陳其美らと絶えず連絡をとっていたことと革命党も有吉を信頼して情報を提供していたことを物語っている。

この肇和乗取り事件には日本の財閥と民間人が関係していた。久原房之助は陳其美に三〇〇万円の資金を提供した。(10)また浪人の志村光治等数名は直接乗取りに参加した。このように日本人はこの事件に直接かかわっていたのである。またこの事件は東京を根拠地とする中華革命党と孫文が東京において工作したものであった。肇和の内応者の中心的人物であった陳可鈞の行李の中より孫文の委任状五通が発見され、(11)内応者が使用した拳銃も日本製であった。これらの事実は肇和乗取り事件が日本と間接的な関係も有していたことを示すものであろう。

袁の北京政府は肇和乗取り事件と日本との関係を察知し、六日に外交総長陸徴祥は日置公使に、今回の事件も居留地より発生したものであり、「上海領事ニ電命シ居留地内ニ潜匿セル匪徒及軍器等ヲ厳重ニ捜索シ若シ支那官吏ヨリ指摘セラレタル場合ニハ直ニ引渡ヲ行」(12)うように要求した。これは肇和事件に参加した日本人を取締るよう要求したものであった。日置公使はこの要求を石井外相に打電すると同時に、上海の有吉総領事にも伝えたが、彼らはこれに対し何の措置もとらなかった。このことはこの事件と日本の微妙な関係を示している。

しかし帝政問題に不干渉の姿勢をとっていたアメリカのいくつかの新聞は「上海事件ニ関シ調査ノ結果反乱ニ使用セル

乃至記事ハ之ヲ弁駁スルカ如キハ却テ各方面ニ一層猜忌ヲ増シ又ハ風説ヲ大ナラシムルノ恐レモ有之暫ク此儘看過致置候事得策[19]」であると石井外相に上申した。

上述のように、革命党の軍艦乗取り事件に関して石井外相と駐中国の公使・総領事が講じた対策は日本帝国のためであったが、客観的には革命党にとって有利であった。ここには日本と革命党の間に反袁という点で一時的共通性が認められるが、それは日本が反袁のために革命党を利用したからであった。しかし日本は今回の事件を鎮圧した袁政府の能力を評価し、今後三、四カ月間「更ニ必要ノ警戒ヲ加ヘ騒乱ヲ未然ニ防クニ至ラバ帝国政府ハ右勧告ノ目的一応徹底シタルモノト認メントス[20]」という姿勢を表し、一時的ではあったが帝政を承認しようとした。これは日本と革命党の反帝政に対する目的が根本的に異なっていたからであった。

陳其美ら中華革命党が指導した肇和事件は失敗したが、中国南北の反帝政・反袁闘争に若干の影響を及ぼした。一二月二五日、雲南の将軍唐継堯と蔡鍔・李烈鈞らは反帝政・反袁の旗を掲げ、雲南の独立を宣言して護国戦争の火蓋を切った。西南諸省がこれに呼応し、貴州省・広西省・広東省が相次いで独立した。独立したこの四省は一九一六年五月八日に広東の肇慶で四省護国軍軍務院を樹立した。軍務院は辛亥革命期における南京臨時政府のような臨時政府の性格を帯びた政府機構であり、撫軍長に唐継堯、副撫軍に岑春煊、政務委員長に梁啓超が就任し、李烈鈞は一〇名で構成される撫軍の一員になった。この軍務院は梁啓超を中心とした進歩党、唐継堯ら西南地方の実力派、李烈鈞ら革命党（主に欧事研究会）の三勢力の連合政権であるが、実権は梁啓超と唐継堯らに掌握されていた。軍務院は帝政中止、共和制擁護、臨時約法と旧国会回復のスローガンを掲げて反袁の勢力を統合し、四川・湖南・江西・福建省に護国軍を進撃させて討袁の気勢を上げた。その結果陝西・湖南・四川が独立して、独立した省は八省に達した。こうして軍務院を中心とした南方の反袁連合勢力は袁打倒・帝政中止の護国戦争の主体となり、大きな役割を果した[21]。

ではこの西南の反袁勢力と日本との関係はどうだったのだろうか。西南の反袁・独立計画は一九一五年一〇月下旬天津において蔡鍔と梁啓超を中心として極めて密かに画策されたので、日本はその内情を察知することが出来なかった。また蔡・梁共に元来は擁袁派に属していたため、反袁を掲げる日本は彼らの行動を重視していなかった。駐中国の外務省出先機関が雲南省の独立問題に注目し始めたのは一二月二〇日以後のことである。当時日本はこの地域に領事館を設置しておらず、雲南に関する情報はフランスとイギリスの公使・領事から入手していたので確実ではなかった。(22) 例えば二三日に日置公使は同地においては目下格別の動揺なしと報告している。(23) 石井外相も雲南が独立を宣言した二五日に在外の大使館に「広西雲南独立ノ件ハ目下同地方トノ通信不完全ナル為十分明瞭ナラズ」(24)と通報していた。二五日以後、日本は初めて雲南の独立が今後の反袁運動に及ぼす影響と役割を重視するようになり、広東総領事館から藤村通訳、(25) 参謀本部から山県少佐、(26) 大陸浪人の大作理三郎らが続々と雲南に赴いて(27)情報の収集と反袁勢力に対する工作を展開し始めた。上海で南方の反袁勢力に対する工作を展開していた青木宣純も一時帰国し、一月一五日に東京の陸宗輿公使に上海で雲南方面の情況を探索したいとの意向を述べ、それに対する便宜の提供を要望した。(28) 外務省は対雲南工作のために堀義貴を雲南駐在の新領事に任命した。堀は三月初めにハノイを経由し、三月中旬に雲南に到着した。蔡鍔ら護国軍の将軍らは三月一八日に堀領事の着任を歓迎する意と修好の希望を述べた。(29) 堀領事も外交部雲南特派員公署を通じてこれに対する謝意を表し、護国軍が勝利することを希望した。(30) 雲南における堀領事・藤村通訳や参謀本部将校らの活動は史料の欠落により不明であるが、堀領事の話によれば、二〇〇名の日本人が雲南で活躍していた。(31) 日本は広西省にも領事館を設置し、牛荘領事として奥田が派遣された。上述のような日本の対応から、日本がこの勢力を支持して反袁に利用しようとしたことを窺うことが出来る。

イギリス・アメリカ・フランス等欧米列強は日本とは反対の姿勢をとった。彼らは日本と共に帝政延期を勧告したものの、それは袁のためであり、袁を打倒しようとしたわけではなかったから、反袁勢力を支持しようとしなかった。雲南のイギリス領事は唐継尭に「事ヲ起スニ当リ英国側ヨリ何等ノ援助を期待スヘカラサル」(32)旨を通告し、イギリス大使グリーンも一二月二九日に石井外相にこの旨を内談した。(33)イギリスは日本の対雲南工作を牽制しようとしたのであった。駐北京のアメリカ公使ラインシュも日本がこれらの反袁運動に関係していることを指摘し、日本は南方において独立政権を樹立しようとしているのか、それとも中国を分裂させようとしているのかと考えて警戒していた。(34)

フランスもイギリスと同じ姿勢をとった。北京のフランス公使館の一等書記官は日本公使館の出淵書記官に対して、雲南への武器輸出を禁止し、仏領における革命党の活動を厳重に取締るよう要求した。フランス公使コンチイは滇越鉄道を利用して官兵を雲南に輸送する袁政府の要求も拒否した。(35)それは袁政府に使用を許せば護国軍に同鉄道破壊の口実を与え、雲南におけるフランスの権益が脅かされるからであった。しかし石井外相は上海のフランス租界における陳其美らの活動に対するフランスの容認や蔡鍔の雲南入りに対する便宜の供与等から、護国「運動ニ対シ暗に好意ヲ有シ居ルニハアラサルカト疑ハル節アリ」と考え、張継らがフランス滞在中に「同国有力者等ト接近シ革命成功ノ暁ニ於ケル利権譲与ヲ条件トシ特殊ノ関係ヲ結ビ居ルガ如キ事情ニテモアル」(36)かと、日置公使にフランスの動静を探るよう訓令した。これは雲南をめぐる日本とフランスの争いを意味していた。

独立を宣言した雲南当局は、日本や列強の干渉を排除し、その好意的支援を獲得するため、一二月三一日に日本や各国の駐北京公使に「各友邦ハ共ニ善意ノ中立ヲ守リ互ニ永久ノ睦誼ヲ敦フセンコト」を希望して次のように通告した。(37)

一　帝制問題発生以前民国政府及前清政府カ各国ト訂結セル条約ハ均シク継続シテ有効タリ賠償金及借款ハ皆ナ旧ニ仍リ担認ス

一　本将軍巡按使勢力範囲内ニ居留スル各国人民其生命財産ハ保護ヲ力任ス

一　帝制問題発生以後袁世凱及其政府カ各国ト訂結セル条約、契約及借款等ハ民国皆ナ之ヲ承認セス

一　各国若シ袁政府ヲ助クルニ戦時禁制品ヲ以テスルモノアレハ査出シテ皆没収ス

一　若シ各国官商人民ニシテ袁政府ヲ賛助シ本将軍巡按使ノ行為ヲ妨害スルモノアル時ハ即チ之ニ反対スヘシ

最後の二項目は日本と列強の対袁援助を牽制する措置であり、国際的に袁を孤立させようとしたのである。

日本は蔡鍔・梁啓超らの活動に便宜を図り、岑春煊に軍資金を提供した。蔡鍔は三月初めに天津から東京に到着して欧事研究会のメンバーらと会合し、密かに別府に赴いて譚鳳人らと会談し、その後上海・香港・ハノイを経由して二〇日前後に雲南に入ったが、日本は彼の行動に便宜を図った。

梁啓超は戊戌変法失敗後日本に亡命し、日本とは格別な関係を有していた。梁は一二月一八日に天津から上海に到着して欧事研究会のメンバーらと協議し、岑春煊を日本に派遣して軍資金を調達し、兵器を購入しようとした[38]。梁は日本からの支持と援助を獲得するため、三〇日内密に上海の有吉総領事に面談を求め、日本の帝政延期勧告に対し「其当ヲ得タルヲ感謝シ」、袁の「外交ハ遠ク交リ近ク攻ムルヲ事トシ日本ノ地位及勢力ヲ諒解セス」[39]と非難して日本に対する親近感を表明した。梁は今度の雲南の挙兵を第二革命と比較して分析し、必ず成功する原因を挙げて、「今回雲南ノ挙ハ少クモ系統アル反袁運動ノ一端ニシテ袁帝政ニ反対セル者ノ中ニハ素ヨリ各種ノ分子有ルベク袁ヲ倒スコトノミニ一致シ居ル外統一ナキモノノ如キモ事ノ発展ト共ニ漸次組織立ツヘク雲南ノ挙ノ蔡鍔到著後二三日ニテ発生セルニ看テ事前十分ノ準備アリシヲ看ルヘク各省ノ事又以テ推知スヘシ」と述べ、「今後時局進捗ノ消息ハ自身若クハ腹心ノ者ヲ以テ時々申通スヘキ」旨を約し、雲南の「真相ヲ日本ニ伝ヘラレ度キ」[40]希望を繰返した。有吉総領事は梁啓超来訪の主旨は「我邦ノ同情ヲ求ムルニアリ」と石井外相に打電した。この会談を通じて日本側は梁ら雲南の当局者が日本に依頼しようとしたことを確認し得たのであろう。その後梁は香港・広西・インドシナ各地を往復するが、彼の「従軍日記」（三月一七日）には日本人の協力に対する感激の思いが詳述されている[41]。梁はその後上海の有吉総領事、香港の今井忍郎総領事及び青木宣純中将と軍事的支援に関して協議した。二、三月には岑春煊が章士釗・張耀曾と共に日本に赴いた。岑は来日後熱海に滞在し、一月二四日から二五日まで東京で活躍し、二月にまた上京して一〇日夜に前外相加藤高明と会談し、その後頭山満を訪問した。一一日は犬養毅を訪ねた。(42)会談の内容は不明である。日本では久原房之助が岑に一〇〇万円の軍資金を提供し、三月二〇日に久原の代理竹内維彦と岑春煊の間で契約書が締結された。(43)この借款契約には利息・抵当等の条件がなく、ただ岑側は中日親善の実を挙げ、久原の方から将来事業上の要望があった場合これに対する好意的配慮を与えるということだけが記されている。これは他の借款契約より寛大なものであった。岑はこの借款で二個師団が装備する兵器を購入して持帰ったと述べている。岑は元来清朝の一都督で、梁の進歩党でもなく、唐の雲南地方の実力派にも属さない存在であったが、彼が軍務院において副撫軍に就任出来たのは、この日本の支援による功績とも関係があったように思われる。

雲南の護国軍は大阪市恵比寿町飛行機製作所製作の五〇馬力複葉飛行機一機を五〇〇〇円で購入した。(44)これに対して北京のアメリカ公使ラインシュは大きな警戒を示した。

護国戦争における日本のもう一つの役割は各地に分散していた反袁勢力を統合することであった。五月に樹立された軍務院は反袁・反帝政の連合政権であり、連合に至る過程があった。雲南の堀領事、肇慶の太田領事、香港の今井総領事及び青木中将らは各地の諸勢力に連合を勧告し、広東と広西両反袁勢力の統合及び広東の中華革命党員と西南諸勢力との連合を仲介した。(45)四月一六日、太田は梧州・肇慶間において梁啓超及び広西の将軍陸栄廷と会談し、広東の将軍竜済光を広東から追放して広東を統合すること等について協議した。(46)四月二九日、岑春煊が統合した両広護国軍都司令官に推挙されたが、その裏には日本の支援があったようである。

日本(特に参謀本部)は日本滞在中の孫文と中華革命党に梁啓超・岑春煊らと連合するように要求した。孫文は彼らと主義において対立していたため、従来は彼らとの連合に反対していたが、彼らが袁擁護から反袁に転換した後は反袁・反帝政という点で一時的に共通の目的が存在するようになったため、彼らと連合しようとした。二月三日、梁啓超の代理として周善培が東京を訪れた。(47)孫文の片腕であった戴季陶と張継が周善培と会談し、翌日は張継・戴季陶・居正・譚人鳳の四人が熱海に赴いて岑春煊と会談した。(48)二月三日午後に孫文は周善培を訪問し、(49)その後連続六回にわたって会談した。これらの会談の内容は不明であるが、反袁と護国戦争における連合及び協力関係等について話したものと思われる。

では当時の日本の反帝政・反袁勢力に対する支持と支援をどう評価すべきだろうか。孫文は一九一七年の「日支親善の根本義」において、袁の死去から一九一七年六月の国会解散までの時期を中国に共和政治が復活した平和建設の時期だと見なし、これは「日本の道徳的援助に由り」(50)可能であったと評価したが、その後で再び非難した。孫文と岑春煊・梁啓超らは反帝政・反袁という共通の目的を達成するために一時的に連合したが、目的を達成すると再び分裂した。一九一八年、日本は分裂した中国南北の諸勢力を連合して中国の統一を図るため南北和議を促進したが、孫文ら革命党の勢力を排除し、唐・岑らが南方を代表してこの和議に出席するようにさせた。このため孫文は一九二〇年に反帝政期における日本の岑らに対する支援を厳しく批判したのである。(51)一つの政策には肯定すべき面と否定すべき面とがある。孫文が評価したのは肯定すべき面を評価したものであり、批判したのは否定すべき面を批判したものである。時代の変遷によって、表面に現れる肯定或いは否定すべき面は変化するのである。

(1)「孫文ノ動静」乙秘第二〇〇九号、大正四年一〇月一五日。外交史料館所蔵。
(2) 外務省編『日本外交文書』大正四年第二冊、三〇七―〇八ページ。
(3) 同右書、二〇三―〇五ページ。
(4) 同右書、二一―二三ページ。
(5) 同右書、二一七―一九ページ。李新・李宗一編『中華民国史』第二編第一巻下、中華書局、一九八七年、六五三―六二ページ参照。

(6) 同右書、二一七ページ。
(7) 大正四年一二月五日、在上海総領事有吉明より石井菊次郎外相宛電報、第一五四号。外交史料館所蔵。
(8) 外務省編『日本外交文書』大正四年第二冊、二一五―二二ページ。
(9) 同右書、二一五ページ。
(10) 北村敬直編『夢の七十余年――西原亀三自伝』平凡社、一九八九年、七二ページ。
(11) 大正四年一二月二三日、在上海総領事有吉明より石井外相宛電報、第七一八号。外交史料館所蔵。
(12) 大正四年一二月八日、在上海総領事有吉明より石井外相宛電報、第一六〇号。外交史料館所蔵。
(13) 外務省編『日本外交文書』大正四年第二冊、二一二ページ。
(14) 同右書、二一四―一五ページ。
(15) 同右書、二一四ページ。
(16) 同右書、二三六ページ。
(17) 同右書、二三九ページ。
(18) 大正四年一二月一六日、在上海総領事有吉明より石井外相宛電報、機密第一〇一号。外交史料館所蔵。
(19) 同右。
(20) 外務省編『日本外交文書』大正四年第二冊、一七六ページ。
(21) 李新・李宗一編、前掲書第二編第一巻下、六九一―七八一ページ参照。
(22) 『申報』一九一六年一月六日参照。
(23) 外務省編『日本外交文書』大正四年第二冊、二三六ページ。
(24) 同右書、二三九ページ。
(25) 同右。
(26) 外務省編『日本外交文書』大正五年第二冊、九四ページ。
(27) 黒竜会編『東亜先覚志士記伝』中、原書房、一九六六年、六〇八ページ。
(28) 中国第二檔案館・雲南省檔案館編『護国運動』江蘇古籍出版社、一九八八年、三二一ページ。

(29) 同右書、三二八—二九ページ。
(30) 同右書、三三九ページ。
(31) 駱恵敏編『清末民初政情内幕』下、知識出版社、一九八六年、五三一—三二ページ。
(32) 外務省編『日本外交文書』大正四年第二冊、二五〇ページ。
(33) 同右。
(34) 保羅・S・芮恩施『一個美国外交官使華記』商務印書館、一九八二年、一四九ページ。
(35) 外務省編『日本外交文書』大正四年第二冊、二六一ページ。
(36) 同右書、二五四ページ。
(37) 外務省編『日本外交文書』大正五年第二冊、九〇—九一ページ。
(38) 李新・李宗一編、前掲書第二編第一巻下、六八五ページ。
(39) 外務省編『日本外交文書』大正四年第二冊、二五七—五八ページ。
(40) 同右書、二五八ページ。
(41) 林明徳『近代中日関係史』三民書局、一九八四年、一二一ページ。
(42) 拙文「一九一三年至一九一六年孫中山在日的革命活動与日本的対策」、『孫中山研究論叢』第三集、一九一ページ。
(43) 『近代史資料』一九八二年第四期、一七一ページ。
(44) 外務省編『日本外交文書』大正五年第二冊、九八—九ページ。
(45) 『孫中山全集』第三巻、中華書局、一九八四年、二九四ページ。林明徳、前掲書、一二二ページ参照。
(46) 外務省編『日本外交文書』大正五年第二冊、一〇七ページ。
(47) 「革命党各派首領会同に関スル件」乙秘第一六三号、大正五年二月四日。外交史料館所蔵。
(48) 同右。
(49) 「孫文ノ動静」乙秘一六一号、大正五年二月四日。外交史料館所蔵。
(50) 『東京朝日新聞』大正八年一月一日。
(51) 『孫中山全集』第五巻、中華書局、一九八五年、二七六ページ。

三　第二次満蒙独立運動と張作霖工作

満蒙独立運動は日本の大陸政策の重要な一環であった。第一次満蒙独立運動は一九一二年二月に清皇帝の退位によって一時中止されたが、日本の大陸政策が存在する限り消滅することはなかった。川島浪速ら大陸浪人と一部の予備役将校らは満蒙において密かに活動をつづけ、好機の到来を待っていたが、山東の革命党蜂起と西南諸省における護国戦争の勃発を機に再び運動を開始した。この運動は日本政府・軍部・財閥の支援の下で展開され、袁打倒の一環として日本に利用された。同時に日本はまた帝政中止により袁の支配体制が動揺する中で奉天省の実権を掌握した張作霖を誘致し、張の独立による反袁を画策した。本節では、日本の第二次満蒙独立運動に対する政策を検討すると同時に、この政策が対張作霖誘致政策に転換する過程を考究し、この過程における日本と宗社党・巴布札布《パブチャツプ》及び張作霖三者の相互関係を究明する。

第二次満蒙独立運動も第一次と同様に粛親王を首魁とする宗社党と蒙古人の独立運動が結合して展開されたが、前回と異なり蒙古側は巴布札布が中心的人物となり、その目的も変化した。前回は清朝からの独立を目指していたが、今回は袁政権からの独立と清の宣統皇帝の復辟が目標であった。

この帝政復辟の運動は、逆に日本による帝政阻止と袁打倒に利用された。東京にいた川島浪速はまず粛親王ら宗社党に働きかけ、彼らを中心とした第二次満蒙独立運動を扇動した。当時の川島らと軍部との関係は不明だが、軍部が満蒙における反袁活動を開始したのが一九一五年末であり、川島の活動もほぼ同時期に始まったことから見て、当初から軍部と何らかの関係を有していたといえよう。三月七日に大隈内閣が軍部の要求によって袁打倒の政策を決定した後、満蒙独立運動は日本政府・軍部の反袁政策の一環として利用され、政府・軍部も積極的にこの運動を支持し始めた。軍部では田中義一参謀本部次長と福田雅太郎第二部長が積極的であり、三月下旬に現役の歩兵大佐土井市之進・歩兵少佐小磯国昭・歩兵大尉松井清助・一等主計鈴木晟太郎らを満州に派遣して満蒙独立運動を支援した。(1)政府・軍部の支持の下で財界もこの運動にかかわった。軍部は宗社党に軍資金を提供するために財閥の大倉喜八郎を説き、三月に粛親王と次のような借款契約を締結した。(2)

速水篤次郎（以下単ニ甲ト称ス）ト粛親王（以下単ニ乙ト称ス）トノ間ニ左ノ契約ヲナス

第一条　甲ハ乙ニ日本貨金壱百万円ヲ貸与ス

第二条　乙ハ前記借入金ノ担保トシテ本書ニ添附セル別紙目録ノ土地、山林、牧場、鉱山、家屋、水利等一切ヲ提供スルモノトス

第参条　乙ハ甲ニ金利トシテ年七朱（百分ノ七）ノ割合ヲ以テ借入レノ日ヨリ起算シ一ケ年毎ニ之ヲ仕払フモノトス

第四条　乙ハ本書調印ノ日ヨリ二ケ年後ニ全金額ヲ返済スルモノトス

但シ事情ニヨリ双方協議ノ上返済時期ヲ伸縮スルコトヲ得ルモノトス

この契約を締結するに当り、粛親王は大倉喜八郎に次のように確約した。(3)

粛親王ハ男爵大倉喜八郎君ガ義金ニ応セラレタルヲ感謝シ他日事成ルノ暁ニ於テハ満洲吉林省及奉天省内松花江及其支流々域ノ民有ニアラザル森林ノ株式及流材ニ対スル各種ノ租金徴収等ノ事業ヲ大倉男爵又ハ其後継者ト合弁事業トシ其経営一切ヲ大倉男爵ニ委任スルコトヲ確約ス

大倉喜八郎は満州におけるこのような権益の獲得を条件に一〇〇万円を粛親王に提供したが、そのうち二〇万円は従来の借財返済に、三〇万円は予備として外務省政務局に残置し、その残額五〇万円を独立運動の軍事費に充当することにし

た。粛親王はこの軍資金で泰平組合を通じて軍から小銃五〇〇〇挺と砲八門及び弾薬等を購入して関東州に輸送した。(4)

日本の植民地関東州と満鉄付属地は満蒙独立運動の根拠地となった。粛親王の宗社党は軍中央と関東都督府の支援の下に本拠を旅順と奉天に置き、関東州租借地の営城子付近に各地から募集した勤王軍一五〇〇名を宿営させて連日訓練した。宗社党の活動には日本軍の予備役将校三〇余人と浪人八〇〇余名が参加して指揮した。(5)彼らは満鉄付属地を拠点として南満州で挙兵する計画を立て、その準備に取掛かった。

川島と粛親王は彼らの挙兵に巴布札布の蒙古軍を協力させようとした。巴布札布は馬賊の頭目で、日露戦争の際には日本軍に協力し、その後彰武県の巡警局長に任用された。辛亥革命の際には外蒙古の独立に加担して東部都督の職に就いたが、その後外蒙古から離脱し、西烏珠穆沁《シウジュムチン》旗付近のダブソノールで活動していた。参謀本部は一九一五年八月に小磯国昭少佐・田代晥一郎少佐らを東西烏珠穆沁地方に派遣して現地調査をおこなった時に、巴布札布らと何らかの連絡をとったようである。(6)一九一六年一月、巴布札布は同僚若干名を東京に派遣して川島に支援を求めた。(7)川島は彼らの要望を受入れ、巴布札布軍は将来鄭家屯方面に進出して宗社党の挙兵に応ずるという契約を締結した。川島と土井大佐は青柳勝敏(予備役騎兵大尉)や粛親王の第七子憲奎王ら一〇名を巴布札布の下に派遣し、彼らと連絡をとった。土井大佐は東京で巴布札布軍に提供する露国式小銃弾六万余発を購入し、ロシアの東支鉄道を利用して彼らに渡そうとしたが、ロシア側に発見され、一時は日露間の外交問題になった。(8)

川島や土井大佐らの計画は、四月中旬宗社党の勤王軍が遼陽東の隠悪千山一帯で討袁の兵を挙げて奉天軍を引付け、その間に巴布札布の蒙古軍が興安嶺を越えて南下し、同時に各地の馬賊らに工作して騒乱を起こさせ、奉天軍がこの討伐に奔走する虚に乗じて奉天城を占拠すると、吉林の将軍孟恩遠も呼応するので、勤王軍と巴布札布軍及び吉林軍が連合して長城を突破し、山東で蜂起した孫文の革命軍と天津で合流して、北京に進撃して袁政権を打倒し、満州・蒙古・華北に日本の統制下のかいらい国家を建てて清皇帝の復辟を達成しようというものであった。(9)この計画を実施するため、五月上旬に巴布札布の騎兵一五〇〇名が洮南の達拉《タラ》王軍府まで進出して待機する予定であった。

当時南満州は日本の勢力圏であり、満鉄付属地と関東州は日本の植民地であった。日本は駐満領事館・関東都督府・関東軍・満鉄が四頭政治で対満蒙政策を推進していた。その上部機関も大変複雑で、内閣総理大臣、外務省、陸・海軍省、参謀本部が各々所管を有し、統一的な指揮系統がなかったので、第二次満蒙独立運動を推進するに当って内部に分裂が起こった。奉天の総領事代理矢田七太郎は青柳勝敏らや宗社党が奉天・遼陽において兵を挙げるのは「成功覚束ナキハ勿論却テ裏面ノ醜状ヲ暴露シ且他方面ニ悪影響ヲ及ホス虞モアリ現下ノ形勢ニ鑑ミ大局上甚タ面白カラスト存セラルルニ付……本官ノ截量ニテ予メ取締ヲ加ヘタシト存ス」(10)と石井外相に上申し、安東の吉田茂領事も同様の意向を上申した。満州駐屯の第一七師団長本郷房太郎中将らも軍中央のこの謀略に批判的であった。(11)しかし石井外相は上申を受入れず、三月七日の閣議で決定した方針を遂行するため、三月二一日に外務省の森田寛蔵を満州と北京に派遣し、各地の総領事・領事及び日置公使らに「支那時局ノ推移ニ鑑ミ引続キ袁氏ヲ権要ノ地位ニ置クコトハ我国ニ執リ甚不利ナルニヨリ帝国政府ハ彼ヲシテ現在ノ地位ヨリ脱落セシムルヲ必要ト認メ居ル」という意見を伝えると同時に、満蒙における反袁運動については「我国民間ノ有志ニシテ之ニ同情シ金品ヲ与ヘテ之ヲ援助スルモノアラハ帝国政府ハ之ヲ黙認シ尚進ンデ厳ニ其行動ノ統一ヲ計ル為メ政府ハ其ノ黒幕トナリテ之レカ糸ヲ引カントス従テ本邦人ニシテ以上ノ如ク金品ヲ以テ援助セントスル者ハ勿論其他ノ方法ヲ以テ該運動ヲ援助スル者ニ対シテハ之ヲ黙認スル」(12)ことにした。この「黙認」は「援助」と同義語であり、満蒙の反袁運動を支持・援助する政府の政策を遂行するように要求したのであった。関東都督の中村覚陸軍大将も管轄下に内閣の対支方針の通りに「管内ニ於ケル宗社党革命党ノ行動ニ対シ之カ取締上手心ヲ加フルノ必要」(13)を内訓した。

土井大佐・川島らの直接指揮の下に宗社党と巴布札布蒙古軍の反袁・独立運動の準備は着々と進展していたが、三月三一日に突然田中参謀次長から「事業ノ準備ヲ整ヘタル後モ其実施ハ当部ノ指示ヲ待チテ開始スルコトニスヘシ」[14]という指示を受けた。その理由は「土井大佐ノ担任スル事業ハ支那全般ノ大勢ノ推移ト密接ノ関係ヲ有ス若シ南方ノ状況ト適切ニ照応セサルトキハ却テ帝国ノ政策ヲ阻害スヘキ」[15]というものであった。日本が満蒙独立運動を画策したのは、この運動によって袁軍の南下を牽制して南方諸省の護国戦争の継続を支援し、さらに南方勢力と相呼応して北京に迫ろうとする戦略に基づいていた。しかし南方勢力の進出が予定より遅れたので、満蒙において単独で挙兵すれば袁に南北妥協の口実を与え、倒袁の目的が達成されない恐れが生じたのである。このため、四月六日に石井外務大臣も中村関東都督と奉天の矢田総領事代理に彼らの北京攻撃計画は大局上甚だ望ましくないから厳重に取締るように指示した。[16]上述の原因以外にも奉天の実権を掌握した張作霖を誘致・利用しようという目的もあった。張作霖と宗社党・蒙古軍は東北における対立勢力であったから、実権のある張を誘致・利用するには蒙古軍の活動を押えなければならなかった。

折しも六月六日に袁が急死し、中国の政局は新しい方向に転換し始めた。袁の死去によって外務省は宗社党・巴布札布らを利用して反袁運動を展開する必要がなくなり、黎元洪を大総統に擁立して南北の調整を図らせ、袁死後の中国の政局をコントロールしようとした。そのため、宗社党・巴布札布らに対する日本の方針は支援から阻止・解散へと転換した。それはこの情勢の下で彼らの運動が却って黎元洪擁立の障害になったからである。黎元洪は北京の日置公使に「山東及満洲ニ於ケル日本浪人ノ無謀ナル行動ハ甚シク支那官民ニ誤解ヲ与ヘ両国々交上ニモ面白カラサル影響ヲ及ボスコトナキヤ」[17]と懸念している旨を述べた。日置公使も「山東及満洲ニ於ケル革命党宗社党等ト関係ヲ有スル邦人ノ取締ヲ励行スルコトハ絶対ニ必要」[18]だと石井外相に上申した。

しかし参謀本部の将校らは依然として満蒙独立運動を推進し、宗社党・巴布札布らの活動も着々と進展して、六月中旬には奉天を始め本渓湖・復州・荘河・遼西一帯で挙兵する計画が具体化した。六月一日、巴布札布の騎兵三個大隊が興安嶺を越え、洮南府を目指して南東へ進軍を開始した。[19]土井大佐らは袁の死後も挙兵を主張した。土井らは第二、第三の袁の出現は確実な上、たとえ親日的な新大総統が就任しても周囲の者は袁の配下なので新総統は独自の政策を実施出来ず、南北の妥協も恐らく困難だと考えていた。そのため土井らは日本の最終目的を達成するためにはこの挙兵を継続すべきだと主張した。しかし軍中央はこれに賛成せず、田中参謀次長は西川都督府参謀長に満蒙挙兵中止を命令し、今後帝国が擁立する黎元洪政府に反対する者に対しては、帝国は実力を行使して撃滅するという覚悟を示した。[20]参謀本部の一部には土井らの主張を支持する声もあったが、満蒙挙兵は遂に中止・解散が決定した。六月上旬に上京した土井も中央の決定に服従する以外にないことを知り、七月六日に奉天に帰って収拾に取掛からざるを得なかった。[21]

しかし川島ら大陸浪人の態度は頑強で、これに応じようとしなかった。[22]宗社党の勤王軍なるものは烏合の衆であり、その大半が馬賊出身であったから、彼らを統制して挙兵計画を中止させるのは容易ではなかった。大陸浪人の石本権四郎と津久井平吉は彼らを利用して七月下旬から長春城占拠計画を進めていた。[23]軍中央はこれに反対し、八月一日に田中参謀次長は西川都督府参謀長に「目下ノ情況上満蒙ニ於テ新ニ事ヲ挙クルノ必要ナキノミナラス対支善後政策上ニ不利ヲ来スコト尠カラサルヲ以テ……鉄道附属地ヲ策源地トシテ事ヲ挙クルカ如キハ決シテ黙許スベキニ非ザルコト」[24]を厳命し、長春の占拠計画等に対し緊急措置をとるように指示した。長春の山内四郎領事らは石本らの武器弾薬を一時押収・保管する措置をとり、この計画を未然に阻止した。外務省はこれを適切な措置だと認めて支持した。ところが八月一〇日に青柳勝敏らが率いる巴布札布軍の騎兵三〇〇〇名が洮南付近に達し、一四日には満鉄付属地付近の郭家店を占拠し、民家を焼いて掠奪をおこない、張作霖の軍隊と戦闘状態に入った。これは日本の袁死後の政策に悪影響を及ぼさざるを得なかった。

外務省と参謀本部は緊急対策を講じた。八月一一日、外務省の柴四郎参政官と参謀本部の浜面又助大佐及び予備役海軍中将上泉徳弥らが大連に派遣され、川島らを説得して宗社党を解散し、巴布札布軍の騎兵を蒙古へ撤退させて事態を収拾しようとした。大連に到着した彼らは一六日に関東都督府の西川参謀長らと協議の結果、巴布札布軍に小銃一二〇〇挺・野砲四門と弾薬を提供して郭家店より撤退させ、八月二二日をもって関東州内の宗社党の勤王軍の一部を巴布札布軍に編入し、一部は旅費を支給して解散させることにした。この挙兵に加担した日本人にも相当の「慰安金」と帰国の旅費を支給した。これに要した金額は五三万円以上に達した(25)。

第二次満蒙独立運動は袁の死と日本の対中国政策の転換により終息した。粛親王の宗社党や巴布札布らは清帝復辟のために独立運動を起こそうとしたが、土井・小磯や川島らは「満蒙挙事は是れ帝国政策遂成の一具なり。故に素と宗社もなく又共和もなし、要は政権接触の目的を達成するにあるのみ。然るに満蒙の地由来宗社の臭味を脱せず、指導者たる者誓つて此臭味に感染すべからず(26)」とその目的が相互で異なっていたことを明白に述べた。これは日本が第二次満蒙独立運動を画策した目的は清帝復辟のためでもなければ共和制のためでもなく、日本の対中国政策遂行のためであったことを生々しく物語っている。

第二次満蒙独立運動は挫折したが、客観的には袁の帝政復活運動と袁本人に政治的圧力を加え、帝政復活阻止に一定の役割を果したといえよう。歴史においては動機と結果が異なる場合が多い。満蒙独立運動は清の宣統皇帝復辟を目指す帝政復活運動であったが、これが逆に袁の帝政復活を阻止する勢力となったのである。これは復辟をめぐる宣統皇帝と袁との対立及びこれを裏で操縦していた日本の上述のような政策によって起こった特異な事態であった。

満蒙独立運動は日本国内にも影響を及ぼし、この運動を推進した大隈内閣倒壊の一因となった。大隈の対立勢力であった寺内正毅・後藤新平らはこの運動を大隈内閣打倒に利用した。寺内の腹心西原亀吉の手による「満蒙ニ於ケル蒙古軍並宗社党ト日本軍及日本人ノ関係　附鄭家屯事件ノ真相」は「山東ニ於ケル革命党ト日本」と共に政界の有力者に配布され(27)、大隈内閣の責任を追及した。西原亀吉はこれらの文献において次のように大隈内閣の対満蒙独立運動政策を非難した(28)。

㈠関東租借地ノ治安ニ任ズ可キ関東都督ガ其域内ニ宗社党ガ兵殊ニ馬賊ヲ集合シテ其練兵ヲナシツツアルヲ黙認セル如キ、㈡宗社党ノ解散ヲ協定スルタメ帝国政府ノ高官タル外務省参政官及参謀本部支那課長ガ之ニ参与セル如キ、㈢亦治安保持ノ責任アル満鉄付属地ニ蒙古軍ヲ陣営セシメ、殊ニ付近民家ノ掠奪ヲ認容シ及焼棄ヲ傍観セル如キ、㈣陛下ノ軍隊ヲシテ土匪馬賊ノ集団タル蒙古軍ヲ護衛セシメ、更ニ其蒙古軍ノ到ル処掠奪ヲ幇助スルノ形ヲ造成シツツアル如キ、真ニ天下ノ一大怪事トシテ帝国ノ面目ヲ汚瀆スルモノトイフベク、如何ニ此善後策ヲ完ウスルカハ応《まさ》ニ憂国ノ識者顧慮ヲ要スベキ処ナリトス。

この暴露によって満蒙独立運動の本質とこの運動における日本の役割が世間に公表された。

三月末になって参謀本部と外務省が突然宗社党と巴布札布軍の北京攻撃の計画を中止し、彼らの行動を厳重に取締るように指示したのは、日本の対張作霖工作とも直接的な関係があった。

西南諸省における護国戦争の勃発と山東における孫文の革命党の反袁蜂起により、袁世凱は三月二二日に帝政の完全中止を宣言した。これは袁の統治体制が動揺することを表し、奉天省にも微妙な影響を及ぼした。奉天省支配層内部では奉天の将軍であり巡按使でもあった段芝貴と第二七師団長張作霖との権力争いが激化した。段は袁の腹心であり、東北に対する支配を強化するために袁によって南方から奉天に派遣されたのである。しかし袁の統治体制が動揺する情況下で、段は張と争った末に奉天省における地位を維持することが出来なくなり、四月中旬に北京に逃亡せざるを得なかった。これで張作霖が奉天の実権を握ることになった。

奉天の実権を掌握した張作霖は複雑な政局に直面して新たな方針の選択を迫られた。張は㈠に帝政と反帝政の闘争において中立的立場を保って袁との関係を維持するか、㈡に独立を宣言して袁と決裂して反袁側に参加するか、㈢に宗社党と巴布札布軍と連合して清の宣統皇帝を復辟するか等の中から一つを選択しなければならなかった。矢田奉天総領事代理は張の軍事顧問菊池武夫中佐と共に張が第二の案を選択をする可能性があると判断し、張に働きかけて日本の密かな援助の下での対満蒙策を図った方が土井・川島らの独立運動より実際的効果があると考えて、対張作霖工作を開始した。

張は新たな方針の選択において南満州の勢力圏を掌握している日本が自分に何を要求し、また自分の行動にどう対応しようとしているかを探る必要があった。そのため四月七日に張作霖とその腹心于沖漢は総領事館の鎗田に「日本ハ飽迄袁世凱ノ退位ヲ迫ルトノコトナレハ袁ノ地位モ危ク従テ自分モ立場ニ苦ム次第ナルカ一方ニテハ又当地ハ北京ヨリ武器又ハ軍費ヲ持行カレ何カノ時ニハ真ニ困却スヘシ」と語り、「或ハ日本ノ御助力ヲ請フコトアルヘキモ知レス」[29]と密かに日本に依存しようとする意図を示して自分に対する日本側の姿勢を打診した。同席していた張の腹心于沖漢は率直に「東三省独立スルトキハ日本ハ干渉ヲナシハセスヤ抔」[30]と問い、張の独立に対する日本の意向を確かめようとした。日本はこれを歓迎し、石井外相は参謀本部の田中次長らと協議の上、九日矢田に「貴官ハ可然方法ヲ以テ出来得ル限リ同人ト密接ナル接触ヲ保チ同人ヲシテ此際日本ニ倚頼スルノ外他ニ方途ナキヲ漸次ニ感得セシムル様仕向ケラレ度シ」[31]と訓令した。田中次長も一〇日に関東都督府の参謀長西川虎次郎少将に「張作霖ノ意漸ク動ケルモノノ如シ就テハ予定計画実施ニ先チ此際今一歩ヲ進メ日本ノ真意ヲ仄カシ彼ヲシテ独立セシムルコト捷径ニシテ且穏当ナリト信ス依テ貴官ハ機会ヲ作リ張ト会見シ貴官ノ意見トシテ彼ノ蹶起ヲ慫慂スヘシ其際張自身ノ将来ノ安全ヲ保障スルハ勿論兵器弾薬及軍資金供給ニ関シテモ尽力ヲ辞セサル旨ヲ言明シテ差支ナシ」[32]と訓令し、対張工作を積極的に推進することにした。こうして日本の方針は宗社党・巴布札布支援から張作霖支援に転換し始めたのである。

このような情況下で、日本側内部においては張作霖と宗社党・巴布札布のどちらを支援するかをめぐって意見が対立した。関東都督府の西川参謀長は田中次長の対張工作に賛成せず、四月一二日に都督府参謀田村大佐を矢田総領事代理の下に派遣し、西川参謀長の内意として矢田に「貴方ニ於テ至急作霖ニ対シ進ンテ何等手ヲ附クルカ如キコトナキ様願ヒタシ」[33]と申入れた。その理由は「此際本邦ヨリ積極的ニ彼ヲ操縦セントスルハ彼ト袁トノ関係並彼自身ノ性格ニ顧ミ極メテ危険ナル方法ナルノミナラス時機来レハ我ヨリ何等手ヲ下サストモ当然彼ハ自ラ独立運動ヲ起スヘク又起サヽルヲ得サル地位ニ立ツモノト認メラルル」[34]というものであった。矢田総領事代理もその理由は「(一)張作霖一派ハ人物信頼シ難ク万一ノ際寝返リヲ打タルル危険アルコト(二)独立ノ暁我ニ於テ活殺ノ権ヲ掌握スルコトヲ得サル虞アルコト(三)革命一派ノ手ニ依リテ作霖ヲ擁立スルコトカ当初ノ方針ニ添ハサルコト(四)折角金ヲ投シ人ヲ集メテ画策中ノ計画カ作霖ニ先セラレ時機ヲ失スルコトアルヲ好マサルコト」[35]等にあると推測した。関東都督府は宗社党・巴布札布軍の挙兵準備を着々と進めた。関東都督府は日本の対満蒙政策を推進する先鋒機関であり、宗社党・巴布札布らを利用して東三省の統治体制を打破し、それによって日本の「満蒙独立」の目的を達成しようとしたが、外務省と参謀本部は張の独立による袁の打倒を優先したので、四月一七日に石井外相は矢田に従来の方針通り対張工作を遂行するようにあらためて訓令した。こうして満蒙における日本の方針は分裂して行った。

しかし張作霖は日本に対して不信感を抱き、日本に依存して奉天省の独立を宣言して袁と決裂しようとはしなかった。その一因は張と対立する宗社党や巴布札布らに対する日本の支援であった。四月二〇日頃、張作霖は西川参謀長に「東三省ノ治安ニ付テハ十分御助力ヲ請フ」と懇願し、「近頃日本浪人続々入込ミ種々ノ言ヲ放チ不穏ノ計画ヲナシ居リ甚タ遺憾ナレハ之等ヲ充分取締ラレタク」[36]と要望した。張は日本に宗社党・巴布札布らに対する支援を中止し、彼らの活動を取締るように要求した。これは張がその支配を維持するための要求であり、宗社党・巴布札布らを支援する日本の方針と対立していたことを示していた。この張の要求に対し、二二日に石井外相は「帝国政府ニ於テハ何等野心ヲ有セス又支那ノ内政ニ干渉スルノ意志毫モ無キニ付張作霖ニ於テハ日本政府ノ意向ニ対シ別段心配スルニ及ハス要ハ張ニ於テ日支両国ノ関係上最善ト思料スル方途ニ出ツルコトニアルヘキ」[37]だと述べ、張にとって最善の方針をとるように指示した。日本は宗社党や巴布札布らを心配せずに奉天省の独立を宣言しろと張に示唆したのである。しかしそれでも張の日本に対する警戒心を解くことは出来なかった。

この時、張作霖に対する爆弾事件が発生した。五月二七日に張が奉天を訪れた中村都督に対する表敬訪問を終えて帰途に就いた時、元陸軍少尉三村豊が爆弾を抱えて張が乗っていたと見られる馬車に体当りしたが、張は後続の馬車に乗っていたため無事に立去った。これは日本政府の謀略によるものではなく、民間の大陸浪人らの張作霖に対する敵意を表したものであり、張作霖と日本との関係の一面を反映したものでもあった。張作霖も日本の脅威を感じ、日本との関係改善の方策を練り始めた。二九日に張は中村都督・矢田総領事代理・菊地中佐・田村参謀らを招待した機会に、まず「自分ト日本トノ浅カラサル関係並ニ満洲ト日本トノ特殊ノ関係」を述べ、「自分ハ満洲出身ニシテ財産モ総テ此処ニアレハ今後モ此地ヲ去ルコト能ハサルベク従テ飽迄モ日本ノ援助ヲ頼マサルヘカラズ」と要望し、北京の袁との関係は表面上はともかく実際上は独立同様であるとして、「今後ハ在来ノ将軍ガ口先キバカリ日本ニ好意ヲ表シタルト異リ農業ナリ鉱山ナリ何カ希望アレバ申出テラレタク実際ニ好意ヲ表スヘシ」(38)と繰返し表明した。張は日本側に満鉄付属地内の秩序維持を要請する一方、今回の爆弾事件は日本人の河崎武一らによる計画だと指摘し、これに対する取締を要求した。矢田総領事代理も爆弾事件を内密に調査し、宗社党と関係する河崎武らが画策した事実が判明したが、三〇日石井外相にこれについては全く無関係だとして放任するように上申した。石井外相は今回の爆弾事件は「日本人側ニ於テハ直接間接共ニ何等ノ関係ナキコト」(39)と主張すると同時に、日本の「被害者」に対しては従前の例により要求条件を提出するように指示した。一方で石井外相は河崎らに今後日本が張を利用することもあり得るから、暴挙を慎むように指示した。(40)石井外相は対張作霖工作のため、張が朝鮮銀行と三井に提出していた借款要請について日本側が考慮中である旨を張に伝えるように訓令した。(41)六月一日、矢田総領事代理は石井外相の上述の要求と意向を直接張に伝えた。これに対し張は喜色を呈し、「今後ハ遠慮ナク万事打明ケテ」矢田と相談し、「鉱山土地等ニ付テモ北京政府ノ許可ヲ待タス自分限リニ於テ有効ニ許可スヘキ弁法アルヘシ」[42]と述べて日本の信頼と好意を得ようとした。しかし張作霖は日本が何を求めているかを知りながらも、腹心の于冲漢を通じて菊池中佐に「作霖ハ爆弾以来日本ハ自分ニ対シ如何ナルコトヲナスト要求スル次第ナルヤ望ム所アレハ鉱山ナリ土地ナリ何レナリト申出アレハ如何様ニモ自分限リニテ取計フヘク若シ自分ノ当地ニ将軍タルコトヲ望マザル次第ナレバ潔ク当地ヲ去リ蒙古ニデモ引上クヘシ（蒙古ノ達頼罕《タラハス》王親族ナレバ斯ク云フナラン）何レニセヨ日本ノ真意ヲ知リタシトノコトナリ」[43]と語った。六月一日、張作霖は同様のことを矢田総領事代理にも述べた。[44]日本の張作霖に対する要望は鉱山・土地より奉天省の独立を宣言して反袁の旗を翻すことであった。張もこの要望を知らないはずはなかった。しかし張はまだ袁と決裂する決心がつかず、周囲の情勢も彼の行動を牽制していた。三日、張作霖は菊池中佐に「自分ハ段芝貴放逐以来袁世凱一派ヨリ敵視サレ居リ彼等カ勢力ヲ回復スルトキハ必ス報復ヲ受クベケレハ飽迄モ日本ノ援助ノ下ニ地位ヲ維持スル外ナキ処此際独立セントスルモ馮徳麟（奉天省駐屯の第二七師団長――筆者）呉俊陞（洮遼鎮守使――筆者）ノ輩ハ全ク自分ノ頤使ニ甘ンスル次第ニアラサレハ或ハ彼等ト闘ハサルヲ得サルコトトナルベク今直ニ独立ノ宣言モ出来サル次第ナリ」[45]と述べ、代替案として鉱山・土地・鉄道等の利権を提供しようとした。張は新たな権益の提供によって日本の反袁・独立の要求を押え、その上で日本の力を借りて宗社党や巴布札布らを取締ろうとした。しかし日本は依然として張の反袁・独立を要求した。六月三日、矢田総領事代理は石井外相に張の申出に対して「更ニ一歩ヲ進メテ根本問題ノ解決ニ付決意セラルルコト緊要ナルヘシ」[46]と独立を示唆しては如何かと上申した。しかし張が独立を宣言する前提は、袁との関係を絶つ決心をすることであった。石井外相は翌日矢田に張にこのような決意があるか否かを確かめたが、矢田は張がまだこの「決心ヲ固ムル迄窮迫シ居ルモノトハ想像セラレサル」[47]し、独立する場合にも清皇帝を復辟させる可能性があると報告した。清皇帝復辟というのは宗社党・巴布札布らと同じ主張であり、主義・イデオロギーとしては両者の間に相違はなかった。帝政と復辟に反対する日本が宗社党・巴布札布らの復辟運動を利用して倒袁の目的を達成しようとしたため、袁とまだ完全に決裂していない張作霖と宗社党・巴布札布及び日本との間に対立が生じたのであった。

六月三日、張は袁に引退勧告の電報を発したが、袁と対立して独立を宣言しようとはしなかった。このような情況下で、五日に石井外相は矢田総領事代理に、張に独立を示唆することを見合せるように指示し、同時に張に対し「日本ハ満洲ニ於テ何等利権ヲ獲得セムトスルガ如キ意志ヲ有スルモノニアラズ日本ノ欲スルトコロハ満洲ノ秩序維持ニシテ……満洲ノ治安ヲ維持シ満洲ノ利益ヲ増進スルニツイテハ将軍ニ於テ日本ニ倚ルコト最モ必要且ツ安全ナル方法ナル」ことを申入れ、「張ヲシテ万事我方ニ打明ケシムル様仕向ケラレタシ」[48]と指示した。これは袁が急死する直前のことであり、その後の東北の安定を図るものであった。六日、矢田総領事代理はこの旨を張に申入れた。張は「自分ハ元ヨリ日本側ニ対シ何等隠ス処ナキ積リナリ」[49]と述べ、三日に袁に退位勧告の電報を発したこと、張勲の特使が来訪したこと及び馮徳麟との関係等の内部事情を話した。これらの情況から矢田総領事代理は張の対日姿勢に関して「我方ニ倚ラントスル傾向アルモ如何ナル要求ヲ受クルヤニ付危険ノ念ヲ抱キ頻ニ之ヲ探ラントスルモノノ如ク察セラル」[50]と分析した。これは張の実情に合致した分析であった。この時期、日本は対張工作の目的を達することが出来ず、張も日本に頼ろうとする姿勢を示しながらも日本を信頼せず、時局の推移を静観していた。張が日本に依存し始めたのはこの後であった。

帝政復活期の第二次満蒙独立運動は袁の急死によって急激に変転したが、日本の満蒙政策における最終目的は終始不変であった。これはこの時期の満蒙独立運動と張作霖工作は袁打倒のためであり、また満蒙政策遂行の一手段であったことを物語っている。

（1）栗原健編著『対満蒙政策史の一面』原書房、昭和四一年、一四五—五六ページ参照。

（2）外務省編『日本外交文書』大正五年第二冊、八五六ページ。
（3）同右書、八五五ページ。
（4）小磯国昭「満蒙挙事計画始末」、田崎末松『評伝　田中義一』上、平和戦略総合研究所、一九八一年、六三三―三四ページ。
（5）北村敬直編『夢の七十余年――西原亀三自伝』平凡社、一九八九年、一〇八―一〇ページ参照。
（6）栗原健編著、前掲書、三七一ページ。
（7）田崎末松、前掲書、六三六ページ。
（8）外務省編『日本外交文書』大正五年第二冊、八七五、八七七ページ。
（9）同右書、八五七ページ。黒竜会編『東亜先覚志士記伝』中、原書房、一九六六年、六三三ページ。
（10）同右書、八五三ページ。
（11）栗原健編著、前掲書、一四九ページ。
（12）外務省編『日本外交文書』大正五年第二冊、八五四ページ。
（13）同右書、八五五ページ。
（14）同右書、八五六ページ。
（15）同右。
（16）同右書、八五八ページ。
（17）同右書、八九一ページ。
（18）同右。
（19）山本四郎編『寺内正毅関係文書（首相以前）』京都女子大学、昭和五九年、七四一ページ。
（20）田崎末松、前掲書、六四〇ページ。
（21）山本四郎編、前掲書、七四二、七四四ページ。
（22）同右書、七四三、七四六ページ。
（23）外務省編『日本外交文書』大正五年第二冊、八九三ページ。
（24）同右書、八九六―七ページ。

(25) 田崎末松、前掲書、六四五ページ。
(26) 同右書、六三七ページ。
(27) 栗原健編著、前掲書、一五五ページ。
(28) 北村敬直編、前掲書、一一二―一一三ページ。
(29) 外務省編『日本外交文書』大正五年第二冊、八五九―六〇ページ。
(30) 同右。
(31) 同右。
(32) 同右。
(33) 同右書、八六一ページ。
(34) 同右。
(35) 同右書、八六四ページ。
(36) 同右書、八六七ページ。
(37) 同右書、八六九―七〇ページ。
(38) 同右書、八七八ページ。
(39) 同右書、八八〇ページ。
(40) 同右書、八八一ページ。
(41) 同右書、八八〇ページ。
(42) 同右書、八八一ページ。
(43) 同右書、八七九ページ。
(44) 同右書、八八一ページ。
(45) 同右書、八八三ページ。
(46) 同右書、八八四ページ。
(47) 同右。

(48) 同右書、八八四―八五ページ。
(49) 同右書、八八五ページ。
(50) 同右書、八八三ページ。

四　山東蜂起と孫・黄の帰国

第二革命以来反袁闘争を継続していた孫文は山東における反袁の蜂起を組織して彼自身も四月末に帰国した。一方、黄興は五月上旬にアメリカから来日し、共に反袁の第三革命のために奮闘した。本節では、孫文の帰国と黄興の来日及び山東蜂起に対する日本の支援を考究すると共に、袁の死後、日本の対孫文・対革命党政策が変化する過程を究明し、日本が山東蜂起を支援した目的及びその客観的効果を検討する。

西南諸省が続々と独立し、反袁の護国戦争が長江流域にまで拡大する情勢下で、孫文は四月二七日に東京を出発して帰国の途に就いた。孫文は上海を拠点として各地における中華革命党の反袁闘争を指導しようとした。闘争には軍資金と兵器が必要であった。一九一三年に孫文が来日して以来、終始孫文とその革命運動に対して冷淡だった日本は、一九一五年末以降の対袁政策の転換によって孫文とその反袁闘争を支援し始めた。この支援を積極的に推進したのは参謀本部次長田中義一と参謀本部情報長福田雅太郎及び外務省政務局長小池張造であった。彼らは皆大陸政策の積極的な推進論者であった。孫文は三月二九日夜に戴季陶と共に夜福田雅太郎と四時間会談し、(1)四月二日夜には六時間会談した。(2)四月七、八日夜に孫文は戴季陶と共に衆議院議員秋山定輔の自宅で田中義一と長時間会談した。(3)会談の内容は不明であるが、孫文は軍部の支援を要請し、田中と福田は孫に対する支援を約束したと思われる。四月二七日に孫文が東京を出発する際、参謀本部はさまざまな便宜を提供したようである。出発前の二六日に孫文と戴季陶は午前と午後の二回にわたって福田雅太郎を訪問した。参謀本部の本庄繁中佐は福田を通じて電話で戴季陶との面会を要望したが、戴が不在だったので孫文が福田の自宅で本庄と電話で話した。(4)同日夜に本庄が孫文を訪ね、戴と共に彼をどこかに案内した。(5)このような頻繁な接触は参謀本部と孫文帰国との関係が密接であったことを物語っている。

財界も孫文の支援に乗出した。久原房之助は孫文に資金を提供した。孫文の二月二六日付久原房之助宛の書簡によれば、孫文は既に久原から七〇万円を借りており、借用証書を久原に送っている。(6)久原が岑春煊に提供した資金と同様にこの借金にも利息や抵当がなかったようであり(一説では四川省の鉱山を抵当としたとされている)(7)、ただ孫文は久原が中国の実業に関する何らかの計画を立てた場合には、それを必ず賛助するという意を約した。(8)この借金は日露貿易商社社長の松島重太郎と秋山定輔が仲介した。(9)その後孫文は三月八日に久原宅を訪れて久原と長時間会談した。(10)孫文はこの資金で兵器を購入し、広東・上海・山東に輸送した。

民間人も孫文を支援した。孫文の親しい友人であった梅屋庄吉は四月二日に個人の名義で四万七〇〇〇円を献金した。(11)

上述のような日本の支持と支援の下で、五月初め孫文は上海に到着した。上海では青木宣純中将と山田純三郎とが孫文を迎え、反袁運動を支援した。(12)孫文の帰国について日本内部では意見が割れた。上海総領事有吉明は孫文の帰国は「大局上得策ナラサルベキ」(13)だと反対した。その理由は、当時反袁運動の主力は西南軍閥と岑春煊らであったため、彼らと対立していた孫文の帰国が彼らの反袁運動を妨害する可能性があったからである。五月四日、有吉総領事は政府・外務省の指示によって孫文と会談し、孫に西南軍閥や岑春煊らとの連合を要望したが、孫は「岑春煊等ニ付テハ依然好感ヲ有セサル口振ニシテ到底他トノ融和覚束ナカル」(14)べきだとの姿勢を示した。しかし孫文は日本からの支援を獲得するために有吉の要望に応ぜざるを得なかった。一〇日、孫文は戴季陶を有吉総領事の下に派遣して西南軍閥や岑春煊らと連合する旨を伝え、彼らに連合を呼掛ける電文を提示した。[15]翌一一日、有吉総領事は石井外相に戴季陶来訪の件を報告しているが、その電文より推測すれば、日本は他の反袁勢力との連合のために孫に中華革命党の解散を要望したようである。また有吉はこの電文で孫文を「唯少ナクモ彼ガ他ト協同ノ必要ヲ自覚シ来レルノ事実ハ之ヲ認ムヘシ」[16]と評価した。雲南の堀領事もこの連合の動向を重視し、一三日石井外相に唐継尭が孫文からの電報を受取ったが、「唐ハ孫派ニ対シ信頼ノ念極テ薄シ」[17]と打電した。孫文も彼らと連合しようとはしたが信頼せず、彼らと連合を結ぶ前に純粋な革新派である自己の実力を強化する必要があると五月二四日付田中義一宛の書簡で強調し、日本の孫文派に対する支援を再度要望した。[18]

孫文は帰国後も依然として上海製造局の占拠を計画し、国内における根拠地の確立に懸命であった。上海では王統一が指揮官となって袁の海軍における反乱工作を展開していた。これは前年一二月の肇和乗取り計画と同じく、まず軍艦を乗取って製造局を襲撃・占拠し、そこを拠点として勢力を拡大しようというものであった。しかし上海の総指揮官陳其美が五月一八日に暗殺された。陳其美は孫の片腕で、この時期孫がもっとも信頼していた同志であった。陳の暗殺は孫の計画に大きな打撃を与えた。

当時、反袁闘争において活躍したのは居正を総司令官とする中華革命軍の東北軍であった。東北軍は日本の占領下にあった山東半島で蜂起した。孫文は東北軍に大きな期待を寄せていた。第二革命期以来、山東では呉大洲・鄭天一・王永福らが継続して活動していたが、日本は山東半島を占領すると彼らの活動を鎮圧し、革命党員を青島から追出した。その後彼らは上海に来て肇和事件に参加した。しかし一九一六年初め以降の日本の反袁政策により、日本の山東占領軍も山東における革命党の反袁活動を許可するようになり、便宜と支援を提供した。これは東北軍の蜂起にとって有利な客観的情勢であった。東北軍はこの有利な条件を利用して山東において蜂起することになった。

山東は戦略的要衝であった。山東の蜂起が成功すれば山西・陝西・河南の諸省もこれに呼応し、これらの諸反袁勢力と共に北京を攻撃・占拠することも可能であり、[19]また袁軍の南下を牽制することも出来るのであった。日本は満蒙の宗社党・巴布札布の蒙古軍と山東の東北軍を天津で合流させ、北京に進撃させようと計画した。こうして反袁という共同目的を達成するために、孫文と日本の山東における戦略が一時的に統合・一致したのである。

山東の反袁勢力には二つの派閥があった。一つは中華革命軍の東北軍である。総司令官居正は一九一五年一一月一五日(一九一六年三月説もある)に青島に来て八幡町のビルに総司令部を設置し、許崇智を参謀長に任命した。

東北軍は青島と日本が占拠した山東鉄道を中心に行動していたため、日本駐屯軍の支持・支援が必要であった。そこで居正は一二月三日に青島に到着した萱野長知を顧問に任命し、萱野は日本の支持・支援獲得のために活躍した。当時青島に送る兵器が門司の官憲に押収されていた。萱野はこの差押えを解除させるために東京に戻り、板垣退助に協力を求め、次いで小美田劉美を介して大隈首相に面会してこの要望を申入れた。大隈は「青島は列国の官吏が駐在してゐる国際的な海港である。そんなことをしたら重大問題になる。第一日本がそんな支那の革命の武器を世話したことなどが判ると、英米仏は一度に問題にする。それに自分は今政府の責任の地位にゐるのだから、こんなことが議会に知れでもすると大変だ」[20]と拒否したが、裏では青島の大谷喜久蔵司令官に東北軍に協力するよう指示した。萱野が青島に戻ると大谷司令官は官邸に萱野を迎え、「大隈首相から内命が来てをる。今後は一切君を援助しろとのことだ。だからこれからは何んでも参謀長に相談する様に」[21]と語った。こうして山東の日本駐屯軍が東北軍を支援する体制が形成された。

東北軍も積極的に日本駐屯軍に接近した。総司令官居正と副官の陳中孚は日本駐屯軍司令部を訪れて参謀長の奈良武次少将に面会し、蜂起計画の概況を打明けて協力を求めた。奈良参謀長はこれを了承して全面的に援助することを確約し、参謀の野中保教中佐を東北軍の軍事指導官として配属した。[22]居正・陳中孚は野中と共に済南に赴いて済南駐在武官の貴志弥次郎大佐と会見し、坊子駐屯の第四〇連隊長石浦謙次郎大佐・駐屯軍の江副浜二少佐を交えて山東蜂起の作戦を密議し山東の駐屯軍が上述のように居正の山東蜂起を積極的に支援した背景には、大隈首相の指示以外にも参謀本部の田中義一次長からの命令があったと思われる。

山東省におけるもう一つの反袁勢力は、地元の呉大洲らの山東軍である。彼らは上海の肇和事件に参加した後、山東に帰ってきた。呉大洲は東京に赴いて孫文と会ったこともあった。孫文は一九一六年二月に呉を中華革命軍山東軍司令官に任命した。(24) 薄子明・鄭天一・呂子人らがこの山東軍に属していた。彼らも日本駐屯軍から支援を受けていたが、その詳細は不明である。駐屯軍の江副浜二少佐が軍事指導官として配属されており、中西正樹が参謀として活躍していた。

東北軍と山東軍は総員一万三〇〇〇名或いは六〇〇〇名と称され、多数の日本人が参加していた。一説では二〇〇余名、(25) 一説では五〇〇或いは六〇〇名だとされているが、(26) 確実な数は不明である。日本が山東半島を占領した後、この地域の銅貨＝青銭を入手するために日本から多数の投機家が殺到してきた。当時一銀元を青銭二吊五〇〇文と交換し、これを日本に持って行けば一二、三倍になったようだ。この連中もしばしば革命軍の行動にかかわっていた。

東北軍は青島と山東鉄道沿線を拠点とし、まず二月に周辺の昌楽・高密・益都・安邱・昌邑・寿光・臨朐・平度等の県城を占領した。この時期、山東の泰安府・肥城・長清県等で農民蜂起が勃発し、東北軍の軍事行動に有利な客観的情勢が形成されていた。(27) 東北軍は五月上旬から山東の重要都市である濰県と周村に進撃した。濰県には袁の第五師団（師団長張樹元）が駐屯していた。張樹元師団長は軍事会議を開いて対応策を事前に講じていた。(28) 東北軍は五月四日（二月一八日説もある）から濰県の県城の攻撃を開始した。この県城は名城と称され、城壁も北京や済南に見劣りしないほど堅固であった。この戦闘には萱野長知や現役の野中大尉及び予備役の軍人や浪人らも参加し、井上四郎（日召）ら三〇余名で編成された毒ガス隊も参加した。(29) 濰県駐屯の第五師団は袁の正規軍の精鋭部隊で頑強に県城を守っていた。革命軍は第二波、第三波と攻撃を繰返したが、その度に大反撃を受けて後退せざるを得なかった。東北軍の兵力だけではこの県城を攻略することは不可能であった。このような情況で日本は公然と東北軍の支援を開始した。坊子駐屯の第四〇連隊の石浦連隊長は兵を率いて城に出動し、張師団長に開城を要求した。五月二三日、張師団長は日本軍の圧力によって濰県より退却し、革命軍が県城を占拠した。(30) この戦闘に参加した日本人は三〇〇余名に達したとされる。(31) 日本軍人と浪人の参加は両国間の外交問題になり、五月七日に日本から帰国した陸公使は坂西利八郎大佐に、革命軍を「公然特別列車ニテ輸送シ濰県ヲ攻撃シ而カモ貴国軍隊来リテ城門ヲ開クコトヲ要求シ就中隊長ハ独立宣言ヲ勧告スル等ノコトハ……在青島貴国官憲ノ黙許スルコトニアラサレハ出来サルコトナリ(32)」と抗議した。

呉大洲の山東軍は五月二日から山東省の富豪が多く住む周村の攻撃を開始した。この戦闘に参加した四〇〇余名のうち、一〇〇余名は日本人であった。(33) 日本軍の江副少佐はこの戦闘において指揮官として活躍し、周村は直ちに革命軍に占領された。山東軍は現地の富豪から一七万元の軍資金を調達し、張店・博山・王村等を次々に占領した。

山東鉄道沿線の県城と濰県・周村を占領した東北軍と山東軍は連合して済南の攻撃に取掛かった。山東省の省都済南は華北の要衝で、ここを占領すれば山東省の独立を宣言出来るし、津浦鉄道を通じて北は天津・北京、南は長江流域に進出することも可能となる。孫文は帰国前から済南占領の必要性を強調し、もし同地を占拠すれば自分が山東に赴いて直接革命軍を指揮する用意があると居正に打電した。(34) 孫文は居正に、済南を占拠すれば一〇〇乃至二〇〇万元以上の資金と二個師団が装備するだけの兵器を調達することが出来るとも語った。(35) 当時孫文の資金と兵器がすべて日本で調達されていたことから推測すれば、日本の軍部と財界は孫文に借款と兵器を提供する条件として済南の占拠を提案したのであろう。

革命軍は濰県・周村の陥落によって動揺し始めた済南の官憲と袁軍に心理的打撃を与えるため、日本軍に提供された爆弾を使用して済南市の要地と繁華街を爆破し、官憲と袁軍を恐慌状態に陥れた。(36) この事件は済南の日本人の生命財産を保護するという口実で日本軍に介入する可能性を与えたので、山東当局は脅威を感じた[37]。革命軍は日本駐屯軍＝守備隊と済南に対する作戦計画を立て、濰県・周村から三〇〇名を山東鉄道で輸送して済南に潜伏させ、五月一五日夜に第一回の攻撃を開始したが、反撃を受けて退却せざるを得なかった[38]。五月二五日と六月四日に第二、第三回の攻撃を展開したが、攻略出来ず再び失敗した。しかしこれらの攻撃によって済南城内の秩序は乱れ、山東の将軍靳雲鵬《きんうんほう》までもが狼狽して逃亡する状態に陥った。この済南攻略戦に対し済南駐屯の日本守備隊も側面から協力し、一〇〇余名の日本人が参加したといわれている[39]。孫文も日本の援助を期待して上海の青木宣純中将に二個師団が装備するに足る兵器の提供を要請し、青木もそれに賛成した[40]。五月二四日、孫文は田中義一次長にも同様の要請を申入れた[41]。その目的は山東の革命軍を強化し、山東・済南を拠点として反袁の勢力を南北に拡大することであった。

孫文の友人であった梅屋庄吉は積極的にこの山東蜂起を支援した。雲南独立後、梅屋は自宅で萱野長知・金子克己・平山周・末永節らと「袁のお膝もとに近い山東省でやろう[42]」と密議し、山東蜂起を支援し始めた。梅屋は萱野と共に平山周・岩崎英精を山東に派遣して蜂起に参加させ、彼らから山東の情況の報告を受けた[43]。梅屋は山東駐屯の第四〇連隊の連隊長に着任する石浦兼次郎大佐を孫文に紹介し、山東における革命軍の支援を約束させた。濰県における石浦連隊長の行動は梅屋とも関係があった。梅屋は資金面で孫文を支援していたので、居正は梅屋を中華革命軍東北軍武器輸入委員に任命し、三〇年式小銃七〇〇〇挺・機関銃七挺・山砲五門の提供を依頼した[44]。「梅屋庄吉文書」に梅屋が兵器を調達した史料の一部が残っていることから推測して、梅屋は武器の一部を提供したのであろう。

孫文は一九一六年五月に梅屋と共に琵琶湖東岸の八日市町に革命軍のための近江飛行学校を設立した。孫文の帰国後は梅屋が経営に当った。学校の経費として、梅屋は安田銀行に開いた飛行学校の口座に二万円、三万円と大金を振込んだ[45]。繰縦士兼教官の坂本寿一は次のような学生の訓練計画を作成し、五月二四日に梅屋に報告した[46]。

一　同乗滑走練習（ハイ・スピード）
一　発動機部分的名称及び能力の学習
一　機体　〃
一　発動機に関する電気学
一　飛行機設計上の原理及び飛行の原理の学習
一　五月二十一日より、生徒単独滑走練習を開始

山東の東北軍は戦闘に飛行機を使用しようとした。五月二〇日、青島の萱野長知から梅屋に「石浦宛手紙見た　飛行機直ぐこちらに送り　この地で訓練してはいかが(47)」との電報が届いた。梅屋は最新兵器である飛行機で袁軍を制圧する必要性を感じ、飛行学校の山東への移転を決心して坂本に「飛行学校　支那移転のため　打ちあわせに至急上京せよ(48)」と打電した。坂本は飛行学校を設立した時の孫文の「これで革命は勝った(49)」という言葉を思い出し、移転に賛同した。六月二八日に飛行学校の学生と教職員八七名（そのうち日本人九名）は飛行機二機と共に神戸港を出港し、青島に向った(50)。七月二日に青島に到着した一行は、濰県に飛行場を設置した。坂本は中華革命党東北軍航空隊総司令官に任命された。坂本が青島の日本軍司令部を訪問すると、大谷司令官は「時局は重大である。国家のため、大いにやってほしい(51)」と坂本を激励した。坂本は威嚇飛行をしたり、「速やかに降服せよ。しからずんば爆弾で攻撃するぞ」というビラを撒いたり、時には手製の爆弾を投下したりして袁軍を脅かした(52)。民間飛行士の立花了観は七月中旬に台北丸で自動車を携えて濰県に赴き、坂本に協力した。『大阪毎日新聞』は「孫逸仙の山東飛行場」という見出しで飛行学校と飛行場の記事を掲載した(53)。

山東蜂起は日本の直接支援の下で拡大し、袁の北京政権に脅威を与えた。袁は日本軍人と浪人が蜂起に介入・参加していることを知り、対応策を講じようとした。袁は顧問坂西利八郎大佐を山東に派遣して日本側の介入と支援を阻止しよう

とした。(54)大陸浪人井上四郎（日召）は坂西の暗殺を計画した。

日本の山東革命軍に対する支援は英・米等の国際的な反響を引起こした。アメリカ公使館は調査員を山東に派遣して実情を調査し、新聞等に報道された日本の援助及び挑発的行動は誤報ではなく、事実だとつきとめた。(55)アメリカ公使ラインシュも日本人が山東で革命党の活動に参加する等、日本が革命党を支持していると指摘した。(56)袁の政治顧問モリソンも日本の支援に対し憤慨した。(57)これは日本がこの支援によって英米が支持してきた袁を打倒しようとしたことに対する憤激であり、また日本が膠州湾・青島から山東全域或いは華北一帯に勢力圏を拡大することに対する恐れでもあった。

この時期中国革命の指導者の一人であった黄興はアメリカに滞在していた。帝政運動勃発後、外務省は黄興の動静を重視した。九月二七日、大隈首相兼外相はニューヨークの中村総領事に「黄興最近ノ動静承知致度ニ付内探ノ上電報アリタシ同人近ク帰国スルガ如キ模様ナキヤ併ハセテ探報アリタシ」(58)と指示した。三〇日、中村総領事は黄興夫妻を晩餐会に招待して談話を試み、黄興が袁の帝政に関して「彼も中々ノ智者故周囲ノ事情を顧念シテ容易ニ之ヲ決行スベシトモ思ハレズ吾等一味徒党ノ立場ヨリ云ヘバ右風説ノ実現セラルルコト一日モ早キヲ望ム次第ナルガ是レ全ク彼レガ帝位ニ就クコト一日早ケレバ革命運動ノ開始モ之ニ応シテ早キヲ得ベキヲ以テナリ」と述べ、帰国の件については「目下ノ所当分米国ヲ去ルノ考ヲ有セサル」(59)旨を語ったと報告した。しかし国内において反帝政・反袁運動が盛りあがる新たな情況下で、黄興はまず渡日することを決定した。一九一六年春『東京朝日新聞』が「妻子連れの黄興氏　当分は日本に滞在すべし」(60)、『東京日日新聞』が「日本に来る黄興」(61)という見出しで黄興の来日の予定を報道した。これは日本が黄興の来日を重視していたことを示している。黄興は五月九日アメリカから横浜に到着し、静岡県下の某村の別荘で一日休んだ後で上京した。(62)東京では寺尾亨が黄興を案内した。孫文は五月二〇日に黄興宛に書簡を送って中国南北の情勢を知らせ、山東蜂起が成功するか否かが中国の政局転換に与える意義を説明すると共に、山東において二個師団を武装させる必要性を強調し、もしこの二個師団の兵力があれば山東を占拠して北京に迫ることが出来るので、日本滞在の機を利用して孫文・黄興二人の名義で日本側に二個師団分の兵器を提供するように申入れてほしいと要請した。(63)黄興は日本滞在の五〇日余りの期間を利用して兵器の購入に努めた。軍部・財界は黄興を援助した。久原房之助は黄興に一〇万円の借款を提供した。(64)黄興は日本で二〇万円の軍資金を調達し、五月三一日に孫文に兵器の購入が有望だと伝え、武器の一部を発送した。(65)

五月二六日、黄興は寺尾亨の紹介により王侃及び山本安夫らと共に政友会総裁原敬を訪問し、野党側の支持と援助を得ようとした。原は中国の現状について尋ねた。黄興は「今回の革命は新旧思想の衝突なり、袁を倒したる後は新思想の者を推挙したし(66)」と述べ、アメリカ独立戦争に対するフランスの援助の例を挙げて日本の援助を求めた。原は「日本にて援助すると云ふも其力限りあり、先づ支那人自分の十分なる決意なくしては他より援助するも効なし(67)」と答えた。黄興は「固より然り、十分の決心をなすも何分日本に依る外に依るべき国なし(68)」と答えてあらためて支援を要請したが、原は「極めて中立の態度を以て談話し(69)」、「一概に日本を頼んで却て失望する事なき様に諷示し(70)」た。原がこのような消極的姿勢を示したのは、孫・黄の反袁闘争が「果して成功するや否や目下の処疑問なる」からであった。黄興は日本から十分な援助を得ることが出来ず、七月四日に門司から静岡丸で帰国の途に就いた。(71)

日本政界には革命党支援に反対する勢力が存在していた。三月一六日、原敬は孫文支援策を唱える田中参謀本部次長に中国問題について「徒らに小策を弄して何等確たる方針を立てざるは危険なり、袁を倒さんとするも袁俄に倒れざるべく、革命党を助くるも支那統一六ケしきのみならず、革命党志を得るも始終日本より支持する事を得べきにあらず(72)」と反対論を述べた。五月二四日、三浦梧楼宅で原敬・加藤高明・犬養毅の三名が外交・軍備に関する話合いをおこなったが、三浦は「内々革命党を助けて騒動を起さしむるも何の目的もなく、随て支那人より反感を招く様の次第にて、此くの如き有様にては欧洲戦争の終りとならば日本は全く他人の為に土地を開墾するものなり(73)」と述べて革命軍支援に反対した。原敬も三浦の意見に賛成して「小策を弄し、列国の猜忌を招き、支那人の反感を買ふは如何にも将来危険なりと思ふ」と述べ、加藤も三浦に賛同した。犬養は「三浦の言に異論はなけれども只其話丈けにては現在の政府を助けて対支方針を行はしむるか又は之を排して方針を定むるか其辺少しく不明なり」(74)と語って曖昧な姿勢を示した。これは日本の野党と政界に大隈内閣の対中国政策及び対革命党政策に反対する勢力が存在していたことを物語っている。この勢力が政府・軍部の孫文・黄興らに対する支援策を牽制し、最後には大隈内閣を打倒する口実の一つとしたのである。

六月六日の袁世凱の突然の死去により、日本の対中国・対革命党政策は再び転換し始めた。日本が孫文と革命党を支持・援助した目的は袁世凱の打倒にあったが、袁の死去によって袁政権が瓦解したので、孫文と革命党を支持する必要がなくなった。また日本政界には孫文の革命党や中国の反袁勢力を支援する大隈内閣の対中国政策に反対する勢力も存在していた。これらの原因により、日本政府と軍部は孫文らを見放して北京政権の黎元洪・段祺瑞を支持することにした。

袁の死後に北京政府の大総統になった黎元洪は山東蜂起と第二次満蒙独立運動の背後に日本の支援があることをよく知っていた。七月八日、黎大総統は北京の日置公使に「山東及満洲ニ於ケル日本浪人ノ無謀ナル行動ハ甚シク支那官民ニ誤解ヲ与ヘ両国々交上ニモ面白カラサル影響ヲ及ボスコトナキヤト懸念シ居ルニ付何トカ今少シ適当ノ取締ヲ加ヘラルルコト出来間敷キヤ」(75)と懇願した。これに対し日置公使は「今ヤ革命反抗ノ目的タル袁総統モ逝去シ南北ノ妥協モ不日完成セントシツツアルコトナレバ是等惰力ヲ以テ残存セル余波ハ遠カラズ消滅スルナラン」と答え、その翌日石井外相に「山東及満洲ニ於ケル革命党宗社党等ト関係ヲ有スル邦人ノ取締ヲ励行スルコトハ絶対ニ必要」(76)だと進言した。

孫文も袁の死去により蜂起の目的はひとまず達成されたと考え、山東における蜂起を中止することにした。六月一〇日東北軍総司令官居正に、一三日山東軍司令官呉大洲らに孫文は袁の死去により政局が一変したので兵を収めよと指示した。(77)その後、大総統黎元洪と内閣総理段祺瑞は南方の反袁勢力の要望に応え、一九一二年に南京臨時政府が制定した「臨時約法」と旧国会を復活させる旨を表明した。孫文と中華革命党は第三革命の目的が達成されたと考え、七月二五日に既に共和体制の破壊は終息し建設が始まっており、革命の名分は存在しなくなったので一切の党務を中止せよと指示した。(78)

こうして山東蜂起も袁打倒と旧「約法」・旧国会回復という目的を達成してその幕を閉じることになった。しかし革命党内では蜂起の終結をめぐって意見が分かれていた。これについて岩崎英精は「現在濰県の中国人間は、主戦派と平和派に分れおるものの如く、司令の居正を平和派とすれば、副官陳中孚は主戦派と見るべく、かくして、幹部不統一に終るにはあらざるか」(79)と見ていた。主戦派も日本の援助がない限り蜂起軍を維持することは出来なかった。孫文と革命党は蜂起軍を放棄せざるを得なかった。司令官居正は旧国会の議員であった。七月末に彼は率先して北京に赴き、北京政府と合流した。八月四日、孫文は居正に、北京に日本人を同伴すれば行動の障害になるから連れて行かないように指示した。(80)しかし既に八月一日に萱野長知が山東蜂起の成果を確実にするために居正の後を追って北京に急行していた。萱野は裏で居正が山東都督になるよう工作したが、目的を達成することは出来なかった。

蜂起の最後の問題は東北軍と山東軍の処理であった。東北軍の参謀長許崇智・副官陳中孚は済南で北京政府の代表曲同豊とこの問題について協議し、(81)東北軍は四個師団に改編の上、北京政府軍に編入された。(82)この調印式は九月二一日に濰県でおこなわれた。これは革命党と北京政府との妥協であった。岩崎ら日本人はこの妥協に反対し、「いやしくも、民政を標榜・目的として、革命を起こさんとする程のものが、妥協なんぞとは思いもよらぬことにて、とにかく妥協は、不徹底を証明する」と批判し、「遺憾に耐えず」(83)と述べた。

東北軍の顧問萱野長知は山東蜂起に参加した日本人に帰国を命じ、九月末に日本人は山東から引揚げた。

山東蜂起は終焉したが、この蜂起が反袁・反帝制運動に果した役割は評価すべきである。この北京に近い山東での蜂起が袁政権に脅威を与えたこと、袁軍の南下を一時牽制して西南諸省の護国軍を支援したこと、護国戦争において中華革命党の存在とその力を示したこと等は高く評価すべきである。またこの蜂起が日本政府・軍部・財界・民間人・大陸浪人による支援の下でこのような成果を挙げたことは、日本の支援が客観的には革命党とその蜂起に有利であったことを示している。だが日本は山東の占拠者であり、中国の侵略者でもあった。日本政府・軍部は袁打倒と山東及び華北における日本の権益拡大のために彼らを支援したのであった。このような日本に依存した孫文・革命党による山東蜂起には、中国国民にマイナスの影響を及ぼした側面もあった。大戦以来、日本の山東侵略と二十一ヵ条要求によって中国国民の感情は反日的となり、社会潮流も反日的だったから、孫文と革命党はある意味においてはこれに逆行していたといえよう。日本と孫文・革命党は目的が同じでないのにかかわらず一時的に袁打倒のために結びついたように見えたが、目的が達成された後は、目的の違いによって再び対立するようになった。ただし梅屋庄吉・萱野長知らは革命党の事業のために献身した。彼らの功績は高く評価すべきである。

(1)「孫文ノ動静」乙秘第四一四号、大正五年三月三〇日。外交史料館所蔵。
(2)「孫文ノ動静」乙秘第四三二号、大正五年四月三日。外交史料館所蔵。
(3)「孫文ノ動静」乙秘第四七二号、大正五年四月八日。「孫文ノ動静」乙秘第四五六号、大正五年四月九日。外交史料館所蔵。
(4)「孫文ノ動静」乙秘第五二五号、大正五年四月二七日。外交史料館所蔵。
(5)同右。
(6)『孫中山全集』第三巻、中華書局、一九八四年、二四三—四四ページ。
(7)「孫文ノ動静」乙秘第三七五号、大正五年三月一一日。外交史料館所蔵。
(8)『孫中山全集』第三巻、二四四ページ。
(9)「孫文ノ動静」乙秘第三七五号、大正五年三月一一日。外交史料館所蔵。桜田倶楽部編『秋山定輔伝』第二巻、桜田倶楽部、一九七九年、一四七—四八ページ。

(10) 「孫文ノ動静」乙秘第三六七号、大正五年三月九日。
(11) 梅屋庄吉「永代日記」、「梅屋庄吉文書」。小坂哲瑯・主和子所蔵。
(12) 『孫中山全集』第三巻、二八〇ページ。
(13) 外務省編『日本外交文書』大正五年第二冊、一八九ページ。
(14) 同右書、一八九―九〇ページ。
(15) 『孫中山全集』第三巻、二八六―八七ページ。
(16) 外務省編『日本外交文書』大正五年第二冊、一一九ページ。
(17) 同右書、一二一ページ。
(18) 『孫中山全集』第三巻、二九三―九六ページ参照。
(19) 同右書、二九六ページ。
(20) 萱野長知『中華民国革命秘笈』帝国地方行政学会、昭和一五年、三五五ページ。
(21) 同右書、三五六ページ。
(22) 渡辺竜策『近代日中民衆交流外史』雄山閣出版、一九八一年、一七七ページ。
(23) 同右。
(24) 李新・李宗一編『中華民国史』第二編第一巻下、中華書局、一九八七年、七五五ページ。
(25) 渡辺竜策、前掲書、一七八ページ。
(26) 北村敬直編『夢の七十余年――西原亀三自伝』平凡社、一九八九年、一〇七ページ。
(27) 『申報』一九一六年三月二八、二九日。
(28) 『申報』一九一六年二月一五日、三月二、一三日。
(29) 渡辺竜策、前掲書、一九四―九九ページ参照。黒竜会編『東亜先覚志士記伝』中、原書房、一九六六年、六一八―一九ページ。
(30) 鍾冰「中華革命軍山東討袁始末」、『文史資料選輯』第四八輯、九八―一〇二ページ参照。北村敬直編、前掲書、一〇二―〇三ページ。
(31) 北村敬直編、前掲書、一〇三ページ。黒竜会編、前掲書中、六一五―一七ページ参照。

(32) 外務省編『日本外交文書』大正五年第二冊、一一四ページ。
(33) 北村敬直編、前掲書、一〇三ページ。
(34) 『孫中山全集』第三巻、二六二ページ。
(35) 同右。
(36) 『申報』一九一六年五月一〇日。
(37) 『申報』一九一六年五月七、八日。
(38) 『申報』一九一六年五月一八日。
(39) 北村敬直編、前掲書、一〇三ページ。
(40) 『孫中山全集』第三巻、二九六ページ。
(41) 同右。
(42) 車田譲治『国父孫文と梅屋庄吉』六興出版、一九七五年、三〇二ページ。
(43) 「梅屋庄吉文書」。小坂哲瑯・主和子所蔵。
(44) 同右。
(45) 車田譲治、前掲書、三〇九ページ。
(46) 「梅屋庄吉文書」。小坂哲瑯・主和子所蔵。
(47) 同右。
(48) 同右。
(49) 車田譲治、前掲書、三一五ページ。
(50) 「梅屋庄吉文書」。小坂哲瑯・主和子所蔵。
(51) 車田譲治、前掲書、三一七ページ。
(52) 同右書、三一八―一九ページ。
(53) 『大阪毎日新聞』一九一六年七月一三日。
(54) 渡辺竜策、前掲書、二〇九ページ。

(55) 駱恵敏編『清末民初政情内幕』下、知識出版社、一九八六年、五六一ページ。
(56) 保羅・S・芮恩施『一個美国外交官使華記』商務印書館、一九八二年、一四九ページ。
(57) 駱恵敏編、前掲書下、五六一ページ。
(58) 外務省編『日本外交文書』大正四年第二冊、五八ページ。
(59) 同右書、六二―六三ページ。
(60) 『東京朝日新聞』一九一六年四月三〇日。
(61) 『東京日日新聞』一九一六年四月二〇日。
(62) 『東京朝日新聞』一九一六年五月一一日。
(63) 『孫中山全集』第三巻、二九〇ページ。
(64) 栗原健編著『対満蒙政策史の一面』原書房、昭和四一年、一四八ページ。
(65) 『黄興集』中華書局、一九八一年、四三五ページ。
(66) 原奎一郎編『原敬日記』第四巻、福村出版、一九八一年、一七七ページ。
(67) 同右。
(68) 同右書、一七七―七八ページ。
(69) 同右書、一七八ページ。
(70) 同右。
(71) 毛注青『黄興年譜』湖南人民出版社、一九八〇年、二八四ページ。外務省編『日本外交文書』大正五年第二冊、一九五―九六ページ。
(72) 原奎一郎編、前掲書第四巻、一六三ページ。
(73) 同右書、一七五ページ。
(74) 同右書、一七六ページ。
(75) 外務省編『日本外交文書』大正五年第二冊、八九一ページ。
(76) 同右。

(77)『孫中山全集』第三巻、三〇七—〇八ページ。
(78) 同右書、三三三ページ。
(79)「梅屋庄吉文書」。小坂哲瑯・主和子所蔵。
(80)『孫中山全集』第三巻、三三六ページ。
(81)「梅屋庄吉文書」。小坂哲瑯・主和子所蔵。
(82) 鍾冰、前掲論文、前掲雑誌第四八輯、一〇五—〇九ページ。
(83)「梅屋庄吉文書」。小坂哲瑯・主和子所蔵。

五　袁死後の対応

日本は南北の反帝政・反袁勢力を利用して所期の袁打倒という目的を達成し、辛亥革命後に確立した袁の統治体制は崩壊した。日本にとってこの後の最大の課題は新たに日本の意志に沿った親日的な政権を樹立することであった。本節では、南方を支援して北方の袁政権に対抗した日本の政策が、北方の副総統黎元洪らを支援し、これに南方の諸勢力を融合させて南北統一政権を樹立しようとする方針に転換した過程を究明すると共に、南北統一政権樹立をめぐる北方の黎・段と南方諸勢力の対応を考究し、これらに対する欧米列強の姿勢を検討する。

袁の死去とその統治体制の崩壊は中国南北政局の一大転換点であった。これに日本はどう対応しようとしたのだろうか。日置公使は袁の死後中国の「政況ハ再ヒ民国元年及二年当時ノ状態ニ逆転」(1)すると判断して、その対応策を講じ始めた。

日本は袁の死去による大転換期に中国国内に動乱が発生することを防ぐため、まず天津・北京の駐屯軍を増員する措置をとった。六月六日に上原勇作参謀総長は天津駐屯軍から一個中隊の兵力を北京に派遣するように命令し、(2)七日に石光支那駐屯軍司令官も上原参謀総長に歩兵一個連隊の増援を要求した。その後天津より約一五〇名の兵員が北京に派遣され、天津には旅順より急遽五〇〇名の兵員が派遣された。(3)日本は動乱の発生を口実に袁の帝政に反対し、最後には袁の打倒に乗出したが、今度も袁の死後に発生するであろう動乱の阻止を口実に天津・北京に増兵した。増兵の目的は、石光司令官が「此機会ニ於テ当駐屯軍ノ兵力ヲ増加シ機ニ応ジテ我勢力ヲ扶殖シ得ルノ準備ヲナシ置クハ極メテ機宜ニ適シタル処置ナリ……帝国ハ兵力ノ余裕ヲ有シアリテ機ニ応シ勢力圏ノ拡張ヲ図ルコト必要ニシテ此レ亦増兵ノ必要ノ一理由ナリ」(4)と述べたように、増員した軍事力をバックに親日的な勢力を扶植し、日本の勢力を拡大することであった。

日本のこのような増兵は欧州の列強の要望の下でおこなわれた。六日午前の袁の死の直後、駐北京のイギリス・フランス公使は日置公使に「此ノ場合出来得ル限速ニ北京駐屯日本軍ノ数ヲ定員迄増加セラルルコト」(5)を要望した。大戦に巻込まれた欧州の列強には中国に派兵する余裕がなかったため、日本に依存して動乱を阻止し、中国における自国の権益を保護しようとしたのである。これは日本と欧州の列強の中国における利益が一致する側面を示すものである。しかし欧州の列強は日本の無制限の増兵を警戒し、義和団事件後の協定で規定された定員の範囲内で増兵することを要望した。その背後には、日本がこの機会に無制限に増兵し、北京・天津を中心とした華北一帯における勢力を拡大することを牽制しようという狙いがあった。これは日本と欧州の列強との二重的関係を示したものである。

日本の増兵は直隷巡按使朱家宝の要望の下でもおこなわれた。六日に直隷巡按使は秘書謝介石を石光司令官の下に派遣して、「天津ニ動乱発生セントスル場合ニハ一ニ日本軍隊ノ力ニ依頼シテ秩序ヲ維持スルヲ得ント欲ス」、「現在天津駐屯ノ日本ノ兵力ハ治安維持ノタメ不十分ナルヲ感スルニ付軍司令官ニ於テ本国政府ニ請求セラレ予メ駐屯軍ヲ増加セラルルコトヲ希望ス(6)」と申入れ、日本の力によって直隷省の治安を維持しようとした。

上述のようにこの時の日本の増兵には、日本の勢力圏拡大、欧州の列強の利権の保護、直隷省の自己保全等多様な目的があったが、日本は増大した軍事力をバックに日本にとって好ましい人物を大総統の座に就けようとした。これは袁の死後の最大の課題であった。日本が帝政問題を利用して袁を排除しようとしたのも、中国に君臨する最高実力者である袁が「暗ニ欧米ノ勢力ヲ藉リテ日本ヲ抵制シ排斥セントスルノ方針(7)」(石井外相)をとったからである。日本は日本に好意的な人物の大総統就任を望んでいた。これこそ日本の中国における最大の利権であった。そのため日本は袁の死去の前から密かに副総統の黎元洪を擁立しようとし、死後はこの方針を公然と推進した。日本はまず黎に対する「保護」策をとった。六日、石井外相は日置公使に北京の守備隊長と協議の上、黎の身辺を保護すると共に「必要ナレハ黎ヲシテ貴館内ニ避難セシメ(8)」るよう訓令した。同日、上原参謀総長も斎藤公使館付武官に「黎元洪ノ身辺ニ危険ノ恐レアリト認ムレハ速ニ予定ノ方法ニ依リ彼ヲ救ヒ出シ充分保護ヲ加ヘラレタシ」と指示し、「是レ帝国将来ノ政策上最モ必要ノ事ナリ(9)」とその重要性を指摘した。

この時イギリス・フランス等他の列強も黎元洪を大総統に就任させることに賛成していたので、日本は英・仏を始めとする連合国側と共同行動をとった。これは日本が黎を擁立するのに有利な情勢であった。

日本がこのように急遽黎の擁立という挙に出たのは、四月二一日に袁の指令によって内閣総理大臣になっていた北洋軍三傑の一人である段祺瑞に対する警戒があったからである。日本は「段政府カ果シテ黎ヲ推戴スヘキヤ否ヤモ明カナラザリシノミナラズ寧ロ之ヲ排斥スルノ挙ニ出デザルヤ(10)」との疑いを抱き、段が大総統に就任したら、袁を引継いで袁の「日本ヲ抵制シ排斥セントスルノ方針」をとるのではないかと恐れていたので、機先を制するために黎の擁立に積極的に乗出したのである。

南方の護国軍側も黎元洪を大総統に推薦した。このような情況の下で段祺瑞は黎元洪が七日に中華民国大総統に就任することを各国公使と在外の出先機関を通じて列国に通告した。[11] 段はその法的根拠を挙げ、これは袁が制定した「新約法」第二九条に基づいていると説明した。その後「新約法」か「旧約法」かという論争が起きたが、七日にひとまず黎が大総統に就任した。一一日に石井外相は黎総統に対する保護策として至急段祺瑞と会見して、「帝国政府ニ於テハ黎氏ノ政府ニシテ誠意黎氏ヲ助ケ南北ノ妥協ヲ図カリ以テ国内秩序ノ回復ト日支親交ノ確立トニ力メラル、決心ナルニ於テハ直接間接十分之ヲ援助スヘキ決心ナル[12]」ことを明確に示すように日置公使に訓令した。一三日に日置公使は段にこの旨を伝え、[13] 袁の腹心だった段を牽制する措置をとった。

日本は黎擁立のために、南方の岑春煊・唐継尭と南京の馮国璋にも黎政府を支持して時局を収拾する方針を表明した。七日に石井外相は南京の高尾領事に至急この旨を馮国璋に伝えると同時に、馮が「黎元洪ヲ援助シ時局ノ収拾ニ努力セラレムコトヲ望ム[14]」という意向を示すように指示した。翌日高尾は馮にこの旨を伝えた。馮は「自分ニ於テハ飽迄黎元洪氏ヲ援助シ万難ヲ排シテ秩序ノ回復ト大局ノ維持ニ努ムル決心ナル[15]」と回答した。石井外相は七日に肇慶の太田領事と雲南の堀領事にも同様の訓令を発していた。[16] 八日に太田領事は岑春煊にこの旨を伝えた。岑は「黎大総統ノ組織スル新政府ニシテ誠意時局収拾ニ努ムルニ於テハ自分モ之ニ賛成ス[17]」と答えた。堀領事も唐継尭にこの旨を伝えた。唐は「黎元洪大総統就任ハ素ヨリ南方側ノ希望スル所ナリ[18]」と回答し、黎を支持する意向を表明した。

日本が黎を大総統に擁立したのは、中国のためではなく日本のためであった。日本は黎に親日政策をとるよう強要した。七日、石井外相は日置公使に至急黎に彼が「時局艱難ノ秋ニ当リ此重任ニ就カル、ハ帝国政府ニ於テ最モ深甚ナル同情ヲ表ス」と伝え、黎と彼が自ら任命した新政府が「誠意国内秩序ノ回復ト日支親交ノ確立トニ力ムルニ於テハ帝国政府ハ出来得ル限リ直接間接ニ援助ヲ与フヘキ[19]」ように申入れることを訓令し、「日支親交」を黎支援の条件として提出した。黎も日本が自分を擁立する目的を知っていた。八日、黎は密かに秘書劉鍾秀（日本の商船学校卒業生）を個人的代理として日本公使館に派遣し、日置公使にこれまで日本「政府ヨリ蒙リタル同情及ヒ今回黎総統就任前後ニ於テ暗然ノ間ニ与ヘラレタル多大ナル御援助ヲ感謝シ併セテ将来ニ於テモ一層ノ御助力ヲ得度」[20]と述べた。これに対して日置公使は七日に石井外相が訓令した意を伝え、「黎閣下ノ政府ニシテ誠意誠心日支ノ親善ヲ計リ我ニ信頼シテ庶事打解ケ相談セラル、ニ於テハ帝国政府ハ喜ンテ援助ヲ与フヘク本使モ其趣旨ヲ体シ努力スヘキハ勿論ナルコトヲ承知セラレタシ」[21]と付言した。劉は「黎総統ハ嘗テ日本ニ留学シタルコトアリ日本ノ事情模様等承知シ又東洋ニ於ケル日支ノ関係カ如何ナル状態ナルヤモ充分心得居ルコト故今後日支ノ親善提携ニ関シテハ極力尽瘁スル所存ナル旨ヲ特ニ閣下（本使）ニ伝フル様申付ケラレタリ」[22]と黎の日本への好意を伝えた。九日、日置公使は船津書記官に黎を訪問させ、黎に石井外相の七日の訓令の趣旨を伝えて「此際黎総統ヲシテ十分日支両国ノ関係ヲ了解シ袁政府ノ失敗セシ所以ニ鑑ミ今後支那政府ノ対日方針ヲ一変シ衷心ヨリ日本ニ信頼セシムルコト必要ナリト思惟シ此ノ点ニ関シ御訓電ノ趣旨ニ基キ反覆丁寧ニ黎ノ注意ヲ喚起シ日常ニ之ヲ念頭ニ置クコト緊要ナルヲ説示」[23]させた。これに対し黎は「日支両国ハ東洋ニ於ケル二独立国ニテ唇歯輔車ノ関係アレハ相互提携扶助セサルヘカラス支那人ハ動モスレハ日本カ支那ヲ第二ノ朝鮮トナサントノ野心アル如ク疑惧シ其ノ他種々ノ原因ニテ日支ノ関係兎角面白カラサルヲ以テ今後ハ成ルヘク支那ヲシテ右ノ如キ誤解ヲ起サシメサル様貴国政府ノ御尽力ヲ希望ス」[24]と逆に日本に要望を提出した。船津はこれを「陳腐ナル支那式ノ挨拶ヲ為シタル」ものだと見て、「支那ハ東洋ニ於ケル日本ノ実力ト支那自身ノ国情ヲ能ク了解シ万事日本ノ指導ヲ仰ク心掛アルコト肝要ナル」[25]旨を露骨に述べ、日本の命令に服従して日本の要求通りに行動することを強く要求し、日本が黎を擁立する目的を明確に示した。

しかしこの時期、黎はそれほど親日的立場をとっていたとはいえない。船津が述べた「万事日本ノ指導ヲ仰ク心掛アルコト肝要ナル」という点に関し、船津自身が黎が「痛切ニ徹底了解シ居ルヤ稍疑ハシク又仮ニ之ヲ了解シ居ルトスルモ彼ハ果シテ衆論ヲ排シテ之ヲ断行スルノ勇気ト胆力アルヤ頗ル疑問ナルカ如シ(26)」と考えていたことがこれを示すであろう。

この時期、黎元洪が日本に求めていたのは新政権を維持するための財政的支援であった。黎は七日に大総統に就任した直後、側近を通じて坂西利八郎に五〇〇〇万元の借款を要請した(27)。これに対し石井外相は八日に「黎ニシテ当方ニ依頼スルノ意嚮明ラカナルニ至ラハ帝国政府ハ黎の任命スヘキ政府ニ対シ約二千万円迄ハ資金ヲ貸与シ差支ナキ内意ニテ其用意モ為シ居ル次第」だと考え、翌九日に駐中国の総領事館・領事館に「帝国政府ニ於テハ黎ヲ援助スルノ意向ヲ有シ尚其組織スル新政府ニシテ国内秩序ノ回復並日支親交ノ確立ヲ期図スルノ誠意有リト認メラル、ニ於テハ直接間接之レヲ支持援助スルノ方針ナル(28)」と内密に通告した。一五日に黎の秘書劉鍾秀が大総統の命により船津を訪れ、日本の資本家よりの五〇〇万ドル借入について日本政府に尽力を申入れた(29)。しかし日本は黎の対日姿勢を疑い、当分中国の政局を傍観する方針をとってこれに積極的に応じようとしなかった。これは日本の対黎政策が転換し始めたことを示している。しかし日置公使は黎に対し「此際漫然誠意ヲ示サズトカ若クハ我真意ヲ諒解セズトカノ理由ノ下ニ今回ノ借款ヲ不成立ニ帰セシムルハ甚ダ面白カラズト感ゼラルル」と考え、この際「電話借款ヲ成立セシメ前渡金トシテ三百万乃至五百万ヲ融通シ以テ黎ヲシテ当面ノ急ニ応ゼシムルコト、シテハ如何カ(30)」と石井外相に上申した。その理由は借款要求を拒否した場合、「黎自身ノ地位ヲ危殆ナラシメ折角収拾ノ緒ニ付キ掛ケタル situation ヲ破壊シ再ビ時局ヲ紛糾セシムルノ虞アルノミナラス……自然米国筋ニ走ルノ機会トナルモ保シ難(31)」いというものであった。こうした実情から見れば、黎は日本と一定の距離を保っていたのであり、日本から借款を得るために一時的に日本に対して表面的な好意を表したのである。

この借款と共に提出された問題は、塩税剰余金の引渡についてであった。中国政府の財源は㈠は海関の関税収入であり、㈡は塩税収入であった。塩税剰余金五〇〇万元は法的には中国政府に引渡されるべきであったが(32)、五月下旬の日本の反対によって袁政府に引渡されなかった(33)。袁が死去した日の午後、曹汝霖外交総長は日置公使に明朝中国政府より正式に外国銀行団に塩税剰余金の引渡を請求するが、「日本ニ於テモ各国同様是非支那政府ノ申出ニ同意セラルル様懇望ニ堪ヘズ」[34]と申入れた。北京の各国公使は全員塩税剰余金を中国政府に引渡すべきだと主張したが、日本だけがこれに反対していたため、曹外交総長は特別に日本の同意・協力を求めたのであった。イギリス外相グレーも引渡に同意し、駐ロンドンの井上大使にこの意見を伝えて日本側の意向を尋ねた。[35]これに対し石井外相は「三条件ニ関シ支那当局ニ於テ納得スルニ於テハ剰余金払渡ノ申出ニ応シ差支無キ意響ナル」[36]と回答した。この三条件が何のことか不明であるが、一三日夜に黎の秘書が密かに船津の私邸を訪れ、袁の帝政運動を率先した梁士詒・周自斉らを免官するという黎の決心を伝え、塩税剰余金の引渡に対する日置公使の尽力を懇請した。[37]しかし二二日に石井外相はこの件は「暫ク成行ニ任セ傍観スル積ナ」[38]りと日置公使に通告した。この問題に対して日本がこのように消極的であったのは黎の対日姿勢と関係があったのだろう。

日本が当時重視したのは、黎が「袁氏時代ニ於ケルカ如キ日支ノ乖離ヲ来ス如キ政策ヲ繰返ヘスノ懸念ナキ新政府ヲ任命セラル、」[39]ことであった。日本は黎総統に「日支親交ノ確立」に努める閣僚を任命するよう強要しようとし、黎も「自分ハ日支親善ヲ重要ナル信条トナシ居ルヨリ内閣ハ当分ノ間現状維持ノ外ナキモ将来改造ノ場合ニハ決シテ日本ニ不利ナル人物ヲ用ヒサルコトハ予メ保障スル所ナリ」[40]という意向を表明した。新内閣を組織する上で重要な問題は元総理の段祺瑞をどう処遇するかであった。南方の唐継尭は「段内閣ハ大総統ノ資格無キ袁ノ下ニ成リタルモノナレハ之ヲ承認セス」[41]と公然と段に反対した。上海の唐紹儀・張継・孫文らも袁の死後段が北京の実権を掌握し、黎がそのかいらいになることを恐れていた。張継はこのため「今暫ク段ノ態度ノ見留付ク迄」塩税剰余金を引渡さないよう、有吉総領事に要望した。[42]それは、段は袁の重要な腹心だったから、袁の死後その軍事力をバックに大総統の要職を奪い、袁の政策を引継ぐ可能性があったからである。だが段はこの時期には立場を転換し、日本と南方各派の要望に沿って黎を大総統に擁立し、黎を助けて時局に当る意向を示して日本と南方からの信頼を得ようとした。日置公使は段のこのような変化を認め、「袁臨終前後ニ亘リ段総理ノ払ヒタル細心ノ注意ト機宜ニ適シタル措置振万端布置極メテ宜シキヲ得タルモノ(43)」だと評価した。六月一三日に日置公使は段と一時間半会談した後、「段ハ従来袁及其ノ一派トノ関係深カリシ事情モアリ南方側ニ対シ此際成ルヘク無益ノ誤解ト嫌疑ヲ惹起サザル様注意シ同時ニ四囲ノ状況ニ適応シテ此ノ難局ヲ無事ニ斬リ抜ケント極力腐心シ居ルモノ、如ク……黎総統トノ間モ今日迄ノ処未タ扞格ヲ生シタル模様ナキモノノ如シ併シ段ノ政治的手腕ニ至テハ支那現下ノ難局ヲ按排スルニハ或ハ聊カ心許ナキヤニ感ゼラル(44)」と石井外相に報告した。当時、唐紹儀を国務総理に推薦する動きもあったが、参謀本部と公使館付斉藤少将らの反対もあって最後には段があらためて国務総理に任命された。この裏には日本の賛同・支持があったと思われる。これはその後段と日本が結託する原点であった。

また日本は南北の妥協・融和についても重視した。上述のように日本の計画通り黎元洪が大総統に擁立され、段祺瑞も黎に協力する姿勢を示したため、南方を支持して北方に反対してきた日本は、今度は北方派を中心に南北両者を妥協・融和させようとした。このため日本は南北双方に働きかけた。六月七日に石井外相は日置公使に、至急黎に「先ツ国中ノ異分子ヲ融和統一スルニ努メ南方側ノ主張ノ如キニ対シテハ慎直ノ考慮ヲ加ヘテ之ト妥協ヲ遂ケ全国動乱ノ原因タリシ禍根ヲ除キ以テ平和恢復ノ事業ニ尽瘁セラルヘキヲ信ス(45)」という要求を伝えるように訓令し、一一日には段に、この際「南北妥協時局収拾ノ方途ヲ策セラル、コト最急務ト認メラル、処右ニ就テは南方側ノ主張ヲモ充分尊重シ速カニ融和ノ途ヲ講スルコト最モ必要ナル(46)」旨を伝えるように訓令した。これに対し黎は九日に日本の要望通り「南方ノ有力者ニ打電シテ其ノ来京ヲ求メ(47)」ると返答し、段も一三日に「現下ノ時局ヲ収拾スルニハ南北ノ妥協ヲ図ルコト御説ノ通急務中ノ急務トシ……南北ノ妥協ヲ図ル第一著トシテ南方ノ意見ヲ徴スルコト必要ナリト考ヘ南方領袖連ノ来京ヲ求メタ(48)」と語った。このように南北妥協・融和の問題において日本と黎・段はほぼ一致した。

南方の反袁勢力は黎が大総統に就任することには賛同したものの、段らに対しては不信感を抱き、相当の警戒心を有していた。上海の張継らは「護国軍ノ有力ナル部隊ヲ北京ニ入ルルカ乃至黎元洪ヲ南方ニ迎ヒテ軍務院ヲ改メテ内閣トスルヲ可トスル」[49]と主張し、唐継尭は上海或いは武昌で国会を召集し、軍務院を同地に移すように主張し、北方と対立する姿勢を示した。[50]李烈鈞の護国軍第三軍は江西省出兵計画を中止せず、江西に向って進軍した。南方の反袁勢力は袁の死去だけに満足せず、北方を制圧して全国の統一を実現しようとした。しかし反袁の時には南方を支持して北方に反対した日本はその政策を転換させ、逆に黎を中心とした北方を支持して南北の妥協・融和を図ろうとして、南方に北方との対立を避け、北京に代表を派遣して黎らと話合うように勧告した。石井外相は元参議院議長張継を北上させるように上海の有吉総領事に指示し、八日に有吉は張に北上を勧告した。[51]上海の唐紹儀も南方代表の北上を主張した。日本のこのような勧告と南北の力関係により、進歩党の梁啓超・孫洪伊らの代表が北上して段祺瑞ら北洋軍閥と妥協を始めた。これは日本の要求に合致していた。

南北の妥協・融和における最大の対立点は新旧約法と新旧国会の問題であった。即ち袁の新約法・新国会を廃棄して旧約法・旧国会を回復するか否かの問題であった。孫文の革命党を含む南方の諸勢力は袁の独裁体制を根底から打破するために袁が制定した新約法と新国会の廃棄を主張し、南京臨時政府が制定した旧約法と旧国会の復活を強く要求した。[52]黎元洪は曖昧な態度をとり、「成ルヘク中央政府ニ於テ initiative step ヲ執ルコトヲ避ケ先ツ馮〔国璋〕ヲシテ南方有力者ヲ勧誘シ上海若ハ南京ニテ会合決議セシメ之レニ依リテ初メテ旧約法復活等ノ申令ヲ発布スルノ形式ヲ執ラン」[53]とした。これは段の意向を考慮したからであった。一三日、段は日置公使に「自分ノ見ル所ニテハ一片ノ申令ヲ以テ約法ノ変更ヲ行フハ法理上不可能ナルノミナラス仮リニ権宜ノ措置トシテ之ヲ実行スルモ後日之ニ反対スルモノ生シタル場合再ヒ之ヲ変更セサルヲ得サル羽目ニ陥ルヤモ計リ難」いので、「此際各省ヨリ代表各三人宛ヲ選挙シテ北京ニ派遣セシメ臨時参議院的ノモノヲ組織シテ旧約法復活問題ヲ討議決定セシムルノ案」[54]を提起した。このような黎・段の旧約法・旧国会に対する方策に南方側が賛成するはずがなかった。南北妥協・融和を急ぐ日本は原則よりも現実を重視した。日置公使は段に、この際「旧約法及参衆両院ヲ復活セシメ以テ南北ノ妥協ヲ一日モ速ニ実現セシムル方却テ国家ノ為得策ナラス」(55)やと説得した。日本は一九一二年一月に成立した南京臨時政府を承認していなかったので、同政府と孫文が制定した旧約法と旧国会も認めていなかった。しかしこの時、旧約法と旧国会を復活するように勧告したのは、日本が南北の妥協・融和を急ぎ、原則よりも現実を重視したことを示している。これは日本外交の現実主義を端的に表明していた。

当時李鼎新を総司令官とする海軍は北京政権から独立して護国軍に加入しようとしていた。これは段に対する強力な軍事的・政治的圧力となった。段は日本の要求、南方派の要望、海軍の圧力によって六月二九日に旧約法を復活し、八月一日には旧国会を再開するという申令を発布した。これによって帝政を否定し共和制を保障する旧約法と旧国会が復活し、南方の護国軍と反袁勢力は一定の勝利を獲得した。この過程において、日本の中国時局収拾の主張は日本のための要求ではあったが、客観的には中国にとって有利だったのは事実である。歴史の進展過程において、一定の歴史条件の下では動機と目的が一致しないこともあり得ることが再度立証されたのである。

最後にこの時期の日本の対欧米列強外交を考究する。日本は帝政実施延期の勧告の時には、対袁外交のイニシアチブを握っていながら欧米列強に協調と介入を要望したが、袁の死後の中国時局を収拾する過程の大半においては簡単に政策を内報するにとどまった。六月一二日に石井外相は駐欧州の日本大使を通じて日本が中国南北双方を慫慂して融和させるという方針を各国政府に内報したが、これに対する意見と協力は要望しなかった。欧米列強はこれに反駁もせず、介入しようともせず、時局の収拾を日本に任せざるを得なかった。イギリス外相グレーは「支那ノ事態ノ一日モ速ニ収拾セラレンコトハ英国政府モ斉シク切望スル所ニ有之幸ニ日本政府ノ執ラレタル措置ノ結果トシテ右時局収拾ノ時機ヲ早ムルヲ得ハ最仕合ナリ」(56)と述べた。一九一六年はヨーロッパで激戦が展開し、五月末・六月初めに英独の海戦が、七月初めからは英仏軍の総反撃等があってイギリスには中国問題に関与する余裕がなかった。袁の死去によって袁排除の日本の外交が成功すると、従来袁を支持してきたイギリスは袁をめぐる日英外交戦において大敗北を蒙ったのである。これとは対照的に、日本は一時的に完全に列強の対中国外交のイニシアチブを握ることになり、中国に関してイギリスは日本の外務大臣の鼻息を窺う受動的な立場に陥らざるを得なかった。[57]

この後、日本の対中国政策は黎の擁立から段の支援へと転換した。これは中国における日英の地位の一時的大逆転であった。一九一七年以降、日本は段祺瑞を支援して中国における日本の覇権的地位を確立しようとした。アメリカ公使ラインシュは袁世凱政権の崩壊が日本が中国において支配的地位を確立する計画の実現に有利であるのは疑いないと述べた。[58]それこそ正に日本の袁打倒の目的とその成果であった。

(1) 外務省『日本外交文書』大正五年第二冊、一六〇ページ。
(2) 同右書、一三二ページ。
(3) 同右書、一五〇―五一ページ。
(4) 同右書、一四〇ページ。
(5) 同右書、一三一―三二ページ。
(6) 同右書、一三九―四〇ページ。
(7) 同右書、一八三ページ。
(8) 同右書、一三二ページ。
(9) 同右。
(10) 同右書、一四四―八三ページ。
(11) 同右書、一三五、一三七ページ。
(12) 同右書、一六三ページ。

(13) 同右書、一六九ページ。
(14) 同右書、一三八ページ。
(15) 同右書、一五三ページ。
(16) 同右書、一三八—三九ページ。
(17) 同右書、一四八ページ。
(18) 同右書、一六二ページ。
(19) 同右書、一三六ページ。
(20) 同右書、一四五—四六ページ。
(21) 同右書、一四六ページ。
(22) 同右。
(23) 同右書、一六〇ページ。
(24) 同右。
(25) 同右。
(26) 同右。
(27) 同右書、一四三ページ。
(28) 同右書、一五〇ページ。
(29) 同右書、一七五ページ。
(30) 同右書、一七五—七六ページ。
(31) 同右書、一七五ページ。
(32) 駱恵敏編『清末民初政情内幕』下、知識出版社、一九八六年、五七五ページ。
(33) 外務省編『日本外交文書』大正五年第二冊、七五—七ページ参照。
(34) 同右書、一三四、一四九—五〇ページ。
(35) 同右書、一五五—五六ページ。

(36) 同右書、一六五ページ。
(37) 同右書、一七一ページ。
(38) 同右書、二三四―三五ページ。
(39) 同右書、一三六ページ
(40) 同右書、一五九ページ。
(41) 同右書、一六二ページ。
(42) 同右書、一五五ページ。
(43) 同右書、一三五ページ。
(44) 同右書、一七一―七二ページ。
(45) 同右書、一三六ページ。
(46) 同右書、一六三ページ。
(47) 同右書、一五九ページ。
(48) 同右書、一六九ページ。
(49) 同右書、一四二ページ。
(50) 同右書、一六二―六三ページ。
(51) 同右書、一五一―五二ページ。
(52) 李新・李宗一編『中華民国史』第二編第一巻下、中華書局、一九八七年、八三四―三五ページ参照。
(53) 外務省編『日本外交文書』大正五年第二冊、一六五ページ。
(54) 同右書、一六九ページ。
(55) 同右書、一六九―七〇ページ。
(56) 同右書、一六八ページ。
(57) 同右書、一六七ページ参照。
(58) 保羅・S・芮恩施『一個美国外交官使華記』商務印書館、一九八二年、一四九ページ。

人名索引

え

お

か

き

く

け

こ

さ

し

す

と

な

に

ね

の

は

ひ

ふ

ほ

ま

李烈鈞　440-2, 444-5, 471, 476-7, 479, 521, 628, 695, 742
陸宗輿　544-5, 564, 629, 661-2, 676, 682, 723
陸徴祥　279, 282, 284, 305, 307, 346, 356, 516, 594-6, 613, 660, 662, 666, 682, 693
梁啓超　39, 200, 690-1, 695, 698, 742
梁士詒　404, 429, 519, 524, 594, 654
良弼　180, 183-4, 215

れ

黎元洪　6, 9, 30, 52-3, 112, 117, 122, 132, 146, 313, 447-8, 492, 495-6, 707, 728, 738-42

わ

若槻礼次郎　591

著者略歴

兪辛焞（ゆ　しんじゅん）

1932年生。1958年中国天津・南開大学歴史系卒業。1988年早稲田大学より法学博士授与。現在，南開大学歴史学院教授，同大学日本研究センター理事長，中国史学会理事、中国日本史学会顧問。

主要書：『満洲事変期の中日外交史研究』（東方書店，1986年），『孫文の革命運動と日本』（六興出版，1989年），『孫中山宋慶齢与梅屋庄吉夫婦』（共著，中国・中華書局，1991年），『日本史』（共著，中国・南開大学出版社，1994年），『人類は戦争を防げるか』（共著，文藝春秋，1996年），『孫中山与日本関係研究』（中国・人民出版社，1996年），『近代日本研究論集』（中国・天津人民出版社，2000年）など。

辛亥革命期の中日外交史研究

二〇〇二年九月一一日　初版第一刷発行

著　者●兪辛焞
発行者●山田真史
発行所●株式会社東方書店
〒一〇一―〇〇五一
東京都千代田区神田神保町一―三
電話　〇三―三二九四―一〇〇一
営業電話　〇三―三二三三―一〇〇三
振替　〇〇一四〇―四―一〇〇一
印刷製本●蔦友印刷株式会社

定価はケースに表示してあります。

©2002　兪辛焞　Printed in Japan

ISBN4-497-20018-3 C3022

乱丁・落丁本はお取り替えいたします。
恐れ入りますが直接小社までお送り下さい。

Ⓡ本書の全部または一部を無断で複写複製（コピー）することは，著作権法上での例外を除き禁じられています。本書からの複写を希望される場合は日本複写権センター（03-3401-2382）にご連絡ください。

小社ホームページ〈中国・本の情報館〉で小社出版物のご案内をしております。
http://www.toho-shoten.co.jp/

東方書店出版案内

満洲事変期の中日外交史研究

兪辛焞著／一九三一年の満洲事変勃発から上海事変、「満洲国」成立、日中戦争を経て一九四五年の終戦に至るまでの、日本、中国の錯綜する外交の真意と行動を日中の未公開資料を駆使し緻密に分析。三二〇〇円（税別）

教育における民族的相克 日本植民地教育史論Ⅰ

渡部宗助・竹中憲一編／中国東北部・「満洲」、朝鮮、中国都市部と華北、台湾を対象に日本植民地統治下の学校教育について、実証的にその真相を追求する。気鋭の研究者による九つの論文より構成。四八〇〇円（税別）

中国近代化過程の指導者たち

曽田三郎編／近代中国＝国民国家形成過程において、政・官・財界の指導者およびブレーンたちが当時の政治とどのようにかかわったかを詳細に検証する論文九篇を収録。……………三八〇〇円（税別）

張謇伝稿 中国近代化のパイオニア

章開沅著／藤岡喜久男訳／実業家・教育家として救国に心をくだき、共和制中国を夢みて孫文と袁世凱の間を取り持ったことで知られる張謇。中国近代史の隠れた立て役者たる彼の卓抜なる生涯を紹介。五六三一円（税別）

蔣介石 マクロヒストリー史観から読む蔣介石日記

黄仁宇著／北村稔・永井英美・細井和彦訳／毛沢東との対比で語られることの多い蔣介石、実際はどんな人物だったのか。本人の日記からの引用や、周囲の人々の証言、書簡や電報など豊富な史料をもとに真の姿を検証。四二〇〇円（税別）

上海人物誌

日本上海史研究会編／近代中国をリードした大立て者、隠然たる力を振るった異国人、裏世界に暗躍する人々、そして上海モダンを彩る文化人―著名な人物を通して、近代都市・上海を浮き彫りにする。二〇〇〇円（税別）

天津史 再生する都市のトポロジー

天津地域史研究会編／図版・写真を豊富に用いつつ、経済、貿易、租界、裏社会など一〇の視角からゲートウェイ・シティ天津発展の様相を解説。巻末には天津史大事年表などを収録。………二四〇〇円（税別）